여자, 내밀한 몸의 정체

여자, 내밀한 몸의 정체

나탈리 앤지어 지음 | 이한음 옮김

문예출판사

일러두기

1. 이 책은 Natalie Angier, *Woman: An Intimate Geography*(updated edition),
   2014를 완역한 것이다.

2. 옮긴이의 주는 〔 〕로 묶어 본문 중에 실었다.

3. 원저자의 주는 * 표시를 하고 각주로 실었다.

캐서린 아이다에게

차례

빛 속으로

이 책은 여성의 몸을 찬양하는 책이다. 여성의 신체 구조와 생화학과 진화와 웃음을 말이다. 이 책은 생물학적 결정론이라는 오물 속으로 빠지지 않으면서 여성이라는 존재의 생물학을 고찰할 방법을 찾으려고 시도한 사사로운 책이다. 이 책은 우리가 기존에 여성을 생각할 때 떠올리는 이미지들, 이를테면 자궁, 난자, 유방, 월경, 그리고 그 대단한 클리토리스 같은 것들과 활동, 힘, 공격성, 분노처럼 여성과 연관시키지 않는 것들을 다룬다.

이 책은 환희를 다룬 책이다. 몸의 아름다운 부위들, 육체에 단단히 뿌리를 박은 환희를 말이다. 여성의 몸은 디오니소스적 존중을 받아야 마땅하며, 나는 내 주장을 뒷받침하기 위해 내가 가장 잘 알고 가장 사랑하는, 모범이 되는 인물들과 괴짜들을 동원하려 한다. 나는 우리가 여성적이라고 부르는 부위들을 작업 지도로 그리고, 그 바탕에 깔린 원동력을 설명하기 위해 과학과 의학을 불러내려 한다. 나는 우리의 내밀한 지리학의 기원을, 말하자면 왜 우리의 몸은 이런 모습을 하고 있으며 왜 이런 움직임을 보이는지, 왜 매끄럽고 둥근 모습을 하고 있으면서도 꼴사납고 서툰 행동을 하는지를 규명하기 위해 다윈과 진화론에 의지하려 한다. 나는 특정한 신체 부위나 신체적 특징이 시대에 따라 어떻게 찬사를 받아왔는지 파악하기 위해 역사와 미술과 문학을 뒤지려 한다. 나는 우리의 충동과 행동에 대한 가능한 시나리오들을 쓰기 위해 우리가 알고 있는 경이로울 정도로 확대된 유전자, 뇌, 호르몬, 발달 지식 중에서 차별적이고 충동적으로 추려내고 골라내려 한다. 나는 유방의 기원, 오르가슴의 목적, 어머니를 향한 애달픈 사랑, 여성들이 거의 똑같은 열정으로 서로를 필요로 하고 거부하는 이유 등을 다룬 관념들과 이론들을 버리려 한다. 이런 이론들 중에는 다른 이론에 비해 불분명한 것이 있다. 나는 인류가 탄생한 이유가 그저 우리 여성 조상들이 난소가 죽었을 때 함께 죽기를 거부했기 때문이라는 크리스턴 호크스의 주장처럼, 연구 과정에서 나를 머뭇거리게 만든 재미있고 현혹적인 이론들을 일부 제시하려 한다. 또한 나는 여성 '본성'의 한계를 뛰어넘을 정도로 강한, 즉 모순을 지닌 이론들은 버릴 것이고, 나머지 이론들은 신부에게 쌀을 던지듯이 행운과 격려와 희망과 무질서를 위해 내던지려 한다.

디오니소스적 몸 상태를 얻기가 쉽지 않은 것은 분명하다. 오랜 세월 동안 여성의 몸을 혐오스럽다고 여겨온 탓이다. 여성의 몸은 지나치게 과장되어왔거나 철저히 무시되어왔다. 그것은 제2의 성, 초벌 원고, 불완전한 성, 미리 규정된 성, 위안거리, 서큐버스[꿈속에서 남자의 정액을 훔쳐 낸다는 여성형 몽마(夢魔)], 남성을 파멸시키는 것으로 여겨져왔다. 우리는 음탕하고 정숙하고 야수 같고 천사 같다. 우리는 원하지 않는 태아를 가진 것보다 훨씬 더 부조리한 은유들을 갖고 태어난다.

하지만 여성인 우리는 이 중에 얼마나 많은 것들이 쓰레기인지 알고 있다. 잔혹하다는 면에서 아주 산뜻하고 정교하며 거의 비위를 맞추는 듯하지만, 그래도 결국 쓰레기이다. 우리는 남성을 사랑할 수도 있고, 남성과 함께 살 수도 있지만, 그들 중에는 우리와 우리의 몸과 우리의 심리를 터무니없이 부정확하게 말하는 사람들도 있다. 여성의 내밀한 곳에 관한 신화를 예로 들어보자. 남성들은 우리의 몸을 쳐다보지만, 우리의 외부 생식기를 쉽게 볼 수 없다. 편리한 삼각형 털가죽이, 즉 치골(恥骨)에 놓인 무화과 나뭇잎이 외음부의 윤곽을 보일 듯 말 듯 감추고 있기 때문이다. 그런 한편으로 남성들은 부드러운 털과 바깥 주름으로 된 현관을 뚫고, 더욱 깊숙이 감추어진 내부 생식기인 질이라는 신성한 본당에 도달하기를 갈망한다. 따라서 여성이 내면과 융합된다고 해도 놀랄 일이 아니다. 남성들은 볼 수 없는 것을 원하며, 따라서 그들은 우리가 아마도 새치름하게 자신의 해자(垓子)를 기쁘게 생각한다고 가정한다. 여성은 그릇이자 단지이자 동굴이자 사향 냄새 풍기는 정글이다. 우리는 암흑의 신비이다! 우리는 숨겨진 습곡이자 제1의 지혜이며, 언제나, 언제나 생명을 배고 생명을 낳았다가 다시 생명을 자신의 축축한 어둡고 신비한 주름 속으로 빨아들이는 자궁이다. 존 업다이크는 이렇게 썼다.

따라서 이 제1의 근원으로 돌아간 남성의 성은 존재의 샘에서 물을 마시고 사향 냄새 풍기는 영역으로 들어가며, 그곳에서는 신화상으로 위가 아래이며 죽음이 삶이다.

하지만 자매들이여, 우리가 컵과 병이며 용기와 상자인가? 우리는 자궁이라는 거미줄 안에 웅크린 채 천체를 짜는 거미인가, 아니면 은밀한 지하에 살고 있는 눈먼 거미인가? 우리는 그렇게 내밀하고 신비스러운가? 헤카테〔그리스 신화에서 천상과 지상, 지하계를 다스리는 여신〕여, 그렇지 않다! 남성들과 별 차이가 없다. 사실 남성들은 스스로를 외면화하여 자신들의 몸 너머의 세계로 밀어 넣고 그곳에서 빼낼 수 있는 듯이 보이는 페니스를 갖고 있지만, 페니스가 그들에게 주는 감각은 클리토리스가 우리에게 주는 감각과 마찬가지로, 근사하고 내면적이며 포괄적인 것이다. 발가락 소유자의 성별이 어떻든 간에 발가락조차도 오르가슴을 느끼지 않는가? 남성의 정소(精巢)는 노출되어 있는 반면, 여성의 난소(卵巢)는 엉덩이뼈 맨 아래쪽에서 약간 올라온 안쪽에 갇혀 있다. 하지만 두 기관은 자신들의 산물을 방출하고 내부적·내분비학적, 또한 번식적으로 영향을 미친다. 남성들은 우리와 마찬가지로 보편 정신이라는 우화에 사로잡힌 채 이상 속에 살고 있다.

그런 한편으로 우리는 물론 남성들도 우리 내부의 신체가 매순간에 무엇을 하는지, 즉 간과 심장과 호르몬과 뉴런이 하는 일이 무엇인지 잘 알지 못한다. 하지만 이 모든 강력하고 내밀한 유기 활동들을 지니고 있다는 것이 결코 남성이나 여성이나 어느 누구에게든 신비스런 분위기를 주는 것은 아니다. 나는 췌장을 갖고 있다. 그래서 나는 수수께끼이다.

심지어 여성이 지하 마법사라는 개념을 그대로 보여주는 듯한 사건인 임신 동안에도, 그 어머니는 자신의 위대한 암흑 마법과 조화를 이루지 못하는 때가 있다. 임신 말기에 머리가 몽롱해서 앉아 있을 때 내 아기가 뱃속에서 쉴새 없이 꼼지락거리던 것이 기억난다. 하지만 아기가 행복한지, 불안한지, 지루한지는커녕, 발로 차는지, 팔꿈치로 찌르는지, 탄력 있는 양막에 머리를 들이박는지도 전혀 몰랐다. 양수 검사를 하기 전에도, 나는 여성적인 것인지 모성적인 것인지 파충류적인 것인지 모르겠지만, 아무튼 내 직관으로 태아의 성(性)을 파악했다고 확신했다. 진정한 본능적인 감정이었는데, 그것은 소년처럼 툴툴거렸다. 나는 연한 감청색을 띤 난자 꿈을 꾸다가 그 상징이 지닌 생경한 의미에 당황해서 깨어났다. 적어도 통상적인 해몽에 따르면, 그것은 엄마가 사내아이를 낳을 것이라는 의미였다. 하지만 양수 검사 결과는 달랐다. 그는 여자였던 것이다.

여성의 몸을 신비와 성스러운 내밀한 공간과 같은 차원에 놓으면, 온갖 어리석은 생각들이 사방으로 뻗어나간다. 우리는 밤과 대지는 물론 오래된 할리우드 뮤지컬에 나오는 신나는 무도회처럼 우리의 '피할 수 없는' 순환성을 그토록 능숙하게 따르는 달과도 연관을 맺게 된다. 우리는 배란과 함께 차고, 피와 함께 기운다. 달은 우리를 끌어당기고, 우리의 자궁을 당기고, 생리 때 복통까지 안겨준다. 친애하는 귀부인들이여, 보름달이 뜨는 밤에 울부짖고 싶어 몸이 근질거리지는 않는가? 아마 그럴 것이다. 누가 뭐라 해도 보름달은 너무나 아름답다. 수평선 근처에서 젖이 흐르는 젖가슴처럼 약간 흐릿하게 번져 있을 때 더욱 그럴 것이다. 하지만 기쁨에 젖어 울고 싶은 이런 욕망은 탐폰을 사야 할지 여부와 거의 관계가 없다. 사실 우리 중 대부분, 말하자면 생리를 하는 사람들은 대부분 자신의 생리 주기가 달 순환 주기의 어느 시기에 해당하는지도 잘 모른다. 그러나 과장 섞인 주장들은 떨쳐내기가 쉽지 않고, 우리는 여성을 식품 용기의 성분 표시처럼 지겨울 정도로 교묘하게 묘사한 말들과 계속 마주친다. 카밀 패글리아가 《성적 페르소나》에 쓴 것처럼 말이다.

자연의 주기는 여성의 주기이다. 생물학적 여성성은 같은 지점에서 시작되고 끝나는, 순환 반복의 연속이다. 여성은 자연의 순환을 초월하거나 그 역사에서 달아나는 꿈을 꾸지 못한다. 여성 자신이 그 순환이니까. 그녀의 성적 성숙은 차고 기우는 주기를 가진 달과의 혼인을 의미한다. 고대인들은 여성이 거절할 수 없는 약속 시간이 표시된 자연의 달력에 매여 있음을 알고 있었다. 그녀는 자유 의지란 없다는 것을 안다. 그녀는 자유롭지 못하기 때문이다. 그녀에게는 받아들이는 것밖에 선택의 여지가 없다. 그녀가 모성을 원하든 원하지 않든 간에, 자연은 그녀에게 출산 법칙이라는 경직된 야만적인 리듬을 멍에로 씌운다. 월경 주기는 자연이 원하기 전까지는 끌 수 없는 자명종이다. 달, 월, 월경. 그것은 같은 말이자 같은 세계이다.

아, 그렇다. 어원은 때로 진리의 심판자이다.

나, 그리고 아마도 당신들, 나의 자매들이 오래전에 끄집어내서 갈기 갈기 찢어 불태웠다고 생각했던 그 모든 구린내 나는 진부한 표현들이 최근에 부활한 것을 보면서 여성들은 너무나 놀랐고, 사실상 미칠 지경이다. 오랫동안 생물학과 진화를 다룬 글들을 읽고 써온 나는 '과학'이 당나귀 꼬리처럼 우리의 그녀라는 과녁에 꽂힌[눈을 가리고 당나귀나 말 그림에 꼬리를 다는 놀이] 그 자리에 경직된 현실주의 담론이 풀칠되는 방식에 솔직히 신물이 난다. 나는 여성이 그 모든 낡은 헛소리들과 실제로 어떻게 같은가를 말하는 진화심리학이나 신다윈주의나 성(性)생물학 관련 책들을 읽기가 싫증이 난다. 우리가 남성들에 비해 미적지근한 성적 충동을 갖고 있으며, 상대적으로 일부일처제에 더 목말라하며, 냉엄한 성 투기장의 바깥에 있으며, 성취와 명성에 비교적 관심이 없으며, 행동하기보다는 그냥 있는 것을 더 좋아하며, 조용하고 자족적인 본성을 갖고 있으며, 더 '다정다감'하며, 수학적 능력이 떨어지는 등 흐리멍덩한 크로마뇽인 조상들이 갖고 있었을 기타 등등의 특징을 보여준다는 책들 말이다. 나는 진화적 설명이 어떻게 그런 것들을 여성의 본성이라고 말하는지, 어떻게 우리가 그 이야기들을 고지식하게 꿋꿋하게 웃으면서 마주 대해야 하는지 듣기가 지겹다.

나는 나의 페미니스트적 여성 옹호 신념이 '현실'을 보고 '사실'을 인식하는 데 장애가 되도록 해서는 안 된다는 말을 듣는 것도 마찬가지로 지겹다. 나는 동물성을 사랑하고, 생물학을 사랑하고, 몸, 특히 여성의 몸을 사랑하기 때문에 이 모든 것이 지겹다. 나는 뇌가 침울해지거나 거만해질 때 몸이 뇌를 정신차리게 만드는 것을 사랑한다. 하지만 타고난 여성성이 어떻다고 현재 떠들어대는 이야기들 중에는 너무나 빈약하고 불완전하고 부정확하며, 너무나 놀랍게도 실제 증거가 전혀 없어서 나만이 아니라 다른 수많은 여성들에게도 거짓말처럼 들리는 것들이 많다. 그 여성들은 과학이 자신들에게 말하는 것 그리고 자신들에 관해 말하는 것을 대개 무시한다.

그런 한편으로 다윈주의와 여성다움의 생물학적 견해에 반대하는 표준 주장들도 몸, 아니 적어도 몸이 행동에 미친 영향을 부정하는 태도에 근거를 두고 선언되곤 하므로, 반드시 성공을 거두는 것은 아니다. 그것은 마치 우리가 몸에 의지하지도 이따금 몸으로부터 몇 가지 정보를 얻는 것조차도 하지 않은 채, 우리의 삶을 통해 심리영성적으로 재생할 수 있는 순수한 정신, 순수한 의지인 것처럼 본다. 다윈주의와 생물주의를 비판해온 사람들 중에는 슬프게도 대개 나 스스로 끼려 애쓰고 있는, 고매하고 반드시 있어야 할 시민들인 페미니스트와 진보주의자들이 많다. 알다시피 수동적인 여성이라는 신화를 공격하거나 남녀의 수학 재능에 어찌할 수 없는 차이가 있다는 것을 보여주는 연구들을 공격할 때처럼, 그 비판가들의 비판은 때로 정당하다. 그렇지만 그들이 할 수 있는 것이 아니라고 말하는 것뿐일 때, 그들은 실망시킨다. 그들은 결점을 집어내고 투덜거리고 거부한다. 호르몬은 중요하지 않다, 욕구는 중요하지 않다, 냄새와 감각과 생식기도 중요하지 않다. 몸은 결코 운전사가 아니라 탈것일 뿐이다. 모든 것은 배우고, 모든 것은 사회적으로 구성되며, 모든 것은 문화적 조건 형성의 결과이다. 또 비판자들은 인간이 특수하다는, 즉 아마 더 나을 수도 있고 더 나쁠 수도 있겠지만 진화의 다른 수공예품들과 근본적으로 다르다는 암묵적인 전제를 갖고 일한다. 그들은 다른 종을 연구해봤자 우리 자신에 관해 배우는 것은 거의 없으며, 특히 우리 여성들은 잃을 것이 많다고 한다. 어쨌거나 우리가 실험용 암컷 생쥐에 비교됨으로써 언제 혜택을 받은 적이 있었나? 사실 우리는 다른 종을 연구함으로써 우리 자신에 관해 꽤 많은 것을 배워야 한다. 물론 우리는 그렇게 한다. 당신이 다른 동물들을 지켜보면서 그들의 행동 속에서 당신 자신의 단편들을 보지 못한다면, 당신은 제대로 된 인간이 아니다. 그렇지 않을까? 나로 말하자면, 다른 동물들로부터 배우고 싶어하는 쪽이다. 나는 초원의 들쥐에게서 가능한 한 친구들과 꼭 붙어 자고 서로 사랑하면서 많은 시간을 보내야 한다는 불변의 논리를 배우고 싶다. 나는 빈둥거리는 일에 전문인 내 고양이들에게서 숙면을 취하는 법을 배우고 싶다. 나는 우리의 보노보 자매들인 피그미침팬지에게서 생식기끼리 문지르는 법 외에 논쟁을 평화롭고도 유쾌하게 해결하는 법을 배우고 싶다. 그리고 나는 수컷들이 더 크고 더 강함에도 불구하고 보노보들이 수컷에게 방해받지도 않고 심지어 시달리는 일이 거의 없이 서로 붙어 다니는 암컷들에게서 자매애의 가치를 새롭게 발견하고 싶다. 여성들이 갖은 수를 써서 성폭력, 아내 학대, 강간 같은 문제를 대중의 눈앞에 그리고 의회 앞까지 끌고 온 것은 끈질기고 조직적인 자매애적 활동을 통해서만 이룰 수 있었던 일이며, 보노보 암컷들은 이미 오래전에 자신들의 원시적인 인식 방식을 통해 그 모든 것을 이루어냈던 것이다.

나는 우리가 다른 종, 우리의 과거, 우리의 일부로부터 배울 수 있다고 믿으며, 그것이 바로 내가 이 책을 여성성의 과학적 환상곡으로 쓴 이유이다. 우리는 과학에게 쉽게 학대당할 수 있는 만큼, 과학을 우리의 목적에 맞게 사용할 수 있다. 우리는 자신을 고양시키거나 즐겁게 하기 위해 과학을 사용할 수 있다. 계통학, 발생학, 유전학, 내분비학 등 이 모든 것을 그러모으는 나는 뜨내기 협잡꾼이다. 나는 여성의 염색체, X염색체라고 불리는 거대한 염색체를 샅샅이 뒤지고, 그것이 왜 그렇게 큰지, 그것이 어떤 눈에 띄는 특징을 지니고 있는지(사실 지니고 있다) 묻는다. 나는 여성들의 생식기는 왜 그런 식으로 냄새를 풍기는지 묻는다. 나는 수유, 월경, 사춘기, 폐경기 등등 여성 생애의 특정 시기에 일어나는 화학적 변화들을 탐구하고, 각 시기가 어떻게 단조로운 신체의 항상성을 파괴하여 선명함, 즉 감각을 예민하게 할 수 있는지 생각한다. 그리고 우리 중 어느 누구도 닫힌 계가 아니라 지역 사회라는 용액 속에 떠 있는 것이므로, 몸이 어떻게 외부에서 오는 화학 신호들을 빨아들이며, 세계를 흡수하는 그 행동이 어떻게 우리의 행동을 뒤흔드는지, 말하자면 영감이 어떻게 계시가 되는지 묻는다. 이 책은 대체로 작은 것에서 큰 것으로, 난자라는 치밀하고 가시적인 것에서 사랑이라고 부르는 몹시 달콤한 감각의 늪으로 나아간다. 전체적으로는 두 부분으로 나뉘는데, 앞부분은 몸의 구조, 우리 해부 구조의 서술 대상들을 다루고, 뒷부분은 몸의 체계, 즉 호르몬과 신경처럼 우리 행동과 열망의 토대가 되는 것들을 다룬다.

나는 이 책이 담고 있지 않은 것에 대해서도 몇 마디 하고 싶다. 이 책은 성 차이의 생물학, 이를테면 남성과 여성이 얼마나 비슷하고 다른지 같은 것을 다루고 있지 않다. 이 책은 필연적으로 남성과 수컷의 생물학을 많이 참조한다. 우리는 부분적으로 타자와 비교하는 방법을 통해 우리 자신을 정의하며, 가장 가까이에 있는 타자는 당연히 남성이다. 그렇지만 남녀가 행복한 사건이나 쇼핑 목록을 떠올릴 때 뇌가 반짝이는 부위가 서로 다르다거나, 그런 차이들이 당신이 서로의 관계를 허심탄회하게 이야기하고 싶어할 때 그가 하키 경기를 보고 싶어하는 이유가 될지 모른다는 식의 연구를 깊이 탐구하지는 않을 것이다. 나는 학술적인 적성 검사 점수로 남녀를 비교하지 않을 것이다. 어느 쪽 성이 후각이나 방향 감각이 나은지, 천성적으로 남에게 방향을 묻지 못하는지도 묻지 않을 것이다. 진화심리학자들이 자신들이 상정한 남녀의 번식 전략 차이를 설명하기 위해 내놓은 주장들을 일부 규명하고 있는 18장에서도 나는 성 차이를 둘러싼 논쟁보다는 여성의 본성을 보는 진화심리학의 빈약한 관점에 도전하는 데 초점을 맞추었다. 즉 이 책은 두 성 사이에 벌어지는 전쟁의 최전선에서 보내온 책이 아니다. 다시 말해 이 책은 여성을 다룬 책이다. 그리고 비록 여성들뿐 아니라 남성들도 이 책의 독자가 되었으면 하는 것이 내 바람이지만, 나는 이 책의 평균에 해당하는 독자가 여성gal이라고 가정하고 쓸 것이다. 나는 이 책에서 내키는 대로 gal이라는 단어를 쓸 것이다. 이유는 그 단어를 내가 좋아하고, 모든 증거와 상관없이 그 단어가 곧 다시 유행하게 될 것이라는 생각을 버리지 못하기 때문이다.

한 가지 더 말하자면, 이 책은 실용적이지 않다. 이 책은 여성 건강의 지침서가 아니다. 나는 할 수 있는 부분에서는 과학적으로나 의학적으로나 정확성을 기했지만, 논쟁의 여지가 있는 부분에서는 내 견해를 고집했다. 에스트로겐이 그 예이다. 이 호르몬은 내가 좋아하는 것 중 하나이다. 그것을 찬미한 장에서 보여주려 했듯이, 에스트로겐은 한 편의 교향시이다. 하지만 에스트로겐은 한쪽에 삶과 뇌 기능을 간직하고, 다른 한쪽에 죽음을 간직한 야누스의 얼굴을 한 호르몬일 수도 있다. 유방암의 근원이 무엇이든 간에, 그 병은 에스트로겐을 매개로 할 때가 종종 있다. 따라서 나는 여성에게 할당된 몫만큼 그것을 갖고 태어났다는 것에 기뻐하긴 했지만, 그것을 보충하겠다는 생각은 한 번도 한 적이 없었다. 나는 절대 피임약을 먹지 않으며, 적절한 지면을 통해 말한 바 있지만 에스트로겐 대체 요법도 거부한다는 생각을 절대 바꾸지 않을 것이다. 이 책은 모든 흑인 여권 운동가들을 부화시킨 책이자, 결코 어설프게 모방해서는 안 될 놀라운 선구적인 저서인 《우리의 몸, 우리 자신》의 부산물이 아니다.

　이 책은 '여성을 만드는 것이 무엇인가?'라는 질문을 다루고자 한다. 하지만 나는 집어넣지 않은 블라우스 자락처럼 펄럭거리는 내 편견과 인상과 욕망을 통해 서투르고 색다르게 여성성이라는 주제의 변죽을 울릴 수밖에 없다. 물론 모든 여성은 자신이 주는 것들과 받는 것들을 바탕으로 삼아 자신을 여성으로 만드는 것이 무엇인지 스스로 판단을 내려야 한다. 나는 몸이 어떻게 그 대답의 일부인지, 의미와 자유로 나아갈 길을 가르쳐주는 지도가 되는지 보여주고 싶을 뿐이다. 하버드 의대의 메리 카슨은 생물학적 지식을 활용해 우리의 심리적 상처를 치료하고, 두려움을 이해하며, 우리가 가진 것들의 대부분과 우리를 소유하고 우리를 사랑할 사람들의 대부분을 만들어내는 것을 '해방 생물학'이라고 불렀다. 탁월한 표현이다. 우리는 해방을, 영속적인 혁명을 원한다. 여태껏 우리가 살아온 궁전의 문 앞보다 봉기를 일으키기 더 좋은 곳이 또 어디 있겠는가?

여자, 내밀한 몸의 정체

1

난자의 비밀 풀기

그것은 완벽한 태양 전지 하나로 시작된다

어른 몇 명을 사랑스러운 아기와 함께 방에 놔두어보라. 그러면 한낮의 태양 아래 버터가 담긴 통을 놔두는 것과 같을 것이다. 요람 옆에 다가가는 순간 다 자라서 굳은 그들의 뼈는 부드러워지고 척추는 구부러지기 시작한다. 그들의 눈은 기쁨이라는 백내장에 걸려 부옇게 흐려진다. 그들의 지성은 온데간데없고 그들의 목소리는 카운터테너와 소프라노와 아기 돼지의 소리 같은 새로운 음역으로 뻗어 나간다. 그리고 아기의 손에 시선이 닿는 순간, 그들은 고대의 찬가를 그 손톱에 바칠 자세를 갖춘다. 신생아의 손톱, 그 사랑스럽게 농축된 조숙함보다 어른들의 찬탄을 불러일으키는 것은 없다. 작은 큐티클 층 밑의 속살, 눈썹 모양의 하얀 각질, 섬세하게 굽은 손톱 면, 저절로 감탄사가 튀어나올 그 손톱 전체의 능률성을 보라. 정말로 제 역할을 하는 듯이 보이지 않는가! 우리는 아기의 손톱이 우리를 우쭐하게 만드는 능력, 말하자면 축소판이면서도 우리 자신의 손톱 모양을 그대로 재현하는 능력을 지니고 있기 때문에 그것을 사랑한다. 호문쿨루스, 즉 축소되어 있는 어른은 허벅지나 눈이나 촉촉한 앵무조개 껍데기 같은 귀보다도 아기의 손톱에 들어 있다. 그래서 우리는 손톱을 보고 아기의 미래를 확신한다.

나로 말하자면, 나는 난자를 더 좋아하는 쪽이다.

　　임신 중반기에 접어들 무렵, 내 아기가 딸임을 알았을 때, 나는 두 개의 거울이 마주보고 있는 방에, 말하자면 이쪽 거울에 자신의 영상이 담긴 반대편 거울이 비치고 다시 그 거울에 반대편 거울이 비치면서 무한히 영상이 반복되어 있는 거울 사이에 나 자신이 서 있다는 상상을 하기 시작했다. 임신 20주가 되자, 내 딸은 체중이 270그램에 못 미치는 바나나만 한 크기로 자랐고, 바나나 같은 자세로 내 안에서 떠다니고 있었다. 마치 내 유전적 미래를 담은 포도덩굴들이 뒤얽혀 있는 것 같았다. 태아 기간의 절반밖에 살지 않았지만, 그녀는 이미 당신이 지금 읽는 '난자'라는 글자보다 작은 자신의 난소 안에 자신이 지니고 있을 모든 난자들을 갖고 있었다. 내 딸의 난자들은 죽음을 체험한 사람들이 말하는 터널 끝의 빛, 잠재력을 지닌 은색의 점들이다. 아들은 자신의 자랑스러운 '씨'인 정자를 사춘기가 될 때까지 만들지 않는다. 하지만 내 딸의 생식세포, 우리의 씨는 이미 태아 때 기틀이 잡혀 있으며, 그 솎아낸 염색체, 부모의 역사를 담은 도자기들은 자신의 작은 인지질(燐脂質) 자루 속에 담겨 있다.

　　우리는 인형 속에 똑같은 모습의 작은 인형이 들어 있는 러시아 전통 인형 마트료쉬카의 이미지를 너무나 자주 사용한다. 나는 도처에서, 특히 과학의 수수께끼들을 묘사할 때 그 이미지가 사용되는 것을 본다. 하나의 수수께끼를 풀고 나면 또 다른 수수께끼와 만난다는 식으로 말이다. 하지만 그 비유를 내던지기에 딱 맞는 시기가 있다면 바로 지금, 포개져 있는 모계성의 특성을 묘사하는 시점이다. 원한다면 알 모양의 인형과 그 왕조의 어찌할 수 없는 예측 불가능성과 유동성을 생각해보라. 그 알 모양의 어머니를 열고 알 모양의 딸을 꺼내보라. 그 딸을 열면 다음 알이 어서 깨 달라고 빙긋 웃으며 맞이한다. 그 일이 얼마나 되풀이될지 당신은 미리 말할 수 없다. 당신은 무한히 계속될 것이라고 기대한다. 나의 딸이여, 나의 마트료쉬카여.

방금 전에 나는 내 딸이 태아 중반기에 자신의 모든 난자를 지니고 있다고 말했다. 사실 그녀는 너무 많은 지원을 해준 양계장처럼 수용 능력을 넘어설 정도로 많은 난자를 지니고 있었다. 그녀는 모든 난자와 훨씬 더 많은 난자를 지니고 있었고, 나중에 월경을 시작하기 전에 그 반짝이는 생식 세포들의 대부분을 잃을 것이다. 임신 20주째에 태아가 지닌 난자의 수는 최대에 달해 600~700만 개가 된다. 그 다음 20주 동안에 이 난자들 중 400만 개가 죽을 것이고, 사춘기가 될 때쯤이면 약 40만 개의 난자들이 더 이상 비좁다고 싸우지도 투덜거리지도 않은 채, 공간이 넓어졌다고 몹시 기뻐할 것이다.

속도는 더 느려지지만 그 상실은 여성이 젊은 시절을 거쳐 중년에 접어들 때까지 계속된다. 기껏해야 그녀의 난자들 중 450개만이 배란이라는 초대를 받을 것이고, 그녀가 임신을 해서 배란을 중단한 채 많은 시간을 보낸다면 초대를 받는 난자의 수는 훨씬 더 줄어들 것이다. 폐경기가 되면 난소에는 난자가 거의 남아 있지 않다. 나머지는 모두 사라진 것이다. 그것들은 몸에 회수된다.

이것이 바로 생물의 기본 원리이다. 생명은 방탕하다. 생명은 헤프다. 생명은 수입 이상의 지출을 함으로써만 살아남을 수 있다. 지나치게 많이 만든 다음 그것을 깎아내면서 나머지는 내던져 죽인다. 뇌는 수많은 세포의 죽음을 통해 형성된다. 뉴런neuron들이 지나치게 들어찬 초기의 충만한 푸딩 상태에서 주름이 있고 서로 연결되어 있는 체계를 갖춘 구조로, 뇌엽과 중추가 뚜렷하게 드러나는 구조로 바뀌는 것이다. 인간의 뇌가 발달을 끝낼 무렵인 유아 때까지 원래 있던 세포의 90퍼센트가 죽으며, 특권을 지닌 소수만이 살아남아 죽음이라는 운명 속에 살면서 힘겨운 일을 해 나간다. 팔다리도 이런 식으로 만들어진다. 배아(胚芽) 발생의 어떤 시점에서 손가락과 발가락은 그것들을 서로 연결하고 있는 그물에서 풀려나야 한다. 그렇지 않으면 우리는 물갈퀴와 지느러미를 지닌 채 양막 수족관에서 나오게 될 것이다. 미래가 펼쳐지는 것도 이런 식이다.

우리 여성들이 처음에 지닌 몇백만 개의 난자들은 세포 자살apop-tosis이라는, 세포가 본래 지닌 프로그램을 통해 깨끗이 파괴된다. 난자들은 단순히 죽는 것이 아니다. 그들은 자살한다. 그들의 막이 세찬 바람에 펄럭거리는 속치마처럼 헝클어지면서 그들은 산산조각 나며, 그러고 나서 각 조각은 이웃 세포들 속으로 흡수된다. 멜로드라마까지는 아니라도 우아하게 스스로 떠남으로써, 그 희생적인 난자들은 자매들에게 부화실을 널찍이 쓰게 해준다. 나는 어팝터서스라는 그 단어, '팝' 하고 말할 때의 그 소리를 좋아한다. 난자는 팽팽하게 빛을 반사하며 잠깐 반짝였다가 펑! 하고 터지는 비누 거품처럼 펑 하며 흩어진다. 그리고 내 딸이 내 안에서 성장하는 동안, 그녀의 신선한 작은 난자들은 매일 몇만 개씩 터져 나갔다. 그녀가 태어날 때쯤이면 난자는 그녀의 몸에서 가장 희귀한 세포가 될 것이라고 나는 생각했다.

과학자들은 지난 몇 년 동안 세포 자살에 많은 관심을 보여왔다. 그들은 암, 알츠하이머병, 후천성 면역 결핍증 등 연구비 지원 기관에 알려진 모든 질병들을, 몸의 일부가 스스로 죽어야 할 때를 통제하는 신체 능력에 이상이 생긴 것과 연관지으려 애써왔다. 임신한 여성의 눈에 주위에서 배가 불러온 여성들밖에 보이지 않는 것처럼, 과학자들의 눈에는 자신들이 검사하는 모든 환자나 병에 걸린 흰쥐에게서 세포 자살이 제대로 이루어지지 않는 것이 보이며, 그들은 세포 자살을 이해하기만 하면 치료와 완화 측면에서 놀라운 보상이 있으리라고 예상한다. 우리의 목적상 질병이나 기능 장애는 생각하지 않기로 하자. 그 대신 우리는 떼지어 죽어가는 무리에게 박수를 보내고 그들의 죽음에 감사의 눈물을 바치자. 그렇다, 그것은 낭비이다. 그렇다, 그렇게 많이 만들어 놓고 그 즉시 거의 전부를 파괴하는 것은 어리석은 짓 같다. 하지만 자연이 깍쟁이라면, 성공을 거둘 수 있을까? 자연이 정말로 확실히 그 정도로 지나치지 않다면, 우리가 그 유명한 다양성, 자연이 자신의 옷자락에 단 반짝이는 장식들과 깃털 목도리들을 과연 볼 수 있게 될까? 이렇게 생각해보라. 선택되지 않는 것이 없다면, 선택도 있을 수 없다고 말이다. 달걀을 깨뜨리지 않는다면, 수플레 요리도 있을 수 없다. 솎아 내는 과정을 거쳐 살아남은 알들이 둥지에서 가장 멋진 알이 될 수 있는 것이다.

따라서 난자의 관점에서 보면, 우리는 그렇게 무작위적인 초라한 존재, 많은 사람들이 하늘에 삿대질(이런, 왜 나란 말이야? 어떻게 해서 그렇게 터무니없는 일이 벌어진 거야?)을 해대는 젊은 시절에 우울해하며 생각했던 것과 달리 그렇게 우연이나 변덕의 산물이 아닐 수도 있다. 우리가 존재할 가능성에 다다르기까지 얼마나 많은 키질을 겪었는지를 생각할 때, 우리 중 어느 누가 존재할 기회는 존재하지 않을 기회에 비하면 그다지 터무니없어 보이지 않는다. 나는 생명이 왜 그렇게 제대로 활동을 하는지, 인간과 다른 동물들이 전반적으로 왜 그렇게 멋진 조건 속에서 배양되어 나오는지, 왜 발달 과정에서 끔찍한 일들이 더 일어나지 않는지 궁금해하곤 했다. 우리 모두는 임신 초기에 자연 유산될 확률이 높다는 것을 알고 있으며, 우리 모두 그 유산의 대다수는 염색체가 너무 잘못되어 있어서 배아를 제거하는 다행한 제거 과정이라는 말을 들어왔다. 하지만 그 시점까지 오기 훨씬 전에, 불완전한 난자와 나쁜 정자가 만났을 때, 아니야, 아니야, 아니야 하며 활발하게 판단이 내려지면서, 광범위한 세포 자살 사건이 벌어졌다. 너는 아니야, 너는 아니야, 너는 절대 아니야. 세포 자살을 거쳐, 마침내 우리는 좋아하는 말에 다다른다. 그것은 듣기 힘든 말이지만, 그렇게 희귀하기 때문에 아름다운 말이다.

우리는 모두 승낙을 얻은 자들이다. 우리는 충분한 가치가 있으며, 우리는 검열을 통과했으며, 우리는 대규모의 태아 난모(卵母) 세포 사멸 속에서 살아남았다. 그런 의미에서 적어도 우리는 존재할 의미가 있다. 그것을 기계정신적mechanospiritual 의미라고 부르자. 우리는 좋은 난자들이다. 우리 각자 모두.

당신의 난자에 문제가 없었다면, 당신의 잉태 능력을 걱정할 필요가 없었다면, 당신은 아마 당신의 난자에 그다지 관심을 가지지 않았을 것이며, 그들의 중요성, 즉 난자 세포들이 지닌 특수한 능력을 깊이 생각해본 적이 없을지 모른다. 당신은 알을 생각할지 모른다. 당신은 음식을 생각할지 모른다. 삶거나, 부치거나, 먹어서는 안 된다거나. 아니면 당신은 뒷마당에서 개똥지빠귀의 알 두세 개가 담긴 둥지를 발견하는 운이 좋은 어린 시절을 보냈을 수도 있다. 너무나 부드럽고 약해 보여 건드릴 생각은커녕 숨조차 멈추었을지 모른다. 불행히도 나는 소녀 때 다른 종류의 동물 알에 익숙했다. 바퀴벌레의 알. 대개 내가 찾아낸 것은 안에 있던 것이 안전하게 빠져나가고 난 빈 껍데기뿐이었다. 그것은 쏘고 난 뒤의 탄피처럼 마음을 불안하게 만들었고, 곤충의 우월성을 더 뚜렷이 보여주었다.

많은 문화권에서 난자의 상징적 의미는 달걀 모양이다. 세계의 알은 우리 속세를 향한 바다 쪽으로 갈수록 넓어지고, 위쪽으로 가면 하늘을 가리키듯 좁아진다. 중세의 그림이나 성당의 팀파눔〔그리스식 건축에서 합각

머리와 돌림띠, 또는 박공 등의 삼각면)에서 그리스도는 천국의 알 속에 앉아 있다. 세상을 낳았던 그는 세계를 죽음에서 구하기 위해 세상 속으로 태어났다. 부활절에 우리는 재탄생, 부활을 축하하기 위해 달걀에 색칠을 한다. 그 달걀 속에 생명이 있다. 마치 달걀 모양으로 마주 오므린 두 손 사이에 생명이 누워 있는 것처럼. 힌두교의 신인 가네샤와 춤추는 시바는 불꽃들이 만들어내는 달걀 모양의 받침 위에 앉아 있거나 그 위에서 춤을 추고 있다. 추상적인 파스텔 마트료쉬카처럼 다른 꽃잎 위로 벌어져 있는 꽃잎들을 그린, 여성 성기를 연상시키는 꽃 그림들을 통해 조지아 오키프는 여성의 생식기가 여성의 출산 능력을 재현하듯이 난자의 이미지를 환기시키고 있다.

닭이나 다른 새들의 난자는 포장의 승리이다. 새의 암컷은 수컷과 짝짓기를 하기 오래전에 생식관 안에 난자 덩어리를 만들어둔다. 그녀는 난자에 배아가 홀로 먹이를 쪼아 먹는 시기에 도달할 때까지 필요한 모든 양분들을 공급한다. 난황(卵黃)에 콜레스테롤이 그렇게 풍부한 이유, 따라서 사람들이 그것을 아슬아슬한 음식으로 보는 이유는 자라는 태아가 어떤 몸이든 몸을 구성하는 세포들의 막을 만들려면 콜레스테롤이 충분하게 있어야 하기 때문이다. 그 새는 난자에 단백질과 당과 호르몬과 성장 인자들을 준다. 찬장이 다 채워진 뒤에야 그 난자는 정자를 통해 수정될 것이고, 몇 겹의 탄산칼슘 함유층으로 된 알 껍데기로 봉인되어, 몸 밖으로 나온다. 새의 알은 보통 계란형이다. 거기에는 공기 역학적인 이유도 있다. 그 모양은 새의 몸에서 산도(産道)에 해당하는 통로인 배설강(排泄腔)을 따라 내려가는 험난한 여행을 훨씬 수월하게 해준다.

여성들은 암탉이라고 불려왔고, 영국에서는 새라고 불려왔지만, 우리 난자를 암시하는 것이라면 그 비유는 어리석은 것이다. 다른 포유동물의 난자와 마찬가지로 여성의 난자는 새의 알과 전혀 다르다. 물론 난자에는 알 껍데기가 없으며, 설령 난자 안의 액상 물질인 세포질이 당신의 손가락을 담글 수 있을 만큼 커서 건드릴 때 약간 난황처럼 느껴진다 해도, 진정한 난황도 없다. 그리고 인간의 난자는 배아를 먹일 양분도 전혀 갖고 있지 않다. 또 매달 배란기에 난자 하나가 성숙해져 나온다고 해도, 그것이 곰보 얼굴의 차가운 달이 아니라는 것은 분명하다.

나는 다른 제안을 하고 싶다. 남성들이 태양에 배타적인 권리를 갖고 있다는 개념을 거부해보자. 헬리오스, 아폴로, 라, 미트라 같은 황금빛 소년들이 매일 빛을 비추고 모든 생명체를 자라게 하는 태양 전차의 좌석을 모두 차지해야 할까? 이것은 신화의 실수이다. 왜냐하면 여성의 난자는 전기적으로 가장 활발하다는 측면에서 그 어느 것보다도 태양과 닮았기 때문이다. 불의 혀를 날름거리는 완벽한 구라는 측면에서 말이다.

머라이어 버스틸로 박사는 정말 인생이 즐겁다는 듯이 이따금 웃음을, 내밀한 웃음을 머금는 키 작고 통통한 40대 중반의 여성이다. 그녀는 풍만하긴 하지만 뚱뚱하지는 않으며, 짧지도 길지도 않은 검은 머리카락을 지니고 있다. 불임 전문의인 버스틸로는 인간 난자의 수확자이자 능숙한 조작자이며, 음침한 마술사이자, 현대의 데메테르[그리스 신화에 나오는 곡물 또는 대지(大地)의 여신]이다. 그녀는 아기를 절실히 갖고 싶어하는 부부들을 도와주며, 그들에게는 여신이다. 하지만 그녀가 도울 수 없는 부부들도 있다. 그런 부부들은 IVF나 GIFT 같은 약자로 불리는 기도문을 한 번 외울 때마다, 비유가 아니라 정말로 몇천 달러씩을 변기에 쏟아버리고 있다.* 그것이 바로 우리가 읽고 듣고 다시 읽고 있는 현재 불임 치료의 현실이다. 그것은 아주 비싸며, 그렇게 비용을 들이

고도 실패하곤 한다. 그렇지만 버스틸로는 우울한 기색 없이 즐겁게 엷은 웃음을 머금고 있다. 그녀는 활력과 태평스러움을 한꺼번에 보여주려는 듯하다. 직원들은 그녀와 함께 일하기를 좋아한다. 환자들은 그녀의 솔직하고 생색내지 않는 태도를 높이 산다. 나는 그녀를 만나자마자 거의 조건 없이 좋아하게 되었다. 그녀가 내게 뭔가를 상기시켜준 때가 한 번 있었다. 그렇다, 그녀는 의사이다. 듣기 싫은 소리를 재치 있게 돌려 말하는 활달한 목장 소녀이다. 그녀는 질 검사를 하기 전에 손을 씻을 때면, 오래전에 자신이 한 교수에게서 들은 이야기를 능글맞게 들려주곤 했다.

"그는 내게 말했죠. '질 치료를 하기 전에 손을 씻는 것은 배변을 보기 전에 샤워를 하는 것과 같아.'"

그녀는 질은 아주 더럽기 때문에 네 손을 댄다고 해도 거기에 이미 있는 것보다 더 안 좋은 것이 들어갈 리가 없다는 뜻이라고 말했다(이런 식의 구멍 격언은 4장에 나오는 늙은 남편들의 배변 덩어리 이야기이다. 질은 전혀 더럽지 않다. 정말로 부인과 의사의 신성하지 않은 귀에 대고 "선생님, 손 씻으세요" 하고 요구하는 게 너무 과한 것일까?).

나는 난자를 보기 위해 뉴욕의 마운트시나이 의대에 있는 버스틸로를 만났다. 많은 종의 난자를 보았지만, 사진으로 본 것 말고는 나 자신의 난자를 직접 본 적이 없다. 인간의 난자를 보기란 쉽지 않다. 그것은 몸에서 가장 큰 세포이지만, 그래도 지름이 1밀리미터의 10분의 1에 불과하기 때문에 아주 작다. 아기의 머리카락으로 종이에 구멍을 하나 뚫을 수 있다면, 난자 크기가 어느 정도인지 알 수 있을 것이다. 더구나

---

* IVF는 구식 방법인 체내 수정에 반대되는 시험관 수정(체외 수정)을 뜻한다. GIFT는 생식 세포 난관 내 이식의 약자로서, 여성의 난관 안에 정자와 난자를 주입하여 그들이 알아서 서로를 찾아 접합자를 이루도록 하는 방법이다.

난자는 본래 보이지 않게 되어 있다. 다른 포유동물의 난자와 마찬가지로 인간의 난자는 어둠 속에서 만들어진다. 몇 겹으로 둘러싸인 내장 깊숙이 있기 때문이다. 그리고 당신은 그 점에 감사해야 할 것이다. 왜냐하면 당신이 영리하고 살지고 세밀하게 주름이 진 뇌를 가지게 된 것도 어느 정도는 그러한 특성 때문이니까. 체내에서 착상되어 자라는 태아는 보호받으며, 보호받는 태아는 거대한 뇌가 충분히 자랄 수 있을 만큼 오랜 시간 마음껏 빈둥댄다. 따라서 우리는 알머리egghead〔대머리나 지식인을 뜻하는 속어〕라는 말에 새로운 의미를 부여하는 셈이다. 보이지 않는 구석에 틀어박혀 있는 난자에서 튀어나온 전두엽이 태어났기 때문이다.

정자의 상황은 전혀 다르다. 정자 세포는 난자 부피의 극히 일부분에 불과할 정도로 난자보다 매우 작으며, 광고 사진에서 볼 수 있는 형태와도 똑같지 않다. 그렇지만 겉으로 드러나고 공공연히 소비되도록 설계되어 있기 때문에 정자는 기술 관음증의 대상이 되기 쉽다. 3백 년 전 안톤 반 레벤후크는 현미경의 원형을 발명한 뒤에 인간의 사정 액을 유리판 위에 바르고 그것을 자신이 만든 마법의 렌즈 밑으로 밀어 넣었다. 그리고 남성들이여, 나는 여기서 접합자(接合子) 위주의 내 편견을 잠시 접어두고, 당신들의 정자가 확대해보면 정말로 장엄하다고 말하려 한다. 우리가 먼 과거에 편모가 달린 원시 생물이었음을 생생하게 보여주는 증거인 정자는 어디로든 즉시 튀어 나가고 맴돌고 요동치는, 격렬하게 날뛰는 채찍 같은 꼬리가 달린 눈물 방울이다. 현미경을 통해 떠나는 매혹적인 모험이라는 측면에서 보면, 정액 한 방울은 학술적으로 더 익숙한 연못 더껑이 한 방울보다 훨씬 낫다.

여성의 몸은 세포 자살을 통해 난자들을 버릴지 모르지만, 순순히 난자를 내놓지는 않는다. 그러면 어떻게 난자를 볼까? 한 가지 방법은 난자 기증자를 찾는 것이다. 성인이기도 하고 광인이기도 하고 낭만주의자이기도 하고 용병이기도 한 여성, 그리고 그 모든 것을 버스틸로가 '건망증의 우유'라고 부르는 마취제의 통제 밑에 놓으면, 그녀는 자신의 몸이 전쟁터에서 피를 흘리며 울부짖는 것을 느끼지 못할 것이다.

베스 데로치는 자신의 배를 두드리면서 낭랑하게 외친다.

"부었다니까요! 호르몬으로 꽉 차 있어요! 나는 남편에게 말하죠. 거기 그대로 있어!"

그녀는 스물여덟 살이지만 5년은 더 젊어 보인다. 그녀는 한 출판사에서 관리 직원으로 일하고 있으며 편집 분야로 옮기고 싶어한다. 그녀의 머리카락은 길고 검고 제멋대로 양쪽으로 갈라져 있으며, 그녀는 다소 입을 크게 벌리고 웃어서 이빨이 다 보일 정도이다.

"나는 누구에게도 내 이빨을 물려주고 싶지 않아요. 그것만은 안 돼요. 내 이빨은 정말 약하거든요."

데로치는 흥겹고 매우 외향적인 여성이다. 얇은 환자복을 입고 있어도 그녀의 행동에는 부끄러움이나 망설임이 없다. 그녀는 통통 튀고 웃어대고 몸짓을 하며 말한다. 방에 있는 간호사가 탄복한다.

"그녀는 너무 훌륭해요!"

데로치는 말한다.

"나는 완전히 파산했어요. 약간 창피한 일이긴 하지만 나는 빚에 쪼들리고 있어요."

그것이 바로 그녀가 이곳 마운트시나이 병원에 있는 이유이다. 그녀는 난자를 기증하기 위해 골반을 부드럽게 하고, 평상시에는 아몬드 크기인 난소를 호두 크기로 팽창시키고, 자신의 코를 건망증 우유에 담그기 위해 튜브를 낀다.

누군가가 번식 능력의 숭배 대상을 만들고자 한다면, 베스 데로치가 모델이 될 수 있을 것이다. 그녀의 머리카락이나 손톱 조각은 성물함 속에 담긴 성인의 머리카락이나 손톱 조각처럼 부적으로 쓰일 수 있을 것이다. 그녀가 난자 기증자로 나선 것은 이번이 세 번째이다. 그녀는 대학원 시절에 두 차례 난자를 기증했고, 매번 29개 정도의 풍작을 거두었다. 지금 그녀는 다시 돌아왔다. 2,500달러의 사례금 때문이기도 하다. 하지만 그것은 여러 이유 중 하나일 뿐이다. 그녀가 난자 기증을 꺼리지 않는, 아니 심지어 즐기기까지 하는 다른 이유들이 있다. 그녀와 남편 사이에는 아직 아이가 없지만, 그녀는 엄마 역할을 하는 것을 좋아한다고 말했다. 그녀는 친구들에게 엄마처럼 군다. 그녀는 그들에게 겨울에 따뜻하게 입고 과일과 채소를 먹으라고 잔소리를 한다. 그녀는 다른 사람들 아기의 기저귀를 갈아주는 것을 좋아하고 아기를 안아 재우는 것을 좋아한다. 그녀는 자신의 씨가 다른 사람들에게 기쁨의 씨앗이 된다는 생각에 기뻐한다. 그녀는 자신의 생식 세포에 독점권을 갖고 있지 않다고 생각한다. 지적 취향의 과학 소설 애독자인 그녀는 로버트 하인라인[미국의 공상 과학 소설 작가. 공상 과학 소설 자체의 질을 높여, 새로운 가설에 근거한 사색적인 소설의 장르로 만드는 데에 공헌]이 썼던 이야기를 내게 들려준다.

"그는 '당신의 유전자는 당신에게 속해 있지 않다'고 말했어요. '그것들은 인류 전체에 속해 있다'고요. 나는 정말 그렇다고 믿어요. 내 난자, 내 유전자, 그것들은 내가 지니고 있는 게 아니에요. 그것들은 내가 공유하고 있는 것이에요. 헌혈하는 것도 마찬가지죠."

이 관용적이고 거의 공산주의적인 생각에 비춰보면, 우리 모두는 하나의 거대한 유전자 풀에서 수영하는 자이거나 인간의 불멸이라는 강에서 나온 어부이다. 내 낚싯줄에 아무것도 걸리지 않는다면, 아마 당신은 자신이 잡은 것을 내게 나눠줄 것이다. 그런 진심 어린 정직한 이유들 때문에 데로치는 자신이 사례금을 받지 않고서도 난자를 기증할 것이라고 말한다.

"세 번까지 하지 않았을지도 모르지만, 틀림없이 적어도 한 번은 했을 거예요."

그런 마음을 가진 사람은 드물다. 많은 유럽 국가에서는 여성이 난자를 기증하고 사례금을 받는 것이 불법이며, 난자를 기증하는 사람 또한 거의 찾아볼 수 없다. 버스틸로는 최근 열린 한 생윤리학 회의에 참석했을 때, 그곳에 모인 의사, 과학자, 법률가, 지식인들에게 단지 호기심으로 난자를 기증할 사람이 있냐는 질문이 던져졌다고 말했다.

"아무도 손을 들지 않았죠. 나중에 친척이나 친한 친구에게는 줄 생각이 있다고 말한 사람이 둘 있었어요."

데로치는 친척이나 친구에게 난자를 기증하는 것이 아니다. 그녀는 자신의 난자를 받은 부부를 절대 만나지 않으며, 그 난자에서 어떤 아이가 나왔는지 결코 알지 못할 것이며, 그녀는 그 점에 신경 쓰지 않는다. 그녀는 결과를 멍청히 생각하고 있지 않으며, 자신의 수수께끼 아이들을 놓고 공상을 하지도 않는다.

"나는 투자했다는 생각을 갖지 않으려 노력해요."

그녀는 르네상스 시대의 성모 마리아처럼 차분하게 말한다.

나는 버스틸로에게 최상의 난자 기증자들, 즉 30대 초반이나 그보다 젊은 나이로, 번식 능력이 최고조에 달한 여성들이 그 시기에 가장 현금을 필요로 한다는 점이 잘된 일이라고 말한다. 난자 기증자는 피 같은 돈을 몇 푼 번다. 나와 만나기 3주 전에 데로치는 난자 방출 주기를 개시하는 뇌 내의 강력한 화학 물질인 생식샘자극호르몬 분비 호르몬 gonadotropin-releasing hormone을 인공 합성한 제품인 루프론을 스스로 투여하기 시작했다. 일주일 동안 그녀는 밤마다 당뇨병에 사용하는, 가느다란 바늘이 달린 주사기로 자신의 허벅지에 주사를 놓았다. 그녀는 어려운 일이 아니라고 말했다. 거의 느껴지지도 않는다고 말이다. 나는 정말, 정말로 어느 누구나, 물론 나를 제외한 어느 누구나 할 수 있을 것이라고 생각하면서, 우와 하고 감탄했다. 나는 늘 헤로인 중독에서 최악의 일은 자신의 삶을 망가뜨리거나 AIDS에 걸리는 것이 아니라 스스로 바늘을 자기 몸에 찌르는 것이라고 생각해왔으니까.

루프론 투여 뒤가 더 힘들다. 그녀는 이제 난소를 과잉 활성 상태로 만드는 배란 호르몬인 퍼고날과 메트로딘 혼합제를 투여해야 했다(퍼고날은 폐경기가 지난 여성들의 소변에서 우연히 분리해낸 물질이다. 그들의 몸은 월경 주기에 너무나 익숙해져 있어 난소로부터 되먹임 작용이 없어서 아주 고농도의 배란 호르몬을 만들어낸다). 이 달콤한 혼합물을 조제하기 위해 그녀는 피하 주사기 속으로 색전증을 일으킬 가능성이 있는 공기 방울이 섞이지 않도록 주의하면서 집중해서 그 약을 빨아들여야 했다. 이때 그녀는 루프론을 투여할 때보다 훨씬 더 굵은 바늘을 사용해야 했다. 그것은 투여하는 양이 많고 더 고통스럽다는 의미이다. 데로치는 두 주일 가량 매일 밤 자신의 엉덩이 뒤쪽을 겨냥해야 했다. 그녀는 끔찍하지도 괴롭지도 않지만, 매달 하고 싶지는 않다고 시인했다. 이 괴롭지 않은 일이 끝날 무렵이 되면 배란의 마지막 단계를 촉진하기 위해, 데로치는 다시 무시무시하게 큰 피하 주사기를 통해 태반 생식샘 자극 호르몬human chorionic gonadotropin을 한 번 놓았다.

밤마다 주사를 놓는 이 기간에 그녀는 난소의 팽창 정도를 알려줄 소노그램을 찍기 위해 병원에 들락거려야 했다. 그녀는 다량의 액체로 몸이 불어났고 여기저기 뚝뚝 소리가 난다고 농담을 했다. 나와 이야기를 할 때쯤 그녀는 정상 체중을 넘어선 상태였다. 그녀의 두 난소는 지나치게 많이 집어넣은 오렌지 자루 같았고, 오렌지에 해당하는 난자들은 3주 동안의 호르몬 투여로 부자연스럽게 빨리 성숙했다. 정상적인 주기에서는 하나의 난자만이 난소 주머니에서 밖으로 밀려 나올 것이다. 하지만 그 무렵 데로치는 올림픽 배란 주기 경기자가 되어 있었고, 난모세포가 2~3년에 걸쳐 제공할 난자들이 한 달 사이에 몰려나오고 있었다. 그녀가 그 2~3년을 상실했다는, 즉 그녀의 임신 능력이 어떤 식으로든 줄어들었다거나 사라졌다는 증거는 전혀 없다. 우리는 남아돌 만큼 많은 난자를 갖고 있으며, 회기 말에 다 쓰지 못한 예산을 어떻게 관리해야 할지 생각해보라. 펑! 따라서 전 세계의 의사 데메테르들은 단지 세포 자살을 통해 무(無)로 돌아갈 것들을 떼어내는 것뿐이다.

아무튼 번식 능력 숭배는 데로치의 가족에게 널리 퍼져 있다. 그녀의 자매들 모두 이미 여러 차례 아이를 낳았다.

"아기를 갖는 것은 그저 우리가 하는 일일 뿐이에요."

데로치는 난소암에 걸릴 위험에 대해 걱정하지 않는다. 일부 전문가들은 임신 촉진제를 사용하면 난소암에 걸릴 가능성이 높아진다고 주장해왔다. 이 문제에 아직 결정적인 자료는 나와 있지 않으며, 모든 사례들은 난소암이 데로치가 쓴 난포 자극제들보다는 클로미드라는 약과 더 관련이 있다는 것을 보여준다.

"우리 가족 중에 난소암에 걸린 사람이 있다면, 나도 더 염려를 했겠죠. 하지만 지금 상태에서는 걱정하지 않아요. 어리석다고 할지도 모르겠지만, 나는 걱정하지 않아요."

그녀는 수술대에 누워 있다. 의사들은 먼저 그녀의 호흡기에 산소를 공급하고 나서 마취제를 섞는다. 그들은 그녀에게 잠이 오는지 묻는다.

"음!"

그녀는 중얼거린다. 잠시 뒤 그녀는 달리의 시계처럼 축 늘어진다.

의사들은 그녀의 다리를 등자에 고정시키고 그녀의 생식기에 요오드를 끼얹는다. 요오드는 생리 때의 피처럼 그녀의 허벅지 안쪽 주름진 곳을 따라 흘러내려 수술대 위로 떨어진다. 버스틸로는 수술실로 달려오더니 손을 씻으며 배변과 질에 관한 농담을 한다. 어쨌든 그녀는 손을 씻는다. 그녀는 수술대 끝, 부인과 의사가 앉는 등자 옆자리에 앉아 몸의 장벽을 쉽게 뚫고 들어갈 준비를 한다. 조수들이 휴대용 초음파 장치를 수술대 위로 밀고 와서 버스틸로에게 딜도〔음경 모양으로 생긴 성구(性具)〕처럼 생긴 초음파 탐지기를 건넨다. 그녀는 탐지기에 탄력성 있는 고무 덮개를 씌운다.

"콘돔이랍니다!"

그녀는 그렇게 말하면서 준비된 난자들을 그 주머니에서 빨아낼 장치에 바늘을 끼운다.

버스틸로는 데로치의 질에 그 요술 지팡이를 삽입해 자궁 경부 양편을 주머니처럼 감싸고 있는 질 관의 막다른 끝, 즉 두 개의 질 천장 중 한쪽까지 밀어 올린다. 바늘은 질 천장 벽을 관통해서, 복부의 내장 대부분을 감싸고 있는 기름기 많은 막인 골반 복막을 가로질러, 마침내 난소를 꿰뚫고 들어간다. 버스틸로는 초음파 화면을 지켜보면서 전체 추출 수술을 수행한다. 높은 진동수의 음파 변화를 가시화한 난소의 영상은 흑백으로 보인다. 화면의 위 오른쪽에 바늘의 모습이 나타난다. 난소는 부어오른 검은 난자 주머니, 즉 난포(卵胞)들이 들어 있는 거대한 벌집처럼 보인다. 각 난포는 지름이 2밀리미터쯤 된다. 데로치가 밤마다 성실하게 주사를 맞아 난포들은 모두 성숙한 상태이다. 초음파 화면은 난포들로 가득하다. 버스틸로는 화면에 눈을 고정시킨 채 끝에 바늘이 달린 탐침을 조작해 검은 벌집을 하나하나 찔러 그 난포의 모든 액체를 빨아들인다. 그 액체는 탐침 관을 따라 흘러나와 비커에 담긴다. 그 액체에 난자가 떠 있는 것을 눈으로 볼 수는 없지만, 그것들은 거기에 있다. 난포에서 액체를 추출해내자마자, 그 주머니는 저절로 쭈그러들어 화면에서 사라진다. 몇 분 뒤 주머니는 다시 약간 팽창하는데, 그 안에는 피가 담겨 있다.

푹! 푹! 푹! 버스틸로가 너무나 빠르게 모든 난포를 찔러 진공 상태로 만드는 바람에 그 벌집은 아코디언의 움직임에 맞춰 살아 움직이는 듯하다. 주머니는 비워졌다가 피가 차면서 다시 불어난다. 푹! 푹! 푹! 그것은 지켜보는 사람에게 대신 상처를 준다. 나는 서 있었지만 불안해서 다리를 꼬고 싶어진다. 한 조수가 이 수술을 받는 여성들 중에는 마취제 없이 하자고 요구하는 사람도 있다고 말해준다. 그들은 자신의 선택을 후회한다. 어느 순간 그들은 비명을 지르기 시작한다.

왼쪽 난소의 성숙한 난포들을 깨끗이 비워낸 뒤, 버스틸로는 탐침을 왼쪽 질 천장으로 옮겨서 오른쪽 난소에서와 같은 일을 반복한다. 양쪽 모두 찔러서 빨아내는 데 걸린 시간은 10분 정도이다.

"좋아요, 끝났습니다."

버스틸로는 탐침을 꺼내며 말한다. 떠나는 군대가 지르는 불처럼 데로치의 질에서 한 줄기 혈액이 흐른다. 간호사들이 그녀의 몸을 닦은 뒤 그녀의 이름을 부르고 팔을 흔들어서 깨운다. 베스! 베스! 끝났어요. 다 끝났어요. 다 빼냈어요. 당신 유전자는 이제 공동 수영장에서 떠다니고 있어요. 곧 다른 여성이 그 수영장에 몸을 담그고 아기라는 세례를 받을 거예요.

발생학자인 캐롤-앤 쿠크는 실험실로 돌아와서 그날의 노획물을 분리하고 수를 센다. 스물아홉 개. 전에 베스 데로치가 두 번 했을 때와 똑같은 수확량이다. 이 여성의 포도밭은 열매가 많이 열린다! 쿠크는 난자, 베스의 포도를 생존할 수 있는 난자를 갖지 못한 여성의 남편 정자와 수정시킬 수 있도록 준비한다.

기증 받은 난자를 시험관 수정용으로 활용하는 분야는 1970년대에 그 방식이 처음 도입된 이래로 그다지 큰 발전을 이루지 못한 상태이다. 시험관 수정을 시도한 여성들 대부분은 인내와 출산 능력이 거의 한계까지 도달해 있다. 그들은 30대 후반이나 40대 초반이다. 아직 전혀 모르는 어떤 이유들 때문에, '나이가 든' 여성—내 동년배들뿐만이 아니라 80세가 되지 않은 누군가에게 그 표현을 쓴다는 것이 나는 불쾌하다—의 난자는 유연성과 튼튼함을 어느 정도 잃는다. 그들의 난자는 쉽게 성숙하지 않으며, 제대로 수정되지도 않고, 수정이 되더라도 젊은 여성의 난자처럼 자궁에 단단히 붙지 않는다. 나이 든 여성들은 대개 처음에는 자신의 난자로 시험관 수정을 시도한다. 그들은 자신의 유전체, 자신의 분자적 조상을 선호한다. 왜 그렇지 않겠는가? 아기와 책은 거의 차이가 없다. 보통 둘 다 자신이 알고 있는 것에 관해 쓰는 것이 최선이다. 그렇게 그들은 베스 데로치가 거쳐간 길, 몇 주에 걸쳐 호르몬을 주사하는 준비기를 거친다. 하지만 그들은 몇십 개의 난자가 아니라 아마 서너 개의 난자를 배출할 것이며, 그중에서 일부는 거의 숨을 쉬지 못할 수도 있다. 출산의 신들은 최선을 다한다. 그들은 실험용 접시에서 가장 건강해 보이는 난자와 상대의 정자를 결합시켜 배아를 만든다. 이틀쯤 지난 뒤 그들은 질 속으로 삽입해 자궁 경부를 지나 자궁 속으로 넣은 가느다란 관을 통해 액체 속에 떠 있는 세포 덩어리를 주입함으로써, 그 배아를 여성의 몸 속으로 돌려보낸다. 결코 어려운 일이 아니다. 눈 깜짝할 순간에 그 장면을 놓치게 된다. 여성에게 그것은 눈 깜짝할 사이에 잃는 것이기도 하다. 대다수의 환자들에게서 그 방법은 실패한다. 나이 든 여성이 자신의 난자로 시험관 수정을 해서 잉태한 아기를 출산할 확률은 12~18퍼센트이다. 당신이 암에 걸렸을 때 살아남을 확률이 바로 그 정도라고 말하면, 당신은 몹시, 몹시 의기소침해질 것이다.

나이 든 여성은 시험관 수정을 한두 번, 심하면 세 번까지 시도할 수도 있지만, 그때까지 자신의 DNA 수확물로 임신을 하지 못한다면, 아마 그녀는 결코 성공하지 못할 것이다. 그때쯤 의사는 기증 받은 난자를 사용하라고 권할지 모른다. 젊은 여성의 씨를 나이 든 여성의 남편이나 연인이나 또는 남성 기증자의 정자와 결합시킨 뒤, 생긴 배아를 자궁에 착상시키는 것이 어떻겠냐고 말이다. 번식 측면에서 말하면 기증 받은 난자를 사용하면 40세의 여성을 21세의 여성처럼 만들 수 있다. 이유가 무엇인지는 모른다. 하지만 그것은 제대로 작동한다. 오, 여성이여, 그것은 제대로 작동한다. 시험관 조작 한 번에 아기를 출산할 가능성이 10퍼센트 대에서 갑자기 40퍼센트로 치솟을 정도로 말이다. 그 수치는 아기가 정말로 우는 소리처럼 들리기 시작한다.

와인이 충분하게 숙성하지 않았다면, 그 병과 상표까지도 넌더리가 나는 법이다. 그러므로 좌지우지하는 것은 난자이다. 미래를 설정하는 것은 자궁이 아니라 난자이다. 캐롤-앤 쿠크는 데로치의 난자 하나를 고해상도 현미경 밑에 놓는다. 그 현미경은 비디오 모니터로 영상을 보낸다.

"아름다운 난자네요."

버스틸로가 말한다.

"그녀의 난자는 모두 아름답죠."

쿠크가 덧붙인다. 그것들은 건강한 젊은 여성의 난자이다. 그것들은 빛이 날 수밖에 없다.

난자를 생각하기 위해 천체를 생각해보고, 날씨를 생각해보라. 난자의 몸은 태양이다. 그것은 태양처럼 둥글고 위풍당당하다. 그것은 몸에서 유일하게 공 모양을 이루고 있는 세포이다. 다른 세포들은 꽉 조인 상자나 잉크 방울이나 중앙에 구멍이 뚫리지 않은 도넛 같은 모양을 하고 있지만, 난자는 기하학자의 꿈이다. 그 형태는 의미가 있다. 공은 자연에서 가장 안정한 모양에 속한다. 당신이 자신의 가장 소중한 가보, 즉 우리의 유전자를 보호하고 싶다면, 그것들을 공 모양의 보물 상자 속에 묻어라. 진주와 마찬가지로, 난자는 몇십 년 동안 살며, 부수기 어렵고, 수정을 갈구할 때면 당당하게 난관을 따라가는 여행에 나선다.

캐롤-앤 쿠크는 그 난자에 대해 상세히 설명해준다. 화면에서 은백색으로 빛나는 거대한 구 가장자리에는 거품을 인 생크림이나 아이들이 하늘을 그린 그림에 흔히 나타나는 보풀거리는 흰 구름들처럼 보이는 것이 붙어 있다. 이것은 사실 구름을 닮았다고 해서 난자 구름층 cumulus이라 한다. 난자 구름층은 난자를 천체와 비슷하게 만드는 또 하나의 특징인 부챗살관corona radiata과 결합하는, 세포 밖에 있는 끈적끈적한 물질 덩어리이다. 태양의 코로나처럼 난자의 코로나도 중앙의 난구(卵球)에서부터 꽤 멀리까지 후광을 비추고 있다. 그것은 여왕이 쓰는 왕관이며, 뻗어 나온 불꽃들과 가지들은 난자가 정확히 구형이라는 것을 강조해준다. 부챗살관은 보모 세포nurse cell라고 하는 세포들이 성긴 그물처럼 얽혀 있는 것이며, 난자를 품고 보호하는 역할을 한다. 또 거드름을 피우면서 난자의 바깥 층을 향해 헤엄쳐 오는 작은 편모충들, 즉 정자를 위한 활주로나 승강장 역할도 한다. 난자 세포의 바깥에 있는 두꺼운 층은 투명대zona pellucida라 한다. 이 투명한 띠는 포유동물 난자의 알 껍데기에 해당하는 것이다. 투명대는 당과 단백질로 된 덩어리로 자기장처럼 빈틈없이 두껍게 난자를 둘러싸고 있다. 그것은 정자가 지형을 탐사할 수 있도록 초대하지만, 그 정자가 적합하지 않을 때에는 물리친다. 그것은 누가 친구이며 누가 낯선 자인지 판단을 내린다. 투명대는 자연적인 종 분화가 시작되는 장소, 생물 다양성의 모태라고 생각할 수 있다. 그것은 자신이 지닌 당들의 구조를 약간 변화시킴으로써, 인연을 맺은 부부를 성격 차이로 갈라서게 할 수 있기 때문이다. 한 예로 침팬지의 유전자와 우리 유전자는 99퍼센트 이상 똑같고, 침팬지 정자 세포의 DNA를 인간의 난자 속에 직접 주입하면, 비록 윤리적으로 혐오스럽겠지만 계속 살아 있는 잡종 배아가 만들어진다. 하지만 유성 생식에 수반되는 자연적인 제한 조건들 하에서, 침팬지의 정자는 인간 난자의 투명대 방어 벽을 뚫고 들어갈 수 없다.

또 이 띠는 정자가 하나 이상 난자 속으로 들어가지 못하도록 막아준다. 수정이 이루어지기 전에 띠의 당들은 개방적이고 친절하며, 다가오는 정자의 머리에 비슷한 당이 들어 있는지 탐색한다. 정자의 머리가 닿으면, 띠는 정자와 융합되어, 거의 말 그대로 딱딱하게 굳는다. 띠를 구성하는 당들은 안쪽으로 방향을 튼다. 난자는 물리도록 배를 채운 상태이다. 즉 난자는 더 이상의 DNA를 원하지 않는다. 띠의 문턱에 서 있던 정자들은 곧 죽는다. 하지만 그 띠의 임무는 그것으로 끝나지 않는다. 그것은 에스키모인들이 입는 두껍고 튼튼한 모피 옷이며, 막 형성된 새로운 배아가 천천히 난관을 따라 내려가 자궁 안으로 들어가는 동안 보호해준다. 수정된 지 일주일쯤 지나 배아가 자궁 벽에 붙을 능력을 갖추고 난 뒤에야 투명대는 터져 흩어져서 배아의 혈관이 어머니의 혈관과 연결될 수 있도록 한다.

부챗살관, 난자 구름층, 투명대는 난자가 아니라 난자의 바깥에 있는 부속품들이다. 난자 자체는 진정한 태양이자 생명의 빛이며, 이 말은 전혀 과장이 아니다. 난자는 몸에서 보기 드문 세포이며, 능력 면에서도 마찬가지이다. 난자 외의 세포들은 완전히 갖춘 유전자로 시작해서,

완전한 존재, 즉 새로운 존재를 만들어낼 능력을 갖고 있지 않다. 앞에서 포유동물의 난자는 배아의 발달을 지탱해줄 양분들이 없기 때문에 새의 난자와 다르다고 말했다. 포유동물의 배아는 스스로 모체의 순환계에 결속되어 태반을 통해 양분을 얻어야 한다. 하지만 유전적인 측면에서 보면 포유동물 난자의 세포질은 하나의 완벽한 자족적인 우주이다. 커스터드 같은 그 세포질의 어딘가에 유전체가 스스로 자신의 목적을 수행할 수 있게 해주는, 그 종(種)이 지금까지 말해왔던 모든 이야기를 말할 수 있게 해주는 단백질이나 핵산 같은 인자들이 있다. 이 모성 인자들이 무엇인지 아직 파악되지 않고 있지만, 그들은 선정적인 방식으로 자신들의 실력을 보여왔다. 1997년 스코틀랜드의 과학자들이 어른 양을 복제해 돌리라는 이름의 새끼 양을 탄생시켰을 때, 세계는 인간 클론과 인간 수필과 신이 한 말을 놓고 와글와글 떠들어대기 시작했다. 아무리 손을 쥐어짜고 있어도 인간 복제 전망을 둘러싼 윤리적 딜레마는 거의 해결되지 않았다. 그 딜레마가 있다고 했을 때 말이다. 아무튼 돌리의 귀여운 얼굴은 난자가 얼마나 경이로운 존재인지를 명확히 보여준다. 난자가 클론을 만들어낸 것이다. 그 과학자들은 어른 양의 젖샘에서 세포를 떼어낸 뒤에 그 세포의 유전자 창고인 핵을 빼냈다. 그들이 원한 것은 바로 그 어른 유전자였다. 그들은 다른 기관에서 핵을 얻을 수도 있었다. 동물의 몸을 이루고 있는 모든 세포에는 똑같은 유전자가 한 벌씩 들어 있다. 젖샘 세포와 췌장 세포와 피부 세포가 다른 점은 그 속에 든 몇만 개의 유전자들 중에 활동을 하는 것과 잠자고 있는 것이 세포마다 다르다는 것이다.

난자는 민주적이다. 그것은 모든 유전자가 목소리를 내도록 한다. 그래서 그 과학자들은 양의 난자 세포를 떼어내서 핵을 제거했다. 즉 난자의 유전자를 없앰으로써 난자의 몸인 세포질만, 난황이 아닌 난황만

46

을 남겨두었다. 그들은 난자의 핵이 있던 자리에 젖샘 세포의 핵을 집어넣은 뒤, 그 기이한 키메라, 인공 제작한 미노타우로스를 다른 양의 자궁에 착상시켰다. 그 난자의 몸은 어른의 유전체 전체를 부활시켰다. 그것은 석판에 새겨져 있던 기록들을 깨끗이 지우고, 헌신적인 젖샘 세포에 묻은 젖 얼룩들을 씻어내고, 그 낡은 유전자를 다시 새로 태어나게 했다. 난자의 몸 속에 있던 모성 인자들은 그 유전체가 잉태라는 광적인 장관을 다시 펼치도록, 모든 기관과 모든 조직과 완전한 양을 재창조하도록 해주었다.

몸의 세포들 중 난자만이 몸 전체를 만들어낼 수 있다. 간 세포나 췌장 세포를 자궁에 넣는다고 해도, 아기가 자라나지는 않는다. 그 세포들도 새로운 존재를 만들 유전자를 지니고 있지만, 그럴 능력은 없다. 따라서 난자가 그렇게 큰 세포라는 점이 약간 놀라울 것이다. 그것은 발생(發生)의 비밀을 간직하고 있음에 틀림없다. 그리고 아마도 난자의 분자적 복잡성은 우리가 왜 어른이 된 뒤에 새로운 난자를 만들어낼 수 없는지, 우리가 왜 평생 지닐 모든 난자들을 미리 갖고 태어나는지, 남성들이 왜 평생에 걸쳐 새로운 정자를 계속 만들어낼 수 있는지를 설명해줄 수 있을 것이다. 과학자들은 난자와 정자의 차이를 크게 강조하곤 한다. 남성 생식 세포의 대량 생산과 지속적인 생산을 여성 난자의 한정된 수와 퇴화하는 특성과 대조해왔다. 그들은 정자가 쉴새 없이 생산된다고 말한다.

"남성의 심장이 한 번 고동칠 때마다 천 마리의 정자가 만들어진다!"

랠프 브린스터는 1996년 5월에 《워싱턴 포스트》에 그렇게 떠벌렸다. 그는 여성은 자신이 지닐 모든 난자를 갖고 태어나며, 그 난자들은 태어난 순간부터 늙어갈 뿐이라고 덧붙였다. 하지만 복제할 수 있는 능력 자체는 기립 박수를 받을 이유가 되지 못한다. 세균은 20분마다 수가 두 배로 늘어난다. 많은 암 세포들은 처음 생긴 종양으로 그 환자가 죽은 뒤에도 실험용 접시에서 계속 분열을 계속할 수 있다. 아마 난자는 어른이 되어서는 다시 보충되지 않는 뉴런과 비슷할 것이다. 난자는 너무나 많은 것을 알고 있다. 난자는 파티 계획을 짜야 한다. 정자는 단지 나타나기만 하면 된다. 물론 중절모를 쓰고 연미복 자락을 휘날리며 말이다.

2

모자이크 작품
'여성' 염색체의 이해

키스와 에이델은 주정뱅이 벌목꾼들처럼, 한데 있는 수코양이들처럼 항상 싸웠다. 키스는 책을 읽다가 논쟁거리를 찾아내곤 했다. 그는 온갖 분야의 책들을 닥치는 대로 읽었으며, 때때로 남성과 여성이라는 자연 세계에 대한 자신의 이론을 뒷받침하는 기이한 사실들을 찾아내곤 했다. 그는 남성은 탐구자이며, 투쟁하는 자이자 창조자라고 생각해왔다. 남성은 우리 주변에서 볼 수 있는 모든 것들, 고층 건물들로 가득한 도시와 신적인 힘을 지닌 발명품들로 가득한 인공 세계를 건설하고 있지만, 한편으로 자신의 명민함과 바쁜 일상에 시달린다. 여성은 안정제이자, 남성의 성급한 팽창주의를 진정시키는 고약이자, 벽돌 사이를 채우는 회반죽이다. 이 말은 전혀 놀랍지 않다. 그것은 동적인 자와 정적인 자, 불평하는 자와 달래는 자, 복잡성과 단순성 사이에서 전개되는 익숙한 논법이다.

그러던 어느 날 키스는 유전자가 어떠하다는 글을 읽게 되었다. 인간이 23쌍의 염색체를 갖고 있으며, 23번 염색체인 성염색체 한 쌍을 제외하고 다른 염색체들은 남성과 여성 모두 똑같다는 것이었다. 여성은 두 개의 X염색체를 갖고 있으며, 남성은 X와 Y염색체를 하나씩 갖고 있다. 그리고 여성의 X염색체 둘은 다른 염색체들과 모양이 거의 비슷하다. 염색체들은 X자 모양이다. 몸의 세포 내에서 아주 밀집되어 서로 뒤엉킬 때를 제외하면, 염색체는 머리 리본과 전혀 닮은 모양이 아니다. 하지만 양수 검사의 일환으로 태아의 염색체를 조사하는 유전학자나 전문가가 그것들을 세포 밖으로 꺼내어 현미경 밑에 펼쳐놓고 볼 때, 그것은 살지고 퍼져 있는 X자 모양을 하고 있다. 따라서 여성은 이 X자 모양의 구조물을 23쌍, 즉 46개 갖고 있다. 반면에 남성은 X자 구조물 45개와 기이한 모양의 Y염색체를 하나 갖고 있다. Y염색체는 Y 글자와 비슷하기 때문에 그런 이름이 붙었다. 그 염색체는 땅딸막하고 세 갈래로 되어 있으며 세포에 있는 다른 모든 염색체들과 다른 특이한 모양을 하고 있다.

키스는 현미경 수준에서도, 인간의 도안이 새겨진 유전 점토판에서조차도 남성이 여성보다 더 뛰어나다는 사실이 드러나 있다는 생각이 들었다. 여성은 두 개의 X를 성염색체로 갖고 있다. 얼마나 단조로운가. 그것은 우리가 예전부터 들어온 이야기이다. 남성은 X와 Y를 갖고 있다. 얼마나 다양한가. 그것은 유전적 혁신이며 근원적인 권태로부터의 탈출이다. Y는 창조성, 즉 천재성의 상징이다. 그래서 그는 에이델에게 염색체가 남성의 우월성을 증명한다고 말했다. 당신은 두 개의 X 염색체를 갖고 있기 때문에 우둔한 존재인 반면에, 나는 X와 Y를 하나씩 갖고 있으므로 흥미로운 존재라고.

에이델과 키스 둘 다 유전학을 잘 알지 못했지만, 에이델은 그 냄새 속에서 정신적 비료 냄새를 맡을 수 있을 만큼은 알고 있었다. 그녀는 그의 이론에 코웃음을 쳤다. 그녀가 그의 논리를 받아들이지 않자 그는 화가 났다. 항상 그랬듯이 그들의 논쟁은 점점 확대되었다. 물론 키스는 모든 남성이 아니라, 자신을 염두에 두고 말하고 있었다. 그는 욕구와 통찰력 측면에서 자신이 에이델보다 낮다고 주장하고 있었고, 그녀는 그 정도까지는 인정했다. 하지만 그녀는 항복을 거부했다.

내 부모님이 우리 아파트라는 극장에서 마지못해 보고 있는 관객인 자식들 앞에서 펼친 수많은 논쟁들 중에, 내가 유일하게 기억하고 있는 것은 그 주제뿐이다. 세기의 전투. Y 대 X. 내가 그 논쟁을 기억하는 것은 그것이 너무나 기이하게 이론적이었고, 남성의 우월성을 그렇게 전반적이고 종합적으로 펼친 주장을 들은 것이 그때가 처음이었기 때문이다. 나는 그것을 개인적으로 받아들였고 마음의 상처를 입었다. 그것은 아버지가 어머니를 공격한 한 가지 사례였을 뿐이다. 나는 그런 일에 익숙했다. 하지만 그때 아버지는 나를 포함한 모든 여성들이 염색체적으로 지루하다고 말했던 것이다.

그 염색체 사건은 훨씬 더 많은 감정 싸움과 논쟁의 근원이 된다. 여러 가지 측면에서 성은 근본적으로 성염색체를 통해 결정된다. 당신이 여성이라면, 당신은 몸의 모든 세포에 22쌍의 염색체들과 함께 한 쌍의 X염색체를 갖고 있을 것이다. 당신이 남성이라면, 당신은 자신의 Y염색체를 알고 있으며, 그것을 분자 차원의 음경으로 생각해 자랑스러워할지도 모르며, 이런 말장난을 할지도 모른다. Y? 왜? 왜 Y야? Y니까! 성염색체는 의사에게, 그리고 당신이 알고 싶다면 부모인 당신에게도 양수 검사 때 화면에 비치는 태아가 남자인지 여자인지 말해준다.

따라서 어떤 의미에서 X와 Y의 구분은 여성성과 남성성을 명확하고 선명하고 논쟁의 여지가 없이 가른다. 그리고 여성의 염색체 전체가 평범하고 단색이라는 점에서는 내 아버지가 옳았다. 당신은 난관 벽을 이루는 세포에서부터 간과 뇌에 있는 세포에 이르기까지, 여성의 모든 몸 세포에서 두 개의 X염색체를 발견할 것이고, 난자 세포를 깨서 열어 그 속의 핵을 들여다보면 다른 22개의 염색체와 더불어 하나의 X염색체를 발견할 것이다. 배아에 다양성을 덧붙일 수 있는 것은 사실 정자 세포이며, X염색체를 하나 더 덧붙여서 여성을 만들거나 Y염색체를 덧붙여서 남성을 만드는 식으로 배아의 성을 결정하는 것도 정자 세포이다. X염색체는 난자의 특징이다. 난자 안에는 Y염색체가 없다. 정액은 여성과 남성의 꼬리표를 달고 있는 정자가 어느 정도 반반씩 섞여 있는 양성이지만, 난자는 본질적으로 여성이다. 따라서 무한히 반복되는 거울 상들, 어머니와 딸의 연계성, 여성의 몸 속 난자 속에 있는 난자들을 다시 생각해보면, 우리는 한 발 더 나아가 염색체의 연속성을 본다. 우리 여성들의 어느 부위에도 남성성의 기미는 절대, 단 한 방울도, 양자(陽子) 하나만큼도 보이지 않는다.*

　하지만 물론 그렇게 단순하진 않다. 분자적으로 오염되지 않은 모계 개념이 매력적이긴 하지만, 우리는 그렇게 단순하지 않다. 성염색체의 특성, X와 Y가 균형을 이루고 있다는 점을 생각해보자. 우선 X는 크기와 간직한 정보의 양 측면에서 훨씬, 훨씬 더 크다. X염색체는 사실 인간이라는 짐마차에 실린 23 종류의 염색체 중에 가장 큰 축에 속하며, 가장 작은 축에 속하는 염색체인 Y에 비하면 여섯 배쯤 더 크다. 사실 Y염색체는 그것을 안정화하기 위해 붙어 있는 비기능성 부위들이 없다면 가장 작을 것이다. 신사들이여, 나는 사실 궁금하다. 크기가 차이를 낳는다는 주장이 과연 사실일까.

　더구나 여성 염색체에는 Y염색체보다 훨씬 더 많은 유전자들이 들어 있으며, 염색체는 유전자를 위한 틀이다. X나 Y염색체에 정확히 얼마

---

* 남성의 생식 세포를 통해 성이 결정되는 이 방식은 포유동물에게 나타나는 현상이다. 조류 중에는 이와 정반대 방식을 채택한 종류도 있다. 즉 암컷이 X와 W 두 가지 성염색체를 갖고 있으며, 새끼의 성을 결정하는 인자는 수컷의 정자가 아니라 암컷의 난자이다.

나 많은 유전자가 들어 있는지는 아무도 모른다. 아직 인간의 유전자가 전부 몇 개인지 아는 사람은 아무도 없다. 68,000개에서 10만 개 정도 라고 추정되고 있다(인간 유전체 계획이 완료된 지금은 3만 개에서 5만 개 사이라고 추정되고 있다). 하지만 Y보다 X염색체에 훨씬 더 많은 유전자가 들어 있다는 것은 논쟁의 여지가 없다. 남성 염색체는 20여 개에서 30여 개의 유전자가 들어 있는 아주 빈약한 짧은 토막이며, 과학자들은 그 정도 숫자도 관대하게 봐준 것이라고 생각한다. 반면에 X염색체에는 수천 개, 3,500~6,000개의 유전자가 들어 있다.

이것이 우리 여성에게 어떤 의미를 지닐까? 이를테면 우리가 유전자의 모태라는 말일까? 우리가 5,000개 정도의 유전자가 들어 있는 X염색체를 두 개 갖고 있는 반면에 남성은 5,000여 개의 유전자가 들어 있는 X염색체 하나와 30여 개의 유전자가 들어 있는 Y염색체를 하나씩 갖고 있다면, 굳이 계산기까지 두드리지 않아도 우리는 남성보다 4,970개의 유전자를 더 갖고 있는 셈이다. 그렇다면 왜 가이아에 사는 남성들이 우리 여성들보다 체격이 더 큰 것일까? 그것은 유전학의 기묘한 특성 때문이다. 여러분의 유전자들은 아무 일도 하지 않은 채 그냥 앉아서 빈둥거리고 있다. 그리고 우리가 그 유전자들에게 요구하는 것도 바로 그것이다. 사실 그들이 모두 무언가 일을 하고 있다면, 우리는 죽고 말 것이다. 그것이 바로 내가 여성의 X염색체를 사랑하는 이유이다. 즉 그들은 예측할 수 없다. 그들은 무언가 놀라운 일을 한다. 그들은 몸에 있는 다른 염색체들과 다르게 행동한다. 앞으로 살펴보겠지만, 염색체에게 예의라는 말을 쓸 수 있다면, 가장 정중하게 행동하는 것은 바로 X염색체이다.

에스메랄다, 로사, 마리아는 멕시코 자카테카스에 살고 있다. 인구

10,000명이 사는 이 마을은 국경 너머 북쪽의 미국인들에게는 거의 알려지지 않은 곳이지만, 주변의 더 작고 더 알려지지 않은 마을들에 비하면 중심지라 할 만큼 크다. 자카테카스 사람들은 칠레고추를 따 포장해서 수출하는 일을 주업으로 삼고 있다. 에스메랄다와 로사는 자매인 10대 소녀들이고, 두 살 된 아기인 마리아는 그들의 조카이다.* 그들은 매우 희귀한 신체 조건을 지니고 있다. 그것은 세상에서 그 특징을 지닌 사람이 그들의 확대 가족들뿐일지 모를 정도로 너무나 희귀한 특징이다. 선천성 다모증이라고 하는 그 증상은 우리 조상인 포유동물의 상태로, 행복하게 본래의 털을 지니고 있으면서 노동 착취 공장이나 캘빈클라인의 소프트코어 포르노가 전혀 필요 없는 상태로 회귀하는 격세유전이다. 다모증이라는 말이 모든 것을 설명해준다. '모(毛)'는 털을 뜻하며, '다(多)'라는 말은 말 그대로 많다는 뜻이다.

격세 유전은 선사 시대에 뿌리를 둔, 정상적으로는 휴면 상태에 있는 유전자가 어떤 이유로 다시 활동을 함으로써 나타난다. 격세 유전은 가장 명확하게 초현실적인 방식으로 우리가 다른 종들과 유대 관계가 있다는 점을 상기시킨다. 격세 유전은 남서쪽 푸에블로족 건축자들이 하듯이, 진화가 기존의 것을 없애지 않고 그 위와 그 옆에 덧대어 짓는다는 것을 말해준다. 격세 유전은 드문 일이 아니다. 어떤 사람들은 한 쌍의 젖꼭지 외에 하나나 두 개의 젖꼭지를 더 갖고 있다. 그것은 어깨 끝에서부터 엉덩이까지 이어져 있으면서 대다수 포유동물에게서 많은 젖꼭지를 만들어내는 유방 조직 줄기의 기념물이다. 때때로 아기들은 마치 숲이나 바다에서 떠나기 싫다는 듯이, 작은 꼬리나 손가락 사이에 물갈퀴를 갖고 태어나기도 한다.

---

* 이 이름은 모두 가명이다.

선천성 다모증은 얼굴과 몸 전체에 털이 나게 하는 유전자에 다시 불이 밝혀진 것이다. 이 증상은 유전적 변화에 흔히 수반되곤 하는 골격 변형이나 정신 지체 같은 다른 비정상적인 슬픈 현상들과 전혀 관련이 없다. 이 증상을 지닌 사람들, 자카테카스 경계에 살고 있으면서 그 근방에서 유명한 이 대가족은 그저 털이 많을 뿐 다른 이상은 없다. 그들은 진화생물학자들이 아직 풀지 못한 수수께끼인, 왜 인간이 자신의 모피를 벗었는가 하는 궁금증을 불러일으킨다. 그리고 당신이 좀 더 고매한 감정을 지니고 있다고 할지라도, 당신은 그들을 보고 늑대 인간을 생각할 것이다. 사실 신화 역사가들은 이 희귀한 돌연변이 외에 다른 유형의 다모증들이 늑대 인간 전설을 낳았을지 모른다고 말해왔다.

에스메랄다, 로사, 마리아는 늑대 인간 이야기의 또 다른 부분을 충족시킨다. 당신이 알다시피, 늑대 인간은 보름달이 뜨는 밤에만 서서히 자신의 사나운 다른 자아로 변한다. 밤 10시가 되면 그의 얼굴 양쪽에 비정상적인 구레나룻이 자라나기 시작한다. 11시가 되면 털이 이마와 볼까지 자란다. 밤 12시가 되면 전신이 털로 뒤덮이고, 그는 자유롭게 야간의 취미 활동에 나선다. 자카테카스의 소녀들은 그 늑대 인간 시계의 각 시각을 가리키는 듯하다. 언니인 열일곱 살 에스메랄다의 시계는 10시쯤에 맞춰져 있다. 그녀는 마치 여름의 지독한 태양을 피해 그늘에 서 있는 듯이, 턱과 볼 가장자리와 귓불 주위에 솜털 같은 검은 털이 나 있다. 그것은 그녀가 그 희귀한 가문의 일원임을 알려주기에 충분한 표지이지만, 그녀의 활기를 억제하고 멋진 소년을 골라 데이트를 하는 일을 막을 정도는 아니다.

아장아장 걷는 아기인 마리아는 11시에 맞춰져 있다. 그녀의 볼과 턱과 이마 끝에는 가늘고 약간 곱슬곱슬한 검은 털들이 나 있고, 그 털들은 나이가 들수록 더 짙어지고 굵어질 것이다. 그녀는 눈썹까지 단발

머리를 기르고 있는 듯이 보인다. 그녀의 검은 눈은 밝고 기쁨으로 가득하다. 그녀는 아직 부끄러움을 알지 못한다.

열다섯 살인 로사는 자정 때의 늑대 인간과 거의 비슷하다. 볼, 턱, 이마, 코 등 그녀의 얼굴 대부분이 털로 뒤덮여 있다. 드러나지 않은 피부에는 훨씬 더 많은 털이 나 있다. 그녀는 사실 침팬지나 고릴라보다 털이 더 많다. 침팬지나 고릴라는 볼이나 코나 눈가에 털이 없다. 다모증을 연구하는 구아달라하라 대학의 루이스 피구에라는 로사를 처음 만났을 때 그녀의 외모에 놀랐지만, 잠시 대화를 나눈 뒤로는 그녀의 외모에 신경 쓰지 않게 되었다고 말했다. 마침내 그는 얼굴을 만져봐도 되겠냐고 요청했고 그녀는 고개를 끄덕였다. 그는 말했다.

"아기의 머리를 쓰다듬는 것 같았죠. 고양이를 어루만지는 것 같았어요."

로사의 얼굴 털은 자기 가족의 다른 여성들의 털보다 더 굵다. 그 선천적인 증상이 완벽하게 발현되는 남자 친척들과 거의 같을 정도로 빽빽하게 나 있다.

남자 친척 중 두 명은 서커스 극단에서 공연을 한다. 그들은 '개 인간'이나 '숲 속 인간'을 연기한다. 다른 사람들은 하루에 두 번씩 얼굴 전체를 면도한다. 로사와 에스메랄다는 면도를 하지 않는다. 그들은 면도를 하면 털이 더 굵어지고 짙어질까 봐 걱정한다. 그 대신 로사는 대체로 세상과 담을 쌓고 살고 있다. 학교나 시장에 갈 때만 빼놓고 그녀는 거의 집 밖으로 나가지 않는다. 그녀는 항상 덧문을 닫아놓으려 한다. 그녀는 얌전하고 수줍어하며, 사회 생활이나 연애에 큰 기대를 하지 않는다.

사람들은 흔히 나체로 대중 앞에 서는 꿈을 꾸고서 당황해서 잠에서 깨어난다. 나는 로사가 자신의 몸을 뒤덮은 털 한 올까지 모두 사라지는 꿈을 꿀 것이라고 상상한다. 꿈속에서 그녀는 부끄러움도 두려움도 없이, 대리석처럼 매끄러운 얼굴을 곧게 치켜들고 속세와 운명을 초월해 자유롭게 떠다닐 것이다.

자카테카스의 소녀들에게서 나타나는 털 성장의 스펙트럼은 여성의 유전이 어떤 특징을 지니고 있는지 명확히 보여준다. 내 아버지는 남성이 다양성, 염색체 복잡성 측면에서 더 뛰어나다고 생각했다. 사실은 정반대이다. 더 큰 모자이크, 자기 과거의 조각보는 사실 여성이다. 모든 사람은 어머니로부터 23개, 아버지로부터 23개, 염색체를 쌍으로 물려받는다. 그 쌍을 이룬 염색체들 중 22종류는 둘 다 작동을 한다. 그것들은 우리 부모가 지닌 특징들, 로마인의 코와 썩은 이빨 등 평범함과 매력의 최악과 최선을 하나로 모아 지금의 우리를 만들어낸다.

하지만 우리 여성들의 성염색체는 다른 유전적 유산들과 다른 무언가를 만들어낸다. 배아를 형성할 때 X염색체도 두 개가 함께 담기며, 다른 모든 염색체와 마찬가지로 각각 복제되어 성장하고 있는 아기의 각 세포에 할당된다. 하지만 배아가 발달할 때, 각 세포는 각자 결정을 내린다. 엄마가 더 좋을까, 아빠가 더 좋을까? 엄마의 X염색체를 활동하도록 놔둘까, 아빠의 X염색체를 활동하도록 놔둘까? 그 결정은 대개 무작위로 이루어진다. 그리고 결정을 내리면 세포는 나머지 X염색체를 가둔다. 화학적으로 쾅 하고 문을 닫아버린다. 그것은 한 염색체에 있는 수천 개의 유전자를 모두 가두어버리는 극적인 사건이다. 그것은 거대한 뉴욕 시에 정전이 일어나는 것, 수많은 건물들을 밝히고 있는 불빛들이 갑자기 꺼져버리는 것과 같다. 딸깍! 간 세포가 외친다. 엄마 사랑했어! 그때 뇌 세포도 결심을 한다. 뇌 세포는 아빠의 X염색체를 가두고 엄마의 염색체를 살아 있게 놔둔다. 이른바 비활성 X염색체에 있는 모든 유전자들의 불이 꺼지는 것은 아니다. 남성의 자그마한 Y염색체에 있는 소수의 유전자에 대응하기 위해 소수의 유전자는 여전히 불을 밝히고 있다. 그렇지만 한 세포마다 수천 개의 유전자들이 침묵하며, 그것들은 어머니에게서 온 수천 개이거나 아버지에게서 온 수천 개일 수 있다.

따라서 우리는 그 털이 많은 소녀들의 외모에 그렇게 뚜렷한 차이가 생기는지를 이해할 수 있다. 선천성 다모증, 한때 우리에게 포유동물의 외투를 입혀주었던 그 격세 유전의 배후에 있는 유전자는 X염색체에 들어 있다. 그 유전자는 다른 대다수 사람들의 몸에서는 작동하지 않는다. 털북숭이 외모는 인간의 미적 감각에 맞지 않으며, 짝을 그다지 유혹하지 못하므로, 그 유전자는 발현하지 않는 상태로 몰락하게 되었다. 하지만 다모증이 있는 가족에게서는 그 유전자가 혼수 상태에서 깨어난 것이다. 그것은 모피의 세계를 만든다. 에스메랄다와 로사는 어머니에게서, 조카인 마리아는 아버지에게서 완전히 깨어난 유전자를 하나씩 물려받았다. 그리고 이 아이들 각각은 그 형질을 가진 X염색체와 그 형질을 갖지 않은 X염색체의 모자이크다. 에스메랄다의 얼굴은 대체로 아버지의 얼굴을 닮았다. 그녀의 아버지는 그 형질이 없는 X염색체를 갖고 있다. 단지 우연히 그녀의 볼과 이마와 코와 턱에 있는 세포들의 대다수가 어머니에게서 온 X염색체의 불을 껐기 때문에, 그 형질이 없는 아버지의 염색체가 그녀의 외모를 지배하여 늑대 인간의 특징이 퍼지지 않게 막고 있는 것이다. 그녀 동생의 얼굴은 거의 반대 경로를 선택했다. 아버지의 염색체를 꺼버림으로써 털을 만드는 어머니의 X염색체가 활동하도록 한 것이다. 마리아는 양쪽 X염색체가 거의 비슷하게 발현된다. 모든 것은 우연이며, 도박이다. 염색체를 켜고 끄는 양상은 쉽게 다른 방식을 취할 수 있다. 그리고 그들 자신이 딸을 갖는다면, 가장 기쁨을 주는 아이가 고양이의 얼굴처럼 느껴지는 볼을 갖게 될지도 모른다.

세상일이 그렇게 쉽게 해명되지 않을 수도 있지만, 우리 여성들은 모두 어느 정도 아버지의 색조를 띤 조직들과 어머니의 음영을 지닌 조직들을 이어 붙인 기묘한 작은 조각보들이다. 우리는 남자 형제들보다 더 얼룩덜룩하다. 사실 아들은 엄마의 아이로 생각하는 편이 더 맞는지 모른다. 그의 모든 세포에 들어 있는 어머니의 X염색체는 살아 있기 때문이다. 그에게는 선택의 여지가 없다. 그것은 그가 지닌 유일한 X염색체이며, 모든 세포에게는 그것이 필요하기 때문이다. 따라서 그의 몸에서 활동하는 유전자들 중에는 아버지의 것보다 어머니의 것이 수천 개 더 많다. 그렇다, Y염색체도 거기에 있고, 아버지에게서 아들에게로 고스란히 전달되는 것은 그것뿐이다. 하지만 Y는 X에 비하면 유전적으로 빈약하다는 사실을 기억하도록. 계산을 해보면, 당신의 남자 형제는 6퍼센트 정도 아버지보다 어머니와 더 가깝다. 또 당신에 비하면 3퍼센트 정도 어머니에 더 가깝다는 것을 알 수 있다. 평균적으로 당신의 세포들 중 절반은 어머니의 염색체를 꺼놓는 반면에 그의 세포들은 모두 그 염색체를 켜놓고 있기 때문이다. 이것은 하찮은 수치가 아니다. 유감스럽지만 말을 해야겠다. 그 수치들은 어머니, 할머니, 증조할머니로 계속 거슬러올라가는 여성의 연계성, 축복받은 모계 혈통이라는 이미지를 파괴한다(여기에는 흥미로운 일들이 수반되는데, X염색체가 활성을 잃는 결과로 남성 일란성 쌍둥이는 여성 일란성 쌍둥이보다 더 똑같아진다. 남성 쌍둥이는 다른 염색체들을 공동으로 지니고 있을 뿐 아니라, 모성 X염색체도 고스란히 함께 갖고 있다. 반면에 여성 쌍둥이는 몸의 각 부위마다 모성과 부성 X염색체 중 활동하는 것이 다른 조각보를 이루고 있다).

그렇게 어머니와의 유대가 강하다고 말하면 남성들은 아마 그다지 기뻐하지 않을 것이다. 남성들은 독립하기 위하여, 허약했던 인생의 초기에 자신의 세계를 지배했던 전지전능한 여성에게서 떨어져 나가기 위해 몹시 안달하지 않는가? 그런데 그들이 생각했던 것보다도 더 어머니가 자신의 일부분을 이루고 있다는 것을 알게 되다니! 나는 내 아버지가 기뻐하지 않았을 것임을 안다. 그는 답습되어온 방식 그대로 자신의 어머니에게 갑갑함을 느꼈다. 사람들은 그에게 말하곤 했다. 당신은 D. H. 로렌스의 책을 꼭 읽어야 해! 그와 그의 어머니 이야기가 바로 당신 이야기라니까! 그리고 내 아버지는 말하곤 했다. 왜 내가 그 책을 읽어야 하지? 나는 그 생활을 겪었어. 그 정도로 충분해.

또 다른 모계와의 연계성을 말하는 대신, 나는 이런 매혹적인 생각을 내놓으려 한다. 우리는 여성 조각보와 염색체의 모자이크 패턴과 더불어 상당히 복잡한 뇌를 지니고 있다고 말이다. 그 주장을 펼치려면 신념과 상상의 도약이 필요하겠지만, 아무튼 펼쳐보기로 하자. 우선 X염색체를 영리한 염색체라고 생각하자. 비록 내가 여성 우월주의자이긴 해도, 이것은 단순한 우월주의에서 비롯된 주장이 아니다. X염색체에 있는 많은 유전자들이 뇌의 개화에 관여하는 듯하기 때문에 나온 주장이다. 연구 결과들은 X염색체에 일어나는 돌연변이들이 정신 지체의 원인인 경우가 많으며, 다른 22개의 염색체들에 일어나는 돌연변이들보다 정신 지체의 원인인 경우가 더 많다는 것을 암시한다. 그 모든 정신 지체는 당연한 결론으로 이어진다. 우리가 애호하는 염색체에 이상을 일으킬 수 있는 것들 중에 정신 질환을 일으키는 것이 그렇게 많다면, 그 염색체가 중요한 표적들, 즉 지능을 구성하는 데 필요한 유전자들을 매우 많이 지니고 있다는 의미가 된다. 그 유전자들 중 하나 이상이 잘못되면 뇌의 발달에 이상이 오고, 모든 유전자들이 조화롭게 잘 돌아가면 천재가 태어난다.

이제 영리한 유전자라는 이 개념을 좀 더 확장해서, 당신의 뇌가 어머니의 칸과 아버지의 칸으로 이루어진 체스판이라고 상상해보자. 어머니의 칸에서는 모성 X염색체와 그 모든 유전자들이 활성을 띠고 있다. 반면에 아버지의 칸에서는 아버지의 X염색체가 통치한다. 열심히 일하는 1.35킬로그램의 그 기관 전체에 당신 부모의 칸들이 배열되어 있는 것이다. 즉 당신은 그 속에 두 개의 정신을 갖고 있다. 당신이 혼란을 느낀다고 해도 전혀 이상하지 않다. 아무도 당신을 이해할 수 없다고 해도 놀랄 일은 아니다. 당신이 그토록 영리하다고 해도 놀랄 일은 아니다.

여성의 모자이크 뇌는 현대의 독심술사인 신경학자들과 심리학자들의 일을 복잡하게 만든다. 예를 들어 여성은 일부 간질을 아주 복잡한 양상으로 드러낸다고 알려져 있다. 이것은 여성의 뇌 세포들을 지배하는 염색체들의 쪽모이 특성 때문일 수 있다. 필수적인 뇌 신호 전달 물질들, 즉 뇌 세포들이 서로 대화를 할 수 있게 해주는 신경 전달 물질들을 만들어내는 유전자들도 X염색체에 들어 있다. 따라서 여성의 정신은 정말로 어느 뇌 세포에서 모성이나 부성 X염색체 중 어느 것이 활동하는가에 따라 다른 목소리를 내는, 어머니와 아버지의 목소리가 분절되어 나오는 파동이다. 따라서 정신분열증이나 조울증 같은 정신 질환의 진행 양상을 보면, 남성에 비해 여성의 진행 양상이 더 예측하기 어렵고 불안정하다. 뇌의 모자이크 패턴은 다중 인격 장애(그것을 천재의 심리적 증상이라고 유리하게 해석할 수도 있다)가 왜 그렇게 여성에게 더 흔히 나타나는지도 설명해줄 수 있지 않을까? 그런 증세를 보이는 사람들이 사실은 어머니의 명령을 받은 특공대원들과 아버지의 명령을 받은 특공대원들이 내부에서 충돌해서, 각기 다른 파편화한 인격들을 만들어낼 정도로 불협화음을 빚어내기 때문에 시달리는 것은 아닐까? 콜로라도 대학의 테레사 빈스톡이 내게 말했듯이, 아직은 아무도 그런 질문들에 대답할 수 없다. 뇌의 모자이크 패턴이라는 개념이 '대다수 신경학자, 신경해부학자, 인지신경심리학자들이 아직 생각해본 적이 없는' 너무나 새로운 것이기 때문이다.

그들이 대답을 할 때까지, 우리끼리, 과학자들과 비과학자들 할 것 없이 좀 더 살펴보기로 하자. 가령 믿기 어려운 여성의 직감이라는 것이 물리적 근거를 가진다는 개념을 살펴보기로 하자. 뇌가 모자이크 패턴이기 때문에, 우리는 틀을 잡는 데 비교적 회색 입장을 취하며, 화학적 견해, 즉 무의식적으로 작용하면서 정확한 식견을 만들어내는 견해들이 훨씬 더 다양하다. 나는 죽자살자 그 개념에 매달리고 싶은 생각은 없다. 나는 그 개념을 뒷받침할 수 있는 증거를 하나도 갖고 있지 않다. 그것은 이를테면…… 직감에 불과하다. 그리고 우리 집안에서 자신이 직관적이라고 생각한 사람은 내 아버지였기 때문에, 내 어머니는 더 합리적이고 수학적인 성향을 지니고 있다고 여겨지게 되었으므로, 나는 내가 X염색체에 신화적인 개념을 부여하게 된 것은 아버지 탓이라고, 아니면 아버지 덕분이라고 말할 것이다.

X라고 표시를 하는 것은 부인한다는 것, 무효로 한다는 것이다. 자신의 이름을 쓰는 난에 X라고 표시하면 자신이 문맹이라는 것을 고백하는 것과 같다. 하지만 우리는 자신의 X염색체를 자랑스러워해야 한다. 그것들은 염색체에게 가능한 만큼 크다. 그것들은 유전자의 두꺼운 목걸이이다. 그것들은 여성성을 정의한다. 아니 여성성을 정의할 수 있다.

제인 카든은 중키(160센티미터)에 중년(30대 후반)의 기품 있는 여성이다. 그녀의 옆에 있으면 카리스마가 느껴진다. 처음 볼 때 그녀는 방 저편에 있었다. 그녀에게서는 빛이 났다. 그것은 어느 면에서는 그녀의 굉장한 피부 때문이기도 하다. 그녀의 피부는 도브 광고에 나오는 피부

같지만, 당신이 듬뿍 쓸 수 있는 비누나 크림 같은 것은 없다. 그녀는 평생 동안 피부에 흠집 하나 나지 않았고, 사실 자신은 여드름이 날 수도 없다고 말한다. 그녀는 모공 대신에 주근깨를 가진 듯하다. 그녀는 엉덩이까지 내려오는 흰색과 갈색의 면 스웨터를 입고, 끈으로 엮은 목걸이를 걸고 있고, 커다란 뿔테 안경을 쓰고 있어서 언뜻 보면 새침떼기 같고 소녀 같다. 그녀의 머리카락은 갈색이고 매우 숱이 많다. 그녀는 처음부터 숱이 많았다고 말해준다. 그녀는 여드름 같은 피부 질환에 걸리지 않을 뿐 아니라, 명칭에 상관없이 여성에게도 자주 나타나는 질환인 남성형 탈모증 같은 것에도 걸리지 않는다.

제인이 빛나는 또 다른 이유는 활발한 지성 때문이다. 그녀는 나와 만나자마자 흥분해서 이야기를 시작했다. 그녀는 말이 빠른데도 발음이 명확한 문장들을 굴리고 돌리면서 말하는 말재주꾼이다. 그녀는 캘리포니아에서 세법 전문 변호사 일을 하고 있다. 제인 카든Jane Carden은 그녀의 본명이 아니다. 그것은 그녀가 인터넷이나 소식지 같은 곳에 글을 쓸 때 사용하는 필명이다. 그녀는 자신의 영웅인 잔다르크Jeanne d'Arc의 이름 철자 순서를 바꾸어서 그 이름을 만들어냈다. 우리는 점심을 먹기 위해 앉아 있다. 그녀는 토스트를 주문했지만 별로 먹고 싶은 생각이 들지 않는 듯하다. 그녀는 이야기하느라 정신이 없다. 우리는 그날 장시간 대화를 나누었고 그 뒤로도 자주 만남을 가졌다. 대화하던 그녀의 말 속도가 느려질 때가 있다. 그것은 그녀가 흐느끼기 시작할 때이다.

빛나는 제인은 뉴욕 시에서 중산층 유대인 가정에서 태어났다. 그녀의 어머니는 한 병원의 의료 비서였고, 아버지는 시청 주택 부서의 회계원으로 있었다. 그들은 제인을 낳기 전에 아들 둘을 낳은 상태였다. 그들은 자신들이 자유주의자이며 개방적이라고 생각했다. 이를테면 아들이 주말에 여자 친구를 집에 데리고 와서 함께 자는 일 같은 것에 말이다. 제인은 유치원에 간 첫날부터 학교 다니기를 좋아한 똑똑한 소녀이자 우수한 학생이었고, 사교적이고 인기도 많았다. 그녀는 우리 소녀들 중 많은 이들이 그랬던 것처럼, 남자아이들이 사회에서 더 나은 대접을 받는다는 것을 알아차렸지만, 자신이 남자아이였으면 하고 바라고 그렇게 행동하고 싶어하는 톰보이tomboy도 아니었고 운동 선수도 아니었다.

"1학년 때 선생님이 한 말이 기억나요. '미국의 멋은 어떤 소년이든 커서 대통령이 될 수 있다는 점이지.' 나는 그 말에 화가 났죠. 왜냐하면 나도 대통령이 되고 싶었으니까요."

그녀가 7학년일 때 선생님은 이렇게 말했다.

"여자아이들은 변호사에 어울리지 않아. 법정에서는 과격한 말들이 난무하거든."

제인은 결심했다. 좋아, 내가 깨주겠어. 나는 변호사가 될 거야.

제인은 여러모로 소녀가 되는 쪽을 좋아했다. 그녀는 기회가 생길 때마다 엄마의 옷을 입고 하이힐을 신고 입술을 붉게 칠하곤 했다. 그녀는 미국 소녀단 회원이 되었고 통상적인 의미에서의 많은 권리와 자명한 운명을 행복하게 받아들였다. 즉 그녀는 정상적인 소녀였다. 음부에 커다란 흉터가 있다는 것을 빼면.

"어렸을 때 왜 흉터가 있냐고 묻자, 탈장 수술 같은 것을 받았다는 대답을 들었죠."

탈장 수술. 그것은 아이가 더 이상 질문할 마음을 갖지 않도록 만드는 혼란스럽고 금기처럼 들리는 용어이다.

하지만 열한 살이 되었을 때, 소녀들이 월경이라는 한 가지 주제에 골몰하게 되는 마법의 시간에 들어갈 무렵이 되었을 때, 그 이야기는 바뀌었다.

"태어날 때 난소가 비틀려 있어서 종양이 되지 않도록 제거했다고 말해주는 거예요. 그러면서 호르몬 대체 요법을 시작해야 한다고 말하더군요. 에스트로겐을 투여하라고요. 내겐 월경이 없을 거라고 말하더군요. 아이도 절대 가지지 못할 거라고요."

제인은 심란한 듯 식어서 굳은 토스트에 잼을 마구 바르더니 한 입 베어 물고 다시 내려놓았다.

"비틀린 난소를 갖고 있다는 말을 들었을 때의 한 가지 문제점은 오로지 암 생각밖에 하지 않게 된다는 것이죠. 암에 걸려 죽어가고 있다는 생각에 온통 사로잡힌 나머지, 그 끔찍한 일이 일어난다는 것 말고는 다른 생각을 할 겨를이 없어져요. 나는 종말이 가까이 있다는 것을 절대적으로 확신했어요."

아니, 그렇게 절대적이지는 않았다. 그녀는 그것이 어떤 이야기인지 어느 정도 알아차렸다. 나쁜 소설이라는 것을.

"이치에 맞지 않았죠. 이해가 되지 않았어요. 하지만 나는 너무나 겁에 질린 나머지 가족들과 이야기조차 할 수 없었죠."

제인의 아버지는 그런 말을 듣고도 울지 않는 그녀가 대견하다고 말했다. 그것으로 끝이었다. 그때 이후로 가족들은 제인의 '비틀린 난소'든, 이 부담스러운 단어의 진정한 의미든 그런 이야기를 전혀 입에 올리지 않았다. 제인의 감정이나 두려움에 관한 대화도 전혀 없었다.

"가끔 어머니가 나이 든 남자와 결혼할 생각을 해야 하지 않느냐는 식으로 넌지시 그 문제를 비치곤 했죠. 나이 든 남자는 아이를 원하지 않거나 전에 결혼해서 이미 아이를 가졌을 테니까, 그것을 받아들일 게 아니겠냐고요."

'그것'이란 제인의 불임을 말한다.

"불임, 그것만이 전부였죠. 내 불임만요. 한 번은 오빠와 다투는데, 내게 소리를 지르더군요. 내가 아이도 없는 성질 더러운 늙은이가 될 거라고요. 그 오빠는 지금 심리학자가 되어 있어요."

그녀는 약간 성격이 삐뚤어지고 있었다. 자신의 생활이나 불임 때문이 아니라 자신의 신체 조건을 대하는 가족들의 태도, 뭔가 반감을 풍기는 그들의 냉담함 때문이었다. 그녀는 10대 때 내분비학자에게 갔을 때 자신이 매우 특이한 사례라는 것을 알게 되었다. 그 의사는 그녀의 부모가 말해준 것 외에 더 설명하려 하지 않았지만, 그녀가 매우 특이한 사례라는 것을 알아차렸다. 그는 그녀를 등자에 눕도록 해놓고 레지던트들을 불러 모아 검사를 해보라고 했고, 그녀가 진찰을 받으러 갈 때마다 언제나 다른 사람들을 불러 관찰하도록 했다. 그녀의 비틀린 난소가 오래전에 제거되었다면, 도대체 왜 그들은 거기 와서 살펴보고 있었을까?

그래도 그녀는 성격이 나빠지거나 내성적으로 변하지 않았다. 그녀는 대학에 갔고, 웰러슬리 여대에서 한 해를 보낸 뒤 여학생들이 대부분인 바사 대학에서 3년을 보냈다. 때는 1970년대 말이었고 그녀는 페미니즘에 심취하게 되었다. 그녀는 공부든 사교든 못 하는 것이 없었다. 바사 대학을 수석으로 졸업하고 많은 친구들을 사귀었다. 그녀가 유일하게 하지 않았던 일은 처녀성을 잃는 것이었다. 그녀는 배꼽 아래에 있는 모든 것에 몹시 부끄러움을 탔다. 그녀는 자신의 잃어버린 기관, 무월경, 그 수많은 의대생들을 매혹시킨 질을 마음속에서 몰아내려 애썼고, 연인이 그런 일들을 생각하는 것을 바라지 않았다.

하지만 그녀는 자신의 장애를 제대로 알고자 하는 노력을 멈추지 않았다. 대학을 졸업한 뒤 그녀는 플로리다에 있는 법대에 들어갔다. 그곳에 들어간 첫해에 그녀는 의대 도서관을 여기저기 뒤지다가 자신의 이야기를 발견했다. 그녀의 눈에 사진들이 들어왔다. 얼굴을 X 표시로 지운 환자의 신체 사진들이었다. 그녀는 곁들여 있는 설명들을 읽었고, 그 즉시 모든 진실을 알아차렸다. 그녀는 당시 정소 여성화라고 불리던 증상을 갖고 있었다. 그것은 현재 안드로겐 둔감증androgen insensitivity syndrome, AIS라고 불리고 있다. 그것은 신생아 20,000명 당 한 명꼴로 나타나는 희귀한 증상이다. 하지만 그렇게 희귀하다는 점 때문에, 그 증상은 우리에게 성의 유전학과 우리의 염색체와 뇌와 몸 사이의 상응 관계에 관해 뭔가를 가르쳐준다. 한 예로 태아의 염색체를 보여주는 화면은 당신에게 이렇게 알려줄 것이다. 기대하시라! 당신의 아기가 여자인지 남자인지!

AIS에 걸린 사람들이 어둠의 세계가 있다는 것을 알려주기 위해 존재하는 것은 아니며, 일부는 유전적 평범함을 뚜렷이 보여주는 유전적 비정상으로 간주되는 것, 진료실의 강철 등자에 앉는 사람이 되는 것, 얼굴은 지워졌지만 몸은 발가벗겨져 공개적인 정밀 조사에 쓰일 수 있도록 교과서에 실리는 사람이 되는 것에 분개한다. 그렇지만 우리 모두가 제인 카든이 구체적으로 보여주고 우리가 이 장과 다음 장에서 논의할 명백한 사실을 배우려면 그들의 도움이 필요하다. 그 사실이란 여성들이 태어나는 것이 아니라 만들어진다는 것이다. 또 여성들은 만들어지는 것이 아니라 태어나는 것이다. 그리고 이 두 문장은 나름대로 심오하고 제한적인 의미에서 진리이다.

제인의 어머니가 제인을 임신했을 때 양수 검사를 했다면, 아기의 성별을 알고 싶어했다면, 그녀는 '아들입니다'라는 말을 들었을 것이다. 아들이 많은 가정에 또 하나의 아들이 태어날 것이라고 말이다. 그러다가 정작 아기가 태어나면 그녀는 다른 말을 들었을 것이다. 먼저 한 말은 잊으세요. 딸이에요. 제인은 여자의 외부 생식기, 외음순과 클리토리스와 질을 갖고 있다. 하지만 내음순은 없으며 질의 길이도 짧아서 정상적인 질의 약 3분의 1에 불과하다. 질은 자궁으로 가는 길에 있는 문지기 집 역할을 하는 자궁 경부로 이어지는 것이 아니라, 일종의 막에 가로막혀 갑자기 막다른 곳에 다다른다. 그녀의 몸에는 자궁이나 난관이 없다. 그녀의 복강에는 정소가 있었지만, 골반 쪽으로 너무 내려와 있었기 때문에 태어난 지 열흘째에 제거되었다. 그 잘려나간 정소가 바로 그녀의 '비틀린 난소'였다.

바로 그것이 제인에게 일어났던 일이다. 그녀는 Y염색체를 갖고 있다. 그 염색체에는 몇십 개의 유전자가 들어 있으며, 그 대부분은 아직 기능이 알려져 있지 않다. 하지만 갈라진 혓바닥 모양의 그 염색체에는 남성의 이야기를 시작하는 것으로 알려진 유전자가 하나 있다. 그 유전자는 Y염색체상의 성 결정 영역이라는 말을 줄인 SRY라는 이름을 갖고 있다. 전에는 정소 결정 인자라는 의미에서 TDF라고 불렸지만, 몸의 증상과 마찬가지로 유전자도 가끔 새로운 이름을 갖고 난데없이 새로운 모습으로 부활하곤 한다. 어쨌거나 임신 8주쯤 되면 SRY에 딸깍 불이 켜지면서 매우 극적인 일이 벌어진다. SRY는 남성 태아의 복강에 정소를 만들기 시작한다. 좀 더 시간이 흐르면 태아에게 생긴 이 작은 마술 주머니들은 몸 바깥인 음낭으로 떨어져 내려가며, 시간이 더 흐르면 이 후들거리는 주머니는 역설적으로 용맹과 힘의 상징이 된다. 역시 남자는 불알이 달려야 해! 그곳이 남성의 몸에서 가장 취약한 부위라는 것이 잘 알려져 있음에도 말이다.

태아에게서 정소는 빠르게 자라나 테스토스테론 같은 남성 호르몬을 분비하기 시작한다. 이어서 남성 호르몬들은 미발달 상태의 생식기를 음경과 음낭으로 조각한다. 하지만 그것만으로 남성이 만들어지는 것은 아니다. 그와 동시에 태아의 여성 프로그램이 작동을 멈춰야 한다. 그것을 위해 정소는 뮐러관(척추동물에서 중신수관(中腎輸管)과 평행하게 생기는 중배엽성 관) 억제 인자라는 호르몬을 분비한다. 이 호르몬은 태아의 몸에서 자궁과 난관으로 발달할 부위를 축소시켜 없앤다.

제인의 몸에서는 이런 작용들이 정상적인 작동 절차에 따라 상당 부분 진행되었다. 그녀의 Y염색체는 예정대로 일을 수행했고, SRY에 불이 켜졌다. 그녀의 몸에서는 작은 정소가 자라났다. 정소는 자기가 할 일을 했다. 안드로겐을 분비한 것이다. 정소는 뮐러관 억제 인자도 분비했다. 그 억제 인자는 제인의 원시 자궁과 난관을 용해시켰다. 하지만 바로 그때 뭔가 일이 벌어졌다. 아니면 벌어지지 않았든지. Y염색체가 남성의 성기를 만들어내는 일을 제대로 끝내려면 X염색체가 필요하다. 전형적인 여성 염색체는 남성 만들기 조각 그림 퍼즐에서 아주 넓은 면적에 끼워 넣을 커다란 조각을 들고 있다. 그 5,000개의 유전자 중에 몸이 안드로겐에 반응하도록 만드는 유전자가 하나 들어 있는 것이다. 안드로겐을 만드는 것만으로는 충분하지 않다. 몸의 다양한 조직들이 그 호르몬들을 감지해서 적절히 반응을 할 수 있어야 한다. 그렇게 하려면 안드로겐 수용체 단백질이 있어야 한다. 태아의 미발달 생식기가 안드로겐에 반응하여 음경을 만들어내려면, 그 조직에 안드로겐 수용체 단백질들이 점점이 박혀 있어야 한다. 그리고 그 단백질을 만들어내는 것은 안드로겐 수용체 유전자이며, 그것은 X염색체에 들어 있다.

낭만적이지 않은가? 안드로겐 수용체 유전자는 유전체의 아무데나, 23개의 염색체 어디에나 있었어도 상관없었을지 모른다. 3번 염색체에 있든 16번 염색체에 있든. 하지만 그것은 다른 곳에 있지 않다. 그것은 우리의 염색체, 크고 살지고 따분한 X염색체에 있다. 아마 진짜 우연의 일치이겠지만―비록 과학자들은 확실히 그렇다고 말할 수 없지만―그래도 잠시 '하!'라고 감탄할 만한 가치는 있다.* 우리는 여성을 만들고, 우리는 남성을 만든다. 그러니 진열장에 원하는 것이 없다면, 안에 들어가 요구하라.

제인 카든은 안드로겐 수용체 유전자가 작동을 안 하는 돌연변이 X 염색체를 물려받았다. 그 돌연변이 염색체 때문에 그녀의 몸은 정소가 다량 분비하고 있던 안드로겐에 반응할 수 없었고, 그것은 그녀의 몸에서 음경이나 음낭이 자랄 수 없다는 의미였다. 그녀의 몸은 안드로겐에 둔감했고 지금도 그렇다. 그래서 그녀의 증상을 안드로겐 둔감증이라고 부른다.

그렇게 안드로겐의 외침을 듣지 못한 제인의 몸은 포유동물의 태아가 안드로겐이 없을 때 나아가는 길을 갔다. 여성이 되는 쪽을 택한 것이다. 그녀의 외부 생식기 자리에 생긴 작은 혹은 외음순과 클리토리스와 막다른 짧은 터널이 되었다. 그 전환은 미완성으로 끝났다. 내음순이 만들어지지 않았고, 질을 덮고 있는 피부는 제인이 말하듯이 다른 백인 여성들의 생식기처럼 연한 자주색이 아니라 기이하게 창백한 색깔을 띠고 있다. 그래도 그녀는 여성이다. 나나 내가 만나본, 월경을 하고 아이를 배는 다른 여성들과 마찬가지로 말이다. 튀어나온 가슴과 둥근 엉덩이와 내가 볼 때 여성의 신체임을 가장 잘 드러내는 부위인 상대적으로 가느다란 목을 가진 그녀는 여성으로서 세상과 대면할 수밖에 없다. 더 중요한 것은 설령 의대 도서관에서 자신의 Y염색체와 자신이 한때 지녔던 정소에 관한 글을 읽고 대경실색해 절망적인 심정으로

---

* 큰 규모에서 유전자들이 어떻게 조직을 이루는지, 다시 말해 유전자들이 23개의 염색체에 왜 그런 식으로 분포해 있는지 거의 알려져 있지 않다. 대부분은 우연이나 편리함 때문인 것 같지만, 필수 조절 인자에 쉽게 접근할 수 있는 가능성 등 발달하는 동안에 어떤 기능을 수행하기 위해 그 자리에 있는 유전자들도 있을지 모른다.

서 있었다고 해도, 그녀가 자신이 여성임을 한 번도 의심한 적이 없었다는 점이다.

안드로겐 둔감증에는 별난 특징들이 있다. 여드름이나 남성형 탈모증이 없다. 여드름과 남녀의 머리숱이 줄어드는 대다수 사례의 배후에는 안드로겐이 있다. 또 안드로겐은 남녀의 체모 성장을 자극한다. 제인의 겨드랑이에는 털이 전혀 없고 음부에는 아기의 털처럼 안개 같은 솜털만 있다. 그것 역시 안드로겐에 반응하지 않기 때문에 나타난 현상이다. 이 증상을 가진 사람들은 배우나 모델이 될 만한 여성들, 즉 브로드웨이 뮤지컬 〈맘마미아〉에 등장하는 여성들 같은 외모를 지니기도 한다. 제인은 태어난 뒤에 곧 정소를 떼어냈고 여성의 체형을 만들고 한편으로는 에스트로겐에 영향을 받는 뼈를 보호하기 위해 사춘기 때부터 에스트로겐 대체 요법을 받아야 했다. 하지만 이 증상을 지닌 여성들 중에는 사춘기가 될 때까지 자신이 그런 증상을 갖고 있다는 것을 모르는 사람들도 있다. 그들의 정소는 유아 때 밑으로 내려오지 않기 때문에, 염색체에 이상이 있다는 것을 아무도 알아차리지 못한다. 그 소녀들의 정소는 사춘기가 되어서야 많은 양의 호르몬을 분비하기 시작한다. 대부분은 남성 호르몬이지만 여성 호르몬도 분비된다. 호르몬들은 혈액을 통해 가슴 같은 곳으로 이동하고, 에스트로겐은 유방 조직에 직접 작용을 한다. 또 일부 안드로겐은 효소 작용을 통해 에스트로겐으로 바뀌기도 한다. 유방은 점점 커지기 시작해서 사실상 대다수 여성들의 유방보다 더 클 때까지 자란다. 왜냐하면 유방의 성장이 억제되는 것도 어느 정도는 여성이 안드로겐에 반응하는 능력에 달려 있기 때문이다. 마찬가지로 고농도의 안드로겐은 10대 소년의 가슴을 납작한 상태로 유지시킨다(일부 나이 든 남성들에게 나타나는 유방비대증, 즉 젖가슴이 튀어나오는 증상은 아마도 테스토스테론 농도가 낮아지기 때문에 나타나는 현상일 것이다. 남성의 몸 속을 돌아다니던 에스트로겐이 안드로겐의 억제 작용에서 풀려나자 젖가슴의 성장을 촉진하는 것이다). 또 AIS 여성들은 키가 꽤 크다. 왜 그런지는 명확하지 않다. 또 다른 정소 호르몬이나 Y염색체에 있는 유전자가 남성의 키를 갖도록 자극하는 것인지도 모른다. 열여섯 살쯤 되어 몸은 어른이 되었지만, 여전히 월경이 없는 AIS 소녀들은 결국 의사를 찾는다. 그리고 그곳에서 자신의 증상을 알게 된다.

좋은 피부, 멋진 머리카락, 풍만한 젖가슴, 큰 키. 그리고 자연적으로 털이 없는 겨드랑이와 털이 별로 없는 다리. 그리고 뛰어난 면역 능력. 제인은 테스토스테론이 항원 세포를 억제할 수 있기 때문이라고 주장한다. 모델과 배우 중에는 안드로겐 둔감증을 가진 사람들이 많다. 에드워드 왕에게 왕위를 포기하게 만든 활달한 이혼녀인 월리스 심슨도 AIS 여성이었을지 모른다. 일부 역사가들은 잔다르크도 그런 여성이라고 말하지만, 대다수 역사가들은 그 이론을 받아들이지 않는다. 그렇지만 제인 카든은 그 이름을 필명으로 쓴다.

AIS 여성들의 신체 특징은, 여성의 성적 매력이 남성들에게, 나는 생식 능력이 있고 당신 아이를 많이 낳을 수 있어 하고 말하는 형질을 지니고 있기 때문이라는 일부 진화심리학자들의 주장을 통쾌하게 반박한다. AIS 여성들은 빛나는 피부와 숱이 많은 머리카락을 갖고 있다. 그것은 건강과 젊음의 표시이다. 그리고 우리는 젊음, 젊음, 바로 그 젊음이 여성의 시장 가격의 척도라는 말을 듣는다. 그리고 그 풍만한 젖가슴은 발정기의 여성, 믿을 만한 출산 능력을 지닌 여성의 상징으로 여겨진다. 그렇다, 벽에 붙인 미녀 사진의 각 신체 부위마다 그렇게 다윈주의의 꼬리표가 붙을 수 있다. 하지만 이 AIS 슈퍼우먼들, 환상과 자기 색정적인 충동으로 가득한 이 아이콘들은 진화 전문 용어로 말해 정직한 신호자들이 아니다. 사실 그들은 임신 가능성이 전혀 없으면서도 거품이 이는 육욕의 광천수로 들어오라고 남성을 유혹하는 사기꾼들이다. 얼마나 놀라운 환희인가, 얼마나 놀라운 기대의 어긋남인가. 그 가장 건강하고 가장 여성다운 여성들은 사실상 부러울 만큼의 완벽함과 찰스 다윈을 조롱하는 재현할 수 없는 아름다운 몸을 지닌 여성들, 즉 냉정하고 명철한 아마존 여왕들로 분장한 모습이다. 수사슴, 수말, 황소 등등. 그만 하자.

AIS 여성들이 아무리 자신을 여성이라고 생각한다고 해도, 그들은 여전히 다르다는 것을 느낀다. 대부분은 자신의 신체 조건을 아주 친한 친구들 몇 명에게만 털어놓을 뿐 비밀로 간직한다. 흥미롭게도 그들 중에는 아이를 갖지 못하는 것이 아니라 매달 여성임을 증명해주는 사건인 월경이 없는 것이 가장 안타깝다고 말하는 사람들이 많다. 다른 소녀들이 자신의 생리 주기를 이야기할 때, AIS라는 진단을 받은 소녀들은 영화 〈캐리〉의 주인공처럼 '정상적인' 소녀들이 탐폰과 생리대를 자신에게 내던지기 시작할까 봐 걱정하는 듯이, 정서적으로 위축된 채 침묵을 지키고 있다.

제인은 교과서에 나오는 증상을 가지고 있으면서도 같은 증상을 가진 누군가가 어디에 있는지 전혀 모른 채, 세상과 단절된 기형 인간처럼 느끼면서 15년을 보냈다.

"내 소원은 오직 AIS에 걸린 누군가를 만나는 것뿐이었어요. 그것이 내 인생의 꿈이었죠. 나는 지나가는 모든 사람과 시선을 마주치면서 당신이 내 부모인가요? 하고 생각하는 입양아처럼 거리를 쏘다녔어요. 누군가 아이를 가질 수 없다거나, 그와 비슷한 문제가 있다는 말을 들으면, 혹시 나와 같은 사람이 아닐까 생각이 들곤 했어요.

나는 담당 의사한테 물었고, 알 만한 모든 사람들에게 나와 같은 사람을 아는지 물었죠. 미국에서 손꼽히는 AIS 전문가라고 할 만한 의사를 찾아 댈러스까지 가기도 했어요. 모두 계속 모른다고 하더군요. 그들은 그런 질문을 하는 내가 제정신이 아니라는 듯이 행동했고, 도대체 누가 그런 이야기를 하고 싶겠냐, 누가 자신이 그렇다고 인정하고 싶겠냐고 노골적으로 말하기도 했죠. 내 담당 의사는 자기 환자 중에 AIS에 걸린 사람이 둘 있는데, 한 명은 40대인데 사회에서 아주 유명한 사람이라 결코 자신의 정체가 드러나는 것을 원하지 않을 것이라고 말하더군요. 또 한 명은 열여덟이나 열아홉 살쯤의 여성인데 너무나 잘 지내고 있기 때문에 그런 일로 다른 사람과 접촉할 필요를 못 느낀다고 말했어요. 헛소리처럼 들렸어요. 나는 그게 헛소리라는 걸 알았죠. 왜냐하면 그 잘 적응하고 있다는 열여덟이나 열아홉 살짜리가 바로 나였으니까요."

결국 제인은 다시 도서관에서 답을 찾아냈다. 2년쯤 전에 그녀는《영국 의학 회보》를 들춰보다가 그 증상을 가진 일곱 살짜리 소녀의 어머니가 투고한 글을 발견했다. 그 소녀의 가족은 영국에 살고 있었고, 그 여성은 AIS 소녀와 여성들, 그리고 그 가족들을 위해 후원회를 구성하는 중이라고 썼다. 그 글 끝에는 전화 번호가 적혀 있었다. 하지만 제인은 그 번호를 거의 알아볼 수 없었다. 그녀가 읽고 있던 지면이 이미 자신의 눈물로 얼룩져 있었기 때문이다. 제인은 그 편지를 발견한 날 이야기를 하면서 마음껏 울고 있었다. 그녀는 냅킨으로 눈물을 닦아냈다.

"그날 내가 어떤 기분이었는지 도저히 말로 표현할 수가 없네요. 앞으로도 절대 표현할 수 없을 거예요."

그녀는 그 부분을 복사했다. 집으로 돌아가서 연습을 했다. 흐느끼지도 않고 울먹거리지도 않으면서, 정상적인 목소리로 말을 하려고 연습했다. 그녀는 "나도 안드로겐 둔감증입니다"라는 말을 연습했다. 그녀는 의사 외에는 어느 누구에게도 그 말을 한 적이 없었다. 하지만 정작 전화를 걸었을 때, 그녀는 자신을 소개하다가 울며 주저앉고 말았다. 몇 주 뒤에 그녀는 후원회의 첫 모임에 참석하기 위해 영국으로 날아갔다.

"내 인생에서 AIS에 걸린 다른 사람들과 후원 단체를 만난 것보다 더한 성공은 없을 거예요. 그것은 단연코 내 인생 최대의 성공이에요."

후원회 회의가 열릴 때면, 여성들은 짧은 통로를 음경이 들어갈 수 있을 만큼 확장해주는 루사이트 질 확장제를 구하는 방법처럼 현실적인 문제들을 이야기한다. 그들은 완곡 어법을 피한다. 그들은 자신들이 선천적인 결함을 갖고 있다고 솔직히 말한다. 그들은 남성의 흔적이 남아 있는지 알아보기 위해, 거울 앞에서 자신의 몸을 꼼꼼히 살펴보는 문제를 이야기한다. 그들은 신화를 이야기한다. 남녀 모두에게서 테스토스테론이 성욕과 관련이 있다는 신화 같은 것들을 말이다. 그 신화가 참이라면, 이 여성들은 전혀 성욕이 없어야 한다. 그들은 몸이 만들어내는 테스토스테론에 전혀 반응할 수 없으니까. 일부 성 연구자들은 AIS 환자들이 그렇다고 말해왔다. 그들이 관계를 가질 때 느끼지 못하고 무심하고 가만히 있다고 말이다. 그 여성들은 그런 이야기를 할 때면 거의 침을 뱉길 정도로 분노한다. 관계를 가질 수 있을 만큼 질을 확장할 수 있는지 여부와 관계없이, 그들의 성욕은 고스란히 남아 있다. 그들은 성을 꿈꾼다. 그들은 오르가슴을 느낀다. 그들은 절실히 원하는 누군가가 있을 때 성욕을 느낀다.

그들이 반박하는 또 하나의 신화는 테스토스테론이 '공격성의 호르몬'이라는 관념을 조장하는 신화이다. 그 진부한 신화가 사실이라면, AIS 여성들은 평균적인 여성들보다 내성적이고 더 얌전해야 한다. 하지만 사실은 그 반대이다. 그 여성들은 나름대로 잔다르크의 성격을 갖고 있다. 한 여성은 아무도 자신의 증상을 알아차리지 못하도록 자신은 일부러 얌전한 척하고 있다고 말한다. 제인은 필요할 때면 자신이 불알을 갖는다고 주장한다. 의사는 그것을 그녀의 성격에서까지 떼어내지는 못했다.

"나는 어머니와 똑같아요. 공격적이고 미움 받는 존재죠."

그녀는 내게 말했다.

"나는 어머니가 낳은 딸이에요. 나는 어머니가 낳은 그대로 여성입니다."

3

기준선
여성의 몸은 수동적으로 만들어지는가?

임신해서 아기용품을 사려고 갔을 때 내 눈에 맨 처음 뜨인 것 중 하나
는 현재의 페미니즘 운동이 탄생한 지 30년이 지났건만 여전히 색깔의
이분법에서 벗어나지 못하고 있다는 점이었다. 신생아나 6개월 된 아기
나 비교적 최근에 만들어진 조산아의 옷을 살펴보면 전부 분홍색 아니
면 파란색이라는 것을 알 수 있다. 아마 초음파 영상이나 태아 검사를
무분별하게 사용한 나머지 대부분의 사람들이 아기의 성별을 미리 알
기에 태어나지 않은 아기의 선물을 살 때에도 애매한 태도를 취할 필요
가 거의 없기 때문인 듯하다. 이유가 무엇이든 간에, 옷에서 성적 구분
을 강조하는 현상은 전보다 더 심해진 듯하다. 분홍색이나 파란색 유아
옷 중에서 장식이나 리본이나 동물 그림이 없는 옷을 한 번 찾아보면,
당신이 선택할 패션이 얼마나 한정되어 있는지 알아차릴 것이다. 아,
여기 유일하게 성별을 가르지 않은 아기 옷이 하나 있다. 오리 그림이
그려진 노란 티셔츠.

　또 나는 아기용품 상가의 복도를 이리저리 마구 떠밀려 다니면서, 전
에 그다지 관심을 갖지 않았던 것을 깨달았다. 내가 아무리 까다롭고
페미니즘에 깊이 심취해 있다고 해도, 분홍색과 파란색의 이분법이 내

가 예상했던 것보다 그다지 나를 불쾌하게 만들지 않는다는 것을 말이다. 내가 개의치 않았던 한 가지 이유는 귀여움이 그것을 압도했다는 점이다. 누구를 위한 것인지에 상관없이(물론 그 옷들은 결국 부모를 위한 것이다) 아기 옷은 모두 귀엽다. 그 옷들은 모두 아기가 얼마나 다치기 쉬운지, 얼마나 무능력하며 어른의 도움을 얼마나 필요로 하는지 상기시켜준다. 당신은 파란색 옷을 바라보면서 '강하다'고 생각하지도, 분홍색 옷을 보면서 '약하다'고 생각하지도 않는다. 당신은 이 자그맣게 줄여놓은 것들을 보면서 생각한다.

"정말 귀여워! 어쩜, 저럴 수가! 진화는 뭘 생각한 걸까?"

또 나는 분홍색을 여자아이와, 파란색을 남자아이와 연관짓기 시작한 시기가 꽤 최근이라는 것을 생각하면서 스스로를 위로했다. 19세기 초반에는 지금보다 색깔 구분이 덜 절대적이었지만, 아무튼 지금과는 반대로 분홍색은 남자아이에게 입히고 파란색은 여자아이에게 입히는 쪽이었다. 따라서 설령 우리가 현재 한 색깔이 본래 여성적이고 다른 색은 남성적이라고 확신하고 있을지라도, 그 확신은 전혀 터무니없는 것이다(몇 분 동안 즐거운 상상을 해보면, 어느 쪽 해석이든 정당화할 수 있는, 설득력 있는 우화들을 만들어낼 수 있다. 가령 파란색은 전자기 스펙트럼에서 에너지가 높은 쪽에 해당하므로 활기찬 쪽인 남자아이들에게 더 어울리는 색이라고 말할 수도 있고, 파란색은 얼음이나 물처럼 차가운 물체의 색깔이므로 차분한 성격을 지녔다고 하는 여자아이들에게 더 어울리는 색이라고 말할 수도 있다).

나는 그런 구분이 임의적이라는 점에 위안을 받으며, 그것에 너무 신경을 곤두세우지 말자는 생각을 하게 된다. 여자아이의 옷을 대할 때, 나는 드레스보다는 차라리 분홍색을 택한다. 내가 아이였을 때 드레스와 스커트를 입는 것을 싫어했다는 단순한 이유 때문이다. 나는 그것들이 움직임과 놀이터에서 뛰놀 능력을 방해하기 때문에 싫어했고, 그것들을 입고 있을 때 강한 바람이 불어와 세상에 나를 노출시켜 그저 식물처럼 조용히 있을 수밖에 없게 만들 것 같기에 싫어했다.

그러나 분홍색과 파란색의 이분법이 나를 불쾌하게 만드는 것이 있다면, 그것이 때때로 우리를 일방적인 태도에 익숙해지게 만든다는 것이다. 여자아이에게 파란색 옷을 입히는 것은 괜찮게 생각하지만, 남자아이에게 분홍색 옷을 입힌다고 생각해보라. 더 나아가 당신의 아들에게 여자아이의 옷을 입힌다고 생각해보라. 그에게 분홍색 티셔츠를 입힌다고 생각하면, 가장 급진적인 어머니인 당신조차도 주저할 것이고, 절충해서 오리 그림이 있는 노란 셔츠를 선택할 것이다. 물론 이런 일은 놀라운 것도 아니고 아기에게만 적용되는 것도 아니다. 여성은 통바지나 청바지나 농부의 멜빵 바지나 중절모를 갖춘 연미복 등 가리지 않고 입을 수 있다. 그녀는 소비자로서 자신이 선택할 수 있는 것들을 선택하는 것뿐이다. 하지만 남성이 스커트를 입는다면, 그는 백파이프를 들고 불 준비를 하는 편이 좋을 것이다. 우리는 오래전부터 이런 것들을 알고 있었지만, 그것은 지금도 알고 나면 불쾌하다.

만일 누가 당신에게 공갈 젖꼭지가 담긴 상자를 선물로 주었는데 그것들이 분홍색이었다면, 나는 당신이 그것들을 첫아들에게 주지 않고 잘 싸서 남에게 다시 선물로 줄 것이라고 장담한다.

비키 아이어빈은 매우 재미있는 책인 《아주 특별한 임신 출산 가이드》에서 그렇게 쓰고 있다.

그것은 병이며 우리 모두 이 진부한 성 문제 때문에 몇 주 동안 담당 치료사들을 바쁘게 만들 수도 있지만, 그것은 사실이다.

이 문장을 처음 읽었을 때, 나는 짜증이 났다. 그녀는 당신의 첫딸에게 파란색 공갈 젖꼭지를 사용하는 문제는 이야기하지 않았다. 하지만 나는 아이어빈이 경솔하게 어깨를 으쓱거리고 있긴 하지만 그녀가 옳다는 것을 알았다. 당신은 자신의 첫아들이든 둘째 아들이든 열두 번째 아들이든 그에게 분홍 젖꼭지를 물리지 않는다. 당신이 메데아[그리스 신화에서 아버지를 속이고 이아손이 황금양털을 차지하도록 도왔다] 같은 음모를 꾸미고 있다는 것이 곧 드러나는 할리우드 공포 영화에 등장하는 엄마가 아니라면 말이다.

그렇다면 남자아이를 분홍색으로 오염시키는 것을 두려워할 때, 우리는 정확히 무엇을 두려워하는 것일까? 아이가 동성애자가 될지 모른다고 두려워하는 것일까? 현재의 증거들은 성적 취향이 양육과 거의, 또는 전혀 관계가 없다는 것을 강하게 암시하며, 어찌 되었든 간에 게이 아들은 자신의 어머니를 사랑한다. 그렇다면 무엇이 문제란 말인가? 남성성을 '완전한 인간' 및 '검증된 자질'과 연관짓고, 여성성을 '인간에 가까운 존재', 즉 '팔다 남은 좌판에 남아 있는 그저 그런 것들'과 연관짓는 흔해빠진 여성 혐오일까? 어느 정도는 그렇다. 우리는 여전히 여성 혐오 문화에 깊이 젖어 있다. 그러므로 남자아이의 것은 여자아이에게 좋은 것이 되며, 심지어 부모의 허세를 반영하듯, 딸에게 일부러 사용하게 만들기도 한다. 하지만 그 반대는 결코, 결코 아니다. 여자아이 용품은 너무나 시시하고, 너무나 역겹고, 솔직히 말해서 남자아이가 쓰기에는 너무나 같잖다.

이런 생각은 우리에게 익숙하다. 그것은 우리를 낙심시킨다. 그리고 우리가 그 양상을 금방 바꾸려 하지도 않을 것이기 때문에, 그것은 너무나 도움이 되지 않는다. 따라서 소금물을 민물로 바꾸고 오래된 진부한 문구를 여성 친화적으로 비틀어보겠다는 의지를 보여준다는 차원에서, 나는 이런 제안을 해본다. 우리가 남성에게 여성 옷을 입히려 하지 않고 그 반대로 하려고 한다는 것, 그와 함께 남자 같은 여자아이를 용납하고 여자 같은 남자아이를 싫어하는 것은 비록 무의식적 차원이긴 해도 진정한 조상, 진정한 최초의 성이 누구인지, 따라서 궁극적으로 더 자유로운 성이 어느 쪽인지 우리가 인식하고 있다는 것을 나타낸다고 말이다.

시몬느 드 보봐르는 사회 문화적 불평등 측면에서는 많은 부분 제대로 지적했을는지 몰라도, 생물학적 관점에서 볼 때 여성은 제2의 성이 아니다. 여성은 원본이다. 우리는 제1장이며, 맨 앞에 나오는 문장이며, 에덴 동산의 진정한 개척 주민의 자손이다. 우리를 아담의 첫 번째 아내 릴리스라고 생각해도 무방할 것이다. 릴리스는 구약성서 정전에서는 언급되고 있지 않으며, 16세기의 책《벤 시라의 알파벳》에서처럼 자신이 등장하는 문헌들에서 그녀는 아담의 뒤를 이어 그의 교제와 성적 쾌락을 위해 창조된 것으로 묘사되어 있다. 이 문헌들을 보면, 그 부부는 아담이 정상 체위를 좋아한다고 선언했을 때 다투기 시작했다. 그는 느낌이 좋아서가 아니라 그 체위가 지니는 정치적 관점 때문에 그것을 좋아했다. 그는 릴리스에게 말했다.

"당신은 내 밑에 있고 나는 당신 위에 있는 게 맞다니까요."

그의 동반자는 자신이 종속적인 지위에 있다는 것을 인정하지 않았다.

"왜 내가 당신 밑에 누워야 하나요? 우리 둘 다 흙에서 왔으니까 둘 다 평등해요."

반항 행위를 했다는 이유로 릴리스의 낙원 거주 기간은 줄어들었고,

그녀의 아이들은 모두 신의 저주를 받을 것이라고 했다(그리고 그녀를 대신한 더 유순한 존재의 운명도 그녀보다 그다지 나을 것이 없었다). 하지만 내가 들은 정당하게 개작된 이야기에 따르면, 릴리스는 아담의 선언들이 제국주의자의 헛소리라고 생각했기에 분개했다. 비록 그는 몰랐을지라도, 그녀는 유혈 지옥을 알고 있었다. 그녀가 처음에 있던 곳이 바로 거기였으니까.

릴리스가 아담보다 앞섰다는 주장, 즉 그가 아니라 그녀가 갈비뼈를 나눠준 사람이라는 주장에 나는 굳이 반대하지 않는다. 생물학적인 의미에서 볼 때, 암컷은 존재하는 생명체의 물리적 원형이다. 제인 카든의 사례에서 보았듯이, 태아는 안드로겐에 노출됨으로써 태아의 여성 프로그램이 중단되는 일이 벌어지지 않으면, 여성이 되도록 미리 정해져 있다. 원시 생식기는 다른 지령을 받지 않으면, 외음부와 적어도 질의 일부로 발달한다(뇌도 여성적 배열을 하는 듯하지만, 이 훨씬 더 혼란스러운 문제는 뒤에서 다루기로 하자). 발생학의 기존 추측에 따르면, 여성은 '설정' 성 또는 '중성' 성, 남성은 '조직된' 성 또는 '활성화한' 성이다. 즉 태아는 우리가 여성 호르몬이라고 말하면 흔히 떠올리는 호르몬인 에스트로겐의 영향이 전혀 없는 상태, 태아 호르몬들이 밀려오지 않은 상태에서는 여자아기로 성장할 것이다. 에스트로겐은 나중에 젖가슴과 엉덩이를 만들고 다달이 있는 월경 주기를 조율하는 데에는 필수적일 수 있지만, 맨 처음 여자아이의 특성을 하나하나 형성해 나갈 때에는 그다지 큰 역할을 하지 않는 것 같다. 반면에 남성의 신체는 작은 정소가 테스토스테론, 뮐러관 억제 인자, 다른 호르몬들을 분비하면서 형태를 갖추기 시작한다. 그 호르몬들은 원시 조직을 남성적인 형태로 조직한다. 재조직한다는 말이 더 정확할 것이다.

하지만 설정 성이라는 용어는 여자아이들이 단지 생겨난다고, 즉 카펫을 언덕 아래로 굴려 펼치는 것처럼 쉽게 만들어진다고 암시하기 때문에, 수동적인 의미를 지닌다. 카펫이 계속 구르도록 발로 찰 필요조차 없다는 것이다. 생물학을 공부하는 많은 여성들은 그 용어와 그 배경 논리를 거부해왔다. 브라운 대학의 앤 포스토-스털링은 여성이 기본 설정값이라는 개념이 발생학을 남성들이 주도하면서 남긴 지적 흔적이라고 불평해왔다. 그녀는 여성의 청사진을 활성화하는 화학 신호를 아무도 찾아내지 못한 이유가 아무도 그것을 찾지 않았기 때문이라고 주장한다. 남성의 관점에서 볼 때, 난관 성장의 근본 메커니즘은 음경 성장의 비법에 비해 그다지 매력이 없을 것이다. 그녀는 호르몬들이 여성의 성 결정을 담당하지 않는 듯하다고 해서 그 책임을 아무도 맡고 있지 않다는 의미는 아니라고 본다. 비록 선명하고 확실하게 쇄도하는 안드로겐에 비해 찾아내고 연구하기가 더 어렵긴 하지만, 다른 신호 체계들이 존재하며 태아 성장에 관여한다는 것이다.

우리가 할 수 있는 것은 여성 우선의 원리를 설정값이라는 따분한 형태보다 더 복잡하고 더 활발한 무언가로 재구성하는 것이다. 텍사스 대학의 데이비드 크루스는 동물의 성 결정을 다루는 멋진 체계를 제안한다. 암컷은 조상 성이고 수컷은 파생 성이라는 것이다. 암컷의 형태가 먼저 등장했고, 그것이 수컷이라는 변이 형태를 낳았다. 아테나는 제우스의 머리에서 튀어나왔다고 한다. 아마 우리는 아폴로가 헤라의 머리에서 튀어나왔다고 상상하는 편이 더 낳았을지 모른다.

암컷이 조상 성이라는 개념을 가장 흥미로운 차원까지 확장해보면, 여성이 남성을 닮은 것보다 남성이 여성을 더 많이 닮았다는 의미가 된다. 우선 남성은 여성에게서 파생된다. 남성은 자신이 만들어지는 과정에서 변형된 특징들을 함께 간직하는 것 외에는 선택의 여지가 없다. 즉 소녀 같은 특징들, 분홍색 잠옷을 말이다! 하지만 여성은 자아 의식을 발명하기 위해 남성 원형에 전혀 의지하지 않는다. 자아는 처음부터 거기에 있었다. 말하자면 우리는 자아를 규정지었다. 우리에게는 아담의 갈비뼈가 필요 없으며, 우리는 아담의 갈비뼈를 사용하지 않았다. 남성의 도움을 전혀 받지 않은 채, 우리의 뼈에는 탄산칼슘이 채워졌고 우리의 골반은 단단해졌다.

크루스는 두 줄로 된 추론을 통해 자신의 명제에 도달했다. 먼저 그는 포유동물이 아니라 파충류의 성 결정 과정을 연구함으로써 작동하는 다른 체계를 살펴보며, 그것을 통해 온혈동물들에 적용되던 기존의 지식을 반박하는 새로운 원리들을 추출해낼 수 있었다. 그는 악어나 거북의 성을 결정하는 것이 X나 Y염색체, 즉 SRY 유전자나 그것이 만들어낼 수 있는 정소가 아니라는 사실을 알았다. 새끼 파충류는 환경 요인들, 특히 그 생물이 발생할 때 알 주위의 기온이나 수온에 따라 성이 결정된다. 모든 배아는 처음에 양쪽 성의 잠재력을 갖고 있으며, 바깥의 온도가 따뜻한가 차가운가에 따라 난소 아니면 정소를 만들어낸다. 대개 낮은 온도에서는 수컷이, 높은 온도에서는 암컷이 생기며, 중간 온도에서는 암컷과 수컷이 반반씩 생길 것이다. 중요한 점은 어느 쪽 성도 '설정' 성이 아니라는 것이다. 악어는 수컷이 되지 않는다고 해서 곧바로 암컷이 되지도 않는다. 예비 암컷은 온도에 따라 정해지는 어떤 자극을 받아야 하며, 그 자극은 일련의 생리적인 반응들을 촉발하여 난소를 만들어낸다. 정소도 마찬가지이다. 어린 파충류가 수컷 프로그램의 작동을 시작하려면 바깥 세계로부터 신호를 받아야 한다. 다시 말해 파충류의 성 결정 과정은 최종 결과가 어떻든 간에 활동적인 여러 단계를 거친다.

파충류는 포유동물과 크게 다르다. 그렇지만 파충류 성 결정 프로그램을 구체적으로 살피다보면 여성의 중립성이라는 가정에 의문을 제기하고 싶은 유혹을 느낀다. 배아의 성 결정 과정에는 우리가 간과하고 있는 것들이 많이 있을 수 있다. 예를 들어 남성 태아의 정소는 뮐러관 억제 인자를 분비해 난관과 자궁과 질로 만개할 원시 관을 파괴한다. 하지만 여성 배아는 뮐러관 외에 임신 9주째까지 정낭(精囊), 즉 부정소를 비롯해 남성의 신체 부위로 될 잠재력을 지닌 울프관이라는 구조도 갖고 있다. 여성 태아에서 울프관 구조들은 대부분 발달 과정에서 녹아 없어지지만, 아직까지 울프관 억제 인자를 발견한 사람은 없다. 아무도 없다. 아마도 그런 인자는 없는 듯하다. 아마도 울프관은 정소에서 계속 남아서 번성하라는 신호가 오지 않으면 사라지는 듯하다. 이것은 여성 설정값 모델의 한 부분이다. 울프관은 살 이유를 주지 않으면 자살할 것이다. 이 가설은 가능성이 있긴 하지만, 설득력은 거의 없다. 우리는 난자와 뇌의 발달에서 시바〔인도 신화에서 파괴를 상징하는 신〕의 아이인 자연이 그것들을 대량으로 만들었다가 대량으로 파괴하는 것을 보았다. 그런데 그 파괴는 그저 일어나는 것일까, 아니면 촉발되어야 하는 것일까? 세포 자살이라는 새로운 신조가 내세우고 있듯이 죽음이 적극적인 과정이라면, 그것은 활성화를 필요로 한다. 어딘가에 울프관 억제 인자가 있는 것이 틀림없다. 호르몬이 아니라, 호르몬처럼 쉽게 분리해낼 수 있는 뭔가가 아니라, 신호 말이다. 릴리스가 마음 내킬 때 누워 있을 수 있도록 몸의 신전을 관리하기 위해 여성의 원리에 그 매점의 운영을 맡기고 다른 하나의 열망을 없애는 미묘한 이빨들을.

사실 1993년에 과학자들은 난소 형성이 그저 수동적으로 진행되는 것이 아님을 말해주는 활성화된 난소 촉발 인자를 발견했다는 예비 증거를 발표했다. 그들은 테스토스테론의 활동을 공격적으로 억누르고 태아의 원시 생식기를 여성의 형태로 전환시키는 유전적 신호를 찾아냈다. 즉 신호가 없거나 안드로겐 둔감증에서처럼 조직이 안드로겐에 반응할 수 없어서가 아니라, 무엇인지는 몰라도 이 인자가 과잉 활성을 띠어 안드로겐을 몰아낸다는 것이다. 오, 아마존의 홍수여! 하지만 아직까지 이 연구는 재현되지 않고 있으며, 후속 결과도 나오고 있지 않다. 따라서 우리가 그렇게 오랫동안 찾던 여성 성장 인자를 발견했는지 여부는 아무도 말할 수 없다.

그렇게 남성이나 여성 형태를 발생시키는 일을 담당하는 것이 있고, 테스토스테론이 우리 남성 형제들에게 하는 것과 같은 일을 여성들에게 할 수 있는 활성 난소 촉발 인자가 있다고 가정한다면, 크루스는 왜 여성에게 조상의 지위를 부여하고, 남성에게 파생 형태의 지위를 할당한 것일까? 그것은 파충류학자라는 그의 전공이 자신의 세계관에 색깔을 입히고 있기 때문이다. 포유동물은 반드시 유성 생식을 한다. 포유동물은 자손을 가지려면 반대 성을 가진 개체와 짝짓기를 해야 한다. 처녀 생식을 하는 포유동물, 즉 자신의 클론을 만들어낼 수 있는 포유동물은 자연계에서 찾아볼 수 없다. 하지만 몇몇 파충류, 그리고 어류와 다른 몇몇 척추동물들은 자기 복제를 통해 번식을 하며, 거의 항상 그들은 아들이 아니라 딸만을 낳는다. 처녀 생식이 널리 쓰이는 흔한 전략은 아니라 해도, 그것은 일어난다. 사실 그것은 진화하는 동안에 나타났다 사라졌다 하는 듯하다. 한때 수컷과 암컷의 존재를 필요로 했던 유성 생식을 하는 종이 어떤 이유로 수컷을 잃고 처녀 생식 종으로 변할 수 있다. 반면에 처녀 생식을 하는 종이 동반자가 혜택을 준다는 것을 발견할 수도 있다. 특히 유성 생식은 유전 다양성을 강화함으로써 자손들이 변화하는 환경에서 살아남을 수 있도록 다양한 형질을 제공해준다. 바람직한 변화는 전에 혼인했던 여성들, 냉혈의 마돈나들이 에덴 동산으로 돌아가 남성의 역할을 맡고 있는 자와 싸움을 벌여 상위를 차지하는 것이다. 어느 쪽 진화 시나리오든 간에 수컷은 오고 가지만,

암컷은 언제나 그 자리에 남아 있다. 암컷이 없는 종은 없다. 암컷, 위대한 어머니는 결코 사라지지 않는다.

(처녀 생식하는 동물을 암컷이 아니라 중성이나 마음 내키는 대로 수컷이라고 불러도 되지 않느냐고 생각할지도 모르겠다. 간단히 대답하자면, 암컷이라고 부르는 것이 타당하다. 아니 그 편이 정확하다. 처녀 생식을 하는 파충류는 새끼 파충류가 될 알을 만들고 낳으며, 가장 진정한 의미에서 동물의 암컷이란 알을 낳는 동물을 말한다.)

크루스는 이렇게 쓰고 있다.

수컷은 자기 복제 생물, 즉 암컷이 진화한 뒤에야 진화했다. 수컷은 등장과 퇴장을 거듭해왔지만, 암컷은 그대로 남아 있었다. 수컷의 패턴은 파생된 것이며 조상인 암컷의 패턴을 이용한다.

내 아버지는 남성의 특권을 무작정 옹호하는 사람이 아니었다. 그는 유대-기독-이슬람교의 한결같은 가부장적 구조의 부자연스러운 특성과 여신적 의미를 깨닫고 있었다. 어느 날 아버지와 함께 메트로폴리탄 박물관에 간 적이 있었다. 우리는 성부와 성자와 성신을 묘사한 그림 앞을 지나쳤다. 그 그림이 누가 언제 어디에서 그린 것인지는 전혀 기억나지 않는다. 사실 그 작품이 몹시 싫었다는 것 빼고는 아무것도 기억나지 않는다. 그 삼위 일체의 전능한 신들은 헐거운 긴 옷을 입고 갈색 턱수염을 기른 트로이카, 일란성 세 쌍둥이로 그려져 있었다. 신앙을 잃은 성난 기독교인인 내 아버지는 그 그림에 조소를 보냈다. 그 삼위 일체, 지구 생명을 만들었다고 하는, 그러면서도 여성은 한 명도 없는 그 창조자들을 보면서 아버지는 투덜거렸다. 저 화가는 성신을 여성으로 착각할 수 있도록 애매하게 그려놓는 정도밖에 못했어. 그런 다음 우리는 경멸이라는 공감대를 이룬 채 다른 곳으로 갔다.

　20년쯤 지난 뒤에 나는 궁금증이 일었다. 로마의 신전이 그리스 신전에서 파생되었듯이, 그 화가는 남성이 조상인 어머니에게서 파생되었다는 선천적인 인식을 무의식적으로 투영한 것이 아닐까? 로마인들이 토목의 장엄함과 건축의 정교함 등 모든 세세한 사항에 이르기까지 선배들을 업신여겼던 것처럼, 그 남성은 여성을 경시하고 몰아냄으로써 모든 장식과 힘, 이상 발달한 양식에 도달한다. 크루스는 조상 암컷과 파생 수컷 개념을 정립하면서 '암컷이 수컷을 닮은 것보다 수컷이 암컷을 더 닮는다는 흥미로운 가능성이 도출된다'고 말하고 있다. 그가 옳다면, 만신전을 포기하고 한 신이 양쪽 성 모두를 상징적으로 통치하는 쪽을 택하자고 주장하는 유일신 문화에서 신이 남성인 것도 어느 정도 이해가 된다. 왜냐하면 남성이 여성을 통합하는 것이 여성을 닮는 것이기 때문이다. 그것이 여성을 모방하는 것에서부터 시작된다는 의미에서 그렇다. 하지만 여성은 그렇지 않다. 여성이 남성을 통합하지 않는 것은 본래 남성을 필요로 하지 않았기 때문이다. 누가 알랴? 미래에 그녀가 다시 그를 필요로 하지 않게 될지.

　남성의 입장에서 보면, 남성은 뿌리를 내릴 기반이 필요한 것처럼, 여성을 필요로 한다. 그는 그녀에게서 달아날 수 없으므로, 그녀의 가장 위대한 힘인 생성 능력들을 흡수한다. 하지만 남성이 됨으로써, 그리스와 단절한 로마인이 됨으로써, 그는 그녀보다 더 나아진다. 처녀 생식을 하는 암컷이 딸만을 낳을 수 있다는 것을 기억하라. 하지만 처녀 생식을 하는 초인적 존재로 재창조된 남성 신은 도움 없이도 아들과 딸 모두를 창조할 수 있다. 상상해보면, 그 뒤로 그가 홀로 나아갈 수 있다는 것, 스스로 유일신, 즉 자연에서 발견될 수 있을 것 같지 않은 우화적인 존재의 자리에 올라서는 것도 온당치 못하긴 하지만 이해할 수는 있다.

우리 인간처럼 신들도 나름대로 문제점과 망상을 갖고 있다. 신들 중에서 남신들이 여신들의 특권을 더 잠식하는 성향이 있다면, 인간들 중에서 남성들이 여성스럽게, 아니 더 나아가 여성처럼 행동하는 것보다 여성들이 남성의 방식을 수용하는 것이 더 편안하게 느껴질 것이다. 프로이트는 남성이 어머니, 할머니, 이모, 유모 같은 여성의 세계, 자신이 유아기와 청소년기를 보낸, 단조롭고 밀실 공포증을 일으킬 만한 여성들의 거처에서 몸을 비틀어 떨어져 나와 개별적 존재가 되어야 한다고 주장했다. 여성들이 너무나 오래 지배하기 때문에 여성들은 위협이 된다. 남성들이 자율성을 찾으려면, 그들은 여성성을 탄핵해야 한다. 여성들은 여성성을 성취하기 위해 스스로에게서 떨어져 나올 필요가 없다. 그들은 자신을 돌보고 자신을 정의하는 어머니를 거부할 필요가 없다.

프로이트는 잊어버려라. 남성들이 바깥의 여성 세계에서가 아니라 내면의 여성 주형에서 떨어져 나와야 한다는 편이 더 타당할 것이다. 아마 남성들은 왕족에게 걸린 주술, 내부의 여성 흡혈귀에게서 달아나려는 듯 조상 여성에게서 달아나기 위해, 자신의 파생성보다 특수성을 강조하려는 충동을 느끼는 듯하다. 따라서 우리 여성들은 자신의 내부에 유동적인 성을 지니고 있는지도 모른다. 우리는 원하는 만큼 용감하게 옷과 인격과 태도를 바꿀 수 있다. 그래도 우리는 여전히 여성일 것이다. 남성들은 감수성의 대지를 침략하지만 오래 버티지 못하고 비웃음을 당할 뿐이며, 앨런 앨더〔미국의 영화 배우이며, 〈유월의 신부〉, 〈범죄와 비행〉 등을 감독하기도 했다〕는 남성들이 그럴 수 없다는 것을 보여준다. 오히려 남성들이 남녀 양성을 너무 오래 집적거린다면, 그들의 날은 무뎌지고 그들의 확신은 우유부단해진다. 제인 카든은 이렇게 자유로이 역할을 바꿀 수 있다는 이유로 자신이 여성으로 태어난 것이 기쁘다고 말했다.

우리는 그녀의 조상 여성이라는 주형이 남성의 부속물들에 짓눌리지 않았기에 기쁘다고 말할 수도 있을 것이다.

"나는 AIS 없이 태어나기를 바라지 않았을 거예요. 그것만이 내가 여성으로서 평생을 살아갈 수 있는 유일한 방법이니까요. 나는 여성의 경험이 더 풍부하고, 우리 여성이 더 완벽한 정서 생활을 한다고 생각해요. 남성이 보여줄 수 있는 개성의 범위는 훨씬 더 좁아요. 나는 어느 날은 사람들이 정말로 여성적이라고 여기는 매우 얌전한 사람처럼 행동하다가, 그 다음 날에는 남성처럼 매우 공격적인 사람이 되는 사치를 누릴 수 있어요. 적어도 이 시대에는 여성들에게 양쪽 다 허용이 되죠. 남성들에게도 마찬가지죠. 아직 우리가 거기까지 가지 못했지만요."

크루스는 수컷의 패턴이 조상 암컷 패턴 위에 덧씌워진 것이자 파생된 것이라고 말하면서, 호르몬 분비와 활성 패턴, 뇌 구조 패턴, 행동 패턴, 그리고 물론 생식계 패턴까지 수많은 타일들이 덮여 있다고 이야기한다. 우리는 생식기가 남녀의 가장 뚜렷한 차이라고 생각한다. 우리를 가장 유혹하며, 어린 시절 변기를 사용하는 방식의 차이와 더불어 우리에게 성의 개념을 심어준 것도 바로 우리의 생식기이다. 남녀를 가장 명확히 구분해주는 것이 생식기라고 여겨진다.

자세히 들여다볼 때를 빼놓고, 당신은 우리가 놀랍도록 똑같다고 생각할 것이다. 가령 등자에 앉아 있는 여성을 보면, 당신은 그녀의 포동포동한 음순이 허벅지가 맞닿는 곳에 남성의 음낭을 상기시키는 방식으로 자리를 잡고 있음을 알 수 있다. 옛 사람들도 그 정도는 알고 있었다. 히포크라테스나 갈렌(그리스의 의학자)을 비롯한 초기의 해부학자들과 몸 철학자들도 그 정도는 알고 있었다. 그들은 성인이 아니었다. 여성 찬미자가 아니었다. 토머스 래커는 《섹스의 역사》에서 갈렌이 '남근 중심적' 관점을 갖고 있었다고, 즉 남성의 패턴이 일차적이고 여성의 패턴이 그것을 참조로 했다는 생각을 갖고 있었다고 말한다. 또 고대 그리스의 의사들은 해부 구조를 잘못 이해하기도 했다. 그렇지만 그들은 중요한 생각을 해냈다. 그들은 인간의 몸이 기본적으로 단성(單性)이며, 두 성은 서로의 안팎이 뒤집힌 형태라고 생각했다. 그 고대인들은 남녀 신체 기관들의 상동 관계를 강조했다.

래커는 이렇게 쓰고 있다.

2천 년 동안 해부학적 사유를 지배한 단성 모델에 따르면, 여성은 남성을 뒤집어놓은 형태였다. 자궁은 여성의 음낭이었으며, 난소는 정소였고, 외음부는 음경의 포피였고, 질은 음경이었다. 여성은 본질적으로 남성이지만, 남성에게서는 겉으로 드러나지 않는 구조들의 내부에 담겨 있기 때문에 완벽하게 보존되는 생명의 열기를 그들은 갖고 있지 않다.

심지어 갈렌은 난소를 정소를 뜻하는 그리스어 오르케이스orcheis라고 부름으로써, 남녀의 신체 구조에 같은 단어를 사용했다(난초orchid라는 이름도 정소에서 유래했다. 난초의 수분 저장 기관인 구근이 주름진 작은 음낭처럼 생겼기 때문에 붙여진 이름이다. 따라서 난초를 이용해 여성의 생식기를 표현하고 있는 조지아 오키프는 부수적으로 남성성과 여성성을 결합시키는 일을 하고 있는 셈이다). 성적 병행 진화는 복음이었다. 4세기의 한 주교는 '그들의 것은 밖이 아니라 몸 안에 있다'는 것을 제외하면, 여성이 남성과 똑같은 신체 기관을 가졌다는 것을 깨달았다고 말했다.

상동 관계에 있다고 여겨진 것은 생식기만이 아니었다. 몸에서 배설되는 것도 똑같다고 생각했다. 정액은 남성의 생리혈이었고, 젖과 눈물은 하나였다. 또 옛 사람들은 남녀의 성적 쾌락 능력에 아무런 차이가 없으며, 임신을 하기 위해서는 함께 오르가슴을 느껴야 한다고 생각했다. 갈렌은 여성이 오르가슴을 느끼지 않으면 임신을 할 수 없다고 선언했고, 그의 견해는 18세기까지 유행했다. 이것은 기분 좋은 생각이자, 내가 좋아하는 역사의 두드러진 오류 중 하나이며, 우리가 알고 있듯이 여성의 오르가슴이 생명에 중요하다는 것을 간접적으로 인정한 것이기도 하다. 불행히도 임신한 여성이 오르가슴을 느꼈던 여성이라는 주장은 우리의 수많은 앞선 자매들에게 비극을 안겨주었다. 예를 들어 강간을 당한 뒤에 임신한 여성들은 음탕하며 부정하다는 비난을 받았다. 그들의 부푼 배는 그들이 묵인하고 쾌락을 느꼈다는 증거였기 때문이다. 그들은 대개 죽음을 당했다. 더 최근 들어서 여성들은 강간을 피할 수 없을 때는 그냥 '누워서 즐겨야' 한다는 조언을 받아왔으며, 자신들의 곤경에 대해 온갖 방식으로 비난을 받았다. 왜 옷을 그렇게 입었는가, 왜 그를 당신의 집으로 초대했는가, 왜 컴컴할 때 공원에 산책을 나갔는가 등등.

갈렌이 틀린 것은 한두 가지가 아니다. 설령 여성 할례를 행하는 나라들에서 그런 식으로 여겨져왔을지라도, 외음부는 음경 포피가 아니다. 그리고 여성이 임신을 하기 위해 남성이나 여성이 반드시 오르가슴에 도달해야 할 필요도 없다(사정 전의 남성 분비액에도 정자가 들어 있으며, 나는 성교를 하지 않고서도 임신한 여성을 알고 있다. 격렬한 애무 도중에 그녀의 허벅지에 묻은 사정 전의 분비액이 방심하다가 위쪽으로 올라갔던 것이다). 하지만 갈렌은 몸이 단성의 특징을 지닌다고 본 부분에서는 선견지명이 있었다. 여성은 조상형일지 모르지만, 현재의 우리 몸은 양쪽으로 발달할 잠재력을 갖고 있다. 즉 그 점토는 어느 쪽으로도 빚을 수 있다. 우리는 헤르메스와 아프로디테의 아들이 변모한 존재들,

즉 살마키스 샘의 요정과 몸을 융합한 헤르마프로디토스들이다. 임신 9주 때까지 남성과 여성의 태아는 똑같아 보이며, 우리 어른의 신체 기관들은 남녀가 비슷하다. 아직 성별이 구분되지 않는 두 달 된 태아는 그 살구만 한 몸 속에 아직 익지 않은 꼬투리인 원시 생식샘을 한 쌍 갖고 있으며, 그것은 남성에게서는 정소로, 여성에게서는 난소로 발달한다. 그 안에는 울프관과 뮐러관이 들어 있고, 태아가 정관을 갖게 될지 난관을 갖게 될지에 따라 그중 하나가 선택될 것이다. 겉에서 볼 때, 각 생식기는 작은 막을 뒤덮은 틈새 위쪽에 있는 튀어나온 조직인 미분화 상태의 생식 돌기에서 시작된다. 임신 석 달째부터 그 살덩어리는 우아하게 클리토리스로 성장하거나 더 힘차게 음경의 귀두로 성장한다. 여자아이라면 원시 틈새를 감싸고 있던 막은 용해되고, 그 틈새는 벌어져 음순이 되어 질과 소변이 나오는 요도를 덮을 것이다. 남자아이라면 안드로겐들이 그 틈새의 융합을 자극해 음경을 만들도록 한다.

상징을 기준으로 삼는다면, 음경은 하품이 나올 정도로 지루하다. 그것은 겨냥하고 쏘는 관이며, 당신은 그것을 잘 알고 있다. 오벨리스크는 하늘을 찌르고 있으며, 총은 총알을 발사하고, 담배는 공작처럼 연기를 내뿜고, 핫로드[hot rod, 고속 주행이 가능하도록 개조한 중고 자동차]는 비명을 지르고, 핫도그는 먹힌다. 은유적으로 말해서 음경은 당신이 갖고 놀 것을 그다지 제공하지 않으며, 다양한 해석을 낳지 못한다. 관은 관일 뿐 그 이상은 아니다.

하지만 질, 거기에는 두 다리로 하는 로르샤흐Rorschach 검사[좌우 대칭인 잉크 얼룩을 이용한 인격 진단 실험]가 있다. 당신은 그것으로 원하는 것이나 필요한 것이나 두려워하는 것이나 사실상 무엇이든 할 수 있다. 가장 단순한 해석에 따르면, 질은 열린 구멍, 형태의 부재, 활기 없는 그릇이다. 그것은 음순에서부터 도넛 모양의 자궁 경부까지 45도의 각도로 뻗어 있는 길이 10~13센티미터의 터널이다. 그것은 바깥 세계의 평서문과 내장의 중얼거림 사이에서 숨을 돌리는 부분이다. 피부와 근육과 섬유 조직으로 이루어진 질은 음경이나 검사경이 들어오거나 아기가 나가거나, 생각할 수 있는 모든 여행자들에게 맞게 벌어지는 모든 통로 중에 가장 친절한 통로이다. 나는 아기를 배고 있을 때 새끼 고래를 출산하는 꿈을 꿔본 여성이 나만이 아니라고 확신한다. 나는 멸종 위기에 있는 흰수염고래의 꿈을 꾸었다. 인간의 질은 산도 역할을 할 때 그에 맞게 벌어질 수 있으며, 우리의 몸 비례를 생각할 때 그것은 어미 고래의 골반보다도 더 벌어지는 것이 틀림없다. 당신은 산통을 겪는 여성에게 배에 힘을 주라는 말이 떨어지려면, 자궁 경부가 10센티미터까지 확장되어야 한다는 말을 듣거나 아니면 직접 겪었을 것이다. 그것은 질의 길이만큼 넓어져야 한다. 하지만 그 10센티미터, 동그랗게 벌린 채 툴툴거리며 격렬하게 움직여대는 그 숙녀는 아기의 머리 너비만큼 넓지 않다. 체중이 3.15킬로그램인 아기의 평균 머리 너비가 10센티미터이며, 머리 너비가 거의 15센티미터나 되는 큰 머리를 가진 아기들도 있다. 이쉬타르(바벨론과 아시리아의 풍요의 여신)가 신생아의 두개골에 봉합선과 숫구멍과 부드러운 판을 마련해준 덕분에 아기의 머리는 빛을 향해 미끄러지고 밀리면서 용골 모양처럼 압축된다. 그렇다고 하더라도 출산할 때 당신의 질은 처음 탐폰을 삽입하느라 낑낑대고 있을 때 전혀 상상하지 못했던 수준으로 벌어져야 한다. 따라서 질은 풍선이며, 터틀넥 스웨터이며, 우리가 여기 앉아서 한탄하고 있는 동안에도 사방으로 팽창하고 있는 이 우주의 모델이다.

입도 늘어날 수 있는 틈새이다. 하지만 입이 수동적인 그릇이라고 생각하는 사람이 과연 있을까? 그래서 질은 종종 입에 비유하여 이빨을 가진 기관으로 여겨진다. 빨고 씹고 탐식하며, 남성이 흔히 그렇듯이 그 유혹에 굴복하면 그의 자원들을 치명적으로 고갈시킬 수 있는 굶주린 구멍으로 말이다. 아니 질은 촉촉하고 달래고 입맞춤을 하는 입이기도 하다. 물론 음순이라는 단어는 입술을 뜻하며, 데스먼드 모리스 같은 인간행동학자들은 여성이 얼굴이라는 포스터에 숨겨진 생식기의 윤곽을 재현해놓기 위해, 즉 몸 위쪽의 입술과 아래쪽의 입술이 닮았다는 것을 강조하기 위해 립스틱을 칠한다고 주장해왔다.

열림이라는 은유만이 질에 적용되는 것은 아니다. 질은 기도하기 위해 맞잡은 손, 대폭발로 이루어진 팽창하는 우주가 아니라 대수축을 향해 줄어드는 우주처럼 닫힌 세계로 생각될 수도 있다. 여성의 질이 관이나 구멍으로 있는 시간은 얼마 되지 않는다. 보통 질의 벽들은 안쪽으로 내려와 서로 밀착되어 있다. 따라서 질은 보호된 상태와 노출된 상태, 밖을 쳐다보지 않는 상태와 초청하는 상태로 상호 전환할 수 있다. 그럼으로써 질은 개화나 봉오리가 터지는 심상을 낳는다. 연, 백합, 싹트는 잎, 갈라진 피칸, 갈라진 아보카도, 잠자리의 날개 등등. 화가인 주디 시카고는 왕성한 다산성 질 개념을 차용해 그것을 자신의 가장 유명한 작품 중 하나인 〈만찬회〉의 기치로 삼았다. 그 그림에는 메리 울스턴크래프트(영국의 작가이자 여권신장론자), 칼리(힌두교 시바 신의 비. 광포하고 잔인하며 살상과 피를 좋아하는 암흑의 신), 사포(그리스 최고의 여류 시인) 같은 역사적 및 신화적 페미니스트 영웅들이 식탁에 둘러앉아 접시에서 여성의 생식기처럼 생긴 것을 먹을 준비를 하고 있다. 시카고의 작품의 경건함과 상스러움(둘의 교묘한 결합)을 비판한 사람도 있는 반면, 제인 어서가 《여성 몸의 심리학 *The Psycholgy of the Female Body*》에서 상세히 써놓은 것처럼, "자궁 중심적인 생물학적 · 결정론적 사고 방식을 강화한다"고 공격한 사람도 있다. 〈만찬회〉가 추상 미술적으로 어떤 가치를 지니고 있든 간에, 시카고는 놀라운 생각을 싹틔웠다. 여성의 생식기가 자연의 힘이며, 자신의 삶, 아니 삶들을 갖고 있다는 것이다. 출산할 때 역할을 한다는 말이 아니다. 전혀 다른 종류의 심상, 생태적 지위, 서식지, 생태계를 말하는 것이다. 질은 나름대로 생태계이며, 찬가 없는 공생과 시큼한 세력들의 땅이다. 그렇다, 기존의 질 개념은 '저기 가라앉는 늪이 있다!'이지만, '밀물과 썰물이 있는 웅덩이'라는 말이 더 정확할 것이다. 안정하지만 영원히 흐름이 있는 물 말이다.

질 환경으로 접근하다 보면, 맨 처음에 작은 언덕과 만난다. '비너스의 언덕'이라고도 불리는 이 불두덩, 치구(恥丘)는 사랑의 언덕이다. 하지만 그 멍한 로맨스에 너무 빠지지 말자. 비너스라는 이름은 '비너스의 병', 즉 성병이라는 명칭에도 들어가니까. 비너스의 언덕은 왼쪽과 오른쪽 두덩 뼈를 연결하는 약간 움직일 수 있는 이음매인 두덩 결합을 완충하는 두꺼운 지방산 조직으로 이루어진 언덕이다. 그 이음매는 매우 섬세하며 심하게 흔들리는 자전거를 탈 때 쉽게 멍이 들며, 당신이 안드로겐에 반응을 한다면 사춘기 때 자라나는 음모가 그것을 더 완충해준다. 음모는 다른 기능도 한다. 그것은 생식기의 냄새를 붙잡아 농축시키며, 뒤에서 논의하겠지만 건강할 때 나는 냄새는 짝에게 매우 유혹적일 수 있다. 또 음모는 무엇보다도 시각 중심의 종인 우리 영장류에게 유용한 시각적 단서가 된다. 음모는 생식기를 돋보이게 하며, 주변의 덜 중요한 다른 경관들과 생식기를 차별화한다. 여성들이 외음부를 알리기 위해 무의식적으로 립스틱을 칠하는 것이라면, 그들은 남성들의 선례를 따르는 것밖에 안 될 것이다. 남성들은 턱수염을 기름으로써 자신의 얼굴에 사타구니를 재현한다. 그리고 턱수염을 기르는 능력은 화장품 사용보다 몇만 년 앞서 나타났다.

비너스의 언덕에서 밑으로 내려오면 양편으로 길게 주름이 져 있는 피부, 대음순이 있다. 대음순의 바깥쪽은 음모로 덮여 있다. 안쪽은 포낭이 전혀 없지만 지방샘과 땀샘이 많이 퍼져 있다. 대음순의 피부 밑에는 결합 조직과 지방이 교차되어 있다. 비너스의 언덕에 있는 지방과 달리 대음순의 지방은 젖가슴과 엉덩이의 지방과 마찬가지로 성적 성숙의 호르몬인 에스트로겐에 민감하다. 따라서 대음순은 사춘기에 에스트로겐이 몸 전체에 밀려들 때 팽창하고 폐경기에 그 호르몬이 줄어들면 축소된다. 지방 밑에는 발기할 수 있는 조직이 있다. 그것은 스펀지 같아서 성적으로 흥분해 있을 때 그 안에 혈액이 들어찬다. 대음순은 혈액을 매우 쉽게 흡수하기 때문에, 순환하는 혈액의 양이 두 배가 되는 임신 기간에는 계속 혈액이 들어차게 된다. 그럴 때면 펑크족이 쓰는 흡혈귀 색조의 립스틱처럼 적갈색으로 변할 수 있다.

우리 생식기의 색정적이고 신화적인 분류는 계속된다. 대음순 안쪽에는 그리스 신화에 나오는 샘의 처녀들 이름을 딴 님피nymphae가 있다. 그들은 성욕이 너무나 강해 님포매니아, 즉 색정증이라는 개념을 낳았다.* 보통 이름이 소음순, 즉 작은 입술인 님피는 질과 인근의 요도 입구를 감싸고 있는 살의 정교한 종이 접기 작품이다. 소음순에는 털이 없지만, 얇은 피부 밑에 낱알이 피하에 흩어져 있는 것처럼 오돌토돌하게 느껴지는 지방샘들이 흩어져 있다. 님피는 여성마다 크기가 상당히 다르고 심지어 왼쪽과 오른쪽이 다르기도 하는 등 여성의 생식기 중 가장 변이가 심한 부위이다. 대음순과 마찬가지로 소음순도 성적으로 흥분하면 혈액이 들어차 팽창하며, 가장 흥분했을 때는 두 배나 세 배까

---

* 에설 슬로언은 명저인 《여성의 생물학》에서 이렇게 말하고 있다. "색정증 환자가 지나친 성적 충동을 지닌 여성이라는 것은 누구나 안다. 하지만 남성에게도 같은 증상인 음란증이 있다는 것을 아는 사람은 왜 찾아보기 어려운가?" 여성의 과도한 음탕함은 꼬리표를 붙일 만한 질병이라고 여겨지는 반면에 남성에게서는 같은 충동이 필수적이라고 여겨지기 때문일까?

지 커지기도 한다. 우리 영장류 친척 중에는 자신의 배란 상태를 알리는 페로몬을 퍼뜨릴 수 있도록 땅에 질질 끌릴 정도로 커진 소음순을 갖고 있는 종류도 있다. 1996년 봄 과학자들은 브라질에서 새로운 명주원숭이 종을 발견했다. 그 종의 가장 뚜렷한 특징은 암컷의 소음순이다. 소음순은 양쪽 피부가 눈에 띄게 밑으로 축 늘어져 밑에서 융합되어 일종의 생식기 화환을 이루고 있다.

그 명주원숭이의 음순은 칼 린네를 비롯한 자연학자들이 주장한 남아프리카 여성들의 뚜렷한 특징(또는 기형)인 우스꽝스러울 정도로 두드러진 소음순, 그 유명한 호텐토트 에이프런을 생각나게 한다. 호텐토트족 여성 중 가장 유명한 사람은 이른바 호텐토트 비너스였다. 그녀는 19세기에 영국과 프랑스로 왔고, 사라 바트먼이라는 이름이 붙었다. 유럽에서 그녀는 비록 옷을 입긴 했지만 서커스 동물처럼 호기심 어린 구경꾼들 앞에 전시되었고, 나중에는 동물학자와 생리학자들 앞에서 발가벗어야 했다. 그녀가 숨을 거둔 뒤, 그녀의 생식기는 해부되어 포르말린이 담긴 병에 보관되었다. 부검을 실시한 프랑스 해부학자 조르주 퀴비에는 회고록과 연구 논문을 통해 '그 에이프런의 특성이 남김없이 밝혀졌다'고 선언했다. 하지만 역사가인 론다 쉬빙거는 《자연의 몸》에서 서양 과학자들이 호텐토트족의 생식기를 보고 품었던 호색적인 망상은 이상 발달한 음순의 진정한 실체(결코 증명된 적도 제대로 탐구된 적도 없었다)를 밝히겠다는 생각보다는, 아프리카 여성들이 계통학적으로 인간보다는 오랑우탄 쪽에 가깝다는 것을 증명하려는 욕망과 더 관련이 있었다.

대음순이나 소음순의 크기가 어떻든 간에, 음순은 땀을 흘린다. 외음부 전체가 겨드랑이와 마찬가지로 고집스럽게 땀을 흘린다. 당신이 보디수트를 입고 일을 해본 적이 있다면, 땀을 꽤 많이 흘린 뒤에 삼각형의 꼭지점에 해당하는 양쪽 겨드랑이와 사타구니에 땀이 배어 옷에 표시가 나 있는 것을 보았을 것이다. 당신은 라이크라 옷을 입은 호텐토트 비너스가 되어 남 앞에 노출된 듯 당황했거나, 혹시나 팬티에 오줌을 쌌다고 남들이 오해하지나 않을까 걱정했을 것이다. 부끄러워하지 말라. 고마워하라. 당신이 계속 달리고 있다면, 내부의 체열을 모두 제거할 필요가 있으며, 솔직히 말해 여성의 겨드랑이는 남성의 겨드랑이보다 땀을 효과적으로 흘리지 못한다. 적어도 여성의 사타구니가 그보다 더 낫다는 사실을 기뻐하라.

또 외음부는 기름과 밀랍과 지질과 콜레스테롤과 세포 조각들의 혼합물인 피지를 분비한다. 피지는 비너스의 언덕 골짜기마다 자리를 잡았을지 모를 소변, 생리혈, 병원체를 효과적으로 밀어내는 일을 돕는 방수액 역할을 한다. 피지는 음모를 비롯한 모든 것이 녹은 양초에 담겼던 것처럼 골반에 매끄럽고 미끌미끌한 느낌을 준다. 생식기 환경의 가장자리에 자리를 잡는 피지는 그 안의 풍족한 세계에 정착하고 싶어하는 병원체들을 막는 질의 만리장성, 방어의 최전선 역할을 한다.

과학 저술가라는 직업의 특성상 나는 온갖 부류의 고귀한 열광자들과 전도사들, 즉 기이하지만 중요한 의미에서 세상을 바꾸는 일을 하는 생물학자들을 만나보았다. 그들은 거부당하고 경시당하는 자연의 아름다움들을 노래한다. 그들은 데모스테네스(고대 그리스의 웅변가·정치가)의 웅변술로 거미, 파리, 전갈, 바퀴, 독사, 상어, 박쥐, 벌레, 어미 생쥐의 사랑을 말한다. 그들은 자신들의 귀염둥이를 나병 환자 취급하는 대중의 이미지를 바꾸고 우리가 전에 신이 나서 짓눌렀던 것들에 경의를 표하도록 만들겠다고 작심한 사람들이다.

피츠버그에 있는 매기 여성 병원의 부인과 의사인 샤론 힐리어보다 그 일에 열심인 사람은 없다. 그녀는 질의 이미지를 깨겠다고 작심한 사람이다. 나는 왜 질에서 냄새가 나는지 말해줄 사람을 찾다가 그녀를 발견했다. 나는 인간 페로몬을 염두에 두고 있었다. 사향노루와 사향고양이의 기름과 향수를 생각하고 있었다. 짝의 유혹이라는 그럴 듯한 이론들과 다윈의 영향권 안에 우리를 가둬두는 사소하고, 어리석고, 유행하는 것들을 말이다. 그러던 중 한 학회 안내장에서 그녀가 할 예정인 발표 제목을 보았다. 〈건강한 질의 생태계〉. 나는 우리 대다수가 생각을 하지 않으려 하는 영역에서 큰 그림을 구상하고 있는 여성을 발견했다는 것을 알았다.

힐리어는 사람들이 대개 질을 더럽다고 생각한다는 것을 알고 있다. 더럽다는 말이 지닌 모든 의미에서 말이다. 질이라는 단어는 상대 단어인 음경보다 더 더럽고 병적인 것처럼 들린다. 반면에 썹 같은 욕은 집에 앉아 황금 시간대의 텔레비전 방송에서 들을 수 있는 좆이라는 말보다 훨씬 더 격한 자극을 준다. 앞서 살펴본 것처럼, 미국 의사들은 농담삼아 질을 항문과 비교한다. 힐리어는 내게 말했다.

"나이로비에서는 질 분비물이라는 단어가 오물이라는 말과 같아요. 그곳의 여성들은 거의 모두 질을 말리려 애쓰죠. 축축하고 미끈거리는 질은 역겹다고 여겨요. 하지만 사실 어디를 가든 다를 바가 없어요. 여성들은 질이 더럽다고 교육을 받아요. 사실 정상적인 건강한 질은 몸에서 가장 깨끗한 곳이에요. 질은 입보다 더 깨끗하고 직장보다는 훨씬, 훨씬 더 깨끗해요."

그녀는 한숨을 내쉬었다.

"부정적인 교육이 먼저 시작되죠. 다섯 살인 내 딸이 어느 날 학교에서 오더니 말하더군요. '엄마, 질이 균으로 가득하대.'"

이런 세뇌에는 터무니없는 이야기들이 많이 담겨 있다. 남성 코미디언들이 낄낄거리며 말하듯이, 질에서는 생선 냄새가 난다고 한다.

"당신도 그런 농담을 들어봤을 거예요. 특히 내 마음에 드는 건요, 한 맹인이 생선 가게 앞을 지나가다가 이렇게 말했다는 거예요. '안녕하세요, 숙녀분들.'"

웃기지 않은가? 한 번은 남자 친구에게 어떤 영화 대사를 놓고 푸념한 적이 있다. 게이 남성이 펠라티오 이야기를 하다가 옆에 있는 여성을 돌아보면서, "자기, 미안해. 난 생선은 먹지 않아"라고 말하는 장면이었다. 생선이라니! 나는 소리쳤다. 그건 생선이 아니야! 그러자 내 친구가 대답했다.

"하지만 당신도 그것이 구운 쇠고기보다는 참치에 더 가깝다는 사실을 인정해야 할 걸."

그 말이 맞다. 고기는 전부 다른 장기에 비유할 수 있게 돼둬야 한다. 어쨌거나 남성들이 질을 냄새나는 생선처럼 생각하는 것도 당연하다. 왜냐하면 실제로 정자는 그 신선한 생선을 부패시킬 수 있는 양념 중 하나이니까.

힐리어는 질 생태계의 핵심은 공생, 즉 거시 환경과 미생물 사이에 일어나는, 지속적인 상호 유익한 거래이다. 그렇다, 질은 균으로 가득하다. 세균이라는 의미에서 말이다. 질은 생명체들로 가득하며, 당신은 질이 그 상태로 있기를 바란다. 하지만 거기에는 균들이 가득하다. 건강할 때에는 질 속의 균들, 즉 세균들은 몸에 유익하다. 그들은 요구르트에 있는 것과 같은 세균인 유산균이다. 힐리어는 말했다.

"건강한 질은 요구르트처럼 깨끗하고 순수해요." (왜 나는 식품회사인 다논 사가 이 표어를 가까운 시일 내에 광고에 사용할 가능성이 없다고 생각하는 것일까?)

그러면 냄새는?

"정상적인 질은 약간 달콤하고 약간 쏘는 듯한 냄새를 내요. 요구르트에서 나는 젖산 냄새가 나야 하죠."

계약은 단순하다. 우리는 유산균에게 먹이와 보금자리, 즉 벽으로 둘러싸인 안락한 질과 우리 몸 조직에서 분비되는 수분과 단백질과 당을 제공한다. 그 대가로 그들은 안정한 집단을 유지하면서 경쟁 관계에 있는 세균들을 몰아낸다. 그들은 물질 대사를 하며 살아가면서 젖산과 과산화수소를 만들어낸다. 그 물질들은 덜 유익한 미생물들이 침입하는 것을 막는 살균제이다. 건강한 질은 pH가 3.8~4.5인 산성을 띠고 있다. 블랙 커피(pH 5)보다 약간 더 산성이지만, 레몬(pH 2)보다는 덜 시다. 사실 포도주와 여성을 연관짓는 것도 그다지 나쁜 생각은 아니다. 건강한 질의 산도(酸度)는 잔에 담은 적포도주의 산도와 비슷하기 때문이다. 그것은 노래를 부르는 질이자, 절과 함께 꽃다발을 받는 질이다.

뿐만 아니라 정상적인 질 분비물도 수치스러운 것이 아니다. 그것은 혈소판 같은, 혈액의 단단한 성분들을 분리해냈을 때 남는 맑고 묽고 끈적거리는 액체인 혈청에 있는 것과 같은 성분들로 이루어져 있다. 질 분비물은 물, 몸에서 가장 흔한 단백질인 알부민, 약간의 백혈구, 질과 자궁 경부를 매끄럽게, 윤이 나게 하는 기름 성분인 뮤신으로 이루어져 있다. 분비물은 분명히 더럽지 않으며, 소변이나 대변 같은, 몸의 독성 폐기물도 아니다. 절대, 절대, 절대 아니다. 질 분비물은 더하지도 덜하지도 않은, 질 안에 있는 것과 똑같은 물질이며, 우리가 두 발로 서 있고 중력이 있기 때문에, 그리고 간혹 그 컵에서 흘러 넘치기 때문에 밑으로 나오는 것일 뿐이다. 그것은 생리학적으로 우리 모두가 수생 생물임을 상기시켜주는, 거북의 등딱지 밑에 있을 것이라고 여겨지는 윤활유이다.

하지만 여성들이여, 부정할 수 없는 것이 있다. 때로 우리는 악취를 풍기며, 우리 자신이 그것을 알고 있다는 사실을. 딸기 요구르트나 품질 좋은 까베르네 쇼비뇽 포도주가 아니라, 슬프게도 날개다랑어 같은 냄새를 풍긴다는 것을. 더 나아가 스컹크 냄새까지도. 어떻게 이런 일이 생기는 것일까? 당신이 일주일 동안 몸을 씻지 않았다면, 스스로 알 수 있을 것이다. 하지만 위생의 문제가 아닐 때도 있다. 즉 그것은 세균성 질염이라는 의학적인 문제일 수도 있다. 여러 가지 이유로 질 내 세균들의 균형이 깨지면, 유산균은 침몰하기 시작한다. 그 대신 다른 미생물들, 특히 산소가 없는 곳에서 번성하는 혐기성 세균들이 늘어난다. 이 미생물들은 다양한 화합물을 만들어내며, 나중에 만들어지는 것일수록 악취가 더 심하다. 이쯤 되면 생선과 비교해도 그다지 할 말이 없다. 곤혹스럽게도 이 미생물들은 오래된 생선이 내는 냄새의 원인 물질이기도 한 트리메틸아민을 만들어낸다. 그들은 썩고 있는 고기에서 발견되는 화합물인 푸트레신도 만든다. 또 어디에서 발견되는지 말하기가 좀 그런, 시체에서 이름을 따온 화합물인 카다베린도 만든다. 이런 부산물들의 양과 조합에 따라 세균성 질염이 얼마나 심각한지가 드러난다.

다시 말해 당신이 모든 질 세정제와 여성 탈취제 광고에서 속삭이듯 말하고 있는 증상인, 차마 말할 수 없는 '여성의 냄새'라는 문제를 안고 있다면, 당신은 냄새만 날 뿐 다른 증상은 전혀 없는 심하지 않은 만성 감염 상태에 있을 가능성이 있다. 그런 감염의 원인들 중 몇 가지는 알려져 있다. 가장 큰 원인 중 하나는 질 세척이다. 신선하고 깨끗해지기 위해, 그리고 질 세정제 제품 포장지에 찍혀 있는 상쾌한 처녀들처럼 보이기 위해 애쓰다가, 여성들은 자신을 전보다 더 더럽게 만들 수 있다. 질 세척은 유익한 유산균들을 죽이고 혐기성 균들과 그들의 뒤를 이어 카다베린이 진군할 길을 닦아놓는다. 따라서 나는 의학적 조언을 거의 하지 않는 편이지만, 이 문제에 대해서는 쉽게 할 수 있다. 절대 질 세척을 하지 말라. 이만 끝내라. 세정액을 뿜어내는 병을 버려라.

또 질염은 골반염 같은 다른 감염을 불러올 수 있다. 더구나 여드름이 쉽게 나는 여성이 있는 것과 마찬가지로, 선천적으로 질의 생태계가 불균형을 이루기 쉬운 여성들도 있다. 또 유익한 유산균들도 저마다 능력에 차이가 있다. 어떤 균주는 과산화수소를 더 많이 만들어낼 수 있어서 경쟁하는 미생물들을 더 강하게 몰아낸다. 힐리어의 말을 빌리자면, '행운의 유산균'을 갖고 있는 여성들도 있고, 그저 그런 유산균을 갖고 있는 여성들도 있다. 그저 그런 유산균을 가진 여성들은 질염에 걸리기 쉽고, 혐기성 조건에서 번성하는 또 다른 미생물인 효모에 감염되기도 더 쉽다.

불균형을 바로잡겠다고 요구르트 배양기에 있는 유산균의 혜택을 보고자 요구르트를 마구 먹을 수도 있겠지만, 입으로 들어간 유산균이 생식기까지 길을 찾아갈 가능성은 거의 없으며, 식사 후에 질의 생태계가 나아진다고 해도 그것은 일시적인 현상일 것이다. 만성 질염에 걸린 여성들은 항생제를 쓸 수도 있다. 감염은 조산 위험을 불러오기 때문에 임신한 여성들은 대개 이런 항생제 요법을 쓰라는 권고를 받는다. 하지만 항생제는 온몸을 무차별하게 공격한다. 아마 현재 개발 중인 일종의 좌약이 그보다는 더 나을 것이다. 이런 좌약은 정확히 필요한 곳에 행운의 유산균을 공급할 수 있다.

질염의 또 한 가지 원인은 콘돔을 사용하지 않은 남성과 관계를 갖는 것이다. 정액이 단 한 차례만 유입되어도 질의 생태계는 일시적으로 교란된다. 정액은 건강한 질의 매서운 기후 속에서는 헤엄을 칠 수 없기 때문에, 산을 생화학적으로 중화하는 알칼리 용액 속에 들어 있다. 정액은 pH 8인 알칼리성이다. 그것은 피, 땀, 침, 눈물 같은 다른 체액보다 더 알칼리성이다. 성교를 한 뒤 몇 시간 동안 질의 전체 pH는 높아지며, 바람직하지 않은 세균들에게 일시적으로 유리한 조건이 형성된다. 대개 그 변화는 잠깐이며 여성의 몸은 pH 조절 장치의 눈금을 다시 원 상태로 조절하는 데 아무 문제가 없다. 정자가 익숙하게 여겨질 때, 즉 그 여성이 정기적으로 관계를 갖는 상대의 것일 때에는 회복이 특히 더 쉽다. 하지만 여러 상대의 정액에 노출되는 여성에게서는 그 항상성 장치가 가끔 말을 안 듣는 일이 생긴다. 이유는 명확하지 않지만, 아마 모든 낯선 정자에 면역 반응을 일으키는 것과 관계가 있는 듯하다.

따라서 성적 취향이 다양한 여성이 남편과 잠자리를 자주 갖는 여성과 노출되는 정액의 양에 그다지 많은 차이가 없다고 할지라도, 그녀의 질은 만성적인 알칼리성 상태에 있을 위험이 더 크다. 그녀는 포도주와 요구르트의 시큼함을 잃는다. 따라서 《카마 수트라》의 저자들이 방탕한 여성에게는 생선 냄새가 난다고 묘사한 것을 그저 여성 혐오라고 치부하지는 못할 것이다.

당신은 매저키스트인가? 그 이야기에서 삶의 귀감을, 도덕을 찾고 싶은가? 당신은 이 이야기가 신이 정의롭다는 또 한 가지 사례로 생각할 수 있다. 당신이 많은 남성과 잠자리를 같이 하면, 당신의 질은 더 알칼리성이 된다. 그렇다, 그것은 생선 냄새를 풍기게 된다. 더 심각한 것은 알칼리성 질이 성병 매개체를 포함한 병원체를 방어하는 능력이 더 떨어진다는 점이다. 세균성 질염을 가진 여성들은 임질, 매독, AIDS에 더 쉽게 걸린다. 또 당신이 많은 남성과 잠자리를 같이 하면, 당신은 그런 성병을 일으키는 미생물들에 더 많이 노출될 것이다. 결론을 내리자면, 당신이 가장 산성 질을 필요로 하는 바로 그 시점에, 당신의 질은 알칼리성으로 바꾸어 있다. 이런 말들이 일부일처제나 금욕을 주장하는 것이 아니란 말인가? 누군가가 지켜보고 있을 때, 립스틱을 꺼내지 말라고 주장하는 것이 아니란 말인가?

내가 볼 때 그 결합은 도덕이나 역설적인 의미를 지닌 것이 아니라, 단지 고대 선행 인류가 어떠했다는 것을 확인시켜줄 뿐이다. 섹스는 위험한 것이다. 그것은 섹스를 하는 모든 종에게 언제나 위험한 것이었다. 구애와 교미를 하는 동물들은 자신의 보금자리에서 순결하게 잠을 자는 동물들에 비해 먹이가 될 위험성이 더 큰, 노출된 동물들이다. 짝짓기를 하는 동물들은 대개 탁 트인 곳에서 구애 의식을 벌일 뿐 아니라, 짝짓기에 너무 몰입한 나머지 벌린 턱에서 번쩍거리는 이빨이나 맹금이 날개를 펄럭거리는 소리를 알아차리지 못한다. 임신, 질병, 돌에 맞아 죽는다는 위협. 그렇다, 섹스는 언제나 불확실했다. 힘은 불확실하며, 섹스는 너무나 중요하다. 그 점을 잊지 말자. 과로나 친숙함이나 트리메틸아민에 너무 위험을 느낀 나머지 성적 갈망의 절묘한 힘을 잊지는 말자.

질은 길이자 여행이며, 터널이자 여행자이다. 그 너머를 보려면 침입을 해야 하며, 그것이 바로 대다수 여성들이 내부의 설계가 어떻게 되어 있을지, 오랫동안 높은 지위에 있었고 때로는 과대 평가되기도 한 자궁과 그 속국들의 모습을 막연하게만 생각하는 이유이다. 오키프는 사막에 늘어놓은 소의 해골과 뿔을 통해 우리에게 자궁과 난관과 난소를 시각적으로 환기시키면서, 죽음 속의 삶이라는 환상을 다시 보여주었다. 나는 그 대신 물과 산호초, 바다조름과 말미잘의 장밋빛 손가락들이 마치 의지를 지닌 듯이 활기 있게 좌우로 탐욕스럽게 움직이는 모습을 생각한다.

4

잘 조율된 건반
클리토리스의 진화

내가 아기였을 때, 어머니는 친구에게 자기 어린 딸을 좀 봐 달라는 부탁을 받은 적이 있었다. 그 딸을 수전이라고 부르자. 어머니는 신생아인 나 말고도 더 큰 딸이 있었으므로, 여자아기의 생식기가 어떻게 생겼는지 아주 잘 안다고 생각했다. 하지만 어머니는 수전의 기저귀를 갈아주다가 음순의 동그란 둔덕 사이로 삐죽 튀어나와 있는 클리토리스를 보고는 깜짝 놀랐다. 그것은 음경 같지는 않았다. 내 어머니에게는 아들도 하나 있었기 때문에 아기 음경이 어떻게 생겼다는 것도 알고 있었다. 하지만 그것은 여자아기의 것이라고도 할 수 없었다. 그것은 코끝이나 새끼손가락처럼 보였고, 어머니가 천으로 닦아내자 당혹스러우면서도 신기하게도 약간 단단해졌다. 어머니는 수전의 두드러지게 튀어나온 클리토리스 모양을 좋아하지 않았다. 어머니는 자기 딸들을 생각했고, 토실토실한 외음부 안에 눈에는 잘 안 보이지만 만지면 느낄 수 있는 클리토리스가 깔끔하게 들어가 있는 자기 딸들의 생식기가 훨씬 더 마음에 들었다.

일반적으로 남성들은 다른 남성들과 나란히 서 있는 곳에서 서로의 생식기 크기를 어느 정도 알게 된다고 한다. 10대 때 그들은 서로의 성기를 직접 비교할지도 모른다. 어른이 되면 그들은 공중 변소에 서 있을 때 남을 흘긋 쳐다보거나, 수건을 허리에 두르는 것이 아니라 왠지 어깨에 걸쳐야 하는 듯이 여겨지는 남성 탈의실 안을 어슬렁거리며 다니면서, 가슴 근육을 비교하는 일과 비슷한 일을 할지도 모른다(기록에 따르면, 음경의 길이는 늘어져 있을 때 약 10센티미터, 발기하면 14센티미터라고 한다. 이것은 고릴라의 발기한 상태의 음경 길이인 7.6센티미터보다는 크지만, 길이 3미터의 장대를 가진 세계 최대의 포유동물인 흰수염고래도 있다).

여성들은 자신들이 클리토리스를 아주 잘 알고 있다고 생각할지 모른다. 그들은 클리토리스를 오랜 친구로 생각한다. 그들은 그곳 어딘가에 영원한 황홀경의 여신인 클리토리스Klitoris가 있다고 믿을지도 모른다. 그들은 남근 선망이라는 프로이트의 관념을 결코 구입하지 않았다. 반자동 소총을 가질 수 있는데 엽총을 원할 사람이 과연 있을까? 하지만 여성들에게 자신의 클리토리스가 얼마나 큰지, 클리토리스의 평균 크기는 어느 정도인지, 여성마다 얼마나 차이가 나는지 물어본다면, 아마 대부분은 어디에서부터 시작해야 할지, 말하는 것이 어떤 단위인지 모를 것이다. 인치인가, 센티미터인가, 밀리미터인가, 아니면? 남성들은 여성들이 음경의 크기를 중요하게 생각할 것이라고 걱정하고, 여성들은 그렇지 않다고 손사래를 치며 안심시킨다, 그렇다면 클리토리스의 크기는 여성들에게 중요한가? 내가 수전이라고 부르던 그 소녀도 이제 나와 비슷한 나이가 되어 있다. 그녀가 계속 큰 클리토리스를 갖고 있다고 가정하면(뒤에서 논의하겠지만 아닐 수도 있다), 그녀는 자신의 상대가 아무리 서툴다고 해도 가장 약간만 문질러도 자극을 받는, 쾌락의 여왕인 초오르가슴 여성일까? 아니면 크기는 중요하지 않고, 뭔가 다른 것이 클리토리스를 흥분시키는 것일까?

클리토리스는 흔히 음경의 상동 기관이라고 말하며, 발생학적으로 볼 때 그 말은 맞다. 클리토리스는 음경의 자루 부분과 마찬가지로 태아의 생식기 돌기에서 발달한다. 하지만 그 비교가 완벽하게 정확한 것은 아니다. 물론 여성은 클리토리스를 통해서 오줌을 누지도 사정을 하지도 않는다. 요도는 그 안에 들어 있지 않다. 여성에게 클리토리스는 결코 실용적이지 않다. 클리토리스는 그저 수천 개의 신경 섬유로 이루어진 다발일 뿐이다. 손가락 끝이나, 입술이나 혀, 심지어 음경보다도 감각 신경 수용체가 더 많이 집중된 진정으로 독특한 곳, 당혹스러울 만치 씰룩거리는 곳이다. 2013년 워싱턴 대학교 부속 의대의 체릴 시 연구진은 여성 5명과 남성 4명의 시신에서 음경 조직을 채취해 상세히 분석했다. 그들은 클리토리스 조직과 음경 조직의 신경 수용체가 기본 구조 면에서는 똑같아 보이지만, 클리토리스가 음경에 비해 수용체 밀도가 무려 14배나 더 높다는 것을 발견했다.

클리토리스는 잘 싼 꾸러미이며, 따라서 부피가 작고 측정하기도 가장 좋다. 클리토리스는 임신 27주째에 태아 내에서의 성장이 완료되며, 그때의 클리토리스 모양은 아기가 태어났을 때의 모양과 똑같다. 고대 그리스 신전의 기둥처럼, 클리토리스는 받침, 기둥 본체, 기둥머리의 세 부분으로 된 원통 구조이다. 하지만 그것은 고고학자의 기둥이다. 아래쪽의 두 부분이 외음부의 피부 속에 감춰져 있는, 땅 속에 묻혀 있는 기둥이기 때문이다. 외음부를 벌렸을 때 눈에 가장 잘 보이는 부분은 기둥의 머리에 해당하는 클리토리스의 귀두이다. 귀두는 소음순과 접합되면서 형성된 덮개인 위가 좁고 아래가 넓은 지붕 밑에 도도하게, 그리고 다소 새침하게 앉아 있다. 귀두의 영어 단어인 글랜즈glans는 다소 성가신 단어이다. 샘이라는 단어인 글랜드gland와 비슷하기 때문에 이 마법의 단추를 누르면 뭔가 분비되는 것이 있지 않을까 궁금증을 갖게 하기 때문이다. 하지만 그런 것은 없다. 글랜즈는 '작고 둥근 덩어리'나 '팽창하고 단단해질 수 있는 조직'을 뜻하며, 양쪽 다 클리토리스의 귀두에 적용된다. 자세히 들여다보면, 클리토리스의 귀두는 심장 모양으로 튀어나온 음경의 귀두와 비슷하게 생겼다. 음경의 귀두와 달리 구멍이 없기 때문에 키클롭스(그리스 신화에 나오는 외눈박이 거인)의 눈으로 뒤쪽을 응시하진 못하지만 말이다. 클리토리스의 귀두는 클리토리스의 기둥, 즉 본체 위에 있다. 기둥은 일부 드러나 있으며, 외음부 근육 조직 밑에서 골반뼈가 만나는 두덩 결합 부위를 향해 위로 뻗어 있다. 기둥은 스킨스쿠버 다이빙을 할 때 입는 라텍스 재질의 옷처럼, 탄성 섬유 조직으로 싸여 있다. 당신이 자위 행위를 하면서 비너스의 언덕 수풀을 문지를 때 살 밑에서 춤을 추는 듯이 느껴지는 관이 바로 클리토리스 기둥이다. 그 기둥은 쌍둥이 음핵다리, 즉 두 개의 뿌리에 붙어 있으며, 뿌리는 새의 가슴뼈처럼 피부 밑에서 호를 그리면서 허벅지와 비스듬하게 질을 향해 뻗어 있다. 음핵다리는 클리토리스를 두덩 결합 부위에 고정시킨다. 귀두, 기둥, 음핵다리는 소용돌이 머리 장식이 붙은 장엄한 도리스식에서부터, 소용돌이가 풀린 이오니아식을 거쳐, 잎과 꽃들이 주먹만큼 활짝 피고 인생이 그 찬란한 무상함에 취하는 시절인 한여름의 무성한 잎 장식을 단 코린트식에 이르기까지, 양식에 따라 장식이 변하는 그리스 기둥의 세 부분이다.

　주요 부분이 숨겨져 있다는 점을 생각할 때, 클리토리스는 측정하기가 쉽지 않다. 사실 그것은 보는 것보다는 느끼는 편이 더 쉽다. 하지만 의사들은 최선을 다해 클리토리스를 체계적으로 재어 '표준 값'을 내놓는 일을 해왔다. 대체로 그들은 클리토리스의 머리와 기둥에 초점을 맞춘다. 이 부위들이 그 기관의 무게에 해당하며, 따라서 누가 조사해도 알 수 있기 때문이다. 기둥의 받침부터 귀두 끝까지 측정했을 때 아기

클리토리스의 평균 길이는 연필 끝에 달린 지우개의 높이인 4~5밀리미터이다. 당신이 성장하면서 클리토리스도 함께 성장하며, 어른의 것은 받침에서 귀두까지의 평균 길이가 16밀리미터이며, 지름이 10센트 동전(약 1.7센티미터)만 하다. 그 길이의 약 3분의 1이 귀두이며, 3분의 2는 기둥이다. 공개된 표준이 있긴 하지만, 클리토리스는 다른 신체 부위와 마찬가지로 거리낌없이 표준에서 이탈한다. 매스터스와 존슨 보고서에 의하면 길고 가느다란 기둥 위에 작은 귀두가 달려 있는 여성도 있고, 짧고 굵은 기둥 위에 살진 귀두가 달려 있는 여성도 있으며, 수많은 변이와 조합이 있다고 한다. 성숙하고 나면, 클리토리스는 나이가 들어도 거의 같은 상태로 있다. 임신했을 때는 기계적인 결과와 혈관상의 변화 때문에 좀 더 커질 수 있으며, 확대된 상태로 계속 남아 있기도 한다. 하지만 클리토리스의 뛰어난 점은 에스트로겐에 그다지 반응하지 않기 때문에, 피임약이나 에스트로겐 대체 요법을 써도 전혀 상관없다는 것이다. 폐경기 이후에 질은 줄어들 수 있지만, 클리토리스는 줄어들지 않을 것이다. 그것은 당신을 위해 항상 그곳에 있을 것이다.

클리토리스 귀두는 에로스의 심지, 즉 8,000개의 신경 섬유들이 모여들어 특수한 작은 뇌를 이루고 있는 곳이다. 귀두가 너무 예민해서 직접 건드리면 고통을 느낄 정도인 여성들도 많으며, 그들은 기둥이나 비너스의 언덕 전체를 우회적으로 자극하는 쪽을 선호한다. 기둥에는 신경이 상대적으로 적게 분포해 있지만, 수천 개의 혈관이 퍼져 있어서 흥분했을 때 팽창하고 귀두가 더 높이 치솟도록 밀어 올린다. 또 돕는 근육으로 싸여 있는 발기 가능한 두 조직 다발, 질어귀망울bulbs of the vestibule이 혈액이 귀두로 치솟도록 도와 클리토리스를 더욱 팽창시킨다. 그럼으로써 흥분한 열정적인 클리토리스는 쉬고 있는 클리토리스보다 두 배로 팽창한다.

하지만 다시 말하지만, 클리토리스가 말 그대로 음경에 대응하는 기관이라고 생각하지는 말자. 달아오른 클리토리스는 팽창하고 탄력이 있지만, 뚫고 나갈 준비를 하고 있는 음경만큼 단단해지지는 않는다. 우리는 그 점을 안다. 온전한 감각 피질과 적절한 기회를 가진 사람이라면 누구나 발기한 클리토리스가 음경처럼 단단한 느낌을 주지 않는다는 것을 확인할 수 있다. 놀라운 것은 그 사실을 최근에서야 알았다는 점이다. 1996년 클리토리스 기둥의 건축 양식을 자세히 조사하던 한 이탈리아 연구진은 교과서에 나온 것과 달리 클리토리스에 정맥얼기 venous plexus가 없다는 것을 발견했다. 남성에게서 이 얼기설기 잘 짜여진 정맥들은 혈액이 음경에서 빠져나가는 주요 통로가 된다. 흥분하면 음경 기둥의 근육이 일시적으로 정맥얼기를 압박하고, 그 결과 혈액이 들어오기는 하지만 나갈 수는 없게 됨으로써 발기가 이루어진다. 반면에 클리토리스는 압박할 수 있는 얼기 같은 것을 갖고 있지 않은 듯하다. 클리토리스의 혈관들은 더 분산되어 있다. 성적으로 흥분하면 동맥을 통해 클리토리스 안으로 흘러드는 피의 양이 늘어나지만, 정맥의 흐름이 막히지 않기 때문에 클리토리스는 단단한 작은 막대처럼 되지 않는다. 왜 그래야 할까? 동굴 탐사, 즉 그 안으로 뭔가를 집어넣어 조사할 필요까지는 없다. 그리고 여성이 행복하게 중복 오르가슴을 느낄 수 있는 능력을 갖게 된 것도 클리토리스가 쉽고 빠르게 팽창과 수축을 할 수 있게 해주는 혈액 흐름의 미묘한 특성 때문일 수 있다.

1970년대 페미니즘 운동이 벌어질 때 활동가들은 흔히 알고 있는 것과 달리 브래지어를 태우지 않았을지도 모른다(여성 해방 운동가를 지칭하는 브래지어 태우는 자bra-bunner라는 말은 반전 시위 때 징집 통지서를 태웠던 일과 미스 아메리카 선발 대회 반대 시위 때 여성 활동가들이 규정된 여성성을 거부한다는 상징적인 의미로 브래지어를 쓰레기통에 버린 일이 적당히 얼버무려져 나온 것이다). 그러나 그들은 클리토리스를 향한 은유의 깃발을 끌어올렸다. 그들은 릴리스가 알고 있었을 잃어버린 땅, 에덴 동산을 우연히 발견한 탐험가들처럼 말했다. 심지어 1990년대에 나온 《우리의 몸, 우리 자신》도 "1960년대 중반까지 대다수 여성들은 클리토리스가 얼마나 중요한지 몰랐다"라고 선언하고 있다. 클리토리스 오르가슴이 '유아' 오르가슴이고 질 오르가슴이 '성숙한' 오르가슴이며, 퇴화한 음경에서 여성의 질로 관심의 초점을 옮겨야만 여성이 성심리적 만족을 얻을 것이라는 이론을 들고 나온 프로이트는 이런 무지를 낳은 주범이라고 비난을 받았다.

그 이론을 비난하는 것이 정당할지는 모르겠지만, 클리토리스가 언제나 무시된 것은 아니었고, 클리토리스를 알고 기뻐한 사람들이 20세기가 끝날 무렵에 사는 여성들만은 아니었다. 반대로 프로이트의 주장은 여성의 성 이해의 역사에서 하나의 오점, 예외에 불과했다. 몇천 년 동안 전문가들과 아마추어들은 클리토리스가 여성의 쾌락과 절정 능력의 중심임을 알고 있었다. 클리토리스라는 단어가 어디에서 유래했는지는 확실하지 않다. 그 단어는 그리스에서 비롯되었으며 현대의 모든 유럽 언어에서 발견되지만, 그리스인들이 어떻게 그 단어를 만들어냈는지는 아직 논란거리이다. 상관은 없다. 제시된 거의 모든 어원들은 색욕적인 함의를 담고 있다. 2세기의 어느 문헌은 그 단어가 음란함을 자극한다는, 즉 쾌락을 추구한다는 의미를 지닌 동사 클레이토리아제인kleitoriazein에서 파생된 것이라고 추측했다. 일부 어원학자들은 클리토리스가 열쇠, 즉 여성의 성에 대한 열쇠를 뜻하는 그리스어에서 유래한 것이라고 주장했고, 또 다른 학자들은 클리토리스가 '성향이 있는'이라는 의미를 지닌 어근에서 왔으며, 성향proclivity이라는 단어도 같은 어근에서 나왔다고 한다(비유럽 언어에서 클리토리스에 해당하는 단어는 기능보다는 형태를 가리키기도 한다).

토머스 래커는 이렇게 말한다.

프로이트가 살던 시대와 그 이전인 17세기 초까지 프랑스, 독일, 영국의 권위자들은 모두 여성의 성적 쾌락이 전체적으로는 외음부, 구체적으로는 클리토리스에서 비롯된다고 생각했다. 그 외의 부위는 전혀 제시되지 않았다.

욕정과 초연함이 결합된 어조로, 초기 해부학자들은 클리토리스를 '야만적인 쾌락의 음란한 기관'이나 '성교의 악기'라고 불렀다. 1612년 자크 뒤발은 클리토리스를 이렇게 표현했다.

프랑스에서 그것은 유혹, 감각적 쾌락의 돌기, 여성의 막대, 남성의 경멸자라고 불린다. 그리고 자신의 음탕함을 인정할 여성들은 그것을 자신들의 큰 기쁨이라고 부른다.

뒤발은 자신이 여성의 막대를 '남성의 경멸자'라고 해석한 이유를 설명하지 않았다. 여성이 감각적 쾌락을 느끼는 능력이 사회적 및 성적 질서에 위협이 된다고 생각했기 때문일까? 아니면 그는 우리 여성들이 듣고 싶어하는 것을 말하고 있는 것일까? 즉 그와 다른 남성들은 큰 기쁨의 향유자를 질투하고 있는 것이 아닐까? 제프리 드 맨더빌은 1724년에 이렇게 결론을 내렸다.

해부학에서 이루어진 최근의 모든 발견 결과들에 비춰볼 때, 잦은 발기를 통해 여성의 욕망을 자극한다는 것 외에 클리토리스의 다른 용도는 찾아낼 수 없다.

인간 여성만이 클리토리스를 갖고 있다는 이해할 수 없는 주장을 펼친 18세기의 위대한 분류학자 칼 린네를 제외하고, 초기의 해부학자와 자연학자들은 대부분 다른 포유동물의 암컷들도 그 탄복할 만한 악기를 갖고 있다는 사실을 올바로 인식했다. 특정한 사례가 탄복할 만하다고 판단되면 그만큼 찬탄이 붙었다. 네덜란드 자연학자 요한 블루멘바흐는 1791년 해변의 수염고래 클리토리스를 측정해보니 15.6미터였다고 썼다. 다 자란 수염고래의 몸길이가 평균 12미터에서 15미터에 불과하다는 점을 생각할 때 이것은 놀라운 수치이다.

블루멘바흐의 측정 방법에 문제가 있을 수도 있지만, 인간 이외의 여러 영장류가 놀랍도록 큰 클리토리스를 갖고 있다는 점은 분명하다. 클리토리스 귀족 중에서 여왕은 피그미침팬지라고도 불리는 보노보이다. 보노보는 일반 침팬지의 가까운 친척이며, 이 두 종은 현재 살아 있는 우리와 가장 가까운 친척이다. 보노보는 성의 올림픽 선수이다. 그들은 수컷이든 암컷이든, 늙은이든 애송이든 가리지 않고 하루 종일 성교를 하고 더듬고 생식기를 마주 비비댄다. 이런 성교의 대부분은 번식과 관계가 없는 것들이다. 그것은 집단 생활을 하는 보노보의 도덕 규칙 역할을 한다. 그것은 그들의 치료법, 사회의 윤활유, 싸우고 난 뒤에 화해하는 감정 표현 방법이며, 가끔 마지못해 재빨리 해치우는 식이 되기도 한다. 성이 그만큼 중요하고 암컷이 이성애와 세대를 가리지 않는 밀회뿐 아니라 동성애도 빈번하게 하는 종에서는 클리토리스가 상당히 크다고 가정해도 무리는 없다. 젊은 보노보 암컷의 체중은 10대의 인간에 비해 절반 정도에 불과하지만, 클리토리스는 인간보다 세 배나 더 크며, 걸을 때 흔들리는 것이 뚜렷이 보인다. 나중에 보노보가 성숙하고 음순 전체가 팽창한 뒤에야 클리토리스를 구별하기가 어려워진다. 하지만 클리토리스는 여전히 거기에 있으며, 한 시간에 몇 번이나 주인의 부름을 받는다.

거미원숭이와 여우원숭이의 암컷들도 유달리 큰 클리토리스를 갖고 있다. 아프리카 얼룩하이에나의 클리토리스는 매우 커서 수컷의 음경과 거의 똑같아 보인다. 그것은 전형적인 포유동물의 클리토리스와 전혀 다른 모양이며, 질과 클리토리스가 하나의 긴 막대를 이루고 있다. 하이에나 암컷은 그 음경처럼 튀어나온 것으로 성교를 한다. 그녀는 클리토리스를 통해 출산을 하며, 그 생각에 몸을 움츠리고 싶어진다면 그렇게 하도록. 하이에나도 분명히 몸을 움츠리니까. 보노보와 달리 얼룩하이에나는 그 거대한 클리토리스로 매일 육욕의 향연을 벌이지 않으며, 그녀는 오직 발정기에만 성에 관심을 갖는다. 그 기관은 우연히 커진 듯하다. 그것은 암컷이 태아 때 고농도의 테스토스테론에 노출되어 외부 생식기가 남성화한 결과이다(여성의 공격성을 다룬 장에서 자세히 다루겠지만, 얼룩하이에나의 호르몬 상태는 성기의 구조와 무관한 여러 가지 이유로 우리의 흥미를 끈다).

그 기이한 음핵질은 아프리카의 대형 육식 동물 중 가장 개체수가 많은 편인 하이에나에게서 충분히 제 역할을 하고 있지만, 진화적으로 볼 때는 더 이상 시도될 것 같지 않다. 대개 포유동물 암컷의 클리토리스는 어느 쪽으로도 통로가 없이 홀로 떨어져 있다. 그리고 많은 종에서 그 클리토리스는 아마도 제 기능을 하는 듯하다. 즉 오르가슴 능력을 지니고 있다. '아마도'라고 말한 이유는 동물이 절정을 느꼈는지 여부를 쉽게 알 수 있다고 생각할지 몰라도, 확실한 증거를 얻기가 쉽지 않기 때문이다. 연구자들은 영장류의 교미를 지켜보아왔고, 수컷이 사정을 할 때처럼 암컷이 눈동자를 위로 치켜올리면서 황홀하게 입을 O 모양으로 벌리는 모습을 보아왔다. 하지만 암컷이 경련과 근육 수축을 겪는다고 해서, 우리 성 전문가들이 그것을 오르가슴의 신호라고 생각할 수 있을까? 과학자들은 몇몇 종을 대상으로 암컷의 질에 송신기를 넣은 뒤 그 암컷이 유희를 즐기도록 하면서(장치가 고장나지 않도록 동성애적 행동으로 한정했다), 자궁 활동을 측정했다. 조사한 모든 원숭이에서 그들이 O의 이야기를 하고 있는 바로 그 순간에, EEG의 바늘이 약간 흔들리면서 신경 근육이 진동한다는 것을 알려주었다.

초기 해부학자들을 비롯해 관심을 가진 학자들은 클리토리스의 중요성을 인정했을는지 모르지만, 그렇다고 해서 그 기관이 광범위한 연구 대상이었다는 의미는 아니다. 그때나 지금이나 마찬가지이다. 낸시 프라이데이는 클리토리스를 덮어 감추려 하는 침묵과, 소년들과 달리 소녀들이 자신들의 성기 해부 구조를 상세히 배우지 않는다는 사실을 비판해왔다. 그녀는 그 결과 소녀들이 '정신적 음핵 절제'를 당한다고 말한다. 프라이데이는 그런 정신외과 수술을 하는 어머니들과 그들이 입에 달고 사는 억압적인 방식을 비난하는 어머니공포증을 보여주지만, 과학 및 의학 문헌이라고 해서 클리토리스라는 주제를 놓고 말을 많이 하고 있는 것은 아니다. 세계 최대의 컴퓨터 의학 데이터베이스인 메들라인을 검색해보면, 지난 5년 동안 클리토리스를 검색어로 한 문헌들은 고작 60편 정도밖에 늘지 않았다. 음경이라는 검색어를 가진 문헌은 그보다 30배가 더 늘어났다. 클리토리스를 집중적으로 다룬 학술서는 《클리토리스》와 《유구한 클리토리스》 두 권뿐이며, 둘 다 몇십 년 된 것들이다. 부인학 교과서들조차도 클리토리스는 한두 쪽에 짧게 언급하고 만다. 전문가들이 이렇게 클리토리스에 소홀한 이유는 부분적으로 의학이 질병에 초점을 맞추고 있고 다행히 클리토리스가 질병이 흔히 생기는 부위가 아니라는 사실 때문이기도 하다. 하지만 적어도 미국에서는 대개 점잖은 척하는 행동과 그 작은 그리스 열쇠의 형태를 연구하는 일이 연방 연구비를 얻기가 어렵다는 점도 그런 소홀함에 한몫을 하고 있다. 클리토리스에게는 이탈리아 연구자들이 더 필요할 것이다.

클리토리스가 현대 과학의 관심을 끄는 것은 한 가지 측면뿐이며, 그 것은 우리가 처음부터 클리토리스를 가지고 있었는가라는 질문이다. 아마 당신은 스스로 그런 질문을 해보았을 것이다. 아마 당신은 심심할 때 성과 관련된 낡은 이야기들을 생각해보았을 것이며, 왜 여성들은 성 적 쾌락만을 추구하는 기관을 갖고 있는 존재인 반면에 남성들은 성적 쾌락만을 추구하는 존재인지 궁금해했을지도 모른다. 남성들은 항상 어디론가 가고 싶어하는 존재로 그려지고, 여성들은 꼭 껴안고 있는 것 을 좋아하는 존재로 그려진다. 하지만 성적으로 활발한 여성이 한두 시 간에 가질 수 있는 오르가슴이 50~100번인 데 비해, 남성은 하룻밤에 서너 번 절정을 느낀다면 대단히 뿌듯해진다. 아마 당신은 그것이 남성 은 성년이 되기 전인 18세에서 20세 사이에 성적으로 최고점에 달하는 반면, 여성은 30대나 40대(언젠가 한 여성 코미디언이 말한 것처럼 남편 이 아내가 좋아하는 의자가 자신이라는 것을 알아차리는 나이)까지도 완 숙에 이르지 않는다는 사실처럼 성적 부조화와 같은 부류의 보편적인 농담이라고 생각했을지 모른다. 아니면 클리토리스가 해부학적인 것보 다 아리엘(중세 전설에서 공기의 요정)에 더 가까운, 어쩌다가 거기에 있는 우 연의 산물이라고 생각했을지 모른다. 아무튼 클리토리스는 작고 외음 부의 주름과 틈새들과 거의 구별되지 않는다. 오르가슴을 느끼지 못하 는 여성들, 아무리 뒹굴고 몸부림쳐도 절정에 오르지 못하는 여성들에 게 클리토리스는 피노키오의 코와 비슷한, 가장 과대 선전되고 현혹시 키는 살 덩어리일 수도 있다. 분명히 그것은 어떤 사람에게서는 제 역 할을 하고, 어떤 사람에게는 전혀 신뢰할 수 없는 것이기도 하다. 20세기의 가장 정교한 성적 상징이자 수많은 추종자들의 자가 폭발적인 환희의 원천이었던 마릴린 먼로는 성적 좌절감과 불감증에 시달리던 시기에 정신과 의사에게 자신의 유명한 세 명의 전 남편들은 물론 저명인사들인 그 많은 애인들도 어떻게 자신을 만족시키지 못할 수가 있냐고 토로했다고 한다. 총각으로 죽었다고 하는 아이작 뉴턴조차도 알지 못했을 절망감이 아닐까?

공교롭게도 진화 사상가들은 클리토리스와 그것의 막역한 친구인 여성 오르가슴이 의미가 있는지 또는 의미가 없는지를 놓고 격렬한 논쟁을 벌이고 있다. 그들은 오르가슴 능력이 여성에게 어떤 이점이 되어 시간의 물결 속에 선택되어온 적응으로 여겨질 수 있는지, 아니면 스티븐 제이 굴드의 말처럼 영광스러운 우연인지 묻고 있다. 그 논쟁은 1970년대에 그랬듯이 스스로 거울 앞에서 자신의 생식기를 살펴보라는 요청을 받는 것보다 훨씬 더 우스운, 꽤 순수한, 더러운 지적 농담이다. 그것은 클리토리스에 뽐낼 만한 새로운 중요한 의미를 부여한다. 다윈주의로 솔질을 하면 그렇게 될 수 있다. 하지만 그것은 낙담하게 만드는 논쟁이기도 하다. 일부 연구자들은 여성의 절정이 불필요하기 때문에 사라지고 있는 중일 수도 있다고 주장했다. 진화의 바퀴 하나가 불행히 갑자기 기울어지면, 그 신경 섬유들은 더 이상 자극을 받지 못할지 모른다. 하지만 너무 앞서가지 말자. 냉정한 눈으로 클리토리스의 대차대조표를 살펴보고 그것의 유래를 바탕으로 이론들을 생각해보자. 그러면 당신은 그 기관의 영속적인 목적을 확신하고 마음을 놓을 수 있는지, 아니면 클리토리스 여신의 자손들과 지상에 있는 그녀의 성직자인 정력적인 보노보와 결별할 때가 되었는지를 독자적으로 결정할 수 있다.

클리토리스와 여성 절정에 관해 명심해야 할 세 가지 진실이 있다.

첫째, 정직하게 인정하자. 여성의 오르가슴이 없어도 되는 것이라고. 남성은 번식을 하려면 오르가슴에 도달해야 하지만, 여성은 그것을 느끼지 않고서도, 더 나아가 두려움과 혐오를 느끼는 상태인 강간 사례에서도 완벽하게 임신을 할 수 있다. 둘째, 여성의 오르가슴은 변덕스럽고, 그것의 확실함과 빈도는 여성마다 크게 다르다. 셋째, 생식기는 상동 기관이다. 즉 클리토리스와 음경은 태아의 같은 생식기 돌기에서 발달한다.

이 세 가지가 전부는 아니다. 이 생리적 진실들은 우리의 인기 있는 기관에 적합할지 모를 세 가지 가능한 진화 범주들, 즉 클리토리스가 왜 거기에 있으며 무슨 일을 하는지, 또 왜 가끔 제대로 못 해내는지를 다루는 세 가지 설명을 제시한다. 그리고 비록 나는 인간 중심적 관점을 싫어하긴 하지만, 다음의 가설들은 포유동물의 클리토리스 전체가 아니라 여성에게 적용되는 것이다.

1. **클리토리스는 흔적 음경이다.** 여자아이가 그것을 가진 이유는 몸이 남성의 성기도 여성의 성기도 만들 수 있는 양성적인 태아에서 발달했기 때문이다. 그녀가 남성으로 설정되었다면, 그녀는 제 기능을 하고 사정을 하고 자극을 받는 음경을 필요로 했을 것이다. 그녀는 그 대신에 음경의 자투리, 진정한 음경과 똑같은 기본 신경 구조를 지닌, 작고 민감한 조직 덩어리를 받았다. 따라서 클리토리스는 남성의 젖꼭지와 마찬가지로 한때 필요했을지 모르지만 더 이상은 있을 필요가 없는 것의 희미한 흔적인 격세 유전의 산물이다.

이 가설에 따르면, 클리토리스와 여성의 절정은 적응에 끼이지 못한다. 사정하는 음경, 즉 DNA 수송차는 어떤 의미로 보나 적응의 산물이지만, 클리토리스는 행운상이다.

그렇다고 우리가 우연히 얻은 것을 최대한으로 활용할 수 없다는 뜻은 아니다. 흔적 음경 이론을 옹호하는 스티븐 제이 굴드는 적응처럼 보이지만 실제로는 뭔가 다른 것의 부산물인 신체 부위나 형질을 설명하기 위해 차용한 유명한 은유인, 성마르코 성당의 스팬드럴(인접한 아치가 천장, 기둥과 이루는 세모꼴 면)에 가장 잘 맞는 사례가 여성의 절정이라고 본다. 그 베네치아 성당에 아낌없이 장식된 스팬드럴들을 처음 보면, 그것들이 각각 독자적인 목적을 갖고 있다고 생각할지 모른다. 건축주가 나는 저기, 저기, 저기에 스팬드럴을 놓고 싶어요 하고 말했다고 말이다. 하지만 당신이 그 삼각형 부분, 즉 스팬드럴을 부수적으로 만들지 않고서는 아치나 돔을 만들 수 없다는 사실이 드러난다. 스팬드럴은 목표가 아니다. 그것은 목표를 위한 수단이며, 목표는 아치를 세우는 것이다. 하지만 스팬드럴을 세우고 나면, 당신은 더 나아가 거기에 금박을 입힐 수도 있다. 그것을 화려하게 만들라. 원하는 만큼, 아니 할 수 있는 만큼 섹스를 즐겨라. 그리고 때로 그것이 거칠게 황홀경의 첨탑을 닦아내려는 일처럼 보인다면, 저런, 그것은 더 나빠질 수 있다. 젖이 나오는 남성을 본 적이 있는가?

2. **클리토리스는 흔적 클리토리스이다.** 위의 가설은 클리토리스가 적응의 산물이었던 적이 없었으며 지금도 그렇다고 본다. 음경의 잔재라는 것이다. 또 다른 주장은 클리토리스가 현재 뚜렷한 용도를 갖고 있지 않을지 모르지만, 과거에는 적응의 산물이었다는, 즉 비잔틴 돔 전체의 빛으로 눈이 부셨다는 것이다. 이 가설에 따르면, 우리 조상 여성들은 성을, 우정을 맺고, 성질을 누그러뜨리며, 상대로부터 고기나 호의를 이끌어내며, 부자 관계를 속이는 만능 열쇠로 사용하는 보노보처럼 행동했다. 클리토리스는 성적 모험을 시도하고, 찾아다니고, 즐길 수 있는 동기를 제공했다. 그런 개념은 왜 여성들이 서서히 타오르는지 설명해 줄 수 있다. 즉 그들의 성은 빨리 달아오르는 다수의 남성들과 연속적으

로 만남을 갖는 쪽으로 조정되어 있다는 것이다. 그것은 잘 못하는 여성도 할 수 있다. 밖에 가서, 좀 둘러보고, 하던 일을 끝내야겠어.

내가 좋아하는 진화생물학자인 새러 블래퍼 르디는 이 '옛날 옛적에' 이론을 옹호한다. 그녀는 그 기관의 단속적인 행동, 즉 절정에 다다르기까지 지속적이고 아마도 집단적인 관심을 요구하는 행동이 적응 상태에서 비적응 상태로 옮겨가고 있다는 증거라고 본다. 예전에 생각했듯이 여성의 절정이 일부일처제와 1 대 1 관계의 핵심 특징이라면, 즉 사랑하는 동반자 사이의 친밀함을 강화하기 위해 만들어진 것이라면, 여성의 클리토리스는 지금보다 훨씬 더 효율적일 것이라고 르디는 말한다. 그것은 성교의 움직임만으로도 쉽게 반응할 것이고, 남성이 일을 끝내면 금방 안정을 취할 것이다. 하지만 실제 성급한 성교에서 오르가슴을 느낄 수 있는 여성은 소수에 불과하다. 대다수는 어느 정도 전희가 필요하다. 그리고 남성의 사정 거리와 여성의 흔들리는 생일 촛불이 놓인 곳이 일치하지 않기 때문에, 아무리 세게 분다고 해도 촛불은 깜박거리다가 다시 살아난다. 이 모든 것은 많은 영장류 암컷들이 그렇듯이, 여성들이 한때 음란하고, 상대를 가리지 않고, 방랑하는 외교관이었다는 것을 암시한다. 여성들은 상당히 많은 배우자들과 관계를 맺었고, 르디가 널리 퍼져 있던 훨씬 더 끔찍한 위협이라고 보는 유아 살해, 즉 자신의 자식이 아니라고 생각한 아기들을 살해하는 남성들의 성향을 억누르기 위해 중복 짝짓기가 지닌 위험을 무릅썼다. 우리의 여성 조상들은 라틴어를 뒤바꾸어 이렇게 외쳤을지 모른다. 보았노라, 왔노라, 이겼노라!

오늘날의 세계에서 여성이 바바리원숭이처럼 나돌아다니는 일은 적응성이 거의 없을 것이며, 일부 문화에서는 그런 방탕한 행동에 죽음이라는 처벌을 내리기도 한다. 따라서 클리토리스는 더 이상 여성의 최적 신체 부위로 여겨지지 않을 수도 있다. 사실 르디를 비롯한 사람들은 그 기관의 개인적 및 번식적 혜택들이 더 이상 적용되지 않기 때문에, 그 기관은 수천 년에 걸쳐 서서히 축소되어왔으며, 금성에서 온 여성들의 무지를 배경으로 더욱 위축될 것이다. 그런 추세가 계속된다면……. 더 이상 말하고 싶지 않다. 나는 그냥 이 자리에 서서 소리 지르련다.

3. **클리토리스는 요한 세바스티안 바흐의 음악이다.** 나는 바흐의 음악을 들으면서 이 음악이 없다면 세상에는 아무것도 없을 것이라고 생각하곤 했다. 나는 음악을 들으면서 그것이 필연적이라고 생각했다. 진화는 세계에 브란덴부르크 협주곡 제2번과 제5번, 골드베르크 변주곡, 평균율 클라비어곡을 주겠다는 것을 제외하고, 아무런 목적을 갖고 있지 않다. 공룡이 멸종한 것은 바흐를 태어나도록 하기 위해서였다.

다시 말해 클리토리스는 적응의 산물이다. 그것은 본질적이거나 적어도 강력하게 권고된 것이다. 또 그것은 다재다능하고 관용적이고 탐욕적이며 난해하고 태평스럽고 참을성이 있다. 그것은 주변 상황에 맞게 의미를 바꿀 수 있는 카멜레온이다. 바흐의 음악처럼, 그것은 항상 재해석되고 갱신될 수 있다. 따라서 아마 우리는 이런 단순한 질문으로 이 주제를 탐구하기 시작해야 할 것이다. 여성들이 성을 추구하지 않았다면, 이 행성에 지금 60억 명이 살 수 있었을까? 그리고 그들의 기관에 관이 없다면, 다시 말해 그들의 오르간에 파이프가 없다면, 그들이 푸가를 연주할 수 있으리라 생각하는가?

클리토리스가 이점과 동기를 갖고 있다고, 즉 그것이 적응의 산물이며 선택되어왔다는 생각을 옹호하는 사람들은 몇 가지 가정들에서 이야기를 풀어간다. 앞서 우리는 일반적으로 남성이 번식하려면 오르가슴에 도달해야 하므로 남성의 오르가슴은 진화의 산물임에 틀림없을 것이라고 말했다. 하지만 언제나 생물학의 진부한 생각들에 의문을 던질 수 있는 영장류학자인 메레디스 스몰은 남성의 오르가슴이 사실 정액 주입에 필수적인 것은 아니라고 지적해왔다. 음경은 사정하기 전부터도 생존 가능한 정자를 꽤 많이 흘려보내기 시작하며, 그 성급한 정자들은 난자를 향해 잘 헤쳐 나갈 수 있다. 중절 성교가 피임에 그다지 효과가 없는 이유가 바로 그 때문이다.

게다가 남성 생리 현상을 상세하게 따져보았을 때 오르가슴이 전제조건이었다고 말할 사람이 과연 있을까? 고고학자인 티모시 테일러가 지적한 것처럼, 이론적으로 남성은 전혀 절정 없이 피하 주사를 놓는 식으로 배뇨계와 비슷한 방식을 통해 여성에게 정자를 주입할 수 있다. 비교적 단순한 신경계를 갖고 있는 곤충 수컷들은 암컷이 나중에 알을 낳을 때처럼 아무 쾌락 없이 정자 덩어리를 방출하며, 그런 결코 무의미하지 않은 방식으로 작동해도 기회는 있다. 오르가슴이 '고등 동물의' 수컷에게서 기계적 필요성이 아닌 다른 이유들 때문에 진화했다면, 우리가 수컷의 쾌락 뒤에 있는 논리와 배우체 전달이라는 세부 사항들을 떼어놓는다면, 여성의 절정이 남성에게 필수적인 무언가의 격세 유전적인 메아리라는 주장의 큰 부분이 사라진다. 이런 논리에 따르면, 모든 쾌락은 선택적인 것일 가능성을 갖게 된다. 하지만 쾌락은 요점을 비껴가지 않은 듯하다. 사실 우리는 거의 모두 그것을 움켜쥐거나 그것에 사로잡힐 능력을 갖고 태어난다. 그리고 보편성과 적응을 그렇게 잘 정의하는 것은 없다.

클리토리스와 여성의 절정이 적응의 산물이라는 점에 동의한다면, 우리는 그것들이 어떻게 일을 수행하는지 구체적으로 파고들 수 있다. 클리토리스가 우리에게 쾌락을 주기 위해 존재하며, 그 쾌락이 성을 추구하는 자극제가 된다고, 즉 큰 보상이 있을 것 같지 않아도 집에 머물면서 이 닦는 일에 만족하도록 한다고 가정하자. 그러면 우리는 클리토리스가 우리를 실망시키는 빈도, 낙심의 문제를 다시 다루어야 한다. 왜 우리는 마지막 장까지 가기 위해 남성들보다 훨씬 더 열심히 일해야 하는가? 클리토리스는 백치 천재idiot savant이다. 그것은 매우 영리하면서 매우 어리석을 수 있다. 아니, 그것은 우리가 무시하는 끔찍한 무언가를 예언하는 카산드라가 아닐까?

나는 클리토리스가 여성에게 자신의 성을 통제하도록 자극하기 위해 고안되었다는 단순한 가정을 함으로써, 우리가 고심해온 그 모든 복잡한 사항들, 즉 클리토리스의 독특한 변덕과 고집, 남성의 반응 시간과의 불일치, 여성별 다양한 능력 차이 등을 설명할 수 있을 것이라고 본다. 하지만 이 생각은 역겨운 정치 선전물에 담긴 주장처럼 들리며, 신체 조직은 어떤 정당에도 가입하지 않고 있다. 그것은 당신이 제대로 다루면 가장 잘 움직이며, 남용하거나 제대로 인정하지 않으면 삐걱거리면서 자신의 행동에 의사 표시를 할 수 있다. 사실 클리토리스는 여성이 활기와 힘을 느낄 때, 말 그대로까진 아니라 해도 상징적으로 위에 올라가 고함을 지르고 있을 때, 최대 성능을 보인다. 클리토리스는 놀라거나 위협당하는 것을 싫어한다. 강간당한 여성들 중에는 자신의 목숨이 위협당하는 상황에서도 질이 젖어왔다고 말하는 사람도 있지만 (질이 젖어드는 것은 찢겨 나가는 것을 막아주므로 바람직한 측면도 있다), 남성의 환상과 달리 여성은 강간당하는 동안에 결코 오르가슴을 느끼지 못한다. 떠밀거나 재촉해도 클리토리스는 받아들이지 않을 것이다. 상대보다 너무 오래 걸리지 않을까 걱정하는 여성은 훨씬 더 오래 걸릴 것이다. 냄비가 언제 끓을지 지켜보는 것을 멈추면, 여성의 몸은 클리토리스에 신호를 보낸다. 나 여기 있어! 그러면 냄비는 금방 끓기 시작한다.

클리토리스는 힘을 사랑하며, 특공대원이 전하는 감각을 강화하기 위해 노력한다. 성 연구자들은 쉽게 중복해서 오르가슴을 느끼는 여성들에게는 한 가지 공통점이 있다는 것을 알았다. 그들은 자신의 쾌락에 책임을 진다. 그들은 자신이 원하는 것을 얻기 위해 애인이 지닌 마음을 읽는 능력이나 기교에 의지하지 않는다. 그들은 어느 위치와 자세가 자신에게 가장 좋은지 알며, 말이나 몸으로 그런 자세를 요구한다. 또 많은 여성들에게 가장 큰 만족감을 주는 자세는 위에 있거나 옆으로 나란히 있는 자세처럼, 성적 안무를 어느 정도 자신이 연출할 수 있도록 해주는 자세이기도 하다. 〈파리에서의 마지막 탱고〉처럼 여성이 벽에 밀어 올려진 채로 열정적으로 절정에 도달하는 장면을 보여주는 영화는 여성이 감독한 영화가 아니다.

게다가 대부분의 여성들은 나이와 경험이 많아질수록 더 나아진다. 1950년대에 발표된 성에 관한 킨제이 보고서에는 20대 여성들 중 36퍼센트가 오르가슴을 느끼지 못하는 반면, 30대나 그 이상의 여성들에게서는 그 비율이 15퍼센트로 떨어진다고 나와 있다. 그 이후로 이루어진 몇몇 연구들은 여성들마다 오르가슴을 느끼는 능력에 더 큰 차이가 있음을 발견했지만, 나이 든 여성 집단이 젊은 여성 집단보다 오르가슴을 더 느낀다는 결과에는 변화가 없었다. 물론 그 결과는 나이 든 여성들이 나이 든 남성들, 즉 젊은 남성들보다 더 능숙하고 덜 성급하며 상대가 절정에 오를 때까지 오랫동안 자제할 줄 아는 남성들과 성 관계를 갖는다는 사실로 일부 설명이 된다. 하지만 나이 든 레즈비언들이 젊은 레즈비언들보다 더 쉽게 오르가슴을 느낀다는 점은 애송이 퀵-드로 맥그로[서부를 무대로 한 미국 만화 영화 주인공]의 능력이 부족하다는 이야기가 아님을 암시한다. 그것이 아니라 자신을 아는 힘, 해를 거쳐가며 배양된 힘이 아래로부터의 더 큰 협동으로 바뀌는 것이다.

클리토리스는 여성이 자신의 지배를 과시할 때에 그저 박수만 보내

126

는 것이 아니다. 그것은 기립 박수를 보낼 것이다. 중복 오르가슴에서 우리는 클리토리스 여신이 스스로를 돕는 자를 돕는다는 가장 적절한 증거를 본다. 처음 정상에 오르기까지는 긴 시간이 걸릴지 모르지만, 그곳에 도달한 건강한 산악인은 날개가 자신을 기다리고 있다는 사실을 발견한다. 그녀는 다음 봉우리에 올라가기 위해 다시 아래쪽으로 기어 내려올 필요가 없다. 기쁨의 기류를 타고 맹금처럼 활주하면 된다.

여성의 심리 상태와 클리토리스 능력 사이에 밀접한 관계가 있다는 사실은 클리토리스가 노래를 부를 수 있기 위해서는 먼저 뇌, 즉 커다란 뇌에 배선이 깔려 있어야 한다는 뜻이다. 자전거 위에서 몸의 균형을 잡는 법을 배워야 하듯, 뇌는 그 작은 막대를 모는 방법을 배워야 한다. 그리고 한 번 배우면, 그 기술은 잊혀지지 않을 것이다. 어릴 때 절정에 오르는 법을 배우는 여성들이 있는 반면에, 어른이 될 때까지 그 접속을 이루지 못하는 여성들도 있다. 하지만 그것은 공학적인 문제가 아니다. 당신은 모든 충동을 심사숙고하고 망설이고 다시 생각하는, 맨 위층에 두껍게 주름이 져 있는 회백색 조직인 뇌 신피질(新皮質)만으로는 그것을 이해할 수 없다. 당신은 눈동자에서 몇 센티미터 뒤쪽, 뇌의 맨 아래에 있으면서 음식, 염분, 힘, 섹스 같은 욕구를 통제하는 시상 하부(視末下部)라는 훨씬 더 오래된 영역과도 박자를 맞추어야 한다. 클리토리스와 시상 하부를 연결하려면 신피질을 우회하여 다시 배선을 해야 할 때도 종종 있다. 신피질은 똑똑하고 오만하며, 너무 지배력이 강해 소유자의 정당한 지배를 인정하지 않을 수도 있다. 여기서 지배란 신피질과 구피질, 지성과 욕망 사이의 미묘한 타협의 산물인 뇌 전체의 활동을 말한다. 따라서 여성의 신피질이 목소리가 크다면, 시상 하부와 클리토리스가 협정서에 서명을 할 때까지 오랫동안 그 입을 막아놓아야 한다. 술이 그 일을 해낼 수도 있다. 하지만 술은 신경계 전체를 진정시킨다. 더 효과적인 것은 몸의 신경 전달망을 억제하지 않으면서 정신을 분산시키는 약물들이다. 이런 약들은 대부분 불법이다. 퀘일루드가 뛰어난 최음제라는 말이 있었지만, 그 약은 더 이상 제조되지 않는다. 그 약은 너무 효과가 좋기 때문에, 즉 너무 위험하기 때문에 없어져야 했다. 하지만 마리화나는 아직 우리 곁에 있으며, 마리화나는 성적 조언자와 싸늘한 어둠 속에서 오랜 세월을 보낸 여성들에게 브로드웨이의 빛을 비춰주는 숭고한 전기 기사가 될 수 있다. 내 가까운 친척들 중에서는 모든 여성들이 마리화나를 피워 절정에 오르는 법을 배웠고, 서른이 넘고 이미 자식이 넷이었던 내 어머니도 그랬다. 하지만 나는 마리화나의 의학적 용도를 나열한 항목 중에서 성 불감증을 본 적이 없다. 오히려 우리는 만족스러운 성생활을 하는 데 오르가슴이 필요 없는 여성들도 있다는 말을 듣는다. 그것은 집 없는 사람들 중에 밖에서 사는 것을 좋아하는 사람들이 있다는 주장만큼 설득력이 없다.

우리는 클리토리스가 힘을 사랑한다거나 그것의 본성이 복잡하다는 것에 놀라지 말아야 한다. 여성들에게 성은 항상 위험한 것이었다. 우리는 임신하게 될 수도 있고, 우리는 병에 걸릴 수도 있고, 우리는 행운의 젖산을 잃을 수도 있다. 그런 한편으로 우리는 영장류이다. 우리는 번식을 넘어서 수많은 이유로 성을 이용한다. 우리는 보노보가 아닐지도 모르지만, 발정기에만 짝짓기를 하는 양도 아니다. 취약성이 있기에 우리에게는 효과적인 방어 수단이 필요하다. 클리토리스는 우리의 마법 망토이다. 그것은 우리에게 기쁨이 진지한 문제이며, 우리의 빛, 우리의 성적 광명을 가볍게 다루어서는 안 된다고 말한다. 클리토리스는 대뇌 피질로부터, 시상 하부로부터, 말초 신경계로부터, 의식적으로 무의식적으로 다양한 원천으로부터 정보를 취합하고, 그에 따라 반응을 한다. 당신이 겁에 질리면, 그것은 마비된다. 당신이 냉담하거나 혐오감을 가지면, 그것은 침묵한다. 당신이 전율을 느끼고 활기를 띠면 그것은 이쪽을 구슬리고 저쪽을 북돋우면서 연주를 이끌어가는 팽팽한 작은 지휘봉이 된다. 안단테, 알레그로, 크레센도, 반복.

일부 전문가들은 자연 선택이 여성에게 남성보다 약한 성적 충동을 주었으며, 그런 제한이 의미가 있다고 주장해왔다. 즉 우리는 저 바깥에 나가 돌아다니다가 유전적으로 떨어지는 사람을 통해 임신할 기회를 가져서는 안 된다는 것이다. 그 이론은 정말로 헛소리에 불과하다. 섹스는 수많은 사회적·정서적 문제들에 너무나 중요하기 때문에 그것에 냉담할 수가 없다. 여성들은 강한 성적 충동을 갖고 있다는 증거를 무수히 보여준다. 그들은 남성들과 마찬가지로 생리적으로 성적 자극에 빠르게 반응한다. 여성에게 포르노 영화를 보여주어라. 그러면 그녀의 질은 남성 관객의 음경과 마찬가지로 빠르게 혈액이 몰려들면서 팽창할 것이다. 하지만 여성의 성적 충동이 복잡한 장치라는 점은 분명하다. 그것은 심리 상태, 분위기, 과거의 경험, 푸리아에〔그리스 신화에 나오는 복수의 여신들〕에 묶여 있다. 폭풍의 눈, 그것이 바로 클리토리스이다. 그것은 질보다 더 많은 것을 알고 있으며, 질보다 훨씬 더 믿음이 가는 조언자이다. 여성이 강간당할 때 질은 젖어들지 모르지만, 절정에 오르는 일은 거의 없다는 사실을 기억하라. 여성이 단순하거나 억제된 충동을 갖고 있는 것보다 더 정교한 성적 충동을 갖고 있는 것이 더 논리적이라는 점은 분명하다. 여성이 자신의 성을 계속 통제한다면, 여성이 원할 때 원하는 사람과 섹스를 하고 자신의 성적 판단에 힘을 발휘한다고 느낀다면, 합리적인 결과가 나올 가능성이 높다. 그녀는 자신이 매력적이라고 생각하는 남성들, 어떤 이유로든 편안하다고 느끼는 남성들과 섹스를 할 가능성이 높고, 따라서 그녀의 개인적·정치적·유전적 구상들을 개선할 가능성이 높다.

클리토리스는 유연하다. 그것은 서로 다른 환경, 서로 다른 문화적 기준에 적응할 수 있다. 르디는 영장류의 기준인 상당히 방탕한 일정에 집착했던 우리 조상들 사이에서, 클리토리스가 끝없는 실험을 겪었을 것이라고 말했다. 하지만 르디와 달리 나는 클리토리스가 어느 시대, 일부일처제의 속박에도 마찬가지로 적응할 수 있다고 믿는다. 사랑과 혼인의 결합이 여성의 이익에 도움이 될 때, 클리토리스는 그 결합을 강화할 것이다. 미국에서 혼인은 지나치다 싶을 정도로 찬미되며, 혼인한 여성들은 오르가슴을 잘 느낀다. 시카고 대학이 1994년에 조사한 《미국의 성》 자료에 따르면, 혼인한 여성들의 4분의 3이 섹스를 할 때 항상 또는 대개 절정에 다다른다고 말한 반면에, 그렇게 답한 미혼 여성들은 3분의 2가 채 안 된다. 질문에 응답한 혼인한 여성들 중에서, 보수적인 기독교 여성들이 한 번 성교할 때 한 차례 절정에 달한다고 대답한 비율이 가장 높았다. 왜 그렇지 않겠는가? 신을 두려워하는 우리의 자매들에게 혼인은 신성한 것이며, 그것은 침대 위에서 매번 몸을 움직이는 것이 신성하고 기품 있는 일이라는 의미이다. 정의는 힘을 낳으며, 힘은 영광을 낳으므로, 성 혁명을 주장하는 적들은 오르가슴의 여왕이라는 모습으로 나타날 수 있다.

클리토리스가 힘이라는 통화로 거래를 한다고 말하는 또 다른 증거가 있다. 영국의 연구자 로빈 베이커와 마크 벨리스는 최근 연구에서 오르가슴이 남성의 정자를 빨아들이거나 밀어냄으로써 여성에게 은밀하게 정자를 통제하는 방법을 제공한다고 말하고 있다. 그들은 남성의 사정 시간과 여성의 오르가슴 시간의 차이가 정자들이 난자를 수정시킬 것인지 여부에 영향을 미친다고 주장한다. 여성이 상대가 사정을 한 직후에 절정에 도달하면, 자궁으로 향하는 입구인 그녀의 자궁 경부는 놀라운 일을 하게 된다. 자궁 경부는 율동적으로 고동치면서 물고기의 입처럼 밑으로 내려와 문가에 놓인 정액을 빨아들인다. 이 광경은 비디오로 촬영되어 있다. 남성의 음경에 아주 작은 카메라를 붙인 뒤에 성교 때 깊숙한 곳에서 일어나는 일들을 찍었다. 정액이 출렁이는 밧줄처럼 앞으로 분출하고, 자궁 경부가 그 점액성 유전자 풀에 젖은 뒤에, 펄럭이는 움직임이 정액을 자궁으로 저어 올린다. 자궁 경부의 요동이 정말로 정액이 난자에 도달할 기회를 강화하는지는 아직 모른다. 베이커와 벨리스는 여성의 절정이 상대의 절정 뒤 몇 초에서 40분 사이에 오면, 그녀가 절정에 다다르지 않거나 오르가슴이 이 폭넓은 기회의 시간보다 더 일찍이나 더 늦게 일어날 때보다 임신될 가능성이 약간 더 높다는 것을 암시하는 예비 증거를 갖고 있다.

이 과학자들의 자료는 논란거리이지만, 여성의 오르가슴이 여성의 선택의 궁극적인 표현이라는 그들의 논증 자체는 주목하지 않을 수 없다. 여성의 성적 반응이 자기 힘의 인식, 이 순간 상대를 자유롭게 선택했다는 인식과 연결되어 있다면, 그녀의 자궁 경부는 그녀가 환희를 통해 보여주는 것인 선택된 씨를 삼키는 다음 단계를 취하는 것이 지극히 당연할지 모른다. 베이커와 벨리스는 정자 경쟁 개념을 내세운다. 수컷들이 뿔을 맞대거나 칼을 들고 서로 경쟁하듯이, 그들의 정자도 질의 통로 안에서 난자에 다가가기 위해 서로 경쟁한다는 것이다. 따라서 여성의 오르가슴은 여성이 그 은밀한 논쟁의 조건들을 통제하는 방식이다. 그들은 남성들이 성적 기교, 즉 여성을 달아오르게 만드는 능력에 온통 정신을 쏟곤 한다는 사실, 더 나아가 상대의 감정에 거의 신경 쓰지 않을 때에도 그녀를 성적으로 만족시키고 싶어한다는 사실이 약간 놀랍다고 말한다. 그의 정자의 운명은 그의 성적 기교에 달려 있을는지도 모른다. 자연 선택이 이런 격언을 지키는 남성들을 선호해왔다고 가정할 수도 있다.

"우리의 목적은 기쁘게 하는 것이다."

뒤집어 말하면, 수많은 여성들이 이런저런 상황에서 오르가슴을 꾸며냈다고 말한다는 것도 약간 놀라운 일이다. 상대에게 그가 기다리던 것, 당신의 자궁 경부가 그의 손아귀에 들어갔다는 증거를 내놓는 척하는 것보다 실망시키는 상대에게 일을 끝내고 가자고 설득하는 것이 얼마나 더 나을까?

베이커와 벨리스의 가설은 깊이 뿌리박은 다양한 형질들과 충동들을 가진 우리 조상들이 매우 난혼형이었으며, 남성의 정액이 친자 관계를 주장할 다른 남성들의 정액에 밀려날 가능성이 높았다고 가정한다. 그들은 지금도 일부일처제라는 외투 아래서 정자 전쟁이 계속되고 있다고 주장한다. 베이커와 벨리스는 혼인한 여성들이 혼외 정사를 하며(아니다!), 그들이 혼외 정사로 '사생아'를 임신할 가능성이 배우자와의 성행위와 정부와의 성행위 횟수를 단순 비교했을 때 훨씬 더 높다는 것이 드러난다고 말한다. 그 과학자들은 높은 혼외 출산율은 여성이 정부와 상대적으로 더 큰 오르가슴을 느끼기 때문이라고 본다(불륜이 좋은 시간이 아니라면, 왜 그녀ㅏ 불륜을 저지르겠는가?). 여기서도 그 과학자들이 자신의 주장을 뒷받침하기 위해 내놓은, 모든 사회를 대표할 수도 있고 그렇지 않을 수도 있는 국제 항구인 리버풀에서 수집한 부자 관계 통계 자료를 포함해 일부 자료들은 논란거리이다. 그렇지만 그 새로운 정보들이 2세기에 갈렌이 처음 제기하고 그 뒤 2천 년 동안 주류를 이루었던 오래된 믿음, 여성이 임신하려면 오르가슴에 도달해야 한다는 믿음을 일부나마 지지한다는 것이 흥미롭다. 물론 그 절대적인 제한 조건은 틀린 것이지만, 여성의 오르가슴이 미묘하게 임신 가능성을 강화한다면, 현실적으로 고려할 의미가 있다. 예를 들어 아이를 갖고자 노력하는 부부는 여성의 절정을 부차적인 사항으로 무시할 정도로 음울한 기술 지향적이 되어서는 안 된다. 그보다는 둘 사이에 진정한 쾌락이 확실히 이루어질 수 있도록 하는 편이 더 낫다.

이 장 내내 나는 클리토리스와 여성의 오르가슴과 여성의 성욕이란 용어들을 거의 바꿔 쓸 수 있는 것처럼 사용해왔고, 내 생각에 그것들은 모두 엉덩이에서 정확히 결합해 있다. 클리토리스는 여성 성욕의 핵심에 놓여 있으며, 우리는 그것을 격하시키려는 프로이트 학파나 그 누구의 시도도 거부해야 한다. 하지만 클리토리스는 해부학적 경계를 흘러 넘치며 해부 구조를 초월한다. 다른 통로들이 그것을 향해 뻗어오고, 그것에서부터 뻗어 나온다. 골반 전체를 담당하는 15,000개의 골반 신경 섬유들이 클리토리스의 신경 다발과 상호 작용을 한다. 항문이 성적으로 민감한 부위인 것도 그 때문이다. 신경은 늑대나 새와 같다. 하나가 외치기 시작하면, 이웃들도 함께 외친다. 어떤 여성들은 요도 입구 주위의 피부가 유난히 민감하며, 이 요도 주변의 조직들은 성교 동안에 매우 격렬하게 밀렸다 당겨졌다 하기 때문에 그런 과민성 여성은 삽입 행위만으로도 쉽게 오르가슴에 도달할 수 있다. 반면에 질 깊숙이 압력이 가해질 때 가장 오르가슴을 느낀다고 말하는 여성들도 있다. 부인과 의사인 에른스트 그라펜베르크 연구진은 그 점에 착안해 제2의 내부 클리토리스인 그라펜베르크 점, 즉 G스팟G sopt이 존재한다고 주장했다. G스팟은 질의 전면, 질이 방광에서부터 소변을 운반하는 관인 요도를 감싸고 있는 곳에 자리잡은 극히 예민한 5센티미터 크기의 탄력 있는 부위를 말한다. 일부 학자들은 G스팟이 요도관을 매끄럽게 해주는 점액을 만들어내는 이른바 스킨 샘Skene's gland 안에 들어 있다고 말한다. 또 다른 학자들은 유별난 그 점이 사실은 비울 준비가 될 때까지 요도를 압박해 막고 있는 괄약근이라고 말한다. 반면에 별개의 G스팟이라는 부위가 존재하는지 자체를 의심하는 학자들도 있다. 그들은 기존의 하부 구조가 할 일을 하고 있는데, 군이 별개의 새로운 민감한 부위를 만들어낼 필요가 없다고 말한다. 아무튼 클리토리스의 뿌리는 깊으며, 뒤쪽의 요동을 통해서도 자극을 받을 가능성이 매우 높다. 다시 말해, G스팟은 클리토리스의 뒷부분에 불과할지 모른다.

해부 구조는 직관적이지 않다. 과학자들은 오르가슴을 구성하는 각각의 요소들을 정량화하려 애써왔지만, 운이 거의 따르지 않았다. 한 예로 셰필드 대학의 연구자들은 28명의 성인 여성을 대상으로 절정의 지속 시간과 강도와 수반되는 질의 혈액 흐름을 측정했다. 여성의 질에 가열된 작은 산소 전극을 삽입하여 흡인력을 통해 질 벽에 붙어 있도록 했다. 그런 다음 여성에게 자위 행위로 오르가슴을 느끼도록 하고, 오르가슴이 시작된 시각과 끝난 시각, 1(그저 그런 수준)에서 5(놀라운 수준)까지 나눈 강도 단계에서 어디에 해당하는지 말해 달라고 했다. 전극은 질의 혈액 흐름을 계속 측정하면서, 질 조직이 얼마나 수축하는지 알려주었다. 여성이 보낸 '시작'과 '끝' 신호로 측정한 오르가슴의 평균 지속 시간은 20초 정도로, 놀라울 만큼 긴 것으로 드러났다. 이것은 여성들이 그럴 것이라고 추측하는 평균 지속 시간인 12초보다 훨씬 더 길다. 하지만 지속 시간과 강도는 아무런 상관 관계가 없었다. 여성이 자신의 오르가슴에 매긴 강도는 그것이 얼마나 길었는가와 전혀 관계가 없었다. 뿐만 아니라 혈액 흐름도 느낀 쾌락의 강도와 전혀 상관이 없었다.

클리토리스는 복잡하다. 그것은 결코 클리토리스에 불과한 것이 아니다. 혈액 흐름과 마찬가지로, 그 수치는 잠재력과 전혀 상관이 없는 듯하다. 보노보 암컷은 대단히 큰 클리토리스를 갖고 있지만, 그녀의 재능은 인간 경쟁자보다 자신이 더 오르가슴을 느낀다고 알리는 것보다 원하는 상대가 쉽게 접근할 수 있도록 해준다는 점과 더 관련이 있

을지 모른다. 커다란 클리토리스를 가진 여성이 초오르가슴을 느끼는
지 연구한 사람은 아직 없다. 하지만 기능이 형태를 따르는가라는 질문
과 관련이 있는 다른 종류의 '실험'이 이루어져왔다. 유달리 큰 클리토
리스를 가진 아이들은 대개 깎아 내거나 잡아당겨 넣거나 완전히 절단
하는 등 돌기를 줄이는 외과 수술을 받아왔다. 즉 그들은 음핵 절제 수
술을 받아왔다. 이것은 우리가 보통 고매한 서양 의학이라고 생각하는
것과 관련이 없는 수술 같지만, 음핵 절제 수술은 꽤 흔하다. 미국에서
는 매년 약 2천 명의 아기들이 비정상적으로 튀어나온 클리토리스의 모
양을 바꾸는 일종의 '교정'을 받는다. '거대 클리토리스'가 어떤 것인지
공식적인 기준은 전혀 없지만, 외음부를 덮고 있는 음순 밖으로 튀어나
온 것은 전부 음핵 절제 수술의 대상이다. 예전에 그랬듯이, 지금도 아
기가 의심스러운 생식기를 갖고 태어나면, 수술을 하는 것이 정상이다.
우리는 록 스타의 애매한 성적 정체성은 너그럽게 봐줄 수 있지만, 아
기가 그렇다면 그냥 두지 못한다. 내 어머니가 기저귀를 갈아주었던 아
기인 수전은 어릴 때 소아 성형 수술을 받았을 가능성이 매우 높으며,
그 뒤로는 들여다보는 엄마를 당혹스럽게 하지 않았을 것이다. 융합된
질을 열거나, 비정상적인 요도를 교정하거나, 기형 생식샘 조직을 제거
하는 등 다른 수술을 받는 어린 환자들도 있다. 이런 수술들 중에는 아
이의 건강에 필수적인 것도 있지만, 우리가 말하고 있는 클리토리스 축
소 수술은 미학적인 것이다. 큰 클리토리스는 아무도 다치게 하지 않으
며, 아기에게 아무런 해를 끼치지 않는다는 것도 분명하다. 하지만 그
것은 우스꽝스럽고 남자아이의 것 같고 음란하게 보이며, 부모들은 아
이가 자신의 애매한 성 때문에 입을지 모를 마음의 상처를 피할 수 있
도록 아주 어릴 때 그것을 교정하는 것이 좋다는 충고를 받는다. 따라
서 우리는 이런 질문을 던질지 모른다. 클리토리스를 수술로 축소시키

거나 제거한 소녀들에게 무슨 일이 일어날까? 그들은 성감을 상실할까? 여성이 클리토리스를 갖고 있지 않아도 오르가슴을 느낄 수 있을까?

클리토리스는 복잡하다. 판도라의 상자는 희망의 금고이자 홍수를 불러오는 상자이며, 거대 클리토리스를 수술해야 한다는 주장에서 비롯된, 클리토리스가 적절한지 여부를 그때그때 즉흥적으로 판단함으로써 빚어진 결과들은 혼란스럽다. 두 가지 사례를 검토해보자.

체릴 체이스는 40대 초반의 컴퓨터 분석가이다. 그녀는 금속 테 안경을 끼고 있으며, 항상 머리를 짧게 자르며, 가끔 달랑거리는 귀걸이를 끼고 선명한 자주색 립스틱을 칠하곤 한다. 그녀는 은근한 매력과 대단한 지성을 갖고 있으며, 일본어를 유창하게 한다. 또 그녀는 성깔이 있다. 그녀는 자신이 화 때문에 죽을 것이라고 생각한다. 체릴은 여성이라면 갖추고 있는 두 개의 X염색체를 갖고 있으며, 지금 지극히 여성으로 보인다. 하지만 어떤 이유인지는 몰라도 그녀는 일부는 난소이고 일부는 정소인 양성의 생식샘을 갖고 태어났으며, 클리토리스가 매우 커서 처음에 그것을 본 의사들은 부모에게 이렇게 말했다. 아들입니다. 하지만 1년쯤 지났을 때, 다른 병원에 있는 의사들이 뭔가 알아차렸다. 그들은 부모에게 이렇게 말했다. 잠깐만요. 이 아이는 정상적인 질과 자궁과 난관을 갖고 있네요. 딸입니다. 먼저 의사들이 틀렸어요. 이 아기는 아들이 아니라 딸입니다. 아기 이름을 바꾸고 다른 동네로 이사가서 새롭게 시작해야 할 겁니다. 하지만 먼저 아기의 생식기를 교정할 수 있게 동의해주세요. 당장요. 부모는 동의했다.

"의사들은 즉석에서 내 클리토리스를 제거했어요."

체릴은 이를 악물고 내는 듯 나직한 목소리로 말한다.

"그들은 클리토리스 기둥으로 신경이 들어가는 부위인 음핵다리가 나눠지는 부분을 잘랐어요. 골반 입구 주위에 음핵다리 조직이 약간 남아 있긴 하지만, 신경은 전혀 없어요. 즉 느낌이 전혀 없는 거죠."

그녀는 성적으로 활발한 레즈비언이지만, 결코 오르가슴을 느낀 적이 없다. 그녀는 온갖 방법을 다 써보았다. 그녀는 의사들에게 편지를 써서 남아 있는 조직에 다시 모아 회복시킬 만한 신경 섬유가 남아 있는지 찾아 달라고 도움을 요청했다. 대다수는 그녀의 간청을 무시했다. 내가 룻 같은 외과 의사처럼 보여야 하겠소? 그녀는 성감을 그대로 보존하면서 남성을 여성으로, 여성을 남성으로 바꾸는 성전환 수술을 담당하는 의사들에게 자문을 구했다. 그들은 그녀에게 말했다. 잊어버려요. 도저히 방법이 없으니까.

"나는 내게 일어났던 일들이 일어나는 곳보다는 차라리 의학이 없는 곳에서 자라는 편이 더 나았을 거예요."

마사 커벤트리는 40대 중반의 편집자이자 작가이며 두 아이의 어머니이다. 그녀는 마르고 호리호리하며, 용수철처럼 말린 검은 머리카락을 갖고 있다. 마사는 친해지고 싶은, 호감을 갖게 만드는 사람이다. 마사도 두꺼운 클리토리스를 갖고 태어났다. 그녀의 어머니가 유산을 예방하기 위해 임신 동안에 프로게스테론을 과다 사용했기 때문이다. 유아 때 그녀의 클리토리스는 1.5센티미터로 평균보다 세 배는 컸다. 크다는 것이 시급한 문제는 아니었지만, 그녀가 그렇게 튀어나온 혹을 달고 학교에 가서 동료 학생들의 놀림감이 되어서는 안 된다고 판단했다. 그래서 여섯 살 때 그녀의 클리토리스는 잘려 나갔다.

"밑동을 싹둑 잘라버렸어요. 지금 내 몸을 보면 뭔가 없어졌다는 것을 알 수 있을 정도로요."

육체는 사라졌지만 정신은 여전히 살아 있다. 마사는 이렇게 말한다.

"정서적으로 상처가 있긴 하지만, 그다지 심각하진 않아요. 이유는 단순해요. 나는 여전히 클리토리스의 감각을 갖고 있어요. 나는 오르가슴을 느낄 수 있죠."

체릴과 마사는 양성 생식기를 지닌 채 태어난 아기들이 자신들이 당했던 일을 겪지 않도록 막기 위해 활동을 벌이고 있다. 그들과 동료 활동가들은 너무 어려서 그 수술에 동의할 수 없는, 아니 어디다가 무엇을 하려는 것이냐고 울어대는 환자들을 대상으로 음핵 절제 수술을 하지 못하도록 금지하는 법률을 통과시키기 위해 의회에 로비를 벌여왔다. 그런 법률은 아직 통과되지 않았지만, 체릴 체이스와 그녀의 동료들은 소아과 의사들이 히포크라테스의 익숙한 조언에 귀를 기울이도록 조금씩 설득해가고 있다. 첫째, 그들에게 그리고 그들의 몸에 절대 해를 끼치지 말라. 당신이 그것을 잘라내기 시작할 때 그 클리토리스가 어떻게 반응할지 아무도 모르기 때문이다. 유아의 클리토리스는 크다고 한들 자그마하며, 그 안에 모든 신경과 혈관들이 들어 있기 때문에, 다치기 쉽다. 음핵 절제 수술을 받은 아이들이 성적으로 어떻게 지내는지 알아보는 장기 연구는 이루어지지 않고 있다. 우리가 지닌 자료들은 일화에 불과하다. 마사와 체릴 둘 다 밑동에서 클리토리스가 잘려 나갔지만, 한 사람은 노래를 부르는 반면 다른 한 사람은 그렇지 못하다. 이유는 아무도 모른다. 일부 외과 의사들은 자신들의 클리토리스 제거 기술이 과거의 엉성한 기술보다 훨씬 더 낫다고 주장하지만, 그렇다는 증거는 전혀 갖고 있지 않다. 뿐만 아니라 그들은 커다란 클리토리스를 가진 사람의 삶이 아이나 그 부모에게 극복할 수 없는 정신 심리적 과제라는 증거도 전혀 없다.

클리토리스, 우리의 난초 양식, 우리의 반쯤 파묻힌 코린트식 기둥이 그토록 도끼 세례를 받기 쉽게 만드는 것은 과연 무엇일까? 예술가처럼, 클리토리스는 자신이 죽고 난 뒤, 즉 살해당한 뒤에야 가장 큰 명성을 얻어왔다. 미국에서 양성 활동가들은 훨씬 더 널리 알려져 있는 아프리카의 여아 할례 의식과 자신들의 사례를 동일시함으로써 자신들의 주장을 뒷받침한다. 논쟁의 여지없이 악독한 그 행위는 여성 생식기 절제, 아프리카 여성 생식기 제거, 여성 할례 등 다양한 이름으로 이루어지고 있지만, 많은 사람들이 지적하고 있듯이 남성 포경 수술보다 음경 절단에 더 가까우며, 비교해서조차 안 된다. 그 관습은 적어도 2천 년 전으로 거슬러 올라가며, 그다지 비밀로 유지된 적도 없었지만, 최근까지도 사람들의 전반적인 인식은 (a) 그것이 주로 오지의 작은 마을에 한정되어 아주 드물게 일어났으며, (b) 사라져가고 있다는 것이었다. 어느 쪽도 사실이 아니다. 적어도 28개국에 사는 1억 명의 여성들이 생식기를 절단당했으며, 매년 2백만 명의 소녀들이 새롭게 그런 상처를 받고 있다. 에티오피아, 소말리아, 지부티, 시에라리온, 수단, 이집트 같은 나라에서는 그런 여성들이 거의 100퍼센트에 달한다. 일부 소녀와 젊은 여성들은 외음부를 온전히 간직한 채 해외로 달아나고 해외의 보호 시설을 찾지만, 미국처럼 이른바 깨어 있다는 국가들은 생식기 학살 위협을 박해라고 인정하거나 동의하는 데 소극적이었다. 현재 미국에 있는 우리는 이 나라에서 아프리카 여성 생식기 제거를 금하는 자화자찬식 법률을 갖고 있지만, 그 법률은 수전 같은 아기들의 거대 클리토리스를 의학적으로 잘라내는 것을 막고 있지 않다. 뿐만 아니라 모든 여자아이들에게 그런 일을 하는 국가들에 경제적 제재 조치를 가할 수도 없게 되어 있다.

생식기 훼손 행위를 알게 되면서, 우리는 그 과정에도 단계가 있다는 것을 알았다. '가장 약한' 방식은 클리토리스의 일부나 전부를 제거하는 음핵 절제술이다. 중간 훼손 행위는 클리토리스와 함께 소음순도 제거하는 것이다. 가장 끔찍한 방식인 음부봉쇄술은 클리토리스와 소음순을 제거한 뒤, 대음순을 째서 속살을 드러내어 소변과 생리혈이 지날 수 있을 정도의 구멍만 남겨두고 꿰매어 요도와 질을 덮어버리는 것이다. 나중에 음부봉쇄술을 받은 소녀가 혼인을 해서 남편의 음경을 받아들여야 할 때가 되면, 봉합한 실을 제거하고 상처투성이 대음순을 다시 벌린다.

적게 잘라내든 많이 잘라내든 간에, 그 과정은 소독도 마취도 없이 이루어지며, 사용되는 도구는 칼날이 아무리 무디든 동네의 하급 여성 성직자(여성이 할 때가 많다)가 그 의식에 가장 적당하다고 생각하는 도구이다. 대개 그 의식은 여자아이가 일곱 살이나 여덟 살 때 이루어지며, 소녀는 자신이 마침내 여자 대접을 받을 것이라고 생각하면서 가슴을 두근거리며 의식을 기다릴지 모르지만, 결국은 고통에 겨워 비명을 질러대면서 몇몇 여성 어른들에게 붙들린 채 달아나려 발버둥을 친다. 그 고통과 충격과 출혈로 기절하지 않는다면 말이다. 소녀가 출혈 때문에 즉시 사망하거나, 패혈증이나 파상풍이나 괴사가 일어나 얼마 못 가서 죽는 일도 종종 일어난다. 살아남는다 해도, 그녀는 치료하지 않은 상처나 깨끗이 흘러나올 수 없는 소변과 혈액을 통한 감염 때문에 만성적인 골반 통증에 시달릴 수도 있다. 흉터를 따라 낭포가 형성되기도 하며, 포도알처럼 크게 자라나 여성에게 수치심을 느끼게 하고, 자신이 성기가 기괴한 형태로 변하거나 암으로 죽을지 모른다고 두려움을 느끼게 하는 것도 있다. 음부봉쇄술을 받은 여성이 출산을 할 때면, 그녀는 첫 분만을 하는 가여운 하이에나처럼 힘없이 울부짖으며, 그녀의 아기는 빛 속으로 나오기 위해 길을 찢어 열 수밖에 없다.

옹호자들은 생식기 절제가 몇 가지 목적을 지니고 있다고 말한다. 그것은 여성의 타고난 방탕함을 줄이고 서방질을 할 생각을 못 하게 하는 등 여성을 고분고분하게 만든다는 것이다. 서양인들에게 덜 친숙한 것은 그런 절제가 남성과 여성의 시각적 차이를 강조하고 싶다는 미용적인 목적도 지니고 있다는 점이다. 여성의 음경에 해당하는 클리토리스를 제거하는 것은 시작일 뿐이다. 음낭을 닮은 음순을 제거함으로써 남녀는 정반대편의 극단에 선다. 돌기도 없고, 주머니도 없으므로, 혼동도 없다. 음부봉쇄술을 받은 여성들의 사진이 보여주듯이, 그 수술은 유아의 정신 상태를 지닌 일부 여성들에게 나타나는 초여성적인 매끄러운 음부 모양을 만들어낼 수 있다. 사실 그것은 모든 사람들이 좋아하는 여성 숭배물인 바비 인형의 매끄러운 사타구니처럼 보인다.

많은 사람들이 생식기 절제 이야기를 써왔고, 많은 사람들이 그것을 비난해왔다. 각각의 문화 전통을 존중하는 사람들조차도 생식기 절제를 없애야 할 관습이라고 본다. 여기서 나는 그 역겨운 '의식'이 지속된다는 점에 낙심하고, 우리 모두가 그렇듯이 타성에 젖어 위축되어, 건설적인 말이나 통찰을 덧붙일 수 없다는 사실에 무력함을 느낀다. 생식기 절제는 극단적인 인권 남용이다. 노예 제도나 인종 차별주의와 마찬가지로, 그것은 용납할 수 없다. 어떻게 하면 그것을 중단시킬 수 있을까? 거침없는, 분노한 혀로 그 이야기를 함으로써. 그것을 결코 잊지 않음으로써. 그것이 만연해 있고 지속적으로 이루어진다는 것을 안 지금 그 문제가 다시 눈에 띄지 않는 저편으로 사라지는 것을 막음으로써. 어떤 사람들은 그 행위를 종식시키려는 노력이 절제를 하고 절제를 당해온 사람들의 기본 신념 체계를 고려해야 한다고 충고한다. 비영리 단체인 인구위원회는 성적 정숙함을 중요시하는 청중에게 여성이 성적으로 완전할 권리를 갖는다고 강조하는 것은 소용이 없다고 주장해왔다. 그 대안으로 위원회는 생식기 절제가 여성의 가장 소중한 자신인 출산 능력에 위험을 끼친다는 점을 강조해야 한다고 권고한다. 좋다. 신중해지자. 독선적이 되지 말자. 육체의 권리보다 생식 능력이 있는 건강을,

자아 도취보다 책임을 강조하자. 칼을 내려놓고, 당신이 무엇을 할 것인지 말로 하자.

나는 철저한 실용주의자이지만, 클리토리스는 이상적이고 유토피아적이며, 아무리 해도 좋은 환상을 없애기는 어렵다. 그것은 소녀 생식기를 잘라내는 것에 반대하는 역설적인 주장을 제공해줄 수 있다. 그 수술이 항상 제대로 되지는 않는다는 것이다. 몸의 클리토리스를 없애는 행위는 그 안에 든 영혼을 제거할 수도 있고 그렇지 못할 수도 있다. 마사 커벤트리와 마찬가지로, 음핵절제술이나 나아가 음부봉쇄술까지 받은 아프리카 여성들 중에도 자신이 성을 즐기며 오르가슴을 느끼는 성적인 존재라고 말하는 사람들이 있다. 그들은 아주 강렬한 오르가슴이라고 덧붙인다. 그들의 유령 클리토리스는 햄릿 아버지의 유령 같다. 지속적으로 존재하며 어찌할 수 없는 유령. 이 여성들은 그 적출 의식 동안에 끔찍한 의학적 위험에 놓여 있었을지 모르지만, 결국 그들은 순해지지도 고분고분해지지도 않았다. 그렇다면 그녀의 정욕이 죽을 것이라는 보장도 없는데, 왜 소녀의 삶(또는 출산 능력)을 위험에 빠뜨리는가? 그리고 여성이 여전히 오르가슴을 느끼면서도 놀랍게도 바바리 원숭이의 길로 걸어가지 않는다면, 아마도 우리는 여기에서 클리토리스는 여성이 받을 것과 그 보답으로 돌려줄 것을 초월하는 정도까지 여성을 지배할 힘을 결코 지니고 있지 않다는 증거를 볼 수 있을 것이다.

5

흡반과 뿔

방탕한 자궁

호프 필립스의 직업은 두뇌는 좋아하지만 지친 몸은 증오하는 종류에 속한다. 그녀는 세계은행의 한 사업팀장을 맡고 있으며, 길도 없는 곳으로 몇 달 동안 장기간 여행을 다닌다. 신체적인 위협은 흔하다. 놀라울 정도로 다양한 기생 생물들, 윙윙거리며 말라리아의 합창을 부르는 모기들, 찌는 듯한 무더위, 동네 하수구와 수입된 독성 폐기물이 뒤섞여 내는 악취, 누군가의 정맥 속으로 결코 돌아갈 수 없는 피들. 그녀는 남아메리카와 아시아 전역을 여행했으며, 최근에는 주로 남아프리카에서 일을 하고 있다. 그리고 그녀가 몸이 점점 더 변덕스러운 행동을 부리도록 놔두어야 할지 생각하기 시작한 것도 아프리카에 있을 때였다.

필립스는 매끄러운 피부와 멋진 골격과 꼼꼼하고 사려 깊은 태도를 지닌 40대 중반의 날씬한 여성이다. 그녀는 미국인이지만 의사였던 아버지가 콜레라를 연구하기 위해 대만에 가 있었기 때문에 그곳에서 자랐고, 그녀의 말투에는 중국어 억양이 희미하게 남아 있다. 나는 버지니아 주 알링턴에 있는 그녀의 집에서 그녀를 만났다. 상자처럼 생긴, 깔끔하게 정돈된 작은 그 집에는 그녀가 해외를 돌아다니면서 모은 양탄자와 가구와 조각품들로 가득했다. 나는 커피를 마시면서 밀라노산

과자를 야금야금 먹었다. 그녀는 차만 마셨고, 자신의 의학적 문제들과 자신이 취한 해결 방법들을 이야기했다.

지난 몇 년 동안 호프는 과외 양상이라고 생각하는 방식으로 피를 흘려왔다.

"생리와 별개로 한 달에 5일 정도 저녁 아홉 시가 되면 피가 흐르기 시작했어요. 콸콸 쏟아지곤 했죠."

그녀는 콸콸을 강조하기 위해 몸과 팔을 약간 앞쪽으로 숙였다. 그녀는 처음에는 별 신경을 쓰지 않았다가, 마침내 결심을 했다. 이런, 좋아. 의사를 찾아가는 것이 낫겠어. 초음파 진단 결과 과도한 출혈의 원인이라고 여겨지는 것이 드러났다. 그것은 자궁 벽의 중간층에 해당하는 근육 조직인 자궁 근육층에 생긴 양성 종양인 섬유종이었다. 섬유종은 전문 용어로 근육 조직에 생긴다는 의미로 평활근종 또는 단순히 근종이라고 불리지만, 섬유종은 주근깨만큼 흔하기 때문에 그 보통 이름으로 부르는 것이 적절하다. 서른 살이 넘은 여성들 중 적어도 4분의 1이 섬유종을 갖고 있으며, 실제로는 절반에 가까울지도 모른다. 대개 섬유종은 자각 증상이 없으며, 종양이라는 이름이 붙어 있긴 해도 그냥 그대로 놔둬야 한다. 하지만 너무 크게 자라거나 좋지 않은 부위에 있으면 경련이나 출혈이나 변비나 다른 불쾌한 증상을 일으킬 수 있다.

불행히도 호프의 섬유종은 이른바 점막하근종이었다. 그것은 자궁 근육층에 머물러 있지 않고, 자궁 안쪽을 감싸고 있는 점액성 막인 자궁 내막으로 튀어나와 있었다. 그렇게 성장하도록 고통은 없었지만, 매번 생리 때 내막이 떨어져 나가면서 혈관이 가득한 섬유종의 혈관들이 그대로 노출되었다. 그 결과 생리 기간이 지난 뒤에도 계속 과도한 출혈이 이어졌다. 담당 의사는 경부 확장과 소파 수술이 그 붉은 파도를 차단하는 데 도움이 될지 모른다고 말했다. 경부 확장과 소파 수술이란 자궁 경부를 넓혀 수술 도구를 자궁으로 삽입해 소파 수술, 즉 생리 때 떨어져 나가는 것 이상으로 자궁 내막을 긁어내는 것을 말한다.

호프의 경우에는 그 먼지를 떨어내고 청소하는 오래된 기술이 도움이 되지 않았으며, 사실상 상태를 더 악화시킨 듯했다.

"하혈이나 피가 내비치지 않는 날이 한 달에 열흘밖에 안 될 정도까지 되었죠."

여행이 불편할 정도로 몸 상태가 나빠졌지만, 그녀는 일에 충실한 사람이었으며, 짐을 꾸리는 데에는 이력이 나 있었다. 신발을 갈아 신겠다는 생각은 버리자. 석 달이 걸리는 여행을 준비할 때, 그녀는 보통 여성이 1년을 쓸 만한 양보다 더 많은 생리대를 가방에 쑤셔 넣었다.

하지만 하혈은 곧 짐을 꾸리는 것만으로는 해결할 수 없는 수준이 되었다. 짐바브웨로 여행을 할 때, 그녀는 성 세바스찬(기독교인을 돕다가 온몸에 화살을 맞고 피를 흘렸다는 3세기의 성인)처럼 피를 쏟았다. 그녀는 레트로바이러스가 처음 원숭이에서 인간으로 옮겨가서 AIDS가 만들어진 바로 그 대륙에서 원하지 않던 일 중 하나인, 수혈을 필요로 할 정도까지 출혈이 심해지지 않을까 걱정스러웠다. 결국 그녀는 미국에서 한 번 더 소파 수술을 받았다. 며칠 뒤 그녀는 중병에 걸리고 말았다. 체온이 39도까지 치솟았다. 그녀는 아프리카로 돌아갈 계획을 취소해야 했다. 의사들은 섬유종이 너무 커져서 초음파로 자궁을 볼 수 없을 정도가 되었다고 말했다. 결국 그녀는 조지 워싱턴 의대의 니콜레트 호배치 박사의 진료실에서 여성에게만 있는 기관, 즉 남성에게는 해부학적으로 동일한 기관이 없는 유일한 기관인 자궁을 제거해야 한다는 말을 들었다.

앞서 논의한 것처럼, 갈렌과 거의 2천 동안 그를 추종해온 사람들은 모두 여성의 몸이 서둘러 벗은 양말과 같다고, 즉 남성의 몸을 안팎으로 뒤집은 것과 같다고 생각했다. 질은 뒤집힌 음경이었고, 음순은 음경의 포피였고, 자궁은 안으로 들어간 음낭이었고, 난소는 여성의 정소였다. 갈렌은 결코 바보가 아니었으며, 그가 생식기의 동일성 원리를 간파한 것은 정확했다. 어른의 생식기는 상동 기관이다. 비록 갈렌이 생각한 것처럼 완전히 똑같지는 않지만 말이다. 난소는 정소에 해당하지만, 음경의 여성 기관은 질이 아니라 클리토리스이며, 음순은 음경 포피가 아니라 음낭에 해당하는 구조이다. 남자와 여자 모두 민감한 가슴 조직을 갖고 있으며, 특정한 호르몬 상태에서는 남성의 가슴도 브래지어가 필요할 정도로 팽창할 수 있다. 그런 젖가슴을 여성형 유방이라고 부른다.

하지만 자궁으로 가면 해부학적 상동 관계는 깨진다. 남성 태아가 발달할 때, 뮐러관 억제 인자는 태아의 안달하는 안드로겐들이 재해석할 여지를 전혀 남겨두지 않은 채, 회향풀의 씨만 한 구조인 원시 자궁을 제거한다. 뮐러관 억제 인자는 원시 난관도 제거하지만, 또 한 벌의 원시 난관은 남겨두며, 그것은 정관(精管)으로 자라난다. 오로지 자궁만이 존재 대 부재, 있느냐 없느냐의 명확한 사례가 된다.

그리고 여성에게만 있는 기관은 얼마만큼의 무게를 지니고 있을까. 물론 그것은 인류의 무게를 지닌다. 현재 살고 있는 60억 명의 인간들과 이미 사망한 몇십억 명의 인간들은 들어선 태아에 대한 자궁의 관용과 이식된 태아와 혈액을 공유하도록 해주는 자궁의 아량을 통해 존재하게 된 것이다. 자궁은 색다른 의학 신화라는 화물을 운반해왔다. 히포크라테스는 자궁이 한 곳에 얽매이지 않은 채 여성의 몸 속을 돌아다니면서 수많은 육체적·정신적·도덕적 이상을 일으킨다고 믿었다. 히스테리라는 말은 자궁을 뜻하는 그리스어인 히스테라hystera에서 왔다. 또 히포크라테스는 인간의 자궁이 일곱 개의 방으로 이루어져 있고, 안쪽으로 '촉수'나 '흡반'이 붙어 있다고 믿었다. 이런 기이한 오해는 법과 종교 관습이 인체 해부를 금지하는 바람에, 그 위대한 서약의 인물이 여러 방으로 되어 있고 뿔 같은 구조를 지니고 있는 자궁을 가진 동물들을 포함해 여러 종들을 연구하여 추정해야 했기 때문이었다.

히포크라테스의 실수는 르네상스까지 이어졌다. 르네상스 때 레오나르도 다 빈치는 열려 있는 자궁을 보여주는 멋진 그림을 그렸다. 태아와 탯줄이 나와 있는 그 그림은 인간의 자궁이 하나의 방으로 되어 있다는 사실을 다 빈치가 알았음을 말해준다. 하지만 다른 해부 그림들에서 그는 임신한 자궁에서 나온 혈액이 신생아에게 줄 젖으로 바뀌는 '젖동맥'이 자궁에서 젖가슴까지 뻗어 있는 시대 착오적인 모습을 그리기도 했다. 비교적 최근인 19세기까지도 의사들은 자궁이 충분한 혈액 공급을 위해 뇌와 직접 경쟁을 한다고 주장했다. 따라서 여성이 교육이나 직업을 통해 자신의 정신을 살찌우려는 노력은 출산 능력을 희생시킴으로써만 달성할 수 있다고 보았다.

자궁과의 전쟁은 지금도 계속되고 있다. 우리의 가장 호전적이고 물리지 않는 현안 중 하나인 낙태 논쟁은 자궁의 주인이 누구인가, 여성인가 태아인가(아니면 교회나 국가 같은 태아의 대리인인가)라는 질문으로 모아진다. 더구나 인구의 절반만이 자궁을 하나 갖고 태어났다는 사실에도 불구하고, 자궁은 미국에서 가장 흔한 두 가지 외과 수술이 행해지는 부위이다. 하나는 아기를 빨리 꺼내기 위해 자궁을 잘라서 여는 제왕 절개술이다. 아기에게 이 그린베레식 출산법이 필요할 수도 있고 그렇지 않을 수도 있다. 또 하나는 자궁에 훨씬 더 심각한 충격을 가하는 자궁 적출술이다. 그리고 호배치가 호프 필립스에게 지속적인 하혈의 해결책으로 제시한 것이 바로 이 자궁 적출술이다.

검은 머리카락에 세심한 화장으로 눈을 강조하고 있는 호배치는 통명스럽다고 할 정도로까지 실용적인 의학적 관점을 지닌 정력적인 여성이다. 그렇다고 무모하다는 의미는 아니다. 필립스를 처음 만났을 때 그녀는 두 시간 가량 대화를 나누었다. 필립스는 자신의 증상과 병력과 일을 하려면 몸이 어떠해야 하는지 설명했다. 또 그녀는 자궁 적출술을 받기를 꺼려하게 만드는, 최근에 자기 인생에서 일어난 변화를 이야기했다. 필립스는 두 번의 혼인과 이혼 경력이 있었고, 두 차례의 결혼 생활에서 아이를 갖겠다고 생각한 적은 한 번도 없었다. 하지만 최근에 그녀는 한 남자와 사귀었고, 난생 처음 아이를 갖고 싶다는 생각을 했다. 필립스는 내게 말했다.

"신이 내게 몹쓸 짓을 하고 있는 것처럼, 역설적이었죠."

그녀는 호배치에게 물었다. 자궁을 보존하면서 섬유종을 제거할 수 있는 방법은 없나요?

호배치는 대안들을 열거했다. 섬유종의 성장을 촉진시키는 에스트로겐 생산을 일시적으로 차단하는 생식샘자극호르몬 분비 호르몬이라는 약을 복용할 수도 있어요. 하지만 그런 약은 복용하고 있을 때에만 효과가 있고, 남성화가 일어나는 부작용이 있어요.

아니면 자궁에 붙은 섬유종을 수술로 떼어내는 근종 절제술을 받을 수도 있어요. 호배치는 무뚝뚝할 정도로 냉혹해졌다. 그녀는 필립스에게 말했다. 당신은 지금 마흔다섯 살이에요. 최상의 상태라고 해도 당신이 지금 임신할 가능성은 미미해요. 당신 섬유종의 크기로 볼 때 그것을 잘라내면 아이를 가질 가능성이 더 줄어들 거예요. 호배치는 근종 절제술은 수술하는 동안에 수혈이 필요할 정도로 출혈이 심해질 수 있고, 수술 뒤 감염과 합병증이 나타날 수 있다고 지적했다. 그런 일이 벌어지면 회복 시간이 자궁 적출술에 필요한 4~6주보다 더 길어질 수 있어요.

또 호배치는 필립스에게 아무것도 하지 않은 채 폐경기에 다다를 때까지 계속 피를 흘리며 사는 방법도 있다고 말했다. 폐경기에 자연스럽게 에스트로겐 생산량이 줄어들면, 섬유종도 확연히 줄어드는 경향이 있다.

필립스는 집에 돌아가 생각했다. 그대로 있으면 5년 정도는 계속 하혈을 할 듯했다. 그녀는 하혈이 계속 심해지는 것보다, 그런 생각을 견딜 수 없었다. 그녀는 근종 절제술도 생각해보았다. 하지만 호배치의 말이 몹시 부담이 되었다. 자신이 꿈꾸던 작은 환상은 어떤 것이었을까? 큰 수술을 받고, 회복된 뒤에 최근에야 만난 남성과 혼인을 하고, 마흔다섯이나 마흔여섯 살에 즉시 임신을 하는 것? 그녀는 자신의 자매들이 자식 농사를 잘 지었다고 생각했다. 가문에서 굳이 자신이 아기를 낳아야 할 이유는 없었다. 또 근종 절제술에서 회복되는 데 오랜 시간이 걸린다는 점을 생각하니 심란했다.

"나는 자궁이나 아이를 갖는 능력으로 나 자신을 규정한 적이 없었어요. 내 일로 나 자신을 정의하죠."

그녀는 가족과 친구들과 이야기를 나누었다. 그녀는 사귀고 있는 남성에게 자궁 적출술을 받을지도 모른다고 넌지시 말했다. 그의 반응은 그다지 호의적이지 않았다. 그는 애매하게 말했다.

"아, 그래요. 우리 어머니 친구분들 중에도 그 수술을 받은 사람들이 몇 있어요."

마침내 그녀는 자궁 적출술을 받기로 결심했다. 섬유종이 아주 컸기 때문에, 의사는 자궁 적출술을 할 때 흔히 쓰는 방식인 질이나 복강경을 통해서가 아니라 복부를 통해 수술을 해야 했다. 그녀와 호배치는 내가 수술을 지켜볼 수 있도록 허락했다. 나는 난소와 난관과 자궁 경부와 자궁 같은 몸 속의 생식 기관이 어떻게 생겼는지 알고 싶었다. 점액성의 거대한 자주색 섬유종은 덤인 셈이었다.

　3월의 어느 날 아침 일찍 자궁 적출 수술을 위해 조지 워싱턴 대학
병원에 모인 수술 팀은 유별나게 쾌활한 분위기를 풍긴다. 여성 의사
세 명(호배치와 레지던트 두 명)과 남성 간호사 한 명. 얼굴 아래쪽 절반
을 수술 마스크로 가린 채 검은 아이라이너로 눈가를 칠한 호배치는 클
레오파트라처럼 보인다. 필립스는 벌써 행복의 땅, 수술대 위에 나체로
누워 있다. 그녀는 전신 마취 상태에 있지 않다. 그녀에게는 마음을 가
라앉히는 진정제와 허리 아래의 감각을 차단하는 경막 외 마취제가 투
여된 상태이다. 전신 마취 상태보다 회복이 더 쉽도록 하기 위함이다.
수술 팀이 준비를 하는 동안 그녀는 가볍게 코를 골고 있다. 그녀의 몸
은 젊고 건강해 보이며, 전신에 '중년'과 '내 어머니의 친구분들'이 휘갈
겨진 몸이라고 하기에는 너무 젊다. 수술 팀은 그녀의 골반과 배에 베
타딘Betadine을 뿌린다. 그들은 스펀지로 그녀의 음모에 거품을 낸다.
그녀의 몸을 씻어낸 다음, 목까지 푸른 천을 덮는다. 그녀의 위장 부근
만이 삼각형 모양으로 노출되어 있다. 그녀의 머리는 커튼으로 가려져
있다. 그녀는 현실에서 유리된 몸, 껍질로 덮인 여성이다.
　호배치는 수술실의 휴대용 카세트 플레이어에 재즈 테이프를 넣어
달라고 말한다. 의사들은 자신들의 창백한 운동장으로 모여든다. 그들
이 필립스의 배꼽 아래쪽을 15센티미터쯤 베자, 그녀의 피부에서 선홍
색 환영 인사가 스며 나온다. 그들은 피부를 지져서 출혈을 막는다. 그
런 다음 피부 밑에 있는 모든 것을 붙들고 있는 결합 조직인 복직근막
rectus fascia을 베어 나간다. 그들은 필립스의 아주 얇은 지방층을 자른
다. 요리하지 않은 닭에 대리석 무늬를 넣은 듯이 보이는 지방이다. 지
방 밑으로 두 개의 분홍색 층으로 이루어진 배 근육이 있다. 의사들은

그것을 자르지 않고 옆으로 밀어놓는다.

호배치는 레지던트들에게 말한다.

"이건 교과서 같은 해부 구조야. 너무 멋진 몸이야."

대개 그녀가 수술하는 여성들은 필립스보다 50킬로그램은 더 무겁고, 그 모든 군살을 잘라 나가는 것은 성가신 일이다. 교과서에 나올 만한 최고의 몸을 수술하는 것은 얼마나 멋진 일인가.

하지만 피, 피, 피가 계속 흐르고 그들은 계속 빨아들이면서 가능한 것은 지져서 막는다. 마침내 그들은 복강 안에 도달한다. 죔쇠로 몸의 막들을 벌린다. 그녀의 내장은 건강하고 기운차 보인다. 생기가 넘친다. 그녀는 세상을 향해 열린, 살아 있는 박물관이 되어 있다. 커튼 뒤에서 그녀가 중얼거리는 소리가 들려오는 바람에 깜짝 놀란다. 그녀는 무의식 상태에 있는 것이 아니라, 단지 평온한 상태에서 깜박깜박 잠들었다가 깨어났다가 하고 있다. 진통 주사가 하는 일이 바로 멍하게 만드는 것이다. 그녀는 멍한 상태에서 마취 의사에게 말을 하고, 그는 그녀에게 잘되고 있다고 안심시킨다. 호배치는 복강 안으로 손을 넣어 방광, 신장, 쓸개, 위장 등을 만져보면서 다른 이상이 있는지 살핀다. 거기에 손을 넣으면, 당연히 뭔가 느껴보고 싶지 않을까? 호배치는 설명한다.

"때로 찾던 것보다 더 복잡한 것을 발견하곤 해요."

이 경우에는 그렇지 않다. 그것은 교과서 같은 해부 구조이니까. 호배치는 난소들을 가리킨다. 난소는 커다란 딸기만 하고, 훈제한 듯한 색깔을 띠고 있고 울퉁불퉁하다. 익으면 벌어지는 축축한 열매의 껍질처럼 보인다. 한 쪽 난소에 뚜렷이 보이는 새하얀 낭포가 있다. 아마 필립스가 최근에 배란을 한 부위인 듯하다. 성숙한 난자가 난포를 터뜨리고 나간 뒤 치유되고 있는 액체로 가득한 주머니이다. 호배치는 자궁에 붙어 있는 난관도 가리킨다. 난관은 정교하고 부드럽고 장밋빛을 띠고 있으며, 펜처럼 가늘고, 난소술fimbriae이라는 끝이 종처럼 된 깃털 총채가 끝에 달려 있다. 그것은 16세기의 해부학자 가브리엘 팔로피우스의 이름을 딴 것인데, 그는 난관이 트럼펫처럼 생겼으며 자궁에서 '독성 증기'를 배출하는 역할을 한다고 생각했다. 내가 보기에 그것은 피의 고동에 맞춰 꽃잎들이 진동하는 살의 꽃, 말미잘처럼 보인다.

호배치는 이 자궁 적출술이 비교적 원형을 보존하면서 이루어질 것이라고 말한다. 그녀는 난관과 난소를 그대로 놔둘 예정이다. 항상 그런 식으로 수술하는 것은 아니다. 의사들은 종종 자궁, 자궁 경부, 난관, 난소 등 생식 기관 전체를 싹둑, 싹둑, 싹둑 한꺼번에 들어내기도 한다. 그들은 여성이 폐경기에 가깝다면 어차피 곧 생식계가 은퇴를 할 텐데, 나중에 암을 일으킬 가능성이 있는 것들을 왜 놔두냐고 말한다. 열매 껍질을 조심하라! 난소암은 치명적이며, 계속 진행되다가 대개 회복할 수 없는 수준이 되어서야 증세를 나타낸다. 대수술을 할 때 난소암의 위험을 제거하는 것은 그 수술에 그다지 부담이 안 되는 일이다. 그 수술 뒤에 여성은 호르몬 대체 요법을 받게 된다.

하지만 예방하기 위해 부수적인 기관을 제거한다는 주장은 많은 사람들을 격분시켜 온 미심쩍은 것이다. 그들은 불필요한 난소 제거가 거세와 같다고 말한다. 작은 변화가 미래에 신체 부위를 발암성으로 변하게 할 것이라는 이유로 건강한 신체 부위를 제거한다는 것이 타당한가? 그렇다면 신장이 기능 이상이 생기기 전에 하나를 떼어내고, 필요 없는 85퍼센트의 간을 떼어내고, 생식기 동일성의 원리에 따라 정소암을 예방하기 위해 정소를 떼어내는 것이 당연할지 모른다. 호배치는 상담할 때 필립스에게 난소와 난관은 그대로 남기고 싶다는 말을 했고, 필립스가 동의하지 않을 이유는 없었다.

자궁을 들어내기 전에 호배치는 자궁으로 피를 공급하는 주요 혈관들을 묶어서 출혈이 없도록 막는다. 표적을 자세히 살펴본 의사들은 수술이 예상보다 더 복잡하다는 것을 금방 알아차린다. 주요 표적인 섬유종은 아주 커서 자궁과 자궁 경부를 완전히 우그러뜨리고 있다. 또 양분을 공급하는 커다란 기생 혈관이 붙어 있다. 발암성 종양이 하는 식으로 자신을 지탱해줄 새로운 혈관들을 몸에서 끌어낸 것이다. 건강하거나 악성이거나, 모든 조직은 혈관이 있어야 살 수 있다. 의사들은 자궁을 축소시켜 자궁 적출술을 할 수 있도록 섬유종을 잘라내는 부분 근종 절제술을 하기로 결정한다. 이제 출혈이 없도록 섬유종 혈관을 묶고 잘라야 한다. 그들은 어떤 방법이 가장 좋은지 의견을 나눈다. 그들은 자궁에 다른 작은 섬유종들이 붙어 있다는 것을 발견한다. 상황은 더 복잡해진다. 호배치는 출혈을 더 줄이기 위해 필립스의 혈관을 수축시키는 바소프레신을 투여하라고 말한다. 의사들은 거의 팔꿈치까지 복강에 집어넣은 채 수술에 몰두한다. 나도 함께 수술을 하는 듯한 기분이 들어 숨을 죽인다.

90분이 흐른다. 의사들은 지친 기색이 없지만, 나는 그들을 지켜보느라 진이 빠진다. 마침내 그들은 원하는 부분을 제거할 수 있게 된다. 잘린 조각들이 금속 받침에 놓이고, 간호사는 하나씩 들어 올려 내게 보여준다. 필립스의 자궁 경부는 윤이 나는 태피 캔디 색깔의 원통 모양이며, 그것을 보니 귀두가 떠오른다. 섬유종은 너무나 크고 목적을 지닌 기관처럼 보여서 필립스의 몸에서 역할을 하는 부위가 아니었다고 믿을 수 없을 정도이다. 섬유종은 자주색 조직들의 소용돌이처럼 생겼고, 순무처럼 보인다. 호배치는 그것을 보면 뇌 조직이 떠오른다고 말한다. 자궁 본체는 떼어놓고 보니 그다지 사진을 잘 받지 못하는 듯하다. 그것은 아이의 주먹만 한 주머니로서 그다지 눈에 띄지 않으며, 자신이 그토록 오래 키워온 섬유종에 소심하게 붙어 있다.

자궁 경부와 자궁을 떼어냈으므로 필립스의 질은 복강과 직통으로 연결되어 있다. 따라서 의사들은 그것을 꿰매어 막는다. 질은 흔히 말하는 것과 달리 더럽지 않을지 모르지만 그것은 구멍이며, 당신은 그것이 공적 세계와 사적 세계의 입구 역할을 하는 것을 원하지 않는다. 호배치는 '시시한 조직'을 남김없이 떼어냈다고 장담한다. 섬유종 조직이 일부 남아 있다면 감염을 일으킬 수 있다. 마지막으로 의사들은 떼어낸 자리를 멸균한 물로 씻어낸다. 시간이 흐르면 필립스의 내장들이 저절로 이동해 한때 생식 기관들이 있던 공간을 채울 것이다. 의사들은 봉합할 준비를 한다. 테이프와 박자가 바뀐다.

"문을 열 때에는 재즈를, 문을 닫을 때에는 록을 틀죠."

호배치가 말한다. 흘러나오는 노래는 〈사슬에 묶인 여인〉이라는 경쾌한 곡이다. 이 상황에 너무나 어울리는 듯하다. 하지만 필립스는 사슬에 묶여 있는 것일까, 아니면 이제 자유로워진 것일까? 의사들은 자신들이 베어낸 부위를 섬세하게 꿰맨다. 레지던트 한 명이 꿰매는 일을 도맡아 하고 있다. 그녀는 분명히 자신이 하는 일을 좋아하는 듯하다. 그녀의 손가락은 날아다닌다. 실과 근막과 지방과 피부로 된 악기를 연주하는 듯하다. 가장 바깥 피부층이 봉합되고 몸이 원래처럼 외부와 차단된 상태로 돌아가자, 필립스의 배는 가느다란 검은 선 안쪽이 최근에 습격을 당했다는 흔적이 전혀 없이 놀랍도록 단정해 보인다.

"우리는 봉합할 때 최대한 미용에 신경을 써요. 환자는 그것으로 우리를 판단하니까요."

호배치가 말한다.

"환자들은 우리가 그 안에서 얼마나 어려운 일을 했는지 결코 볼 수 없으니까요."

그렇다, 볼 수는 없다. 하지만 느낄 수는 있다. 왜 느낄 수가 없겠는가?

철학적으로나 생물학적으로나 어원학적으로나 자궁은 여성을 규정하지 않는다. 여성은 여성이 되겠다고 굳이 자궁을 갖고 태어날 필요가 없을 뿐 아니라, 여성으로 남아 있겠다고 자궁을 계속 간직할 필요도 없다. 우리는 자궁 숭배의 덫에 빠지고 싶지 않으며, 남성들이 자궁 선망에 시달리는 것도 바라지 않는다. 남성들 중에 그런 사람은 극히 드물며, 임신한 여성 주변에 있는 남성 중에 그런 욕망을 지닌 사람은 아무도 없다. 하지만 우리 대다수는 여성 생식 기관의 의학 사진, 즉 자궁의 본체가 얼굴이 되고 자궁 경부가 턱수염이 되고 난관이 뿔이 되는 오키프풍의 양 머리를 보면서 성장했다. 우리는 이 사진을 보면서 여성의 골반이 그것에 잘 들어맞는다고, 삼각형 속에 삼각형이 들어 있다고 생각한다. 적어도 미학적으로 볼 때 우리는 자궁을 소유하고 있다. 즉 우리는 그것에 편안함을 느낀다. 12세에서 50세까지 인생의 약 38년 동안, 우리는 생리라는 형태로 자궁이 당겨졌다가 풀렸다 하는 것을 경험한다. 그렇다면 자궁이란 무엇이며, 그것의 원래 지형은 무엇인가? 왜 그것은 정원에서 불쑥 튀어나온 덩이줄기들 같이 생긴 것들이 여기저기 자라도록 하는 성향을 지니고 있는가? 꼼꼼히 정확히 평가하되 찬양하지는 말자. 임신하지 않은 자궁은 작은 주먹만 하다. 그 주먹에 얼마나 큰 힘이 들어갈 수 있을지 알아보자.

어떤 의미에서 진화는 고전적인 열두 단계 프로그램을 고수한다. 그것은 하루에 한꺼번에 일을 처리한다. 그것은 완벽을 추구하지 않는다. 그것은 모든 것을 얻으려 하지 않는다. 하등한 것에서 우월한 것까지, 원시적인 것에서 발전된 것까지 생물들의 등급을 매기는 진보나 계획이나 자연의 척도 같은 것은 없다. 파리는 파리다움으로 빛나며, 때때로 모든 면에서 파리가 보는 식으로 보고 싶지 않은가? 우리가 포유동물이 곤충보다 더 우월하고 가치 있고 더 강하다고 느낀다면, 이 편견도 자연 선택을 통한 진화의 결과일 것이다. 우리는 우리와 가장 비슷해 보이는 것을 좋아하는 성향이 있다. 닮음은 유전적으로 친족 관계임을 뜻하며, 우리는 자신의 유전자를 좋아하기 때문이다. 유전자는 우리에게 우리를 주어왔다. 다른 연못보다 우리 자신의 유전자 연못을 좋아하는 성향을 친족 선택이라고 부르며, 그것은 우리 삶의 다양한 영역으로 뻗어 있다. 그것은 우리가 낯선 자보다 친척을 돕기가 더 쉬울 것이고 우리가 외골격과 분절된 체형과 등으로 굽은 부속 기관을 가진 낯설어 보이는 생명체보다 침팬지나 사자에게 더 친밀감을 느낀다는 것을 뜻한다. 하지만 우리가 스스로를 털을 가지며 젖을 먹이는 온혈동물이라고 생각한다고 해서, 포유동물이 여신에게 더 가까이 있다는 의미는 아니다.

이 모든 것을 말했으니, 이제 자궁이 생리 구조의 혁명이자 장엄한 발명품이었으며, 지금도 그렇다고 주장하련다. 앞에서 몸 속에서 잉태되고 임신된 태아는 보호받는 태아이며, 보호받는 태아는 정교한 중추 신경계를 발달시키는 사치를 누린다고 말했다. 자궁과 그에 수반되는 태반은 산후에 돌보는 것 말고도 두 번 다시 돌보지 못할 것처럼 자손을 돌본다. 동물이 새끼를 더 돌볼수록, 새끼는 환경을 지배하기가 더 쉽다. 현재 우리 태반을 가진 포유동물들, 우리 유태반류(有胎盤類)는 포유동물의 소임을 규정한다. 유대류(有袋類) 포유동물은 분명 유생 같은 태아를 자신의 외부 주머니에서 기르는 합리적인 일을 한다. 캥거루는 오스트레일리아의 사슴이며, 코알라는 다람쥐이다. 미국에서 주머니쥐는 교외의 주요 생물이자 골칫거리이며, 그들도 유대류이다. 그렇지만 주머니를 가진 포유동물보다는 태반을 가진 포유동물 종이 훨씬 더 많고, 유태반류는 지구에서 훨씬 더 많은 서식지를 차지해왔다. 인간 같은 뇌가 주머니에 새끼를 기르는 종이나 껍데기가 있는 알 속에서 진화할 수 있었을까? 아마 그렇지 않을 것이다. 뼈와 인대를 가진 골반 속에 들어 있는 자궁은 비교적 안전하며, 태반은 비교적 풍족하게 양분을 준다. 자궁은 그것을 지닌 여성의 지능과 아무 관련이 없지만, 그것이 지닌 태아의 뇌와는 모든 면에서 관련이 있다.

태아는 자신의 삶이 얼마나 좋은지 잘 알고 있다. 태아는 태반이 서서히 조여들어 자신에게 떠나라고 강요할 때까지, 즉 어머니의 몸이 충분해, 충분해, 충분히 했으니까 아가야, 나가 어서 나가! 하고 결정을 내릴 때까지 자궁을 떠나지 않는다. 몸이 마르는 것을 느끼면 태아는 일련의 생화학 신호들을 방출하고 그 결과 자신이 아는 유일한 에덴 동산에서 떠밀려 나온다.

따라서 자궁의 지형은 원초적인 어머니, 태아의 집, 태아의 슈퍼마켓이라는 그 기관의 역할과 분리될 수 없다. 자궁이 구현해야 하는 모순된 특징들을 생각해보자. 그것은 불안정하면서도 안정해야 한다. 그것은 부유하면서도 나눠주어야 한다. 그것은 다른 기관들이 전혀 성장하지 않는 성년기에 성장을 할 수 있어야 한다. 그것은 배란과 생리 사이의 도-시-도 음계를 구별하고 몸의 다른 부위들과 의사 소통을 해야 한다. 자궁은 호르몬을 분비하고 그것에 반응하는 샘과 기관과 뇌 구조의 매듭실인 내분비계의 일부이다. 그것은 생화학적으로 부신, 난소, 시상 하부, 뇌하수체와 망을 이루고 있다. 그런 한편으로 그것은 몸의 외부 물질 혐오증을 가진 면역 세포들에게 축출되지 않을, 별도의 둥근 천장 밑에 있는 특별한 장소이다.

자궁의 구조는 복잡하지 않다. 임신하지 않은 성인 여성의 자궁은 무게 60그램에 길이는 7.6센티미터 정도이다. 그것은 두 부분으로 되어 있고, 각 부위의 길이는 절반 정도에 해당한다. 본체, 즉 자궁 바닥은 태아가 발달하는 곳이며, 자궁 경부는 질 쪽으로 뻗어 있고 생리혈을 내보낼 때 약간 열리며, 아기가 나올 때는 더 활짝 열린다. 부인과 의사의 관점에서 자궁 경부를 보면, 윤이 나는 도넛 모양이다. 산부인과 병원에서 일한 적이 있는 한 의사는 골반 검사를 하고 있으면 배가 고파진다고 말했다. 그녀가 농담을 하는 것도 음탕한 것도 아니었다. 그녀는 단지 도넛을 좋아했을 뿐이다.

다른 관점에서 보면 자궁은 샌드위치이자, 근육의 영웅이다. 자궁 경부와 자궁 바닥은 세 종류의 조직으로 이루어져 있다. 중앙의 살은 세 겹의 근육으로 이루어진 두터운 자궁 근육층이다. 자궁 근육층 바깥에는 심장과 폐를 감싸고 있는 막과 재질이나 기능이 비슷한 매끄러운 장막이 있다. 그런 막과 마찬가지로 자궁의 장막은 자궁을 촉촉하게 하고 충격을 완화시켜준다.

자궁 근육층의 안쪽에는 자궁의 안감인 자궁 내막이 있다. 몸은 셋씩 짝을 지어 일하는 쪽을 좋아하며, 자궁 내막도 세 겹의 점막으로 이루어져 있다. 장막과 달리 점막은 숨을 쉬며 재채기를 하고 콧물을 흘린다. 그것은 물과 염분과 다른 화합물들을 흡수한다. 그것은 백혈구와 물과 뮤신이라 불리는 점착성 단백질과 조직에서 벗겨진 세포들의 혼합물인 점액을 분비한다. 생리는 점액 분비의 한 부분이다. 생리 기간에 점막 중 두 층이 떨어져 나갔다가 주기가 새로 시작되면 다시 형성된다. 깨달음을 얻은 사람처럼, 세 번째이자 가장 깊은 곳에 자리한 내막층은 죽음과 재생의 윤회에서 벗어나 있고, 태아가 집에 자리를 잡으면 태반이 부착될 안전한 토대가 된다.

히포크라테스는 자궁이 방탕하다고 생각했다. 그 말은 자궁이 정기적으로 정액을 먹지 않으면 특히 광적으로 변해 가슴뼈까지, 심지어 목까지 몸 속을 돌아다닌다는 의미였다(히포크라테스의 생각대로라면, 매춘부의 자궁이 처녀의 자궁보다 훨씬 더 차분할 것이다). 물론 그의 생각은 틀렸지만, 그렇다고 자궁이 움직이지 않는 돌이라는 의미는 아니다. 사실 자궁은 탄력 있고 움직일 수 있다. 자궁은 자신을 지탱해주고 자신에게 양분을 공급해주는 혈관들을 감싼 유연한 섬유 조직 다발인 인대 여섯 개로 골반 테두리 속에 느슨하게 들어 있다. 골반 내 자궁의 위치는 당신이 수그리고 있는가 똑바로 서 있는가, 방광이 차 있는가 비어 있는가 등등의 그다지 특별할 것 없는 상황에 따라 달라진다. 당신이 지금 화장실에 갈 필요도 없고 임신하지도 않은 상태에서 앉아 있다면, 당신의 자궁은 아마 끝이 약간 앞쪽으로 나와 있을 것이고, 자궁 바닥은 사타구니의 단단한 뼈인 치골보다 2~5센티미터 위쪽에서 앞으로 기울어져 있을 것이다. 당신이 방광을 비우고 군인처럼 어깨를 뒤로 당긴 채 서 있다면, 당신의 자궁은 떨어진 배처럼 거의 평면상에 있을 것이다.

　자궁은 임신했을 때 생리적으로 가장 활발하게 타오른다. 임신하기 전에 60그램에 불과한 기관이 임신 말기에는 무게가 900그램으로 늘어나며, 이 무게는 태아나 태반의 무게를 제외한 것이다. 부피도 천 배로 늘어난다. 병에 걸리지 않는다면, 성년기에 그만큼 극적인 변화를 보이는 기관은 없다. 하지만 산후 6주만 지나면 그것은 다시 주먹만 한 크기로 줄어든다. 임신 때 그런 변화가 일어나면서 가장 무게가 늘어나는 것은 자궁 근육층이다. 근육 세포들은 임신 초기에 증식했다가 임신 중 반쯤이 되면 열심히 운동을 할 때 근육 세포들이 비대 생장을 하듯이 크기가 커지는 비대 생장을 한다. 임신 말기가 되면 근육 세포들이 분열하거나 비대 생장을 하는 것이 아니라, 그저 자궁 벽 전체가 늘어나고 늘어나고 또 늘어난다. 당신이 마치 터질 것처럼 엄마임을 느낄 때까지 말이다. 사실 임신 동안 자궁이 파열되는 일은 놀라울 정도로 드물다. 유태반류 포유동물들은 1억 2천만 년 동안 살아왔으며, 그 정도면 확장 가능한 자궁의 결함들을 고치기에 충분한 시간이다.

살아가면서 가끔 일어나듯이, 확장의 문제는 조화롭게 위치를 바꿈으로써 해결된다. 평온한 마돈나여! 임신한 자궁은 잘 어울리는 근육질 귀부인 사이의 팔씨름이다. 한 팔이 기울기 시작하면 그것은 다시 위로 밀려 올라가고, 다른 팔이 위로 가면 다시 힘을 받아 돌아온다. 이 점을 생각하라. 임신 기간 동안에 자궁은 당신의 몸이 에스트로겐에 흠뻑 빠져 있기 때문에 성장한다는 것을 말이다. 4천 년 전에 자신의 상태를 알고 싶어하는 여성은 보리 씨에 소변을 누었다. 보리 씨가 평소보다 더빨리 자라난다면, 그것은 임신했다는 것을 뜻한다. 당시에는 왜 그런지 아무도 몰랐지만, 아마 에스트로겐이 포유동물이나 곤충이나 씨 등 수많은 세포들의 성장을 자극하기 때문일 것이다. 뒤에서 상세히 다루겠지만, 에스트로겐은 강력한 생체 자극 물질, 생물의 바벨탑에서 나온 고대의 신호이다. 지금은 에스트로겐이 자궁 근육층 세포들의 분열과 확장을 자극한다는 정도만 말해두기로 하자.

이 방식에는 한 가지 문제가 있다. 호르몬은 근육 세포들을 전기적 활성 상태로 놓는다. 즉 그것들이 경련을 일으키도록 한다. 너무 많이 씰룩거리는 자궁은 태아를 밀어내는 자궁이다. 따라서 자궁 근육층은 팽창을 하는 한편으로 고요한 상태로 있어야 한다. 그 일을 하는 것이 이른바 임신 호르몬이라고 알려진 프로게스테론이다. 프로게스테론은 임신을 촉진한다는 뜻이다. 프로게스테론은 근육 세포의 수축을 억제한다. 태아가 자라는 열 달 내내 에스트로겐과 프로게스테론 사이에는 역동적인 타협이 계속 이루어진다. 사막에 국지적인 폭풍우가 오락가락하듯이 팽창하고 있는 자궁에 순간적으로 수축이 일어났다가 사라진다. 임신 말기로 갈수록, 이런 이른바 브락스톤 힉스 수축〔출산이 가까워올 때 일어나는 자궁의 불규칙적인 수축〕은 더 잦아진다. 어머니 여신이여, 얼마나 놀라운가! 당신의 배가 팽창하고 있으면 당신은 생각한다. 나는 폭발할 거야. 나는 초신성이야. 그런 다음 수축이 찾아오면 당신은 생각한다. 아니야, 나는 쭈그러들 거야. 나는 거대한 블랙홀이야.

자궁은 성장한다. 자궁은 줄어든다. 그것은 팽창하고 수축하고 씰룩거리고 장단을 맞추는, 크고 강력한 근육인 심장과 다르지 않다. 진동과 장중한 리듬은 생명의 원천이자 생명의 원리이다. 모든 세포는 맥박 메커니즘을 통해 작동한다. 먼 중성자별에서 오는 맥박 신호를 처음 발견했을 때, 전파천문학자들은 외계 문명에서 온 메시지를 받았다고 생각했다. 그런 리듬 신호를 보낼 수 있는 것이 생명체가 아니면 무엇이란 말인가? 생명체가 보낸다고 하기에는 신호가 너무 규칙적이고, 너무 기계적이라고 판단한 뒤에야, 과학자들은 그 맥박이 초밀도 중성자별의 핵이 회전하면서 내는 것이라고 파악했다. 우리의 몸이 본능적으로 음악에 반응을 한다면, 그것은 우리의 내장이 원래 타악기 연주자이며, 심장과 자궁은 우리의 몸 속에서 박자를 맞추는 데 가장 뛰어난 감각을 갖고 있기 때문이다.

심장과 자궁은 박자 외에 또 다른 특성을 지니며, 그것은 피와 관련이 있다. 모든 여성이 피를 흘리는 것은 아니지만, 거의 대부분의 여성은 피를 흘리거나, 과거에 피를 흘렸다. 제인 카든은 아이를 갖지 못하게 되었다는 것보다 생리를 할 수 없다는 것이 더 아쉽다고 말했다. 그것만으로도 그녀는 여성의 모험 중에 뭔가 특별한 것을 빠뜨렸다고 느꼈다. 그리고 사실 그랬다. 초경(初經)만큼 확실하게 아이와 어른을 구별짓는 명확한 통과 의례는 없다. 잊을 수 없는 강력한 기억을 말해보라고 하면, 사람들은 케네디가 총에 맞았을 때나 우주 왕복선 챌린저호가 폭발했을 때 자신이 정확히 어디에 있었다고 떠올린다. 하지만 여성이 정말로 기억하고 있는 것은 자신의 초경이다. 그것은 강렬한 감정의 불꽃으로 뇌를 지져 새긴 기억이다. 예외가 있긴 하지만, 소녀는 초경을 겪으면서 기뻐한다. 그녀는 자신이 대단한 일을 성취한 듯이, 의지를 가진 존재가 되었다는 듯이 느낀다. 에밀리 마틴은 각기 다른 사회 계층에 있는 수많은 여성들에게 생리를 어떻게 생각하는지 물어보았다. 모두 초경을 했을 때 기뻤다고 대답했다. 한 사람은 욕실에서 노래가 터져 나왔다고 회상했다. 또 한 사람은 학교 매점에 있는 친구들에게 달려가서 초경이 막 시작되었다고 말했더니, 친구들이 그녀에게 아이스크림을 사주면서 축하를 했다고 말했다. 너무 수줍어서 내놓고 알리지 못하는 사람들은 마음속으로 기뻐한다. 안네 프랑크는 일기장에 자기 평생에 처음 가졌던 것들과 함께 자신의 초경이 '달콤한 비밀'이라고 적었다. 생리통이 있다면, 그녀는 처음에 그것까지도 사랑할지 모른다. 그 통증은 그녀의 육체적 능력, 무엇보다도 그녀가 피처럼 선명하고 피처럼 중요해 보이는 운명을 향해 나아가도록 하는 근육의 수축이 일어난다는 증거이다.

초경의 승리감이 지난 뒤, 대부분은 곧 생리가 귀찮고 혼란스럽고 당혹스러운 것이라고 생각하기 시작한다. 우리는 당당해지려고 애쓰며, 현실주의자가 되라고 자신에게 잔소리를 하려 애쓰지만, 그래도 점원이 남성일 때에는 생리대 값을 지불하면서 거북하게 느낀다. 생리를 둘러싼 신화와 금기는 수없이 많고, 그중에는 당연히 우리에게 친숙한 의학계의 남성들인 히포크라테스, 아리스토텔레스, 갈렌(첫 글자를 따서 HAG라고 하는 것이 가장 기억하기 쉽다) 탓인 것들도 있다. 히포크라테스는 피에서의 발효 작용이 결국 생리로 이어진다고 주장했다. 여성들은 남성들과 달리 피의 불순물들을 땀을 통해 점잖게 기분 좋게 발산시킬 능력이 부족하기 때문이라는 것이다. 히포크라테스는 생리혈이 '불쾌한 냄새'를 갖고 있다고 보았다. 갈렌은 생리혈이 작고 열등한 몸을 가진 여성이 소화시킬 수 없는 음식들이 피 속에 남은 찌꺼기라고 믿었다. 아리스토텔레스는 생리가 태아에 들어가지 못하고 남은 피라고 가정했다.

생리혈이 유독하다는 개념은 동서와 남북을 막론하고 인간의 사유에 배어 있었다. 독성 증기를 발산한다는 이유로 생리 중인 여성들은 고기를 상하게 하고, 포도주를 시게 하고, 빵 반죽이 부풀지 못하게 하고, 거울을 흐리게 하고, 칼을 무디게 한다는 말을 들어왔다. 생리 중인 여성들은 여기가 아닌 오두막이나 집이나 다른 어딘가에 틀어박혀 있었다. 일부 인류학자들은 사냥 사회는 생리 중인 여성을 특히 엄격히 격리시켰다고 주장해왔다. 생리 냄새가 동물들의 주의를 끌지 않을까 저어했기 때문이다. 지금도 여성들은 생리 중일 때에는 회색곰이 사는 곳으로 야영을 가지 말라는 경고를 받는다. 후각이 예민한 곰이 냄새를 맡는다는 것이다. 그 경고가 가치가 있는지는 명확하지 않다. 노스캐롤라이나 주의 생물학자들은 최근 곰을 유혹하는 데 가장 좋은 방법이 무엇인지 알아보는 실험을 했다. 그들은 생리혈이 거의 아무런 소용이 없다는 것을 알았다. 곰과 비슷하든 아니든 간에, 여성이 생리 중일 때 냄새를 맡을 수 있다고 주장하는 남성들도 있지만, 그저 잘난 척하는 확신 차원이 아니라 관심을 끌 정도의 연구는 이루어진 적이 없으며, 나도 자칭 예민하다는 동료들과 함께 생활도 해보았지만, 그것이 사실이 아니라는 것은 분명했다. 여전히 생리에 의례적인 편견을 갖고 있는 남성들이 깨끗한 것과 더러운 것을 구분하는 후각 능력에 의지하지 않는다는 것은 분명하다. 한 예로 정통파 유대교 남성이 여성 의사의 진료를 받기 거부하는 것은 흔한 일이다. 그는 의사가 혹시 생리 중이어서 자신이 앓고 있는 질병보다 더 심각하게 오염되지 않을까 우려한다.

공정을 기하기 위해, 생리를 보는 관점이 꼭 부정적인 것만은 아니며, 생리혈에 치료 효과가 있는 강력한 성분이 들어 있다는 생각도 있어왔다. 모로코 사람들은 생리혈을 염증이나 상처가 난 데에 발랐으며, 서양에서는 생리혈을 통풍, 갑상선종, 기생충병 치료제라고 생각해왔으며, 불을 끄기 위해 맞불을 놓는다는 이론을 빌려 월경 불순에도 생리혈을 사용했다. 수백 년 동안 의학에서 널리 쓰인 구태의연한 방혈 행위는 생리를 흉내낸 것인지도 모른다. 비록 여성이 자연스럽게 피를 흘린다는 사실에도 불구하고 병에 걸릴 때마다 그들도 여분의 피를 더 빼야 했지만.

우리는 피에 굶주린 몽마(夢魔)라는 주제를 변형해놓은 이런 이야기들에 재미있어 하거나 화를 낼 수도 있겠지만, 그 수준보다 얼마나 더 나을까? 우리 현대 여성들도 생리혈을 더럽다고, 베인 팔에서 나오는 피보다 훨씬 더럽다고 생각한다. 입에 넣으라면 어느 쪽을 택하겠는가? 자칭 페미니스트라지 가장 해로운 영향을 끼치고 있는 가장 반페미니스트적인 카밀 패글리아는 《성적 페르소나》에서 생리가 HAG가 말한 것보다 그리 나을 것이 없다는 입장을 보였다.

생리혈은 초월적인 종교가 인간으로부터 씻어내야 하는 오물, 오점, 원죄의 반점이다. 이런 생각이 단지 공포에 질린 것, 단지 여성 혐오적인 것인가? 아니면 그것을 금기로 삼는 것을 정당화하는 뭔가 섬뜩한 것이 생리혈에 있을 가능성이 있는 것인가? 나는 생리혈 자체가 아니라 혈액 속의 알부민, 자궁 표피, 여성의 바다에 있는 태반 해파리들이 붉은 홍수가 계속 이어질지 모른다는 상상을 방해한다고 주장하고 싶다. 우리는 자신이 생물학적 기원 장소인 더러운 진흙에 진화적인 불쾌감을 갖고 있다. 매달 여성은 시간과 존재의 심연, 자신이라는 심연과 직면할 운명이다.

태반 해파리? 그런 생리 감옥은 잊어라. 수족관에 가둬두어야 할 사람은 바로 그녀이다.

또 우리는 생리와 두통, 눈물, 아픈 가슴, 여드름 같은 생리 전 증상을 부정적으로 보는 입장에 너무 몰두해왔다. 우리는 생리 전 증상을 정신의학의 분류 항목에서 별개의 증상으로, 공황 장애와 강박적 행동과 함께 놓았다. 우리는 여성들이 생리가 시작될 무렵에 다소 능력이 저하될지 모른다고 의심한다. 하지만 사실은 그 반대이다. 폴라 니콜슨이 지적한 대로 경험 사례들은 '생리 전 시기에는 활동이 고조되고 지적으로 명민해지며 안락과 행복과 성적 욕망을 느끼는 일이 많다'는 것을 암시한다. 그 점은 나도 보증할 수 있다. 대학 다닐 때 가장 아름다웠던 기억 중 하나는 생리가 올 때가 되었는데 아직 오지 않고 있던 어느 날의 일이다. 나는 거실에 앉아 공부를 하고 있었는데, 갑자기 이해할 수 없는 기쁨이 밀려드는 것을 느꼈다. 책에서 눈을 떼고 고개를 들어 허공을 보니 눈이 부셨다. 공기가 너무나 깨끗하고 너무나 투명해서 방 안에 있는 모든 것의 윤곽이 선명하게 드러나면서 두드러져 보였고, 마치 처음으로 공기를 볼 수 있게 된 것 같았다. 분자와 분자를 눈으로 구별할 수 있을 것 같았다. 정신은 집중되었고 불안은 사라졌다. 그 순간 나는 아직 발명되지 않은 완벽한 약을 먹은 듯이 느껴졌다. 그 약을 자유정이나 창조제라고 부르자.

내 열정은 금방 수그러들었고, 그 뒤의 생리 때에는 이런 감각을 다시 느낄 수 없었다. 당시는 1970년대였고, 페미니스트들은 여성의 관점이라는 신화를 창조하고 무엇보다도 생리에 좋은 이름을 붙여주기 위해 노력하고 있었다. 하지만 나는 그들의 노력에 조소를 보내지 않을 수 없었다. 나는 내 딸이 언젠가 내게 말할 것이라고 확신한다. 그들은 그래서 20세기의 사람이었다고 말이다. 여성학 수업 시간에 한 강사는 우리 학생들 모두가 다음 몇 달 동안 탐폰을 생리대로 바꾸어서 생리 과정, 이를테면 흘러내리는 것을 느껴보는 게 낫지 않겠냐고 제안했다. 쳇, 나는 생각했다. 여성들은 적어도 3천 년 동안 탐폰을 써왔다. 고대 이집트인들은 탐폰의 초기 형태처럼 보이는 것을 기록했고, 촉수가 달린 자궁 이야기를 했던 우리의 아버지 히포크라테스도 그랬다. 나는 그때나 그 뒤나 그 강사의 권고를 따르지 않았다. 나는 어머니가 생리대를 탐폰으로 바꿔도 좋다고 허락했을 때 기뻐했다. 아마 어머니는 탐폰이 어린 소녀와 처녀막에 더 안전하다는 것을 의사에게서 확인 받았을 것이다. 그리고 나는 다리 사이에 어색하게 면 축구공을 끼우는 방식으로 돌아가지 않았다.

그렇지만 나는 공통의 여성 위생 구성 개념, 즉 여성 중심적인 월경 신화, 남성의 오줌싸기 의식과 동등한 무언가가 있어야 한다고 믿는다. 남성들은 서서 소변을 누는 방식이 남성답고, 재미있고, 선동적일 가능성이 있다고, 즉 영화나 텔레비전에 나오지 않을 공중 화장실 장면이라고 생각하는 것이 분명하다. 에밀리 마틴은 생리가 여성 노동자들이 남성 관리자가 따라올 수 없는 곳으로 피하기 위한 변명거리를 제공하기 때문에 반역과 연대를 조장할 잠재력을 지닌다고 말해왔다.

20세기 초의 문헌들을 보면 두세 명의 여성이 화장실에서 '세상이 떠나갈 듯 야단법석을 떠는' 장면들이 심심치 않게 나타난다. 화장실에서 강탈당한 임금 때문에 울먹거리는 소녀와 의류 공장에서 노동조합을 조직하기 위한 힘겨운 투쟁을 벌이는 시기에 화장실로 전달된 전단을 읽고 있는 소녀들.

세상이 떠나갈 듯한 소란과 선동을 위한 방으로 다시 들어가보자.

생리를 둘러싼 민간 설화, 그 어리석은 이야기, 패글리아식의 잔소리를 타도하고 현실적인 신화를 발견해보자. 우리는 왜, 어떻게 피를 흘리는가? 우리는 왜 자궁 내막의 죽음과 재생이라는 윤회를 진화시켜왔는가? 놀랍게도 그 질문은 최근까지 제기된 적이 없었고, 아직 답을 찾는 일이 아주 활발히 벌어지고 있다. 기원을 탐사하다가, 새로운 피를 발견할지도 모른다.

생리는 처음으로 자궁을 체험하는 방식이며, 핵가족을 이루고 있는 서양 여성이라면, 평생 450~480번 자궁을 체험한다. 평균 생리 기간에 우리는 큰 수저로 여섯 숟갈 분량, 즉 90밀리리터의 물질을 흘려 보내며, 그중 절반은 피이고 나머지 절반은 떨어져 나간 자궁 내막과 질과 자궁 경부에서 분비된 물질이다. 대부분의 여성들은 생리가 중력의 도움으로 자연스럽게 이루어지는 수동적인 과정이라고 생각한다. 자궁의 내벽은 부풀어올라 아기가 될 신성한 배반포(胚盤胞) 상태의 배아를 기다린다. 배아가 나타나지 않으면, 내벽은 붕괴하고 곰팡이가 슨 벽지처럼 떨어져 내린다. 우리는 난자의 성숙에 발맞춰 조직과 양분이 공급되어 자궁 내막이 부풀어오르는 동화 작용의 시기, 월경 주기의 전 단계가 적극적인 과정이라고 생각한다. 동화 작용을 유지시킬 일이 일어나지 않으면, 즉 임신과 착상이 일어나지 않고 자궁 내벽이 아기에게 양분을 공급할 일이 없다면, 그 활동은 멈추고 플러그는 뽑히고, 붉은 목욕물이 흐른다.

실제로는 이런 식으로 일어나지 않는다. 현대 생물학이 우리에게 가르치는 교훈을 상기하라. 죽음이 삶과 마찬가지로 적극적인 과정이라는 것을 말이다. 난자는 세포 자살 과정을 통해 죽는다. 즉 그들은 자살한다. 마찬가지로 생리도 역동적이고 유도된 과정이다. 워싱턴 대학의 진화생물학자인 마지 프로페트는 생리가 적응의 산물이라고 말해왔다. 그것은 설계의 산물이며, 여기에서 설계자는 신들 중에 가장 위대하면서 가장 겸손한, 자연 선택을 통한 진화이다.

생리를 이루는 메커니즘들은 정확성, 경제성, 효율성, 복잡성 측면에서 적응적 설계를 드러내는 듯하다. 생리가 단지 호르몬 순환에 따른 기능 없는 부산물이라면, 특별히 그것을 일으키도록 설계된 메커니즘은 전혀 없을 것이다.

관계가 있는 첫 번째 메커니즘은 특수한 유형의 동맥이다. 매달 생기는 자궁 내막의 안쪽 두 층으로 타래송곳처럼 생긴 세 개의 나선 동맥이 들어간다. 임신 기간에 나선 동맥들은 태반에 피를 공급하는 중요한 역할을 한다. 하지만 그들의 목적은 태아에 양분을 공급하는 차원을 넘어선다. 생리가 시작되기 며칠 전에 나선 동맥들은 잡아당겨진 채 비틀려 있는 슬링키〔계단 위에 놓으면 층층이 쌓이며 내려오는 용수철 장난감〕처럼 끝이 길게 자라면서 더 단단히 꼬인다. 자궁 내막으로의 혈액 순환은 점점 느려지면서 폭풍 전야가 된다. 하혈이 시작되기 24시간 전, 나선 동맥들은 급격히 조여진다. 수도꼭지가 잠기고 혈액 흐름이 멈춘다. 그것은 자궁의 심장 마비이다. 피, 따라서 산소를 공급받지 못한 자궁 내막 조직은 죽는다. 그런 다음 조여져 닫혔던 것처럼 갑자기, 동맥들이 일시적으로 다시 열리면서 피가 왈칵 쏟아져 들어간다. 피는 죽은 자궁 내막 밑의 주머니들에 들어차서 내벽을 부풀어 터뜨리게 만들고 생리가 시작된다. 장례식이 끝나면, 나선 동맥들은 한 번 더 수축한다(섬유종은 기생성 혈관이 나선 동맥들의 수축-확장-수축 패턴을 따르지 않기 때문에, 생리 의례를 교란한다).

생리의 두드러진 두 번째 특징은 피의 질이다. 대부분의 피는 응고될 준비가 되어 있다. 당신이 혈우병 환자가 아니라면, 뭔가에 베일 때 피는 잠깐 흘러나왔다가 굳는다. 그것은 혈소판과 피브린이라는 끈적거리는 혈액 단백질 덕분이다. 하지만 생리혈은 응고되지 않는다. 때때로 들러붙는 것도 같고, 섞여 있는 죽은 조직이 응고(우리의 끈적끈적한 메두사들!)될 수도 있지만, 생리혈 자체에는 혈소판이 거의 들어 있지 않으며 상처에서 나오는 피처럼 성분들이 그물처럼 엮이면서 응고되는 일은 없다. 생리혈이 계속 흐르지 않는 유일한 이유는 나선 동맥들이 자궁 내막의 죽음이 있기 전에 수축되기 때문이다.

타래송곳 같은 동맥과 포도주 같은 피. 분명히 우리는 생리를 하게 되어 있다. 하지만 그것이 전부는 아니다. 진화 사상가 에른스트 마이어가 지적했듯이, 생물학의 모든 문제는 두 부분으로 되어 있다. 어떻게와 왜, 근접 설명과 궁극적 설명으로 말이다. 생리에도 궁극적 이유, 이 정확하고 복잡한 체계가 맨 처음 진화한 이유가 있을 것이 틀림없다. 여기에서 우리는 역사의 한계와 부딪힌다. 최근까지 과학자들은 거의 대부분 남성이었다. 남성들은 생리를 하지 않으므로 이 여성만이 보이는 현상의 궁극적 원인을 그다지 깊이 파고들지 않았다. 생리의 생리학, 그것의 '어떻게'는 부인과 의사들이 충분히 관심을 가질 만한 것이어서 어느 정도 상세히 탐구가 되었다. 하지만 1990년대 초까지 생리의 '왜'를 진지하게 고찰한 사람은 아무도 없었고, 그때쯤 마지 프로페트가 《계간 생물학 리뷰》에 내놓은 이론은 너무 도발적이어서 무시되었다.

프로페트는 30대 후반의 호리호리하고 아름다운 여성이며 외유내강

형이다. 그녀는 긴 금발에 푸른 눈을 갖고 있고, 다정한 노래를 부르는 듯한 목소리를 갖고 있으며, 커다란 장식용 지퍼가 달린 검은 가죽 스커트와 잘 어울리는 짧은 재킷을 멋지게 차려 입고 있다. 프로페트는 로이 블라운트 주니어가 '빌어먹을 천재상'이라고 말했던 맥아서 기금까지 받았지만, 굳이 박사 학위를 따려고 애쓴 적이 없다. 공식 인증을 받으면 전문가에 부합되는 길을 가고 싶은 유혹을 느낄 것 같아서이다. 그녀는 정치적으로는 자유주의 페미니스트쯤 된다. 유명한 《벨 곡선》의 찰스 머레이를 괜찮은 부류라고 생각하고, 식품의약청이 미국의 자유에 위협이 된다고 생각하는 그런 사람 말이다. 지적으로 볼 때, 프로페트는 너무나 명백해서 이전에 아무도 묻지 않았던 성가신 문제들을 질문함으로써 또 다른 방식으로 말하는, 과격파이자 말썽을 일으키는 사람이다.

뛰어난 진화 사상가들이 그렇듯이, 프로페트는 자신이 제기한 생리 문제를 비용 편익 분석이라는 경제적 틀 속에 짜 넣었다. 그녀는 생리가 유달리 낭비적이라고 생각했다. 매달 자궁 내막 조직을 벗어내고 재충전하는 일에는 많은 열량이 들어가며, 자신의 짧은 생애 대부분을 영양 실조에 가까운 상태에서 보냈을 우리의 홍적세 조상들에게는 모든 열량이 중요했다. 더구나 당신이 피를 잃을 때, 당신은 필수 미량 영양 염류이자 우리 선조들이 구하기 힘든 성분이었던 철을 잃는 것이다. 마지막으로 생리 주기는 여성들의 번식을 비효율적으로 만든다. 자궁 내벽을 만들고 찢어내는 일은 모두 여성이 임신할 수 있는 시간을 줄인다. 진화가 그토록 번식에 몰두한다면, 번식을 방해하는 일에 왜 이렇게 많은 노력을 기울이는 것일까?

값비싼 특징은 그만큼 특별한 정당화를 요구하며, 프로페트는 내놓을 후보 이론이 있었다. 그녀는 생리가 몸의 면역계를 확장시킨 방어 메커니즘이라고 주장했다. 우리는 정자의 뒤를 따라 안으로 침입했을지 모를 위험한 병원체들을 자궁에서 제거하기 위해 피를 흘린다는 것이다. 생각해보라. 자궁은 점령당하기를 기다리고 있는 호화로운 도시이며, 정자는 이상적인 트로이 목마이다. 세균, 바이러스, 기생 생물 모두 기회주의적인 유전자 기수를 조종함으로써 자궁으로 가는 통로를 찾아낼 수 있고, 그래서 정자를 전자 현미경으로 보면 중앙의 올챙이 세포를 미생물 교살자들이 잔뜩 둘러싸고 있는 만화 같은 떼거리 모습이 나타나기도 한다. 그것들이 자궁에 무한정 남아 있도록 한다면, 그 병원체들은 날뛰면서 우리를 쇠약하게 하고 상처를 입히고 죽일지도 모른다. 프로페트는 자궁 내막이 죽음으로써 우리가 사는 것인지 모른다고 주장했다.

또 프로페트는 생리가 자궁으로부터 병원체를 몰아내는 역할을 하는 유일한 하혈이 아니라고 강조했다. 여성은 배란 때도 피를 흘리며, 잉태 때도 흘리고, 출산 뒤에 대량의 피를 흘린다. 변기 위에서 흘리는 피는 체내 수정의 위험에 대한 자궁의 해결책으로 여겨야 한다는 것이다.

생리를 방어 기제로 보는 새로운 이론은 그 과정의 몇 가지 혼란스러운 특징들에 분간할 수 있는 빛을 던져주었다. 가령 자궁 내막이 떨어질 때 왜 피가 강물처럼 흐를까? 몸은 피를 흘리지 않고서도 죽은 조직을 떨어낼 수 있다. 우리는 정기적으로 위벽을 교체하며, 그것은 출혈과 전혀 무관하다. 프로페트는 T세포, B세포, 대식세포 같은 면역 세포들이 피 속에 들어 있으며, 그 세포들이 어떤 지독한 병원체가 자궁에 침투하려 애쓰든 몰아내기 때문에 우리가 피를 흘린다고 주장했다. 논리적으로 더 경제적인 체계, 내벽을 떨어내지 않고 몸 속으로 재흡수하는 식으로 하지 않는 이유는 무엇일까? 병에 걸린 조직을 재활용할 때의 위험을 피하기 위해서이다. 그리고 다른 포유동물 암컷들도 마찬가지로 정자를 받을 때 예기치 않은 위험을 무릅쓰는데, 왜 우리가 그들보다 더 심하게 피를 흘리는 것일까? 우리는 호색적인 종이기 때문에 그만큼 많은 피를 흘리는 것이다. 우리는 발정기라는 한정된 기간에만 성교를 하는 종이 아니며, 우리는 결속하고 교환하고 달래고 관심을 딴 데로 돌리는 등 번식이 아닌 다양한 이유로 성을 활용한다. 따라서 우리는 자신을 정화하기 위해 심하게 피를 흘려야 한다. 그것을 원죄의 대식세포라고 부르라. 인간의 생리 기간이 비교적 두드러지긴 하지만, 프로페트는 전부는 아니라도 대다수 포유동물이 어떤 식으로든 자궁을 보호하기 위해 피를 흘릴 것이며, 과학자들이 찾기 시작하기만 하면 동물계에서 생리가 일어나는 사례를 지금보다 더 많이 발견할 것이라고 예측하기도 했다. 피를 흘린다고 알려진 종은 대부분 우리의 영장류 자매들이지만, 박쥐, 소, 뾰족뒤쥐, 고슴도치도 때때로 질에서 피를 흘리는 것이 관찰되었다.

프로페트가 급진적인 제안을 내놓자 즉시 반응이 있었고, 전문가들은 압도적이라 할 만큼 부정적인 반응을 보였다. 기발하군! 부인과 의사들은 투덜거렸다. 그들은 보호 메커니즘과 정반대로 매달 생리가 있을 때 여성들이 임질이나 클라미디아 같은 세균에 감염될 위험이 가장 높다고 주장했다. 자궁 경부의 점막층이 얇아질 때 질에 있는 미생물들이 자궁에 접근하기가 수월해진다는 것이다. 그리고 정자가 트로이 목마라는 점을 잊지 말라. 생리혈 자체도 자주 역류함으로써, 생식관 상부에 있는 병원체들을 자궁이나 난관 같은 섬세한 조직으로 감염시키는 효율적인 수단이 되기도 한다. 비판가들은 생리를 자궁 방어 수단으로 사용하는 것은 우량 양 떼를 지키기 위해 늑대를 고용하는 것과 같다고 주장했다.

정기적인 생리가 현대적인 발명품이라고 지적한 사람들도 있었다.

홍적세에 살던 우리 조상들은 생리를 통해 영양분이나 철을 잃지 않을까 걱정할 필요가 없었다. 그들은 아이를 배고 있거나 아이에게 젖을 물리고 있느라 바빠서 생리를 할 시간이 없었다는 것이다. 지금도 일부 저개발 국가에 사는 여성들은 생리 한 번 없이 몇 년을 보내기도 한다. 한 인류학자는 인도에서 35세의 여성과 면담한 적이 있었는데, 그 여성은 한 번도 생리를 해본 적이 없으며, 그것이 무슨 말인지조차 몰랐다고 했다. 그 여성은 열한 살에 혼례식을 올렸고 초경이 되기 전에 임신을 했으며, 그 뒤로 계속 아이를 배거나 젖을 주느라 생리 없는 상태로 지냈다.

프로페트의 비판가들을 정말 성가시게 한 것은 지적으로 허를 찔렸다는 점이었다. 그들은 생리를 설명해줄 반대 가설을 전혀 갖고 있지 않았다. 먼저 조소와 부정을 남발한 뒤에야 일부 과학자들이 예의를 갖춰 그 주장을 검증하는 일에 나섰고 프로페트의 이론이 그 시험을 통과하지 못한다는 대안을 내놓았다.

미시건 대학의 비벌리 스트래스먼은 불 같은 열정을 갖고 프로페트의 이론이 발표된 잡지에 긴 해석을 실었다. 스트래스먼은 프로페트의 가설이 몇 가지 예측을 낳는다고 말했다. 첫째, 자궁에는 생리 이후보다 이전에 병원체가 득실거려야 한다. 둘째, 생리 시기가 여성이 병원체에 감염될 위험이 가장 큰 시기와 어떤 관련이 있어야 한다. 셋째, 종간 비교를 했을 때 생리가 심한 영장류가 상대적으로 방탕해야 한다. 즉 성적으로 활발한 종일수록 피를 더 많이 흘려야 한다.

스트래스먼은 이런 예측들 중 증거를 통해 뒷받침되고 있는 것은 전혀 없다고 결론을 내렸다. 생리 주기 전체에 걸쳐 여성들의 자궁에서 얻은 표본들을 검사한 여러 연구들은 주기의 각 단계에서 자궁의 세균에 별다른 차이가 없음을 보여주었다. 차이를 찾으라면, 미생물의 농도가 생리 직전에 가장 높은 것이 아니라 오히려 가장 낮았다. 사실 피는 단백질과 당뿐 아니라 철분도 제공하기 때문에 다양한 미생물이 살기에 아주 좋은 매체이며, 우리는 시금치에 들어 있는 철분이 뽀빠이에게 어떤 작용을 하는지 잘 알고 있다. 연구자들은 황색포도상균 배지(培地)에 철분을 첨가하면 증식이 촉진된다는 것을 보여주었다. 탐폰을 너무 오래 끼고 있으면 그곳이 독성 쇼크 증후군을 일으키는 이 균의 온상이 되기 쉬운 이유도 그 때문일 것이다.

또 스트래스먼은 생리와 다른 형태의 자궁 출혈 시기가 여성이 논리적으로 세척을 할 필요가 있는 시기와 일치하는지 고찰했다. 가령 임신 기간이나 수유 기간처럼 피를 흘리지 않을 때에는 보호할 필요가 없는 것인지 말이다. 우리 조상들이 적어도 긴 임신 기간과 산후 기간에 섹스를 삼갔다는 것일까? 인류 형성 시기의 모습을 보여준다고 여겨지는 현대의 수렵·채집 부족들에서 얻은 증거들은 그런 절제 노력이 거의 없다는 것을 보여준다. 한 예로 말리의 도곤족은 임신 중반까지 계속 섹스를 하며, 출산 한 달 뒤부터 다시 사랑의 행위를 한다. 하지만 그 여성들의 생리가 재개되는 것은 평균 산후 20개월 뒤이다. 그리고 모든 사회에서 여성들은 폐경기가 지난 뒤에도 섹스를 하지만, 폐경기 이후에 감염 위험이 증가한다는 증거는 전혀 없다.

그뿐 아니라 스트래스먼이 다른 영장류들을 계통학적으로 분석한 결과도 항병원체 가설을 지지하지 않았다. 그녀는 종의 생리가 심한 정도와 방탕한 정도는 전혀 관계가 없다는 사실을 알았다. 한 예로 일부 비비 종들은 매우 음탕하지만 자궁에서 피를 거의 또는 전혀 흘리지 않는다. 또 한 수컷과만 짝짓기를 하는 성적으로 절제된 생활을 하면서도 피를 많이 흘리는 비비 종도 있다. 고릴라 암컷은 일부일처제이며 드러나지 않게 생리를 한다. 반면에 긴팔원숭이 암컷은 일부일처제이면서 눈에 띄게 피를 흘린다.

미생물을 방어하기 위함이 아니라면, 도대체 우리는 왜 피를 흘리는 것일까? 왜 그렇게 사치스런, 낭비하는 생리 체계를 갖고 있는 것일까? 여기에서 스트래스먼은 프로페트의 핵심 가정, 즉 생리가 너무 비용이 많이 들기 때문에 진화적으로 정당화할 필요가 있다는 가정을 공격한다. 스트래스먼은 생리가 값비싼 것이 아니라 오히려 횡재라고 주장한다. 열량 대 열량으로 비교할 때, 번식의 시바적인 방식, 즉 자궁 내벽의 끊임없는 죽음과 재생이 자궁을 계속 번식 가능한 상태로 유지하는 것보다 비용이 적게 든다는 것이다. 배란 직후에 자궁 내막이 가장 부풀어올랐을 때, 즉 배아를 받을 준비가 되었을 때를 생각해보자. 그것은 두툼하고 윤택하며 활발하게 대사 활동을 하고 있다. 그것은 호르몬과 단백질과 지방과 당과 핵산을 분비한다. 이 토실토실한 자궁 내막은 여성에게 알의 난황에 해당하며, 에너지가 풍부하다. 스트래스먼은 자궁 내벽이 가장 성숙할 때가 생리 뒤에 가장 얇을 때보다 일곱 배나 더 많은 산소를 사용한다고 계산했다. 더 많은 산소를 필요로 한다는 것은 더 많은 열량을 필요로 한다는 뜻이다. 더구나 자궁 내막은 뇌에서 내장에 이르기까지 몸 전체를 자극하는 호르몬을 분비함으로써, 몸 전체의 활동을 촉진한다. 대사 활동이 활발하면 마찬가지로 더 많은 열량을 소모한다. 따라서 그런 사치스런 생산성을 한 달 중 임신 가능성이 높은 시기, 즉 배란 시기에 한정하는 것은 납득이 간다. 배아가 도착하지 않으면, 내벽과 분비 세포들을 유지하는 일 자체가 부담이 된다. 그러니 전체를 제거하라. 그것을 죽여라. 다음 달에 다시 시작할 수 있으니까. 스트래스먼은 생리 주기를 네 번 거치면 여성은 자궁 내막을 계속 활동적인 상태로 유지할 때 들어가는 에너지보다 6일분을 절약할 수 있다고 추정했다. 도마뱀도 번식기가 끝나면 난관이 오그라든다.

따라서 자궁은 떡갈나무나 단풍나무 같은 낙엽수와 같고, 자궁 내막은 잎과 같다. 날씨가 따뜻하고 태양이 노래를 부르면, 나무는 깨어나 잎을 피운다. 나무가 가지를 뻗는 양상, 즉 줄기에서 가지가 나오고 가지에서 잔가지가 나오는 양상은 피가 아니라 물을 운반한다는 점을 제외하고 몸의 혈관이 뻗어 나가는 양상과 비슷하다. 그 양상의 유사성은 우연의 일치가 아니다. 신성한 물, 신성한 피는 하나이자 동일하며, 가지치기는 심장과 줄기 같은 중심에서부터 액체를 가장 말단까지 뿜어 올리는, 수력학적으로 가장 효과적인 방법이다. 이렇게 양분을 받은 잎들은 싹을 틔우고 펼쳐지고 두꺼워지고 짙어진다. 잎은 햇빛을 쓸 수 있는 에너지로 바꾸는 광합성 공장이다. 나무는 그 에너지를 이용해 씨와 열매, 즉 태아 상태의 나무인 도토리를 만든다. 잎을 유지하려면 비용이 많이 든다. 나무는 토양에서 얻은 양분들, 물과 질소와 칼륨을 잎으로 운반해야 한다. 하지만 잎은 햇빛을 황금으로 바꿈으로써 나무에 보답을 한다. 마찬가지로 자궁 내막도 값비싼 대사 활동을 하지만 생산 능력이 있다. 그것은 배아를 부양할 능력을 갖고 있다. 또 양쪽 다 특정 시기에만 투자하는 편이 낫다. 나무가 잎을 틔울 시기는 햇빛이 풍부하고 물이 얼지 않은 상태에 있고 토양이 양분을 채굴할 수 있을 만큼 부드러운 봄과 여름이다. 그때, 오직 그때만 잎은 자신의 부채를 이자까지 쳐서 갚을 수 있다. 자궁에게 그 시기는 뭔가 가치 있는 것, 짝을 만난 성숙한 난자를 부양할 수 있는 시기에 해당한다. 흥미롭게도 자궁 내벽이 생리 주기의 끝에 죽는 것처럼, 잎도 가을에 죽는다. 잔가지의 끝에 있는 소체들이 수축하여 물 공급을 차단하면, 잎은 죽는다.

그러나 주기적인 자궁 내막 죽음의 비용 효과 분석은 생리혈이 왜 필요한지 설명하지 못한다. 붉은색을 보지 않고서는 절약할 수 없을까? 스트래스먼의 관점에서 피는 논외이다. 그것은 혈관이 가득 분포한 조직을 잃을 때의 부산물이다. 당신이 그 조직을 잃는다면, 약간의 피를 흘려야 한다. 자궁 내막을 파괴하여 피를 흘리게 만드는 그 대단한 나선 동맥들은 생리가 적응의 산물이라는 증거라며 프로페트가 생각했던 것이 아니던가? 스트래스먼은 그 동맥들이 태반을 위해 거기에 있는 것이라고 말한다. 그것이 그들이 거기에 있는 이유이다. 생리를 위해 있는 것이 아니다. 태반은 눈부신 존재이지만, 그것은 흡혈귀 같다. 그것은 피를 원하며 나선 동맥들은 피를 제공한다. 매달 나선 동맥들은 감고 있던 손가락들을 자궁 내막을 향해 편다. 태반이 형성되면 그들은 피를 공급할 것이다. 자궁 내막은 죽을 때 뻗어 있는 혈관들, 즉 나선 동맥들의 끝, 피묻은 손가락들을 갖고 간다. 포유동물 중에는 자궁의 혈관 장식이 덜 화려한 종들이 많으며, 그런 포유동물은 생리혈을 거의, 또는 전혀 흘리지 않는다. 나선 동맥들을 가진 종들, 인간과 일부 영장류들은 가장 피를 흘리는 종이기도 하다. 그것은 구조적인 문제이다. 스트래스먼은 방어보다는 배관의 문제라고 말한다. 우리는 그 조직과 피를 흡수해 재활용할 수도 있었다. 그 편이 인색한 자연이 고개를 끄덕일 더 경제적인 방법이라는 것은 분명하다. 그리고 우리는 어느 정도까지는 재흡수를 한다. 하지만 인간의 자궁은 인간의 몸에 비해 상당히 크다. 우리는 그저 전부를 회수하지 못하는 것뿐이다. 뿐만 아니라 체구에 비해 커다란 자궁을 가진 다른 영장류들도 마찬가지이며, 그들은 피로 맺은 우리의 자매들이다.

그렇다면 여성성의 이 특수하면서도 평범한 측면인 월경, 우리 인생에서 생리를 하는 기간에 쏟아내는 총 40리터의 피와 액체에 우리는 어떤 결론을 내릴 수 있을까? 우리가 왜 피를 흘리는지 누구의 이론을 믿어야 할까? 프로페트, 스트래스먼, 부인과 의사들? 아니면 당신 자신의 이론? 사실 선택할 필요가 없을지도 모른다. 내가 생물학을 지켜보면서 배운 한 가지 교훈이 있다면, 그것은 살아 있는 생물은 결코 어떤 한 가지로 규정되는 것이 아니라는 점이다. 무엇보다도 자연의 경제는 있는 것을 최대한 활용하는 것이다. 즉 그것은 우리가 한 기관이나 체계를 다용도에 적응시키는 것, 다용도 적응pleoptation이라는 과정이다. 한 예로 몸에서 가장 큰 분비샘인 간은 글루코스, 단백질, 지방 등 몸이 필요로 하는 화합물들을 처리하고, 적혈구의 핵심인 헤모글로빈을 생성하고, 우리가 포도주를 마실 때나 채소 같은 섬유성 천연 독소 덩어리를 먹을 때 유독 물질을 해독하는 등 5백 가지가 넘는 일을 한다. 간이 정말로 어떤 한 가지 일을 하며 다른 일들은 부수적인 것일 뿐이라고 말할 수 있을까? 그렇지 않다. 간은 수억 년 전에 무척추동물에서 원시적인 형태로 처음 출현했다. 원시적인 간이 어떤 문제를 해결하기 위해 생겨났든 간에 그것은 수많은 필수적인 역할들을 떠맡아왔으며, 그런 다양한 용도를 위해 선택되어온 것이다. 같은 맥락에서 우리는 체온이 너무 높아지지 않도록 땀을 흘리지만, 불안할 때나 매운 음식을 먹을 때 스트레스 호르몬이나 카레 같은 독성 화학 물질들을 몸 밖으로 배출하기 위해서도 땀을 흘린다. 그리고 젖가슴이라고 알려진 변형된 한 쌍의 땀샘은 신생아에게 특히 중요한, 특수한 형태의 땀을 분비한다.

그렇다면 생리도 다용도 적응일지 모른다. 그것은 에너지 효율적이며 보호적이다. 우리는 원하는 대로 이런 특성들을 활용할 수 있으므로, 그것들을 찬양해보기로 하자. 하나는 더 큰 목적을 위한 것이고, 다른 하나는 우리 자신을 위한 것이다. 하혈과 그것이 혈관이 다량 분포한 우리 자궁의 부산물이라는 이론을 생각해보자. 왜 그 많은 혈관들, 그 동맥 슬링키들을 지닌 것일까? 나선 동맥들은 커다란 드라큘라 같은 태반을 지탱한다. 태반은 태아 뇌의 성장을 뒷받침할 수 있을 정도로 크고 영양분을 충분히 공급받아야 한다. 뇌 조직은 만족할 줄 모른다.

무게 대 무게로 비교할 때, 뇌는 몸의 다른 조직보다 유지하는 데 열 배나 더 많은 비용이 든다. 임신 말기 석 달 동안에 태아의 뇌는 폭발적으로 성장하면서 탯줄을 통해 아기에게 들어가는 총 에너지 중 거의 4분의 3을 사용한다. 탯줄이 긴 소시지처럼 그렇게 굵은 것도 놀랄 일은 아니며, 출산 뒤에 살집 좋은 태반을 배출하는 것이 출산의 세 번째 단계(첫 단계는 자궁 경부의 확장, 두 번째 단계는 태아의 분만)로 분류될 만큼 하나의 일로 여겨지는 것도 놀랄 일은 아니다. 아기의 뇌는 먹어야 하며, 그것은 피를 먹는다.

따라서 우리가 왜 피를 흘리는가라는 질문에 대한 한 가지 대답은 우리 인간이 그렇게 피를 요구할 정도로 영리하기 때문이라는 것이다.

하지만 이 말은 순교자의 비애감을 너무 심하게 풍긴다. 우리는 아들들이 생각하도록 피를 흘린다는 것이다. 딸들도 마찬가지이다. 하지만 적어도 딸들은 곧 자신들의 낙엽으로 종에게 보상을 할 것이다. 카밀 패글리아는 생리를 통해 '여성들이 인간의 불완전성이라는 짐, 인간이 자연에 토대를 두고 있다는 것을 상징적으로' 보여준다고 주장한다. 우리는 다른 말을 하고 있다. 여성은 인간의 뇌라는 짐, 적어도 자유 의지와 초월과 자연이라는 맷돌로부터의 탈출이라는 환상을 품게 해주는 기관을 짊어지고 있다고. 그렇지만 그렇게 오로지 인간의 의식을 배양하는 짐을 지고 있다면 얼마나 지루할 것인가.

생리의 항병원체 측면, 하혈의 정화하고 물리치는 능력, 전사로서의 자궁을 이야기해보자. 이것은 생리를 이기적이고 활동적이며 성적인 것으로 설명하는 것이자, 우리가 번식 필요성을 훨씬 넘어선 수준으로 성적 활동을 하는 육체적 존재임을 자인하는 것이다. 방어적인 하혈이라는 측면에서 보면, 우리는 우리의 자손이나 짝이나 그 넌더리나는 인류 전체를 돕고 있는 것이 아니다. 우리는 자신을 돕고 있는 것이다.

이제 다른 사람들도 도와보자. 당신의 딸이나 질녀나 어린 여동생이 당신에게 달려와 '나왔어!' 하고 환호성을 지를 때, 그녀를 데리고 나가 아이스크림이나 초콜릿 케이크를 사주면서, 우유 컵을 들어 피와 함께 새로운 인생이 시작된 것을 축하하라.

6

집단 히스테리
자궁 상실

생리의 궁극적 목적이 여전히 불명확하다면, 수수께끼는 풀어줄 사람을 원할 것이다. 히포크라테스가 자궁에 흡반과 뿔을 입힌 지 2천 년이 지났지만 자궁은 아직 정체를 드러내지 않고 있다. 은유적으로 말해서 그것은 방황을 계속하고 있으며, 우리는 계속 그것을 추적해야 한다. 연구자들이 자궁 내막의 생산 능력을 알게 된 것은 겨우 몇 년 전이었다. 거꾸로 서 있는 작은 서양배 같은 그 근육질 자궁은 감탄이 나올 만큼 부지런한 제약 연구소이며, 또 하나의 의학 패러다임이 새빨간 거짓말임을 보여주었다. 오랫동안 자궁은 생화학 정보의 단순한 수용체, 몸의 다른 부위에서 만들어지는 내분비 활동의 표적으로 여겨졌다. 그것은 스스로 필수 화학 물질이나 신호 전달 분자를 만들어내지 않는다고 여겨졌다. 난소는 자궁 내막에게 두꺼워지라고 말했고, 놀랍게도 그것은 두꺼워졌다. 수정란은 자궁에게 피를 좀 내놓으라고 말했고, 그것은 수혈자가 되었다.

자궁이 구독자뿐 아니라 제작자의 모습을 갖게 된 것은 더 최근의 일이다. 그렇다, 자궁은 난소와 다른 기관이 보낸 스테로이드 호르몬에 반응하는 한편, 호르몬을 합성해 그것들을 몸이라는 세계 시장에 내놓는다. 자궁은 단백질, 당, 지방 등 스트래스먼의 월경 대사 비용 분석에 포함된 모든 것들을 만들어낸다. 자궁은 몸에 일련의 영향을 미치는 화학 물질인 프로스타글란딘을 만든다. 가장 주목할 만한 것은 프로스타글란딘이 몸의 민무늬근 조직의 수축을 자극한다는 점이다. 민무늬근은 줄이 나 있지 않은 근육을 말한다. 팔, 다리, 얼굴, 질 같은 곳의 뼈에 붙은 근육들은 거친 섬유 다발로 되어 있는 가로무늬근이다. 가로무늬근은 원하는 대로 구부릴 수 있다. 당신의 내장을 둘러싸고 있는 근육들은 민무늬근이다. 그 근육들은 눈과 현미경으로 보면 매끄럽고, 당신의 통제를 받지 않은 채 매끄럽게 움직인다는 의미에서 '매끄러운 작동자'이다(심장 근육은 이 이분법의 예외이다. 심장은 가로무늬근이면서 당신이 뛰어라 멈춰라 말하든 상관없이 행복하게 뛰고 있다). 당신 자궁의 근육은 민무늬근의 정수이다. 당신이 초의식 상태에서 의지대로 몸을 움직일 수 있는 요가 수행자가 아니라면, 당신은 자궁에게 이래라저래라 명령할 수 없다. 하지만 프로스타글란딘은 그렇게 할 수 있다. 그리고 자궁의 프로스타글란딘 생산은 어느 정도 자치적이다. 즉 그것은 자신에게 작용해 그 모태 기관을 수축시킨다. 자궁은 프로스타글란딘이 생리 동안에 떨어져 나온 것들을 배출하는 일을 돕도록 하며, 그 수축은 우리의 오랜 동료인 생리 경련을 일으킨다. 프로스타글란딘은 출산 때 자궁 경부를 확장시키고 아이를 밀어내는 일도 돕는다. 하지만 자궁의 프로스타글란딘이 그렇게 국지적인 곳에만 작용하는 것은 아니며, 다른 민무늬근에도 똑같이 작용할 것이다. 그것은 혈관 벽에 작용해 혈관의 상태를 개선하며, 고혈압이나 심장병을 일으킬 수 있는 혈관 경색을 억제하는 듯하다.

자궁의 창고에는 또 다른 것도 있다. 자궁은 다른 상황에서는 불법적일 약물들을 제조한다. 자궁은 베타엔도르핀과 디노르핀을 합성하고 분비한다. 이 두 물질은 몸에서 자연적으로 만들어지는 아편이며, 모르핀이나 헤로인과는 화학적으로 사촌이다. 자궁은 마리화나의 작용 성분과 거의 똑같은 분자인 아난다미드를 만든다. 최근까지 이런 화합물들은 뇌와 척수라는 중추 신경계에서만 발견된다고 여겨졌다. 우리는 식물에서 추출한 아편과 마리화나가 뇌에 미치는 영향을 연구함으로써 천연 아편과 마리화나가 어떤 작용을 하는지 알아냈다. 뇌는 고통을 달래거나 쾌락을 자극하기 위해서 종종 이런 물질들이 필요하기 때문에, 자체적으로 이 화합물들을 만들어내는 것으로 여겨졌다. 현재 뇌는 진정제 측면에서 평범하다고 여겨진다. 자궁은 최소한 신경 조직만큼 많은 아편 물질을 만들어내며, 몸의 다른 어떤 기관보다도 마리화나 성분을 열 배나 더 만들어낸다. 이론을 세우기는 쉽지만, 우리는 아직 왜 그런지 모른다. 임신한 여성을 보면 천연 진통제가 어떤 용도로 그렇게 지속적으로 흐르는지 명확하게 알 수 있을 것이다. 자궁이 그 정도로 놀라운 일을 하려면, 적어도 성장할 때 편안하게 해주는 일 정도는 할 수 있어야 한다. 자궁은 팽창할 때 너무 아프지 않도록 아편과 마리화나 성분을 만드는 것인지도 모른다. 아니 자궁 약물들은 태아를 위한 것인지도 모른다. 어떻든 간에 태아는 그 안에서 단단히 조여진 채 있으니까.

하지만 진통(鎭痛)만이 전부는 아닌 것이 분명하다. 사실 진통은 일부에 불과할 뿐이다. 자궁의 아편과 그 전구 물질들은 자궁에 퍼져 있는 혈관을 포함해 다른 신체 체계의 구조와 기능에도 영향을 미칠 가능성이 높다. 아난다미드는 자궁 내막과 그 위에 착상될 배아 사이의 연락을 조절하는 메커니즘의 일부인 듯하다. 이런 가설에 따르면, 자궁은 착상이 일어나야 할 시점에 마리화나 유사 화합물들을 최적 용량으로 만들어낸다. 배아는 그 마리화나 유사 분자들에게 맞는 표면 수용체들을 갖고 있다. 며칠이 지나 배아가 자궁에 착상될 준비가 끝나면, 그것은 정해진 부착 장소로 이동하고, 말 그대로 배아의 수용체가 카나비노이드 단백질에 갈고리처럼 걸린다. 이제 배아는 자궁의 벽 안으로 침입할 수 있다. 이제 그것은 열 달 동안 자신을 먹여줄 태반을 형성하기 시작한다. 이 배반포 단계의 배아는 아직 뇌가 없다. 여기에 심리 활동은 전혀 없다. 아난다미드를 신호 전달 분자로 사용한 것은 순수한 우연의 일치, 분자적 다용도 적응이다. 하지만 그것은 멋진 우연의 일치이다. 카나비노이드는 배아에 환상 속에서만 즐거움을 누리는 비법을 경화(硬貨)로 제공한다. 깨달음으로 가는 길, 마음대로 광경을 만들어내는 정신과 그것을 볼 수 있는 눈으로 가는 길을 말이다.

사실 우리는 자궁이 그렇게 열심히 분비하는 다양한 아편, 화학 물질, 호르몬, 호르몬 전구 물질들이 어떤 목적을 지니고 있는지 거의 알지 못한다. 우리는 그 생산이 번식 차원을 넘어서 몸 전체의 건강과 행복에 얼마나 중요한지 알지 못하며, 다양한 분비 능력이 폐경기 이후에도 지속되는지도 알지 못한다. 자궁 내막이 차고 이우는 것을 멈추면, 자궁의 분비 프로그램들도 마찬가지로 침묵하는 것일까? 일부 전문가들은 그렇다고 말하며, 일부는 아니라고 말한다. 아마 모두 '모른다'라는 말에 동의해야 할 것이다. 우리는 과학자들이 최근인 1990년대 말에 자궁에 아난다미드가 고농도로 존재한다는 것을 발견했다는 사실을 겸손히 받아들여야 한다. 그리고 그 겸손함을 이용해 가장 극단적인 상황 이외에는 자궁 적출을 반대하는 운동을 강화해야 한다.

자궁 적출술은 가장 역사가 깊은 수술 중 하나로, AD 100년 경에 그리스 의사 아르키게네스가 로마에서 했다는 기록이 남아 있다. 현재 자궁 적출술은 이빨을 뽑거나 백내장을 제거하는 것처럼 일상적으로 이루어진다. 매년 미국에서 적어도 560,000명의 여성들이 자궁 적출 수술을 받는다. 마음이 아플 정도로 큰 숫자이다. 그것은 매일 매시간 1분마다 한 사람의 자궁이 호프 필립스의 사례처럼, 때로는 복부를 통해, 때로는 질 속으로 삽입된 관이나 위장에 낸 작은 틈새를 통해 삽입한 관을 통해 제거된다는 의미이다. 그뿐 아니라 그 수치는 지난 2, 30년 동안 그 수술을 둘러싼 모든 분노에도 불구하고, 매년 큰 폭의 변화를 보인다. 그 수치는 1980년대 초에 급격히 떨어졌다. 아마 여성 건강 운동이 고조된 결과일 것이다. 하지만 그 이후로는 꽤 일정한 수준을 유지해왔다. 미국에서도 지역에 따라 자궁이 행복을 누리는 수치가 다르다. 수술 환자 수는 남부가 가장 많고, 대도시보다는 시골에서 더 많다. 그러나 지역적 특성에 상관없이, 미국은 유럽이나 다른 선진국보다 자궁 적출술 환자의 비율이 2~6배 더 높은, 세계 최고의 자리를 차지하고 있다. 자궁 떼어내기에서는 오스트레일리아와 일본만이 미국과 견줄 만하다.

자궁 적출술을 선호하는 이유나 '징후'는 많다. 그 수술을 받은 사람들 중에 자궁 경부암이나 자궁암 같은 생명을 위협하는 질병을 치료하기 위해 수술을 받은 사람은 약 10퍼센트에 불과하다. 나머지는 고통을 겪는 당사자는 악성이라고 느낄지 모르지만, 이른바 양성 상태에 있는 사람들이다. 가장 흔한 이유는 호프의 악마였던 섬유종이다. 자궁 적출술을 받은 사람의 거의 40퍼센트가 섬유종 때문에 수술을 받았다. 또 다른 흔한 이유는 자궁 내막 조직의 일부가 자궁 안쪽에서 떨어져 나와 자궁 바깥이나 난관 주변 같은 있지 말아야 할 곳에서 자라는 자궁 내막증, 이유 모를 심각한 하혈, 원인 모를 골반 통증, 자궁이 질관으로 떨어져 내리는 자궁탈출 등이 있다. 40대는 자궁에게는 위험한 시기이다. 그 시기는 여성의 월경 주기가 불규칙해지고 전보다 더 생리가 심해지기 시작할 때, 섬유종이 태아처럼 자라기 시작할 수 있게 될 때, 여성이 집어치워, 나는 아이를 갖거나 안 갖는 일을 해왔으므로 이 지겨운 주머니가 더 이상 필요 없을지 몰라 하면서 자신이 충분히 나이가 들었다고 생각할 때이다. 자신의 자궁을 폐경기까지 온전히 보존하는 여성은 죽을 때까지 그것을 간직할 가능성이 높다.

자궁 적출술은 엄청난 이야기이다. 우리가 하는 이야기와 관련된 사람들의 수를 생각할 때 마땅히 그래야 한다. 그것을 주제로 한 책들도 많이 씌어져왔다. 일부는 이른바 자궁 적출술 산업을 공격하고, 일부는 그 수술을 할지 고심하는 여성들에게 여성 대 여성으로 현실적이고 진심 어린 조언을 해준다. 그 문제는 소규모 격전을 일으킨다. 아마 낙태 문제보다는 좀 덜 할 것이다. 누군가를 살인자라고 지칭하거나 떼어낸 자궁의 피묻은 사진을 들고 있는 사람은 아무도 없겠지만, 사람들이 외치고 선언을 발표하고 종이를 구겨 내던지는 것은 똑같다. 그 문제를 자세히 뜯어보면, 아마 당신도 내가 그랬듯이 놀랍게도 그것이 일목요연하지 않다고 결론을 내리게 될 것이다. 그런 대수술이 왜 그토록 쉽게 이루어지는지 총괄적인 해답도, 단순한 설명도 없다. 온갖 비난을 퍼부을 강력한 악마, 여성을 증오하고 여성의 내장을 모두 꺼내고 싶어 하는 사악한 의사가 있다면 좋겠지만, 그런 괴물은 발견할 수 없다. 바위 밑에도 늪 속에도 없고, 가부장제 규범 속에도 없고, 의술의 상징인 카두세우스에게도 감겨 있지 않다.

자궁 적출술의 빈도가 높은 이유는 부분적으로 자궁 자체에서 비롯되는 것이다. 앞서 말했듯이, 자궁은 유달리 변화가 심하다. 그것은 임신 기간에 우스꽝스러울 정도로 팽창한다. 그것의 내벽은 평생에 걸쳐 수백 번이나 두꺼워졌다 얇아졌다를 반복한다. 그 결과 그것은 순무 같은 섬유종, 버섯처럼 생긴 용종, 유착, 바람에 날려 찢어진 듯한 자궁 내막 등 기이한 형태들이 들어찬 정원이 된다. 섬유종의 원인이 무엇인지, 왜 그렇게 많은 여성들이 그것을 갖고 있는지 아무도 모른다. 식단은 그다지 중요하지 않을지도 모른다. 우리 식단은 지방 함량이 매우 높고, 지방은 에스트로겐을 과량 생산하도록 자극하며, 에스트로겐은 섬유종 성장을 돕는다. 하지만 마르고 건강한 채식주의자들조차도 섬유종을 갖고 있으므로, 지방은 어느 정도의 역할밖에 못 한다. 일부 여성들은 유전적으로 섬유종에 취약하다. 섬유종은 가족에 따라 다르며, 흑인 여성들이 다른 인종의 여성들보다 더 취약하다. 환경에 있는 에스트로겐 유사 화학 물질들도 부분적으로 기여를 할 것이다. 이유가 무엇이든 간에, 자궁에서는 국지적인 교란이 일어나기 쉽고, 그것은 추정이 아니라 사실이다. 더구나 40대에 들어서면 섬유종 때문이거나 폐경기에 앞서 일어나는 호르몬 교란 때문에 생리가 상당히 더 심해지는 여성들이 많다. 중년의 자궁은 마구 지껄여대며, 그것 역시 사실이다.

몸의 현재 상태에서 일어나는 교란과 변화에 어떻게 반응하는가는 훨씬 더 주관적인 문제이다. 25년 동안 별 탈 없이 생리를 하다가 40대에 들어서 하혈이 심해지기 시작한 여성들 중에 동년배들 사이에 똑같이 홍수에 떠다니는 사람이 많이 있고, 폐경기에 앞서 심한 하혈이 일어나는 것은 사실 정상임을 알고 있는 사람은 거의 없다. 여성들은 정반대로 생각한다. 이런 끔찍한 일이! 출혈이 심해, 빈혈에 걸릴 거야, 어딘가 잘못된 것이 틀림없어, 도와줘! 그리고 그녀는 부인과 의사에게 도움을 구하며, 그렇게 자기 지역에서 널리 퍼져 있는 의료 관습과 견해들에 스스로를 노출시킨다. 그녀가 최신 지식 흐름에 민감한 도시에 산다면, 그곳의 의사들은 개인적 확신이나 소송을 당할지 모른다는 두려움 때문에 어설픈 수술은 피하려 하므로, 그녀는 이런 말을 들을지 모른다. 기다려봅시다, 간장약과 철분 제제를 먹도록 하고요, 금방 지나갈 거예요. 그녀가 아직 활동가들이 한바탕 바람을 일으키지 않은 미국 중서부의 작은 마을에 산다면, 그녀는 처음 찾아간 의사에게서 자궁을 완전히 들어내자는 말부터 들을지 모른다. 의사들은 습관적인 존재들이며, 자궁 적출술은 의사의 고색창연한 습관이다. 자궁 적출술은 어렵지 않고, 과도한 자궁 출혈을 막는 가장 확실한 치료법이다.

《당신은 자궁을 떼어낼 필요가 없다》의 저자이자 메스를 대지 말자고 설득하는 뉴욕의 부인과 의사인 아이번 스트로이츠는 다음과 같이 말한다.

이런 수술을 하는 사람들에게 그것은 멋지고 안락한 생활 방식이다.
부인과 의사들이 항상 옳은 일을 하겠다는 지적 동기를 갖고 있는 것은 아니다. 그들은 항상 하던 대로 그냥 해나가는 것이다.

사실 의사를 방문할 때마다 여성은 개입을 각오해야 한다. 그것은 왜 유럽 여성들이 미국 여성들보다 자궁 적출술을 훨씬 적게 받는가라는 흥미로운 질문으로 이어진다. 그 문제는 체계적으로 연구된 적이 없다. 어떤 사람들은 그것을 노화를 대하는 태도가 다르다는 점과 연관시켜 사회 문화적 측면에서 바라본다. 자신이 사는 곳을 신세계라고 규정하는 미국인들은 유서 깊은 대륙에 사는 사람들보다 역사적으로 세세하게 전해지는 내용들을 잘 모르며, 심지어 베이비 붐 세대들은 숫자로는 우세함에도 불구하고 성형 수술을 사회적으로 더 받아들일 수 있는 분위기를 조성한 것 말고는 기존의 것들이 지닌 이미지를 개선하는 일을 거의 하지 않았다. 역사상 그 어떤 여성보다도 많은 향수병을 판매했을 얼굴을 지닌, 대단한 미인인 카트린느 드뇌브는 한 기자에게 어떤 나라에서든 나이를 먹는다는 것이 괴로운 일이지만, 미국에서는 견딜 수 없는 일이라고 말했다. 미국에서는 중년의 여성이 화장을 지우고 어딘가 난처한 모습으로 있다면, 우리는 그녀의 성숙기를 지난 어느 신체 부위든 간에 경의가 표해질 것이라고 기대할 수 없다.

더 흥미로운 가능성이 있다. 자궁 적출술 교육 자원 본부라는 단체의 창립자인 노라 커페이는 자궁 적출술의 가장 열렬한 반대자 중 한 명이다. 그녀는 내게 유럽 여성들은 남에게 알리지 않음으로써 자신들의 자궁을 지키는 것이라고 말했다. 단순히 말하자면, 그들은 미국 여성들과 달리 의사를 자주 찾지 않는다. 그들은 진짜 병에 걸릴 때를 위해 그 즐거운 경험을 유보한다. 우리 미국인들은 건강할 때에도 건강 관련 전문 기관을 들락거린다. 그것은 건강에 무척 신경을 쓰는 우리 심리적 성향의 한 부분에 불과하다. 특히 여성들은 성스러운 산부인과 연례 건강 검진을 통해 정기적으로 의사를 방문하는 습관을 갖고 있다. 우리는 자궁 경부 세포진 검사를 받으러 의사에게 가고, 골반 검사를 받으러 의사에게 간다. 아직 이상이 없나요? 우리는 이것을 현명한 예방 의학이라고 생각하지만, 의사들은 어떻게 할 수가 없다. 그들은 결함이나 전조를 찾는다. 그들은 비정상적인 것을 찾는다. 그리고 표준이 무엇이든 간에 표준에서 벗어난 것을 찾았을 때, 물론 환자에게 알려야 한다. 그들은 우선 그냥 놔두고 지켜보기로 하자고 조언할 수도 있지만, 때는 너무 늦은 셈이다. 불안의 씨앗이 이미 싹이 튼 것이다. 이제 그 여성은 걱정할 것이다. 나빠지고 있는 것은 아닐까? 피로와 경련을 느끼고 몸이 그다지 좋지 않은 것이 그것 때문이 아닐까?

나는 드러난 비정상이 음흉한 힘을 지닌다고 단언할 수 있다. 내 태아에게 무슨 이상이 있는지 알기 위해 초음파 검사를 하다가 나는 섬유종이 있다는 말을 들었다.

처음에는 두려움이 일었다. 온 정신이 그것에 쏠렸다. 나는 물었다.

문제가 있나요? 큰가요? 아기에게 해로울까요? 유산할 수 있나요?

아니오, 아니오, 아니오, 아니오. 의사는 내게 확인해주었다. 겨우 두 개뿐이에요. 작은 것이고, 2센티미터밖에 안 될 거예요. 자궁 벽에 붙어 있어요.

아, 그래요. 그럼 난 어떻게 해야 하나요?

아무것도요. 그들은 대답했다. 그저 당신이 알아야 한다고 생각했어요. 섬유종들은 임신 기간에 자랄 수도 있고 그렇지 않을 수도 있어요. 그 뒤에도 자랄 수도 있고 그렇지 않을 수도 있고요.

커진다면요?

아마 느껴질 거예요. 통증을 일으킬 수도 있어요. 그렇지 않을 수도 있고요. 걱정할 필요는 없어요. 당신이 알아야 한다고 생각했을 뿐이니까요.

그래서 지금 나는 내가 섬유종을 갖고 있다는 것을 안다. 그래서 지금 아랫배에 통증을 느낄 때마다, 내 머릿속에서는 어? 이런 하고 자동적으로 투덜거림이 들린다. 더 커지고 있어! 집어삼키고 있어! 나는 호프 필립스의 끈적끈적한 자주색 섬유종, 자신이 자라난 자궁을 왜소하게 만든 섬유종을 생각한다. 나는 기록에 남은 가장 큰 섬유종을 생각한다. 1888년에 한 여성에게서 떼어낸 그 덩어리는 무게가 65킬로그램이었다. 그 여성이 수술 직후에 죽은 것도 그리 놀랄 일은 아니다. 하지만 두려움 때문에 섬유종 검사를 받으러 간 적은 없다. 나는 유럽 여성보다 더하다. 나는 크리스천 사이언스 신자의 딸이다. 내 아버지는 그 종교를 버린 뒤에도 오랫동안 의사들을 혐오하는 태도를 버리지 않았고, 나는 아버지의 공포증을 물려받았다(하지만 나는 앤지어 철학을 강하게 내세우지 않겠다. 아버지의 등에 미심쩍은 검은 반점이 처음 나타났을 때, 그는 의사를 찾아가라는 말을 거부했다. 그것은 은화만큼 커졌고,

그때 악성 흑색종이라는 진단을 받고 떼어냈다. 하지만 이미 늦은 상태였다. 초기 단계에서 분명히 치료할 수 있었던 그 암은 아버지의 뇌까지 뻗어갈 수 있는 기회를 놓치지 않았다. 아버지는 51세의 나이에 전이된 암으로 사망했다).

사실 해외의 우리 자매들이 수술을 제대로 받지 못하는 것일 수도 있다. 펜실베이니아 주립 대학 의대의 조안나 케인 박사는 유럽 여성들이 대안을 이용할 수 있다면 자궁 적출술을 선택할 여성들이 더 많아질 것이라고 주장했다. 우리의 비율이 너무 높은 것이 아니라, 유럽의 비율이 너무 낮은 것일 수도 있을까? 그녀는 자궁 적출술을 비난하고, 수술률이 높다는 사실을 비통해하고, 여성들이 편협하고 탐욕적인 의사들에게 잘못 인도되고 있다고 주장하는 일은 쉽다고 말한다. 하지만 그런 말들은 여성이 어리석고 잘 속는다고 가정함으로써 여성을 모욕하는 것이 아닐까요? 케인은 이렇게 말한다. 여성이 고통과 불안 속에서 아프고 피를 흘리며 배꼽과 사타구니 사이의 15센티미터 되는 부위에 온 정신을 쏟고 여러 해 동안 살고 있다면, 그녀나 다른 누구에게, 이런, 안 돼요, 자궁 적출술을 하면 안 돼요, 어떤 상황에서도 자궁 적출술을 받아서는 안 돼요 하고 충고할 사람이 과연 있을까?

"우리는 여성의 통증을 제대로 평가하지 않고 있어요. 우리는 고통을 과소 평가하고, 얕보고, 별 것 아니라고 치부하죠."

여성들은 긴 설교에 지루해진다. 나는 그 수술을 받은 수많은 지적인 여성들과 만나보았다. 그들은 자궁 적출술에 관한 모든 것들을 읽는, 부지런하고 깨어 있는 의학 소비자들이었다. 그들은 자신들이 어떤 대안들을 갖고 있는지 알고 있었고, 대다수는 자궁 적출술을 받기로 결심하기까지 다른 대안들을 시도했다. 그들이 분개하는 한 가지는 자궁 수호자들의 독선적인 태도였다. 그들은 자신들이 내린 결정에 부끄러움과 나약함을 느끼게 만드는 상황이 싫다고 불만을 털어놓았다. 그들은 자궁 적출술 반대 열기가 그 매우 신성한 자궁을 이용해 여성을 굴에 몰아넣는 환원주의이자 우상 숭배의 또 다른 사례라고 주장했다. 그들은 그것이 지독한 가부장적 태도이자, 같은 자매의 입에서 나오기 때문에 더 나쁜 것이라고 말했다. 그들은 누가 맹장 수술을 받았다면, 맹장을 떼어냈다고 그녀를 비난하겠냐고 반문했다.

많은 여성들은 자궁 적출술을 받은 뒤에 몸이 더 나아진 것을 느낀다고 말했다. 그들은 더 가볍고 더 자유롭다고 느꼈다. 자궁은 그들을 사슬에 묶어놓고 있었으며, 이제 마침내 방랑을 할 수 있게 되었다는 것이다. 이제 그들은 다른 사람들이 만성적인 비참한 고통에서 풀려나도록 돕고 싶어했다. 그들은 수술 흉터를 없애고 싶어했다. 취재를 하면서 나는 똑같은 말을 반복해서 들을 수 있었다.

"내가 후회하는 것이 하나 있다면 왜 그것을 더 빨리 하지 않았느냐 하는 거예요!"

우리는 선택, 경이로운 선택의 문제로 돌아온다. '선택'을 장려하는 세상에서 산다는 것이 멋지지 않은가? 여성이 죄책감이나 위축감 없이 자궁 적출술을 선택할 수 있는 사회가 되어야 한다. 그것은 말하기도 쉽고 옹호하기도 쉽다. 그런 한편으로 선택은 선택자 앞에 모든 위험과 혜택과 대안들이 솔직하게 놓여 있고, 그녀가 모든 것을 제대로 알고 자유롭게 선택할 때에만 의미가 있다. 그런 깨어 있는 상태는 누구라도 달성하기 어렵고, 우리는 한 해에 50만 번 정도 그 달성 필요성을 이야기한다. 예를 들어, 섬유종 문제로 돌아가보자. 세련된 대도시의 의사들은 자각 증상이 없는 섬유종을 가진 여성들에게 그냥 놔둬도 된다고, 누구에게나 있는 것이며, 폐경기가 지나면 커지지 않을 것이라는 등등의 이야기를 해줄 것이고, 그 모든 말들은 사실이다. 하지만 아프거나 지독한 통증이 느껴질 정도로 그 커다란 핏덩어리가 커진다면, 섬유종은 치료되어야 하며, 그 시점이 되면 가장 도시적인 의사들도 그 정도 조언은 할 수 있다. 아직 아이를 가질 계획이 있는 여성에게는 섬유종만을 제거하는 근종 절제술을 받으라고 할 것이다. 하지만 자식을 낳을 때가 지났거나 낳고 싶지 않은 여성은 근종 절제술이라는 대안이 해골 바가지에 가위표가 그려진 표시를 붙여야 할 만큼 끔찍한 것이라는 말을 들을 것이다. 그 여성은 근종 절제술이 자궁 적출술보다 수술 뒤 합병증과 감염 발생 위험이 훨씬 더 큰, 훨씬 더 위험하고 출혈이 심한 것이라는 말을 들을 것이다. 나는 섬유종 치료 방법을 찾다가 결국 자궁 적출술을 받은 40대와 50대 초반의 여성들을 몇십 명 만나보았다. 그들이 근종 절제술은 어떠냐고 물었을 때, 담당 의사들은 하지 말라고 주장했다. 하지만 근종 절제술이 정말로 그렇게 출혈이 심하고 위험스러운 것일까? 여성을 곤경에 빠뜨리는 섬유종은 질과 자궁을 통해 들어가는 잠망경 같은 관인 자궁경을 통해 제거할 수 있는 경우도 많다. 의사는 자궁경 안으로 수술 도구를 집어넣어 그 해로운 종양의 껍질을 벗기고 껍데기만 남을 때까지 속을 파낸다. 이런 자궁경을 이용한 근종 절제술은 진료실에서도 할 수 있으며, 피가 낭자한 공포 영화는커녕 진짜 수술로 쳐주지도 않는다. 하지만 그런 방법이 있다는 말을 들은 여성은 거의 없다. 한 가지 이유는 그것이 숙련된 기술을 요하며, 모든 부인과 의사들이 그 기술에 통달한 것은 아니기 때문이다. 당신의 의사가 자궁경 근종 절제술을 해보지 않았다면, 그것을 해본 의사를 찾아라. 그것이 자각 증상이 있는 섬유종에 일차적으로 대응하는 방식 중 가장 낫다.

자궁경을 이용해 파낼 수 없는 섬유종이라고 해도, 배를 통해 자궁을 열어 섬유종을 잘라내고 자궁을 다시 봉합하는 방식으로 제거할 수 있다. 지금 말하는 것은 대수술이지만, 의학 문헌을 뒤져보면 복식 근종 절제술이 출혈이나 수술 후 합병증과 감염이나 회복 기간 같은 측면에서 자궁 적출술에 비해 더 낫다는 것을 발견할 것이다. 나는 브린마우어 병원에서 마이클 토프 박사가 하는 복식 근종 절제술을 지켜본 적이 있다. 그는 그 수술 전문이며, 수술은 놀랍도록 깨끗했다. 수술을 받은 여성이 흘린 피는 몇 건의 혈액 검사를 할 때 뽑은 피보다 많지 않은 2, 30밀리리터에 불과했다. 나는 비슷한 수술을 받은 많은 여성들과 이야기를 나눠보았는데, 그녀도 그들과 마찬가지로 회복되는 데 두 주일이 걸렸으며 죽음으로부터 소생한 듯이 마음이 들뜨고 자유롭다는 것을 느꼈다. 자궁 적출술을 받은 여성들이 느꼈다는 바로 그 기분이다. 하지만 의사들은 반박할 수 있다. 당장은 좋겠지만, 섬유종은 재발한다는 것을 명심하라고. 그럴 때는 어떻게 할 것인가, 자궁 수호 여신이여? 다시 근종 절제술을 받을 것인가? 아니만 결국 자궁 적출술을 받아들일 것인가? 섬유종을 가진 여성에게 섬유종이 다시 생기는 경향이 있다는 것은 사실이다. 하지만 그 종양은 대부분 아무런 문제도 일으키지 않을 것이며, 근종 절제술 직후에 새로운 섬유종이 나타난다고 해도, 그 섬유종은 대부분의 섬유종들이 그렇듯이 아무런 문제를 일으키지 않을 가능성이 높다. 하나의 섬유종이 고통을 주었다고 해서 다음 섬유종도 그럴 것이라고 말할 수는 없다. 그러나 한 번 받아들여진 진리는 타파하기 쉽지 않다. 근종 절제술이 위험하며 소용없다는 인식은 의사들의 태도에 계속 영향을 미치고 있으며, 따라서 그들은 환자들에게 그런 조언을 계속한다. 그렇다, 여성들은 자궁 적출술을 포함해 '선택'을 할 수 있어야 하지만, 차림표에 미리 가장 좋은 것들이 이것저것이라고 나와 있다면 현명하게 선택을 하기란 쉽지 않다.

우리의 선택을 자유롭게 주장하려면, 우리에게는 더 강한 혀가 필요하다. 물론 우리는 자기 자신을 위해서 자신의 몸과 욕망에 대해 주장해야 하지만, 그러한 주장은 우리의 의사들을 위한 것이기도 하다. 그렇게 할 때, 의사들은 경솔하게 관행적으로 말하지 않고 자제할 수 있다. 좋든 나쁘든 간에 우리는 의사를 찾아가면 유순해지곤 한다. 그들은 우리 부모 같고, 너무나 쉽게 우리에게 상처를 입힐 수 있다. 의사들은 환자들에게 '그저 주머니일 뿐인데, 어째서 계속 갖고 싶어하지요?' 하는 식으로 자궁이 필요 없다는 말을 결코 해서는 안 된다. 하지만 그들은 그렇게 말한다. 그들은 지금도 머리맡에서 그 점을 강조하고 있으며, 그 진부하고 어리석은 이야기들은 지금도 난무하고 있다. 내가 만난 한 여성은 부인과 의사와 보낸 끔찍한 시간을 회상했다. 그녀는 58세였고, 그녀의 자궁은 질로 밀려 내려오고 있었다. 의사는 그녀에게 말했다. 자궁 적출 수술을 합시다.

나는 자궁을 떼어내고 싶지 않아요. 일찍 폐경기에 들어가고 싶지 않아요. 아직 그럴 준비가 안 되어 있어요. 다른 방법은 없나요?

일찍이라뇨? 의사는 믿지 못하겠다는 듯 말했다. 당신은 58세입니다. 이미 폐경기가 지났어요.

그녀는 말했다. 믿든 말든 나는 아직 생리를 하고 있어요.

아, 알았어요. 그러니까 그쪽으로 기록을 세우고 싶다는 거죠?

그 남자는 자신의 입에 의료 과실 보험을 들어야 마땅하다. 그 여성은 자궁 적출술을 받았다. 지금 그녀는 다른 문제들을 안고 있다. 자궁 탈출증 대신 방광 탈출증을 앓게 된 것이다. 그녀의 불행에서 적어도 한 가지 교훈은 얻을 수 있다. 부인과 문제로 상담을 할 때 의사가 무언가를 어리석거나 냉담하거나 지나치게 경솔하게 말한다면, 다른 의사를 찾아가라. 그나 그녀가 당신에게 좋은 조언을 해줄 것이라고 믿지말라. 그 놀라운 말들을 시트콤 제작진이나 무하마드 알리에게 전하라.

정말 제대로 안 상태에서 선택을 하려면 정보가 있어야 한다. 그 정보 중에는 아직 얻을 수 없는 것도 있다. 앞서 살펴보았듯이, 자궁은 아직 탐사가 이루어져야 할 미지의 땅이기 때문이다. 현재 많은 정보들이 존재하지만, 정보를 모으고 가공하고 정리하는 일도 계속되고 있다. 여성은 자신의 성적 및 정서적 영역을 상세히 알아야 한다. 가령 그녀의 성적인 삶이 그녀에게 중요하고, 그녀의 오르가슴이 깊고 떨리는 것이라면, 그녀는 자궁을 포기하기 전에 다른 방법을 시도해야 한다. 우리는 클리토리스가 여성의 성에 가장 큰 기여를 한다고 말해왔지만, 절정 때 깊숙한 곳에서 떨림을 일으키는 것은 자궁과 자궁 경부의 수축이다. 여성은 아무리 대비를 잘한다고 해도, 자궁 적출술이 어떤 결과를 가져올지 예측할 수 없다는 사실을 깨달아야 한다. 그녀는 난소는 그대로 남긴 채 자궁을 제거하는 '보수적인' 수술을 선택할지도 모른다. 그녀는 난소를 남겨두면 자신의 생화학적 상태가 계속 안정하게 유지되고, 난소 호르몬 분비가 갑자기 중단될 때 심장과 뼈와 뇌에 일어날 위험을 피할 수 있을 것이라고 생각한다. 불행히도 증명된 것은 전혀 없다. 난소가 자궁 적출술의 후유증에서 회복되지 못한 채, 존재하기는 하지만 불활성 상태로 있는 경우가 3분의 1 정도이다. 더구나 난소가 살아 있을 때에도 고혈압이나 심장병 위험은 여전히 남아 있다. 아마 자궁을 제거함으로써 혈관을 보호하는 역할을 하던 프로스타글란딘의 공급원 하나가 사라지기 때문일지 모른다.

자궁 적출술의 결과는 끔찍하거나 멋지거나 평범할 수 있으며, 각각의 가능성을 증언해줄 여성들은 널려 있다(영어의 증언하다testify라는 단어는 정소testis에서 온 말이다. 남성들이 맹세를 할 때 자신의 가장 신성한 것을 움켜쥐는 일과 관련이 있는 듯하다. 그렇다면 우리는 증언하다 ovarify라는 말을 써야 할까?). 일부 여성들은 자궁 적출술을 받은 뒤 우울해지고 쇠약해졌으며, 그 뒤로 회복되지 못하고 있다고 말한다. 일부는 자궁과 함께 한때 그 안에 있던 아기들의 정서적 기념 명판 같은 것이 사라진 듯, 아이들에 대한 감정이 줄어들었다고 말한다. 대단히 기분이 좋아졌으며 그것을 더 일찍 했으면 좋았을 것이라고 말하는 여성들도 있다. 또 그 수술을 찬양할 생각은 없지만, 선택할 여지가 그다지 없었기에 그냥 했을 뿐이라는 여성들도 있다. 로스앤젤레스의 베스 티너는 인터넷에서 자궁 적출술을 받았거나 받을 생각을 하고 있는 여성들을 후원하는 산스우테리[자궁이 없다는 뜻]라는 단체를 조직했다. 이 단체는 판단을 내리지 않는다. 이 단체는 찬성이나 반대 입장을 표명하지 않는다. 티너는 열일곱 살 때부터 고통을 안겨준 자궁 내막증을 치료하기 위해 스물다섯 살 때 자궁 적출술을 받았다. 그녀는 그 수술을 받은 것을 후회하지 않는다. 그녀는 더 이상 통증을 느끼지 않는다. 그렇지만 그녀는 너무 젊은 나이에 자궁과 난소를 잃었기 때문에 다른 문제들이 생길 것이라고 예측하고 있다. 일부 여성들은 자궁 적출술을 받은 뒤 다시 강해지고 성욕을 갖자고 스스로 다짐한다. 소설가 린 샤론 슈워츠는 〈그렇게 너는 새로운 몸을 갖게 될 거야!〉라고 자신의 자궁 적출술을 신랄하고도 감동적으로 꾸며놓은 글에서, 수술 뒤에 자신의 재미없는 남성 부인과 의사를 차버리고, 나이 들고 믿을 수 있는 노련한 애인과 짧은 관계를 맺고, 센트럴파크 저수지를 더 빨리 달리는 등 즉흥적인 계획을 통해 회복하기 위한 노력들을 그리고 있다. 수술을 한 지 1년 뒤 그녀는 훨씬 더 나아졌음을 느꼈고, 자신의 새로운 몸을 '평온함까지는 아니라 해도 관대하게 그 공허함을 받아들임으로써' 자신의 새로운 몸을 좋아하게 되었다. 하지만 그녀는 벼랑 끝에서 오랫동안 떠나지 못하는 여성처럼, '실낱같은 기다림'을 간직하고 있었다. 그녀는 자신이 기다리고 있는 것이 무엇인지 전혀 몰랐다.

호프 필립스도 자궁 적출술을 받은 지 18개월이 지났지만 별 탈 없다. 상쾌해진 것이 아니라 그냥 별 탈이 없을 뿐이다. 그녀는 근종 절제술을 시도하지 않고 자궁 적출술을 받은 것이 기쁘다. 수술이 끔찍이 싫고 더 이상 수술 위험을 무릅쓸 필요가 없다는 단순한 이유에서이다. 자궁 적출술은 처음에 그녀의 복부 근육을 너무 약화시켰기 때문에 그녀는 석 달 간의 아프리카 여행 내내 비포장 도로를 질주하는 흔들거리는 전천후 차량에서 거의 똑바로 앉아 있지 못했고, 한 번은 아예 드러눕고 말았다. 집으로 돌아온 뒤, 그녀는 격심한 운동을 시작했고, 배의 통증과 얼얼함은 서서히 사라졌다. 자궁 상실은 그녀의 성생활에 영향을 미치지 못했다. 그녀가 바라보고 있던 남자와의 관계는 그녀를 한 순간 그의 어머니 친구분들과 비슷한 모습으로 만든 부인과 수술이라는 찻잔 속의 태풍에서 살아남았다. 그들은 1997년에 혼인식을 올렸다. 한 번은 캘리포니아에서, 또 한 번은 짐바브웨에서. 호프 필립스는 다시 길 위에서 편안함을 느낀다. 그녀의 여행 가방에는 들어갈 것만 들어가 있기 때문이다. 사실 그것은 숙달된 방랑자인 그녀에게는 거의 아무런 의미가 없다.

7

순환 논법
가슴 이야기

캘리포니아 어바인 대학의 진화 및 생태학 교수인 낸시 벌리는 새들과 할로윈 파티를 한다. 그녀는 얼룩핀치 수컷들에게 장식을 달아준다. 벌리가 장식을 달아주기 전의 정상적인 얼룩핀치들은 붉은 부리와 오렌지색 뺨, 얼룩말처럼 줄무늬가 있는 가슴, 아래쪽에 오렌지색 물방울무늬가 있는 날개, 무언극 배우의 눈처럼 수직의 흑백 무늬가 있는 눈가 등 아름다운 모습을 한 동물이다. 다른 새들과 마찬가지로 얼룩핀치는 볏을 갖고 있지 않다. 그래서 벌리는 수컷에게 볏을 달아주기로 한다. 그녀는 수컷 얼룩핀치의 머리에 긴 하얀 깃털을 붙여, 그를 새 주방장으로 만들 것이다. 아니면 모자 쓴 고양이의 모자처럼 커다란 붉은 모자를 씌워줄 수도 있다. 수컷의 다리는 보통 별 특징 없는 회색을 띠고 있기 때문에, 그녀는 그에게 빨간색이나 노란색이나 자주색이나 감청색 고리를 끼워준다. 그리고 수컷의 시각적 기본 특징, 그의 핀치성을 바꿈으로써, 벌리는 수컷의 삶을 바꾼다. 그녀가 일련의 경이롭고 흥미롭고 중요한 실험들을 통해 보여준 것처럼, 얼룩핀치 암컷들은 여러 몸차림을 보고 나름대로 결정을 내린다. 그들은 커다란 흰색 주방장 모자를 사랑하며, 그 장식을 지닌 수컷과 짝짓기를 하기 위해 몰려든다. 얼룩핀치들은 대개 1 대 1로 짝을 이루어 함께 새끼를 돌보는 방식을 유지하는 데 반해, 흰 모자를 쓴 수컷과 짝을 이룬 암컷은 육아에 더 많은 시간을 투자하고 수컷은 빈둥거린다. 사실은 빈둥거리는 것이 아니라 여유 시간에 바람을 피우러 돌아다닌다. 모자를 쓴 수컷을 짝으로 잘못 맞이한 이 새를 어리석은 아내라고 부르자.

하지만 수컷이 커다란 붉은 모자를 쓰면 암컷들은 도도하게 콧대를 높인다. 그에게 전리품은 없다. 자매여, 당신은 그를 가질 수 있다. 붉은 모자 수컷이 이럭저럭 짝을 얻는 데 성공한다 해도, 그는 자손을 돌보는 일에 매진하게 되고 바람을 피울 짬을 도저히 낼 수 없게 된다. 물론 그와 정분을 나누자고 할 암컷들도 없지만 말이다.

발목 고리에서는 정반대의 현상이 나타난다. 하얀 고리를 낀 새는 거의 매력이 없다. 그에게 붉은 고리를 끼우면 그는 사랑받는 새가 된다.

얼룩핀치가 하얀 모자를 쓰고 붉은 양말을 신을 만한 이유는 전혀 없다. 우리는 벌리의 장식 실험 결과를 보고서, 맞다, 암컷들이 흰 볏을 수컷이 좋은 아버지가 될 것이라든지 그의 유전자가 좋아서 그가 먹이를 잘 잡을 것이라든지 하는 지표로 사용한다고 말할 수는 없다. 흰 볏을 가진 얼룩핀치는 처음에 볏을 가지고 있지 않았을 때에는 우수한 핀치 유전자를 지니고 있다고 말할 수 없다. 오히려 그 예상 외의 발견은 이른바 짝 선택의 지각 활용 이론을 뒷받침하는 증거가 된다. 이 이론에 따르면, 흰 모자는 얼룩핀치의 뇌에서 다른 어떤 미지의 목적을 수행하지만 쉽게 전용되고 자극되는 신경심리적 과정을 활용한다. 모자는 기존의 신경 통로를 자극해 암컷을 유혹하며, 암컷은 자신도 이유는 모르지만, 자신이 좋아하는 것이 무엇인지 안다. 우리는 자신이 아름답다고 생각하는 대상에 끌리는 그 충동을 이해할 수 있다. 벌리는 이렇게 말한다.

"인간은 나름대로 정교한 미적 감각을 갖고 있어요. 인상파 그림을 감상할 줄 아는 능력은 기능적인 것이라는 할 수 없어요. 나는 우리가 얼룩핀치에게서 보는 것도 그것이라고 생각해요. 선호는 기능적인 것이 아니라 미적인 것이죠. 선호는 실용적인 것과 연관이 없어요."

그럼에도 그 증거는 만일 얼룩핀치 수컷이 언젠가 하얀 머리털을 만드는 돌연변이를 갖고 태어난다면, 그 돌연변이는 핀치 사회에 급속히 퍼질 것이고, 시간이 지날수록 더 뚜렷해지면서 결국 벌리가 붙여준 것과 같은 모자를 쓴 새가 나타날 것이다. 그 가상의 미래에 연구자들은 틀림없이 얼룩핀치의 흰 모자가 의미를 지니고 있으며 얼룩핀치 성격의 지표라고 가정할 것이며, 그 형질이 어떤 의미가 있는지 추측할 것이다.

나는 여성의 가슴이 벌리의 흰 볏과 같다고 생각한다. 그것은 예쁘고 눈부시고 저항할 수 없다. 하지만 그것은 변덕스럽고 우리가 생각하는 것보다 의미가 훨씬 덜하다. 이것은 다수 의견과 반대이다. 진화 이론가들은 왜 젖가슴이 존재하는지 많은 설명을 제시해왔다. 대개 그 설명들은 젖가슴이 상징적이거나 기능적 가치를 지닌다고, 즉 남성들에게 짝이 될 만한 여성에 관해 필요한 정보를 주는 신호라고 보았다. 가슴이 이야기를 해 달라며 우리의 얼굴 앞에 있다면, 우리가 어떻게 가슴에 진화적 의미를 부여하지 않을 수 있겠는가.

여성 가슴의 진화적 기원과 생리적 기능만큼 소수의 사실에 바탕을 두고 폭넓은 추정이 이루어져 온 주제는 거의 없었다.

생물학자 캐롤린 폰드는 그렇게 썼다. 가슴을 다룬 이야기들은 현실적이고 설득력이 있어 보이며, 모두 타당한 근거를 갖고 있을지 모른다. 우리는 어디에서 어떻게 선택하든 의미를 부여하기 때문이다. 그것은 인간이 될 때 덤으로 따라붙은 것 중 하나이다. 영화 〈오, 운 좋은 남자〉에 나온 여배우 헬렌 미렌이 말한 것처럼, '모든 종교는 똑같이 진리이다'.

그래도 나는 가슴이 원래 우연히 등장한 것이라고 주장하련다. 가슴은 감각 활용자이다. 가슴은 여성의 건강이나 특성이나 출산 능력에 관해 거의 또는 아무것도 말하지 않는다. 가슴은 장식이다. 우리가 가슴을 추구하고, 가슴을 표현하고 과시하며, 우스꽝스러운 바비 인형의 미사일 탄두처럼 부자연스럽게 튀어나오도록 만드는 방법을 추구한다면, 우리는 가슴이 항상 해왔던 것, 어떤 기능도 없지만 즐기라고 간청하는 비합리적인 미적 감각에 호소하는 일을 하고 있는 셈이다. 언제나 그래왔지만 지금도 이상적인 가슴은 일정한 틀에 맞는 가슴이다. 여성의 가슴은 옷이 주는 환상과 상상의 기회를 환영한다. 가슴은 여성의 선택에 따라 돋보일 수도 빛바랠 수도 있으며, 가슴 자체가 그런 것을 암시한다. 가슴은 부드럽고 유연한, 갖고 노는 점토이다. 가슴은 정말 익살맞은 것이고, 우리는 그것을 보고 웃는 법을 배워야 한다. 먼저 가슴을 진지하게 다루고 나면, 그렇게 하기가 더 쉬울지 모른다.

인간의 가슴에서 지적할 가장 명백한 사실은 그것이 영장류목에 있는 다른 가슴들과 다르다는 점이다. 긴꼬리원숭이나 짧은꼬리원숭이의 가슴은 젖이 나올 때에만 팽창하며, 그 변화도 대개 너무 미약해서 체모에 가려 거의 볼 수 없을 정도이다. 어미가 새끼의 젖을 떼고 나면, 그 가슴은 다시 납작해진다. 오직 인간의 가슴만이 첫 임신이 이루어지기 전이나 임신을 지속할 수 있기 전인 사춘기에 팽창하며, 오직 인간의 가슴만이 평생 동안 솟아오른 채로 남아 있다. 사실 임신이나 수유 때의 가슴 팽창은 사춘기 때의 가슴 발달과 별개로, 더 일정한 방식으로 이루어진다. 임신을 하면 가슴이 작은 여성의 가슴도 절대적인 의미에서 가슴이 큰 여성의 가슴만큼 팽창한다. 그 일시적인 가슴 팽창이 가슴이 작은 여성에게서 더 두드러져 보이는 것도 그 때문이다. 모든 여성이 어머니가 될 때 가슴이 팽창하는 이유는 젖 생산 장비인 관과 소엽을 이루는 세포들의 증식과 팽창, 혈액 흐름의 증가, 수분 보유량 증가, 젖 자체의 부피 때문이다. 가슴이 작은 여성들도 가슴이 큰 여성들과 똑같은 부피(젖을 안 만드는 가슴일 때 찻숟가락 하나 분량)의 젖 생산 조직을 갖고 있으며, 젖을 만들 때면 똑같은 양의 젖을 만들 수 있다. 수유의 기능적 특성을 생각할 때, 그것은 꽤 표준적인 행동 규칙을 따르라는 선택압을 받고 있다.

미적 가슴의 성장은 그것과 전혀 다른 문제이다. 가슴의 지방 조직과 결합 조직들이 발달하면서 그렇게 팽창하는 것이다. 세포의 의무나 기능이라는 제한을 거의 받지 않는 조직들이기 때문에, 그 지방과 섬유 그물은 변덕스러운 유행과 감각 활용의 결과에 맞출 수 있다. 그것들은 최소한 어느 시점까지는 소유자에게 큰 비용을 부과시키지 않으면서 커지고, 과장되고 강조될 수 있다. 필립 로스의 소설 《새버스의 극장》을 보면, 예술가인 미키 새버스와 가슴이 작은 한 환자가 정신병원에서 대화를 나누는 장면이 나온다.

"젖가슴. 난 젖가슴을 이해해요. 나는 열세 살 때부터 젖가슴을 연구해왔어요. 난 여성의 젖가슴만큼 크기가 제각각인 신체 부위나 기관이 또 있다고는 생각하지 않아요."
"나도 알아요."
매들린이 갑자기 가슴을 만지면서 웃기 시작했다.
"그런데 왜 그럴까요? 왜 신은 가슴 크기를 이렇게 다르게 했을까요?

놀랍지 않아요? 나보다 열 배나 더 큰 가슴을 가진 여자들도 있어요. 더 큰 가슴도 있으려나? 맞아요?"

"맞아요."

"코가 큰 사람들이 있죠. 나는 코가 작아요. 하지만 나보다 열 배나 코가 큰 사람이 있을까요? 기껏해야 네 배나 다섯 배일 거예요. 왜 신이 여자한테 이렇게 했을까······."

"하지만 나는 크기하고 젖이 나오는 양은 관계없다고 생각해요."

매들린이 말했다.

"관계없어요. 그것은 젖가슴 크기가 이렇게 다른 이유를 설명하지 못해요."

미친 매들린의 말대로, 그렇게 크기가 제각각인 미적 가슴은 기관, 즉 필수적인 해부 구조에 포함시킬 만한 포유동물의 젖샘이라고 할 수 없다. 반대로 미적 가슴은 반기능적이라고 할 수 있을 만큼 별 다른 기능을 하지 않는다. 그리고 우리가 가슴을 그토록 아름답게 생각하는 것도 바로 그 때문이다. 우리는 실용적인 것에 매료되지 않는다. 우리는 실용적인 것이 가치 있다는 것을 알지만, 그것이 아름답다고 생각하는 경우는 드물다. 젖이 나오지 않는 여성의 커다란 가슴은 스스로를 파괴할 정도로 본질적이고 비합리적인 호소력을 지니고 있다. 우리는 젖샘이라는 역할과 별개로, 그리고 종종 그 역할에도 불구하고 반구형 젖가슴 자체를 사랑한다. 그것을 너무나 사랑하는 까닭에 여성이 젖을 먹이는 모습을 보면 충격을 받기까지 한다. 젖가슴을 공공연히 드러냈다는 사실에 마음이 아픈 것이 아니다. 왜냐하면 우리는 아주 깊이 드러난 목과 어깨를 환영하고, 그쪽으로 걸어가고 싶고, 그것을 바라보고 싶어 하기 때문이다. 또 그것이 우리의 동물적 본성을 일깨우는 것도 아니다. 왜냐하면 우리는 드러내놓고 많은 것들을 먹고 아기의 입에 음식을 넣어주거나 우윳병을 물려주기도 하지만, 그렇게 신체적 욕구를 공공연히 드러내도 보는 사람이 안달하는 것은 아니기 때문이다. 그와 반대로 우리를 심란하게 하고 짜증나게 하는 것은 미적인 것과 기능적인 것의 수렴 현상이다. 젖을 먹이는 어머니의 모습이 사랑스럽고 매혹적이라고 느낄 때, 우리는 마음속에서 미적 가슴을 버리고 어머니와 아기의 유대, 인간의 젖이 지니고 있을 것이라고 상상하는 기적과 같은 특성들, 어린 시절의 따뜻함과 편안함과 사랑에 대한 생각들에 초점을 맞추고 있는 것이다. 어머니의 가슴은 우리를 달래고 우리에게 편히 쉬라고 권한다. 미적 가슴은 우리를 달아오르게 하고, 우리의 시선을 목이나 어깨나 가슴에 고정시킨다. 그래서 그것은 광고판과 잡지 표지와 우리의 시선이 닿는 모든 곳에 사용된다. 이 두 가지 개념의 가슴은 각기 다른 경로로 우리를 매혹시킨다. 하나는 전통적이고 논리적인 경로인, 엄마와 젖을 주는 젖가슴에 대한 사랑이다(새러 블래퍼 르디는 "가슴을 뜻하는 라틴어 맘마에mammae는 각기 다른 언어권에 속한 어린아이들이 자연스럽게 내뱉는 '맘마'라는 애처로운 울음에서 유래한 것으로, 그것은 '젖 줘'라는 긴급한 한 가지 사항을 전달하기 위함일 때가 많다"고 쓰고 있다). 또 하나의 경로는 훨씬 더 새롭고, 우리 종만의 것이며, 더 요란하고 더 덤에 가까운 것이다. 너무나 인간적인, 그 미적 가슴은 도도하게 자신이 신성하다고 외친다.

미국에서는 어디에서나 공격적으로 유혹적인 가슴을 과시하는 일이 벌어지고 있기 때문에, 우리는 유달리, 병적이라고 할 정도로까지 가슴에 사로잡혀 있다는 말을 듣는다. 아프리카와 아시아의 일부 지역 등 다른 문화에서는 가슴을 평범하게 본다. 문화사가이자 《유연한 몸》의 저자인 에밀리 마틴은 내게 이렇게 말했다.

"중국에서 연구를 해보니, 그곳에서는 미국 문화에서보다 가슴이 그다지 성적이지 않다는 것이 분명하더군요. 여성의 복장이나 속옷도 특별히 그것을 감추거나 드러내려 하지 않아요. 여성들이 양지에 앉아서 가슴을 내놓고 있거나, 나이 든 여성들이 가슴을 내놓고 빨래를 하고 있는 마을이 한두 곳이 아니고, 그런 것들은 성적 흥분과 전혀 상관이 없어요."

설령 가슴에 집착하는 정도가 나라마다 시대마다 다르다 해도, 그 집착은 인상적일 만큼 지속적이며, 남성들, 즉 순수한 성적 존재들만 그런 것도 아니다.《옷 속을 꿰뚫어 보기》의 저자 앤 홀랜더는 내게 이렇게 말했다.

"모든 사람이 가슴을 사랑해요. 아기들도 가슴을 사랑하고, 남성들도 가슴을 사랑하고, 여성들도 가슴을 사랑하죠. 가슴이 쾌감의 엔진이라는 것은 온 세상이 알고 있어요. 가슴은 인류의 소중한 보물이고, 사람들은 그것에서 달아날 수 없어요."

기독교 시대의 무형의 장막에서 벗어난 14세기에 여성들이 맨 처음 한 일은 자신들의 가슴을 과시하는 것이었다. 남성들은 옷을 짧게 입어 다리를 노출시켰고, 여성들은 목 둘레 선이 더 깊이 파이고 가슴을 조인 옷을 입었다. 그들은 가슴을 모아 위로 밀어 올렸다. 그들은 부드럽고 느슨한 가슴 조직을 코르셋과 고래뼈를 이용해 팽팽하게 솟아오른 유방 모양으로 만들었다. 홀랜더는 말한다.

"맵시를 내기 위해 만든 것 중에 가슴에 쓰는 것들만큼 잘못된 것은 없죠. 작은 가슴과 굵은 허리가 유행했던 16세기와 1920년대의 말괄량이 시대처럼 가슴이 그다지 강조되지 않은 시대도 잠깐 있었어요. 하지만 가슴은 항상 돌아와요. 우리가 그것을 너무나 사랑하니까요."

우리가 사랑하는 것은 있는 그대로의 가슴이 아니라 환상적인 가슴,

즉 실용적인 가치가 전혀 없는 미적인 가슴이다. 최근에 열린 6세기에서 15세기까지의 캄보디아 조각품 전시회에서, 나는 여성 신상들이 대부분 현대의 성형외과 의사들이 만들어낸 듯한 가슴을 갖고 있다는 것을 알아차렸다. 즉 그 가슴들은 크고 둥글고 팽팽했다. 트로이 헬렌의 가슴도 그 형태에서 잔을 찍어낼 수 있을 듯이 완벽한 곡선을 그리며 솟아 있었다고 한다. 에즈라 파운드는 《시편 Canto》 중 120편에서 이렇게 썼다.

> 통치하는 법은 황제에게서
> 하지만 페테라에 있는 백금 잔은
> 헬렌의 가슴에서 나왔다.

고대 인도, 티베트, 크레타 등의 예술품들을 보면, 잔들은 결코 흘러넘치지 않으며, 여성들은 천상의 가슴, 중력이 없는 행성의 가슴, 내가 헬스 클럽 탈의실을 오랫동안 이용하면서도 거의 본 적이 없던 가슴을 갖고 있다. 현실의 여성들 속에서, 나는 얼굴만큼 다양한 가슴들을 보아왔다. 관처럼 생긴 가슴, 눈물처럼 생긴 가슴, 맥없이 늘어진 가슴, 뾰족 솟아오른 가슴, 굵고 짙은 젖꼭지와 젖꽃판이 두드러진 가슴, 에어브러시처럼 아주 작고 옅은 젖꼭지를 가진 가슴 등등. 늘어진 가슴을 나이 든 가슴과 연관짓는 것은 잘못이다. 사실 가슴이 처지는 일은 어느 나이에서도 일어날 수 있다. 일부 여성들은 처음부터 처진 가슴을 갖는다. 따라서 이상화한 가슴에서 나타나는 높이 튀어나온 가슴은 젊음을 선호하는 또 다른 표현일 뿐이라고 간주해야 한다.

우리는 왜 가슴 크기가 그렇게 다양한지, 가슴, 특히 인간의 가슴을 불룩하게 만드는 지방 조직의 성장을 조절하는 것이 정확히 무엇인지 모른다. 젖샘이라는 측면에서 보면, 인간의 가슴은 표준적인 포유동물의 양식을 따른다. 젖샘은 변형된 땀샘이며, 젖은 영양분이 많은 땀이다. 젖 생산을 담당하는 호르몬인 프로락틴은 포유동물보다 먼저 진화했다. 그것은 원래 어류 같은 초기 척추동물의 몸에서 염분과 수분의 균형을 유지하는 역할을 했다. 이를테면 물고기가 땀을 흘릴 수 있도록 해준 셈이다. 현재 남아 있는 포유동물 중 가장 원시적인 종류라고 여겨지는 오리너구리와 바늘두더지 같은 단공류(單孔類)의 젖은 젖꼭지가 아니라 땀처럼 어미의 피부에 난 샘에서 스며 나오고, 새끼는 그것을 핥아먹는다.

가슴 조직은 일찍부터, 태아가 4주가 되었을 때부터 발달하기 시작한다. 그것은 나란히 나 있는 두 줄기의 젖맥milk ridge을 따라 발달한다. 젖맥은 겨드랑이에서 사타구니까지 뻗어 있는, 포유동물이 지닌 구조물이다. 남녀 모두 젖맥을 갖고 있지만, 여성만이 나중에 호르몬의 자극을 받아 불룩한 젖가슴을 만들어낸다. 우리가 쥐나 돼지라면, 많은 새끼들의 요구를 충족시켜주기 위해 두 젖맥을 따라 모두 여덟 개의 젖꼭지를 만들어낼 것이다. 한 배에 한두 마리만 낳는 코끼리, 소, 염소, 영장류 같은 포유동물들은 두 개의 젖샘만을 갖고 있으며, 젖맥의 대부분은 태아 발달 동안에 퇴화한다. 네 발 달린 채식 동물들의 젖꼭지는 뒷다리 안쪽에 나 있어서, 새끼들이 어미의 강한 뒷다리와 흉곽의 보호를 받으면서 젖을 빨 수 있도록 해준다. 영장류 중에서도 다람쥐원숭이는 어미의 몸 아래쪽에 두 개의 젖꼭지가 나 있다. 하지만 긴꼬리원숭이나 짧은꼬리원숭이나 인간은 새끼를 안고 다니든 새끼가 가슴에 매달려 있든(나무 위에서 생활하기에는 이 편이 더 낫다) 간에, 젖이 나오는 젖꼭지가 맨 위쪽, 겨드랑이 가까이에 나 있다.

하지만 잠재적인 가슴들이 우리를 완전히 포기한 것은 아니다. 젖맥은 피부 밑에서 우리가 어떤 계통을 갖고 있는지 상기시켜준다. 즉 가슴 조직은 우리가 알고 있는 것보다 훨씬 더 광범위하게 분포해 있다. 그것은 빗장뼈에서부터 맨 아래의 갈비뼈까지, 가슴 중앙에 있는 가슴뼈에서부터 겨드랑이 뒤쪽까지 뻗어 있다. 어떤 사람들에게는 젖꼭지나 아예 젖가슴 전체가 또 자라나서 젖맥이 자신을 생생하게 드러내기도 한다. 《뉴욕 타임스 매거진》 수필가인 제니퍼 두머스가 속옷 외판원 생활을 하던 시절을 회상한 글을 보면, 한 고객이 자신의 특이한 몸매에 맞는 브래지어를 찾는다는 이야기가 나온다. 그 여성은 제니퍼에게 자신의 맨 가슴을 보여주었다. 그 여성은 종종 여러 개의 젖가슴을 가진 모습으로 그려지곤 하는 사냥의 여신, 즉 현대의 아르테미스였다. 이 아르테미스는 크기가 똑같은 젖가슴을 세 개 갖고 있었는데, 둘은 정상적인 가슴 부위에 나 있었고, 나머지 하나는 왼쪽 젖가슴 바로 밑에 있었다. 두머스는 스포츠 브라와 비슷하지만 더 헐겁고 아래쪽에 심이 들어 있지 않고 흉곽을 감싸는 넓은 고무 띠가 들어 있는 '브라렛bralette'이 딱 맞는다는 것을 알았다.

최근에 유방 절제술을 받은 여성들에게 팔았던 것도 이 제품, 어느 정도 체형에 맞출 수 있으면서도 편안한 느낌을 주는 제품이라는 생각이 떠올랐다.

원시 가슴 조직은 배 발생 초기에 나타나지만, 가슴은 신체 기관 중에서 특이하게 사춘기가 될 때까지 원시 조직 상태로 남아 있는 부분이다. 자궁은 예외로 하고, 몸에서 사춘기, 임신기, 수유기에 크기와 모양과 기능이 가슴만큼 극적으로 변하는 기관은 없다. 가슴이 암에 걸리기 쉬운 것도 성년기에 젖을 먹일 입이 있을 때마다 가슴의 윤곽이 팽창과 수축을 반복해야 하기 때문이다. 세포 성장을 억제하는 유전자 통제 장치가 몸의 다른 부위에서와 달리 가슴에서는 느슨하기 때문에, 악성 종양이 쉽게 발판을 마련하는 것이다.

미적 가슴은 젖을 주는 가슴보다 먼저 발달한다. 사춘기 초에 뇌는 난소를 자극하는 호르몬들을 규칙적으로 쏟아내기 시작한다. 그러면 난소는 에스트로겐을 분비하고, 에스트로겐은 몸에게 가슴에 있는 지방 '창고'를 채우라고 재촉한다. 지방 조직은 흉벽 근육에서부터 가슴 아래쪽 피부까지 뻗어 있는 그물처럼 연결되어 있는 아교질 결합 섬유들 사이사이에 들어 있다. 결합 조직은 몸이 섬유 사이에 지방을 집어넣으면 그에 맞춰 늘어난다. 가슴이 출렁거리는 것도 결합 조직의 탄성 때문이다. 에스트로겐은 미적 가슴을 형성하는 데 필수적인 역할을 하지만, 그것만으로는 충분하지 않다. 에스트로겐만으로는 가슴의 크기가 왜 그렇게 다양한지 설명하지 못한다. 커다란 가슴을 가진 여성이 작은 가슴을 가진 여성보다 반드시 에스트로겐 생산량이 많은 것은 아니다. 오히려 가슴 조직은 어느 정도 에스트로겐에 민감하다. 그 민감성은 어느 정도 유전자 조성에 따라 결정된다. 민감한 사람은 아주 소량의 에스트로겐만 분비되어도 매우 큰 가슴을 갖게 된다. 에스트로겐에 민감한 여성들은 피임약을 먹었을 때 더 큰 브래지어가 필요하기도 하지만, 에스트로겐에 둔감한 여성들은 피임약을 삼켜도 가슴에 변화가 없음을 알아차릴 것이다. 에스트로겐에 극히 민감한 아이들도 있다. 위대한 의료 저술가인 버튼 루에치는 가슴이 자라기 시작한 여섯 살 소년의 이야기를 상세히 다룬 바 있다. 나중에 그 이상 발달의 원인은 아이가 먹는 비타민 알약 때문임이 밝혀졌다. 그 회사는 기계 한 대로 비타민 알약과 에스트로겐 알약에 이름을 찍고 있었다.

"이름 찍는 기계에 묻은 소량의 에스트로겐이 비타민 알약에 묻는다고 생각해보라. 놀라운 효과가 나타났다."

비타민 알약 먹는 것을 그만두자 소년의 가슴은 다시 들어갔고, 그의 부모는 한시름 놓을 수 있었다.

거꾸로 테스토스테론 같은 안드로겐은 가슴의 지방 축적을 억제할 수 있다. 앞에서 살펴보았듯이, 유전적으로 안드로겐에 둔감한 여성들은 가슴이 아주 크게 자랄 수 있다. 테스토스테론을 충분히 만들어내지 못하는 생식샘을 가진 남성들에게 종종 여성형 유방이 발달하곤 한다. 가슴 성장을 억제하는 테스토스테론이 없으면, 남성의 몸 속에 있는 소량의 에스트로겐이 재빨리 지방을 축적할 기회를 차지한다. 이것은 남성성과 여성성의 경계선이 흐릿하다는 것을 보여주는 또 다른 사례이다. 양성 잠재력을 지닌 태아의 생식기 돌기와 마찬가지로 우리 모두의 젖맥에서도 양쪽 성을 가르는 경계선은 흐릿하다. 하지만 안드로겐도 여성들의 가슴 크기 차이를 완벽하게 설명하지 못한다. 비교적 테스토스테론 농도가 높은 여성들, 즉 턱수염이 뚜렷이 보이고 겨드랑이에 털이 많아 자신들을 뒤쫓는 안드로겐에 둔감하지 않다는 것을 확연히 드러내는 여성들 중에서도 앞가슴이 제대로 튀어나온 여성들이 많다. 갑상선 호르몬, 스트레스 호르몬, 인슐린, 성장 호르몬 등 모두가 젖샘 형성에 때묻은 지문을 남긴다. 따라서 우리는 미적 가슴을 만드는 것이 무엇인지 모른다. 우리는 만인의 가슴인 메이 웨스트[큰 젖가슴으로 유명한 미국 여배우]의 가슴을 만드는 호르몬 처방전을 갖고 있지 않다. 텔레비전의 공상 과학 드라마가 미래를 내다보는 것이라면 미래에는 가슴이 작다고 통탄할 일이 없을 것이며, 우리의 뇌가 더 커지지 않는다면 우리의 가슴은 분명히 커질 것이다. 현재 젖을 만들지 않는 가슴은 평균 무게가 300그램에 지름은 약 10센티미터, 흉벽에서 젖꼭지 끝까지는 6센티미터 정도이다. 브래지어의 평균 크기는 36B이며, 90년쯤 전에 현대 브래지어가 발명된 이후로 쭉 그래 왔다. 그러나 〈스타 트랙〉 같은 텔레비전 드라마에 등장하는 모든 종족의 여성들은 인간이나 불칸이나 클링건이나 보그를 가릴 것 없이 정신에서만이 아니라 가슴에서도 대담하며, 아마도 C컵 이하의 브래지어를 한 여성은 절대 등장하지 않을 것이다.

또 에스트로겐은 실용적인 가슴, 즉 곧 흐릿한 달콤한 땀을 분비할 젖샘을 성숙시키는 일도 돕는다. 팽팽하고 탄력성 있는 관과 엽편들은 지방과 아교처럼 결합된 조직들 사이를 헤쳐 가면서 길을 낸다. 각 가슴은 대개 5~9개의 엽편(葉片)으로 이루어지며, 젖은 그 엽편에서 만들어진다. 각 엽편은 각자의 관을 갖고 있으며, 그 관을 통해 젖이 젖꼭지까지 운반된다. 엽편들은 20여 개의 소엽편으로 세분되며, 소엽편들은 작은 포도송이처럼 생겼다. 엽편과 소엽편들은 가슴 전체에 고루 분포해 있지만, 모든 관들은 하나의 목적지인, 젖꼭지로 이어진다. 관들은 뱀이나 담쟁이덩굴처럼 말리고 굽으면서 젖꼭지로 수렴되며, 그러면서 지름은 더 넓어진다. 젖의 회로는 나무나 잎의 맥이나 몸의 혈관에서 볼 수 있는 수력학적 패턴을 따른다. 엽편과 소엽편은 열매와 잎인 반면, 관은 줄기로 갈수록 굵어지는 가지이다. 하지만 나무의 맥이나 몸의 혈관에서는 생명의 액체가 가장 넓은 관에서 가장 좁은 관으로 운반되는 반면, 젖은 각각의 작은 소엽편이라는 열매에서 만들어져 더 널찍한 관으로 운반된다. 관들은 젖꼭지의 피부에 구멍을 내며, 이 입구들은 대개 사마귀처럼 튀어나온 젖꼭지 끝에 감춰져 있지만, 여성의 젖꼭지가 부풀어오르고 물뿌리개처럼 보일 때, 각각의 관 구멍을 볼 수 있고 분비되는 젖도 볼 수 있다.

관과 소엽편은 임신할 때까지는 완전히 성숙하지 않으며, 임신하면 증식하고 두꺼워지고 분화한다. 관을 막고 있던, 귀지와 똑같은 물질로 이루어진 과립 마개는 분해되기 시작한다. 소엽편은 미세한 엽편들, 즉 꽈리들을 만든다. 그 낙농업자들은 가슴을 징발한다. 그들은 지방을 옆으로 밀어내면서 자신들이 있을 공간을 만든다. 가슴은 젖을 만들 때 무게가 0.5킬로그램 정도 늘어난다. 황소의 눈처럼 짙은 색깔로, 젖꼭지를 둘러싸고 있는 젖꽃판도 임신을 하면 뚜렷한 변화를 보인다. 그것은 더 짙어지며, 화산 정상에서 용암이 서서히 흘러내리듯이 젖무덤을 기어 내려오는 것처럼 보인다. 젖꽃판에는 몽고메리샘이라는 작은 소름들, 즉 또 다른 변형된 땀샘들이 퍼져 있으며, 이 젖꽃판샘은 어머니의 가슴에서 증식하여 윤활유 역할을 하는 수분을 분비해 젖을 빨릴 때의 감각을 견딜 수 있게 해준다. 젖을 떼고 나면 소엽들은 퇴화하고, 관도 복귀하고, 젖꽃판도 원상 회복되고, 지방도 어느 정도 가슴의 지배권을 탈환한다. 아이에게 젖을 물리는 여성들은 가슴이 원래 지녔던 크기와 탄력을 회복하지 못한다고 불만을 표시하곤 한다. 지방은 느릿느릿 성장하며 젖샘에서 원래 있던 자리로 다시 침투하지 못한다. 결국 미적 가슴은 미식가이자, 파티 애호가인 셈이다. 믿을 만한 쪽을 찾으려면, 관과 소엽을 보라. 그들은 필요할 때면 돌아올 것이고, 땀흘려 일하는 것을 마다하지 않는다.

가슴은 실제로는 몇백 그램에 불과하지만, 은유적으로 보면 몇 톤에 해당한다. 매릴린 옐롬은 문화 연구서인 《유방의 역사》에서 가슴이 모든 견해와 생각에 개방되어 있는 공용 키오스크이며, 과거의 보증이 현재의 훈계로 쉽게 얼버무려진다고 감탄한다. 마녀와 악마의 시든 젖가슴은 육욕의 대가를 표현했다. 기원전 1600년경의 미노아 조각상에서, 여사제들은 위엄 있는 맨 가슴을 드러낸 채 양 팔에 뱀이 감겨 있는 모습을 하고 있다. 뱀들은 조각상의 솟아오른 젖꼭지를 흉내내 혀를 길게 빼고 보는 사람을 향해 머리를 꼿꼿이 세우고 있다. 마치 자신들이 묶어놓고 있는 강력한 가슴이 사랑하자마자 독을 뿜을 것이라고 경고하듯이. 그 가슴은 다소 융통성이 있는 브라렛이다. 많은 문화에 나타나는 여러 개의 젖가슴을 가진 여신은 대단한 힘을 내뿜는다. 남성들과 떨어져 살았던 신화적인 여성 전사들인 아마존도 마찬가지이다. 그들은 오로지 1년에 한 번 임신하기 위해 남성들과 만남을 가지며, 딸들은 키우고 아들들은 살해하거나 불구로 만들거나 버렸다. 아마존들은 스스로 유방 절제술을 했다고, 즉 활을 잘 쏘기 위해 가슴 하나를 기꺼이 베어냈고, 그럼으로써 주변에 있는 남성 무리에게 정복되지 않았다는 것으로 잘 알려져 있다. 옐롬은 남성들에게 "아마존들은 괴물, 여장부, 남성 전사의 역할을 가로챈 부자연스러운 여성들이라고 여겨진다"고 쓰고 있다.

잘려나간 가슴은 끔찍한 비대칭성을 만든다. 가슴 하나는 자손을 기르기 위해 남겨두고, 다른 하나는 남성들을 공격하기 위해 제거한다.

여성들에게 아마존은 이제 막 시작된 소망, 미래를 향한 향수 어린 갈망을 뜻한다.

가슴의 제거와 '남성적' 형질의 획득은 이 신화적인 아마존들이 다른 여성들만을 향한 배려와 남성들만을 향한 공격, 즉 양육하는 여성과 공격하는 남성이라는 양성성을 갖고 싶어했다는 것을 암시한다.

18세기 프랑스에서는 아마존이라는 상징을 순화한 모습이 등장했다. 이 자유의 상징은 종종 가슴을 한쪽은 가리고 한쪽은 드러낸 모습으로 그려졌으며, 가슴을 기꺼이 드러냈다는 것(아니 적어도 잠시 옷이 흘러

내려도 신경 쓰지 않는다는 것)은 그녀가 대의를 위해 헌신한다는 증거였다. 더 최근으로 오면, 암 치료를 위해 가슴을 수술로 떼어낸 여성들이 아마존 전사의 모습을 취했다. 그들은 잡지 표지와 광고판에 비대칭적인 맨 몸을 자랑스럽게, 분노하며 드러냈다. 한때 가슴이 있던 곳에는 지금 활이나 탄약띠처럼 가슴을 가로지르는 대각선 흉터가 심상치 않게 오싹하고 아름다운 모습으로 나 있다.

가슴은 소에게 찍는 낙인처럼, 소유를 표시하는 데 사용되어왔다. 렘브란트의 유명한 초상화 〈유대인 신부〉에서 신부보다 나이가 훨씬 들어보이는 신랑은 오른손으로 신부의 왼쪽 가슴을 덮음으로써 그녀가 자신의 친절하고 온정적인 지배권 내에 있다는 것을 포함해 그녀에 대한 소유권을 주장하고 있으며, 그녀는 그의 더듬는 손을 향해 손을 뻗고 있다. 그것이 겸양인지 동의인지 망설임인지는 명확하지 않다. 19세기 미국에서 경매에 붙여진 여성 노예들은 팔려나가는 짐승처럼 상태를 알 수 있도록 가슴을 드러낸 사진을 찍었다. 은유적으로 말하자면, 가슴은 매맞고 고문당하고 잘려나갔다. 17세기에 마녀라고 고발당한 여성들은 종종 화형당하기 전에 가슴을 절단당했다. 바이에른의 무덤 파는 일꾼과 화장실 청소부의 딸인 안나 파펜하이머는 마녀라고 선고를 받은 뒤에 가슴이 잘렸고 그녀의 가슴은 그녀의 입과 성장한 두 아들의 입 속에 틀어박혔다. 그녀의 어머니로서의 역할을 기괴하게 조롱한 셈이었다.

초기 과학자들도 가슴에 관해 말을 해야 했다. 18세기에 대단히 다채로운 인물이었던 스웨덴 분류학자 린네는 한 분류군에 '가슴의'이라는 뜻의 포유동물강Mamalia이라는 이름을 만들어 붙임으로써, 가슴에 모호한 경의를 표했다. 론다 쉬빙거가 말했듯이, 린네는 포유동물로부터 당시 널리 알려져 있던 다른 특징들을 선택했을 수도 있었다. 우리는 털을 가진 존재라는 뜻의 필로사나, 움푹 들어간 귀를 지닌 존재라는 뜻의 아우레카비가(포유동물의 중이(中耳)는 독특한 세 개의 뼈로 된 구조를 이루고 있다)나, 네 개의 방으로 나누어진 심장을 지닌 존재(여기에 맞는 이름은 없으며, 아마 이름을 지어낼 수도 없을 듯하다)로 분류될 수도 있었다. 린네가 살던 시대의 사람들 중에 조소를 보낸 사람들도 있었지만, 우리와 털이 있고 새끼를 낳는 우리 친족들은 포유동물이 되었다. 당시는 계몽의 시대였고, 린네는 자신의 주장을 펼쳤으며, 그렇게 가슴은 다시 소환되어 은유 역할을 했다. 동물학자들은 언제나 불편했고 지금도 여전히 불편한 개념인 인간이 동물의 일종이라는 개념을 받아들였다. 따라서 인간과 다른 종을 연관지을 수 있는 분류군이 필요했다. 린네가 우리 사이의 유대를 강조하기 위해 어떤 특징을 선택했든 간에, 그 특징은 필연적으로 우리가 짐승임을 드러내는 제유(提喩)가 되었을 것이다. 모든 포유동물이 털을 갖고 있지만, 남성은 여성보다 털이 더 많으며, 따라서 필로사는 적절하지 않았을 것이다. 귀의 구조는 너무 단조로워서 명명을 통해 불멸의 지위를 얻을 만하지 않다. 그러나 가슴은 로맨스와 울림을 갖고 있으며, 무엇보다도 여성의 몸에서 가장 두드러진다. 또 린네는 포유동물강이라는 용어를 도입한 그 책(1735년 발간한 《자연의 체계 Systema Naturae》를 말하는 것으로 그때까지 알려진 동·식물의 종류를 체계적으로 분류·정리했다)에서 인간을 다른 모든 종과 구별하는 범주인 호모 사피엔스, 즉 슬기로운 인간이라는 이름을 우리 종에게 붙여주었다. 쉬빙거는 이렇게 쓰고 있다.

따라서 린네의 용어로 보면, 여성적인 특징(젖을 주는 엄마)은 인간을 짐승과 묶어놓는 반면에 기존의 남성적인 특징(이성)은 우리의 개별성을 나타낸다.

계몽 사상가들은 모든 인간의 평등과 자연권을 옹호했고, 메리 울스턴크래프트, 존 애덤스의 아내인 애비게일 애덤스 같은 당시의 일부 여성들은 여성들에게도 참정권이나 재산권이나 야만적인 배우자와 이혼할 권리 같은 적절한 권리가 주어져야 한다고 주장했다. 계몽 시대의 남편들은 관대하게 웃음을 머금으면서 공감을 표했지만, 그들은 그 정치적 낭떠러지 너머를 들여다볼 각오가 안 되어 있었다. 여성이 땅에 얽매인 존재임을 동물학적 및 분류학적으로 강조함으로써, 이성적인 남성들은 여성의 이성, 즉 슬기로움이 완전히 확립될 때까지 여성의 권리 문제를 미뤄두자는 편리한 변명거리를 찾아냈다(다음 장에서 살펴보겠지만, 흥미롭게도 인간의 젖은 여성에게서 가장 동물적이지 않은 측면, 가장 순수하고 가장 천상의 것에 가까운 체액으로 여겨지곤 했다).

19세기에 일부 과학자들은 골상학자들이 두개골을 갖고 한 것처럼, 가슴을 이용해 다양한 인종들을 구분하고 등급을 매기려 시도했다. 어떤 가슴들은 다른 가슴들보다 더 평등했다. 유럽인의 가슴은 완벽하게 차려 자세를 취하고 있는 반구, 즉 영리하고 개화한 가슴으로 여겨졌다. 아프리카 여성의 가슴은 염소의 젖통처럼 축 늘어져 덜렁거린다고 묘사되었다. 노예 제도 폐지를 주장하는 자료에서는 여성 노예들이 둥글고 높이 솟은 호소력 있는 가슴을 지닌 것으로 그려졌다. 그것은 그 흑인 노예들을 단단히 움켜쥐고 있는 여주인들이 지닌 솟아오른 가슴의 대응물이었다.

린네는 우리가 젖가슴을 가지고 있다는 이유로 우리를 다른 포유동물에게 묶어놓았지만, 우리는 자신의 가슴이 우리만의 것임을 알고 있다. 진화 사상가들도 그 점을 알고 있었고, 그들은 인간의 가슴을 정당화하는 다양한 설명들을 내놓았다. 캐롤린 폰드가 말하듯이, 어떤 이론도 뒷받침해줄 충분한 증거를 갖고 있지 않다. 우리는 인간의 진화에서 가슴이 언제부터 솟아오르기 시작했는지 단서를 전혀 갖고 있지 않다. 가슴은 화석으로 남지 않는다. 우리는 가슴이 몸의 털을 잃기 전에 나타났는지 아니면 그 뒤에 나타났는지 전혀 모르며, 우리가 언제 또는 왜 털을 잃었는지도 알지 못한다. 하지만 가슴이 여성의 몸에서 너무나 두드러진 특징이므로 과학자들은 단서를 찾으면서 계속 그것을 바라보고 있다. 그들은 가슴에 당혹스러워하며, 또 그래야 마땅하다.

남성들은 가슴을 갖고 있지 않지만, 가슴에 대한 권리를 주장하고, 유대인 신부의 가슴을 더듬고, 가슴을 만드는 데 관여한다고 느끼고 싶어한다. 많은 진화 이론들이 가슴이 남성에게 말을 하기 위해 솟아올랐다고 가정한다고 해서 놀랄 필요는 없다. 이 분야에서 가장 유명한 설명은 영국의 동물학자인 데스먼드 모리스가 1967년에 펴낸, 경이로운 성공을 거둔 책《벌거벗은 원숭이》에서 찾아볼 수 있다. 그 책에서 모리스는 가슴이 엉덩이의 모방이라는 탁월한 은유를 내놓았다. 당신은 아마 어떤 형태로든 그 이론을 들어보았을 것이다. 그 이론에서 달아나기는 쉽지 않다. 롤링 스톤스Rolling Stones와 마찬가지로, 그것은 은퇴를 거부한다. 처음에 제기되었을 때 그 이론은 몇 가지 가정들을 토대로 하고 있었으며, 그중 첫째는 남녀가 아이를 기르기 위해서 혼인이라고 더 잘 알려진 1 대 1 결합을 할 필요가 있었다는 것이다. 1 대 1 결합은 짝 사이에 지속적인 친밀함을 도모할 것을 요구하며, 그것은 우리 인류 이전의 조상들의 성교 방법이라고 여겨지는 익명의 후배위보다 얼굴을 마주보는 정상 체위를 통해 가장 잘해낼 수 있다는 것을 뜻했다. 그 때문에 클리토리스는 앞쪽으로 이동함으로써 초기 여성들에게 정상 체위를 추구할 동기를 부여했다. 가슴은 신사들이 몸 뒤쪽에서 그토록 갈망했던 부분을 앞쪽에서 재현함으로써, 그들이 체위를 바꾸도록 유도하기 위해 솟아올랐다는 것이다. 모리스는 그 뒤에 펴낸 책들에서 여성의 엉덩이와 갈라진 가슴 사진들을 다량 비교하면서 자신의 이론을 반복해서 말했다.

아마 가슴이 어느 정도 엉덩이를 닮았다는 점에서는 그의 말이 맞겠지만, 둥근 엉덩이가 가슴을 모방하는 쪽으로 발달했다거나 양쪽 다 나름대로 미적 호소력을 위해 독자적으로 발달했다고 말한다면? 불룩한 둥근 엉덩이를 가진 인간과 달리 다른 많은 영장류들은 납작하고 좁은 엉덩이를 갖고 있다. 모리스를 위시한 학자들은 둔부의 반구가 먼저 등장한 것이 확실하다고 주장한다. 직립 자세로의 진화는 엉덩이에 더 많은 근육 조직을 요구하기 때문이라는 것이다. 또 티모시 테일러가 《성의 선사 시대》에 쓴 것처럼, 직립 자세는 기본적인 움직임을 방해하지 않으면서 에너지를 지방으로 저장할 수 있는 부위를 만들어냈다. 게다가 티모시는 직립 자세가 유혹적인 형태의 여성 엉덩이를 만들 필요를 낳았다고 말한다. 여성이 서 있으면, 당신은 그녀의 외음부를 볼 수 없다. 다른 많은 영장류에서는 외음부의 모양이 중요한 성적 신호 역할을 한다. 여성이 자신의 질을 내비치지 않는다면, 그녀에게는 어떤 다른 성적 신호가 필요하며, 따라서 엉덩이가 두드러지게 되었다는 것이다. 오고가는 남성들의 관심을 확실히 사로잡기 위해서 곧 여성의 가슴도 부풀었다. 다 타당하다. 남성이 여성에게 끌리는 것만큼 여성도 남성의 불룩한 둥근 엉덩이에 끌리고, 여성이 여성의 엉덩이에, 그리고 남성이 남성의 엉덩이에 관심을 갖는다는 것 말고는 말이다. 아름다운 엉덩이는 바라보는 것이지만, 그 둥그런 윤곽이 많은 근육을 위한 집이 된다고 가정할 필요는 없다. 오히려 남녀 할 것 없이 인간 엉덩이의 곡선은 감각 활용과 우리가 직선적이고 옹색한 것보다 곡선이 있고 풍만한 것을 선호한다는 또 하나의 사례로 선택되어왔을 수 있다. 가슴은 엉덩이를 모방한 것이 아니라 양쪽이 공통의 주제로 수렴된 것인지도 모른다.

가슴 발달이 정상 체위 성교를 부추기기 위함이라는 주장을 회의적으로 만드는 다른 이유들도 있다. 보노보와 오랑우탄 같은 몇몇 영장류들도 얼굴을 마주보고 교미를 하지만, 암컷들은 가슴에 성적 상징물, 즉 그들의 좁은 엉덩이나 팽창한 외음부를 흉내낸 복제품을 전혀 달고 있지 않다. 그럼에도 그들은 유혹적이다. 하루에도 수없이 성교를 나누는 보노보처럼. 보노보의 비밀은 무엇이며, 그녀는 목록을 갖고 있을까?

가슴은 시각적인 미끼 역할을 하지 않을 때에도 번식에 본질적인 역할을 하기 때문에, 많은 이론가들은 가슴이 남성들에게 여성의 출산 능력을 일부 과시하기 위해 발달한 것이라고 가정해왔다. 가슴이 여성이 번식 연령에 도달했다고 공표하는 것은 확실하지만, 음모, 골반뼈의 확장, 호르몬을 통해 활성화한 체취 발산 같은 다른 많은 것들도 마찬가지이다. 여성이 임신을 해내려면 일정한 수준의 체지방을 지녀야 한다. 가슴은 두 꾸러미의 지방이다. 아마 가슴은 여성이 충분한 영양분을 지니고 있으며, 따라서 아이를 낳고 젖을 먹일 수 있다는 것을, 선사 시대의 남성이 영양학적으로 아슬아슬한 상태에 있는 여러 여성들을 살펴볼 때 알고 싶은 것을 알려줄 수 있는 정도까지 선언한 듯하다. 가슴이 눈에 띄긴 하지만 그 안에 든 지방은 몸 전체의 지방에 비하면 낮은 비중을 차지하며, 대개 가슴의 크기는 허벅지나 엉덩이나 위팔 같은 몸의 다른 지방 창고에 비해 여성의 체중이 늘든 줄든 비교적 변하지 않는다. 따라서 가슴의 지방은 여성의 건강이나 영양 상태를 나타내는 좋은 지표가 아니다. 그리고 앞서 살펴보았듯이, 가슴 크기는 여성의 번식 능력이나 수유 능력과 전혀 관계가 없으므로, 어머니로서의 가치를 제대로 나타내는 신호도 아니다. 어떤 사람들은 가슴이 속이기 위해, 즉 여성이 현재 배란기에 있는지 임신을 하고 있는지 남성을 혼란시킴으로써, 부자 관계를 애매하게 하고 남성이 아기가 자기 자식이 아님을 깨닫고 살해하는 일을 방해하기 위해 진화했다고 주장한다. 남성이 가슴의 형태를 사랑하는 또 다른 이유를 갖고 있다고 가정하지 않는다면, 남성이 왜 그런 미심쩍은 상품에 끌리는지 이해하기 어려울 것이다.

여성들도 가슴을 놓고 주장을 펼쳐왔다. 메러디스 스몰은 가슴이 휴대용 식품 저장고라는 생각을 다시 끄집어내지만, 그것이 남성들에게 출산 능력이 있음을 확인시켜주는 것이 아니라 여성들을 돕기 위해 고안된 것이라고 본다.

커다란 가슴은 단지 영양학적으로 압박을 받는 상태에서 진화한 여성들을 위한 지방 저장 기관일지 모른다. 인류의 조상들은 식량을 찾아 장시간 멀리까지 걸어다녔고, 몇 년 동안 젖을 주려면 지방이 필요했다.

하지만 앞서 말했듯이 가슴은 현금화하기 쉬운 지방 자산이 아니며, 요구를 해도 자신이 비축한 에너지를 내놓는 데 놀랍도록 인색하다. 여성이 젖을 분비할 때, 엉덩이와 허벅지에 있는 지질 에너지가 가슴의 지방보다 훨씬 더 쉽게 융통된다. 가슴 지방이 젖 생산 공장에 훨씬 더 가까이 있음에도 말이다. 헬렌 피셔는 가슴이 최대한의 자극으로 애무되고 빨리고 눌릴 수 있도록 해주는 여성의 쾌락 상자, 성욕을 자극하는 젖꼭지 밑으로 솟아오른 발판이라고 주장한다. 하지만 모든 여성이 예민한 가슴을 가진 것도, 반드시 오랜 애무를 동경하는 것도 아니다. 《가슴 : 여성들은 말한다》에서 75세의 한 여성은 이렇게 말하고 있다.

나는 평생 많은 일을 겪어본 끝에, 남성들이 여성의 가슴을 너무 많이 만지기 때문에 여성들이 유방암에 걸리는 것이라는 결론을 내리게 되었다.

그런 한편으로 아주 예민한 젖꼭지를 가진 남성들도 많으며, 그들은 여성들이 시시때때로 핥아주기만을 바란다.

여성들을 위한 것이 아니라면, 아마 아이들을 위한 것인지도 모른다. 거의 유일하게 수생 원숭이 인간 진화론을 주장하고 있는 독창적이며 용감한 사상가인 일레인 모건도 가슴을 주제로 몇 마디 말을 남겼다. 그녀는 인류가 진화 발달 기간 중 물 속에서 지낸 때가 있었다고, 즉 우리가 기각류(포유류 중 바다사자나 물개 등이 속한 분류군)이자 원숭이라고 믿는다. 그렇다면 가슴이 있는 한 가지 이유는 그것이 제2차 세계대전 때 영국 군인들이 구명 재킷이라고 불렀던 것처럼, 아기가 자랄 때 매달려 있는 부상(浮上) 도구로서의 메이 웨스트였기 때문일지 모른다. 더 최근 들어 모건은 우리가 해양 생활을 했음을 보여주는 흔적, 즉 털이 없다는 특징 때문에 가슴이 생겼다고 주장했다. 그녀는 원숭이 새끼들은 젖을 빠는 동안 어미의 가슴 털에 매달려 있을 수 있다고 말한다. 인간 유아는 움켜쥘 것이 없다. 더구나 인간 유아는 너무나 무력해서, 젖꼭지가 있는 곳까지 고개를 들어 올릴 수도 없다. 젖꼭지가 유아에게 다가와야 한다. 그래서 인간의 가슴에 있는 젖꼭지는 원숭이의 것보다 훨씬 더 아래쪽에 달려 있으며, 원숭이의 것과 달리 갈빗대에 단단히 고정되어 있지 않다. 모건은 이렇게 결론을 내린다.

젖꼭지 주위의 가슴 피부가 움직이기 쉽도록 점점 더 느슨해짐으로써 피부 안쪽으로 젖샘 조직과 지방이 자리잡을 공간이 생겼다. 남성은 그 결과로 생긴 종 특유의 가슴 형태가 성적인 자극을 준다는 것을 깨달았지만, 그 변화를 자극하고 그 변화에 처음 혜택을 입은 것은 아기였다.

이것은 가슴의 텅 빈 벽장 이론이다. 즉 빈 벽장이 있다면, 안이 채워

지리라는 것이다. 수생 원숭이 이론을 지지하는 증거가 전혀 없다는 것 외에, 느슨해진 젖꼭지가 젖 먹이기에 도움이 된다는 것도 명확하지 않다. 여성은 아기를 가슴에 대고 안고 있거나, 베개로 받치거나, 포대기로 묶어야 한다. 개발 도상국에 있는 여성들은 대부분 젖을 먹일 때 포대기를 쓴다. 어머니가 암소 데이지처럼 아기를 허벅지에 올려놓고 몸을 앞으로 굽혀 젖꼭지가 아기의 입에 달랑거리도록 하면서 장시간 있어야 한다면, 그녀는 허리를 펴고 두 발로 걷는 동물로 다시 돌아가기 어려울지도 모른다.

미적 가슴은 당신을 도울 생각도 하지 않을 것이다.

플라톤은 정신이 공 모양이라고 했다. 칼 융은 원을 자아의 상징으로 삼았다. 부처는 여덟 개의 꽃잎이 방사 대칭을 이루고 있는 연꽃 위에 앉아 있었다. 원형의 만다라는 의식과 무의식의 통일을 의미한다. 유럽의 거대한 고딕 성당에 있는 창문들은 모두 그것을 보는 참배객과 무신론자들의 눈물과 찬송가로 얼룩져 있으며, 가장 장엄한 예술적 효과는 하늘을 상징하는 원형으로 되어 있는 장미창rose winow들에서 나타난다. 르네상스의 아버지인 필립포 브루넬레스키의 최고 작품은 대성당이었다. 그는 대성당에 신성한 것과 세속적인 것의 결합물인 돔을 설치함으로써, 잊혀진 기쁨을 다시 세상에 돌려주었다. 오늘날의 혼인 반지가 말하고 있듯이, 원으로 감싼다는 것은 사랑하고 소유한다는 의미이다. 셰익스피어의 극장은 중앙에 원형 무대가 놓여 있으며, 글로브라는 이름이 붙어 있었다.

우리는 둥근 것에 사로잡힌 채 정신없이 살아가고 있다. 이유는 아무도 모른다. 원래 얼굴과 함께 시작했기 때문에 그랬을 수도 있다. 신생아의 눈이 맨 처음 향하는 곳은 젖가슴이 아니라, 어머니의 얼굴이다.

유아는 가까이 있는 것에 초점을 맞출 수 없기 때문이다. 인간의 얼굴은 둥글다. 어른 원숭이의 얼굴보다 훨씬 더 둥글다. 인간의 눈에는 우리 유인원 사촌들에게는 없는 흰자위가 있으며, 그것은 둥근 홍채를 돋보이게 하는 역할을 한다. 우리가 웃을 때 양 볼은 둥글게 되고, 입의 위로 올라간 양끝과 눈썹의 아래로 처진 양끝은 원 안에 또 하나의 원이 있는 모양을 이룬다. 웃음을 우호적인 의사 표시로 해석하는 것은 인간뿐이다. 대다수 영장류는 웃음을 얼굴을 찌푸리는 것, 즉 위협하거나 두려워하는 표정으로 받아들인다.

아니면 우리 식량의 주요 원천, 성공의 결실, 풍요의 꿈인 과일로 시작했기 때문일 수 있다. 과일은 둥글며, 나무 열매와 구근과 식물의 먹을 수 있는 부분들도 대부분 둥글다. 아니면 빛을 공경했기 때문일까? 모든 빛의 원천인 태양과 달은 둥글며, 둥글수록 빛은 더 밝아진다. 그 천체들은 매번 주기가 지날 때마다 기하학적 모양이 이지러지면서 죽는다. 우리가 인간으로 살아온 세월 동안, 원이 우월하다는 점, 그리고 둥근 것과 우리를 규정짓는 것이 관련되어 있다는 점을 목격해왔다. 원은 돋보이게 하고 범위를 정한다. 우리는 원에서 벗어날 수 없다. 우리는 원에 질리지 않는다.

가슴은 몸에서 원에 가장 솔직하게 경의를 표하는 부분이다. 오랜 세월 동안 인간의 가슴은 사과, 멜론, 태양, 달, 버찌, 얼굴, 눈, 동양의 진주, 공, 만다라, 세계 내의 세계 등 우리가 알고 사랑하는 모든 둥근 것에 비교되어왔다. 하지만 오로지 가슴에만 초점을 맞추다 보면, 인간의 몸이 다른 방식으로도 둥그런 모양에 찬사를 보내고 그것에 공명한다는 사실을 놓치고 만다. 물론 엉덩이도 둥글고 두드러져 있다. 어깨로 이어지는 인간의 긴 목선은 뒤에서 보면 아름다운 포물선을 이루고 있다. 우리의 근육들도 인간 특유의 둥글고 두드러진 형태를 이루고 있다. 다른 동물들은 인간 운동 선수에게서 볼 수 있는 두드러진 곡선이 없는 매우 **빽빽한** 근육을 갖고 있다. 우리보다 잘 달리는 동물들은 많지만, 엉덩이와 마찬가지로 남녀 모두 둥근 곡선을 이루고 있는 인간 특유의 장딴지 근육을 가진 동물은 없다. 팔의 이두박근도 가슴처럼 보일 수 있다. 어깨의 삼각근도 마찬가지이다. 잘 발달한 가슴 근육은 깊이 파인 젖가슴처럼 보인다. 고대 그리스인들은 남성의 근육이 육감적인 선을 이루고 있다는 것을 놓치지 않았고, 미켈란젤로도, 사진 작가인 브루스 웨버도 그랬다. 웨버가 찍은 캘빈 클라인 속옷 광고 사진을 보면 남성의 벗은 가슴이 여성의 깊이 파인 가슴을 찍은 틀에 박힌 사진만큼이나 많은 말을 한다는 것을 알 수 있다. 마치 스피로그래프[호흡 운동 기록기]로 그린 듯한 눈부신 근육질 몸을 가진 남녀 춤꾼들은 움직임을 통해 그 곡선을 강조하고 신성하게 만든다. 춤에 담긴 곡선을 무시하는 것은 그 아름다움을 포기하고 조롱하고 모욕하는 것이다.

우리는 윤곽이 뚜렷한 곡선에 매혹된다. 인간이 몸에 난 털을 없애면 여성의 가슴과 엉덩이 곡선이 더 제대로 드러날 것이라는 주장이 있었지만, 그렇다면 그 부위에 난 털이 없어지지 않은 이유가 무엇이란 말인가? 탈모의 미적 혜택은 전체를 놓고 보아야 한다. 몸 전체는 보여주어야 할 모든 곡선을 보여주는 무대 앞부분이 된다. 어느 부분을 보여줄 것인가는 어느 정도 우리의 생리 기능과 호르몬 환경에 좌우된다. 여성의 몸에는 에스트로겐이 풍부하다. 그 호르몬은 매달 난자의 성숙과 방출을 통제하며, 몸에 지방을 축적하는 일에도 능숙하다. 영장류의 가슴은 팽창을 견딜 수 있다. 곡선을 이룰 준비가 되어 있는 셈이다. 남성은 정자 생산에 필요한 테스토스테론을 공급받는데, 그 호르몬은 근육 형성에 도움을 준다. 양쪽 다 곡선 없이도 가능한 일이다. 우리는 곡선이 없이도 튼튼해지고, 번식 능력을 갖고, 빨리 움직이고, 젖을 낼 수 있다. 그런데도 신비하게 우리는 곡선을 갖고 있으며, 곡선을 형성하고, 얼굴에 곡선을 그려낸다. 우리는 둥근 가슴과 둥근 근육을 형성한다. 우리는 도드라진 광대뼈, 즉 얼굴의 가슴을 형성한다. 아니 그것은 얼굴의 엉덩이나, 얼굴의 이두박근이나, 얼굴의 사과나, 얼굴 안의 얼굴일지도 모른다.

　여기서 나는 매력적이라고 여겨지는 것이 주는 혜택이 짝을 끌어들이는 능력에 한정된 것이 아니라는 사실을 말하지 않을 수 없다. 매혹적인 사람은 동료를 끌어들인다. 생존을 위해 집단을 이루어야 하는 극단적인 사회성 종인 우리는 서로를 강화하고 확장하는 일련의 조화를 통해 우리 자신과 자손이 얻는 혜택을 증가시킬 수 있다. 당신이 친구를 갖고 있다면, 당신은 옹호자를 가진 것이고, 당신의 아이들도 옹호자를 가진 것이다. 매력은 상대 성의 관심을 불러일으키는 한편, 같은 성에게 과시하는 목적으로도 쓰인다. 과시는 극단적인 경쟁심을 불러일으킬 수 있지만, 걱정을 불러일으킬 수도 있다. 여성들은 서로에게 과시를 하며, 서로에게 보이기 위해 옷을 입고, 다른 여성들이 자기 모습을 어떻게 생각할지 걱정한다. 우리는 습관적으로 그런 멋내기를 다소 심술궂은 경쟁이라고 해석하며, 그것의 최종 목표가 남성을 차지할 수 있는 여성으로 보이려는 것이라고 가정한다. 하지만 여성의 과시도 동맹 형성 가능성을 함축하는 제휴 관계를 형성할 수 있다. 그런 의미에서 여성들은 남성들이 가슴으로 여성을 선택하는 것과 마찬가지로, 가슴으로 서로를 '선택해'왔을지도 모른다. 그리고 과시와 설득을 위해 선택하는 가슴은 경사진 부드러운 어머니의 가슴이나 장미 꽃봉오리 같은 처녀의 가슴이 아니라, 솟아오른 강한 가슴, 근육처럼 굽힐 수 있는 가슴, 군중 속에서도 눈에 띄는 가슴이다.

　얼룩핀치는 자연의 탐미자이다. 하지만 그 새는 구조적으로 지적으로 한계를 갖고 있다. 그 새는 스스로 모자를 만들어 쓸 수 없다. 만일 그 새가 모자를 만들어 쓸 수 있다면, 저돌적이 될지도 모른다. 모자는 마리 앙트와네트의 머리처럼 높이 틀어 올린 볏을 만드는 식으로 시작될지 모른다. 아니면 라이크라 섬유로 짠 볏처럼, 튀고 흔들거리면서 얼룩핀치의 시각 피질을 온통 사로잡는 식일 수도 있다. 볏은 두드러지게 눈에 띄는 완벽한 형질이 될 것이다. 다리에 끼운 고리는 그렇지 못하지만, 깃털 모자는 환성을 지르게 할 수 있다. 나를 봐! 아니야, 나를 봐.

우리는 취향을 갖고 있을 뿐 아니라, 몰입하기도 하고 자제하기도 하고 남용하기도 한다. 볏과 마찬가지로 가슴도 조작의 대상이 된다. 가슴은 이상적인 장신구이며, 우리는 우리의 감각을 이용하는 자들을 이용해왔다. 가슴은 몸의 다른 부위보다 다루기가 더 훨씬 더 쉽다. 가슴은 부드럽고 압축할 수 있다. 가슴은 들어 올리고, 몰아 쥐고, 앞으로 솟게 하고, 납작하게 누르고, 안에 뭔가를 넣을 수도 있다. 비록 여성들이 해오긴 했지만 허리를 꽉 조이다 보면 정신을 잃고 죽기도 한다. 하지만 가슴을 봉긋 솟게 하는 일은 비교적 고통이 없다. 가슴 숭배는 옷을 입은 원숭이라는 우리의 지위와 함께해왔다. 14세기에 목선이 노출됨과 동시에 코르셋이 등장해 가슴을 위로 밀어 올렸다. 이상적인 가슴은 날조된 가슴일 때가 흔하다. 목과 어깨를 드러낸, 엉덩이 같은 가슴은 옷으로 만들어낸 인위적인 산물이다. 벌거벗은 가슴은 볼과 볼을 맞대고 춤추지 않는다. 둘은 서로 고개를 돌리고 만다. 가슴은 기이할 정도로 크기와 모양이 제각각이지만, 감동적일 만큼 비슷한 모양으로 만들 수 있으며, 우리는 인간이고 무언가를 그냥 놔두는 법이 없기에 그렇게 해왔다. 우리는 둥근 것을 좇고 반구에 끌리는 눈의 성향을 추종해왔으며, 그것을 부풀리고 애지중지해왔다.

우리는 남성의 곡선도 마찬가지로 팽창 압력에 점점 더 내몰려왔다는 사실로부터 약간의 위안을 얻을 수 있다. 노틸러스 운동 기계의 등장은 가슴과 팔 곳곳에 젖가슴이 튀어나온 다비드 상의 모습을 달성할 수 있는 시대가 왔음을 알렸다. 우리는 겉모습을 중시하고 하나 같이 아름다움에 찬사를 보내는 이 시대에 요령을 피우지 않고 필사적으로 손에 힘을 준다. 설령 그 장치가 새로운 것이라 해도, 그 집착은 선천적인 것이다. 우리는 나르키소스가 물의 반사 특성을 발견한 이래로 자신의 허영심을 꾸짖어왔다. 우리는 행실을 바로 하지 않고 몸에 관심을 갖지 않거나 다른 사람들의 달이나 멜론을 응시하기를 중단한다면, 마녀의 쭈그러든 젖가슴을 보게 될 것이라고 협박을 받아왔다.

모든 가슴이 예쁘다고 말하는 것은 모든 얼굴이 예쁘다고 말하는 것과 같다. 즉 그것은 진실이지만 거짓이기도 하다. 그렇다, 우리는 모두 매력을 갖고 있으며, 유전적으로나 해부학적으로나 독특하고, 그 독특함은 나름대로 장점을 지니고 있다. 동시에 우리는 그것을 볼 때 아름답다는 것을 안다. 아름다움은 독재자이다. 하지만 왜 그런 것일까? 이미 지니고 있는 것보다 더 잘생긴 모습에 더 큰 의미를 부여하기 때문에 그렇게 착각하는 것이다. 솟은 광대뼈, 솟은 엉덩이, 솟은 가슴은 아름답지만, 그것들을 여성다움의 필수 조건으로 보아서는 안 된다. 가슴이 말하려는 것이 뭔가 중요한 것이라면, 가슴은 지금보다 훨씬 덜 다양하고 덜 기묘한 모습을 하고 있어야 한다. 이를테면 단지 젖샘에 불과한, 찻숟가락만 한 젖가슴 하나만 달려 있어야 할 것이다. 가슴이 말을 할 수 있다면, 그 말은 아마 농담일 것이다. 지면에서 흔히 볼 수 있는, 백열 전구를 소재로 한 온갖 농담들 말이다.

8

신성한 물

젖

예수의 어머니인 성모 마리아는 출산의 고통을 겪지 않았다. 그녀는 처녀성을 간직했으며, 아마 그녀의 처녀막은 평생 그대로 남아 있었을 것이다. 그녀가 이브의 저주에서 벗어났다면, 그녀는 생리도, 배변이나 소변 같은 것도 하지 않았을지 모른다. 사망한 뒤 그녀의 사체는 썩지 않고 그대로 천국으로 올라갔다. 그녀는 해부학, 생화학, 열역학 법칙을 무시했다. 그녀는 다른 여성들과 공통점이 거의 없었다. 린네를 통해서 호모 사피엔스와 개념상 연관된 '하등' 포유동물의 암컷들과는 말할 것도 없다. 그럼에도 마리아는 자신이 여성임을 보여주면서 스스로를 한 분류군에 귀속시켰다. 그것은 그녀가 자신의 젖샘을 사용했다는 사실이다. 그녀는 아기 예수에게 젖을 물렸다. 젖먹이는 마리아는 서양 예술에서 가장 흔히 등장하는 모습 중 하나이다. 르네상스 초기부터, 동정녀 마리아는 한쪽 젖가슴을 드러낸 채, 젖을 빨리려고 하거나 이미 젖꼭지 끝에 입술을 갖다대고 있는 아기 예수의 모습과 함께 등장하곤 했다. 드러난 젖가슴은 대개 가슴의 다른 부분과 거의 떨어져 있는 듯하고, 일반적으로 젖가슴이 자리하고 있는, 갈비뼈가 감싸고 있는 부위보다 빗장뼈 쪽에 더 가까운, 당구공과 비슷한 기이한 모양을 하고 있다. 예술가의 솜씨가 어떻든 간에, 그 드러난 젖가슴은 부정확하게 표현하는 관습을 따르고 있다. 관람자에게 마리아의 가슴이 음탕한 것이 아니라, 순결과 그 안에 놀라운 양식이 들었을 가능성을 생각하라고 의도한 것이었다. 그 전능한 자에게 젖을 주는 젖가슴의 힘은 얼마나 무한할까. 모두에게 영원한 삶을 주는 자에게 삶을 주었으니 말이다. 그리고 평범한 여성의 젖샘이 빨면 빨수록 더 많은 젖을 만들어내는 식으로 애원하는 자를 통해 더 튼튼해지듯이, 마리아의 젖가슴도 가장 신성한 입과 내밀하게 접촉함으로써 더 강해지고 더 성스러워졌다. 그것은 분비하고 흡수했다. 동정녀 마리아의 젖꼭지는 갈라지지도 물집이 잡히지도 않았다.

신성한 액체로 말한다면, 동정녀 마리아의 젖은 예수의 상처에서 흐르는 피보다 바로 아래 단계에 놓인다. 예수가 못박혔던 십자가 조각들이 성유물함에 담겨 기독교 국가 전체의 모든 성당에 안치될 만큼 많다면, 마리아의 젖도 그 성당에 모인 사람들에게 모두 먹일 만큼 많았다. 16세기 프로테스탄트 개혁가인 칼뱅이 신랄하게 비꼴 정도였다.

"그 젖을 얼마나 모았기에, 지금까지 남아 있단 말인가."

우리는 마리아의 젖가슴이 결코 마르지 않으며, 세상이 끝나는 날까지 그 세상에 젖을 먹일 것이라고 상상할 수도 있다. 15세기 피렌체의 한 무명 화가가 그린 프레스코화에는 동정녀 마리아가 자신의 손으로 한쪽 젖가슴을 받친 채, 어른 예수에게 그녀의 발밑에 모여든 죄인들을 구원해 달라고 간청하는 모습이 담겨 있다. 벽에는 이런 글이 새겨져 있다.

"사랑하는 아들아, 내가 네게 젖을 줄 터이니, 그들을 용서해 다오."

성모 마리아가 고귀해질 수 있는 젖을 준 존재는 성모 마리아 이전에도 이후에도 있었다. 그리스 여신의 젖은 마시는 사람에게 무한한 생명을 준다고 여겨져왔다. 제우스는 인간인 알크메네와 정사를 통해 낳은 아들 헤라클레스에게 신성을 부여하기 위해, 잠자고 있는 아내 헤라 곁에 몰래 그 아기를 갖다 놓으면서 영생을 맛보라고 그녀의 젖가슴에 아기를 대놓았다. 아둔하게도 헤라클레스가 처음부터 젖을 너무 세게 빨아대는 바람에 헤라는 잠에서 깼고, 화가 난 그녀가 헤라클레스를 떼어내자 젖이 하늘로 튀면서 은하수가 생겼다. 하지만 헤라클레스는 이미 젖을 충분히 빤 뒤였으므로, 불멸의 존재가 될 수 있었다.

여성의 생리혈이 오염되었다고 여겨지곤 하는 반면, 젖은 정결하다고 여겨진다. 따라서 여성의 항상성은 유지된다. 밸러리 필더스가 《젖가슴, 우윳병, 아기》에서 설명했듯이, 기원전 16세기의 에베르스 파피루스에는 사람의 젖이 백내장, 화상, 습진을 치료하며, '숙변을 제거한다'고 씌어 있다. 고대 이집트에서 유모는 다른 하인 계급과 달리 높은 위치에 있었다. 왕의 유모는 왕의 장례식에도 참석했다. 왕의 유모가 낳은 아이들은 왕과 같은 젖을 마신 친척으로 여겨졌다. 오디세우스가 21년 간의 시련을 겪은 뒤 누더기를 걸치고 집으로 돌아왔을 때 단 둘만이 그를 알아보았다. 충실한 개 아르고스(주인을 본 직후에 행복해하며 죽었다)와 유모 에우뤼클레이아였다. 그녀의 젖가슴은 쭈그러든 지 오래였지만, 한때 그곳을 통해 흘러나온 정결함의 흔적이 남아 있으며, 충성심과 마찬가지로 그 진정한 정결함은 시간이 흘러도 약해지지 않는다. 젖은 동종요법적(同種療法的)이다. 즉 그것은 자신이 먹인 모든 입을 기억한다.

실용적인 젖가슴은 땀샘이 변형된 것이며, 그것은 췌장, 간, 결장에 용도가 있듯이, 젖가슴도 용도가 있다는 의미이다. 젖 분비는 기본적인 생물학적 기능이다. 젖은 체액이다. 하지만 비유해서 말하면, 젖 먹이기와 젖은 그 자체의 등급, 즉 메타생리학의 등급에 놓여 있었으며 지금도 마찬가지이다. 그것들은 숨도 못 쉴 정도로 선언적이며 절대적인 주술적 지위를 획득해왔다. 그것들은 끝없는 경고, 축복, 죄의식, 기쁨, 고통의 근원이 되어왔다. 우리는 젖 먹이기가 자연스럽고 선하며 사랑스럽다고 생각하지만, 역사를 살펴보면 그것이 양심과 허세를 의미할 때도 있었다. 누가 애원하지 않아도 우리의 심장은 뛰고, 신경은 흥분하고, 생리혈은 흐르게 되어 있다. 하지만 젖 먹이기는 다른 문제이다. 여성이 아기에게 젖을 먹이는 것은 자연스러울지 몰라도, 반드시 그래야 한다는 보장이 되어 있는 것은 아니다. 따라서 그것은 예언자의 권위로 위임되거나, 정치가가 만든 법을 통해 지정되거나, 변명도 불평도 용납되지 않는 사회의학적 토대로 결정되는 등 다양한 방법으로 보장되어왔다. 젖 먹이기는 있는 그대로, 즉 몸이 하는 일이라고 여겨지지 않았다. 젖샘은 종종 과소 평가되기도 했으며, 20세기 중반에 유아용 유동식이 단지 모유의 무난한 대용물이 아니라 모유를 개선한 것이라고 여겨졌던 것도 그 때문이다. 이제는 젖샘이 과대 평가되고 있다. 우리는 모유를 먹이면 모든 아기가 아이작 뉴턴이나 제인 오스틴이 될 수 있다고 믿는다. 지금 모유는 여성이 본래 지니고 있는 영약이라고 여겨진다. 모유를 통해 우리는 아이에게 우리 자신의 일부를 주는 한편, 우리 자신을 정화하고 갱신한다. 우리의 젖은 우리 자신보다 낫다.

우리는 스스로를 너무나 잘 알고 있지만, 안타깝게도 자신의 젖은 잘 모른다. 그것은 수수께끼이다. 과학자들은 계속 젖을 분석하고, 계속 그 속에 든 예기치 않은 성분을 발견하고 있다. 젖은 시간이 흐르면서 더 나아지고 있는 것일까? 젖은 우리보다 앞서 진화하고 있는 것일까? 모유를 먹이자고 주장하는 단체들의 글을 읽다 보면, 미심쩍은 생각이 들지도 모른다. 라레체 연맹[국제 모유 수유 엄마들의 모임]의 사무국장인 리앤 딜의 말에 따르면, 모유는 '기적의 물질'이다. '궁극적인 생물학적 액체', '만병 통치약', '진정한 마법의 액체', '인간의 권리', '음식을 초월한 그 무엇' 등등 모유에 찬사를 보내는 그 무의미한 수식어들에는 과학자들조차 고개를 돌린다. 모유가 아기에게 거의 초자연적인 능력을 준다는 믿음은 여성의 개성과 감정이 젖을 빠는 아기의 성격을 형성한다고 가정한 고대 의학 권위자들의 말을 생각나게 한다. 그들은 끔찍한 술고래였던 티베리우스 황제가 알코올 중독자 유모의 젖을 빨았으며, 폭군인 칼리굴라 황제는 젖꼭지에 피를 발랐던 유모의 젖을 빨았다는 유명한 사례를 인용했다.

당신 자신은 모유에 어떤 감정을 갖고 있는가. 당신이 젖을 먹인 적이 있는 여성이라면, 당신은 분명 자신의 젖을 맛보았을 것이고, 그것이 암소의 젖보다 더 달콤하고 더 물 같다는 사실을 알 것이다. 하지만 유리 잔 가득 담아 냉장고에 넣어둔 모유가 있다면, 당신은 그것을 마실 것인가? 그런 생각은 마음을 불편하게 만든다. 거의 식인 행위를 하는 듯한 느낌이 들 것이다. 우리는 무엇 때문에, 또는 왜 그런지 절반도 알지 못한다. 모유는 우유보다 더 싱겁지만, 더 많은 의미와 더 많은 속성을 가득 담고 있으며, 미친 과학자의 비커에서 부글거리고 있는 용액처럼, 지지직거리며 살아 움직인다. 아니 그 이상이다. 어른이 매일 모유를 마신다면, 버섯의 왼쪽을 뜯어먹은 앨리스처럼 거인으로 자랄까, 아니면 헤라클레스나 흡혈귀 노스페라투처럼 불사의 존재가 되지 않을까?

냉철하게 젖 분비를 살펴보자. 앞서 젖샘은 땀샘이 변형된 것이라고 말한 바 있지만, 그것을 태반이 변형된 것이라고 생각할 수도 있다. 태반과 젖샘은 공통점이 많다. 둘 다 전문가이며, 임시 고용인이다. 둘 다 아기에게 양분을 주도록 설계되어 있다. 태반과 젖샘처럼 짧은 기간만 일하고, 오직 한 가지 일만 하는 신체 기관은 없다. 둘 다 아기를 위해

서만 존재하며, 아기가 그들을 원하지 않으면 은퇴한다. 둘 다 값비싼 신체 기관이며, 절대적으로 필요하지 않으면 유지되지 않는다. 아기의 젖 빨기가 젖샘의 젖 생산에 중요한 이유도 그 때문이다. 젖을 빠는 기계적인 자극이 젖을 생산할 필요가 있다고 말해주지 않으면 젖샘에서 젖은 계속 만들어지지 않을 것이다. 진화적인 의미에서 볼 때, 아기가 죽으면 자동적으로 젖 생산도 중단되는 것이 옳은 전략이다. 태아가 사산된 뒤에 어머니의 몸이 하루에 600칼로리나 되는 비용을 들여 며칠 이상씩 계속 자동적으로 젖을 생산한다는 것은 너무나 낭비일 것이다. 젖 분비는 상황의 함수이자 조건 반사이며, 젖을 생산하기 시작하고 유지하기가 그렇게 어려운 이유도 그 때문이다. 몸은 흐르게 하고 멈추게 할 자세가 되어 있다. 젖 분비는 피와 비슷한 면이 있다. 피는 쉬지 않고 혈관 속을 돌아다녀야 하지만, 피부에 틈이 생기면 응고될 준비를 하고 있어야 한다. 그렇지 않으면 가시덤불에 스치기만 해도 피를 흘려 죽음에 이르게 될 것이다. 마찬가지로 젖도 흐를 준비가 되어 있어야 하지만, 궁극적인 칵테일인 이 젖은 너무나 값비싼 액체이므로 아기가 달라고 간청하고 그 신성한 요구자의 입으로 빨아야 한다.

젖 생산은 임신 중반쯤에 시작된다. 젖이 만들어지는 소엽들은 잎이 무성해져서 줄기가 보이지 않게 되듯이, 두꺼워지고 증식해서 젖관을 둘러싼다. 소엽들의 끝에 있는 꽈리 세포들은 진동하고 팽창하면서 단백질과 탄수화물로 된 황색 액체인 초유를 분비하기 시작한다. 초유 중 일부는 젖꼭지로 가서 스며 나오기도 하지만, 대부분은 젖관에 다시 흡수된다. 이런 일이 일어나는 이유는 아직 알려져 있지 않다. 꽈리 세포들은 건조한 곳을 습하게 만든다. 젖샘의 팽창에는 여러 호르몬들이 관여하며, 호르몬들은 일정한 순서에 따라 작용한다. 프로게스테론은 꽈리 세포의 분열과 성숙을 자극하지만, 너무 앞서 나가지 않도록 억제하는 작용도 한다. 임신하면 프로게스테론 농도가 크게 높아지고 에스트로겐 농도도 그보다 낮긴 하지만 높아지는데, 그런 신호가 없다면 꽈리 세포들은 젖의 동료인 프로락틴이라는 호르몬에 관심을 집중한다. 임신 기간 동안 뇌의 아래쪽에 있는 뇌하수체는 프로락틴을 점점 더 많이 분비하기 시작한다. 프로락틴은 꽈리 세포들에게 젖을 합성하라고 재촉한다. 프로게스테론은 천천히 하라고 조언한다. 임신 상태가 지속되는 한, 프로게스테론이 이긴다.

출산 뒤에 프로게스테론과 에스트로겐 농도는 급격히 떨어진다. 일부 여성은 이런 호르몬 감소로 일시적인 우울증과 울혈 증세를 보이기도 하지만, 그들의 젖샘은 아랑곳하지 않고 급속히 변화한다. 꽈리 세포들은 순환되고 있는 프로락틴을 마음껏 탐욕스럽게 흡수한다. 처음에 그들은 이미 만드는 데 익숙해져 있던 것을 만든다. 즉 단백질, 탄수화물, 기타 성분들이 들어 있는 끈적거리는 액체인 초유를 만들어낸다. 하지만 지방은 전혀 없다. 지방은 나중에 포함된다. 초유에는 당근과 호박에 황색 빛깔을 내며 비타민 A와 B를 만드는 데 필요한 화합물인 카로티노이드가 풍부하게 들어 있어서 황색을 띤다. 초유는 그 뒤의 모유보다 카로티노이드를 열 배나 더 함유하고 있다. 초유는 고름처럼 보이며, 또 고름처럼 행동하기도 한다. 고름과 마찬가지로 초유에도 백혈구와 항체가 풍부하게 들어 있으며, 그것들은 면역계가 아직 발달하지 않은 신생아에게 기뻐하며 쳐들어올 병원체들을 막는 역할을 한다. 또 초유에는 젖관을 막고 있다가 떨어져 나간 상피 조직들도 많이 들어 있다.

유아는 초유를 빨아먹는다. 유아는 이 묽은 당근 죽 이상의 것을 원한다. 유아는 빨고 또 빤다. 젖꼭지가 잡아당겨지고 휙 잡아채지는 자극은 신경의 언어로 번역되고, 뇌에서는 도파민 생산이 억제된다. 도파민 농도가 낮아지면, 뇌하수체는 더 많은 프로락틴을 내보낸다. 꽈리 세포들은 마법사가 되어 모든 소망을 쓸 수 있는 텅 빈 석판인 순결한 흰색의 매혹적인 젖을 합성하기 시작한다. 꽈리 세포들은 젖이 가득 차면서 탱탱 붓는다. 유아가 빨아대면 뇌하수체는 자극을 받아 또 다른 호르몬인 옥시토신을 분비한다. 이제 대규모 수축이 일어날 시간이다. 옥시토신의 신호를 받으면, 부어오른 꽈리 세포들의 언저리에 있는 근육 조직이 수축해 젖을 세포 밖으로 짜낸다. 나온 젖은 젖관을 따라 젖꼭지까지 흘러가서, 젖샘에게 자신이 여기 있으며 굶주리고 있다고 열심히 설득하고 있던 입 속으로 들어간다.

젖이란 무엇일까? 체액은 어떻게 젖이 되는 것일까? 정의에 따르자면, 위액이 위장의 산물이고 침이 침샘의 산물이듯, 젖은 젖샘의 산물이다. 하지만 몸의 수많은 분비물에 비해 화학적으로 훨씬 더 복잡하다. 맡은 일이 그만큼 복잡하기 때문이다. 젖샘은 세 가지 방법으로 젖의 성분들을 첨가한다. 일부 성분들은 어머니의 혈액에서 변형되지 않고 고스란히 직접 전달된다. 또 혈액에서 뽑아 가공한 다음 젖에 첨가되는 성분들도 있다. 그리고 꽈리 세포 자체에서 만들어지는 성분들이 있다.

젖에게 부여된 눈부신 명성에 따르자면, 젖은 '자연이 준 완벽한 음식'이라고 하는데, 그 점에서는 정확한 말이다. 막 태어난 포유동물이 살아남는 데는 젖만 있으면 된다. 개체 앞에 그렇게 완벽한 식단이 차려지는 경우는 그 삶의 초기를 지나면 두 번 다시 오지 않는다. 포유동물의 젖샘이 완벽한 음식이라고 내놓는 것은 각 종마다 조금씩 다르다. 모든 젖에는 신생아가 살아남아 성장하는 데 필요한 기본 성분들이 담겨 있어야 한다. 돼지든 소든 캥거루든 사람이든 새끼의 몸은 물, 지질, 탄수화물, 단백질을 필요로 하며, 그것들은 젖의 핵심 성분이다. 하지만 각 성분 중 어떤 종류가 얼마나 많이 필요한가는 종마다 다르다. 빨리 자라는 동물에게는 단백질의 구성 단위인 아미노산 함량이 높은 젖이 필요하다. 고양이, 하이에나, 늑대 같은 육식동물의 젖에는 아미노산들이 풍부하다. 만일 로마를 세운 로물루스와 레무스가 전설대로 늑대의 젖을 마셨다면, 그들은 육즙을 마신 셈이다. 단기간에 많은 지방을 축적해야 하는 동물들은 지방이 풍부한 젖을 마셔야 한다. 아마 자연에서 가장 지방 함량이 높은 젖은 코끼리물범의 젖일 것이다. 코끼리물범의 젖에는 버터보다 많은 지방이 들어 있다. 이 동물의 새끼는 겨우 4주밖에 젖을 빨지 않지만, 태어날 때 33킬로그램이었던 몸무게가 젖을 뗄 무렵에는 135킬로그램으로 늘어난다. 그 기간 내내 어미는 아무것도 먹지 않기 때문에, 670킬로그램이었던 몸무게 중 270킬로그램이 줄어든다. 한 과학자의 말을 빌리면, 코끼리물범 어미는 자신의 지방을 왕창 잘라내 새끼에게 붙여주는 셈이다.

성장 속도가 느린 동물의 젖에는 아미노산 함량이 비교적 적다. 인간은 느리게 성장하고, 다른 포유동물보다 우리의 젖에는 단백질 성분이 가장 적다. 쥐의 젖은 인간의 젖보다 아미노산 농도가 열두 배나 높다. 소의 젖은 우리 젖보다 단백질 성분이 네 배나 많다. 그것이 바로 아기에게 유아용 유동식으로 가공되지 않은 우유를 줄 수 없는 주된 이유이다. 아직 미성숙 상태에 있는 신생아의 신장은 우유에 있는 고농도의 단백질을 걸러내지 못한다. 하지만 사람의 아기는 고릴라, 침팬지, 오랑우탄의 젖은 먹을 수 있다. 지금까지 조사된 대형 원숭이의 젖은 우리 인간의 젖과 모든 면에서 매우 흡사하다.

인간(그리고 원숭이)의 젖은 단백질이 부족한 대신, 젖당이 많다. 젖당은 젖에 들어 있는 주요 탄수화물 성분이다. 젖당은 인간의 젖에서 물 다음으로 많은 주요 성분이다. 모유에는 우유보다 젖당이 두 배 더 많다. 우리는 충치가 생겼다고 스스로를 탓하고, 왜 아이들이 달콤한 과자와 아이스크림과 사탕을 좋아하는지 궁금해한다. 우리는 충치가 하나도 없는 사람을 보면 놀라야 한다. 우리의 젖은 쿨에이드처럼 달콤한 맛을 내도록 진화해왔다. 하지만 젖당은 시시한 음식이 아니다. 그것은 하찮은 당이 아니다. 꽈리 세포는 어머니의 혈액에서 단당류인 포도당과 갈락토스를 뽑아 결합하여 젖당을 만들어내며, 젖당은 포도당보다 두 배의 에너지를 신생아에게 준다. 또 젖당은 젖에 있는 다른 양분들을 흡수하는 데도 중요하다. 젖당은 유아의 소화관에서 칼슘과 지방산 같은 물질이 최대한 흡수되도록 돕는다. 우유와 모유에는 거의 같은 양의 지방이 들어 있지만, 지방의 종류는 크게 다르다. 필수 지방산들은 모유 쪽이 더 많다. 필수 지방산은 몸이 스스로 합성할 수 없고 음식을 통해서 얻어야 하는 긴 사슬의 불포화 지방산들이다. 아기는 이 지방산들을 젖을 통해 얻어야 한다. 필수 지방산은 눈, 뇌, 말초 신경계의 발달에 쓰인다. 유아용 유동식 제조업체들은 유아용 유동식에 어떤 지방산을 첨가할 것인지, 특히 DHA docosahexaenoic acid를 첨가해도 좋은지를 놓고 논쟁을 벌이고 있다. 하지만 예기치 않은 결과가 나오지 않을까 하는 의구심은 언제나 있다. 유아에게 DHA가 많이 함유된 생선 기름을 첨가한 유동식을 먹이자 시력이 더 빨리 발달했다는 연구 결과도 있지만, 정신 운동 능력을 측정한 연구들은 그들이 모유나 표준 유동식을 먹인 유아들보다 발달이 늦어진다는 결과를 얻었다. 그 외에도 지방산을 얼마나 첨가해야 하는가 하는 문제도 있다. 생선을 많이 먹는 여성은 사하라 사막에 사는 여성보다 모유에 특정한 긴 사슬 지방산들의 양이 20배나 더 많다. 생선을 많이 먹는 사람, 채식주의자, 아니면 잡식성 미국인 중 누구의 젖에 있는 지질을 기준으로 삼고 싶은가?

몇몇 지방산과 다른 몇 가지 성분에 차이가 있다는 점을 빼면, 여성의 젖가슴은 영양 상태가 크게 달라도 놀랍게도 비슷한 성분의 젖을 분비한다. 저개발국의 영양 부족 상태에 놓인 여성도 놀라울 정도로 양분이 풍부한 젖을 분비하며, 미국 중서부 지역의 뚱뚱한 여성도 그다지 칼로리가 높지 않은 젖을 만든다. 베일러 의대 소아과 교수인 피터 리즈는 이렇게 말한다.

"젖 분비가 그것을 연구하는 우리 같은 사람들에게 끝없는 매혹의 원천이 되는 이유 중 하나는 영양 상태가 나쁠 때에도 젖 조성에는 거의 변화가 없을 정도로 인간을 포함한 포유동물이 놀라운 젖 분비 능력을 지닌다는 데 있습니다."

여성이 완벽한 성분 조성을 유지하는 데 필요한 것들을 먹지 못한다면, 젖샘은 그것을 그녀의 몸이라는 상점, 즉 24시간 편의점에서 빌려온다. 그렇다고 해도 여성이 생각처럼 많은 희생을 하는 것은 아니다. 젖은 타협을 통해 진화해왔기 때문이다. 어머니는 주는 존재이지만, 자신의 장래 건강과 출산 능력을 위험에 빠뜨릴 정도까지는 주지 않는다. 젖은 최대한 이용하지 않고서도 최대한 이용되도록 설계되어 있다. 아기에게 충분한 칼슘을 주겠다고 젖을 먹이는 여성의 이빨이 빠지거나, 척추가 구부러질 필요는 없다. 칼슘 첨가 오렌지 주스를 마실 때 얻는 칼슘의 대부분은 그냥 소변으로 빠져나가지만, 젖에 포함된 젖당은 모든 칼슘 이온을 활용하도록 해준다. 아기는 젖에 든 단백질 성분을 마지막 남은 아미노산 하나까지 섭취한다. 젖먹이 아기의 기저귀에서 거의 냄새가 나지 않는 것도 그 때문이다. 버려지는 물질이 거의 없고, 배설되는 단백질이 거의 없기 때문에 악취가 안 나는 것이다. 아기에게 철분을 주기 위해 젖을 먹이는 어머니가 빈혈에 걸릴 필요까지는 없다. 모유에는 철분이 극히 적지만, 철분이 아기 몸 속으로 모조리 흡수되도록 돕는 단백질인 락토페린이 들어 있다. 아연이나 구리 같은 다른 미량 성분들도 마찬가지이다. 그런 성분들도 젖에 거의 없지만, 들어 있는 것은 젖에 있는 단백질과 당의 도움을 받아 모두 흡수된다. 더구나 과거에 인간의 아기는 어느 정도의 시간을 더러운 곳에서 뒹굴었을 것이며, 유아적 형태의 이식증(異食症)을 통해 철분과 광물 성분을 집어먹었을 것이다. 아기들은 아무것이나 입에 집어넣으며, 무엇이든 핥아먹으려 한다. 우리는 이것이 부적절하고 위험한 습관이라고 보지만, 아기들이 그러는 데는 그럴 만한 이유가 있을지도 모른다. 즉 그들의 세포가 제 기능을 하고 분열하는 데 필요한 미량 원소들을 핥아먹는 것일 수도 있다.

지금까지 배운 것처럼, 그리고 어머니가 된 모든 여성들이 만나는 모든 전문가들에게 듣는 것처럼, 담뱃갑에 흡연은 건강에 해롭다는 경고 문구가 씌어 있듯이 모든 유동식 깡통에 의무적으로 적도록 되어 있는 경고 문구처럼, 유아용 유동식은 젖을 흉내낼 수 없다. 모유는 2백 가지 이상의 성분이 담긴 용액이며, 각 성분이 어떤 역할을 하는지 아직 제대로 밝혀져 있지 않다. 그 성분들 중 한 가지 일만 하는 것은 없다. 젖에 든 당은 열량을 제공하고, 다른 양분들이 완전히 소화 흡수될 수 있도록 해준다. 모유와 유아용 유동식의 당은 양적으로는 비슷하지만 질적으로는 다르다. 락토페린은 젖에 얼마 들어 있지 않은 철분이 아기의 몸에 이용될 수 있게 해주며, 살아가기 위해 금속을 필요로 하는 병원성 세균들이 그 금속에 입을 대지 못하도록 막아준다. 유아용 유동식에는 락토페린이 없다. 젖에는 면역성을 지닌 성분들도 풍부하며, 유아용 유동식에는 그런 것들이 대부분 빠져 있다. 유동식을 만드는 과정에서 우유에 있던 그런 성분들이 파괴되기 때문이다. 모유에는 B세포, T세포, 대식세포, 중성백혈구가 있고, 항체도 있고, 면역 세포의 활성을 자극하는 감마 인터페론도 있다. 젖의 지방산들은 바이러스 막을 파괴하며, 젖의 리소자임은 세균의 세포벽을 파괴한다. 비피더스 성분은 유아의 소화관에서 이로운 균주들이 해로운 균주들보다 더 잘 자라도록 돕는다.

지난 10여 년 동안 모유의 호르몬과 성장 인자에 관한 연구도 많이 이루어져왔다. 이런 연구를 보면, 인간의 젖샘은 신생아의 뇌에서 발달하고 있는 뉴런들이 분화하는 데 필요한 단백질을 공급하는 일종의 뇌, 즉 자신을 복제하는 정신처럼 여겨진다. 젖샘은 생식샘자극호르몬 분비 호르몬을 합성해 젖에 첨가한다. 이 호르몬은 중뇌에 있는 시상 하부가 만들어내는 것으로 알려져 있는 단백질이다. 어른의 몸에서 이 호르몬은 생식샘을 자극하며, 성적 행동에도 중요한 역할을 할 수 있다. 이 호르몬이 젖을 빠는 아기의 몸에서 어떤 일을 하는지 단서를 갖고 있진 않지만, 그 농도는 어머니의 혈액보다 젖에서 열 배 더 높다. 또 모유에는 신경 성장 인자와 갑상선 자극 호르몬, 그리고 '유방 자극 분화 펩티드mammotrope differentiating peptide'라는 애매한 이름이 붙어 있는 인자들이 들어 있다. 인간의 신생아는 약하고 성숙이 느린 자그마한 생물, 즉 밖으로 나온 태아이므로, 모유에 있는 성분들 중에 그 유아의 뇌와 다른 신체 기관들이 제대로 조화를 이루어 성장하는 데 필요한 '필수 분화 인자들'이 들어 있을 가능성도 있다. 유아용 유동식에도 이런 인자들 중 일부가 들어 있지만, 우유를 소화시킬 수 있게 가공하는 과정에서 이런 인자들은 대부분 파괴된다. 이런 인자들이 없어도 유아가 행복하고 건강하고 영리하게 자랄 수 있을까? 아직 알지 못한다. 우리는 이런 이른바 분화 인자들과 신경펩티드들이 어떤 역할을 하는지 모르고 있다. 그것들이 유아에게 반드시 필요하거나, 아니면 적어도 유익하다고 가정하는 것이 논리적이겠지만, 논리는 증거가 아니며 생물학이 항상 논리적인 것도 아니다.

모유를 더 들여다보고 그 안에 든 것을 더 많이 찾아낼수록, 우리는 그것을 서툴게 흉내낸 대용품들을 먹고 튼튼하게 자라기는커녕 살아남을 수라도 있는지 점점 더 기이하게 여기게 된다. 하지만 많은 사람들이 그런 대용품을 먹고 있다. 베이비 붐 세대들은 대부분 유아용 유동식만 먹고 자랐으며, 그들은 모든 공간과 모든 분야에 진출해 우리 곁에서, 그리고 우리 속에서 살고 있다. 오늘날 미국에 있는 유아의 거의 40퍼센트는 태어날 때부터 젖병을 입에 물고 산다. 미국에서 처음에 모유를 먹인 아기에게 여섯 달이 될 때까지 계속 모유를 먹이는 경우는 절반에 불과하다. 그리고 돌이 될 무렵이면 그중 약 10퍼센트만이 모유를 먹는다. 연구자들은 그것을 어떤 의미로 받아들여야 할지 알지 못한다. 그들은 자신들이 틀린 질문을 하고 있는 것은 아닌지, 미묘한 단서들을 놓치고 있는 것은 아닌지, 아니면 그것이 단지 과학자들이 젖병으로 키우는 아기들에게 부족한 것이 무엇인지 상세히 밝혀내지 못하고 있음을 반영하는, 성장과 발달에 대한 전반적인 무지의 문제는 아닐지 생각하곤 한다. 리즈 박사는 이렇게 말한다.

"과학자라는 직업상 나는 모유를 구경도 못 해본 수많은 아기들에게 관심을 갖게 마련이죠. 그들에게 별 다른 나쁜 영향이 나타나지 않았다는 것은 틀림없어요. 그런 한편 자연이 그 특별한 음식을 만들기 위해 그렇게 오랫동안 애쓴 것을 보면 거기에 어떤 의미가 있으리라는 생각이 드는 것도 어쩔 수 없죠."

모유가 아기에게 줄 수 있는 유일하게 안전한 액체인 제3세계 국가에서는 젖 먹이기가 아기의 생존에 필수적인 것일 수 있다. 선진국에서는 모유가 젖병에 담긴 액체보다 더 나은지 여부가 불분명하지만, 이점이 있긴 하다. 모유를 먹인 아기는 유동식을 먹인 아기보다 중이, 위장, 호흡기 상부 감염에 덜 걸린다. 또 설사와 변비로 고생하는 일도 적다. 젖을 먹이는 아기는 병에 걸려도 유동식을 먹이는 아기보다 더 빨리 낫는다.

모유를 먹이면 그 외에도 다른 수많은 혜택이 있다고 하지만, 모든 주장이 입증된 것은 아니다. 젖을 먹이면 나중에 비만 아동이 되지 않는 데도 도움이 된다고 하지만, 증거는 반반이며, 사회·경제적 요인들도 얽혀 있다. 젖을 먹이면 아동 알레르기와 천식 위험이 줄어든다고 말하지만, 최근에 모유를 먹이는 비율이 증가하고 있음에도 만성 호흡기 질환에 걸린 아동의 비율도 증가하는 추세이다. 모유를 먹인 아이들이 그렇지 않은 아이들보다 지능 지수가 더 높다는 연구 결과들도 있긴 하지만, 어머니의 지능 지수까지 고려한 연구 결과들은 모유와 지능 사이에 아무 관계도 없다고 말하고 있다. 아마 가장 미심쩍고 뭔가 수상한 철학이 담긴 듯한 주장은 모유를 먹이면 엄마와 아기의 정서적 유대감이 커진다는 말일 것이다. 그런 유대감은 정량화하기가 불가능할 뿐아니라, 육아에 당당하게 전적으로 참여하려는 아버지들의 모든 노력을 한순간에 물거품으로 만든다. 젖을 물리는 행위가 아기에 대한 가장 내밀하고 심오한 사랑의 표현이라고 한다면, 젖병을 물리는 남성은 설령 그 젖병 속에 모유가 들어 있다고 해도 유아용 유동식이 모유의 대용품에 불과하듯이 풍만한 젖가슴을 가진 엄마의 보잘것없는 대역이될 수밖에 없을 것이다.

여성들은 아기에게 모유를 먹여야 한다는 것을 알고 있으며, 많은 사람들은 최선을 다하면서 기쁨 이상의 것을 누린다. 하지만 최선을 다한다는 것이 무슨 뜻이며, 최선을 다하려 하지 않는 사람들은 무엇 때문일까? 스칸디나비아에서는 아기에게 모유 아닌 다른 것을 먹이는 것은 아이를 학대하는 것과 같다고 여긴다. 스칸디나비아 사람들은 어머니가 모유를 먹일 수 없거나 먹이려 하지 않을 때를 대비해 모유 은행까지 만들었다. 미국에서는 바이러스 감염을 우려해 모유 은행들의 네트

워크 같은 것을 설립하지 못하도록 하고 있다. AIDS를 일으키는 바이러스를 비롯해 각종 바이러스들은 모유를 통해 전파될 수 있으며, 혈액에서 바이러스를 걸러내듯이 모유에서 바이러스를 걸러내는 일이 설령 가능하다고 해도, 유아용 유동식이라는 적절한 모유 대용품이 있으므로 값비싼 일련의 검사들을 거쳐야 하는 모유에 대한 수요는 줄어든다.

젖 먹이기는 임신의 연장선상에서 자연스럽게 받아들여진다. 젖샘은 태반의 연장선상에 있다. 면역 인자, 성장 인자, 호르몬 등 태반에 있던 모든 산물들이 모유에도 들어 있다. 하지만 임신은 자체 유지되지만, 젖 분비는 그렇지 않다. 임신은 240일 동안 지속된다. 젖 먹이기는 짧은 기간만, 또는 자신이나 타인이 원하는 만큼만 지속될 수 있다. 인간의 진정한 기본적인 젖 분비 기간이 얼마나 되는지 파악하려는 노력이 많이 이루어져왔지만, 인간은 특이한 동물이며, 아마 결코 알아내지 못할 것이다. 《코란》은 여성이 2년 동안 아이에게 젖을 먹여야 한다고 주장하고 있지만, 남편과 아내가 더 빨리 젖을 떼고 싶다면 그렇게 할 수 있다는 단서를 다는 것으로 과거에도 많은 사람들이 그래왔음을 암시하고 있다. 최근 들어 세계 보건 기구와 유니세프는 아기에게 2년이나 '그 이상' 모유를 먹일 것을 권고하고 있지만, 평균 2.8년 동안 젖을 먹이는 쿵족 같은 현대의 수렵·채집인들에게서만 '그 이상' 젖을 먹이는 모습을 볼 수 있다.

젖 먹이기는 학습된 행동이며, 반드시 습득하기 쉬운 행동이라고는 할 수 없다. 우리와 성분이 비슷한 젖을 분비하는 대형 원숭이들도 다른 원숭이들이 새끼에게 젖을 먹이는 모습을 관찰함으로써 젖 먹이기 기술을 배우는 것이 분명하다. 하지만 인간은 고릴라에 비하면 열등생이다. 우리는 산부인과 의사, 중년 부인, 산파에게 배워야 한다. 우리는 수유 전문 의사와 라로체 연맹의 위기 관리 카운슬러가 필요하다. 우리는 꼼짝하지 않고 앉아 있기를 힘들어하지만, 젖 먹이기는 인내와 긴장 완화를 요구한다. 스트레스 호르몬은 젖의 분비를 막을 수 있다. 우리 젖꼭지는 아기가 세게 빨아 당기면 갈라져 피가 나기도 하며, 그 통증은 대개 며칠 지나면 사라지만 훨씬 더 오래 갈 때도 있다. 일부 여성들은 아기에게 젖을 먹이는 것을 좋아한다. 그들은 젖을 먹이면 기분이 무척 좋아지고, 거의 오르가슴에 가까운 것을 느낀다고 말한다. 그들은 아기가 곁에 없어도, 젖을 먹일 때의 감각을 그저 떠올리기만 해도 온몸이 달아오르고 젖이 나오기 시작한다고 한다. 일하고 있을 때나 사람을 만나고 있을 때 그런 상황이 벌어지면 몹시 당혹스럽다. 그들은 젖을 먹는 아기와 사랑에 빠지며, 다른 것과 다른 사람은 전혀 머릿속에 들어오지 않는다.

그런 기쁨을 터득하지 못하는 여성들도 있다. 아기는 울고 젖가슴을 거부한다. 그 여성들은 젖을 먹이기는 하지만, 리듬을 타지 못한다. 그들은 젖이 흐른다는 느낌을 받지 못한다. 아기의 몸무게는 조금씩밖에 늘지 않는다. 현재 소아과 의사들은 젖병으로 먹이는 아기들의 몸무게가 빨리 늘어나는 것이 자연적인 성장 양상과 비교했을 때 적절한 수준인지 고심하고 있다. 어쨌거나 아기는 늘 배가 고픈 듯하고 어머니는 늘 부족하다는 느낌을 받는다. 어머니는 직장으로 돌아가야 하며, 아기나 자신이 만족할 만큼 젖 먹이기나 젖 짜내기에 숙달되지 않는다. 그녀는 젖 먹이기를 싫어하고 먹이고 싶은 마음도 들지 않지만, 모유를 먹이지 않는다는 생각만 하면 왠지 모를 한없는 죄책감을 갖게 된다. 그녀는 그런 감정을 남에게 말할 수 없다. 어쨌거나 젖에는 신경펩티드와 면역 세포와 락토페린이 들어 있으며, 어머니로서 아기에게 어떻게 자신이 줄 수 있는 더 나은, 완벽한 음식 없이 지내라고 요구할 수 있단 말인가? 어머니의 죄책감은 덜어낼 수 없다. 한 여성 영장류학자는 자기 아이의 알레르기 증상이 자기 때문이라고 내게 말했다. 여섯 달 동안 아기에게 모유만 먹였기 때문이라는 것이다.

애드리언 리치는 이렇게 썼다.

성행위와 마찬가지로 아기에게 젖을 먹이는 행위는 불충분하다는 감정과 죄책감이라는 문화적 감정이 끼어들어 긴장되고 육체적으로 고통스러워질 수도 있다. 반대로 성행위와 마찬가지로 그것은 애정으로 충만함으로써 몸도 즐겁고 마음도 즐거운 경험이 될 수도 있다.

아기에게 젖을 먹이는 것은 자연스럽지만, 여성들은 오랫동안 그 일을 하지 않았으며, 이제는 그들이 젖을 먹이지 않기로 선택한 것인지 아니면 그런 선택이 강요된 것인지 말하기가 쉽지 않을 때도 종종 있다. 고대에는 유모라는 직업이 있었으며, 그것은 여성에게만 열려 있는 몇 안 되는 직업이었다. 유모가 너무 많아져서 서로 경쟁하고 자신의 능력을 광고해야 했던 시대도 있었다. 르네상스 시대의 피렌체에서는 유모들이 장이나 축제가 열릴 때 모여서 유모의 노래를 부르곤 했다.

아기가 울 때면
우리는 젖이 다시 솟는 것을 느끼네
어서 힘을 내
맡은 일을 하세.

예비 부모들은 유모를 구하는 법을 다룬 입문서를 읽었다. 16세기 영국의 한 논문에는 이런 말이 적혀 있다.

이상적인 유모는 상냥하고 쾌활하고 활발하며 사근사근하고 담력이 있어야 한다. 성마르고 까다롭고 걸핏하면 다투고 슬퍼하고 소심한 사람은 아니다. 또 열정이나 근심이 없어야 한다. 마지막으로 유능한 유모는 아이들을 좋아해야 한다.

비록 부유한 사람만이 유모를 고용할 만한 여유가 있던 시대가 더 많았지만, 상류 계급의 관습은 늘 하층 계급에게로 스며들게 마련이므로, 17세기에는 절반 이상의 여성들이 아기를 다른 여성의 젖꼭지에 맡겼다. 많은 품삯을 받는 유모는 자기 아기를 더 싼 유모에게 보냈고, 자신의 젖은 직업을 위해 보관했다. 매릴린 옐롬에 따르면, 1780년에 파리 아기들 중에 자기 집에서 젖을 먹은 아기는 10퍼센트에 불과했다고 한다.

유모가 어머니의 젖을 대신하는 유일한 방법은 아니었다. 우리는 유아용 유동식이 비교적 최근에 발명된, 고도 자본주의가 만들어낸 또 하나의 해악이라고 생각하지만, 인류는 오래전부터 아기에게 다른 포유동물의 젖이나 죽, 또는 어른이 먹는 음식을 가루로 만들어 먹였다. 일부 인류학자들은 소나 염소처럼 젖을 제공하는 동물들이 원래 아기에게 젖을 주기 위해서 사육된 것이라고 주장해왔다. 아기들이 그 동물의 젖꼭지를 직접 빨았을 수도 있고, 짜낸 젖이 담긴 잔이나 소의 뿔이나 가죽으로 만든 젖꼭지를 이용해 먹었을 수도 있다. 유럽 몇몇 지역에서 기원전 3500년경 신석기 시대 말기로 추정되는 젖가슴 모양의 도기들이 발견되어왔다. 이런 모유 대용품을 먹은 아기들 중에는 우유를 소화시킬 수 없거나 그 동물로부터 직접 감염되어 죽은 아기들이 많았다. 교회와 관청에 남아 있는 18세기 기록들을 보면, 독일과 스칸디나비아 일부 지역에서 소의 뿔로 우유를 먹인 아기들이 같은 지역에서 모유를 먹인 아기들보다 설사에 걸려 죽을 확률이 훨씬 더 높았다는 것을 알 수 있다. 그렇지만 포유동물이라는 껍질을 벗기 위한, 즉 젖 먹이기에서 벗어나기 위한 노력은 네슬레, 로스 연구소, 그리고 그들이 만들어 낸 유동식이 등장하기 훨씬 전부터 있었다.

그렇다면 수유 부담에서 벗어나고 싶어하는 사람은 정확히 누구일까? 남편이 아내에게 젖을 먹이지 말라고 하는 사례들도 있었다. 젖을 먹이면 아름다운 가슴이 망가진다는 것이다. 젖을 먹이는 젖가슴은 그들의 것이 아니다. 그들은 아내가 아내의 자리로, 즉 자신과 잠자리를 함께하는 아내로 돌아오기를 원했다. 아내도 유모도 젖을 먹이고 있는 기간에는 성교를 하지 말아야 한다고 여겨졌다. 젖이 자궁에 있는 생리혈에서 생긴다고 믿었기 때문이다. 중세 시대와 르네상스 시대의 문헌들에는 자궁에서부터 젖가슴까지 젖관이 나 있는 그림들이 실려 있다. 성교는 생리의 원인이라고 여겨졌으며, 따라서 아기에게 가는 젖을 끊거나 오염시킬 수 있었다. 또 여성이 젖을 먹이지 않으면 비교적 더 일찍 다시 임신을 한다는 것도 알려져 있었을지 모른다. 자손과 상속에 관심이 있던 남성들은 아이를 잘 낳는 아내를 원했으며, 아내가 젖을 덜 먹일수록 더 많은 자식을 낳을 수 있었다. 이런 논리에 따르면, 유모를 얻는 일은 자아를 찾고 자신이 원하는 것을 추구할 수 있게 여성을 해방시키는 것이 아니라, 오히려 훨씬 많은 시간을 임신한 상태로 지내도록 하는 결과를 빚어냈다.

하지만 정치적 및 의학적 조류가 바뀌어 모유 먹이기를 장려하는 운동이 시작되었을 때에도, 운동의 대상은 남성이 아니라 여성이었다. 1694년 메리 애스텔은 《여성들에게 보내는 진지한 제안》을 썼다. 그녀는 모유 먹이기가 지나친 자만심을 억제하는 역할을 한다고 주장했다. 그녀는 여성들이 "스스로를 너무 착해서 자연이 요구하는 대로 한다는 생각을 해서는 안 되고, 자존심과 고상함에 취해 가여운 아기를 양부모의 보호 아래 맡겨서도 안 된다"고 말했다. 19세기 말 유럽에는 집에서 젖을 먹이는 열풍이 불었다. 장 자크 루소는 아기에게 젖을 먹이지 않으려는 여성들을 이기적이고 무정하고 부자연스럽다고 공격했다. 젖샘을 찬양했던 린네는 유모를 쓰는 것을 비난했고 어머니가 젖을 먹이는 것이 어머니와 아기 모두에게 이롭다고 주장했다. 권위 있는 의학 문헌들도 아기를 낯선 사람의 젖가슴에 내맡기는 것이 위험하다고 경고했다. 그 젖가슴이 많은 입을 먹이기 때문에 어느 누구도 충분히 먹이지 못할 수 있다는 것이다. 그리고 사실 유모에게 맡긴 아기들의 사망률이 훨씬 더 높았다. 그런 논문들은 당당하게 훈계하는 어조를 띠고 있었다. 1769년 윌리엄 버캔은 《어머니들에게 보내는 충고》에 이렇게 썼다.

남편들이여 속지 말라. 아기에게 젖을 물리는 일을 소홀히 함으로써 자연에 있는 가장 강력한 매듭을 끊어버리는 아내에게 애정을 기대하지 말라.

말 그대로 젖가슴의 의무를 해방시킴으로써 '어머니의 의무를 다하려' 하지 않는 여성은 '아내가 될 권리가 없다'. 더 큰 영향을 끼친 것은 윌리엄 캐더건이었다. 그가 1748년에 쓴 《수유에 관한 소론》은 유럽과 미국에서 수차례 개정판이 나왔다. 그는 여성들에게 "올바른 자연" 법칙을 따르라고 촉구하면서, 모유 먹이기가 "단지 적절한 방법을 모르기 때문에" 성가신 것이라고 주장했다.

제대로 해낸다면, 모든 여성들에게 자식을 먹이기 위해 가슴의 아름다움을 약간 포기하라고 설득할 수 있을 정도의 많은 쾌락이 있을 것이다.

윌리엄 캐더건은 어머니들에게 자신과 같은 의사들의 충고가 필요하다고 말했다.

내 생각에 이 일은 그런 일을 할 만한 적절한 지식을 가질 수가 없는 여성들의 지배 하에 너무나 오랫동안 위험할 정도로 방치되어왔다.

메리 울스턴크래프트조차 《여성의 권리 옹호》에서 남편이 "아이에게 젖을 먹이는 어머니를 보면, 가장 기교를 부리는 음란한 사기꾼들을 볼 때보다 더한 기쁨"을 느낄 것이라고 주장하면서, 여성들에게 모유를 먹일 것을 촉구했다. '음란한 사기꾼들'은 사용하지 않는 가슴을 과시하는 여성들을 말한다. 국가 권력은 철학자들과 의사들의 끈덕진 요구에 힘을 실어주었다. 1793년 프랑스 정부는 어머니가 아기에게 젖을 먹이지 않으면 현재의 생활 보호비에 해당하는 것을 받을 수 없을 것이라고 선포했다. 1년 뒤 독일 정부는 한 발 더 나아가 건강한 여성들은 모두 아기에게 젖을 먹여야 한다고 규정했다. 19세기 초에 들어서자, 젖 먹이기가 대유행이 되었고, 귀부인들은 모유를 먹인다는 것을 자랑하고 다녔다.
  하지만 어머니의 젖샘이 숭배되는 것을 혼란스러워하며 바라본 여성들이 소수이긴 하지만 있었다. 1801년 영국 작가 마리아 에지워스가 쓴 소설 《벨린다》에는 벨린다에게 자신이 살아온 과정을 말하는 델라쿠르 부인이 등장한다. 그녀는 첫 아이를 사산했다. 임신 기간에 '죄수로 있기 싫었고' 열정적인 환락 생활을 중단하기 싫었기 때문이다. 둘째는 아기 때 굶어죽었다.

"당시는 훌륭한 어머니들이 자기 아이에게 젖을 먹이는 것이 유행이었어요……. 그 문제를 놓고 대단한 논란이 있었죠. 감정과 연민과 찬사와 질문이 난무했어요. 하지만 익숙해지고 나니, 너무나 넌더리가 났어요. 그리고 태어난 지 석 달이 다 되어가던 내 아기가 아프기 시작했죠. 하지만 아기에게 그다지 관심이 안 가더군요. 아기는 그렇게 죽었죠."

18세기 이후 유모는 두 번 다시 인기를 회복하지 못했지만, 그와 마찬가지로 엎치락뒤치락 했던 주제들 중 젖샘의 명성은 20세기에 유아용 유동식의 등장과 함께 등락을 거듭했다. 의학자들과 부유한 여성들은 영양분이나 청결함 면에서 모유와 동등하거나 모유를 능가하기까지 한 과학적으로 설계된 제품인 유동식을 맨 처음 받아들였다가, 그 뒤 유동식이 빈약하고 모유에 비해 해로울지 모를 대용품이라고 거부함으로써, 나아갔다가 물러났다 하는 식으로 흐름을 이끌어왔다. 미국에서는 그 진동이 극단적인 양상을 띠었다. 1930년 전에는 여성들이 대부분 아기에게 모유를 먹였다. 1972년이 되자 22퍼센트만이 모유를 먹였고, 그것도 생후 몇 주 동안만 먹였을 뿐이다. 그렇게 유동식이 대규모로 받아들여진 데는 유동식 제조업자들에게도 일부 책임이 있다. 그들은 자신들의 깡통과 가루를 거리낌없이, 때로는 파렴치하게 앞세우고 밀고 나갔다. 지금도 그들은 산부인과 병실에서 유동식 견본을 나눠주고 있다. 간호사들이 새로 엄마가 된 여성들에게 젖 먹이는 방법을 가르치려 애쓰고 있는 와중에도 말이다.

하지만 여성들이 유동식 산업의 봉이 되어왔다고 말하는 것은 여성들이 어리석고 수동적이며 잘 속는다고 가정하는 것과 같으며, 만일 여성들에게 마음대로 선택하라고 말한다면, 그들은 항상 몇 달 또는 몇 년 동안 모유를 먹이는 쪽을 택할 것이다. 내 어머니는 네 아이에게 젖병을 물렸다. 모유를 먹이려 해보았지만, 너무나 아파서 싫었기 때문이다. 지금 어머니는 만일 좀 더 후원과 지도를 받았더라면, 더 노력을 해 보았을 것이라고 말한다. 대학 학장 자리에서 은퇴한 내 시어머니도 세 아이를 젖병으로 키웠다. 하지만 시어머니는 자신이 젖통 두 개를 달고 있다는 느낌을 받고 싶지 않았기 때문에 젖병을 물렸다고 말하면서, 지금이라도 그렇게 할 것이라고 말했다.

"모유 먹이기는 나를 위한 것이 아니었어."

모유 먹이기를 옹호하는 사람들은 놀라울 정도로 증가하고 있다. 특히 고등 교육을 받은 여성들의 증가세가 두드러지는데, 현재 그들의 신생아 중 약 75~80퍼센트가 모유를 먹고 있다. 현재 많은 병원들이 산후에 젖을 먹이는 방법을 가르치고 있다. 일부 깨인 기업들은 직원들을 위해 모유를 먹이거나 젖을 짤 수 있는 시설을 마련해놓고 있다. 모유 먹이기는 성적이기까지 한 어떤 특징을 지니고 있다. 전직 국회의원인 수전 몰리너리는 전화를 걸면서 아기에게 젖을 먹이는 모습을 보여준 바 있다. 1998년 《뉴요커》는 긴 장화를 신고 헬멧을 쓴 억세 보이는 여성 건설 노동자가 마천루의 대들보에 앉아 아기에게 젖을 물리고 있는 사진을 표지에 실었다.

이런 멋진 유행 양식이 바람직한 것은 분명하다. 아기가 모유를 먹고 자라면, 모유를 먹이는 기간이 얼마나 되든지 전혀 먹이지 않는 것보다 낫기 때문이다. 그러나 라로체식의 문헌에서는 도덕주의자이자 절대주의자인 캐더건과 루소의 흔적이 엿보이는 어조가 담겨 있기도 하다. 일본계 캐나다 소설가인 히로모 고토는 1996년 가을 《미즈》 잡지에 모유 먹이기를 싫어하는 어머니를 다룬 단편 소설을 발표했다. 그 주인공의 젖꼭지는 몇 주 동안 계속 아프고 피가 맺혀 흐르는데, 남편과 시어머니는 아랑곳하지 않고 계속 젖을 먹이라고 한다. 차츰 나아지고 편해지고 기쁨을 느끼게 된다는 것이다. 남편은 벌컥 화를 내면서, 할 수 있다면 내가 하겠어 하고 소리친다. 꿈인지 현실인지 분간하기 어려운 마지막 장면에서, 그녀는 새벽 3시에 잠이 깨어 부어오른 자신의 젖가슴을 잘라 남편의 가슴에 붙인 뒤, 그대로 누어 행복하게 잠에 빠져든다.《미즈》의 독자들은 그 이야기를 읽고 분개했다. 그들은 구독을 취소하겠다고 으름장을 놓았다. 한 독자는 이렇게 말했다.

"'여성 운동'을 표방하는 잡지조차 그런 극단적인 부정적 관점을 버리지 못한다면, 모유 먹이기는 어디에서 사회적 지지를 얻는단 말인가."

또 다른 독자는 이렇게 말했다.

"나도 여성이 자신의 몸을 어찌할지 스스로 선택할 권리가 있다는 견해를 지지하긴 하지만, 그 결정은 완벽하고 정확한 정보를 토대로 이루어져야 한다. 모유 먹이기가 방해를 받는 사회에서는 여성들이 이런 여성다운 기술(젖 물리기)을 배울 기회가 그다지 많지 않다."

다시 말하면, 여성은 올바른 선택을 할 수 있는 한 스스로 선택을 할 수 있다는 것이다. 즉 어쨌든 간에 무슨 일이 있어도 모유를 먹여야 한다는 것이다.

이쯤에서 그런 논쟁을 보류하고 어머니에게 좀 더 연민을 보내면 안 될까? 맞벌이 가정이라는 현실 세계에서, 여성들은 대부분 처음 몇 주나 몇 달 동안은 아기에게 모유를 먹일 것이다. 그런 다음 그들은 이유식으로 모유를 보충하거나 대체할 것이다. 역사상 볼 수 있었던 모든 여성들과 마찬가지로, 그들도 일과 의무와 욕망에 매인 상태에서 최선을 다하려 할 것이다. 그들은 관대하기도 하고 이기적이기도 하며, 포유동물이기도 하고 마법사이기도 할 것이며, 젖이 흐르기도 하고 흐르지 않기도 할 것이다. 어떤 상황이든 간에, 그들은 충분히 해주지 못했다고 죄책감을 가질 것이며, 자신들도 성모 마리아나 헤라의 젖가슴에

서 흐르는 젖을 마실 수 있기를, 그럼으로써 자식들을 죽지 않게 할 불
멸의 어머니가 되기를 바랄 것이다.

9

황회색 바구니

아낌없이 주는 난소

난소는 아름답지 않다. 내장들은 대부분 출렁거리고 윤기가 있으며, 장 밋빛을 띠고 있다. 하지만 난소는 칙칙하고 회색이다. 건강한 난소조차 도 병들고 피가 다 빠져나간 듯이, 마치 낫는다는 희망을 포기한 듯이 보인다. 난소는 모양과 크기가 껍데기를 벗긴 아몬드와 비슷하며, 울퉁불퉁한 혹 투성이 아몬드라고 할 수 있다. 난소에는 흉터와 구멍이 나 있다. 매번 배란할 때마다 난포가 내용물을 비우고 나면 하얀 자국이 남기 때문이다. 여성이 나이가 들수록, 난소 한 쌍에 있는 흉터들도 늘어갈 것이다. 난소가 같은 기능을 하는 남성 기관인 정소보다 시각적 호소력이 결코 뒤지지 않는다고 주장하는 사람도 있을지 모르지만, 그것은 찬사의 말이 아니다. 실비아 플라스가 《유리 그릇》에서 정소를 가금의 모래주머니 같다고 한 것을 떠올려보라.

즉 난소는 아름답지 않다. 난소는 회색이고 구멍이 나 있고 그릇에 담긴 오트밀 죽처럼 울퉁불퉁하다. 우리는 알려진 것과 가능한 것이라는 서로 비교할 수 없는 것을 결합하려는 욕구에 휩쓸려, 난소가 열심히 일하는 기관이라고 생각하곤 한다. 난소는 콩깍지, 즉 운명이 결정된 난자들이 머무는 숙소이며, 생명이 스스로를 영속시키려 애쓰고 있는 한은 이 난자들 중 일부를 사용하게 되어 있다. 난소가 회색인 이유는 골반 내 공간 속에 살고 있는 기관들 중에 난소만이 기관을 감싸 보호하는 역할을 하는 탄력 있는 막인 분홍빛 복막으로 싸여 있지 않기 때문이다. 난소는 내용물을 자주 내놓아야 하기 때문에 싸여 있을 수가 없다. 그렇다, 난소는 난자를 내놓지만, 그것만 내놓는 것이 아니다. 난소는 생식 주기와 우리 자신의 몸을 부양하는 일종의 푸딩인, 황색을 띤 호르몬 타피오카를 내놓는다. 난소는 생리적으로나 비유적으로나 정체 상태와 성욕 상태, 해부 구조와 행동을 연결하는 다리 역할을 한다. 난소는 정기적으로 호르몬을 분비하여 자신의 존재를 알린다. 우리는 앞서 난자를 살펴보았다. 이제 그 바구니를 살펴보기로 하자.

프로이트를 비롯한 많은 학자들이 관찰했듯이, 초등학교에 다니는 아이들보다 더 어린 아이들이 성적으로 훨씬 더 활발하다. 서너 살 된 여자아이는 자신의 몸과 어른의 몸을 콕콕 찌르고 자극하면서 즐거워한다. 그녀는 질, 클리토리스, 항문 등 들어가고 튀어나온 모든 부위를 탐색하고 싶어하며, 심지어 아빠의 음경을 만져도 되냐고 물음으로써 소심하고 과민한 부모들에게 고민을 안겨주기도 한다. 프로이트가 애틋하게 표현했듯이, 여자아이는 다형 도착 성향을 보인다. 그녀가 남성의 오이디푸스 콤플렉스에 해당하는 여성의 이른바 엘렉트라 콤플렉스를 겪는다면, 즉 여자아이가 자신의 아버지를 사랑하고 어머니를 이기고 싶어하는 시기를 겪는다면, 아마 이 음탕한 어린아이 때가 그 시기일 것이다.

취학 전 여자아이가 성에 관심을 갖게 되는 것은 생식선과 그것을 감독하는 뇌 영역 사이에 끊겼다 이어졌다 하는 기이한 대화 때문이다. 즉 생리 현상의 표현인 셈이다. 여자아이나 남자아이나 서너 살 때까지는 시상 하부에 있는 생식샘자극호르몬 분비 호르몬 펄스 발생기라는 구조가 작동했다 멈췄다 하면서 생식 호르몬들을 찔끔찔끔 분비한다. 등대의 불빛이 느리기는 하지만 안개를 뚫고 정확한 시간 간격으로 반짝반짝 비추는 것과 같다. 즉 거의 90분마다 호르몬들이 찔끔 나오는 것이다. 여자아이의 난소는 그 맥박치는 신호에 반응한다. 그에 맞춰 난소는 소량의 난소 호르몬을 분비한다. 아직 심각할 정도는 아니고, 젖가슴이나 배란을 유도할 만큼 많은 양은 아니지만, 그래도 어린 여자아이는 약한 충동을 느끼고 약하게 성적으로 활기를 띤다. 자신의 몸, 자신의 신체 부위들이 그녀를 매혹시킨다.

그 시기가 끝날 무렵이면, 아직 거의 수수께끼로 남아 있는 어떤 작용을 통해, 뇌 속의 펄스 발생기가 작동을 멈춘다. 시계가 멈춘다. 호르몬 신호가 그친다. 난소도 침묵에 빠져든다. 난소는 동면 상태에 들어간다. 이런 이유도 있고 아이에게 거는 사회적 기대도 있고 해서, 아이는 수줍어하는 모습을 띠기 쉽고, 신체 기능에 쉽게 당혹스러움을 느끼기도 하고, 아버지의 음경이나 다른 음경이나 소년의 몸을 건드린다는 생각만 해도 역겨움을 느끼기 쉽다. 그 뒤 7년 정도, 그녀는 성과 생식샘에서 벗어난 존재, 기존의 근심 걱정을 뒤에 떨쳐버리고 새로운 근심 걱정과는 아직 대면하지 않은 여행 중에 있는 지극히 행복하고 자유로운 존재로 있게 된다.

근심 걱정과 도착 성향이 어렴풋이 다시 나타나는 것은 열 살 무렵이며, 그것은 생식샘의 활동 때문이 아니라, 펠트 모자 같은 신장 위에 자리한 혈액이 많은 구조인 부신(副腎)의 명령 때문이다. 겨우 작년이나 재작년에서야 연구자들은 부신이 사춘기가 시작되도록 자극하는 첫 신호를 낸다는 것을 알아차렸다. 부신은 당신의 엉덩이에 불이 붙도록 자극하는 호르몬인 아드레날린을 분비하며, 소량이긴 하지만 성호르몬도 분비한다. 부신은 열 살쯤 되면 성숙하며, 그 나이가 되면 아이는 성에 환상을 품기 시작하며 반 친구나 팝 스타나 교사에게 홀딱 반하기도 한다. 열 살 소녀의 몸은 아직 사춘기에 들어가지 않았을지 모르지만, 뇌는 다시 성적으로 충만한 상태에 있다(당신은 기억하는가? 이런, 나는 기억한다. 5학년 때 반에서 내 짝이었던 소년이 바닥에 연필을 떨어뜨렸던 것이 기억난다. 그는 몸을 굽혀 연필을 집은 뒤 내 다리를 버팀대로 삼아 몸을 일으켰다. 그 아이는 작았고 열 살이 훨씬 안 되어 보였기에 나는 그 아이에게 아무런 감정도 없었다. 하지만 그 순간 내 몸에서는 짜릿한 기쁨이 흘렀고, 나는 나 자신이 섹스를 좋아하게 될 것이라고 생각했다). 부신이 일단 말을 하기 시작하면 결코 되돌릴 수 없으며, 재잘거리는 속도와 소음과 말하고 싶은 욕망은 증가하기만 할 뿐이다. 몸은 정신이 이끄는 대로 따라가고, 성적 특징이 나타나게 된다.

열두 살쯤 되면, 시상 하부에 있는 펄스 발생기가 억제 상태를 벗어나 다시 작동하기 시작한다. 그것은 호르몬 주머니를 다시 쥐어짜기 시작한다. 유치원에 들어가기 전에 그것이 어떻게 활동을 멈추는지 모르는 것처럼, 우리는 왜 그것이 다시 활동을 시작하는지 모른다. 아마 부신에서 나오는 신호가 그것을 자극하는지도 모른다. 아니면 지방이 용의자일지도 모른다. 지방 세포는 렙틴이라는 신호 분자를 분비하며, 렙틴이 뇌의 시계를 다시 째깍거리게 하는 스위치임을 암시하는 실험들도 있다. 뇌가 소녀의 지방 축적량을 통해 번식 준비가 되었는지 판단을 내리며, 소녀가 어느 정도의 지방 축적, 즉 어느 정도의 체중이 되어야 배란을 시작하는 것일 수도 있다. 오래전부터 내려온 경험 법칙에 따르면, 소녀가 대략 45킬로그램에 도달하면, 키나 나이에 상관없이 사춘기에 도달한다고 한다. 살진 소녀는 마른 소녀나 운동하는 소녀보다 더 일찍 생리를 한다. 그 45킬로그램 중 4분의 1이 지방이라면, 지방 무게는 11.3킬로그램이며, 그것은 약 87,000칼로리의 에너지가 저장되어 있다는 것을 뜻한다. 임신에 들어가는 에너지는 약 8만 칼로리이다. 따라서 뇌가 성장하는 소녀의 지방 조직에서 스며 나오는 렙틴이 어느 정도인지 파악해 45킬로그램이 되면 메트로놈을 다시 움직이게 한다는 것도 이론상 가능하다.

촉발 신호가 무엇이든 간에, 되살아난 시상 하부는 어린아이 때보다 훨씬 더 강하다. 그리고 가보인 진주들이 담긴 회색 주머니 난소는 더 강하다. 난소는 열릴 준비가 되어 있다. 부신은 그 정도밖에 할 수 없다. 난소는 끝을 모른다. 난소는 몸에 성적 특징을 부여하는 성호르몬의 주요 원천이다. 생존할 수 있는 난자를 내놓을 준비가 될 때까지, 난소는 매우 숙달된 솜씨로 성호르몬을 내놓는다. 성호르몬은 음모를 자라게 하고, 젖가슴과 엉덩이에 지방이 붙게 하고, 골반을 넓히고, 마침내 생리혈이 흐르게 한다.

나처럼 자신의 배란 주기를 오랫동안 지켜봐왔다면, 당신은 그것이 지겹다는 것을 알 것이다. 당신은 호르몬들의 수치가 오르락내리락 하는 도표를 보았을 것이고, 호르몬에는 대부분 당신이 알고 느끼고 생각하는 몸과 무관하게 들리는 케케묵은 이름들이 붙어 있다. 황체 형성 호르몬인 LH, 난포 자극 호르몬인 FSH, 그리고 앞서 말했던 최악의 이름이 붙은 생식샘자극호르몬 분비 호르몬인 GnRH 등등. 그들의 주기는 주인과 상관없이 돌아간다.

제발, 편견을 버리도록 하라. 그 주기는 지루함과는 거리가 먼, 역동적이고 활발한 것이다. 빅토리아 시대의 해부학자처럼 여겨질 위험을 무릅쓰고서 그것을 묘사해보기로 하자. 당시 과학자들은 난소의 주기를 보고 무척 놀랐다. 그것에 홀딱 반한 사람들도 있었지만, 그것을 혐오한 사람들도 있었다. 모두 그것을 고딕식으로 기술했으며, 매달 난포가 파열되어 난자가 나오는 것을 보면서 성을 더 공정하고 더 낫고 더

멍들고 더 초라하게 여길 만한 이유도 발견했다. 현대 병리학의 아버지인 루돌프 피르호는 난포가 터지는 것을 이빨이 나는 것과, 난자가 난소 표면으로 밀려나오는 것을 잇몸을 뚫고 이빨이 나오는 것과 비교하면서, 고통스럽고 '영양 상태와 신경에 가장 강렬한 교란'이 일어난다고 했다. 프랑스 의사들은 배란을 잘 곪은 종기가 터지는 것에 비유하기를 좋아했으며, 해블럭 엘리스는 매달 난자가 방출되는 것을 '생명의 뿌리를 주기적으로 갉아대는 벌레'라고 보았다. 토머스 래커는 역사가 줄 미슐레가 "여성을 배란 때 입는 마음의 상처로 거의 항상 고생하는, 매달 상처 입는 존재로, 생리적으로 심리적으로 변화무쌍한 환각의 중심에 놓여 있는 배란에 삶을 지배당하는 존재"로 보았다고 말한다. 난소는 크기가 아몬드만 할지 모르지만, 그것을 탐미하던 빅토리아 시대 의사들에게는 결코 기쁨의 아몬드가 아니었다.

내게는 난포의 팽창과 난자 방출이 잔인한 대학살이라기보다는 번식, 성적 낙관주의, 감정의 고양 등 여러 활동과 조화를 이루는 활동에 더 가깝다. 난포는 젖가슴의 소엽이 젖이 가득 들어차면서 부풀고, 눈물관이 물과 염분으로 부풀고, 생식기가 흥분했을 때 피가 몰려 부푸는 것처럼 부풀었다가, 긴장이 풀리면 픽 하면서 살아 있는 액체를 밖으로 내보낸다.

배란 주기의 기준일 중 하나를 출발점으로 삼아 이야기를 해보자(우리는 난자는 눈으로 볼 수 없지만 피는 볼 수 있기 때문에 그것을 대개 월경 주기라고 부른다). 제1일은 난소가 조용히 있는 생리 첫날이다. 난소는 난자를 방출하지 않으며, 성호르몬도 설령 방출한다고 해도 아주 조금밖에 분비하지 않는다. 아래쪽이 조용하다는 말은 위쪽에 있는 시상 하부의 펄스 발생기가 쩔쩔매며 일하고 있다는 의미이다. 난소에서 호르몬이 거의 분비되지 않기 때문에 펄스는 빨라진다. 시상 하부는 자신의 심부름꾼인 뇌 호르몬 GnRH를 내보내며, 그 호르몬은 바로 밑에 있는 뇌하수체를 자극한다. 뇌하수체는 자신의 호르몬 소포를 발송하며, 그러면 이제 우리는 다시 회색 숙녀, 즉 콩깍지에게로 돌아가게 된다. 뇌하수체가 그것을 깨우는 것이다. 그 콩깍지 안에는 작은 둥지인 난포들이 모여 있고, 각 난포에는 미성숙 난자가 하나씩 들어 있다. 벌집의 방 하나하나에 벌 유충이 하나씩 들어 있듯이 말이다. 매달 약 20개의 난포와 그 안의 난모 세포들이 뇌의 부름을 받는다. 그들은 팽창하고 성숙하기 시작한다. 그들은 머릿속에 하나 가득 꿈을 안은 채 오디션을 받는 병아리 스타들 같다. 그러다가 10일쯤 되는 날 결정이 내려진다. 서로 경쟁하던 난포 중 하나가 뽑힌다. 그 안의 난자만이 완전히 성숙하여 배란이 될 것이다. 때로는 한 주기에 하나 이상의 난자가 성숙하기도 하며, 그럴 때면 인간도 한 배에 둘, 셋을 낳을 수 있다. 그 선택이 어떻게 이루어지는지는 아무도 모른다. 처음부터 가장 빨리 자라는 난포가 이기는 것일 수도 있다. 아니면 난모 세포의 유전체가 예민하게 반응하는 신호가 미리 보내져 하나가 간택되는 것일 수도 있다. 그런 선택이 어떻게 이루어지든 간에, 다른 난포들은 자신들이 졌다는 것을 알아차린다. 10일째에 그들은 팽창을 멈추고 탈락한 난자들을 품은 채 여위기 시작하기 때문이다. 선택된 난포만이 그대로 남아 있다. 그 안에 있는 난자는 성숙하고 감수 분열을 통해 염색체가 선별된다. 마지막 단계로 가면 난포는 너무나 팽창하고 뚱뚱해져서 지름 2.5센티미터에 높이 1.3센티미터 정도가 된다.

난소 벌집의 팽창은 노출증 환자의 행동과 같다. 그것은 주의를 끈다. 선명한 분홍빛 바다조름처럼 생긴 난관은 먼지떨이 같은 끝자락을 휘두르면서 각본대로 움직인다. 난포들이 성장하면 난관은 난소의 표면을 끈질기게 세게 쓸면서 단서를 찾는다. 제발, 어느 난포에 들어 있는지 가르쳐줘. 난관은 대단히 유연하다. 그것은 문어의 발이나 진공 청소기의 호스 같다. 각 난관이 대개 각 난소 곁에 가까이 붙어 있긴 하지만, 필요하다면 한 난관이 골반강을 가로질러 반대쪽에 있는 난소에까지 닿을 수도 있다. 이런 일은 자궁 내막증에 걸린 여성에게 일어난다. 예를 들면 두 난관 중 하나가 이탈한 자궁 조직과 뒤엉켜서 동여매어지면 콩깍지에 닿을 수 없게 된다. 그러면 반대편 난관이 양쪽 난소 표면을 감시하고 냄새 맡는 일을 떠맡는다. 그리고 선택된 난자가 준비가 되었을 때, 그 이동 가능한 난관이 그것을 잡기 위해 그곳에 가 있을 것이다.

난자를 해방시켜줄 배란의 최종 신호는 12일에서 14일쯤에 뇌하수체에서 왈칵 분비되는 황체 형성 호르몬이다. 밀려온 호르몬은 난포에게 속을 내보이라고 설득한다. 파열될 때, 즉 배란 순간에 가끔 약간의 출혈과 함께, 미텔슈메르츠라는 가벼운 통증이 일어나기도 한다. 난자는 난관이 벌리고 있는 손가락인 난관채 사이로 들어온다. 머리카락 같은 돌기들이 무수히 나 있는 모양인 난관채는 율동감 있게 돌기들을 흔들어대면서 난자를 난관 속, 수정이 이루어지는 방으로 빨아들인다.

(임신하기 위해 배란 예측 시약을 사용해본 적이 있는 여성이라면 LH 쇄도가 무엇인지 안다. 이 시약은 황체 형성 호르몬의 양을 파악해 여성에게, 가능한 한 당장 오늘 성교를 해야 해 하고 말해주기 때문이다. 당신의 난자가 튀어나오려 하고 있다는 것을 말이다. 그 호르몬 쇄도가 목표로 삼을 이상적인 사건인지 아직 논란이 있긴 하다. 1995년에 발표된 임신 양상에 관한 대규모 연구 결과는 배란 일이 임신이 일어날 수 있는 마지막 날이며, 임신은 대부분 배란 일보다 하루나 이틀, 최대 닷새까지 앞서 성교를 했을 때 이루어졌다고 말하고 있다. 정자는 며칠 동안 살 수 있으며, 난자까지 도달하는 데 시간이 필요할 수도 있다. 그 발견은 충격을 안겨주었다.

임신 전문가들은 난포가 파열된 뒤 적어도 하루나 이틀 뒤에 관계를 가져야 임신이 된다고 생각하고 있었기 때문이다. 하지만 그렇지 않았다. 해방된 난자는 이 세계에서 너무 예민하든지, 아니면 무솔리니처럼 시간을 엄격히 지킬 것을 요구한다. 아무튼 난포 밖으로 나온 난자의 수명은 몇 시간에 불과하다. 따라서 LH 농도가 정점에 달할 때까지 기다렸다가 성교를 한다면, 정자는 너무 늦게 도착하는 것이 된다. 파티는 끝난 것이다. 난자는 떠나고 없다.)

회색 바구니로 돌아가자. 터진 난포는 살아 있다. 그것은 상처도 아니고, 도랑도 아니다. 그것은 새로운 어머니, 어떤 의미에서는 아이를 낳지 않은 어머니의 몸 속에 든 아이를 낳은 어머니이다. 그것은 난자를 낳았고, 이제 그 난자를 부양할 방법을 찾을 것이다. 그 난포는 호르몬 생산에 몰두한다. 빈 구멍을 둘러싸고 있던 세포들은 콜레스테롤이 들어차면서 팽창하여, 버터나 커스터드처럼 부드럽고 황색을 띠게 된다. 그 세포들은 황체, 말 그대로 '노란 몸'을 형성한다. 황체는 대량의 프로게스테론과 상당한 양의 에스트로겐을 분비하며, 이 호르몬들은 혈액을 따라 흐르면서 자궁을 자극해 자궁벽이 부풀어오르도록 하고, 젖가슴을 자극해 약간 부풀고 부드러워지게 한다. 살진 자궁 벽은 난포의 아이인 난자가 수정이 되어 살 운명이라면 그것을 부양할 것이고, 젖샘은 수정된 난자가 자라서 세상으로 나온 뒤에 부양할 것이다.

임신이 이루어지면, 황체는 임신 기간 내내 살아 있을 것이다. 첫 42일 동안 그 호르몬들은 태아의 생존에 필수적인 역할을 하지만, 그 뒤에는 태아가 태반에 자리를 잡게 되고 태반이 임신 호르몬들을 합성하는 일을 떠맡는다. 그래도 황체는 계속 살아 있다. 그것은 여전히 지배적인 난포, 왕관을 쓴 여왕으로 남아 있으며, 난소에 있는 다른 난포들이 성숙하지 못하도록 억누른다. 임신 상태에서 또 배란을 하고 싶은 사람은 없을 테니까.

하지만 황체가 배아에게만 신경을 쓰는 것은 아니다. 남아 있는 한, 그것은 여성도 돌본다. 그 살진 노란 조직에서는 호르몬들이 흘러나오며, 그 호르몬들은 여성의 몸, 뼈, 신장, 췌장, 뇌 등 모든 신체 기관에 영향을 미친다. 아메리카 원주민들이 미국 물소의 사체를 뼈 한 조각 힘줄 하나까지 모두 음식과 보금자리와 옷에 이용하듯이, 몸은 그 난포를 남김없이 활용한다.

임신이 이루어지지 않으면, 황체는 배란 10일째에 퇴화한다. 한때 난관의 시선과 손길을 한 몸에 받았던 난포는 이제 몸의 죽은 세포나 죽어가는 세포를 청소하는 면역계 세포인 대식세포의 관찰 대상이 된다. 그 구멍 주위에 섬유 조직이 형성된다. 황체는 백체가 되어, 얼굴에 또 하나의 흉터로 남는다.

배란 주기는 생리학적인 것이며, 어느 정도 독자적으로 진행된다. 하지만 몸의 요청을 전혀 못 들은 척하지는 않는다. 그것이 몸과 따로 논다고 오해해서는 안 된다. 그 반대로 난소는 복막에 둘러싸이지 않고 몸과 뇌와 계속 접촉하고 있기 때문에 자신이 살아가는 환경, 즉 몸에 매우 민감하게 반응한다. 배란 주기의 처음 절반이 가장 영향을 받기 쉽다. 배란 주기는 여성마다 크게 다르다. 3주 정도로 짧은 여성이 있는 반면, 40일 정도로 긴 여성도 있으며, 배란 일과 생리 일 사이가 일정하지 않은 여성들이 대부분이다. 난자가 방출된 뒤부터는 주기가 훨씬 더 예측한 대로 진행된다. 하루 이틀 차이는 있지만, 주기는 2주 동안 진행된다. 배란이 일어나기 전의 난소는 항고 법원과 같다. 항변을 들어야 하고, 부정하고 의심하는 이야기들을 들어야 한다. 난소는 뇌, 주위 조직, 멀리 떨어져 있는 조직으로부터 무엇을 해야 할지, 배란을 할지 그냥 있어야 할지 등등 온갖 신호들을 통해 조언을 받을 것이다. 가령 당신이 감기에 걸려 몹시 아플 때에는 배란이 일어나지 않거나 몸이 좋아질 때까지 늦춰질 수도 있다. 이런 지체는 면역계가 난소에 위기 의식을 심어준 결과일 수도 있다. 보통 때 대식세포들이 난자를 방출한 난포에 다가가서 황체를 백체로 표백하는 일을 돕는다는 것을 생각해보라. 병이 나면, 대식세포를 비롯한 면역 세포들이 급속히 증가한다. 이 늘어난 면역 세포들 중 일부가 난소에 모여들 수도 있으며, 이들은 난포의 성숙을 중단시키거나 팽창하고 있는 난포 한두 개를 먹어치울지도 모른다. 아니면 면역계에 일어난 변화가 뇌의 펄스 발생기 작동을 늦추거나 뇌하수체에서 호르몬이 분비되는 것을 늦추는 식으로 배란을 간접적으로 억제할지도 모른다. 구체적으로 일이 어떻게 진행되든 간에, 그것은 나쁜 체계가 아니다. 당신이 몹시 아프다면, 낫는 데 집중해야 한다. 임신하는 데 에너지를 쓸 만한 여유는 없다.

뚜렷한 병이 아닌 스트레스나 걱정이 난소의 활동을 억제하는지 여부는 확실하지 않다. 시중에 흘러 다니는 말에 따르면, 억제한다고 한다. 친구들과 친척들은 아이가 안 생기는 부부에게 마음을 편히 가지라고, 청하지도 않은 조언을 하곤 한다. 그들은 안타깝다는 투로 말한다. 좀 느긋해지라구, 그러면 금방 아이가 생길 테니까. 하지만 이것은 닭이냐 달걀이냐 하는 논쟁과 같다. 불임이 스트레스의 원인인가, 스트레스가 불임의 원인인가? 증거들은 대부분 특정한 상황에 들어맞는 것들이다. 우리는 불임 여성이 신경을 많이 써야 하는 과중한 일을 그만두자 금방 임신을 했다는 이야기나, 몇 년 동안 아이를 가지려 애쓰던 부부가 결국 입양하기로 하고 아기를 집으로 데려오자마자 여봐란듯이 몇 주 지나지 않아 아이가 들어섰다는 이야기에 귀를 기울인다. 하지만 전쟁 때 지독한 스트레스를 받는 여성이나 지독한 강간을 당한 여성이 그런 상황에서도 임신을 했다는 정반대의 이야기에는 귀를 기울이지 않는다. 스트레스 완화 프로그램이 임신에 도움이 되는지 여부를 다룬 연구들은 혼란스러운 결과들을 내놓고 있다. 임신율이 상당히 높아졌다는 결과가 있는 반면, 거의 또는 전혀 효과가 없었다는 결과도 있다. 솜틸타마린원숭이 같은 원숭이 종에서 알파 암컷이 있을 때 하위 암컷들이 배란을 하지 못하는 이유를 연구하던 영장류학자들은 기존에 알려진 스트레스 호르몬들이 임신 억제와 전혀 상관이 없다는 놀라운 결과를 얻었다. 연구자들은 우두머리 암컷이 하위 암컷들을 협박하고 그때문에 하위 암컷들의 몸에서 코티솔 같은 스트레스 호르몬이 분비되어 일시적으로 불임 상태가 된다고 가정하고 있었다. 하지만 그렇지 않았다. 원숭이들의 소변을 받아 검사한 결과, 하위 암컷들의 스트레스 호르몬 농도에는 거의 아무런 변화가 없었다. 오히려 결과는 정반대인 듯했다. 즉 어린 암컷이 알파 암컷의 영역에서 벗어났을 때, 코티솔 농도가 급상승했고, 그 결과 배란이 다시 시작되었다.

일반적으로 '스트레스'는 그것을 연구하는 사람들에게 계속 스트레스를 안겨주는, 괴물 같은 주제들 중 하나이다. 스트레스가 무엇이며, 그것을 어떻게 측정하며, 그것이 얼마나 많아야 많다고 할 수 있는지, 일치된 견해는 없다. 당신이 자신의 삶을 통제할 수 없다고 느낄 때에는 스트레스를 약간만 받아도 미칠 지경이 될 수 있다. 자신의 삶을 통제하고 있다고 느낄 때에는 스트레스를 많이, 한없이 받아들일 수도 있다. 당신은 스트레스에 취해 지낼 수도 있고, 위기를 극복하기 위해 항상 긴장 상태를 유지하려 애쓸지도 모른다.

잔소리해대는 친지들과 눈앞에 어른거리는 마감 시한 말고도, 외부 세계가 난소의 내부 세계에, 성숙하고 있는 난포들의 호르몬 조성에, 깃털 달린 난관의 구부러지고 비틀고 빨아들이는 행동에 영향을 미칠 수 있는 다른 방법들이 있다. 외부 환경이 여성 내면의 발진기에 영향을 미친다는 사례들 중 가장 유명하면서도 명료하지 않은 것은 생리 주기 동조라는 현상이다. 좁은 곳에 몰려 사는 여성들은 페로몬이라는 냄새 없는 휘발성 화학 물질 같은 것을 통해 아직 밝혀지지 않은 신호를 서로 전달함으로써 생리 주기가 같아질 가능성이 있다는 것이다. 이 생각은 현재 시카고 대학 생물학자로 있는 마사 매클린턱이 1971년 하버드 대학원생일 때 처음 제기한 것이다. 권위 있는 《네이처》에 실린 논문에서 매클린턱은 한 여대에서 함께 생활하는 몇몇 집단들의 생리 주기를 나타낸 자료를 제시했다. 그 여성들은 학기 초에 생리 일이 제각각 달랐다. 그러다가 학교 생활을 하면서 함께 거주하는 학생들의 주기가 서서히 수렴되어갔다. 일곱 달이 지나자, 동거인들의 생리 일이 학기초보다 33퍼센트 더 가까워졌다. 반면 같은 방을 쓰지 않는 여성들 사이에는 생리 주기 동조가 일어났다는 흔적이 전혀 없었다. 매클린턱의 논문은 과학계와 일반인 모두에게서 찬사를 받았다. 그 연구는 많은 여성들이 개인적으로 겪은 일들과 들어맞는다. 어머니와 10대의 딸, 자매, 기숙사 동료, 레즈비언 연인은 신기하게 동시에 생리대를 찾음으로써, 서로 피로 맺은 관계임을 느끼곤 한다.

하지만 후속 연구들은 생리 주기 동조 현상이 그렇게 산뜻하지 않다는 것을 보여주었다. 원래의 결과를 확인하는 결과들도 있었지만, 반박하는 결과들도 있었다. 지난 25년 동안 발표된 생리 주기 동조 연구들을 검토한 최근의 논문에 따르면, 16건은 동조가 일어난다는 통계적으로 의미 있는 증거로 볼 수 있으며, 10건에서는 통계적으로 의미 있는 양상이 나타나지 않았다. 몇 건은 비동조, 즉 동조에 반대되는 증거로 볼 수 있었다. 즉 몇 달이 지나면서 동거인들은 서서히 생리 주기가 어긋났고, 완전히 대립되는 사례까지 있었다. 마치 여성들이 서로 신호를 보내는 것처럼 말이다. 우리는 앞서 공통점이 전혀 없었으니까, 그 방향으로 가자.

매클린턱은 캐시미어 스웨터에 밝은 스카프를 두르고 검은 물고기 무늬가 있는 비둘기색 양말 같은 기발한 차림을 한, 당당하고 엄격하고 고고하고 열정적인 여성이다. 그녀는 환경이 생리 기능에 어떻게 영향을 미치는지, 즉 양육이 천성을 어떻게 찔러대는지 연구하고 있다. 그녀는 정신 자세가 병세에 어떤 영향을 미치는지, 즉 나을 수 있다는 믿음이 회복되는 데 어떤 영향을 미치는지 연구한다. 또 사회적 고립이 건강에 어떻게 영향을 미치는지 살펴본다. 대개 사회적 동물은 장기간 고립되면 건강에 나쁜 영향이 미친다. 문제는 우리가 무슨 이유로 어떻게 그 나쁜 정도를 측정하고, 그것의 근원, 즉 스쳐 지나가는 신비한 감각 같은 것과 생리 기능에 나타나는 측정할 수 있는 진정한 변화 사이의 정점을 추적할 수 있는가이다. 매클린턱은 생리 주기 동조가 정말로 있지만, 그것이 전부는 아니라고 주장한다. 그녀는 사람들이 생리 주기 동조를 보면서도 그것을 매우 협소하게 해석한다고 말한다. 사람들은 여성들이 함께 살 때 통계적으로 의미 있는 정도까지 생리 주기가 수렴되어 동조가 일어난다고 말하든지, 그렇지 않고 그것이 터무니없는 이야기라고 말하든지 둘 중 하나이다.

"사람들은 생리 주기 동조에 초점을 맞추죠. 그 생각이 너무 강력하기 때문에, 그것을 주된 현상이라고 보는 겁니다. 하지만 내가 누누이 강조했지만, 그건 그저 코끼리의 왼쪽 귀에 불과해요. 사회적 배란 통제의 한 측면에 불과할 뿐이죠."

그녀는 사회적 동물들의 임신, 배란, 출산은 집단이라는 맥락 속에서 일어난다고 했다. 난관은 작은 빨판처럼 행동할지 모르지만, 우리는 진공 상태에서 임신하는 것이 아니다. 우리는 무리를 이루어 살며, 우리 몸은 그것을 알고 그에 따라 반응한다. 집단의 역학이 변함에 따라 우리의 반응도 변한다. 동료 여성들에 맞춰 배란하는 것은 한 환경에서는 우리에게 당연한 것이 될 수도 있고 다른 환경에서는 족쇄가 될 수도 있다. 매클린틱 연구진은 쥐 암컷이 다른 암컷들의 임신을 억제하는 페로몬과 촉진하는 페로몬을 분비할 수 있음을 발견했다.

"이 페로몬들은 생식 주기의 각기 다른 단계와 임신과 수유 때 생길 수 있어요. 암컷들은 상태에 따라 각기 다른 신호를 보내고, 함께 사는 암컷들은 다양한 방식으로 그것들에 반응하죠. 동조가 일어날 때도 그렇지 않을 때도 있는 거예요."

쥐 연구는 많은 것을 밝혀냈고 난소와 사회 사이에 어떤 대화가 이루어질 수 있는지 어렴풋이 알게 해준다. 대체로 한 집단 내에 있는 쥐 암컷들은 한 주나 두 주 사이에 함께 배란을 하고 새끼를 밴다. 그들은 새끼를 낳아 찍찍 울어대며 꼼지락거리는 새끼들에게 함께 젖을 먹일 수 있도록 임신 주기를 상당히 일치시킨다. 그들은 귀여운 작은 공산주의자들이 아니다. 그들은 집쥐로서, 쓰레기 더미와 하수구에서 볼 수 있는 이빨이 튀어나온 고약한 약탈자들이다. 암컷들의 입장에서는 함께 새끼들을 키우고 젖을 먹이는 편이 낫다. 홀로 새끼를 키워야 할 때보다 젖을 먹이는 데 필요한 시간과 에너지가 덜 들며, 새끼들도 비교적 더 살찌고 건강해진다. 따라서 동조는 최적 상태이다. 그리고 한 암컷이 어떤 이유로 유산을 하거나 낳은 새끼를 잃는다면, 그 암컷은 쥐로서는 하기 힘든 일을 할 것이다. 즉 다시 새끼를 갖는 일을 보류한다. 그 암컷은 젖을 먹이고 있는 동료 암컷들에게서 신호가 올 때까지 기다린다. 동료 암컷들과 동조할 수 있도록 다시 시계를 맞추는 것이다.

쥐 연구는 사회가 어떻게 생명 현상에 영향을 미치는지, 더 많은 것을 말해준다. 한 암컷이 어떤 이유로 집단과 동조를 하지 못하고 홀로 새끼를 밴다면, 동조되지 않은 임신을 했다는 인식이 임신 자체에 심한 영향을 미친다. 그 암컷의 새끼들은 수컷 절반에 암컷 절반인 조화로운 표준 비율을 보이는 것이 아니라, 대부분 암컷들로 이루어져 있다. 왜 이런 일이 생기는 것일까? 그 산모인 쥐는 자신과 생체 시계가 다르게 맞춰져 있으며 자신의 새끼들보다 더 나이가 많은 새끼들을 가진 암컷들 사이에서 살면서 젖을 먹일 것이다. 나이가 더 든 새끼들은 극성스럽게 젖을 찾아다닌다. 새 산모의 젖보다 더 달콤하고 더 영양분이 많은 것은 없다. 그들은 새 산모의 젖을 훔쳐먹을 것이며, 산모는 그들이 젖을 먹는 것을 거의 막을 수 없다. 따라서 새 산모 자신의 무력한 새끼들 중에 굶어죽는 것들이 생길 것이다. 그중 한두 마리가 살아남았다면, 그 새끼들은 암컷일 가능성이 높다. 다른 많은 종들과 마찬가지로, 쥐의 새끼들도 암컷은 안전한 반면, 수컷은 위험이 많다. 새끼 암컷들은 국채인 반면, 새끼 수컷들은 투기 등급 채권이다. 쥐 수컷은 여기저기 돌아다니며 미친 듯이 교미를 해 수많은 새끼들을 낳아 자신의 어미를 의기양양한 할머니로 만들 수도 있고, 아예 교미를 못 해 대를 잇지 못할 수도 있다. 반면에 암컷들 중 전혀 새끼를 낳지 못하는 쥐는 극히 드물다. 평생에 걸쳐 약간밖에 낳지 못할 수도 있지만, 아무튼 낳는다. 상황이 어려워지고 전망이 밝지 않다면, 그들은 새끼 암컷에게 투자를 한다. 새끼 암컷들은 혈통을 잇게 해줄 것이다. 여기서 우리는 뻗은 팔이 사방을 헤치면서 가장 깊은 방인 자궁 속으로 가는 놀라운 사례를 본다. 새끼를 밴 쥐 암컷은 자신이 동조되지 않았다는 것과 사회 집단과 동료 여성들의 수유 상태를 느끼며, 그 감각 정보를 태아 수컷들을 핍박하라는 것으로 해석하여, 결실을 맺지 못할 일에 자신의 드라크마〔그리스의 화폐 단위〕를 낭비하기 전에 태아 수컷들을 자기 몸으로 재흡수한다. 위험을 느끼면, 암컷은 담보물을 찾는다. 즉 암컷을 낳는 것이다.

1998년 매클린턱 연구진은 《네이처》에 우리가 어느 정도 쥐와 비슷하며 우리 난소도 사회가 표방하는 관점에 쉽게 휘둘린다는 것을 확증하는 논문을 발표했다. 그들은 배란 주기의 각 단계마다 여성의 겨드랑이를 면봉으로 닦아내 그것을 다른 여성들의 윗입술에 바름으로써, 그 분비물이 냄새 없는 화학 신호인 페로몬 역할을 할 수 있음을 보여주었다. 설령 전부는 아니지만, 그 분비물에 노출된 여성들 중 상당수는 배란 주기가 빨라지거나 느려졌다. 주기 초기, 즉 배란 이전 난포기에 있는 여성들에게서 얻은 겨드랑이 분비물은 노출된 여성들의 주기를 짧게 하는 효과를 나타냈다. 즉 노출된 여성들은 주기 기록상으로 예측한 날보다 며칠 더 일찍 배란을 했다. 반면에 배란할 때쯤 된 여성들의 겨드랑이 분비물을 바르자, 그 페로몬은 여성들의 주기를 늦췄다. 즉 노출된 여성들은 배란 주기상으로 예측한 날보다 며칠 더 늦게 배란했다. 배란을 한 뒤, 생리가 일어나기 전 황체기에 있는 여성들에게 얻은 페로몬은 아무런 영향을 미치지 않았다.

모든 여성들이 그 페로몬에 영향을 받은 것은 아니었지만, 그 발견이 통계적으로 의미가 있으며 인간의 페로몬이 존재한다는 것은 충분히 확인되었다. 이 세심한 실험을 통해 우리는 여성들이 이유도 모른 채, 냄새도 맡지 못한 상태에서 완전히 무의식적으로 서로를 밀고 당길 수 있으며, 다양한 방식으로 서로에게 반응한다는 것을 알 수 있다. 실험 대상 여성들은 코 밑에 묻힌 분비물에서 시료를 준비할 때 사용한 알코올 냄새 외에는 아무 냄새도 느끼지 못했다고 말했다. 또 이 실험 결과는 다양한 생리 주기 동조 연구들이 긍정적인 결과를 얻기도 하고 부정적인 결과를 얻기도 하는 이유를 설명해준다. 페로몬 신호들은 생성되는 시기에 따라 여성들의 주기를 일치시키거나 어긋나게 할 수 있기 때문이다. 즉 완전한 동조만을 찾는 연구들은 마찬가지로 중요한 비동조가 나타난다는 점을 보지 못했던 것이다.

하지만 이런 사회적 배란 통제가 어떤 이점이 있는 것일까? 다른 여성들의 배란 주기를 자신과 일치시키는 것이 좋은가, 어긋나게 하는 것이 좋은가? 우리는 알지 못한다. 그저 추측만 할 수 있을 뿐이다. 우리는 앞, 뒤, 바깥으로 상상력을 확대시켜야 한다. 우리는 생리 주기와 배란과 생리만이 아니라, 여성들이 임신하는 기간과 젖을 먹이는 몇 달 또는 몇 년이라는 기간도 생각해야 하며, 그 기간에 어떤 냄새와 단서가 분비될지도 생각해야 한다. 또 우리는 동거인들과 정서적으로 정치적으로 어떤 관계에 있는지, 그들에게 품고 있는 동료애나 경쟁심이나 적대감이 어느 정도인지도 고려해야 한다. 같은 공간에 있는 여성들과 있을 때 매우 편하다면, 생리 주기 동조는 더 쉽게 이루어질지 모른다. 안전하다고 느끼면 임신이라는 모험을 기꺼이 할 마음을 먹게 된다. 임신은 배란이 규칙적일 때 더 쉽게 할 수 있고, 주기를 바꾸고 주기를 안정시키는 한 가지 방법은 주위 사람들의 주기에 맞추는 것이다.

함께 생활하는 사람들과 불화가 있다고 해도, 그들 사이에 난소의 결탁, 즉 주기의 안정화가 일어날까? 솜털타마린원숭이는 우두머리 암컷이 근처에 있을 때면 배란을 하지 않을 것이다. 우두머리 암컷이 그들을 괴롭히는 것은 아니다. 때리지도 않고 먹이를 빼앗지도 않는다. 대개 그들을 무시할 뿐이다. 하지만 하위 암컷들의 신경 발진기는 우두머리의 냄새나 모습이나 분위기를 감지한다. 그래서 그들은 배란을 하지 않는다. 여성도 위협적이거나 신경을 곤두서게 하는 여성이 주위에 있으면 그렇게 위축되지 않을까? 경쟁자가 신생아를 키우고 있다면, 그 여성은 자신이 임신하여 임신에 필요한 것들을 얻어야 할 시기에 적대적인 산모에 맞서 자원을 놓고 경쟁해야 하는 부담을 피하기 위해, 무의식적으로이긴 하지만 자신의 배란을 지연시키는 쪽을 택할지 모른다. 따라서 사회적 배란 통제는 주기를 일치시키는 협동적인 방식으로 사용될 수도 있고, 갈등을 피하기 위해 방어적으로 사용되거나, 필요할 때 경쟁자의 주기를 혼란시켜 임신을 막는 공격적인 방식으로 사용될 수도 있다.

매클린턱은 말한다.

"정보가 열쇠이지요. 정보는 많을수록 좋아요. 자신의 임신을 조절하고 최적화하고, 자신의 신체 환경과 사회 환경 양쪽 측면에서 가능한 최적 시기에 임신을 할 수 있는 여성은 단서가 없는 여성보다 더 성공할 겁니다."

매클린턱은 페로몬이 정보원들 중 하나일 뿐이라고 말한다. 그것은 당신이 어디에 있는지, 준비를 해야 할 시간인지 여부를 말해줄 유일한 정보원이 아니며, 핵심 정보원도 아닐 수 있다. 페로몬은 단순히 그 정보원들 속에 추가된 것이며, 주목할 가치가 있을 때도 있고 그렇지 않을 때도 있다. 그래서 매클린턱이 연구한 여성들 중에 민감한 여성도 있고 그렇지 않은 여성도 있었던 것이다.

우리는 감각들이 전해주는 충고라는 바다에 잠겨 있다. 우리의 성교 상대들은 우리의 뇌와 회색 바구니에 나름대로 영향을 미친다. 남성과 함께 사는 여성은 홀로 사는 여성보다 주기가 더 규칙적인 양상을 보이며, 규칙적인 주기는 임신 가능성을 높인다. 여성은 코를 디밀고 싶은 부위들, 즉 남성의 겨드랑이, 사타구니, 목 뒷부분에서 분비되는 페로몬에 반응하는 것인지도 모른다. 그렇다면 왜 코가 막히는 것일까? 당신의 몸 전체는 참견꾼 역할을 할 수 있다. 앞서 살펴보았듯이, 여성은 남편과 성교를 할 때보다는 정부와 성교를 할 때 임신 가능성이 더 높다. 그 자료는 논쟁 중에 있으며, 여성이 발각될까 두려워 밀회를 할 때 피임약을 먹지 않으려 한다는 사실 같은 흔히 있는 일들을 통해 설명이 될 수도 있다. 또는 앞서 살펴보았듯이, 그것이 암컷의 필사적인 시도라 할 수 있는, 정자를 안으로 끌어당기는 오르가슴의 결과일 수도 있다. 하지만 다른 가능성도 있다. 다른 여성들이 미치는 영향과 마찬가지로, 쾌락은 난자를 해방시키는 LH의 분비를 촉발함으로써 난소들에게 배란 시기를 바꾸라고 할 수 있을지도 모른다. 나는 절정이 그런 역할을 하며, 자궁을 그렇게 뚜렷이 떨리게 할 수 있는 것은 무엇이든지 콩깍지와 그 안에 있는 씨에 영향을 미칠 것이라고 생각한다. 아마 난포는 전율을 느끼면 성숙 속도가 더 빨라질 것이며, 뇌에게 제발 서둘러, 때가 왔어라고 말할지도 모른다. 그러면 뇌는 LH를 왈칵 분비함으로써 난자에게 자유의 노래를 들려줄 것이다.

이쯤에서 나의 임신 경험을 이야기하고 싶다. 남편과 나는 아이를 갖기 위해 오랫동안 애썼다. 내 주기는 메트로놈처럼 정확히 28일을 유지했다. 그리고 잠시 동안 우리의 성교도 메트로놈과 같아졌다. 우리는 내가 임신할 가능성이 높다고 생각했던 시기에 집중해서 관계를 가졌다. 우리는 좋다고 하는 온갖 체위를 시도했다. 때로는 관계를 가지면서 오르가슴을 느끼기도 했고, 때로는 억지로 참기도 했다. 고동치는 자궁 경부가 정자를 삼킬지 내뱉을지 누가 알랴? 나는 세세한 점까지 가장 좋다고 하는 방법을 썼다. 관계 뒤에 엉덩이를 치켜든 채 꼼짝하지 않고 누워 있기도 했다. LH가 다량 분비되는 시기를 알기 위해 배란 진단 시약도 사용해보았다. 몇 달 동안 우리는 그런 규칙을 철저히 지켰다. 하지만 아무 일도 일어나지 않았다. 전혀, 전혀, 전혀.

1995년 11월 진단 시약의 작은 막대에 LH가 분비되었다는 증거가 비치지 않았다. 나는 무척 시무룩해졌다. 나는 무배란 주기라고 생각했고, 당시 서른일곱이었던 터라 더 이상 희망이 없어 보였다. 하지만 12월에 나는 임신했다는 것을 알았다. 내가 불모지가 되었던 바로 그 전달에 임신이 되었던 것이다. 나는 그 달에 어떤 일들이 있었는지 곰곰이 생각해보았고, 무슨 일이 일어났는지 알아차렸다. 내가 임신 가능한 날짜라고 생각했던 날보다 더 일찍, 남편과 나는 임신에만 몰두하던 그 당시에 거의 드물게 순수한 사랑과 즐거움을 위해 관계를 가졌다. 나는 본래의 목적과 상관없는 마술적인 그 낭비 행위가 프랑스 일주 자전거 경주에서 얀 울리히가 신나게 달린 것처럼, 내 주기를 가속시켰다고 확신한다. 내 절정은 탐욕스런 난자의 성숙 시간을 단축시켰다. 그것은 LH 분비를 가져왔고, 그 호르몬은 난포를 자극해 난자가 속박에서 풀려 나와 난관 속으로 뛰어들도록 했고, 그 일을 촉진시킨 사건에서 비롯된 정자와 그곳에서 만났다. 그런 다음 모든 일이 일사천리로 진행되었고, 내가 평소처럼 LH 신호가 있는지 살펴보고 있을 때에는 이미 그 흥분 상태가 지나간 뒤였다. 나는 황무지로 들어갔다고 생각했지만, 사실은 이미 호화로운 곳에서 살고 있었던 것이다.

물론 이런 추리를 뒷받침할 증거는 전혀 없다. 그저 내가 아이를 가졌다는 것뿐이다. 쥐는 곤경에 처할 때 딸을 얻지만, 나는 기쁨 속에서 딸을 얻었다.

10

바퀴에 기름칠을

호르몬의 역사

매일 아침 나는 티록신이 들어 있는 작은 알약을 먹는다. 티록신은 목 중앙에 있는 나방 모양의 갑상선에서 분비되는 호르몬이다. 20대에 나는 그레이브스병에 걸린 적이 있었다. 이 병은 자가 면역 증상 중 하나로서, 갑상선이 과민 상태가 되어 티록신이 과량 분비되는 증세이다. 나는 병원에 가는 것을 끔찍이 싫어했기에 몇 달 동안 진단도 받지 않은 채 지냈다. 나는 신경 과민과 불안에 시달렸고, 감정은 쇠톱처럼 날카로워졌다. 심장은 내 정상 박동의 거의 두 배인 1분에 120번을 뛰었다. 침대에 누워 있을 때도 그랬다. 운동 선수처럼 튼튼했던 몸에 갑자기 힘이 빠졌고 중간에 쉬지 않고서는 계단을 걸어 올라갈 수조차 없게 되었다. 나는 게걸스럽게 먹어댔지만 체중은 계속 줄어들었다. 하지만 너무 아파 보였기에 날씬해졌다는 찬사를 듣지 못했다. 또 눈이 약간 튀어나오면서 청개구리처럼 보였다. 그것은 영부인이었던 바바라 부시처럼 그레이브스병을 앓았던 사람들에게서 보이는 증상이었다.

나는 방사성 요오드 치료를 받았다. 그 요오드는 병에 걸린 갑상선으로 들어가서 갑상선을 꽤 많이 파괴했다. 이제 나는 티록신이 필요한 양보다 적게 만들어지는 갑상선 기능 저하증에 걸렸고, 남은 평생 매일 티

276

록신을 보충해주는 알약을 하나씩 삼켜야 한다. 그것은 지겨운 일이지만, 내 기분이나 개성에는 아무런 변화가 없다. 심지어 이를 닦거나 세수를 하는 것 같은 일상적인 일들에 약간의 활기조차 불어넣지 못한다.

하지만 내가 티록신 섭취를 중단한다면, 내 인생은 나쁜 상황으로 변할 것이다. 하루하루 또는 한 주 한 주가 지나면서 서서히 나는 신경질적이고 침울하고 무기력하고 멍청한 모습으로 변해갈 것이다. 체중은 늘어나고, 거의 늘 추위를 느낄 것이고, 성욕을 잃을 것이다. 심장 박동은 느려지고 불규칙해질 것이고, 혈압은 올라갈 것이다. 나는 다시 아플 것이고, 일찍 사망할 위험에 처할 것이다. 나는 다시 내 몸의 화학에 짓눌릴 것이다.

티록신은 성호르몬이 아니다. 그것은 10대나 연인들에게 흔히 쓰는 말인 '호르몬이 넘친다'라거나 '호르몬 수치가 높다'라는 말과 무관하다. 호르몬이라는 화학 물질들은 에스트로겐과 안드로겐 같은 성호르몬, 문가에 사자나 화가 난 집주인이 있을 때 당황하라고 조언하는 예민한 보초인 스트레스 호르몬 같은 익숙한 생체 반응 물질들을 포함해 종류가 무척 다양하다. 그중에는 우리에게 소금이나 음식이나 물이 필요하다고 말하는 무대 뒤의 기술자들도 있고, 프로작, 졸로프트 등등 기분을 좋게 만드는 현대의 유명 약품들의 표적인 세로토닌처럼 대개 호르몬이라고 생각하지 않는 화합물들도 있다.

장기간 호르몬에 의존해 살아가다 보니, 나는 그것들의 윤곽, 장점과 단점에 관심을 갖게 되었다. 나는 왜 티록신 같은 것이 너무 많거나 너무 적게 생성되면 그토록 난폭해지고 혼란을 일으키며, 그렇지 않을 때에는 거의 존재를 드러내지도 조명을 받지도 못하는지 궁금해졌다. 티록신을 적당량 섭취함으로써, 나는 나 자신을 알게 된 뒤부터 간직해온 안정한 불안정한 상태, 즉 나 자신의 본래 모습을 되찾았다. 그 이상의 변화는 없었다. 내가 할 수 있는 것이라곤 기존의 작동 방식을 유지시키는 것뿐이었다. 한때 몸을 지배했던 티록신은 이제 자기 영역으로 돌아갔다. 어느 조직이나, 내 뇌조차도 비정상적으로 생산된 티록신의 지배를 받았지만, 티록신은 내가 아니었고, 자아나 의식이 담겨 있지도 않았다. 그렇다면 무슨 일이 벌어졌던 것일까? 호르몬은 효과와 결점과 의미를 지닌다. 호르몬은 우리 대다수가 알고 있는 것보다 훨씬 더 중요하지만, 우리 대다수가 생각하는 방식으로는 아니다.

최근에 호르몬은 다시 부흥기에 접어들었다. 이 화학 전령들과 그들이 우리를 위해 할 수 있는 것, 우리에게 말해줄 수 있는 것, 우리에게 해결해줄 수 있는 것에 새롭게 관심이 쏠리고 있다. 그 유행에 현란한 수식어가 따라붙는 것은 당연하다. 지금은 공공연히 거드름 피우고, 뻐기고, 남의 말을 가로막고, 트림하는 성향 같은 이른바 남성적인 형질들이 테스토스테론 때문이라고 말하는 것이 유행이다. 무리를 지어 다니는 남성들에게는 '테스토스테론 냄새를 풍긴다'라든지, '테스토스테론에 중독되었다'라든지, '테스토스테론 냄비'라는 수식어가 붙는다. 그 말은 멋있게 들리고, 영리하게 들리고, 남성들이 꽤 많은 양의 테스토스테론을 갖고 있는 것이 분명하므로 딱 맞는 말처럼 들린다. 여성도 호르몬 농담의 대상이 된다. 쇼핑하러 돌아다니거나 카푸치노를 마시며 모여 앉아 여성들은 '에스트로겐 배출구'라든지, '에스트로겐 파도에 떠 있다'라는 말을 듣는다. 또 사랑 호르몬, 모성 호르몬, 심지어 범죄 호르몬이라는 말까지 떠돈다. 우리는 자기 자신을 설명하고 싶어하며, 호르몬은 여성과 남성을, 경쟁자와 협조자를, 야생의 상태와 길들여진 상태를 구분해주는, 즉 산뜻하게 정량화할 수 있는 방법을 제공하는 듯하다. 우리는 어쩔 수 없는 분류 애호가들이다.

이처럼 호르몬이 대중적인 관심의 대상이 된 것은 조직화 원리의 제

사장인 화학자들이 새롭게 관심을 갖게 되었기 때문이기도 하다. 70년 전쯤에 호르몬이 처음 분리되고 합성된 이래, 호르몬 연구는 비교 상대가 없을 정도로 폭발적으로 이루어져왔다. 이제는 딱 들어맞는 비유조차 없다. 예전에는 각 호르몬을 몸과 뇌의 각기 다른 조직에 있는 특정한 수용체, 즉 자물쇠에 딱 맞도록 만들어진 열쇠에 비유했다. 그 호르몬을 자물쇠에 넣으면 정해진 행동과 반응들로 이어지는 문이 활짝 열린다는 것이었다. 이제 그 비유는 낡은 것이 되었다. 몸은 특정한 호르몬에 맞는 자물쇠를 여러 개 갖고 있으며, 때로는 호르몬이 자물쇠 없이 작용하기도 한다는 것이 밝혀졌다. 호르몬은 혈액에서 조직으로 막무가내로 밀고 들어가거나 틈새로 미끄러져 들어갈 수도 있다. 우리는 이 화학 전령들이 얼마나 능력 있고, 얼마나 기이하며, 얼마나 무지막지한지 새삼 놀라고 있다.

호르몬은 그런 능력과 오랜 역사를 갖게 된 이유를 드러내는 서정미 넘치는 분자, 즉 아름다운 곡조를 지니고 있다. 그 분자는 수억 년 동안 진화를 거치면서도 그런 형태 속에 가치 있는 특징을 보존할 정도로 일을 잘해내고 있다. 우리 여성을 만드는 것들 중에는 호르몬도 포함되어 있으며, 나는 이런 호르몬들에 초점을 맞추고자 한다. 에스트로겐, 프로게스테론, 테스토스테론, 옥시토신, 세로토닌 같은 최근에 유행하는 호르몬들이 그것이다. 하지만 호르몬은 유행의 노예가 아니다. 그것들은 기대한 대로 행동하지 않는다. 그것들은 진부함을 싫어한다.

호르몬은 자극하다, 흥분시키다, 재촉하다 같은 의미를 지닌 그리스어인 호르만horman에서 유래했다. 호르몬이 하는 일이 바로 그것이다. 호르몬이 재촉하는 것이 고요한 감정이라면, 호르몬은 휴식을 취하라고 재촉한다. 기존의 정의에 따르면, 호르몬은 한 조직에서 분비되어 혈액이나 다른 체액을 타고 다른 조직으로 흘러가서, 그 조직을 새로운 활동 상태로 자극하는 물질이다. 갑상선은 티록신을 분비하며, 티록신은 심장, 근육, 내장을 자극한다. 난소의 난포는 터지면서 프로게스테론을 왈칵 분비하며, 프로게스테론은 자궁 내막을 부풀게 하는 신호가 된다. 예전 연구자들은 호르몬이 노르에피네프린이나 아세틸콜린처럼 뇌 세포 사이의 의사 소통에 쓰이는, 신속한 반응을 일으키는 화학 물질인 신경 전달 물질과 다른 것이라고 생각했다. 하지만 연구자들이 신경 전달 물질과 마찬가지로 호르몬도 뇌 세포들의 짜임새와 배열을 바꿈으로써 자극에 더 반응하기 쉽도록 만들 수 있다는 것을 밝혀내면서, 그런 구분은 무너지기 시작했다. 뇌 세포들은 둥둥둥 울리는 전기 파동을 통해 서로 대화를 한다. 따라서 에스트로겐을 신경 전달 물질이라고 부르는 것은 부적절하겠지만, 그것과 신경 전달 물질이 신경 조절자, 즉 뇌를 조율하는 자라는 대규모 화학 물질 집단에 속한다는 말은 적절할 것이다. 이런 재분류는 단순히 의미론적 차원의 문제가 아니다. 그것은 우리 자신의 생각과 감정과 존재를 생각하는 방식에도 영향을 미친다. 또 그것은 내분비학자는 목 아래 부분의 화학을 다루고 신경생물학자는 뇌 영역을 다룬다는 낡은 구분을 없애고 몸과 뇌를 동시에 보게 한다.

호르몬은 복잡할 뿐 아니라, 항상 유유하게 돌아다니는 생명의 서정시인 역할에 걸맞게 작으면서도 바람직한 특징들을 갖고 있다. 이 간결함은 호르몬의 열매, 즉 핵심 구조가 성호르몬처럼 기름으로 되어 있거나 옥시토신과 세로토닌 같은 펩티드 호르몬처럼 고기로 되어 있다는 사실과 무관하다.

성스테로이드호르몬이라고도 부르는, 성호르몬을 줌 렌즈로 들여다보자. 최근 들어 스테로이드라는 단어에는 멍청한 행위라는 의미가 붙었다. 스테로이드를 생각할 때면 우리는 보디빌더를 비롯한 운동 선수들이 힘과 몸을 불리기 위해 위험을 무릅쓰고 먹는 약인 아나볼릭 스테로이드를 떠올릴 정도가 되었다. 그런 약은 대개 합성 테스토스테론이므로 스테로이드 호르몬에 속한다. 하지만 스테로이드 호르몬은 훨씬 더 다양하며, 락커룸에서 쓰이는 약보다 훨씬 더 흥미롭다.

당신이 스테로이드 분자의 구조를 그려놓은 그림을 본 적이 있고, 고등학교 화학 선생님이 그 분자의 아름다움을 감상할 당신의 능력을 완전히 없애버리지 않았다면, 당신은 스테로이드 분자가 엄밀한 아름다움을 지니고 있음을 인정할 것이다. 스테로이드는 탄소 원자들이 만든 고리 네 개가 모자이크 타일처럼 붙어 있는 모양이다. 고리들은 그 호르몬을 안정하게 만든다. 스테로이드는 쉽게 용해되지 않으며, 혈액이나 뇌라는 농밀한 바다에서도 분해되지 않을 것이다. 게다가 스테로이드의 고리는 다양하게 변형할 수 있다. 겉에 다양한 장식을 달 수 있으며, 그 새로운 주름 장식들은 스테로이드의 의미와 능력에 변화를 가져온다. 테스토스테론과 에스트로겐은 놀랍도록 비슷해 보인다. 그것들은 작은 장식이 다를 뿐이지만, 그 차이는 수용 조직에 전혀 다른 신호로 받아들여진다.

스테로이드는 오래전부터 자연계에 존재했고, 수많은 생물에서 의사전달 역할을 하고 있다. 곰팡이는 스테로이드를 분비한다. 자성(雌性) 곰팡이는 스테로이드 호르몬을 분비해 이웃 곰팡이의 웅성(雄性) 생식 기관 형성을 유도한다. 그 유혹을 받아들여 웅성을 갖게 된 이웃 곰팡이는 다른 스테로이드 호르몬을 주위로 분비한다. 그러면 자성 곰팡이가 그쪽을 향해 자라기 시작한다. 이리 와, 사랑을 나누자! 그가 소리친다. 그녀는 다가와 사랑을 나눈다. 콩이나 마 같은 식물도 스테로이드와 유사 스테로이드 호르몬을 갖고 있으며, 사실 이 식물성 에스트로겐이 풍부한 음식은 폐경기 증상을 완화시키는 데 도움이 될 수 있다. 일부 수생 곤충들은 자신들을 잡아먹으려 달려드는 물고기에 강한 타격을 줄 정도로 스트레스 호르몬인 코티솔을 고농도로 합성한다. 멕시코 무당벌레붙이*Epilachna varivestis*는 걸어다니는 피임약과 같다. 일부 과학자들은 그 곤충이 만들어내는 에스트로겐과 프로게스테론이 천적인 포식자들의 수를 억제하려는 목적을 지니고 있다고 추측한다. 돼지도 스테로이드 호르몬을 사랑한다. 구애할 때 수퇘지는 암퇘지의 얼굴에 침을 뱉는다. 그러면 암퇘지는 강렬한 스테로이드 화합물에 노출되며, 이어서 암퇘지의 뒷다리가 얼얼해지면서 적당히 벌어진다. 따라서 남성 우월주의자male chauvinist pig라는 말이 왜 생겼는지 어느 정도 설명이 될지 모른다. 오, 그래. 침을 뱉으라구, 그러면 저 여자는 당신 게 돼!

자연에는 수천 종류까지는 아니라 해도 수백 종류의 스테로이드와 유사 스테로이드 호르몬들이 있다. 정의에 따르면, 스테로이드 호르몬은 널리 퍼져 있으면서 부당하게 악평을 받고 있는 분자인 콜레스테롤의 변형 물질이다. 콜레스테롤은 구조상으로는 스테로이드이지만 장식이 전혀 달리지 않은 스테로이드로서, 그 자체로는 의사 소통 수단이 되지 못한다. 화학적으로 치장을 해주어야만 호르몬이라는 전령 역할을 할 수 있다. 척추동물의 스테로이드 호르몬들은 모두 콜레스테롤로부터 만들어진다. 콜레스테롤이 이런 호르몬들의 기반이 된 것은 이해할 만하다. 몸에는 콜레스테롤이 넘쳐나기 때문이다. 당신이 달걀, 기름, 고기 같은 콜레스테롤이 풍부한 음식을 전혀 입에 대지 않았다 해도, 당신의 간은 끊임없이 콜레스테롤을 만들고 있다. 거기에는 그럴만한 이유가 있다. 콜레스테롤은 모든 세포를 둘러싸고 있는 지질 보호막인 원형질막의 필수 성분이다. 보통 세포의 막은 적어도 절반이 콜레스테롤로 이루어져 있으며, 뉴런의 막은 더하다. 콜레스테롤이 없다면 세포는 산산이 흩어질 것이다. 콜레스테롤이 없다면, 새로운 세포들도 만들어질 수 없을 것이다. 그러면 매일 수백만 개씩 죽어나가는, 피부, 내장, 면역계 세포들을 대체할 방법이 없어질 것이다. 콜레스테롤은 땅의 지방이자 뇌의 지방이다.

따라서 스테로이드 호르몬은 우리 세포의 피부이자, 우리 자신의 한 부분이다. 우리 세포들은 의사 소통을 하고 싶어할 때, 역설적으로 자신을 고립시키는 역할을 하고 있는 원형질막을 쳐다본다. 원형질막은 38억 년 전 최초의 단세포 생물을 자신의 어머니인 환경으로부터 분리시킨 막처럼, 세포를 다른 세포와 갈라놓는다. 원형질막은 자아와 생물학적 고독을 낳은 것이다. 따라서 하나의 세포인 자아가 다른 자아에게 말을 하고자 할 때, 즉 다시 연결되려고 할 때, 가장 나은 의사 소통 수단은 원형질막 자체가 지닌 언어일 수밖에 없다.

호르몬이라는 단어는 1905년에 만들어졌고, 호르몬이 처음 분리된 것은 1920년대였다. 하지만 사람들은 특수한 호르몬 공장인 정소의 외향성 덕분에, 오래전부터 간접적으로나마 스테로이드 호르몬이 무엇인지 알고 있었다. 최초의 내분비학 실험이라고 할 만한 행위의 불행한 실험 대상은 인간 남성을 포함한 수컷들이었다. 사람들은 사냥한 동물을 거세하면 더 순종적이 되고 고기 맛도 더 좋아진다는 것을 알았다. 또 신뢰할 수 있는 자로 만들기 위해 남성들을 거세하기도 했다. 구약성서에는 유대의 왕과 왕자들의 부인을 보호하기 위해 환관을 썼다는 이야기가 나온다. 또 성범죄나 변태 행위를 처벌하기 위해 남성을 거세하기도 했다. 12세기의 저명한 신학자이자 철학자인 피에르 아벨라르는 사랑하는 제자인 엘로이즈와 달아난 죄로 거세를 당했다. 아벨라르는 회고록인 《나의 불행한 이야기》에서 성기를 잃은 것을 애통해했다 (엘로이즈는 그런 수술을 당하지 않은 채 수녀원으로 보내졌다. 그녀의 생식샘이 손이 닿지 않는 곳에 있었거나, 중세 사람들이 무지했기 때문일 수 있다. 훗날 그녀는 연인이 세운 파라클레 수녀회의 원장이 되었다).

정소가 사춘기 때 다양한 신체 변화를 일으킨다는 것도 오래전부터 알려져 있었다. 따라서 뛰어난 소프라노 목소리를 지닌 소년들을 사춘기가 되기 전에 거세하여 목소리가 굵어지고 낮아지는 것을 막기도 했다. 당시의 설명에 따르면, 최고의 카스트라토 목소리를 들으면 장엄함이 느껴졌다고 한다. 남성의 커다란 폐에서 나오는 힘과 여성의 달콤하고 매끄러운 음색이 결합되었기 때문이다. 카스트라토 열풍은 17세기와 18세기에 절정에 달했다. 당시 수많은 부모들이 부와 명성을 얻기 위해 아들을 거세시켰다. 그런 극성스러운 부모들은 언제나 있었다. 하지만 19세기에 들어서면서 취향과 발성법이 바뀌었고, 여성 소프라노가 카스트라토를 대신해 천사의 목소리를 들려주게 되었다.

하지만 거세는 실험실에서 계속 이루어졌다. 현대 내분비학의 아버지인 A. A. 베르트홀트는 19세기 중반에 괴팅겐 대학에서 수탉을 대상으로 획기적인 실험들을 했다. 그는 수평아리의 정소를 제거했다. 그것은 맛좋은 식용 수탉을 만드는 방법이었다. 거세한 식용 수탉은 부드럽고 맛이 좋은 것으로 유명했으며, 다 자란 수탉에게 나타나는 성적 과시용 깃털이 나지 않고, 울음소리도 수탉 같지 않은 경향이 있다. 하지만 베르트홀트는 수탉들을 거세된 상태로 놔두지 않았다. 그는 떼어낸 정소를 병아리의 뱃속에 이식했다. 그러자 그 병아리들은 볏과 수탉의 울음소리를 완벽하게 갖춘 정상적인 수탉으로 자랐다. 그 수탉들을 해부한 그는 이식된 정소가 그곳에 뿌리를 내렸으며, 크기가 두 배로 커지고 혈관들이 이어져 있는 것을 관찰했다. 다 자란 정소가 그렇듯이 그 안은 정자로 가득했다. 이식 과정에서 정소의 신경들이 회복될 수 없는 손상을 입었을 것이 분명했으므로, 베르트홀트는 정소가 신경계의 도움으로 몸에 영향을 미치고 있는 것이 아니라고 결론을 내렸다. 그는 어떤 물질, 어떤 생명의 물이 정소 조직에서 나와 혈액을 타고 몸의 다른 부위로 가서 수평아리를 수탉으로 만드는 것이 틀림없다고 올바로 추측했다. 하지만 베르트홀트는 그 물질이 무엇인지 알아낼 방법이 없었다.

호르몬 연구를 낳은 것은 수컷의 몸이었지만, 그것을 발전시킨 것은 암컷의 몸이었다. 1920년대에 과학자들은 임신한 여성의 소변에서 흥미로운 화합물을 찾아내는 실험을 시작했다. 그들은 그 소변을 쥐의 생식기에 넣어보았고, 소변에 있는 무언가가 쥐의 자궁과 질에 놀라운 변화를 일으킨다는 것을 발견했다. 쥐 자궁 내막은 두꺼워진 반면, 질 벽에는 각질화가 일어났다. 각질화는 세포들이 옥수수 속처럼 길게 변하면서 일어난다. 유기화학자들은 그런 변형을 일으키는 원인을 연구하여 1929년 최초로 에스트론이라는 호르몬이 분리되었다. 에스트론은 우리가 여성 호르몬이라고 말하는 호르몬 집단인 에스트로겐의 일종이다. 비록 양쪽 성 모두, 즉 모든 성이 그것을 가지고 있긴 하지만 말이다. 어떤 몸이든 간에 몸에는 많은 형태의 에스트로겐이 있지만, 주류가 되는 것은 에스트론, 에스트라디올, 에스트리올 세 가지이다. 호르몬의 몸통을 장식하는 수산기(수소 원자와 산소 원자 하나가 붙은 것)의 수에 따라 그런 이름이 붙었다. 당신은 에스트로겐을 이용해 어린 딸에게 숫자를 가르칠 수도 있다. 에스트론은 수산기(水酸基)가 하나, 에스트라디올은 둘, 에스트리올은 셋이다. 수산기의 수에 따라 이름을 붙이는 것은 생물학자가 아니라, 화학자가 쓰는 방법이다. 수산기의 수만 갖고서는 그 분자가 어떤 행동을 할지 전혀 예측하지 못한다. 수산기가 더 많다고 해서 더 낫지도 않으며, 더 적다고 해서 더 나쁘지도 않다. 하지만 화학자들이 먼저 거기에 있었으므로, 그들이 아담 역할을 하는 것은 당연했다.

에스트론은 폐경기에 있지 않은 여성의 주된 호르몬인 에스트라디올에 비해 질 각질화나 자궁 내막 증식을 일으키는 능력이 약하다. 하지만 에스트론은 임신 때 태반에서 대량으로 분비되며, 현대 내분비학을 탄생시킨 임신한 여성의 소변에 들어 있었던 덕분에, 맨 처음 발견되는 영광을 누렸다. 곧이어 화학자들은 호르몬 열병에 사로잡혔고, 짧은 기간 내에 안드로겐, 프로게스테론, 부신의 스트레스 호르몬 같은 스테로이드 호르몬들 대부분이 발견되고 가장 두드러진 기능들이 밝혀졌다.

하지만 그들이 진정으로 사랑하는 것은 여전히 맨 처음 발견했던 에스트로겐이었다. 화학자들은 이쪽에 곁사슬을 붙이고 저쪽에 메틸기를 붙이는 식으로 해서 다양한 합성 에스트로겐을 만들어냈다. 그들은 1940년대에 1960년대까지 유산을 막는 데 쓰였던 악명 높은 에스트로겐 화합물인 DES diethylstilbestrol를 만들어냈다. 지금은 어머니가 이 화합물을 먹으면 아이에게 암이나 다른 질환이 생긴다는 것이 알려져 있다. 그들은 피임약도 발명했다. 그들은 합성 호르몬이나 임신한 암말의 소변에서 분리한 '천연' 에스트론을 이용해 폐경기를 위한 에스트로겐 알약과 몸에 붙이는 에스트로겐 약을 만들어냈다. 암말은 수말과 마찬가지로 소변의 양이 많고 새끼를 배고 있을 때면 더 그렇다.

에스트로겐은 맨 처음 발견되었으면서도 여전히 가장 주목을 받고 있다. 그것은 시간이 흐를수록 더욱더 관심을 끌고 있다. 그것은 천사이기도 하고 무정부주의자이기도 하다. 에스트로겐은 우리를 건강하게도 하고 아프게도 한다. 그것은 우리의 젖가슴을 만들고 그런 다음 암으로 그것을 파괴한다. 그것은 난자를 성숙시켜 자궁 속에서 새로운 삶을 살게 하지만, 호박처럼 길게 늘어나는 붉은 섬유종을 유발하여 우리가 맙소사를 외치면서 자궁을 포기하게끔 만들기도 한다.

이런 모순을 계속 유지해가는 것은 쉬운 일이 아니다. 우리는 산업 사회의 여성들이 너무 많은 에스트로겐에 노출되어 있다는 말을 듣는다. 우리는 과도한 지방, 임신이나 수유 같은 경험을 하지 않아 단절되지 않은 채 이어지는 생리 주기, 피임약, 음주 습관 같은 것을 통해 온갖 종류의 에스트로겐과 접촉하며, 심지어 환경에 존재하는 유사 에스트로겐 화합물들에도 접촉한다. 우리는 조상들보다 훨씬 더 많은 호르몬에 노출되고 있으며, 그것은 몸에 나쁜 영향을 미치고 병의 원인이 되고 있다고 한다. 반면에 우리가 에스트로겐을 충분히 섭취하지 않고 있으며, 많은 양의 에스트로겐을 만들어내던 난소가 활동을 중단하면 폐경기가 지난 뒤 오래 살지 못할 것이라는 이야기도 듣는다. 따라서 우리는 에스트로겐을 장기 복용할 필요가 있다. 우리는 에스트로겐이 심장을 튼튼하게 하고, 뼈를 단단하게 하고, 정신에 활기를 불어넣는다는 말을 듣는다. 즉 에스트로겐이 만화에 등장하는 강한 여주인공이라는 것이다. 그렇다면 에스트로겐이 여성을 부드럽고 다정하고 아름다운 몸매를 갖추게 하는 호르몬이라는 낡은 생각을 포기해야 할까?

나는 우리의 요구와 변덕에 잘 맞춰주는 에스트로겐에게 찬탄을 금할 수 없다. 에스트로겐은 우리의 희생양이자 돌팔매질을 당하는 창녀이다. 에스트로겐은 오랜 세월에 걸쳐 악마 취급을 당하기도 하고, 영광의 자리를 차지하기도 하고, 파문당하기도 하고, 복원되기도 해왔으며, 여성과 마찬가지로 놀림을 당해도 참고 지낼 수 있다. 에스트로겐을 이해하려면, 호르몬으로서의 에스트로겐과 우화로서의 에스트로겐을 구별하는 일부터 시작해야 한다. 전자는 우리가 알고 있거나 모르고 있는 힘과 한계를 뜻하며, 후자는 마녀의 치료 상자에 든 광기와 사악한 여성성의 근원인 상상의 성분을 뜻한다.

에스트로겐은 여성 호르몬이라고 불리며, 그것은 어느 정도 정당하기도 하고 부적합하기도 한 말이다. 12세에서 50세까지, 여성의 혈액에는 남성의 혈액보다 3~10배의 에스트로겐이 들어 있다. 중년이 되면 남녀의 에스트로겐 농도는 비슷해진다. 여성은 에스트로겐 농도가 낮아지는 반면, 남성은 에스트로겐 농도가 서서히 높아지기 때문이다. 어느 쪽 호르몬을 조사하든 간에, 농도는 나노그램이나 피코그램 단위, 즉 1그램의 10억 분의 1에서 1조 분의 1 정도에 불과하다는 것을 기억하자. 에스트라디올을 찻숟가락 하나만큼 얻으려면, 폐경기가 되지 않은 여성 25만 명의 피를 모두 빼야 할 것이다. 반면에 한 사람의 혈액에는 적어도 찻숟가락 하나 분량의 설탕과 밥숟가락 몇 개 분량의 소금이 들어 있다. 호르몬은 완두콩이며, 우리는 공주이다. 완두콩 위에 얼마나 많은 요를 깔든 간에, 호르몬은 우리를 꼼지락거리게 만든다.

　비록 많이 겹치고 남아돌기도 하고 어디에서 언제 무슨 목적으로 만드는지 대부분 알지 못하지만, 대체로 몸의 각 조직마다 각기 다른 에스트로겐을 만든다고 할 수 있다. 우리가 번식 능력을 갖고 있을 때 주된 에스트로겐인 에스트라디올은 난소에서 만들어진다. 그것은 난포와 난포가 파열된 뒤에 물집처럼 생겨난 황체에서 흘러나온다. 적어도 에스트로겐의 활성을 조사하는 표준 방법인 쥐의 질을 아이오와 주의 물결치듯 흔들리는 벌판처럼 선명하게 각질화시키는 정도로 판단할 때, 세 에스트로겐 중에서 에스트라디올의 활성이 가장 강하다. 에스트리올은 태반에서 분비되며 간에서도 약간 분비된다. 그것은 주된 '임신 에스트로겐'이며, 임신의 행복감을 주는 주요 원천이다. 물론 헛구역질로 창백해지지 않았을 때 그렇다. 태반은 에스트론도 합성한다. 지방 조직도 그렇다. 살진 여성들에게는 폐경기에 흔히 나타나는, 온몸에 열이 나거나 뼈가 가늘어지는 증세가 나타나지 않을 수도 있다. 그들의 난소가 매달 분비하던 에스트라디올을 더 이상 내보내지 않아도, 주변 조직이 에스트론을 만들어 보충이 된다. 근육질 여성들도 폐경기를 별 문제 없이 보낸다. 오랜 시간 운동을 함으로써 건강해지고 심장이 튼튼해지고 뼈가 강해졌을 뿐 아니라, 근육이 적당한 양의 에스트론을 분비하기 때문이다. 폐경기가 지난 여성이 암말의 오줌에서 추출한 물질을 복용하거나 피부에 붙이고 있지 않는다면, 죽을 때까지 에스트론이 가장 주된 에스트로겐이 된다. 에스트론만이 남아 할머니를 기쁘게 해준다.

이렇게 몸 전체에서 에스트로겐이 만들어지고 소비된다는 것은 최근에 밝혀진 사실이다. 호르몬 연구의 황금 시대가 펼쳐지던 당시에 과학자들은 생식샘이 아닌 다른 곳을 바라볼 필요가 없다고 생각했다. 난소가 에스트로겐을 만들고 정소가 테스토스테론을 만들었으니까. 그래서 성스테로이드라는 말이 나왔다. 그들은 생식샘이 성과 관련된 일이나 배란을 조절하고 자궁 벽을 증식시키는 등 번식과 관련된 일을 하는 성스테로이드를 만든다고 생각했다. 하지만 그렇지 않다. 에스트로겐의 역할은 번식을 잘하는 것에 한정되어 있지 않다. 에스트로겐은 몸의 어디에서나 만들어지며, 몸의 어디에서나 소비된다. 뼈는 에스트로겐을 만들고 에스트로겐을 먹는다. 혈관은 에스트로겐을 만들고 에스트로겐을 먹어치운다. 뇌도 에스트로겐을 만들며, 우리가 이제 겨우 알아내기 시작한 여러 방식으로 에스트로겐에 반응을 보인다. 몸은 에스트로겐을 사랑한다. 몸은 에스트로겐을 씹어먹고 나서 더 달라고 요구한다. 에스트로겐의 반감기는 30~60분 정도로 매우 짧으며, 그 뒤에 분해되어 재활용되거나 제거된다. 하지만 항상 에스트로겐은 과량 생산되어, 국지적으로 생산되고 소비되거나 다른 곳으로 이동하고 있다.

에스트로겐은 초콜릿과 비슷하다. 아주 적은 양으로도 강한 효과를 내며, 그것을 소비하는 조직이 어디에 있는가에 따라 흥분시킬 수도 있고 달랠 수도 있다. 에스트로겐은 가슴과 자궁의 세포들을 자극하지만,

혈관을 달래며 그것이 좁아지고 경직되고 충혈되지 않도록 막아준다. 또 에스트로겐은 '나를 먹어'라는 거의 보편적인 상징이라는 점에서도 초콜릿을 닮았다. 초콜릿을 싫어하는 인간은 드물며 돌연변이이다. 마찬가지로 신체 부위들 중 에스트로겐을 싫어하거나 무시하는 곳은 극히 드물다. 시시한 기관이나 조직들도 거의 모두 에스트로겐을 먹고 싶어한다.

에스트로겐이 흔하다는 것을 알게 된 과정은 이렇다. 에스트로겐을 만들기 위해서는 아로마타제라는 효소가 필요하다. 신체 조직은 아로마타제를 이용해 호르몬 전구 물질을 에스트로겐으로 전환시킨다. 전구 물질은 테스토스테론일지 모른다. 그렇다, 그것은 '남성'의 호르몬이다. 여성은 난소와 부신에서 그것을 만들며, 아마 자궁이나 뇌 같은 곳에서도 만들 것이다. 혹은 안드로스테네디온 같은 다른 안드로겐이 전구 물질일 수도 있다. 이 호르몬에 대해서는 훨씬 더 심도 있는 과학적 연구가 필요하다. 우리는 안드로스테네디온이 여성의 공격성과 분노를 증폭시키는 역할을 한다는 것 말고는 아무것도 모른다. 여기서는 여성들이 난소와 부신에서 그 호르몬을 만들어내며, 그 호르몬이 아로마타제를 매개로 더 달콤하며 쌉쌀한 에스트로겐으로 전환될 수 있다는 것만 지적해두기로 하자.

최근에 아로마타제가 몸 곳곳에서 발견되지 않았다면, 이것은 평범한 화학 반응처럼 여겨졌을 것이다. 난소는 아로마타제를 갖고 있으므로, 테스토스테론을 만들어 그것을 즉시 에스트로겐으로 바꿀 수 있으며, 실제로 주기에 맞춰서 그렇게 한다. 지방, 뼈, 근육, 혈관, 뇌 같은 다른 조직들도 아로마타제를 갖고 있다. 젖가슴도 아로마타제를 갖고 있다. 이런 조직에 테스토스테론 같은 전구 물질을 주면, 조직은 그것을 에스트로겐으로 바꿀 것이다. 생리 주기에 맞춰 순간적으로 만드는 것이 아니라, 차분하게 지속적으로 매일매일 만든다. 흥미롭게도 아로마타제는 나이를 먹을수록 더 강력해진다. 신체 활동들이 대부분 노쇠해가고 있는 상황에서, 아로마타제는 더욱더 활발하게 전구 물질을 에스트로겐으로 바꾼다. 나이 든 남성들이 젊은 남성들보다 더 여성적이 되고, 폐경기가 지난 여성들이 난소에서 더 이상 매달 고농도의 에스트라디올이 분비되지 않는데도 힘없이 쓰러져 죽지 않는 이유를 설명해줄 수 있다. 그들의 젖가슴, 뼈, 혈관이 여전히 에스트로겐을 만들어내고 있기 때문이다. 적포도주, 삼나무, 아로마타제는 세월이 흐를수록 빛이 난다.

하지만 에스트로겐을 만든다는 것만으로는 충분하지 않다. 호르몬을 이해할 수단도 있어야 한다. 에스트로겐은 에스트로겐 수용체를 통해 몸에 말을 한다. 이 수용체는 단백질로서 에스트로겐을 인식해 그것을 감싼 다음, 마치 누군가가 안으로 들어가면 담요의 형태가 바뀌는 것처럼 모양을 바꾼다. 이 수용체는 모양이 바뀌면 일부 유전자를 켜고 일부 유전자를 끔으로써 세포 내의 유전적 변화를 촉발한다. 이렇게 유전자 활동이 변화하면 세포의 상태도 변하고, 결국 그 세포가 있는 신체 기관의 상태도 변한다.

따라서 우리는 어떤 기관의 세포들에 에스트로겐 수용체가 있다면 그 기관이 에스트로겐에 민감하다는 것을 알 수 있다. 우리는 기이할 정도로 에스트로겐에 민감한 듯하다. 아로마타제가 몸 곳곳에 있듯이, 에스트로겐 수용체도 전신에 분포한다. 간, 뼈, 피부, 혈관, 방광, 뇌에 있는 세포들을 보라. 어디에 있는 세포든 보라. 에스트로겐 수용체는 어디에나 있다. 25년 동안 에스트로겐의 생화학을 연구한 베니타 카체넬렌보겐은 이제는 에스트로겐 수용체를 가지지 않은 조직을 찾아내는 일을 한다고 말한다. 그녀는 지라가 그럴 것이라고 추측하고 있다.

이야기를 계속해보자. 에스트로겐 이야기는 지식인 취향의 드라마인 명작 극장과 비슷하다. 1996년 과학자들은 몇십 년 동안 생각했던 것과 달리 에스트로겐 수용체가 단지 한 종류가 아니라, 분자 특성이 다른 두 종류이며, 각각은 에스트로겐과 결합해 세포가 호르몬에 반응할 수 있게 한다는 것을 알아차렸다. 그 단백질들을 각각 알파와 베타 에스트로겐 수용체라고 한다. 세포마다 알파가 많은 것도 있고 베타가 많은 것도 있으며, 양쪽을 많이 지닌 축복을 누리는 것도 있다. 그리고 한 세포에는 각 수용체가 수천 개씩 있을지도 모른다. 알파 수용체 수천 개, 베타 수용체 수천 개가 말이다. 수만 개 들어 있는 세포들도 있을 것이다. 그렇게 양이 적은 호르몬이 그런 거대한 반응을 일으킬 수 있는 이유가 바로 그 때문이다. 수용체 단백질들은 대부대를 이루고 있으면서, 지나가는 소량의 에스트로겐까지 찾아낼 준비를 갖추고 있다.

각 조직마다 에스트로겐 수용체는 전혀 다른 일들을 한다. 즉 그들은 뼈나 젖가슴이나 췌장이나 간에서 전혀 다른 유전자들의 활동을 자극한다. 대체로 우리는 에스트로겐이 어떤 유전자를 자극하는지 거의 알지 못하고 있지만, 일¹ 알려진 것도 있다. 예를 들어 간에서 에스트로겐과 수용체가 결합하면 혈액 응고 인자들의 합성이 촉진된다. 그 결과 피가 진해진다. 피가 빠져나갈 것이라고 예상되는 시기에 출혈을 막으려면 응고가 잘 되는 피가 필요하다. 생리 때가 그렇고, 난포에서 난자가 방출될 때, 배아가 신이 난 병원체처럼 자궁 벽 속으로 파고들 때, 아이를 낳을 때가 그렇다. 에스트로겐이 혈액 응고 인자의 합성을 자극하므로, 피임약이나 에스트로겐 대체 요법은 드물긴 하지만 폐 같은 엉뚱한 곳에서 혈액을 응고시킬 수도 있다.

또 간에서 에스트로겐과 수용체가 혼인을 하면 의료 진단 기록에서 수치가 높을수록, 많을수록 좋다는 이른바 좋은 콜레스테롤인 고밀도 지단백질HDL의 합성이 자극을 받고, '나쁜' 단백질인 저밀도 지단백질 LDL의 합성이 억제된다. 고밀도 지단백질은 진짜 콜레스테롤이 아니라 콜레스테롤의 운반 물질이다. 그것은 혈액에 있는 콜레스테롤 입자와 다른 지방들을 흡수하여 필요한 조직에 나눠주거나, 필요하지 않을 때에는 간으로 운반해 분해되도록 한다. 따라서 지단백질은 임신과 수유 때 어머니와 자식 사이의 에너지 전달 수단이 될 수도 있다. 출산이 임박하면, 에스트로겐은 간에게 저밀도 지단백질보다 고밀도 지단백질을 생산하라고 말한다(격한 운동도 마찬가지로 간에게 고밀도 지단백질을 많이 생산하라는 자극 효과를 줄 수 있다. 장기간 이루어지는 격한 활동도 번식과 마찬가지로 동화 작용을 자극한다. 새로운 세포들을 만들 수 있도록 혈액 내의 지질을 뽑아낼 필요가 있기 때문이다).

에스트로겐 창세기 17장. 또 다시 우리는 우리의 스테로이드 여장부를 과소 평가했다. 에스트로겐은 수용체 없이도 자신의 목적을 달성할 수 있다는 사실이 밝혀진 것이다. 그렇다, 그것은 알파와 베타 수용체에 결합한다. 하지만 그렇게 결합해서 수용체가 모양을 바꾸려면 시간이 걸린다. 에스트로겐은 그런 과정 없이 거의 곧장 일을 할 수도 있다. 가령 그저 건드림으로써 세포막을 달그락거리게 만들 수도 있다. 에스트로겐은 그저 세포막을 지나가면서 작은 구멍들을 열어 이온들이 세포 안이나 밖으로 흐르도록 할 수도 있다. 막의 전하(電荷)가 휙! 하고 변했다가 금방 원래 상태로 돌아가는 것이다. 대부분의 신체 조직에서는 그런 순간적인 흐름이 아무런 의미가 없다. 하지만 그런 흐름이 중요한 역할을 하는 기관도 있다. 심장을 생각해보자. 심장은 전기화학적 메트로놈, 즉 이온 흐름을 통해 동력을 얻는 박동기로 혈액을 퍼낸다. 에스트로겐은 심장 조직의 이런 이온 흐름이 강하고 매끄럽게 유지되도록 도울지도 모른다. 몸이 에스트로겐에 흠뻑 젖어 있는 폐경기 이전의 여성들은 황소와 같은 심장을 가지고 있으며, 심장 발작에 걸리는 일이 드물다. 에스트로겐이 심장이 미치는 영향 중에는 분명히 간접적인 것도 있다. 앞서 말했듯이 에스트로겐은 고밀도 지단백질 합성을 자극하므로, 동맥을 막아 경화증을 일으키기 전에 미리 콜레스테롤을 제거하는 일을 돕게 된다. 하지만 심장이 에스트로겐을 사랑하는 또 다른 이유가 있을 법도 하다. 순간적인 충격이 그 이유가 될 수도 있다. 에스트로겐은 에디슨의 전기 충격 장치 같은 역할을 할지 모른다. 그것은 몸에 충격을 준다.

따라서 우리는 에스트로겐 자극에 대한 반응이 적어도 두 가지라는 것을 알 수 있다. 빠르고 순간적인 것과 더 당당하고 사려 깊은 것. 에스트로겐이여, 우리는 너를 절반도 모른다. 네가 할 수 있는 일이 또 무엇이지?

한 가지는 확실하다. 에스트로겐이 움직이는 표적이라는 것. 세심한 조사를 통해 새로운 능력이 밝혀지기도 하지만, 전에 지녔다고 생각했던 능력이 없다는 것이 밝혀지기도 한다. 오랫동안 과학자들은 생명체가 탄생할 때 호르몬이 필수적인 역할을 한다고 생각해왔다. 돼지 같은 유순한 '모델 동물들'의 배아 발생을 연구하는 사람들은 배아가 자궁에 착상되는 정확한 시기에 그 세포 덩어리들이 에스트로겐을 왈칵 분비한다는 것을 관찰했다. 그런 호르몬 급증은 잠정적 돼지인 배반포 단계의 배아가 확정된 돼지 단계로 넘어가는 것을 표시하는 듯했다. 그 초기 단계에 에스트로겐이 무슨 일을 하는지 아무도 몰랐지만, 뭔가 큰일을 한다는 것은 분명했다. 배아가 착상될 때 인위적으로 에스트로겐 합성을 차단하자, 발생하고 있던 돼지는 죽고 말았다.

에스트로겐이 포유동물의 배아 발생에 중요한 역할을 한다고 믿을 만한 이유들은 또 있었다. 태아는 안드로겐이나 안드로겐 수용체가 없어도 잘살 수 있다. 안드로겐 둔감증을 앓고 있는 제인 카든 같은 여성들이 그 뚜렷한 증거이다. 하지만 에스트로겐이 없다면? 에스트로겐 반응 회로가 없는 사람은 아직까지 발견되지 않았다. 1990년대 중반까지도 에스트로겐이 없으면 잉태가 불가능하다고 여겨졌다.

그 남성은 스물아홉 살이었고, 키는 2미터 23센티미터였다. 하지만 농구를 했냐고 사람들이 물을 때마다 마음이 불편했다. 그는 농구를 하지 않았다. 아니, 할 수가 없었다. 그는 무릎이 너무 안으로 굽고 발은 바깥으로 휘어서 걸음걸이가 어색했다. 그가 할 수 있었고 그랬기에 했던 것은 계속 자라는 것뿐이었다. 그는 스물여섯 살까지 매년 2.5센티미터씩 자랐다. 그는 보통 신발 가게에서 볼 수 있는 가장 큰 신발보다 14.5센티미터 더 큰 45.6센티미터짜리 신발을 신었다. 자랄수록 그의 걸음걸이는 더 나빠졌고, 결국 그는 의사를 찾아갔다. 의사는 그에게 내분비학자를 찾아가라고 말했다. 내분비학자는 그의 뼈가 너무 어리면서도 너무 나이가 들었다고 진단했다. 너무 어리다는 말은 사춘기가 끝날 때쯤 되면 뼈들은 끝이 서로 융합되는데 그의 뼈는 그렇지 않다는 뜻이었고, 너무 나이가 들었다는 말은 뼈 속에 구멍이 가득하다는 뜻이었다. 그는 심각한 골다공증에 걸려 있었던 것이다. 그에게는 당뇨병 환자에게서 나타나는 것과 같은 인슐린 내성 같은 증상들도 있었다. 그의 혈액 에스트로겐 농도는 높았지만, 여성화가 이루어지진 않았다. 에스트로겐을 과량 분비하는 질병에 걸린 남성들은 여성화가 이루어질 수 있다. 그러나 그는 여성형 유방을 갖고 있지 않았고, 목소리도 높지 않았다. 그는 아주 키가 컸고 안짱다리였고, 외모로 보면 분명히 남성이었다.

결국 그는 신시내티 의대의 에릭 스미스에게로 오게 되었다. 스미스는 그 환자에게서 의학적으로 불가능하다고 생각했던 증상을 보았다. 그 남성은 에스트로겐의 목소리를 듣지 못했던 것이다. 스미스는 록펠러 대학에서 생쥐를 대상으로 했던 실험들을 잘 알고 있었다. 그곳 연구자들은 유전공학을 통해 에스트로겐 수용체가 없는 생쥐를 만들어냈다. 그들은 그 생쥐에 에스트로겐 수용체의 활성을 제거시켰다는 뜻으로 어코ERKO라는 이름을 붙였다. 생물학자들은 그런 조작이 치명적인 결과를 낳을 것이라고, 즉 에스트로겐에 반응할 수 없으므로 어코 생쥐가 자궁 안에서 죽을 것이라고 예상했다. 하지만 그렇지 않았다. 그 생쥐들은 자궁 속에서 살아남아 태어났다. 그들은 정상처럼 보였다. 스미스는 자기 환자의 DNA를 조사해 그 생쥐들처럼 에스트로겐 수용체 유전자에 돌연변이가 일어났는지 알아보기로 했다. 혹시 록펠러 대학 연구자들이 생쥐에게 했던 일을 자연이 이 남성에게 한 것은 아닐까? 그랬다. 그 키 큰 남성의 에스트로겐 수용체 유전자 한 쌍 모두에 결함이 있었다. 그 유전자들은 에스트로겐 수용체 단백질을 합성하라고 지시할 능력을 갖고 있지 않았다. 그 남성은 아로마타제를 지니고 있었으므로, 에스트로겐을 만들어냈다. 그것도 다량으로. 하지만 에스트로겐 수용체는 만들어낼 수 없었다. 그 에스트로겐들은 쓰레기에 불과할 뿐이었다. 세포는 그 외침을 들을 수 없었다.

에스트로겐 수용체가 없는 사람을 최초로 연구하면서 스미스 연구진은 몇 가지 결론을 이끌어냈고, 그것을 《뉴잉글랜드 의학 협회지》에 발표했다. 에스트로겐이 전에 알려진 대로 여성의 뼈를 성숙시키고 보존하는 데 필수적인 역할을 할 뿐 아니라 남성에게도 같은 역할을 한다는 것, 에스트로겐 대사는 포도당 대사에 영향을 미치므로 당뇨병 위험을 증가시킨다는 것, 널리 알려진 것과 반대로 에스트로겐이 태아 생존에 필수적인 역할을 하지 않는다는 것 등이었다. 에스트로겐은 생쥐 태아에게 반드시 필요한 것이 아니며, 인간 태아에게도 마찬가지이다. 에스트로겐이여, 우리가 너를 과대 평가한 모양이다.

텍사스 대학의 에번 심슨은 이렇게 말한다.

지금까지 나온 증거들을 보면, 에스트로겐은 태아 발달에는 그다지 중요한 역할을 하지 않는 듯하고, 나중에 몸을 유지하는 데에는 전에 생각했던 것보다 더 중요한 역할을 하는 듯하다.

하지만 나는 결론을 유보하자고 요구한다. 에스트로겐이 배아 발달에 지엽적인 역할을 할 뿐이라고 치부하기 전에, 가장 최근의 발견 결과를 살펴보자. 즉 에스트로겐 수용체가 두 종류이므로, 유전자도 하나가 아니라 적어도 두 개가 있을 것이다. 에스트로겐 수용체가 전혀 없는 그 남성과 과학을 통해 수용체를 잃은 생쥐 모두 알파 에스트로겐 수용체만 없는 것으로 밝혀졌다. 그들은 베타 에스트로겐 수용체는 여전히 갖고 있으며, 따라서 처음에 생각했던 것과 달리 에스트로겐에 둔감하지 않을 수도 있다. 자연은 과잉을 사랑한다. 뭔가가 매우 중요하다면, 자연은 대역까지 미리 준비해둔다. 그 대역은 완벽하지 않을지도 모르지만, 위기가 닥쳤을 때 제 역할을 할 것이다. 베타 에스트로겐 수용체는 어른의 뼈 밀도를 유지하는 능력이 떨어지는 것이 틀림없으며, 알파 수용체가 없는 그 남성의 뼈가 부엌 스펀지 같아진 것도 그 때문이다. 하지만 그가 노래하게 될지 침묵하게 될지 결정의 순간을 앞두고 있는 위기의 배아였을 때 정말 에스트로겐을 무시했을까? 아니면 베타 수용체가 자신이 마지막 희망이며 에스트로겐이 없으면 생명이 탄생할 수 없다는 것을 알고서 그를 살려 착상되어 발달하게끔 한 것일까?

그럴 수도 있고, 아닐 수도 있다. 70년 동안 이어진 에스트로겐 이야기는 이 정도이다. 기름으로 만들어져 있기에 에스트로겐은 움켜쥐면 빠져나간다. 우리는 아직 그것을 이해하지 못하고 있다. 우리는 그것을 통제할 수 없다. 그리고 우리의 행동과 성에 영향을 미칠 때면, 에스트로겐은 드러내지 않은 채 관대하게 베풀어준다. 에스트로겐은 우리를 통제하지 않으며, 아마 좌우명도 그럴 것이다.

11

모피를 입은 비너스
에스트로겐과 욕망

쥐 암컷은 발정기가 아니면 짝짓기를 할 수 없다. 짝짓기를 하지 않으려 한다는 말이 아니라, 흥분해서 달아올라 후각과 청각을 유혹하는 적절한 신호를 내보내지 않으면 상대를 찾아낼 수 없다는 뜻이다. 신체적으로 교미를 할 수 없다는 뜻이기도 하다. 발정기가 아닐 때 쥐의 난소는 에스트로겐과 프로게스테론을 분비하지 않고, 호르몬 자극이 없으면 쥐는 등을 앞으로 구부리고 꼬리를 옆으로 가볍게 휘두르는 등앞굽이lordosis라는 짝짓기 자세를 취할 수 없다. 등을 앞으로 구부리면 질의 각도와 입구 크기가 달라지면서 수컷이 뒤에서 올라탔을 때 음경이 들어갈 수 있게 된다. 쥐에게는 카마수트라가 없다. 난소를 제거한 암컷은 등앞굽이 자세를 취하지 않으며, 따라서 짝짓기를 할 수 없다. 난포의 호르몬 세례를 대신할 호르몬을 투여하지 않는다면 말이다.

돼지쥐guinea pig 암컷의 질 입구는 대개 막으로 덮여 있다. 그 막은 배란 때 성호르몬이 분비되면 열려서 짝짓기를 할 수 있게 된다.

다른 많은 동물의 암컷들도 마찬가지이지만, 쥐와 돼지쥐에게서는 자극과 신체 작용이 서로 뒤얽혀 있다. 암컷은 달아올랐을 때에만 짝을 찾으려는 충동을 느끼며, 달아올랐을 때에만 몸은 암컷에게 의무를 지위준다. 에스트로겐은 암컷의 성욕과 성적 행동을 모두 통제하고 있는 것이다.

영장류 암컷은 배란 여부에 상관없이 언제든 교미를 할 수 있다. 암 컷의 생식기 활동과 호르몬 상태는 전혀 관계가 없다. 궁둥이를 한껏 높이 치켜 올리고, 음부를 적당한 각도로 놓고, 꼬리가 있으면 그것까지 흔들어대도록 암컷을 충동질하는 신경과 근육은 에스트로겐의 통제를 받지 않는다. 영장류 암컷은 교미를 하기 위해서 임신을 해야 할 필요가 없다. 그녀는 매일 교미를 할 수 있으며, 보노보라면 하루에 한 번 이상, 아니 한 시간에 한 번 이상 교미를 할 것이다. 영장류 암컷은 호르몬의 독재에서 해방된 상태로 지내왔다. 거의 말 그대로, 자신의 문을 여는 열쇠를 난소에게서 빼앗아 손아귀에 쥐고 있는 것이다.

그렇다고 해도 그녀는 여전히 주기를 갖고 있다. 그녀의 혈액은 변연계(邊緣系), 시상 하부, 편도체(扁桃體) 등 욕망과 감정과 리비도가 살고 있는 뇌의 각 부위를 포함해, 이곳저곳으로 에스트로겐을 나른다. 영장류 암컷은 호르몬의 엄격한 통제에서 풀려난 지 오래이다. 지금 그녀는 성스테로이드를 활용해 풍부한 정서적이고 심리적인 단서들을 미묘하게 통합하고 조율하고 해석할 수 있다. 쥐의 호르몬은 막무가내로 세계를 흑백으로 재단하는 것이 분명하다. 하지만 영장류의 호르몬은 색마다 적어도 세 가지 이름이 붙어 있는, 64가지 색이 담긴 크레용 상자처럼 행동한다. 그것을 연분홍색, 달아오른 뺨 색, 후크시아 꽃 색 어느 것으로 부르고 싶은가?

에모리 대학의 킴 월렌은 내게 이렇게 말했다.

"영장류에게서 성적 행동에 영향을 미치는 호르몬들은 모두 신체 활동이 아니라 심리 활동에 초점을 맞추는 쪽으로 진화해왔어요. 육체와 정신이 분리되면서 영장류는 경제적 이유나 정치적 이유처럼 다른 맥락에서 성을 활용할 수 있게 된 거죠."

정서적인 이유로도 활용할 수 있다. 지루함에서 벗어나기 위해서 말이다. 월렌이 말하고 있을 때, 여크스 영장류 연구 센터에 있는 붉은털원숭이 다섯 마리가 같은 우리에 있는 다른 두 마리를 쫓고 있었다. 그 일곱 마리는 붉은털원숭이의 말로 서로에게 욕지거리를 해대는 듯했다. 누군가 으르렁거리면 쫓는 속도가 다 빨라졌기 때문이다. 월렌은 영장류의 호르몬이 암컷에게 등앞굽이 자세를 취하게 할 수 없을지는 몰라도, 성적 충동에 영향을 미치는 것은 분명하다고 말한다. 그는 붉은털원숭이들을 가리켰다. 그 사무라이 일곱은 여전히 으르렁대며 달리고 있었다. 몇몇 원숭이들은 경마장에서 돈을 건 사람들처럼 초조하게 그들을 바라보고 있었다. 꾀죄죄한 커다란 수컷 한 마리는 아랑곳하지 않고 이빨을 쑤시고 있었다. 성적인 행동을 하고 있는 원숭이는 한 마리도 없었다. 월렌은 붉은털원숭이들이 성이라는 문제에서는 권위적이고 삼가는 태도를 보이는 칼뱅주의자라고 말한다. 붉은털원숭이 암컷 하나가 잘 아는 수컷 하나와 함께 있고 근처에 엿보는 원숭이들이 아무도 없다면, 그 암컷은 배란 주기와 상관없이 수컷과 교미를 할 것이다. 하지만 사회 집단에 매여 있는 암컷은 자유분방하게 성을 탐닉하는 사치를 누리지 못한다. 암컷이 슬그머니 수컷에게 다가가 진한 애무를 할라치면, 집단의 다른 원숭이들이 쉰 소리를 지르고 소란을 떨며 방해를 놓는다. 붉은털원숭이 암컷이 관습을 거역하는 일은 흔치 않다. 보노보라면 어떻게 했을까?

호르몬은 모든 것을 바꿔놓는다. 호르몬은 암컷의 판단력에 영향을 미치고 그녀를 캔자스에서 오즈 나라로 데려간다. 그녀가 배란을 하고 에스트로겐 농도가 급격히 높아지면, 욕망이 정치적 본능을 넘어서면서 그녀는 미친 듯이 방탕하게 교미를 할 것이다. 방해하려는 자들이 으르렁대고 있는 와중에도 말이다.

동기, 욕망, 행동을 생각할 때면, 우리는 신피질과 뇌의 사고 능력을 크게 신뢰한다. 우리는 자유 의지를 믿으며, 그래야 마땅하다. 자유 의지는 인간 본성의 핵심 특징이다. 그렇다고 우리가 매일 아침 우리 앞에 기다리고 있는 무한한 자아들 중 하나를 골라 새롭게 시작한다는 말은 아니다. 자아는 허상이자, 불행하게도 항구적인 것이다. 그렇지만 우리의 자아에는 케이스 웨스턴 리저브 대학의 로이 바우마이스터가 '집행 기능'이라고 부르는 것, 즉 의지, 선택, 극기를 담당한 부분이 있다. 인간의 자아 통제 능력은 우리 종의 위대한 힘, 적응성과 유연성의 근원으로 여겨져야 한다. 우리 행위 중에 진정으로 자동적이라 할 만한 것은 거의 없다. 우리가 자동 조종 장치를 작동시키고 있다고 생각하고 있을 때에도, 집행 기능은 계속 항로를 감시하고 점검하고 수정하고 바로잡는다. 당신이 타자를 칠 줄 안다면, 집행하는 뇌가 게으른 뇌와 결코 멀리 떨어져 있지 않다는 것을 알 것이다. 입력이 순조롭다면 당신은 자동적으로 자판을 두드릴 것이고, 자판에 너무나 익숙해진 당신의 손가락들은 마치 끝에 램 칩이 장착된 듯이 움직일 것이다. 하지만 당신이 실수를 하는 순간, 그 자동 기계는 멈추고 무엇이 잘못되었는지 당신이 인식하기도 전에 집행 기능이 작동한다. 집행 기능의 안내에 따라, 당신의 손가락은 오류를 수정하기 위해 백스페이스 키에 닿고, 당신은 무슨 일이 일어났는지 알고 수정을 한다. 잠시 뒤 당신의 손은 다시 자동 모드로 돌아간다. 운동 선수, 외과 의사, 음악가는 1분에 수백 번씩 이런 식의 의도적인 행동과 프로그램에 따른 행동 사이를 오간다. 그런 오고감이 숙달의 본질이다. 인간의 자아 통제 능력은 한정되어 있으며, 우리가 그것을 과대 평가하고 완전론이라는 허약한 에토스를 받아들일 때 문제가 생긴다. 그렇다 해도 우리가 의지에게 감사를 표하는 것은 당연하다.

그런 한편으로 우리는 유전체라는 배경 속에는 돌진하는 마카쿠원숭이가 있으며, 우리가 원숭이처럼 느끼고 그들처럼 행동할 수 있다는 것도 알고 있다. 소녀가 사춘기에 들어가는 순간, 그녀는 의식적으로, 무의식적으로, 꿈속에서, 욕조 속에서 홀로 성에 몰입하기 시작한다. 어떻게든 어디에서는 그것은 일어난다. 욕망이 솟아나는 것이다. 사춘기에 일어나는 변화는 대체로 호르몬에 따른 변화이다. 기존의 화학적 설정 값이 달라지면서 욕망을 자극한다. 우리는 이성적으로는 성적 관심이 호르몬에 영향을 받는 것이라는 생각을 받아들이지만, 그런 연관이 있다는 사실에 분개한다. 우리는 만일 호르몬이 관련된다면 너무 많이 관여하여 자유 의지를 갖지 못하지나 않을까 걱정하며, 그래서 호르몬이 관련되어 있다는 것을 잘 알면서도 그것을 부인한다. 우리 10대 아이들 속에서 그 관련성을 보며, 우리가 10대였을 때 어떤 욕망을 지녔는지 기억하고 있기 때문이다.

우리는 그 명백한 관련성을 부인하기보다는 에스트로겐을 비롯한 호르몬들이 행동에 어떤 식으로 영향을 미치는지 이해하려 노력해야 한다. 우리의 신경생물학 지식이 원시적인 원숭이 수준임을 인정하자. 우리는 에스트로겐 같은 물질들이 뇌에 어떤 작용을 해서 욕망을 끌어내고, 환상을 만들어내며, 충동을 억제하는지 모르고 있다. 하지만 에스트로겐의 의미를 곱씹는 데 유용한, 생각하는 모자를 짤 만한 간접적인 증거가 되는 날실들은 충분히 있다.

욕망과 감정은 뇌에서 덧없이 스쳐 지나가는 하루살이일 수 있다. 그것들은 태어났다가 사라진다. 하지만 그것들은 영속할 수도 있다. 그것들은 일시적인 생각에서 강박 관념으로 변할 수 있다. 어떤 감정이나 충동을 지속시키고 공명시키려 한다면, 호르몬이 적합한 도구가 된다. 뇌의 스테로이드 호르몬들은 대체로 하나 이상의 신경펩티드들과 함께 일한다. 신경펩티드는 금방 작용했다가 금방 사라진다. 스테로이드 호르몬은 지속적으로 작용하며 오래 남아 있다. 그들은 육체와 정신을 통합함으로써, 동기와 행동에 기여하는 신경 회로에 상승 효과를 일으킨다. 목마르다는 느낌을 생각해보자. 체내 수분과 염분이 줄어들면, 몸은 격렬한 반응을 보인다. 우리는 모두 한때 바다 속에서 살았으며, 우리 세포들은 지금도 짠물에 담겨 있어야 살 수 있기 때문이다. 부신이 활성을 띠는 것도 그 반응 중 하나이다. 부신은 알도스테론이라는 스테로이드 호르몬을 분비한다. 알도스테론은 몸 속에 남아 있는 성분을 보존할 방법을 찾는 실용적인 호르몬이다. 즉 소변이나 위액에 있는 염분을 다시 흡수해 세포 사이에 있는 체액으로 돌려놓는다. 알도스테론은 뇌에도 침투하며, 뇌에서 신경펩티드인 안지오텐신의 활동을 자극한다. 안지오텐신은 이어서 뇌의 갈증 회로를 자극한다. 그러면 목마르다는 것을 느끼고, 당신은 마실 것을 찾는다. 대개 물 한 컵으로 갈증은 쉽게 충족될 수 있으며, 부신과 갈증 유전자들은 진정된다. 그러나 젖을 먹일 때처럼 물과 나트륨이 몹시 필요해진다면, 당신의 몸에는 알도스테론이 충만해지고 몸에 있는 물과 염분을 매우 효율적으로 사용하겠지만, 한편으로 계속 목마름을 느낄 것이고, 나일 강을 통째로 들이마실 수 있을 것 같은 기분을 느끼면서 전과 달리 짠 음식을 매우 좋아하게 될 것이다.

감정은 정보의 단편이다. 그것은 항상성에서 일시적으로 벗어났다는, 무언가 부족하다는 신호이다. 그것은 몸이 행동을 충동질하거나 억제하는 방식이다. 몸은 그런 행동을 통해 부족한 것을 채우고 균형을 회복하기를 바란다. 보통 우리는 갈증을 감정이라고 생각하지 않지만,

갈증은 감정이다. 몸의 각 틈새에서 생기는 감정인 것이다. 갈증은 감정이기에 경쟁하는 다른 욕구에 눌리거나 무시당할 수 있다. 당신이 열기 속에 달리기를 하면서 갈증을 느낀다면, 당신은 물을 마심으로써 귀중한 시간을 낭비하고 뱃속을 물로 채워 체중을 늘리기보다는 그 욕망을 무시할지 모른다. 돌발적인 공포 상태는 심한 갈증을 불러일으킬 수 있다. 두려움이 부신 활동을 촉진시켜 뇌에서 안지오텐신이 다량 분비되기 때문이기도 하지만, 공포가 목과 위장을 경직시켜 음료나 음식에 거부감을 갖게 하기 때문일 수도 있다. 그러나 갈증은 상대적으로 행동을 제약한다. 당신은 갈증을 오랫동안 무시할 수 없다. 물 없이 일주일이 지나면, 탈수 증세로 사망할 것이다. 따라서 물을 마시는 행동을 감독하는 회로에 신경펩티드와 스테로이드 호르몬이 미치는 상승 작용은 매우 극단적이다. 요구되는 행동인 물 마시기를 당신이 더 오래 거부할수록, 당신의 부신은 더 많은 호르몬을 분비할 것이고 물을 마시고 싶은 욕망은 더 강렬해진다. 거의 죽을 지경이 되면, 당신은 아무것이나 마실 것이다. 독을 탄 물이든 너무 짜서 몸이 이용할 수 없는 바닷물이든 간에. 예수도 목마름을 극복하지 못해 식초로 입을 축이고 숨을 거두었다.

그러나 당신이 특정한 주기에 번식을 하지 않는다고 해서 그것 때문에 죽진 않을 것이다. 인간은 번식 기회가 많이 있을 것이고 에로스의 변덕과 충동질을 몇 달, 몇 년, 몇십 년, 아니 상황이 좋지 않으면 평생 동안이라도 무시할 수 있다는 암묵적인 가정 하에 살아가는 수명이 긴 생물이다. 갈증만큼 혹독한 번식 충동을 지닌 동물들은 수명이 짧다. 그들은 한두 차례에 불과한 번식기에 멘델의 깃발을 세상에 꽂아야 한다. 긴 수명에는 정서적으로 풍부한 삶과 복잡한 성생활이 따른다. 우리는 감정을 원시적인 것으로, 이성을 발전된 것으로 잘못 대응시키고 있다. 사실 동물은 지능이 높아질수록 열정도 더 깊어진다. 지능이 높아질수록 정서적인 욕구도 커진다. 즉 담을 공간을 넓힐 수 있도록 정보의 가방에 지퍼와 칸을 더 많이 달게 된다.

우리는 감정을 비난하지만, 사실 그것에 휩싸여 있는 것이 우리에겐 행운이다. 감정은 우리에게 생각하고 해결해야 할 숙제를 준다. 우리는 감정이 있음에도 영리한 것이 아니라, 감정이 있기에 영리한 것이다. 호르몬은 그것들을 담는 가방에 속하며, 내용물에도 속한다. 그것들은 자신에 관한 정보를 전달하며, 다른 것들에 관한 정보를 운반한다. 감정은 우리를 무언가로 만들지는 않지만, 모두가 뭔가를 하기로 힘을 모을 때 그 일을 더 쉽고 더 즐겁게 할 수 있도록 해준다.

에스트로겐, 그 제멋대로인 에스트로겐은 뇌에서 많은 중간 물질들, 즉 다양한 신경펩티드와 신경 전달 물질을 매개로 작용한다. 에스트로겐은 신경 성장 인자를 통해 작용하며, 우울증 연구를 통해 잘 알려진 신경펩티드인 세로토닌을 통해 작용한다. 그것은 천연 아편 물질을 통해 작용하며 옥시토신을 통해 작용한다. 그것은 결합자이거나 촉진자, 또는 효모나 중탄산나트륨처럼 발효자로 생각할 수도 있다. 에스트로겐은 감정을 특별히 고려하진 않지만, 감정이 발현되도록 유도한다. 오랫동안 연구자들은 에스트로겐 농도와 여성의 성적 행동이 관련이 있는지 연구해왔다. 그 가정은 논리적으로 맞는다. 에스트로겐 농도는 매달 난포가 성숙함에 따라 지속적으로 증가하다가 난자가 수란관으로 방출되는 배란 순간에 최대에 달한다. 난자가 수정되고 싶은 욕망을 갖고 있다면, 이론적으로 볼 때 난자는 에스트로겐을 통해 그 욕망을 뇌에 알릴 수 있으며, 에스트로겐은 신경펩티드를 자극해 특정한 행동을 부추길 것이다. 즉 목마른 여행자가 샘을 찾듯이 성적 상대를 찾도록 부추길 것이다.

에스트로겐을 인간의 성적 행동과 연관짓는 일은 쉽지 않다. 당신이 찾는 것은 어떤 행동인가? 관련된 자료들은 무엇을 가리키고 있는가? 성교 횟수는? 오르가슴 횟수는? 자위 행위나 성적 환상 횟수는? 갑자기 충동을 느껴 《코스모폴리탄》 잡지를 산 적은 얼마나 되나? 우리가 알고 있는 것은 이렇다. 성교 횟수와 여성의 배란 주기는 아무 관계가 없다는 것. 잉태하기 위해 의식적으로 때를 맞춰 성교하는 것이 아니라면, 배란기나 다른 시기나 여성의 성교 횟수에는 차이가 없다. 하지만 실현된 행동은 그 밑에 깔린 자극들에 관해 거의 아무것도 알려주지 않는다. 여러 부부가 관계를 갖는 시기를 통계로 내본다면, 놀랍게도 최고점이 나타날 것이다. 그 시기는 주말이다. 그것은 사람들이 매주 일요일에 성욕을 느끼기 때문이 아니라, 사람들이 편할 때, 즉 일에 지치지 않고 하루 종일 즐길 수 있을 때 성교를 하기 때문이다. 호르몬은 당신을 물가로 데려갈지 모르지만, 물을 먹여줄 수는 없다.

또 에스트로겐 농도는 육체적 흥분, 즉 사랑을 나누는 영화 장면처럼 노골적인 성적 자극에 반응해 성기가 팽창하고 젖어드는 것과 무관하다. 여성들은 생리 주기에 상관없이 꽤 변함없는 생리적 흥분 상태를 보여준다. 하지만 생리적 흥분은 성적 충동이나 욕구에 관해 거의 알려주지 않는다. 강간당할 때 그곳이 젖어드는 여성도 있으며, 암스테르담 대학의 엘렌 란은 포르노 영화를 보고 난 뒤에 시시하고 재미없고 전혀 자극적이지 않았다고 말하는 여성들의 성기가 실제 영화를 보는 도중에는 몹시 흥분한 상태였다는 것을 밝혀냈다.

우리는 성기의 상태가 아니라 욕망을 살펴볼 때 호르몬과 성이 친밀한 관계임을 좀 더 잘 알게 된다. 일부 연구들은 여성 쪽에서 성교를 시작하는 것을 욕망의 표지로 삼았다. 연구 결과는 어떤 피임법을 사용했는가에 따라 크게 달랐지만, 예상된 경향을 보여준다. 정상적인 호르몬

주기를 교란하는 피임약을 복용한 여성들은 배란기든 다른 시기든 별 상관하지 않았다. 반면에 남편이 정관 수술을 했다든지, 호르몬 이외의 피임법을 쓰는 여성들은 다른 시기보다 배란기 무렵에 주도적으로 성교를 시작하는 경향을 보였다. 이것은 높은 에스트로겐 농도가 그들에게 신호를 했음을 암시한다. 피임용 경막이나 콘돔처럼 신뢰도가 더 떨어지는 방법을 썼을 때는 배란기 무렵에 성교를 하는 경향이 줄어들었다. 여기에 커다란 수수께끼 같은 것은 없다. 임신을 원하지 않는 여성이 가장 임신 가능성이 높다고 생각하는 시기에 바보 같은 짓을 할 리는 없을 것이다. 임신할 걱정이 없으므로 피임법을 사용하지 않고, 남성의 기대와 조작이라는 혼란스러운 요인들의 방해를 받지 않는 레즈비언 쌍들을 조사한 심리학자들은 그들이 다른 시기보다 배란기 무렵에 성교를 시작하는 비율이 25퍼센트 정도 더 높았고 오르가슴을 느끼는 비율도 두 배나 더 높다는 것을 발견했다.

호르몬과 성의 가장 강력한 상관 관계는 육체와 분리된 순수한 욕망을 상세히 조사할 때 나타난다. 한 대규모 연구에서는 여성 5백 명에게 몇 달 동안 매일 기초 체온을 재도록 한 뒤 성적 욕망이 솟는 것을 알아차린 날을 표시하도록 했다. 분석 결과는 성적 욕망이 치솟는 시기와 기초 체온 기록에서 배란기로 나타난 시기가 매우 일치하는 것으로 나타났다. 여성들은 무의식적인 몸의 언어를 통해 욕망을 표현하는 것인지도 모른다. 춤을 추러 나이트클럽에 자주 가는 젊은 여성들을 조사한 과학자들은 배란기에 가까워질수록 여성들이 몸매가 잘 드러나는, 더 몸에 착 달라붙는 옷을 입는다는 것을 발견했다. 즉 증권 시장에서 주가가 상승하듯이, 에스트로겐 농도가 증가할수록 치마 길이도 짧아졌다(물론 배란기 무렵이 몸에 달라붙는 옷과 노출이 심한 옷을 입기에 가장 좋은 시기라는 것은 분명하다. 생리 전 질 속에 모이는 체액과 얼룩에서 자유롭고, 생리혈이 새어나올까 하는 두려움도 없을 때이기 때문이다).

최근 들어서는 남녀 할 것 없이 '진정한' 리비도 호르몬은 에스트로 겐이 아니라 테스토스테론이라고 주장하는 연구자들이 많아졌다. 그들은 난소가 에스트로겐만이 아니라 테스토스테론도 만들어내며, 배란기에 에스트로겐 농도뿐 아니라 안드로겐 농도도 절정에 달한다고 지적한다. 남성들이 테스토스테론을 그렇게 많이 지니고 있으며, 그렇게 미치도록 성을 사랑하는데 어떻게 그것을 무시할 수 있단 말인가? 인간의 성을 다루는 많은 교과서들은 테스토스테론이 모든 육욕의 원천이라고 단정적으로 선언하고 있으며, 일부 여성들은 호르몬 대체 요법을 받을 때 쇠락하는 리비도에 다시 활력을 불어넣기 위해 테스토스테론도 투여받고 있다. 하지만 테스토스테론이 여성의 육욕과 관련이 있다고 해도, 증거들은 그것이 에로스의 후계자가 아니라 에스트로겐의 몸종임을 암시한다. 공교롭게도 혈액에는 테스토스테론과 에스트로겐 양쪽에 붙어서 호르몬이 뇌와 혈액 사이의 장벽을 투과하지 못하도록 하는 단백질들이 있다. 에스트로겐은 이런 결합 단백질들의 생산을 촉진하지만, 그 단백질들은 테스토스테론을 약간 더 선호한다. 따라서 생리 주기가 진행됨에 따라 성호르몬과 결합 단백질의 농도가 높아지면, 그 결합 단백질들은 테스토스테론에 주로 결합하여 그것이 위에 말한 심리역학적 일들을 해내기도 전에 혈액 내에서 차단된다. 그렇긴 해도 테스토스테론은 간접적으로 유용한 역할을 한다. 결합 단백질을 독차지함으로써, 에스트로겐이 마음대로 뇌 안으로 들어갈 수 있도록 해준다는 점에서 그렇다. 이런 능력은 테스토스테론 요법이 리비도가 낮은 일부 여성들에게 효과가 있는 이유를 설명해줄 수 있다. 즉 테스토스테론이 혈액 단백질들을 바쁘게 만들어, 에스트로겐이 곧장 뇌로 헤엄쳐 들어갈 수 있게 해주기 때문일지 모른다.

하지만 에스트로겐을 리비도 호르몬으로 보는 것은 과장이자 과소평가이다. 에스트로겐이 난자의 전령이라면, 우리는 뇌가 단순한 선형적인 방식으로는 아니겠지만 그 전령에 관심을 가질 것이라고 봐야 한다. 우리의 생식기가 호르몬의 속박에서 풀려난 것처럼, 우리의 충동과 행동도 그렇다. 우리는 우리에게 색정적으로 되고 성교를 해야 한다고 말하는 맹목적인 색정증 환자, 난자 추종자인 호르몬 신호를 인정하지 않으려 한다. 우리는 난자가 거기에 있다고 해서 그것에 탐닉하고 싶지 않다. 우리는 세상 속에서 살고 있으며, 나름대로 제약과 욕망을 갖고 있다. 우리가 갖고 싶은 것은 작은 글자를 더 잘 읽을 수 있는 초점이 잘 맞는 안경이다. 에스트로겐의 기본 행동 전략은 감각을 예민하게 다듬는 것이다. 그것은 우리에게 말한다. 주의를 집중해. 많은 연구들은 배란기에 여성의 시각과 후각이 예민해진다고 말한다. 생리 바로 직전처럼 프로게스테론 농도가 낮아지고 에스트로겐이 방해받지 않고 활동할 때, 즉 에스트로겐 활동이 활발한 다른 시기에도 감각이 예민해진다. 임신하고 있을 때에는 몇 미터 떨어진 곳에 있는 더러운 고양이 상자 냄새를 맡을 수 있고, 흐릿한 별과 마주치는 모든 사람의 얼굴에 난모공도 볼 수 있다. 우리가 주의를 집중하거나 냄새를 맡을 때 에스트로겐이 반드시 필요한 것은 아니지만, 에스트로겐이 뼈와 심장과 젖가슴과 작은 회색 바구니에 하듯이 혈액에서 나와 뇌로 가서 뇌에 부드러운 신호음을 보낸다는 것은 분명하다.

에스트로겐이 우리를 돕는다면, 우리 정신이 고도로 집중되어야 할 시기에 도와야 할 것이다. 배란은 위험한 시기이자 가능성의 시기이다. 에스트로겐은 아마존 지역 원주민들이 독화살개구리의 피부에서 추출해낸, 감각을 고도로 강화시키는 환각제를 쓰는 사냥 주술과 같다. 우리가 세상과 더 접할수록 우리에게 맞는 사람을 만날 기회는 더 커지지만, 그만큼 주변에 있는 사람들을 주목하고 판단해야 하는 부담도 더 커진다. 여성의 직관 같은 것이 있다면, 그것은 별개의 관찰 결과들을 하나로 묶는 거대한 유화제, 즉 정말로 감미로운 에스트로겐 농도가 높을 때 나타나는 특별한 재능 속에 담겨 있을지 모른다. 하지만 에스트로겐은 과거와 현재의 사건들 속에도 있다. 당신이 시무룩하고 울적한 기분을 느끼고 있었다면, 배란기에 농도가 높아진 에스트로겐이나 생리 이전에 나타나는 그 자유로운 에너지는 당신의 기분을 훨씬 더 좋게 만들지 모른다. 에스트로겐은 개시자가 아니라 촉진자이다. 에스트로겐이 유방암에 어떤 역할을 하는지를 살펴보면 이 점을 이해할 수 있을 것이다. 엄밀히 말해 에스트로겐은 발암 물질이 아니다. 그것은 방사성 물질이나 벤젠 같은 독성 물질과 달리, 유방 세포의 유전 물질을 조각내지도 불안정하게 만들지도 않는다. 하지만 비정상적인 세포가 있다면, 에스트로겐은 그것을 자극해, 쇠퇴하거나 면역계를 통해 제거될 사소한 문제를 가진 세포를 살려 악성 종양이 될 정도로 키울 수도 있다.

에스트로겐의 힘은 맥락에 의존한다는 점에 있다. 그것은 우리에게 뭔가를 하도록 만드는 것이 아니라, 그것이 없었으면 무시했을지 모를 것들에 주목하게 만든다. 에스트로겐은 지각 능력을 강화시킴으로써, 자아라는 토대 위에 약간의 유동적인 이점을 부여한다. 우리가 뛰어나다면 우리는 아주, 아주 뛰어난 순간을 맞이할 수 있고, 우리가 평범하다면 그런 대로 그것이 호르몬 때문이라고 비난할 수 있다. 호르몬은 그런 용도로도 쓰이는 것이다.

에스트로겐은 학습의 윤활유 역할을 함으로써 젊은 여성들이 단서와 경험을 모으고 분류하는 데 상당한 도움을 준다. 젊은 여성들은 다른 사람의 동기와 성격을 판단할 때 더 나은 수단이 없으면 직관을 통해 도움을 얻을 수도 있다. 하지만 다른 사람에 대한 통찰력, 즉 직관의 힘에 너무 의지한 나머지, 그 순간적인 판단이 옳다고 깊이 확신하게 될 수도 있다. 나이가 들수록 우리 에스트로겐 주기의 골과 마루는 더 부드러워지고 우리는 그 주기와 그에 따른 심리적 요동에 덜 의존하게 된다. 아무튼 직관보다는 경험이 더 믿을 만한 동료이다. 냉정하고 초연하고 화 잘 내고 비판적이면서도 몹시 매력적인 당신 아버지를 생각나게 하는 남성을 자면서도 알 수 있고 눈과 코와 호르몬을 쓰지 않고도 잘 알 수 있으려면, 얼마나 여러 번 만나야 할까?

우리 각자는 개인 화학 실험실을 운영하고 있으며, 원한다면 스스로 실험을 할 수 있다. 당신은 배란 주기가 너무 지루해서 생각할 거리도 안 된다고 생각할 수도 있고, 그것이 내놓는 선물을 조사하려 할 수도 있고, 실망할 수도 있고 그렇지 않을 수도 있다. 내 오르가슴이 배란기 무렵에 아주 강렬하다는 것을 깨달은 것은 오랜 시간이 흐른 뒤였다. 나는 그것이 생리 직전에 좋다는 것을 늘 알고 있었지만, 생리 전 체액으로 골반이 충혈된 상태 같은 신체 역학과 관련이 있는 것이 분명하다고 생각했을 뿐, 그 공식의 이면에는 관심을 갖지 않았다. 그것을 믿지 않기 때문이다. 에스트라디올 농도 증가와 절정의 질이 연관이 있는지 조사를 시작했을 때, 나는 놀라운 연관성을 발견했다. 배란기의 오르가슴은 고조되는 깊은 울림을 지니는데, 에스트로겐 때문일 수도 있고, 미끼인 테스토스테론 때문일 수도 있고, 자가 최면 때문일 수도 있었다. 내가 가짜 최음 효과를 경험하고 있는 것일 수도 있었다. 그것은 중요하지 않았다. 나는 화학에는 아마추어 수준이며, 나 자신을 대상으로 제어 실험을 할 수는 없었다. 그렇지만 나는 중요한 문제들을 빨리 배우는 사람이기에 달, 월, 생리가 어떻든 간에 나름대로 절정에 오르는 법을 습득했다.

우리 각자는 오직 하나의 화학 체계와 뇌를 갖고 있으며, 에스트로겐의 영향은 사람마다 다를 것이다. 하지만 호르몬이 뇌를 자극하고 유연하게 만들 수 있으며, 경험하고 입력할 수 있게 만든다는 일반적인 인식에서 원리를 하나 끌어낸다면 이렇게 될 것이다. 사춘기가 중요하다는 것. 사춘기 초기의 뇌는 스테로이드 호르몬의 영향을 받아 물 속에 떨어진 꽃이 벌어지듯 팽창한다. 그것은 쌓이는 잡동사니와 고통에도 취약하며, 그것을 다시 밖으로 쏟아버리려면 평생이 걸릴 수 있다. 사춘기 정신의 유연성은 몹시 과소 평가되어 있다. 우리는 유아의 뇌와 태아의 뇌에 초점을 맞춰왔으며, 그런 뇌는 온갖 지식, 성격, 재능의 발달과 깊은 관련을 맺고 있는 반면, 사춘기의 뇌는 다른 방식으로 발달한다. 뇌는 성숙되어가면서, 그리고 열 살 때 부신의 산물에 시달리고 한두 해 뒤 생식샘의 산물에 휘둘리면서, 스스로를 성적으로 사회적으로 정의하려 애쓴다. 사춘기 이전 소녀의 뇌는 무엇을 넣고 무엇을 넣지 않고, 어떤 힘이 있고 어떻게 그것을 얻을 수 있으며 어떻게 그것을 결코 얻지 않을 것인지 등등 여성성의 정의를 흡수할 준비가 되어 있다. 우리는 모두 소녀가 아동기를 벗어나 중학생이라는 언덕을 오를 때 자신감의 위기가 닥쳐온다는 이야기를 들었지만, 이 허약한 시기, 인격이 옛 모습을 찾아볼 수 없을 정도로 변하는 이 시기와 호르몬이 머릿속에서 휘몰아치는 시기가 일치한다는 것은 덜 알려져 있다. 사춘기의 뇌는 세계를 너무나 잘 의식하고 있기에 고동치고 아파하고 마음을 가라앉힐 길을 찾고 싶어하고 그 세계를 이해하려 애쓴다. 그것은 허물을 벗은 게처럼 연약한 노출된 뇌이며, 깊은 곳까지 시들 수 있다. 그리고 그런 상태에서 회복된 사람이 있었던가?

호르몬은 사춘기의 뇌를 자극하는 한편으로 몸도 변화시킨다. 소녀 몸 속의 높은 에스트로겐 농도는 젖가슴, 엉덩이, 허벅지 등 몸 곳곳 피부 밑에 지방이 쌓이도록 돕는다. 에스트로겐과 보조 호르몬들 때문에, 여성은 남성보다 더 많은 체지방을 갖는다. 평균 여성의 몸은 27퍼센트가 지방인 반면, 남성은 15퍼센트가 지방이다. 가장 마른 뛰어난 여성 운동 선수의 체지방은 11~12퍼센트로 낮지만, 그래도 가지뿔영양처럼 여윈 뛰어난 남성 운동 선수의 체지방 비율에 비하면 거의 두 배이다. 우리는 체지방의 축적이 여성다워지는 시기에 일어나며, 소녀가 성숙하면서 지방이 붙는 것은 자연스러운 것이라고 말할 수 있지만, 자연스러운 것이라는 말의 의미는 문화에 따라 다르며, 우리 문화는 아직 지방을 어떻게 다루어야 할지 감을 잡지 못하고 있다. 한편으로 서양인 전체, 그중에서도 북미인들은 해가 지날수록 더 많은 지방을 축적하고 있다. 왜 그렇지 않겠는가? 우리는 책상 앞에 못박혀 있다. 음식은 우리 손과 입에서 떨어질 날이 없으며, 그 음식에는 탄수화물과 지방이 가득하다. 그리고 우리는 꾸준히 몸을 움직이는 일을 일이나 사회 생활이나 여행의 한 부분이기 때문이 아니라, 오직 의지력을 발휘해서 운동으로서 하게 된다. 다른 한편으로 살이 찌는 것을 도저히 참지 못하며, 거부감을 갖고, 그것을 나약함이나 게으름의 증거로 본다. 사방에서 모순되는 이야기들이 들려오는 통에 우리는 갈피를 잡지 못한다. 우리는 온종일 일을 해야 하고, 세계는 경쟁이 판을 치는 장소이며, 기술은 우리에게 앉아서 머리를 쓰는 일을 하라고 요구한다. 그러나 우리는 너무 살이 쪄서는 안 된다. 지방은 건강하지 못하고 절제를 못 하는 것으로 비치기 때문이다. 따라서 우리는 운동을 하고 몸을 통제해야 한다. 우리의 자연스러운 삶 속에 그런 것이 포함되어 있지 않으므로.

소녀들, 가여운 소녀들은 우리의 편협함과 우유부단함에 휩싸여 있다. 소녀들은 어른이 되면서 체지방을 축적한다. 그들은 에스트라디올마님 덕택에 소년들보다 더 쉽게 지방을 축적한다. 따라서 그들은 우리

314

가 열심히 노력하고 또 노력하면 우리 몸을 정복하고 통제할 수 있다는 생각, 완벽한 통제라는 신조에 사로잡히기 쉽다. 사춘기의 뇌는 자아 통제라는 개념을 증폭시켜, 자신을 통제하고 달래는 도구들을 마구 휘두르면서, 어떤 일을 해야 하고 개인적 능력과 성적 능력을 어떻게 모아야 하는지 모색한다. 다이어트는 힘의 척도가 된다. 소녀들이 대중매체를 통해 숨이 막힐 정도로 쭉 빠진 아름다운 모델들을 접하기 때문이 아니라, 지방이 곳곳에 도사리고 있으면서도 어디에서나 경멸을 받는 이 시대에 사춘기 소녀들의 몸에 지방이 조금씩 쌓이고 있기 때문이다. 국가 체지방 지수가 얼마나 계속 상승할지를 놓고 우리가 머리를 싸매고 있고 그것을 지금 당장 낮추기 위해 애써야 하는 상황에서, 소녀에게 첫 지방이 쌓이는 일이 언젠가는 멈춘다는 것을 어떻게 하면 알릴 수 있을까?

소녀의 뇌가 외모에 집착하는 것이 힘을 얻는 가장 빠른 길이라고 판단할 만한 또 다른 명백한 이유들이 있다. 내가 사춘기가 되기 전인 1970년에 비하면, 미녀와 야수, 바로 당신을 대비시키는 잡지들은 엄청나게 많아졌다(그중에는 그때부터 있었던 것도 많다). 지금 슈퍼마켓에는 계산대에 줄 서서 기다릴 때 눈앞에 놓여 있는 막대 사탕을 사 달라고 아이들이 울어대는 꼴을 보고 싶지 않은 부모들을 위해 사탕이 놓여 있지 않은 계산대가 따로 있다. 하지만 과연 여성 잡지가 놓여 있지 않은 계산대도 있을까? 미녀 얼굴이라는 파시즘으로부터 달아날 수 있는 계산대는? 정신이 멀쩡하고 관찰력이 있는 소녀라면 자신의 외모가 중요하며, 자신의 몸을 통제하듯이 화장과 적절한 피부 관리 방법과 얼굴 특징을 분석하고 잘 보호하고 주의를 기울이고 고민함으로써 얼굴을 통제할 수 있다고 결론을 내리는 것이 당연하다. 정말로 얼굴에 대해 고민함으로써 말이다. 소녀가 자신감을 잃는다 해도 놀랄 일은 아니다.

그녀가 영리하다면, 자기 외모를 놓고 끙끙대는 것이 미련한 짓임을 알 것이다. 그것은 우울하게 만들고 실망하게 만든다. 이것 때문에 글과 스페인어 회화와 미적분학을 배운 것이란 말인가? 하지만 그녀가 영리하다면, 도처에 널려 있는 아름다운 얼굴을 볼 것이고 그것의 대단한 힘을 알아차리고 그 힘을 갖고 싶어할 것이다. 소녀는 그 강력한 힘을 습득하고 싶어한다. 모든 것들이 통제된 몸과 아름다운 얼굴이 사실상 강력한 여성성의 증표임을 암시하고 있으므로.

전혀 새로울 것이 없는 말이지만, 나는 사람들이 사춘기를 기회로, 즉 뇌의 물막이판에 새로 칠한 방수액으로 봐야 한다고 주장하고 싶다. 소녀들은 여성들, 즉 가짜 여성, 불순한 여성, 진짜 여성에게서 배운다. 아름다운 얼굴에서 벗어날 수는 없지만, 그것을 조롱하고 거부하고 마음속으로 벗겨낼 수는 있다. 반복 학습은 도움이 된다. 소녀에게 자신이 위대하고 강하며 대단하다는 확신을 심어주는 것도 도움이 된다. 젊은 여성의 힘을 내세우는 새로운 운동girl-power movement의 상쾌하고 열광적인 분위기도 도움이 된다. 소녀들은 서로 도움으로써 도움을 얻는다. 여성들뿐 아니라 다른 소녀들에게서도 본받을 수 있기 때문이다. 예식 행사도 도움이 되고, 예식 반대 행사도 도움이 된다. 우리는 숭배 대상을 해부할 수도 있고, 내 나름대로 그것에 열광할 수도 있다. 소녀들은 립스틱으로 서로의 등이나 얼굴에 유혈이 낭자한 듯한 그림을 그릴 수도 있고, 겨드랑이에서 골반까지 젖꼭지를 그려넣을 수도 있다. 브래지어를 그물 침대 삼아 그 안에 도넛과 다이어트 콜라를 넣어보라. 여성 잡지 표지와 자연 잡지를 오려내 엘리펀트 맥퍼슨, 나오미 카멜〔세계적인 모델 엘리 맥퍼슨과 나오미 캠벨의 이름을 빌려썼다〕등등 인간과 동물의 키메라 얼굴을 만들어보라. 욕실 체중계 위에 곤충 고무 모형이나 부동산 얻기 놀이판에서 오려낸 호텔 그림을 붙여보라. 소녀들은 멋진 직업을 갖고 멋진 연인들이 줄지어 대기하고 있는 미래를 서로 그려줄 수도 있다. 자신이 아닌 다른 소녀에게 관대해지기가 더 쉽기 때문이다. 그러나 친구가 위대해지는 모습을 그려보다 보면 자신의 미래도 생각하게 마련이다. 스포츠도 도움이 된다. 가라데도 도움이 된다. 소녀들끼리 붙어 다니는 것도 도움이 된다. 의미 없는 구절로 된 단조로운 시를 써보는 것도 생각 이상으로 도움이 된다. 드럼을 치는 법을 배워라. 세상은 더 많은 여성 드러머를 원한다. 세상은 길들여지지 않은 채 마구 고동치는, 꿈꾸는 당신의 가슴을 원한다.

12

우리는 에스트로겐 없이 살 수 있을까?

최근에 나는 감미로운 노래를 부르는 그룹 로체스의 세 자매 중 하나인 수지 로체가, 마흔이 넘은 것과 주름살과 에스트로겐 같은 중년 여성의 화젯거리를 친구들이 떠들어대는 것을 듣고 몹시 심사가 뒤틀렸다는 내용의 노래를 부르는 것을 들었다. 에스트로겐 대체 요법이 에스트로겐과 똑같은 것이 아님을 명심하라. 내가 《뉴욕 타임스》에 베타 에스트로겐 수용체와 체내 에스트로겐의 복잡한 망을 다룬 기사를 썼을 때, 많은 독자들이 에스트로겐 대체 요법을 명쾌하게 규명해주어서 고맙다는 편지를 보내왔다. 그 이야기를 거의 다루지 않았음에도 말이다. 우리가 생각하는 것이 실제 지닌 것보다 더 강력한 듯하다. 생리 기능은 보이지 않으며 잊고 지낼 수도 있다. 약은 만질 수 있으며 선정적이다. 약은 원대한 약속을 하고 원대한 희망을 불러일으킨다. 그리고 여성의 만병통치약이 되어버린 에스트로겐 대체 약물들은 필연적으로 분노까지 불러일으킨다.

사람들에게 해를 끼치는 여성 '건강' 문제로는 어떤 것이 있을까? 자궁 적출술, 제왕 절개술, 낙태, 유방 X선 촬영, 호르몬 요법 등등. 우리의 몸은 우리의 지옥이다. 남성들은 비교적 무사태평하며, 심지어 의사들이 전립선의 적절한 검사 방법을 놓고 소란을 떨고 있을 때에도 무관하다. 하지만 여기서 우리는 여성의 몸이라는 골치 아픈 상품에 대한 또 다른 근심의 원천, 여성 몸의 또 다른 위기를 다루어야 한다. 아마 이것이 가장 큰 위기일 것이다. 2000년이 되면 미국에서 50세가 넘은 여성이 약 5천만 명에 달할 것이며, 그들은 모두 호르몬 요법의 잠재적 대상자이다. 그들이 모두 현재의 여성 예상 수명에 가까운 80세가 되는, 다음 30년 동안 호르몬 약을 먹는다면, 15억이라는 숫자가 나타난다. 터무니없을 정도로 엄청난 숫자이다. 제약계에서 그 정도로 소비되는 약은 없었다. 그 엄청난 숫자로부터 일치된 새로운 사실을 얻을 수 있을까? '내가 호르몬 대체 요법을 받아야 할까?'라는 질문에 그렇다나 아니다라는 단순한 대답이 나오기를 기대할 수 있을까?

그 사제는 달을 보고 울부짖을까? 당신의 히스테리는 방황해왔을까?

단순한 답은 없다. 당신은 이미 알고 있지만, 지금은 아니라도 나중에 21세기에, 더 중요하고 더 나은 임상 연구가 이루어지면 단순한 대답이 나오기를 여전히 바라고 있다. 숨을 죽이지 말라. 미국의 여성 보건 선도 과제나 유럽에서 이루어지는 비슷한 대규모 연구가 어떤 결과를 내놓든 간에, 그것이 복잡하리라는 것은 거의 확실하다. 호르몬은 내놓을 것을 많이 갖고 있지만, 여전히 능글맞게 찔끔찔끔 내놓고 있다. 호르몬은 약간 위험하며 약간 위협적이다. 호르몬은 고인돌 가족 플린트스톤 그림이 들어 있는 비타민이 아니다. 그들은 호르몬이며, 강력한 전령이며, 그들의 신발에는 멋진 날개가 달려 있다.

폐경기가 되면, 난소는 에스트라디올 생산을 멈춘다. 호르몬 요법은 난포들이 침묵하는 시점부터 이야기가 나오기 시작한다. 하지만 우리 몸이 야단법석이 계속되는 것을 고맙게 생각할까? 아니면 중년이란 마침내 10대들을 집, 즉 난자 제조 공장 밖으로 내던질 시기일까? 오늘날 부인과 의사와 내과 의사는 대부분 폐경기가 지난 대다수 여성들에게 호르몬이 투여하는 것이 적절한 선택이라고 생각한다. 하지만 그들은 그 요법이 위험할 수도 있다는 데 동의한다. 여성 보건 선도 과제는 그 위험들을 규명하겠지만, 그것들이 사라지는 것은 아니다. 개인 차이는 사라지지 않을 것이다. 제약 회사들이 개발하고 완성도를 높이기 위해 경쟁을 벌이고 있는 이른바 맞춤 에스트로겐들은 이론상 유방처럼 자극을 원하지 않는 조직을 무시하면서도 보호할 필요가 있는 조직은 보호하는, 조직 특이성이라는 혜택을 제공할 것이라는 원대한 희망을 안겨주고 있다. 하지만 타목시펜이나 랄록시펜 같은 맞춤 에스트로겐들도 호르몬임에는 분명하며, 각각은 철저한 시험을 거쳐야 한다. 호르몬 중에 위험이 없는 것은 없다. 여성들은 스스로 판단을 내려야 한다. 여성들은 결정을 내렸다가, 쳇 하고 마음을 바꾸고는 다른 길로 간다. 우리는 에스트로겐을 사랑하기도 하고 증오하기도 한다. 모두 그것을 먹기를 원한다. 그런데 그것을 먹는 여성들은 왜 그렇게 적을까?

우리 자신의 변덕을 비난할 수는 없다. 과학 문헌도 변덕이 죽 끓듯 한다. 우리는 쫓기고 찢긴다. 우리는 그 지긋지긋한 스테로이드의 네 탄소 고리를 뛰어넘었다가 곧장 다시 뛰어 제자리로 돌아간다. 신경 쓰이는 폐경기 시대를 살고 있기에 우리는 그 변화와 그 뒤에 일어날 일을 고민하지 않을 수 없다. 우리 선조들은 결코 그렇지 않았다. 내 할머니는 폐경기를 거의 의식하지 않았다고, 즉 불면증이나 열기 같은 것을 전혀 느끼지 못했으며, 생리가 없어져서 속이 후련했다고 자랑했다. 할머니는 폐경기가 쉽게 지나간 것이 운 좋은 표현형phenotype(육안으로 볼 수 있는 생물학적 형질) 덕분이 아니라 굳센 의지 덕분이라고 믿은 것이 분명했지만, 사실 그 변화는 드러날 듯 말 듯하게 마련이다. 할머니가 지금 살아 있다면, 의사는 호르몬 대체 요법 이야기를 꺼냈을 것이다. 지금은 귓가에 맴돌고 있는 폐경기가 어쩌고저쩌고 하는 말들에서 벗어나지 못한다. 그렇다고 해서 여성들이 여성의 몸과 나이를 먹는 것과 관련된 모든 것을 부끄러워하던 것처럼, 폐경기 이야기를 꺼내는 것을 부끄러워하고 그것을 감지하고 불안해하던 시절로 돌아가자고 주장하는 것은 아니다. 하지만 공개적인 논의 주제가 되어가면서, 폐경기 자체는 설교, 환원론, 의학적 소작(小作)의 대상이 되어왔다. 당신이 중년 여성 이야기를 하면, 사람들은 호르몬 대체 요법을 이야기할 것이다. 1996년에 나온 유타 대학의 한 의학 논문에는 이런 말이 적혀 있었다.

폐경기 이후의 모든 여성들에게 호르몬 대체 요법을 권해야 한다.

지난 몇 년 동안 호르몬 요법을 내세우는 의학계의 전차는 놀랍도록 단호하게 앞으로 돌진해왔다. 텍사스 대학의 사우스웨스턴 의학 센터에 있는 의사들은 이렇게 썼다.

호르몬 대체 요법이 심장 보호 효과가 있다는 증거를 토대로, 폐경기 이후의 여성들 사이에 호르몬 대체 요법이 열병처럼 퍼졌다.

의학적 합의라는 것은 그 얼마나 시끄럽고 덜거덕거리는 전차인지. 그것은 너무나 할 일이 많고 수많은 여성들을 설득시켜야 하기 때문에, 경직성을 띠게 되고 이의를 받아들이려 하지 않게 된다. 우리는 두려움과 고통을 말해서는 안 된다. 우리는 호통을 듣는다. 우리는 손가락질을 받는다. 호르몬 요법이 유방암 위험을 증가시키는 것은 아닌지 우려하면, 유방암 걱정을 왜 합니까? 유방암보다는 심장병으로 죽는 여성들이 훨씬 더 많아요! 같은 말을 듣는다. 당신은 대중 매체에서 떠들어대는 선정적이고 부정확한 정보에 휘둘린다. 인구 통계를 이해하라. 매일 밤 그것을 들여다보고 또 들여다보라. 심장병이 여성 사망의 첫째 원인이다. 호르몬 요법이 유방암이나 자궁암이나 난소암 발병 위험을 증가시킨다고 말하는 새로운 연구 결과가 나올 때마다, 만능 해결책의 옹호자들은 그 결과들을 '전체적인 관점에서' 보라고 닦달하면서, 암이 아니라 심장병이 여성 사망의 가장 큰 요인이며, 유방암과 자궁암과 난소암 위험을 모두 합친 것보다 골다공증 위험이 더 크다는 것을 상기시킨다. 저명한 유방 전문 의사인 수전 러브가 호르몬 대체 요법을 비판하는 책을 썼을 때, 그리고 《뉴욕 타임스》 특별 기고란에 자신의 논지를 썼을 때, 많은 동료들이 즉시 들고일어나, 그녀가 주로 유방암 환자들을 대하는 의사라서 유방암 위험을 과대 평가한 것이라고 공격했다. 맬컴 글래드웰은 《뉴요커》에 그녀를 조롱하는 글을 써서, 러브 박사가 여성들에게 겁을 줌으로써 지금까지 개발된 최고의 건강 예방 수단 중 하나에서 등을 돌리게 하는 못된 짓을 저지르고 있다고 비난했다. 러브 박사의 통계 수치는 논란의 여지가 있으며, 동종요법 같은 의심스러운 대체 요법들을 일부 받아들이고 있긴 하지만, 그녀가 전달하고자 한 근본적인 내용은 타당하다. 그녀는 호르몬 요법이 강력하다고 말한다. 환자를 치료하는 약물로서가 아니라 건강한 여성들의 건강을 유지시키는 예방 수단으로서 그렇다는 말이다. 그녀는 치료 수단보다 예방 수단의 허용 위험 수준을 더 높게 잡아서는 안 되는가라고 묻는다. 비판가들은 안 될 이유는 없다고 대답한다. 호르몬 요법은 올림픽 선수처럼 그 수준을 뛰어넘었다는 것이다. 호르몬 요법은 심장병, 골다공증, 그리고 아마 알츠하이머병의 위험을 줄이는 데 도움이 되며, 호르몬 요법이 큰 혜택을 준다는 것은 논란의 여지가 없으며, 많은 임상 연구를 통해 뒷받침되고 있다는 것이다. 실제로 그렇다. 그 혜택은 진짜이지만, 위험도 마찬가지이다. 그것은 당혹스러울 만큼 상당하다. 사실 언제나 그렇다. 두드러진 사례 몇 가지를 살펴보기로 하자.

넓게 보면 호르몬 요법은 '작용한다'. 즉 그것은 꽤 인상적인 수준으로 사망률을 줄인다. 1997년에 나온 간호사 건강 연구 보고서에 따르면 조사 기간인 1년 동안 호르몬을 먹는 여성들이 한 번도 먹지 않은 여성들보다 사망률이 40퍼센트 더 낮았으며, 이유는 주로 심장병 사망률이 줄어들었기 때문이라고 한다. 그것은 포괄적이다. 즉 통계 수치를 구체적으로 세분해 조사할 필요가 있다. 간호사 연구를 보면, 호르몬 요법은 가장 필요한 사람에게 가장 도움이 되었다. 담배를 피우거나, 체중이 과다하거나, 고혈압이 있거나, 콜레스테롤 수치가 높거나, 심장병 위험을 높이는 다른 요인들을 지닌 여성들에게는 호르몬이 사망 위험을 절반 이하로 줄인 것이 분명하다. 하지만 몸매가 좋고 심장병 징후가 없는 여성들에게 호르몬은 통계적으로 사망률을 줄이는 효과를 전혀 보이지 않았다. 즉 호르몬은 스스로를 돕는 자를 도왔던 것이다. 더구나 어떤 소집단에서는 호르몬 요법의 생존 혜택이 호르몬을 지속적으로 사용함에 따라 줄어드는 것으로 나타났다. 유방암에 따른 사망률이 증가하면서 심장병 감소 혜택을 상쇄시키기 시작한 것이다. 그 결과는 호르몬 대체 요법을 1년 이상 장기적으로 사용하면 유방암 위험이 50퍼센트 증가한다는 다른 연구 결과들과 일치한다.

물론 죽음을 피하는 것 외에 삶에 기여를 하는 부분도 있다. 호르몬 요법은 삶을 더 활기차게 만들 수 있다. 호르몬은 뼈가 서서히 약해져 흐느적거리게 되는 뼈의 용해를 억제한다. 호르몬을 먹는 여성들은 그렇지 않은 여성들보다 엉덩이뼈 골절 위험이 50퍼센트 줄어든다. 나이가 들수록 당신은 엉덩이뼈가 부러지지 않도록 더 조심해야 한다. 70이 넘은 사람들이 집에서 누워 요양을 하게 되는 주된 원인이 바로 엉덩이 뼈 골절이다. 호르몬 요법은 방광 괄약근의 신축성을 유지시키므로 요실금을 억제하는 데 도움을 주며, 질 벽이 얇아지고 마르는 것을 억제해 성교 때 출혈이 생기지 않도록 막아준다. 삶의 질이라는 측면에서 볼 때 비뇨생식기가 차지하는 역할은 결코 작지 않다. 그리고 우리는 뇌, 우리가 애지중지하는 뇌도 갖고 있다. 몇몇 연구들은 에스트로겐 요법이 알츠하이머병 위험을 50퍼센트 정도 줄여준다는 결과를 내놓았다. 에스트로겐 대체 요법을 받는 여성들은 그 약을 어떻게 생각할까? 그들은 에스트로겐이 기분을 안정시키고 기억 능력을 높여준다고 한다. 그들은 중년 들어 기억력이 감퇴하는 것을 느껴왔으며, 그 점을 싫어했다. 그들은 하드 드라이브에 홈과 깨진 곳과 검은 점들이 많이 있는 것처럼, 뇌신경들이 조각났다는 느낌을 받았다. 그들은 에스트로겐 알약이 맑은 정신을 돌려주었으며, 다시 영리하게 해주었다고 말했다. 폐경기 이후 여성들에게 에스트로겐을 투여했을 때 기억 능력이 어느 정도 개선된다는 연구 결과가 많은 것은 사실이다. 호르몬을 투여하기 전에 열 단어 중 일곱 단어밖에 기억을 못했던 여성들이 에스트로겐을 섭취한 뒤에는 열 단어를 모두 기억할 수 있었다는 연구도 있다. 실험실에서 배양한 뇌 세포와 뇌 조직으로 실험한 결과를 보면, 에스트로겐이 나뭇가지처럼 갈라진 뉴런의 말단을 증식시키고 시냅스 연결을 촉진할 수 있는 것으로 나타났다. 에스트로겐 처리를 하기 전후에 찍은 설치류 신경 세포 사진을 비교해보면, 한 나무를 겨울과 여름에 찍거나 젖샘을 젖이 나오기 전후에 찍은 것처럼 보인다. 생명의 선들이 얼마나 무성하게 우거지는지! 하지만 에스트로겐이 영리해지는 만능 약은 아니라는 점을 언급해야겠다. 에스트로겐은 지능 지수를 높이지 않는다. 그리고 몇몇 설치류 연구에서는 에스트라디올의 가장 큰 공급원인 난소를 제거한 암컷들이 그 에스트로겐 공급원을 온전히 간직한 암컷들보다 미로 실험에서 더 나은 성적을 거두기도 했다.

호르몬 요법이 권할 만한 장점을 많이 갖고 있긴 하지만, 우리는 장기간, 이를테면 몇십 년 동안 에스트로겐을 먹었을 때 유방암 위험이 커진다는 점 때문에 움츠린다. 우리는 폐경기 이후 평생 동안 호르몬 요법을 받아야 할지, 아니면 좀 더 신중하게 처신해야 할지 궁금하다. 우리는 다시 미적거리고 있다. 우리가 여성이기 때문이다. '선동적인' 언론을 가진 미국만이 아니라 어디나 마찬가지이다. 미국 의사들은 폐경기 이후 환자들이 처방을 따르는 비율이 낮다고 불평하겠지만, 미국 여성들은 자궁 적출술에서도 그렇듯이 호르몬 요법에서도 세계 선두에 서 있다. 미국에서는 폐경기 이후 여성들의 46퍼센트가 호르몬 요법을 받고 있거나 받은 적이 있다. 영국, 오스트레일리아, 스칸디나비아 여성들이 그 다음을 차지하지만, 비율은 30퍼센트 정도에 불과하다. 유럽 대륙의 여성들은 약물 치료에 별 관심이 없으며, 10대로 가면 그 비율은 더 떨어진다. 반면에 일본에서는 폐경기 이후 여성들의 6퍼센트만이 호르몬 대체 요법을 받고 있다. 음식, 특히 식물성 에스트로겐의 공급원인 콩으로 만든 식품을 먹음으로써 충분한 에스트로겐을 얻고 있기 때문일지도 모른다.

자국 여성들의 호르몬 사용률을 다른 나라와 비교하는 연구자들은 머리를 싸매면서 묻는다. 왜, 왜 우리는 지금보다 더 나은 전도사가 되지 못하는 것일까? 연구자들은 그 호르몬에 믿을 만한 특성을 부여할 방안을 모색하고 있다. 미국에서는 호르몬 사용이 교육 수준과 긍정적인 상관 관계가 있다. 즉 정식 학교 교육을 더 많이 받은 여성일수록, 호르몬 애용자가 되고 '혜택이 위험보다 더 많다'는 주장에 동의하는 경향을 보였다. 하지만 여성들이 지적이고 책을 많이 읽는 나라인 네덜란드에서는 교육 수준과 호르몬 사용 사이에 아무 관계도 없었으며, 노르웨이에서는 교육 수준이 높을수록 호르몬 요법을 거부하는 경향이 나타났다. 각 연구자들은 환자의 승낙 비율을 개선할 방안을 놓고 나름대로 결론을 내린다. 그중 가장 흔한 것은 의사들이 일찍부터 자주 설교를 해야 한다는 것이다. 이스라엘 레호보트에서 이루어진 연구 결론은 이렇다.

우리는 의사와 호르몬 대체 요법을 놓고 상담을 하는 여성들이 좀 더 많이 그것을 사용하도록, 부인과 의사들이 대중 교육에 더 힘을 써야 한다고 믿는다.

코펜하겐에서의 연구 결론은 이렇다.

호르몬 대체 요법을 잘 모른다는 사실이 그것을 거부하거나 승낙할지 여부에 영향을 미칠 때가 종종 있는 듯하다.

스코틀랜드에서의 결론은 어떨까.

결론적으로 폐경기에 있는 여성들은 호르몬 대체 요법 사용을 우려할 때가 많다. 보건 교육에 더 노력하면 호르몬 대체 요법을 받아들이는 사람들이 늘어날 수 있다.

환자를 깨우치는 것에 반대할 사람은 아무도 없을 것이다. 모두 목이 쉬도록 소리 지르도록 하라. 하지만 중년 여성의 심리 상태를 연구한 결과들을 보면 더 흥미로운 점이 드러난다. 많은 여성들이 호르몬 대체 요법을 거부하는 가장 큰 이유 중 하나는 그들이 폐경기를 긍정적으로 보기 때문임이 밝혀졌다. 그들은 그것을 질병으로 생각하지 않는다. 그러니 무슨 치료가 필요한가? 미국의 흑인과 백인 여성들을 비교한 두 연구 결과를 보면, 백인 여성들보다 '아프리카계 미국 여성들이 폐경기에 상당히 더 긍정적인 태도를 지니고 있으며', 흑인들은 백인들과 같은 폐경기 증상을 지니고 있어도 '그것을 그다지 심각한 것으로 여기지 않는다'는 것이 드러난다. 아프리카계 미국 여성들도 나이가 들면서 여성들이 직면하는 건강 위험의 '알맞은' 순서, 즉 심장병이 맨 위에 놓인다는 것을 꽤 잘 알고 있었다. 그럼에도 그들은 백인들보다 호르몬 요법에 그다지 관심을 보이지 않았다. 네덜란드 엘케리에크 병원의 연구자들은 네덜란드 여성들이 "호르몬 대체 요법을 받는 평균 기간이 7개월에 불과하다"고 서글프게 말하면서 이렇게 덧붙였다.

"대다수 여성들이 갱년기를 긍정적으로 보고 있다는 점이 이렇게 치료 기간이 짧은 이유를 설명해준다."

런던의 연구자들은 45세의 여성들을 폐경기 이후에 호르몬 요법을 받겠다고 하는 집단과 안 받겠다고 하는 집단으로 나눠 비교했다. 두 집단은 건강과 사회 경제적 지위에는 별 차이가 없었지만, "호르몬 대체 요법을 받겠다고 한 측은 자부심이 상당히 낮고, 우울해하고 불안해하는 정도가 더 심했고, 폐경기를 부정적으로 보고 있었다. 또 그들은 스스로 폐경기를 견디는 쪽보다는 의사의 능력 쪽을 더 신뢰한다고 말했다."

에스트로겐 요법의 효과를 좋아하는 여성들, 즉 요법을 받았을 때 더 머리가 좋아지고 더 활기가 넘치는 것을 느끼는 여성들은 설득할 필요가 없다. 그들은 순응하는 환자가 될 것이며, 그중에는 폐경기 마지노선에 있는 친구들에게, 한 번 해봐, 후회하진 않을 거야 하고 권유하는 전도사가 될 사람도 많다. 하지만 순응하지 않는 여성들은 어떻게 해야 할까? 그들은 제대로 알지 못하고 있거나 잘못 알고 있는 것일까? 유방 암에 걸릴까 겁이 나서 호르몬 요법을 받지 않으려 하는 사람도 있을 것이다. 또는 시도는 해보지만 생리, 부드러운 젖가슴, 침울함, 물에 흠 뻑 젖은 느낌, 멀미, 여드름 같은 생리 전 단계를 생각나게 하는 부수적 인 효과들을 싫어하는 사람들도 있을지 모른다. 단순히 폐경기가 병이 라는 생각을 받아들이지 않는 여성들도 많으며, 그들은 호르몬 약을 서 랍 속에 쑤셔 넣고 아예 잊어버림으로써 반감을 드러낸다. 50대의 여성 들이 꽤 몸 상태가 좋다는 느낌을 가질 때도 많다. 그들은 여성들이 출 렁거리는 호르몬 때문에 고위직에 부적합하다고 여겨졌던 시기와 임신 해서 직장을 그만두어야 했던 순간을 기억한다. 그 정도면 충분하다. 여성의 몸 때문에 그 정도 불편을 겪었으면 충분하다. 여성이 허벅지에 질경(膣鏡)을 달고 무덤까지 가야 한단 말인가? 폐경기는 초경이 여성 의 통과 의례인 것과 마찬가지로, 하나의 사건일 뿐이다. 그들의 어머 니와 할머니도 폐경기를 거쳤으며, 동료들도 폐경기를 거칠 것이다. 그 것은 모두에게 일어나는 일이다. 여성들은 폐경기가 자연스러운 것이 라고 느낄 수밖에 없다. 그들은 의사들에게 그렇게 말한다. 폐경기는 자연스러운 것이라고. 그것은 원래 그런 것이며, 몸이 원래 하는 일이 다. 내 몸이 나를 이끄는 것을 기뻐하지 않을, 아니 적어도 참아내지 못 할 이유가 어디 있단 말인가?

의사들은 폐경기를 이런 식으로 해석하는 것, 이런 자족적인 주장을 좋게 받아들이지 않는다. 그들은 도전에 직면해 있다. 수많은 건강한 여성들에게 호르몬 요법을 받도록 설득하려면, 그들은 유익하면서 자 연스러운 폐경기라는 개념을 몰아내야 한다. 그들은 허약함, 약해지는 심장, 구부러지는 골격, 나약해지는 정신이라는 유령을 불러들여야 한다. 그들은 여성의 난소 에스트로겐이 급격히 감소하는 것과 남성의 테스토스테론 농도가 아주 서서히 낮아지는 것을 대비시킨다. 남성은 우아하게 나이를 먹지만, 당신은 하룻밤에 먹는다고 말이다. 그들은 갑상선 기능 저하증이나 당뇨병 같은 내분비계 장애와 폐경기를 비교하면서, 폐경기를 '에스트로겐 결핍' 상태라고 규정한다. 당뇨병을 인슐린으로 치료해야 하는 것처럼, 에스트로겐이 결핍된 여성은 호르몬 대체 요법으로 치료해야 하며, 50세가 넘은 여성들은 정의에 따라 거의 모두 에스트로겐 결핍 상태에 있다고 말한다. 심지어 여전히 생리를 하고 있는 여성들도 에스트로겐 결핍 상태에 있을 수 있으며, 그것에 '폐경기 전후 장애'라는 말을 붙이면서 그들도 호르몬 요법을 받을 필요가 있을지 모른다고 말한다. 모든 여성들이 왜 중년에 이런 불확실한 호르몬 결핍 상태에 들어가야 하는지, 자연이 왜 여성에게 전성기에 어울릴 더 좋은 기구를 갖춰주지 않았는지 물으면, 의사는 이렇게 대답할 것이다. 자연이 하는 대로 맡겼다면, 우리는 이런 이야기를 나눌 필요도 없고 이 처방전을 쓸 필요도 없겠죠. 긴 수명은 유익하고, 바람직하며, 인간의 재능과 현대 의학을 낳았지만, 한 가지 확실한 것이 있다. 그것은 자연스럽지 않다는 것이다. 자연이 하는 대로 맡겼다면, 당신들, 번식 능력을 잃은 원로들은 이미 죽었을 것이다.

당신은 어쩔 것인가? 저기 밭에서 손에 삽을 들고 일하는 늙은 여성에게 물어보자. 그녀는 뭔가를 파고 있다. 그것이 그녀의 무덤처럼 보이지 않는다는 것은 분명하다.

13

악명과 같은 것은 없다
어머니, 할머니, 조상들

하드자족은 탄자니아 북부 이스턴리프트 계곡의 메마른 바위투성이 지대에서 사는 소규모 수렵·채집인들이다. 인구는 750명 정도에 불과하지만, 다른 곳으로 가지 않으려 한다. 그들은 혀를 차고 쉿쉿 소리를 내는 하드자어라는 독특한 말을 한다. 쿵족의 말과 비슷하지만 관련은 없다. 하드자족은 길들여지는 것을 거부한다. 지난 60여 년 동안 교회와 정부 담당자들이 그들을 농부로 만들려 애를 써왔지만 실패를 거듭했고, 하드자족은 다시 덤불 속으로 돌아갔다. 그들은 경작을 싫어한다! 그들은 우유 짜기를 싫어한다! 하드자족은 사냥감, 열매, 꿀, 뿌리 같은 야생의 식량에 거의 전적으로 의존한다. 그들은 기회주의자이다. 임팔라 영양을 보면 그것을 잡는다. 5킬로미터 떨어진 곳에 열매가 익고 있으면, 그곳으로 간다. 꿀벌들이 꿀 생산을 게을리 하면, 그들은 더 바쁘게 일하는 벌을 찾아 야영지를 옮긴다. 때로 이웃 목장에서 양을 훔치기도 하지만, 대개는 기린의 고기를 옥수수나 담배와 교환하는 등 물물교환을 좋아한다.

하드자족은 호모 사피엔스가 진화한 플라이오세와 홍적세의 특징들을 간직한 듯한 실용 본위의 삶을 살고 있다. 그들은 어느 정도 석기 시대의 유물이라고 할 수 있으며, 서양 인류학자들이 그들에게 관심을 갖는 것도 그 때문이다. 그들이 우리에게 본질적인 것이 무엇인지 말해줄 수 있을까? 우선 한 가지가 있다. 취미를 잊으라는 것. 하드자족의 삶은 고되지도 야만적이지도 않으며, 수명도 짧다고 할 수 없다. 그들에게 다가가서 삶의 역사를 추적했던 유타 대학의 크리스턴 호크스 연구진은 우리가 석기 시대 조상들을 생각할 때 흔히 했던 말, 즉 난자가 고갈될 무렵에 죽음에 이르렀을 것이라는 말이 그들에게 적용되지 않는다는 것을 알아차렸다. 결코 그렇지 않았다. 하드자 여성들 중에는 폐경기가 지나고도 오랜 기간을, 60대나 70대, 심지어는 80대까지도 살아 있는 사람들이 많았다. 후기 산업 사회나 농업 혁명의 생명 연장 혜택을 전혀 받지 않고서도 말이다. 미국의 인구통계학자들은 사회가 고령화하고 다른 사람들의 부와 노력의 성과가 나이 든 사람들에게로 빠져나갈 것이라고 우려한다. 하드자족은 정반대 상황이 벌어질까 우려할지 모른다. 노령의 여성들이 없어지면 무슨 일이 벌어지지나 않을까 하고 말이다. 호크스 연구진의 자료에 따르면, 하드자족에서 가장 열심히 일하는 사람들은 폐경기가 지난 여성들이다. 매일 그들은 덤불로 가서 땅을 파고, 줍고, 열매를 따고, 나무를 기어오른다. 그들은 다른 사람들보다 더 많은 식량을 그러모은다. 그들은 스스로 살아갈 수 없는 어린 친족들, 즉 손자, 증손자, 종손녀, 종손자, 사돈의 팔촌에게까지 식량을 나눠준다. 젊은 여성이 아기에게 젖을 먹이느라 더 자란 아이들에게 줄 식량을 제대로 구할 처지가 못 되면, 그녀는 자신의 짝이 아니라(그 남성은 어디에 있을까?) 손위의 여성 친척에게 도움을 청한다. 할머니, 즉 그녀의 가까운 친척은 그 일을 맡아 아이들에게 바오밥나무 열매와 덩이줄기를 먹여준다. 하드자족 아이들은 늘 여윈 상태로 있지만, 나이 든 사람들의 노력이 없다면 동생이 태어날 때마다 더욱더 비쩍 마를 것이고, 카렌 카펜터[인기 듀오 카펜터스의 멤버로, 무리한 다이어트에 의한 거식증을 치료하다가 젊은 나이에 세상을 떠났다]처럼 일찍 죽을지도 모른다. 하드자족의 나이 든 여성들은 진정 위대한 할머니들이다. 그들은 선택의 대상이 아니다. 그들은 카드에 그려져 있는, 다정하기만 한 할머니가 아니다. 호크스 연구에 따르면, 아이를 키우는 어머니들은 모두 폐경기가 지난 여성의 도움을 받고 있었다.

하드자족은 소규모 집단이다. 그들은 온갖 부류의 공무원, 학자, 뜨내기 문화 전파자, 설교자와 접촉해왔고, 서양식 교육을 받고서 농경이라는 복음을 전파하기 위해 돌아온 사람들도 있었다. 하드자족은 '원시적'이지 않으며, 그들이나 현재 남아 있는 다른 수렵 · 채집인들에게서 타락하기 이전의 인류에 관해 너무 많은 결론을 끌어내는 것은 위험하다. 그렇지만 인간 폐경기의 진화를 이야기하고 그것이 자연스러운지 부자연스러운지, 즉 당연한 것인지 아니면 우리가 획득한 긴 수명에 따라붙은 불행한 꼬리표인지를 놓고 논쟁하고자 한다면, 우리는 미래 세대를 위해 숲을 뒤적거리고 있는 하드자족 여성 가장들을 무시할 수 없다. 우리는 할머니의 집으로 가야 한다.

인류 폐경기의 기원을 설명하는 가설 중 '할머니 가설'이 있다. 이 가설은 거의 할머니만큼이나 오래된 한 논문에서 비롯되었다. 저명한 진화생물학자인 조지 윌리엄스는 1957년 노화의 필연성을 다룬 논문에서 갱년기 여성의 기이한 사례를 제시했다. 그는 시력 감퇴, 관절염, 주름살, 군살의 영토 확대 같은 뚜렷한 노화 현상들이 개인마다 진행 정도와 속도가 다르다는 점을 지적했다. 일부 노화 현상은 운동을 하거나 햇볕을 가리는 모자를 쓰거나 해서 몇십 년 지체시킬 수 있다. 하지만 폐경기는 그럴 수 없다. 여성이 무엇을 하든 간에, 건강에 아무리 신경을 쓰든 간에, 몇 년 차이는 있겠지만 반세기가 지나면 윌리엄스가 '때이른 생식 능력 노화'라고 하는 단계에 접어들 것이다. 모든 사람이 돋보기를 쓰게 되지는 않지만, 폐경기 연령에 이른 여성들은 모두 배란을 멈춘다. 반면에 우리와 가까운 친척인 유인원을 비롯해 다른 포유동물 암컷들은 죽는 날까지 새끼를 밸 수 있다. 오랑우탄은 폐경기가 없다. 침팬지에게는 암말의 오줌 추출물이 필요 없다. 남성들도 지탱하거나 보지 못할 정도로 관절염이나 백내장이 심하다 해도 아이를 잉태시킬 수 있다. 윌리엄스의 말에 따르면, 사망하기 오래전에 생식 프로그램을 중단시키는 것은 인간 여성밖에 없다. 자연이 여성을 설계하면서 자신이 가장 애호하는 번식이라는 항목을 빠뜨렸다는 것이 도저히 믿어지지 않는다.

윌리엄스는 그 어려운 문제에 뛰어난 해결책을 제시했다. 그것을 아이들 탓으로 돌린 것이다. 인간 아이를 키우는 일은 지독할 정도로 비용이 많이 든다. 하나를 자립할 때까지 키우는 데는 오랜 세월이 걸린다. 최소한으로 잡아도 13~14년은 걸린다. 그들은 먹여주고 입혀주고 재워주고 각자의 환경에 필요한 재주를 가르쳐주고, 나태와 폭력에 휩쓸리지 않도록 보호해주어야 한다. 윌리엄스는 어머니가 항상 자기 아이의 주된 보호자였고 과거에 어머니 없는 아이는 축복받지 못한 아이였다고 가정하면서, 여성이 아이가 사춘기를 지나 자립할 때까지 오랫동안 의무를 맡아야 했다고 주장했다. 여성이 최후까지 생식 능력을 갖고 있어서, 몸이 휘청거릴 때 임신을 하게 된다면, 그녀는 임신한 채 죽거나 아직 키워야 하는 아이들이 몇 명 있는 상태에서 또 아이를 낳는 위험을 무릅써야 한다. 그리고 그 아이들은 그녀의 눈앞에서 죽거나 제대로 자라지 못할 수 있다. 여성은 말년에 어머니가 될 위험을 무릅쓰기보다는 이미 가진 아이들을 키우는 데 헌신하는 편이 더 낫다. 몸의 다른 부위보다 난소가 더 일찍 노쇠하는 편이 더 낫다. 그녀는 할머니가 되는 편이 더 낫다.

윌리엄스 가설은 발표되자마자 인기를 얻었다. 모두가 그것을 사랑했으며, 50세가 넘은 여성들은 특히 그랬다. 그것은 여성의 젖가슴이 앞에 달린 엉덩이라는 데스먼드 모리스의 주장과 마찬가지로 간명하면서도 탁월한 호소력을 지니고 있었다. 폐경기는 자연스러운 것이었다. 그것은 원래부터 붙어 있는 인류의 등록 상표였다. 우리는 영리하며, 우리 아이들도 영리하다. 우리 난소는 그 점을 보여준다. 난소는 막내 아이를 문 밖으로 배웅할 무렵이 되면 생산을 멈춘다. 폐경기는 유익하며, 유익하게 여겨질 수 있다. 마거릿 미드는 1960년대에 폐경기 이후 여성의 '열정'이라는 유명한 말을 남겼다.

그 뒤 학자들은 그 가설을 더 확장시켰다. 캘리포니아 로스앤젤레스 대학의 제이리드 다이아몬드는 나이 든 여성들이 육아 기술만이 아니라, 문자가 쓰이기 전 부족의 알렉산드리아 도서관으로서, 즉 정보의 창고로서도 인류 역사에 중요한 역할을 해왔다고 주장했다. 나이 든 여성들은 먹을 수 있는 식물들이 어디에 있는지 알고 있으며, 지역 자원들의 분포와 안전에 영향을 미칠지 모르는 오래전의 자연 재해를 기억할 수 있다. 다이아몬드는 뉴기니와 태평양 섬들에서 겪은 일들을 쓴 글에서, 자신이 젊거나 중년인 원주민 여성들에게 섬의 식물이나 동물에 관해 귀찮게 물어대면, 곤란해진 그들은 예외 없이 그를 누추한 움막으로 데려갔으며, 그곳에는 부족의 가장 연장자가 있었다고 했다. 연장자가 남성일 때도 있었지만, 대개 여성이었고 그녀는 그가 찾던 답을 알고 있었다. 루소나 할리우드를 빗댄 말처럼 들리지만, 그 현명한 노파는 조리 있게 기억하고 있었다. 그 식물을 먹으면 몸이 덜덜 떨리고 눈알이 튀어나오고 해가 뜰 무렵이면 죽을 거야. 오늘은 뭘 도와줄까?

다이아몬드가 관찰했듯이, 젊은 친척들은 나이 든 친척들의 기억과 조언을 통해 혜택을 받았고, 따라서 인간의 수명을 늘리는 쪽으로 선택이 일어났다. 남성은 왕성한 정자 생산 능력을 지닌 채 몇십 년 동안 살 수 있지만, 임신은 나이가 들수록 위험해진다. 여성이 백과 사전이 될 만한 세월을 살아야 한다면, 폐경기가 나타날 수밖에 없었다.

조셀린 페치는 폐경기가 가까워졌을 때 캘리포니아 로스앤젤레스 대학원에 다시 다니기로 결심했다. 그녀는 폐경기의 진화를 연구하기로 했다. 그녀는 폐경기가 사람과 계통에서 꽤 일찍, 우리가 아직 호모 에렉투스로 있을 때인 150만 년 전에 나타났다고 계산했다. 하지만 그 생각을 입증해줄 증거를 찾기는 쉽지 않았다. 난소 같은 부드러운 조직은 화석에 남지 않는다.

생물학적 할머니가 되지 않으려는 움직임은 의학계에서 중년 여성들에게 에스트로겐 대체 요법을 장려하려고 시도하던 시기인 1970년대에 시작되었다. 폐경기 이후에도 대체로 여성들이 심장 마비에 걸리지 않는 주된 이유가 에스트로겐 때문임을 확신하게 된 의사들은 프로그램대로 진행되는 난소 노화가 '자연스러운 것'인지, 그리고 바람직한 것인지 질문하기 시작했다. 할머니 가설은 여성이 더 오래 살면서 기존의 아이들을 돌볼 수 있게 하기 위해 배란을 중단한다고 가정한다. 그렇다면 여성을 계속 살아 있게 해주는 불가사의한 호르몬의 주된 공급원까지 작동을 멈추는 이유는 무엇일까? 그 얼마나 어리석고 자기 파괴적인가. 적응론자들이 틀린 것이 분명하다. 폐경기는 진화를 통해 선택된 것이 아니라, 흰머리처럼 노화의 표시에 불과한 것이 분명하다. 그리고 흰머리를 염색해 젊어 보이게 할 수 있듯이, 폐경기에 수반되는 지독한 증상들도 에스트로겐 대체 요법으로 완화시킬 수 있으며, 그래야 한다.

그 회춘을 옹호하는 사람들은 전갈의 꼬리와 형벌용 채찍을 높이 세웠다. 고생물학자들은 중년과 노년 자체가 예전에 없던 새로운 것이라고 주장했다. 그들은 몇천 년 전만 해도, 40대 중반까지 사는 사람이 거의 없었다고 말한다. 초기 인류 화석들은 대부분 젊은 사람의 뼈이다. 폐경기 이후 여성의 뼈는 있다고 해도 찾아보기 어려우며, 할머니의 뼈는 아예 없다. 초기 인류가 홍조나 미드가 말한 열정을 누릴 만큼 오래 사는 일이 드물었는데, 자연 선택이 폐경기를 선호했다고 주장하는 것은 터무니없다. 여성과 남성 모두 45세에 죽었다. 여성의 난자는 45세까지 그녀와 함께할 것이다. 고인구통계학자들이 말하듯이, 그것은 꽤 잘 들어맞는다. 수만 년 전 선택의 힘이 우리 운명의 토대를 닦았을 무렵, 여성은 평생에 필요한 난자들을 모두 갖고 있었다고 보면 말이다. 오늘날 여성들이 난자 공급이 끝나는 시점을 훌쩍 뛰어넘어 더 오래 살면서 자신의 경험을 토대로 베스트셀러를 쓰고 있는 것이라 한다면, 좋다, 그것도 좋다. 하지만 그렇다면 우리는 모두 영양식, 정제된 물, 요나스 소크〔소아마비를 예방하는 소크 백신의 발명자〕의 인공 산물이 되며, 진화는 우리와 활력 있는 노년과 아무 상관이 없는 것이 된다.

뿐만 아니라 인류학자들은 현대의 '원시인들'에게서 폐경기가 적응 가치를 지니고 있다는 증거를 찾을 수 없었다. 1980년대에 뉴멕시코 대학의 킴 힐과 막달레나 후타도는 마찬가지로 선사 시대의 침묵을 짊어지고 사는 수렵·채집인 집단인 파라과이 동부 삼림에 사는 아체족을 연구했다. 그 인류학자들은 엄밀한 자료를 대량으로 수집했다. 그들은 늙은 아체족 여성들이 아이들과 손자들을 도와주고 원조를 해주는 것을 관찰했다. 그들은 할머니가 기존의 자식과 손자에게 헌신함으로써 얻는 간접적인 유전적 혜택과 폐경기 이후에도 계속 아이를 가질 수 있다고 가정했을 때 그들이 얻을 직접적인 유전적 혜택을 비교하는 이론 모델을 설계했다. 적응은 번식 적합성, 즉 당신의 사랑스럽고 남다른

336

유전적 월계관을 다음 세대로 넘겨주는 능력을 강화한다. 할머니 가설이 타당하다면, 늙은 아체족 여성들이 손자의 건강과 생존에 기여하는 정도가 자기 아이를 두세 명 더 가짐으로써 얻는 유전적 혜택보다 더 커야 한다. 안타깝게도 그 여분의 아이들 쪽이 승리했다. 그 인류학자들은 아체족 할머니들이 놀랍게도 손자들의 미래에 별 영향을 미치지 못하며, 엄밀한 다윈주의적 의미에서 볼 때 차라리 폐경기 이후에도 엄마가 될 수 있다면 더 좋았을 것이라고 결론을 내렸다.

유타 대학의 앨런 로저스도 수학적 시뮬레이션을 통해 비슷한 결론에 도달했다. 그는 1991년에 발표한 논문에서 여성의 폐경기가 적응처럼 보이려면 만화책 여주인공인 뉴트론 나나Neutron Nana가 되어야 할 것이라고 추정했다. 그녀가 자기 아이들에게 헌신하면 아이들이 모두 살아남아 아이들의 수가 두 배로 늘 것이고, 반면에 손자들이 모두 때 이른 번식 능력 노화가 일어나는 시기까지 살아 있도록 돕는다면 할머니 나이에 어머니가 되는 것보다 약간 우세해질 뿐이다. 위대한 수확의 여신인 데메테르조차도 자신의 딸 페르세포네가 매년 6개월 동안 지하 세계로 가는 것을 막을 수 없었다.

나는 할머니 가설의 무릎에 앉아 컸다. 몇십 년이 지난 뒤에야 폐경기에 들어갈 소녀였을 때에도, 나는 그 일이 일어날 것이라고 생각하면 마음이 편해졌고, 그것은 너무나 잘된 체제였다. 그 생각은 내 신화상의 조상들, 즉 아프리카 초원 지대를 가로지르던 야위고 먼지를 뒤집어쓴 문란한 여성들과 연결되었다. 한 걸음 한 걸음 걸을 때마다 그들의 뇌는 확대되었다. 그랬기 때문에 1990년대에 그 생각에 반하는 사실들이 쌓이는 듯했을 때 나는 절망했다. 내가 그 생각을 이야기하자 많은 과학자들은 매력적인 개념이라고 하면서도, 잘못된 개념일 것이라고 추정했다. 아이다호 대학의 동물학자 스티븐 오스태드는 1997년 중반에 내게 이렇게 말했다.

"적응적 폐경기는 흥미로운 개념이죠. 믿을 수 있다면 좋겠네요. 하지만 뒷받침할 증거가 없어요."

캘리포니아 산타크루즈 대학의 인류학자인 앨리슨 갤러웨이는 이렇게 말했다.

"난 할머니 가설을 믿지 않아요. 나는 폐경기에 어떤 혜택이 있다고는 생각하지 않아요. 그것이 선택되어왔을 리 없어요. 그것은 최근에 우리 수명이 늘어난 결과예요. 우리가 난포보다 오래 살게 된 것뿐이죠."

월경이 방어 수단이라는 이론을 내놓은 마지 프로페트는 진화적 의미에서 볼 때 폐경기 이후 여성이 생리가 제공하는 보호를 받지 못한다는 것은 중요한 문제가 아니라고 말했다. 여성들이 50세 이상 살 것이라고 생각하지 않았을 테니까 말이다. 《뉴욕 타임스》에 있는 동료이자 호르몬 대체 요법의 지지자인 제인 브로디는 '평균 77세라는 현재의 여성 예상 수명도 마찬가지로 부자연스러운 것'이므로, 여성들이 호르몬 요법을 부자연스럽다고 우려해서는 안 된다고 썼다.

폐경기는 녹이 슨 빛깔이다. 그것은 당신을 도와 자식들의 미래를 꾸미기 위해 잘 만들어진 장치가 아니라, 고장난 시스템이며, 과거의 영화를 보여주는 흔적이다. 나는 할머니 가설을 사랑했다. 하지만 그 애지중지하던 이론을 목초지에, 가슴 쪽에 엉덩이가 달린 벌거벗은 원숭이 이론 바로 옆에 풀어놓아야 하는 시기가 닥친 것이다.

바로 그때 나는 크리스턴 호크스와 하드자족과 창조의 할머니들, 즉 움직이는 자이자 흔드는 자이며 인류의 제조자인 할머니들을 알게 되었다.

우선 그 사실들을 살펴보자. 할머니를 거의 가사 상태로 몰아간 것이 자료들이므로, 그녀는 자료들을 통해 부활되어야 한다. 호크스와 동료들은 하드자족에 관한 자료들을 세심하게 모았다. 그들은 몇 달에 걸쳐 3세에서부터 70세가 넘는 사람들까지, 남성과 여성 절반씩 90명의 생활을 매시간 기록했다. 누가 어떤 상황에서 누구와 음식을 나눠 먹는지도 기록했다. 또한 주어진 계절에 누가 몸이 붇고 누가 마르는지 알아보기 위해 정기적으로 체중을 쟀다. 그런 노력을 통해 그들은 문제의 핵심, 즉 식량을 구하러 다니는 사람이 그것을 함께 나눠 먹는 사람들과 영양 상태에 차이가 있는지를 측정할 수 있었다. 노력과 결과 사이에는 산뜻한 선형 상관 관계가 나타났다. 하드자족 아이들은 때로는 세 살 정도의 아주 어린 나이 때부터 식량을 구하러 덤불 속을 돌아다니기 시작하지만, 완전히 자급자족을 할 수 있는 수준은 아니다. 사춘기가 될 때까지 아이들은 식량의 절반 정도를 어른들에게 의존한다. 대개 그들이 얻을 수 없는 것을 주는 사람은 어머니이다. 인류학자들이 지켜본 바에 따르면, 어머니의 노력은 수치에 반영되어 있다. 즉 어머니가 더 열심히 식량을 모을수록, 아이들의 체중은 더 늘어난다.

하지만 어머니가 젖을 먹일 신생아를 가질 때면 그 상응 관계는 사라진다. 젖을 먹이는 어머니도 계속 식량을 구하러 다니긴 하지만, 구하는 양은 크게 줄어든다. 아기 때문에 움직임이 둔해지는 것 외에, 젖을 먹이는 데 하루에 약 600칼로리라는 큰 비용이 들기 때문이기도 하다. 그것은 어머니가 자신이 구한 식량의 대부분을 먹어야 한다는 의미가 된다. 그녀는 칭얼거리는 네 살배기에게 나눠줄 만큼 많은 식량을 갖고 있지 않다. 따라서 젖을 먹이는 동안에는 어머니가 식량을 구하는 노력과 좀 자란 아이들의 체중 사이에 있던 상관 관계가 사라진다. 두 요소가 분리되는 것이다. 그 대신 젖 뗀 아이들의 복지는 다른 여성에게 맡겨진다. 다른 여성이란 대개 외할머니를 뜻하지만, 외할머니가 없으면 나이 든 이모나 종조모가 맡으며, 친할머니가 맡은 사례도 한 번 있었다. 갑자기 할머니나 그에 상응하는 여성들의 노력이 아이들의 체중 변화에 반영된다. 할머니가 더 열심히 식량을 모을수록, 아이들의 체중도 늘어난다. 아이들은 부쩍부쩍 자랄수록, 더 강하고 튼튼해지며 어른 때까지 살아남아 할머니의 이름을 빛낼 가능성이 높아진다.

요점은 이것이다. 나이 든 여성들은 융통성이 있다는 것. 그들은 전략적이다. 그들은 자식과 손자를 돌보는 역할만 하는 것이 아니다. 그들은 도움이 필요한 어린 친척들이라면 누구라도 돕는다. 힐과 후타도는 파라과이의 아체족을 연구하면서 이런 질문을 던졌다. 나이 든 여성들이 다 자란 자식과 손자를 얼마나 도우며, 그들의 도움이 그 아이와 손자에게 상당한 차이를 낳는가? 대답은 폐경기를 제대로 설명하지 못한다는 것이다. 호크스 연구진은 그물을 더 넓게 쳤다. 그래야 했다. 하드자족 여성들은 너무나 바쁘기 때문에 자기 직계 가족이라는 안락한 테두리 바깥까지 신경 쓸 겨를이 없다. 나이 든 여성이 도울 딸이 없을 때, 그녀는 자매의 딸을 도왔다. 젖을 먹이는 여성의 어머니가 죽고 없다면, 그 여성은 나이 든 친척에게로 가서 다른 아이들을 그녀의 자애로운 손길에 맡긴다. 그 친척은 할 수 있다면, 그리고 과거에 자신의 아기들을 어떻게 해야 할지 걱정한 적이 있었다면 그 의무를 받아들인다.

호크스는 내게 이렇게 말했다.

"나이 든 여성들은 가장 적합성이 큰 쪽에 노력을 집중해요. 자신의 딸이 젖을 먹이고 있지 않아 도움이 필요 없을 때, 그들은 다른 친척을 찾아 도와주죠. 우리 같은 전략적 동물은 당연히 그런 식으로 행동을 조율할 겁니다. 자연 선택은 가장 도움이 필요한 사람을 돕도록 조정하는 쪽을 선호했을 거예요."

그녀는 이렇게 덧붙였다.

"당신이 하드자족에게서 폐경기가 지난 여성이 자기 자식들의 번식 성공에 어떤 영향을 미치는가만 살펴본다면, 나이 든 여성들의 노력이 엄청난 도움이 된다는 것을 과소 평가하게 됩니다."

반면에 나이 든 여성들의 기여를 모든 젊은 친척들의 영양 상태와 연관지어보면, 갑자기 그들의 가치가 드러난다. 그들은 다원주의 표식을 남기겠다고 굳이 삶이 끝날 때까지 어머니 역할을 할 필요가 없을 만큼, 총 유전적 적합성을 강화한다. 아기를 하나나 셋 더 낳는 것은 식량을 구하는 데 방해가 될 뿐이다.

당신은 물을지 모른다. 하드자족 남성들은 도대체 어디 있는 거지? 왜 그들은 남성들이 항상 그래왔다고 하듯이, 그래서 핵가족과 성별 노동 분업을 낳았듯이, 자기 아내와 자식을 돌보지 않는 거지? 그렇다, 하드자족 남성들은 일을 한다. 그들은 사냥을 하고 그들이 가져온 고기는 집단 전체의 중요한 영양 공급원이다. 하지만 사냥은 부정기적인 활동이며, 성공하지 못할 때도 종종 있다. 매일 먹어야 하는 음식을 그것에 의지할 수는 없다. 수렵·채집인은 채집수렵인이라고 불러야 마땅하다. 게다가 하드자족 남성들이 사냥에 성공했다고 해도 그들은 그것을 독차지할 수가 없다. 그들은 자랑을 해야 한다. 그들은 위대한 인물들이며, 위대한 인물은 베풀 줄 알아야 한다. 그들은 도움을 요청할 일이 생길지 모를 동맹자들이나 달랠 필요가 있는 적들에게 베푼다. 그들은 좋은 인상을 심어주고 싶은 여성들과 사냥감 주위에 몰려드는 아이들에게도 베푼다. 결국 그 사냥꾼 가족의 입으로 들어가는 고기는 얼마 되지 않는다. 하드자족 남성들만이 그런 것은 아니다. 수많은 전통 사회에서 사냥은 개인의 일이 아니라 정치적인 활동이다. 크리스턴 호크스와 동료들은 이렇게 썼다.

사냥은 그 사냥꾼과 인척 관계가 있든 없든 상관없이 모든 사람에게 혜택이 돌아가는 집단 물품을 공급한다. 자기 가족의 영양 상태에 차등적으로 영향을 미치는 것은 남성들의 사냥이 아니라 여성들의 채집이다.

여성들의 채집은 가족의 생활을 유지시켜주며, 나이 든 여성들도 자기 딸들만큼 채집을 할 수 있다. 그리고 아기를 낳은 딸들보다 더 많이 채집할 수 있다.

생물학적 할머니는 때 늦지 않게 집으로 돌아왔다. 우리는 당신이 그리웠다. 우리는 당신이 없었기에, 우리보다 앞서 사라졌기에 슬프고 외롭고 나이를 먹은 듯이 느껴졌다. 더구나 아이들이 울어대고 있다. 그들은 먹여주어야 한다. 나나여, 여기 당신의 자루와 삽이 있다. 이제 다시 일을 시작하니 기쁘지 않은가?

연구 결과만 보아도 하드자족 연구는 환영할 만하지만, 호크스는 죽어가는 윌리엄스 가설을 소생시키고 폐경기의 평판을 좋게 하는 자료 이상의 것을 내놓고 있다. 그녀는 그보다 더 원대한 계획을 갖고 있다. 그녀는 난소를 갖고 있다. 그녀의 야심적이고 추론적이며 완벽한 설득력을 지닌 틀 속에서 보면, 젊음을 창조한 것은 나이 든 여성들이었다. 지금의 인류 유년기를 만들어낸 것은 그들이었다. 길고 의존적이며 당당한 유년기 말이다. 그리고 유년기를 창조하면서 그들은 인류를 창조했다. 그들은 호모 임페리알리스Homo im-perialis(확장하는 인간), 즉 어디로든 갈 수 있고 무엇이든 이용할 수 있는 종을 만들어냈다. 우리는 유년기가 아이들의 이익을 위해 진화한 것이라고 생각한다. 아이가 지방을 축적하고, 뇌에 주름을 만들고, 언어와 운동과 예법을 습득할 시기를 주기 위해서라고 말이다. 호크스는 화살을 거꾸로 겨눈다. 그녀는 유년기가 어른들의 이익을 위해 진화한 것이라고 본다. 역설적으로 부모에게 엄청난 자유를 안겨주는 강제적인 의존 기간이라고 본다. 어른들은 의존하는 아이를 원했다. 그들은 성인 단계에 도달할 때까지 자신들에게 매달려 있어야 하는 자식을 원했다. 운반할 수 있는 의존적인 아이들을 데리고 초기 인류는 성성이가 꿈도 꾸지 못하는 땅을 찾아 이주할 수 있었다. 마치 10대들이 마침내 제 갈 길을 찾는 것과 같다. 어머니는 그 모든 희생과 부담을 이야기하며 불만을 털어놓을지 모르지만, 그저 앞으로 나아가려 하기만 해도 그 배꼽은 당신을 뒤로 획 끌어당길 것이다. 그리고 탯줄을 끊고 요람을 흔들고 세계를 다스릴 손을 빌려주는 것은 할머니이다. 우리는 젊은 상태로 머물 수 있기에 앞서 성장하는 법을 배워야 했다.

폐경기가 없다고 해보자. 조지 윌리엄스 이래로 적응론자adatationist들은 폐경기가 인류 진화에서 분수령이 된 사건이라고, 즉 다른 영장류 암컷들과 우리를 구분하는 형질이라고 묘사해왔다. 적응론자들은 영장류 암컷의 난소는 마지막까지 일을 할 수 있는 반면에, 우리 난소는 일찍 활동을 멈춤으로써 우리에게 가족을 돌볼 시간을 준다고 주장한다. 호크스의 관점에서 보면, 폐경기는 그렇지 않다. 그녀는 여성이 '때 이른' 번식 능력 노화를 겪는 것이 아니라고 말한다. 우리 난소는 침팬지, 보노보, 고릴라 같은 우리와 가까운 영장류 친척들의 난소만큼이나 오래 활동한다. 약 45년을 말이다. 아마 인간과 대형원숭이들의 공통 조상들도 약 45년 동안 활동하는 난소를 갖고 있었을 것이다. 45년이라는 난소의 수명은 우리 조상들의 신체 조건, 즉 조정이나 증대의 여지가 그다지 없었던 유인원의 원시적인 콩깍지를 나타내는 것일 수 있다. 자연 선택이 여성의 생식 수명을 늘리는 것을 가로막는 생리적 제약이 있을지도 모른다. 가령 우리가 너무 작기 때문일 수도 있다. 포유동물 암컷 중에 나이가 쉰 살이 넘어서도 번식할 수 있는 것은 코끼리와 긴수염고래 같은 거대한 동물들뿐이다. 당신이 많은 난자를 갖고 싶다면, 아주 큰 바구니가 필요하다.

호크스는 그 제약이 무엇이든 간에, 우리 난소의 노화가 결코 때 이른 것이 아니라고 말한다. 그 점에서 그녀는 인위론자artifactualist와 의견이 같다. 즉 여성이 난포보다 더 오래 살기 때문에 폐경기가 있다는 것이다. 하지만 그녀는 노년기가 현대의 발명품이라는 인위론자들의 주장에는 동의하지 않는다. 그녀는 노년기가 오래전부터 있던 것이라고 본다. 우리를 호모 마투루스Homo maturus(성숙한 인간)라고 부르자. 그렇다, 사람들은 대개 일찍 죽곤 했다. 질병에 걸려서, 표범에게 물려서, 아니면 머리가 크고 거꾸로 들어선 아기를 낳다가 죽기도 했다. 하지만 질병과 사고를 피해 살아남은 사람들은 상당히 오래 살곤 했다. 《성경》은 인생이 70년이라고 말하고 있으며, 생물학적으로 볼 때 그것은 잘못된 수치가 아니다. 우리는 70~80년을 살도록 되어 있다. 상당히 많은 사람들이 그 나이까지 살게 하는 데 쓰이는 기술을 과도하게 적용하면, 한 세기까지 살 수 있다. 당신이 산업 지대든 농경 지대든 유목 지대든 어디를 가든 간에, 당신은 백 년이 인류 수명의 상한선에 근접해 있다는 것을 알아차릴 것이다. 호크스는 이렇게 말한다.

"이것이 인간의 모습이죠. 우리 조상들은 그렇지 않았다고 생각할 이유는 전혀 없어요."

따라서 여성과 다른 영장류 암컷을 구분해주는 것은 폐경기가 아니라, 여성이 폐경기 이후에도 살 수 있게 해주는 끈질기게 긴 수명이다. 45~50세의 침팬지는 난소뿐 아니라 몸 전체가 노쇠해지고 있다. 모든 기관이 활력을 잃어가고 죽음에 가까워진다. 미국 동물원에서 최고 수준의 의료와 마음껏 먹을 만큼 바나나를 제공하는 등 아무리 애지중지 키운다 해도 침팬지 암컷은 50세가 되면 늙고 쇠약해질 것이다. 그 암컷은 폐경기 여성이 아니라, 윌러드 스콧(미국 NBC 방송의 기상 통보관으로, 〈투데이〉라는 뉴스 프로그램에서 화요일과 목요일마다 100번째 생일을 맞은 사람들에게 축하 인사를 보내는 것으로 유명)의 축하를 받으며 생일 촛불을 불어 끄는 백 세 된 여성과 같을 것이다. 따라서 자연 선택은 난소 생리 현상에 막혀 무력해지고 여성의 난포 능력을 영장류의 표준 이상으로 증대시킬 수 없게 되자, 여성의 수명 위에서 번성하기보다는 근육을 수축시켜버렸다. 그리고 이제 우리는 인간 수명의 여성성을 강조해야 한다. 이제 할머니의 역할로 돌아가서 흡족한 듯 바라보기로 하자. 그렇다, 제이리드 다이아몬드가 주장한 대로, 쭈글쭈글한 할머니는 부족의 역사 기록자, 식물학자, 독물학자 역할을 할 수 있다. 하지만 좋은 해마를 가졌다고 해서 백 세까지 수명이 늘어난다고 할 수 있을까? 그렇지 않을 것이다. 삶은 하루하루 살아가는 것이고, 크리스마스 같은 날은 드물다. 사냥이 부정기적인 일이듯이, 현자 역할도 마찬가지이다. 우리는 매일 먹어야 한다. 우리는 매일, 하루하루, 한 해 한 해, 10년 또 10년, 폐경기가 지난 뒤에도 여성이 필요하다. 그들을 계속 살게 하자.

할머니 가설의 최신 확장판에 따르면, 인간의 수명이 길고 인간이 지구를 지배하고 있는 근본 이유는 우리가 당연시하고 있는 습관 속에서 발견할 수 있다고 한다. 그것은 가족이 모여 식사를 하는 것이다. 침팬지 어미는 4~5년 동안 새끼를 키운다. 그것은 오랜 기간이지만, 그 다음부터는 엄마네 식당에서 공짜 점심을 먹을 수 없다. 젖을 뗀 새끼들은 거의 완전히 자급자족을 해야 한다. 스스로 먹이를 찾고 잡아서 먹어야 한다. 때때로 어미나 다른 나이 든 침팬지들이 어린 침팬지들과 함께 먹이를 찾기도 한다. 어린 침팬지들이 다루기에 먹이가 너무 단단할 때 특히 그렇다. 하지만 제공되는 것은 한턱내는 것, 즉 바나나 한 조각이며, 어린 침팬지는 계속 그렇게 얻어먹진 못한다는 것을 잘 알고 있다.

그래도 먹이 공유에는 핵심적인 가능성이 자리하고 있다. 침팬지를 비롯한 사회성 영장류들은 자기 영역에 한정되어 있다. 그들은 집단의 모든 구성원들이 충분한 먹이를 찾을 수 있는 지역에 머물러 있어야 하며, 젖을 뗀 새끼들도 그 집단에 포함된다. 손이 서툴고 아직 힘을 갖추지 못한 어린 동물들도 그 자원들을 얻을 수 있어야 한다. 무리가 먹이가 적고 어른의 능력을 갖춰야 얻을 수 있는 지역으로 이주한다면, 어린 동물들은 영양 실조로 곧 죽을 것이다.

그런 일이 일어나지 않도록, 어른들은 젖을 뗀 자식들과 주기적으로 먹이를 공유하기 시작했다. 어른이란 어머니를 뜻한다. 거의 모든 영장류 종에서, 아버지는 자식과 거의 무관한 존재이다. 아마 자기 자식이 누군지 잘 모르기 때문일 것이다. 수컷들은 사냥 같은 다른 일을 하느라 바쁘다. 어머니는 자식들이 스스로 얻을 수 없는 것을 주는 존재가 되어야 한다. 그것은 좋은 일이고 그녀는 그렇게 하려 하지만, 그 순간 장애물이 나타난다. 그녀는 다시 임신을 한다. 그녀는 젖을 먹여야 한다. 젖을 먹이는 일은 비용이 많이 든다. 그녀는 전보다 더 많이 먹어야 한다. 그녀는 좀 자란 아이들을 먹이면서 아기에게 젖을 먹이는 일을 동시에 할 수 없다. 그녀는 누구에게 도움을 청해야 할까? 우리는 답을 알고 있다. 그녀의 어머니나, 아주머니나, 나이가 든 사촌이 그들이다. 이제 나이 든 튼튼한 여성이 가끔씩 가족의 복지를 차별화시킬 가능성이 나타난다. 어린 침팬지들이 스스로 살아가는 사회에서 나이 든 침팬지는 할 일이 없으므로, 죽는 것이 당연하다. 어머니 자연이여, 사랑스러운 오만한 편집광적인 여자여, 그렇지 않은가? 반대로 젖을 뗀 아이들에게 먹이를 반드시 줘야 하는 환경에서는 할머니도 꼭 필요한 존재가 된다. 나이 든 튼튼한 여성은 친족들을 살아남도록 해준다. 다 죽어가는 나이 든 여성은 그렇게 못 한다. 선택은 폐경기 이후에도 튼튼한 쪽을 선호하며, 인류의 수명은 강하고 움직이기 쉽고 당신을 지켜주는 쭉 뻗은 한 쌍의 팔과 마찬가지로 영장류의 평균 수준을 넘어서기 시작한다.

이제 할머니의 도움으로 초기 인류는 자유로워졌다. 그들은 다른 영장류들, 그리고 아마도 경쟁 관계에 있을 다른 원시 인류들이 갈 수 없는 곳으로 갈 수 있다. 그들은 어른들만이 견뎌낼 수 있는 서식지에도 들어갈 수 있고, 그곳에서는 덩이줄기를 파내야 하고, 많은 것들을 요리를 통해 먹을 수 있도록 만들어야 한다(덩이줄기에는 단백질과 열량이 꽤 많이 들어 있으며, 많은 전통적인 인류 사회에서 식량의 상당 부분을 차지하고 있지만, 대형원숭이들은 거의 먹지 않는다). 어머니는 많은 시간을 투자해 자식을 먹일 수 있지만, 아기를 낳고 나면 도움이 필요하다는 것을 안다. 나이 든 친척들이 젖을 뗀 아이들을 맡는다고 가정할 수 있다. 사실 할머니의 도움을 받아야, 어머니는 아기를 젖가슴에서 더 일찍 떼어놓을 수 있다. 침팬지는 4~5년 동안 새끼에게 젖을 먹이며, 그것은 새끼가 자립하는 데 필요한 기간이다. 하지만 아이가 젖을 떼기 전에 자립을 할 필요가 없다면, 왜 계속 젖먹이로 있는 것일까? 씨밀락〔애보트 사에서 만든 조제 분유〕이 뭔지 모르고 으레 모유를 먹이는 전통 사회에서도 여성들이 젖을 먹이는 기간은 평균 2.8년으로서 다른 고등 영장류들보다 더 짧다. 수유 기간이 짧다는 것은 출산을 더 많이 할 수 있다는 것을 뜻하며, 실제로 전통 사회에 속한 여성들은 그 영장류의 난소를 갖고도 침팬지나 고릴라보다 더 많은 자손을 낳는다. 아이들을 낳는 간격도 상대적으로 더 짧다. 손자들이 더 많을수록 나이 든 여성의 유전적 적합성은 더 증대된다. 따라서 먹이 공유를 통해 나이 든 여성은 스스로 왕국을 세우며, 그곳의 유전적 황후가 된다.

할머니가 더 강해질수록, 아이들은 더 약해진다. 동물의 수명이 늘어날수록 성적 성숙 시기는 늦어진다는 것이 발달의 경험 법칙이다. 몸이 내구성을 지니려면, 세심하게 지어져야 한다. 따라서 폐경기 이후까지 삶을 연장시키는 유전적 변화는 결국 아이들을 더 작게 하고 사춘기 이전 시기를 비교적 길게 유지시킨다. 모든 면에서 아이들은 유아화하고 있다. 그들은 서식지 안으로 질질 끌려 들어가며, 그곳의 식사는 아동이 자력으로 얻는 수준을 넘어서므로, 그들의 유전자는 성숙 시기를 지연시킨다. 절망하지 말라. 오히려 그 우리에 금박을 입혀라. 유년기가 길어지면 뇌를 실험할 기회의 창이 활짝 열린다. 뇌는 성숙하려면 시간이 걸린다. 시냅스들을 엮고 맞물리고 고리를 만드는 일을 느릿느릿 반복해야 한다. 생후 2~3년 동안 인간의 유아는 침팬지의 새끼와 그다지 다르지 않다. 둘 다 놀랍도록 영리하고 호기심 많은 생명체이며, 열정적으로 삶을 배우는 학생이다. 하지만 침팬지는 얼마 지나지 않아 학교를 그만두고 생업에 나서야 하는 반면, 인간 아이는 대다수 문화에서 계속 복지 혜택을 누린다. 그 아이가 평범한 소녀라고 하자. 아이는 젖을 뗀 뒤에도 여전히 보살핌을 받으며 지내므로, 자신의 에너지를 지적 및 사회적 학습에 투자할 수 있다. 사실 그러는 편이 현명한 일이다. 긴 의존 기간은 기회를 제공하는 한편 위험도 지니기 때문이다. 어린 침팬지는 스스로 먹고 살 수 있다. 인간 아이는 그럴 수 없다. 무화과나무와 달리, 어른은 흔들거나 홱 잡아당겨도 그다지 반응을 보이지 않으며, 그 대신 교묘하게 이용을 해야 한다. 그것은 아이가 매력을 거래 수단으로 삼는 법을 배워야 한다는 의미이다. 전략적인 웃음, 때를 잘 맞춘 훌쩍거림, 처량한 눈빛 같은 것들 말이다. 그녀는 공생적인 기생자가 되어야 한다. 기생 생물처럼 취하고 또 취해 고갈시키는 한편, 그 보상으로 숙주에게 기쁨과 가치와 유용함을 제공하는 생물이 되어야 한다.

그것은 루틴과 하부 루틴들로 이루어진 흐름도를 필요로 하는, 해내기가 쉽지 않은 행동들이다. 어린 재주꾼에게 또 하나의 타산지석이 되는 것은 형제자매들이라고 알려진 수다스러운 합창단이다. 어머니는 많은 아이를 낳을 수 있다. 그녀는 많은 자식을 갖고 있다. 그녀는 그들이 어릴 때 젖을 떼며, 그들은 집 안에서 뒹굴며 놀아야 한다. 모든 아이들은 자기보다 나이 많은 아이들에게 의지하며, 주목을 받기 위해 애교를 부리고 계교를 써야 한다. 어른들은 당신을 부드럽게 만들지 모르지만, 자매들은 당신을 날카롭게 다듬는다. 아이들이 빨리 자라고 싶어 안달하는 것도 무리는 아니다. 아이들의 에덴 동산에는 교활한 뱀들이 가득하니까.

우리 이야기는 이렇다. 초기 인류는 기존 영장류의 습성인 먹이 공유를 채택해 그것을 더 세련되게 다듬었다. 아이들을 먹여 살리는 부담을 공유하기 위해, 어른들은 자발적으로 완전히 새로운 땅으로 들어갔다. 하지만 할머니의 도움이 없었다면, 그들은 그렇게 옮겨갈 수 없었을 것이다. 젊은 여성들은 나이 든 여성들이 필요했다. 폐경기 이후에도 튼튼한 것이 당연한 일이 되었고, 그에 따라 사춘기가 늦어지게 되었다. 할머니가 아이를 데리고 성큼성큼 걸어가자, 인간의 오만한 열정을 꺾을 만큼 삭막한 땅도 깊이 묻힌 덩이줄기도 없어 보였다. 지형이 더 험해질수록, 아이들은 나이 든 사람에게 더 의존하게 되었다. 피터팬은 자리를 잡았다. 유년기는 확장되었다. 그리고 충분한 시간이 주어지자, 또 다른 혁명적인 확장이 일어날 여건이 마련되었다. 그것은 지능이었다. 우리 정신은 사방으로 뻗어 나갔다. 우리는 헐벗은 동굴 벽과 속살이 드러난 토기를 그냥 두지 못하는, 불합리할 정도로 창조적인 존재, 호모 아르티팍투스Homo artifactus(만드는 인간)가 되었다. 우리는 더 나은 도구, 더 나은 창, 더 나은 덫을 만들었다. 우리가 빠르게 퍼져 나가면서 땅은 비좁아졌고, 우리는 조언자, 입법자, 지도자, 연예인 등 신성한 존재들이 가득 살고 있는 우리 위를 덮고 있는 침묵의 돔인 천국에 대한 소유권을 주장했다. 우리는 너무나 오래 살고 너무나 자의식을 갖고 있었기에 우리가 틀림없이 영원히 살 것이라고 가정했으며, 영원히 살게 할 신비한 힘을 지닌 것들을 죽은 자와 함께 묻었다.

이 점을 생각해보라. 할머니 가설은 관습적으로 생각해왔던 순서를 모두 뒤집는다. 인류 진화의 경계선에 서서 시끄럽게 소리친다. 우리는 대체로 자신이 먼저 영리해진 다음에 그 영리함의 회로를 가꾸기 위해 유년기를 확장해야 했고, 그런 다음에 서서히 자라는 우리의 영리한 아이들을 돌보기 위해 어른 상태로 오래 살아야 했다고 가정한다. 호크스가 보여주듯이, 그 사건들의 순서는 정반대이다. 우리는 나이가 들었고, 젊어졌고, 영리해졌다. 그녀는 남성이 자식들을 먹이고 아이가 아이 상태로 남아 있을 수 있도록 했다는 데 의문을 제기하면서, 사냥꾼 인류라는 친숙한 조각상에 매질을 가한다. 그녀는 출산한 여성과 폐경기가 지난 여성 사이의 분업이 최초의 노동 분업이라고 본다. 어머니가 젖을 먹이고 나면 할머니가 키운다. 그 계약을 통해 인류의 출산 능력과 이동 능력은 한계를 모르게 된 것이다.

그렇다면 남성은 왜 그런가? 그들도 오래 산다. 긴 수명이 여성에게 혜택을 주기 위해 나타난 것이라면, 기력이 떨어진 늙은 남성들은 왜 있는가? 그 답은 대체로 유전학을 통해 설명할 수 있다. 여성들만이 특정 유전자의 특허권을 지니고 있는 것은 아니다. 아버지에게서 아들에게로만 전달되는 Y염색체에 있는 유전자와 달리, 어머니는 모든 유전자를 아들과 딸에게 고루 나누어준다. 폐경기 이후에도 튼튼하게 해주는 유전자들을 여성이 물려받는다면, 마찬가지로 남성 수정체에도 그 유전자들이 전달될 것이다. 따라서 남성의 수명도 길게 늘어난다. 그렇다고 해도 그 튼튼함이 여성의 체세포에서 가장 잘 발휘될 가능성은 있다. 어쨌든 남성은 여성만큼 오래 살지 못하며, 그런 수명 차이는 지구 어디에서나 똑같다. 아마 남성들은 그만큼 오래 살 필요가 없는지 모른다. 아니면 그렇게 오래 살고 싶지 않을 수도 있다. 아마 그들은 머리카락이 빠지는 것, 사냥이라는 정치적 허영, 장모를 소재로 험한 농담을 짜내는 일에 싫증이 났는지도 모른다.

할머니가 과거의 토대이고, 폐경기 이후의 삶이 현대의 선물이 아니라 조상이 지녔던 권리임을 받아들인다면, 우리는 더 세련된 회의주의를 갖고 '에스트로겐 결핍' 개념을 조사할 수 있게 된다. 우리 몸이 서서히 늙어가도록 되어 있다고 가정한다면, 폐경기에 수반되는 에스트로겐 감소를 어떻게 생각해야 할까? 더 구체적으로 말해, 그것을 어떻게 대해야 할까? 우리의 난포가 주기적으로 터지면서 요청하지도 않은 축복 내리기를 멈췄을 때, 외부에서 호르몬을 받아야 할 것인가라는 문제에 할머니 가설이 뭔가 말을 해줄 수 있을까? 그 답은…… 복잡하다. 한편으로 보면, 자연은 불완전하다. 자연은 "잘될 거야"를 입에 달고 있는 날림 기술자이다. 폐경기 이후의 몸은 분명히 "잘될 거야"의 사례처럼 보인다. 비순(鼻脣) 주름이 깊어지고, 기미가 생기고, 때로 당혹스럽게 재채기가 나오긴 하지만 말이다. 이봐, 다다익선이라는 말 모르나? 우리 몸이 난소 에스트라디올 없이 살 수 있다고 해도, 그것이 에스트로겐 알약을 먹어도 더 강하게 더 잘살 수 없다는 뜻은 아니다. 진화 사상에는 자연주의적 오류라는 원리가 있다. 그것은 지금 있는 것이 가장 낫다고 가정하는 오류에 빠지는 것을 뜻한다. 우리 종뿐 아니라 다른 대다수 종들에게 동족 살해와 유아 살해는 '자연스러운' 것이지만, 그것들을 인간이 살아가는 방식이라고 옹호할 수는 없다. 폐경기에도 같은 말이 적용될지 모른다. 난소 에스트라디올 없이 살아가는 것이 자연스러울지 모르지만, 그것이 이상적인 것은 아니다. 어쨌거나 우리 영장류 난소의 노화가 적응이 아니라 단지 난포 공급에 가해진 진화적 제약의 결과일 뿐이라 한다면, 난소와 함께 에스트로겐이 상실되는 것은 "유감스럽지만, 여기까지가 우리가 할 수 있는 일입니다. 잘되어야 할 텐데요. 그럭저럭 될 겁니다"의 사례가 될지 모른다. 쓸데없이 그럭저럭 해나가는 것은 어리석은 짓이다. 우리는 영리하다. 우리에게는 유기화학이 있다. 우리에게는 부인학, 심장학, 내분비학이 있다. 우리에게는 호르몬이 도움이 된다는 증거가 있다. 이봐요, 프레마린[에스트로겐 약 중 하나]을 먹어요. 우리가 천성적으로 영리하다면, 그렇게 하는 것이 자연스럽다.

하지만 다른 한편으로 보면…… 분홍빛 낡은 캐딜락은 여전히 굴러가고 있다. 자연은 날림이지만, 그 엔진은 시동이 걸리며, 잘 돌아갈 때도 있다. 많은 의사들이 폐경기를 당뇨병이나 갑상선 기능 저하증 같은 호르몬 결핍 증상에 비유해왔지만, 그 비유는 맞지 않는다. 내가 갑상선 호르몬 투여를 중단한다면, 나는 며칠이나 기껏해야 몇 주 지나기 전에 불안 증세를 보이기 시작할 것이다. 내 갑상선은 나를 저버렸다. 나는 병에 걸려 있다는 것을 인정하며, 외부에서 도움을 얻는 수밖에 없다. 하지만 폐경기는 그렇게 비참하지 않다. 난자가 고갈되었다고 해서 여성의 뼈가 구부러지거나 혈관이 부서져 나가는 일은 없다. 대다수 여성들은 폐경기가 지난 뒤 호르몬을 투여받지 않고도 몇 년 또는 몇십 년 동안 놀랍도록 잘 지낸다. 우리는 초기 인류의 수명 연장 프로그램이 진화하는 동안 여성의 몸이 난소 '고장'을 보완할 기구를 마련했다고 예상할 수도 있다. 나이가 들면서 아로마타제 활성이 증가한다는 것을 생각해보라. 아로마타제는 부신에서 나온 전구 물질을 에스트로겐으로 바꿀 수 있으며, 부신은 폐경기에도 계속 활동한다. 아로마타제 활성 증가가 단지 우연의 일치일까, 아니면 배란이 끝난 뒤에도 우리의 건강이 유지되도록 도와주는 적응일까? 나이가 들수록 체지방률은 높아진다. 우리가 25세 때의 체중을 그대로 유지하고 있다고 해도 말이다. 지방은 에스트로겐을 만든다. 지방에 침을 뱉지 말라! 지방도 가치가 있을지 모른다. 지방도 한 세기를 사는 여성의 적응적 특징일지 모른다. 우리 뇌는 에스트로겐이 필요하다고 말한다. 뉴런이 자신의 스테로이드를 만들 수 있는가? 아로마타제 활성처럼, 신경 스테로이드도 나이가 들수록 더 활발하게 생성되는가? 우리는 모른다. 우리가 아는 것은 대다수 여성들이 나이가 들어도 놀랍도록 현명한 채로 있다는 것이다. 난소에서 뇌로 들어가는 음식이 전혀 없다고 해도 말이다.

또 우리는 호르몬 요법이 혜택만큼 위험도 안고 있다는 것, 특히 나이 든 여성에게서 유방암과 심장병 위험을 증가시키는 등의 문제가 있다는 것과 몸의 복잡성이나 어느 몸의 역사와 개인차에서 벗어날 수 없다는 것도 알고 있다. 우리는 다시 처음으로 돌아가서 사례별로 결정을 하고, 스스로 결정을 내릴 수밖에 없다. 참새의 골격을 가진 여성은 골다공증을 막기 위해 에스트로겐 요법을 선택할지도 모르며, 실제로 그렇게 하고 있는 듯하다. 정신은 약탈자의 것이면서도 몸이 채소를 그러모으는 쪽으로 진화했다는 것을 알며, 컴퓨터와 마주하고 있는 말랑말랑한 삶에 사로잡히지 않기 위해 저항하고 있는, 건강하고 체격이 좋은 여성은 이렇게 결정할지 모른다. 흥, 나는 그 알약 없이 지낼 거야. 나는 걸을 거고, 체중을 줄일 거고, 지금 당장 딸을 찾아가서 손자들을 돌봐주겠다고 말할 거야.

폐경기의 진화적 분석이 호르몬 요법의 장점이나 위험에 관해 뭔가 말해주는 것이 있다면, 그것은 역학 연구 결과들과 일치한다는 점이다.

장기 에스트로겐 대체 요법이 유방암 위험을 증가시킬 뿐 아니라(이전의 연구들이 말해 왔듯이) 심장병 위험도 증가시킬 수 있다는(이전의 연구들은 에스트로겐 보충제가 심장병 위험을 낮출 것이라고 결론을 내렸다) 여성 보건 연구Women's Health Initiative(WHI) 결과가 그렇다. 몸은 이렇게 말하고 있는 듯하다. 내게 그렇게 많이 줄 필요는 없어. 나는 천치가 아니야. 네가 생각하는 것보다 나 자신을 더 잘 돌볼 수 있단 말이야. 일부 의사들은 여성들이 호르몬 요법에 두 단계로 접근해야 한다고 주장해왔다. 먼저 폐경기 때 홍조와 불면증 같은 일시적인 증상들을 완화시킬 필요가 있다면 단기적으로 사용하고, 인생 말년이 되었을 때 호르몬 요법을 쓸지 여부를 다시 검토하라는 것이다. 아무튼 노인의 권리를 옹호하는 할머니 가설의 기준에서 보더라도, 말년에 접어들면 저축해둔 것을 이용하기 시작한다. 아로마타제와 지방 조직은 더 이상 충분한 역할을 못 할 수도 있다. 당신은 자연의 인내를 시험하고 있는 중이다. 자연은 당신에게 흥미를 잃고 있다. 당신은 폐경기를 지난 지 한참이다. 그 시점에서 에스트로겐을 먹는 것이 자연에 맞서는 데 도움이 된다면, 먹어라. 당신은 현명한 노인이다. 지혜는 당신이 지나치도록 오래 환대를 받는다는 것을 깨닫고서도 전혀 신경 쓰지 않는다는 것을 뜻한다.

약학도 좋지만, 우리는 생물학적 여자 족장에게서 더 뭔가를 얻고 싶으며, 그녀는 더 줄 것을 갖고 있다. 나이 든 여성은 우리가 언제나 알고 있던 사람이다. 그녀는 여성 무의식의 한구석에 조용히, 격렬하게, 사랑하면서, 지워지면서 존재하고 있다. 그녀는 우리를 뒤흔들고 혼란스럽게 하는 충동들 중 일부를 설명해준다. 나는 딸이 아들보다 어머니에게 더 가혹하게 대하는 것을 종종 목격해왔다. 여성들은 아버지를 낭만적으로 생각하며, 그들이 저지른 수많은 죄악과 잘못들을 용서하지만, 어머니를 용서하는 법은 없다. 어머니가 무엇을 했든, 그럴 권리가 없었다고 생각한다. 어머니는 냉정하고 태만했으며, 어머니는 고압적이고 숨막히게 했으며, 어머니는 소심했으며, 어머니는 잔소리가 심했다. 심지어 페미니즘도 어머니를 증오하는 심정, 어머니를 독감 취급하는 태도를 고칠 생각을 하지 않았다. 우리는 어머니에게 화를 내는 것이 습관이 되어 있다. 우리는 그것을 포기하고 싶어하지 않는다. 그것은 우리를 보호해준다. 얼마 전에 한 편집자가 내게 여성들이 자기 어머니에 관해 쓴 글들을 모아 책으로 낼 생각인데, 한 편 써 달라고 부탁해왔다. 글을 쓸 사람들은 소설가, 시인, 평론가, 역사가 등 대부분 유명하면서도 지적으로 뛰어난 인물들이었다. 나는 쓰겠다고 했다. 그리고 어머니가 내게 자기 직업을 갖는 것이 얼마나 가치 있는 일인지 가르쳐주었고, 비록 승인된 치료법은 아니지만 성 불감증에 가장 좋은 치료법을 알려주었다고 찬사를 보내는 글을 썼다. 편집자가 내게 고맙다고 전화를 했다. 내가 그 책에 필요한 어조를 갖춰주었다는 것이다. 저자들 중에 자기 어머니를 긍정적으로 말한 사람은 나를 비롯해 극소수에 불과했다. 이것은 자랑이 아니다. 다른 식으로 쓸 수도 있었다. 나도 어머니가 무심하고 지나치게 강박적이라고 싫어했고, 어머니를 생각하면서 몹시 울부짖기도 했고, 어머니가 동정심이라고는 없는, 심장을 파먹는 거대한 괴물인 오그레스〔중세 기사 이야기나 환타지 소설류에 자주 등장하는 난폭한 괴물 오거의 여성형〕로 나오는 동화를 쓰던 기나긴 시절을 겪었다. 하지만 어머니에게 격한 감정을 품다가도, 이건 합당하지 않아, 이건 공정하지 않아, 이건 나쁜 관례야 하고 말하면서 중단할 때도 종종 있다. 지금 어떻게 하면 어머니 증오라는 도랑에서 당신을 끌어낼 수 있는지 생각해보라. 당신 딸이 자라나 당신에게 증오를 표출하고, 마찬가지로 자신의 딸에게 비난을 받지 않도록 하려면 말이다. 내 좋은 어머니에 관한 글을 쓸 때 나는 심사숙고하면서 마지못해 관대하고 자기 방어적인 정신 상태를 유지하고 있었다. 그렇지 않았다면, 내 분노는 얼마나 화려해졌을까. 그리고 그것은 매우 전형적인 것이 되었을 듯하다. 우리 딸들은 독사처럼 집어넣을 수 없는 독니를 갖고 있다.

그러면서도 여성들은 어머니와 밀접한 관계를 유지하고 있기도 하다. 딸은 아들보다 어머니와 훨씬 더 많은 대화를 나눈다. 평균적으로 딸은 어머니에게 일주일에 한 번 전화를 거는 반면, 아들은 한 달에 한 번 건다. 여성들은 어머니를 필요로 한다. 그들은 어머니를 비난하며, 어머니를 죽이는 꿈을 꾸지만, 어머니가 필요해서 계속 어머니에게 돌아간다. 그들은 자신의 욕망을 제대로 표현할 수는 없지만, 뭔가를 원한다. 그들은 뭔가를 기대한다. 그들은 어른이 되고 오랜 세월이 지난 뒤에도 어머니가 자신을 위해 거기 있을 것이라고 기대한다. 실비아 플라스는 어머니에 관한 단어가 난무하는 시들을 썼다.

당신은 바다 저 너머로 나를 밀어냈지,
살지고 붉은, 태반이여
버둥거리는 연인들을 무력하게 만들면서……
떨어져, 떨어져, 뱀장어 같은 촉수들아!
우리 사이에는 아무것도 없네.

또 그녀는 케임브리지 대학에 교환 학생으로 가 있을 때, 어머니에게 자신의 일상 생활을 꼬치꼬치 담은 열정적인 장문의 편지들을 썼다. 어떤 남자를 만났으며, 어떤 파티에 참석했고, 영국 여성들이 '희멀건 피부에 몹시 히스테리를 부리고 숨막히게 해서' 싫고, '누군가 내게 뜨거운 수프를 갖다주면서 그들이 나를 사랑한다고 말해주기'를 몹시 바란 다는 등등. 자신이 어머니를 몹시 바란다는 것도.

어머니와 딸 사이의 정서적 유대는 정체성을 주장하기 위해 자신을 개별화해야 하는 아들과 달리 딸은 그럴 필요가 없으며 어머니와 자신을 동일시한다는 사실과 성별이 같다는 점에 초점이 맞춰지곤 했다. 이런 분석에 따르면, 아이들처럼 어머니 곁에 남아 있다. 그렇게 할 수 있기 때문이다. 남성과 달리 그들은 "엄마"를 소리쳐 불러도 위태롭지 않다. 그들의 자아와 성적 정체성은 전능한 여성을 거부하라고 요구하지 않는다. 따라서 어머니의 도움을 얻을 수 있다고 기대하는 여성의 심리는 어린 소녀의 끊임없이 되풀이되는 변덕스러운 요구와 별 다를 것이 없다고 볼 수 있다.

할머니 가설은 철없음을 덜 강조하는 또 다른 해석을 내놓는다. 만일 젊은 여성들이 오랫동안 나이 든 여성들을 필요로 해왔고, 그 필요성이 초기 인류 사회에서 조직 원리였다면, 체질적으로 어머니를 원하는 심정이 사춘기 때 사라질 리가 없고, 사라져서도 안 된다. 그것은 훨씬 더 강력하다. 그것은 우리 삶들이 흘러가는 강과 같다. 그것은 흘러가고, 우리는 그것을 따라 항해를 해야 하며, 그것은 요동치고 급격히 흐르고 폭포가 되어 떨어지지만, 결코 끝이 없으며, 우리는 계속 나아가야 한다. 나이 든 여성이 당신의 아이를 돌본다면, 그 나이 든 여성은 당신의 아이들과 같다. 몹시 사랑하고 원하는 당신 자신의 일부로서 말이다. 그런 한편으로 그 나이 든 여성은 당신에게만 속한 것이 아니다. 그녀에게는 시중들 다른 가족 고객들도 있다. 그녀는 당신을 실망시킬 것이고, 당신은 그녀를 화나게 하겠지만, 당신은 계속 그녀가 필요할 것이고, 그녀에게 계속 도움을 요청할 것이다. 그녀는 가능할 때 당신에게 도움을 줄 것이고, 그녀가 도와주면 당신은 안전하다는 것을 느낄 것이다. 그리고 그녀가 도움을 주지 않으면, 아마 또 다른 나이 든 여성이 도움을 줄 것이다.

서구식 생활은 나이 든 여성과 젊은 여성 사이에 장기적인 유대를 맺기가 쉽지 않은 구조를 이루고 있다. 우리는 혼인해 분가해서 아파트나 작은 주택에 산다. 그곳에서 우리가 마지막으로 원하게 되는 것은 어머니가 이사를 오는 것이다. 우리는 가장 가까운 친척들 외에 다른 친척들과는 거의 또는 전혀 왕래가 없다. 하지만 그 갈망과 필요는 증발하지 않으며, 단지 변형될 뿐이다. 어른에게 어울리지 않는 모든 욕망은 어머니의 문 앞에 놓여 있다. 더 커다란 친족망을 상실했기에, 우리가 무력감을 느낄 때 생기는 분노는 전부 어머니에게 집중된다. 우리는 나이 든 여성에게 도움을 얻고 싶어하며, 우리가 알고 있는 나이 든 여성은 어머니뿐이다. 의사를 찾을 때, 여성들은 대부분 자신보다 나이가 많은 여성 의사를 고른다. 그들은 자기 머릿속에 들어 있는 구원자의 이미지에 들어맞는 사람에게서 도움을 받으려 하는 것이다. 그들은 어머니를 찾는 것이 아니다. 반대로 그들은 아마 어머니에게 분노를 느끼고 있을 것이며, 그것도 그들이 치료를 받는 이유 중 하나이다. 하지만 나이 든 여성 의사에게서 그들은 잃어버린 나이 든 여성, 즉 자기 어머니가 죽었거나 사라졌거나 다른 일로 바쁠 때 그 자리를 대신할 여성을 찾고 있는 것이다.

자연주의적 오류는 타고난 것을 가장 낫다고 추켜세우지 말라고 경고한다. 우리는 친척들에 둘러싸인 채 살고 싶어하지 않을 수도 있다. 우리는 식구들에게 숨막혀 하기도 한다. 우리는 이웃들이 우리 일을 시시콜콜 알고 사소한 잘못들이 온 동네에 알려지는 것이 지겨워서 작은 동네에서 달아난다. 하지만 우리는 모두 수천 번 중첩된 조상들의 패턴과 자신의 독특함이 집약된 존재이다. 현재든 선배들 속에서든 도움을 얻기 위해 애쓴다고 해서 마음 상할 이유는 없다. 한 예로 접촉은 놀라운 느낌이다. 그것은 세포막과 그것에 야기한 외로움에 도전하는 가장 오래된 거래 중 하나이기도 하다. 접촉은 치유를 할 수 있다. 혼수 상태에 빠진 사람도 간호사가 그저 건드리기만 하면 혈압이 낮아질 것이다. 우리는 접촉을 필요로 하며, 대체로 그 욕구는 우리에게 도움이 된다. 비슷한 맥락에서 나는 여성이 어머니를 갈망하는 마음, 나이 든 여성과 넓게 말해 다른 여성들을 필요로 하는 마음도 고대부터 있던 것이며, 간직할 가치가 있다고 주장해왔다. 인류가 여성이 통치하는 진정한 모권 사회에서 살았다는 증거는 전혀 없다. 하지만 아들들이 어른이 되어 뿔뿔이 흩어지는 반면에 딸들은 태어난 집단에 그대로 남아 있는 모거제 현상은 전통 사회에서 흔하며, 인간 이외의 영장류에서도 압도적으로 나타난다. 여성들은 안정한 핵을 형성하는 반면, 남성들은 미켈란젤로나 농구 이야기를 하면서 오고 간다. 영장류 학자인 킴 월렌은 이렇게 말한다.

여성들 사이의 관계가 핵심 역할을 한다는 사실을 무시하는 원시 인류 사회 모델은 아마 모두 잘못되었을 것이다.

하드자 사회는 모권제가 아니다. 다양한 방식으로 여성은 남성에게 종속되어 있다. 하지만 그들은 서로 나눠 먹고 모거제에 뿌리를 박고 있기 때문에, 아무도 굶주리지 않으며, 그 간결한 방식은 마음을 치료하는 강력한 수단이 된다.

1970년대에 여성들은 자매애를 이야기했고, 그것을 실천하기 위해 단체들을 만들었다. 하지만 그 이상주의자들조차도 나이를 차별하는 익숙한 습관에 빠져들었다. 젊은 여성들은 젊은 여성들끼리 뭉쳤다. 나이 든 여성들은 갈라져 나와 그 당시 나이가 든 축에 속하는 서른이 넘은 사람들끼리 '나이 든 여성의 해방 운동older women's liberation (OWL)' 같은 단체를 만들었다. 당시 그렇게 갈라선 것은 실수였으며, 우리는 지금도 그런 실수를 반복하고 있다. 우리는 베이비붐 세대, X세대, 더 최신판인 밀레니엄 세대나 제로아스터 세대("우리 앞에 있는 것은 무엇이든 부정적인 것이다") 같은 음울한 이름으로 각 세대 사이에 장벽을 쌓고 있다. 우리는 동년배끼리 모이며, 10년 연상이나 연하의 사람들과 만나는 일은 거의 없다. 따라서 결국 우리는 자신이 있는 자리와 똑같은 불확실한 장소에서 같은 이유로 고민을 하는 여자 친구들과 만나게 되고, 자신의 어머니와 신화적인 존재인 여성 조언자들과 아주 잠깐이라도 멈춰 서서 안전하게 숨을 쉴 수 있는 한 뙈기의 땅을 계속 찾아다니고 있다. 동년배 집단은 본래 불안정하다. 동년배들은 자매들이 경쟁하는 것과 마찬가지로 서로 경쟁할 것이다. 예전의 여성 단체들은 세대를 초월했다. 우리가 자매애에서 뭔가 힘과 위안을 얻고 싶다면, 어느 정도 구식 모델을 다시 채택해 젊은 사람과 나이 든 사람을 회원 명단에 함께 올리는 것도 나쁘지 않을 것이다.

어쨌든 내 상상은 그렇다. 나는 언제나 다양화한 투자와 당파와 마녀 집단이라는 모델에 믿음이 갔다. 대학 연감에 실을, 내 좌우명으로 삼을 만한 인용문을 뽑아 달라고 했을 때, 나는 제임스 조이스의 《율리시즈》에서 한 구절을 골랐다.

경험자의 인도를 받는 젊은이는 명성을 얻는다.

나는 백발을 멋지게 다듬은 나이 지긋한 현명한 여성의 손에 이끌려, 오라고 유혹하면서 한편으로는 오지 말라고 위협하는 명성이라는 엘뤼

시온〔고대 신화 속의 낙원〕으로 나아간다는 생각이 무척 마음에 든다. 명성은 나의 신비주의적 직관, 영적 진리였지만, 그것이 점점 더 견고해지고 단단해질수록 나를 이끄는 경험자는 여성이어야 했다. 경험 많은 남성의 생각은 호색적인 분위기를 풍기기 때문이다. 나는 경험자를 어떻게 찾아야 할지 몰랐다. 내가 다니던 대학의 여성 교수들은 교수답게 거리를 유지하고 있었고, 그들은 부양 가족인 학생들이 너무나 많아 어머니와 할머니보다 더 힘겨워했다. 하여튼 나는 그들을 경외했고 내가 보잘것없는 존재라는 것을, 보답으로 줄 것이 거의 없다는 것을 느꼈다. 지금도 나는 비슷한 연배가 아닌 사람들과 사귀는 방법을 모르며, 그 사귐이 가져다줄 위안을 동경하고 있다. 비록 그 마녀 집단을 생각할 때 그저 떠오르는 이미지와 그것을 발견하리라는 희망 자체도 위안을 주기는 하지만 말이다.

나는 언젠가는 어른이 될 내 딸이 내가 필요해 잠시 발길을 멈추는 순간에, 즉 내게 분노와 비난을 퍼붓는 단계를 넘어섰을 때, 사춘기에 다다르기를 간절히 원한다. 나 자신의 사춘기가 너무나 야만적이었기 때문이다. 나는 생물학적 할머니에 대한 내 해석이 옳기를, 어머니의 갈망이 여성성의 주요 특징이기를, 내 딸이 나를 필요로 하는 것이 아이 때 음식과 옷과 보금자리와 칭찬을 필요로 하던 것보다 훨씬 더 크고 더 영속적이며 더 열정적인 것이 되기를 바란다. 나는 내 딸이 자신이 누구인지 내게 보여줄 만큼, 자신의 지적 성과들을 정기적으로 내게 알려줄 만큼, 내가 그것들을 안전하게 지킬 것이라고 신뢰할 만큼 나를 필요로 하기를 바란다. 나는 딸이 물물 교환을 좋아하기를 바란다. 명성을 놓고 옥신각신하는 젊은이와 경험자 사이의 물물 교환을 말이다. 딸은 분노를 뿜어내며 기꺼이 내 곁을 떠날지도 모르지만, 분노와 실망의 순환 주기 사이사이에 잠깐씩이라도, 자신의 헤모글로빈 속에서 나를 찾을 수 있고 내 곁에서 쉴 수 있고, 숨을 쉴 수 있다는 사실, 안전하게 숨을 쉴 수 있다는 사실을 느낄 것이다. 그 주기가 계속되는 한, 내 뼈와 뇌와 힘은 딸이 태어날 때부터 소유하고 있는 것이 되며, 그 정도까지는 아니라고 해도 법령에 그렇게 정해져 있으며, 그것들은 왕가의 관습을 기꺼이 따를 것이다. 젊은이가 부르는 소리가 들리면, 경험자는 삽을 들고 나가 땅을 판다.

14

늑대의 울음과 하이에나의 웃음

테스토스테론과 여성

나는 내가 왜 아직 텔레비전을 갖고 있는지 이유를 모른다. 당연히 그
것은 부서지거나, 적어도 화면 중앙에 구불구불한 금이 조롱하듯이 멋
지게 나 있어야 했다. 하지만 그것은 그대로 있다. 나는 텔레비전이 있
는 방에 망치나 다른 무거운 물건을 두지 않으므로, 소녀의 장난감이
나오는 광고를 들을 때마다 온몸을 휘감는 치기 어린 분노를 해소할 수
없는 상태로 지내왔다. 내가 싫어하는 것은 인형이나 인형 집이나 장난
감 부엌 세트나 가발이 심어진 바비 인형이나 바비 미니밴이 아니다.
나는 단지 광고 방송의 소리가 싫을 뿐이다. 감미로운 음악, 여성 성우
의 속삭이는 감미로운 목소리, 그 장난감을 공유한 소녀들이 내지르는
감탄사와 행복하게 깔깔거리는 소리가 싫다. 이런 광고에 나오는 소녀
들은 예외 없이 좋은 친구들이며, 그들은 언제나 부드럽고 관대하며,
비록 소비자의 성향을 갖고 있긴 하지만, 공산 사회, 환상적인 키부츠
의 일원이 될 싹수를 보여준다. 그들은 함께 소유한 그 대상을 사랑하
는 것만큼 서로를 사랑하고 사랑하고 또 사랑한다. 이런 광고의 제작자
들이 무엇을 만들어왔든 간에, 한 가지는 분명하다. 그들은 결코 소녀
가 아니었다는 점이다. 혹은 소녀였을 때가 있었지만, 자란 뒤에 소녀

들에게 몹시 사디스트적인 태도를 갖게 된 사람들이다. 소녀에게 소녀 시절이 계속 바니의 무릎 위에서 뛰어노는 것이라는 인상을 심어주는 것은 새끼 가젤에게 세렝게티 평원에서 살 수 있도록 준비시킨다면서 크림을 듬뿍 주는 것과 똑같다.

당신이 소녀인 적이 있었다면, 당신은 소녀가 되기 위해 맨 처음 할 일이 소녀 집단 내에서 살아남는 법을 배우는 것임을 안다. 그리고 집단을 이룬 소녀들은 별개의 요소들이 모여 만들어진 조니 미첼[캐나다 출신의 싱어 송 라이터. 포크 음악을 기반으로 재즈, 블루스, 아방가르드까지 표현해낸다]의 선율 같은 것이 아니다. 집단을 이룬 소녀들은…… 뭐랄까, 공격적이다. 그 말이 소년들에게 쓰는 것이라는 생각이 계속 머릿속에 맴돌고 있긴 하다. 물론 소녀들이 공격적인 것은 당연하다. 그들은 살아 있지 않은가. 그들은 영장류이다. 그들은 사회적 동물이다. 그렇다, 소녀들은 바비 인형을 갖고 놀기를 좋아할지 모르지만, 방향이 다르다. 아가씨, 이런, 여기 쓰레기통에 네 치과 의사 바비 인형이 있네. 벌거벗고 머리가 깎이고 젖가슴에 이빨 자국이 나 있는 인형이 말이야.

당신이 소녀이거나 소녀인 적이 있었다면, 당신은 소녀들이 공격적이라는 것을 안다. 이것은 함무라비 법전만큼 새로울 것 없는 이야기이다. 하지만 캔디랜드 광고에 나오는 소녀들은 전혀 공격적이지 않다. 사실 그들은 해가 갈수록 더 감상적으로 변하고 있다. 생물학 이론이라는 초원을 달리고 있는 소녀들도 전혀 공격적이지 않다. 아니, 그들은 사회 지향적이다. 그들은 대화를 나누고, 상호 작용을 하고, 관심을 기울이고, 붙임성 있다. 그들은 당신이 텔레비전에서 보는 벨체 아기 인형과 함께 사고 싶은 친구들이다. 1997년 《네이처》에 실린 기사를 보자. 그 영국 연구자들은 X염색체가 둘 있는 대다수 소녀들과 달리 하나만 있는 터너 증후군 소녀들을 연구했다. 그들은 터너 증후군 소녀들의 사교적 능력이 염색체의 출신에 따라 차이가 있다는 매우 복잡한 관찰 결과부터 제시했다. 정상적으로 소녀는 어머니와 아버지에게서 X염색체를 하나씩 물려받는다. 터너 증후군 소녀의 하나뿐인 X염색체는 어머니에게서 온 것일 수도 있고 아버지에게서 온 것일 수도 있다. 연구자들은 터너 증후군 소녀 백 명을 연구한 끝에 X염색체를 아버지에게서 물려받은 소녀들이 어머니에게서 물려받은 소녀들보다 더 상냥하다는 것을 발견했다. 아버지 쪽의 소녀들은 다정하고, 사교적이고, 잘 적응하는 경향을 보인다. 어머니 쪽의 소녀들은 상대적으로 잘 토라지고, 다루기 어렵고, 남과 말을 잘 안 하고, 공격적이거나 파괴적인 행동을 보인다. 이런 관찰 결과들은 뛰어나고 흥미로우며, 터너 증후군의 행동 양상을 엿볼 수 있게 했다. 하지만 연구자들은 거기에서 그치지 않았다. 그들은 자신들의 연구 결과를 확장해 소녀들, 모든 소녀들의 좋은 행동이 선천적인 것인지 여부를 논의의 대상으로 삼았다. 그들은 아버지의 X염색체를 가진 터너 증후군 소녀들, 즉 사회적으로 적응을 잘하는 소녀들은 소녀다운 소녀들이며, 어머니의 X염색체를 가진 소녀들, 즉 공격적이며 사회적으로 적응을 잘 못 하는 소녀들은 더 소년다운 유전형을 지니고 있다고 주장했다. 그들이 교묘하고 난해한 추론 과정을 거쳐 최종 분석 결과라고 내놓은 것은 소녀의 사교성, 외교적 수완, 상냥함이 유전적 성향을 지니고 있다는 것이었다. 그들의 미심쩍은 가설에 따르면, X염색체는 정상 소녀들에게서는 활동을 하지만 정상 소년들에게서는 침묵하고 있는, 사교적인 매력을 낳는 유전자를 지니고 있다. 그들은 이런 성별에 따른 발현 차이가 각자에게 진화적으로 유리하다고 보았다. 이론적으로 볼 때 남성들은 사교적 매력들에 둔감해짐으로써 더 공격적으로 되고, 위계 질서에서 상위를 차지하게 되고, 사냥 집단과 군대를 조직해 앞길에 있는 마음 여린 바보들을 정복하게 되었을 것이다. 소녀들은 더 뛰어난 사교적 능력을 갖게 됨으로써 다른 여성들과 친구가 되고, 흐름에 맞춰 살아가고, 어머니 역할을 배우는 일을 더 쉽게 할 수 있었을 것이다. 그 연구자들 중 한 명은 내게 이렇게 말했다.

"다정한 소녀들은 다정한 어머니가 되고 싶어하죠. 그리고 여성들은 다른 여성들과 이야기를 나누는 것을 좋아해요. 그들은 다른 여성들과 사회적 관계를 맺는 재능을 갖고 있어요."

재능은 내면의 소리, 즉 염색체의 모습을 담고 있다.

나는 이 유전자에 내 마음대로 SSEN-1이라는 이름을 붙였다. SSEN은 소녀다움을 만드는 고대 처방전에 들어가는 성분들을 뜻하며, 1은 사교적 매력을 창조하는 일이 매우 복잡하며, 다른 많은 소녀 특이적 SSEN 유전자들을 밝혀내려면 번쩍거리는 요술 지팡이를 부드럽게 아주 많이 휘둘러야 한다는 사실을 미리 밝혀둔 것이다.

그 호화롭고 원대한 추측들의 토대가 된 연구가 염색체 이상이 있는 아이들 백 명을 대상으로 했으며, 그 염색체 이상 자체도 복잡하고 혼란스러운 요소들로 가득하다는 것을 잠시 잊자. 그리고 이른바 SSEN-1 유전자의 정체가 밝혀지지 않았으며 존재하는지조차도 분명하지 않다는 점도 잠시 잊자. 내게 인상적인 것은 그 연구가 빚어낸 보편적인 소녀의 표백된 이질적인 모습이다. 그 소녀는 사교적 재능과 친구 집단을 갖고 태어난다. 즉 말재주를 가진 여성이다. 두목 같은 소녀들, 병적인 소녀들, 보통 소녀들, 꿈꾸는 소녀들, 지금 계속 만나고 있는 당신의 단짝 친구이자 내일의 이브 해링턴〔영화 〈이브의 모든 것〉에 나오는, 출세를 위해 수단 방법을 가리지 않는 주인공〕이 될 소녀들은 어디에 있는가? 당신을 밑바닥에서 정상으로 올려줄 사회적 공중인, 출세가도를 달리게 해줄 계획자는 어디에 있는가? 당신이 더러운 일을 직접 맡을 수는 없지 않은가?

하이에나 소녀들, 표범 소녀들, 코요테 소녀들, 까마귀 소녀들은 어디에 있는가? 지금까지 내가 알고 있던 유일한 소녀들, 살아 요동치는, 공격적인 소녀들은 어디에 있는가?

우리는 소녀와 여성의 공격성에 관해서는 그다지 말하지 않으며 그다지 들어본 적도 없다. 즉 그런 것이 있으며 의미를 지니고 있다는 사실을 잊고 있는 것이다. 우리는 공격적인 행동을 남성과 연관지으며, 그런 생각을 고수하고 있으며, 우리도 마찬가지라고 이야기하거나 속삭이거나 소리치지 못한다. 과학자들은 의례적으로 남성과 연관짓는다. 우리 모두는 경험에 비춰 그렇게 연관짓는다. 자신이 현명하며 깨어 있으며, 지겨운 진부한 생각을 벗어 던졌다고 생각하면서도 그렇게 한다. 예전에 해변에서 오래된 과자 더미를 놓고 바다갈매기 무리가 싸우는 것을 지켜보다가, 나는 나이 든 갈매기들, 즉 더러운 흰색 깃털과 성숙했다는 표시인 부리에 난 붉은 반점을 가진 갈매기들이 갈색 깃털을 가진 더 젊은 갈매기들을 신경질적으로 쪼아대면서 우위를 주장하려 애쓰느라 여념이 없다는 것을 알아차렸다. 반면에 젊은 갈매기들은 연장자들을 무시하면서 먹이를 집어삼키는 데 열중했다. 그 광경을 지켜보면서, 나는 싸움을 거는 새들이 모두 수컷이라고, 수컷이 분명하다고 가정했다. 왜냐하면 그들은 너무나 공격적이었으니까. 그리고 나는 나이 든 수컷들은 지위에 얽매여 있는 반면, 젊은 수컷들은 반항적이고 기회주의적이라고 머릿속에서 모든 것을 일목요연하게 정리했다. 나중에서야 나는 바다갈매기는 어릴 때는 갈색을, 나이 들면 흰색을 띠는 것일 뿐, 수컷과 암컷이 똑같이 생겼다는 사실을 기억해냈으며, 부끄럽게도 그 난투극을 벌이는 새들 중에 암컷도 틀림없이 많이 있었을 것임을 깨달았다. 암컷들도 먹어야 하며, 썩은 고기를 먹는 청소 동물의 생활은 가혹하기 때문이다.

하지만 경련을 일으킨다고 무릎을 욕하지 말자. 우리가 수컷의 공격성에 집착하는 것이 비합리적인 것은 아니다. 인간에게서 남성의 공격성은 코를 부러뜨리는 것처럼 때때로 명확히 드러난다. 폭력 범죄를 저지르는 것은 대부분 남성들이다. 살인자는 90퍼센트, 강도는 80퍼센트, 강간은 거의 100퍼센트 남성들이 저지른다. 공격성의 토대를 이해하고 싶어하는 연구자들은 자신들의 호기심을 의학적 토대 위에서 정당화해야 한다. 그렇지 않으면 연구비를 얻기가 쉽지 않을 것이다. 남성의 공격성은 병폐를 일으키기 쉽다. 폭력은 공중 보건을 위협한다. 남성들은 여성들보다 신체적 폭력이 더 심하며, 따라서 남성의 공격성은 여성의 공격성보다 과학적으로 더 주목을 받는다. 더구나 우리는 모두 여성들이 남성들보다 훨씬 공격성이 덜하며, 소녀들이 훨씬 더 우호적이라는 것을 알고 있다. 소녀여, 당신의 생각이 다르다면, 우리는 텔레비전을 의무적으로 보게 하는 것으로 시작해서 당신을 설득하는 일에 나설 것이다.

여성의 공격성을 무시할 때 생기는 문제는 공격적인 우리, 즉 소녀이자 여성이자 영장류일 수밖에 없는 우리가 마치 방정식에서 무언가 빠진 것처럼 자아와 충동을 해석할 때 혼란을 느낀다는 것이다. 우리는 자신의 깊은 곳에서 우러나오는 잔혹성, 포효하고 싶은 욕구와 충동이라는 덤불 속을 헤매도록 방치되어 있으며, 화면이나 책이나 생물학 논문에서 그 투쟁이 있다는 증거를 거의 보지 못하면서도 자신을 입증하고 과시하고 가늠하고 자신과 타협해야 한다는 것을 알고서, 그 잔혹성을 우리 자신에게서 몰아내야 하는 소녀 대 소녀가 맞붙는 경기장에서 뒹굴고 있다. 한 여성 과학자의 말을 빌리면 우리는 왜 지금보다 더 나은 존재가 아닌지, 왜 그렇게 많은 것을 원하며 왜 가만히 앉아 있지 못하는지 궁금해하면서, 자신이 '오류가 난 변이체'가 아닐까 하는 느낌을 갖게 된다.

하지만 그 생물 문화적인, 금발을 붙인 여성 인형에게 뭔가 빠져 있다는 것을 알고 있다고 해도, 우리는 우리 공격성의 경계를 탐사하기를 주저한다. 우리는 공격적으로 보이고 싶어하지 않으며, 스스로를 공격적이라고 생각하고 싶어하지도 않는다. 남성이든 여성이든 공격적인 사람을 좋아할 사람은 아무도 없다. 우리가 공격적이라고 하는 사람들은 우리를 화나게 한다고 여겨지는 사람들이며, 우리는 집에서든 가정에서든 머릿속에서든 그들과 함께 있고 싶어하지 않는다. 우리는 공격성을 단조롭게 철저히 부정적으로 본다. 우리는 그것을 아내를 때리는 자나 습관적으로 물건을 부수는 자와 관련지어왔다. 단호하고 결단력이 있는 것은 좋다. 그것들은 멋지고 정당한 용어이며, 바쁜 지구 시장 상인인 우리는 그것들을 좋아한다. 하지만 공격성은 낡은 것이다. 공격성은 수준 낮은 것이다. 그것은 사실 패자를 위한 것이다. 공격성은 진정한 힘을 갖고 있지 못할 때 의지하는 것이다.

내가 말하고자 애쓰는 것도 바로 그것이다. 공격성은 소녀들을 위한 것이다.

이제 우리 차례이다. 공격성은 유행에 뒤진 것이다. 그것은 치료 대상이자 퇴치 대상이 되어왔으며, 여론을 통해 매립장에 내던져졌고, 더이상 바람직한 형질이나 진정한 인간의 증표로 여겨지지 않는다. 우리는 공격성을 마음 내키는 대로 이용하고 처리한다. 우리는 그것을 복권시켰다가 물러나게 할 수 있다. 우리는 그것을 공유할 수 있다. 우리는 소녀로서 여성으로서 지닌 욕구라는 맥락에서 그것을 이해할 수 있으며, 우리는 공격성이 언제 어떤 형태로 나타날지 알 수 있다. 공격적인 행동은 적대적이고 상처를 입히고 싶어하는 것이 될 수 있지만, 창조적이고 약속을 도모하는 것이 될 수도 있다. 심리학자들은 대개 공격적인 행동을 반사회적이라고 여기지만, 이것은 생명체를 지극히 낙천적으로 보는 실망스러운 관점이다. 순진무구해 보이는 수많은 사회적 행동들의 표면을 긁어보라. 그러면 그 밑에서 공격성이 낄낄거리고 있는 모습을 발견하게 될 것이다. 우정도 매우 공격적인 것이 될 수 있다. 저녁 식사 시간에 걸려 온 간청하는 전화가 "지금 뭐 해? 돈 좀 빌려줘"라는 것임이 드러날 수 있듯이 말이다. 아니면 집에 손님이 왔을 때 흔히 일어나는 다음과 같은 사례를 보자. 안주인은 손님에게 먹을 것이나 마실 것을 내올까 묻는다. 손님은 사양한다. 언뜻 보면 각자의 행동은 공격성과 정반대인 호의적인 것이다. 안주인은 관대하게 내오겠다고 하고 손님은 사려 깊게 사양함으로써 안주인이 수고를 하지 않도록 배려한다. 이런 의사 교환은 매우 간단하고 즐겁고 숨은 의미도 없이 이루어질 때도 있다. 즉 손님이 막 저녁을 먹고 와서 더 이상 먹고 싶지 않을 수도 있다. 하지만 그 의례가 공격적일 가능성, 즉 그 속에서 울리고 있는 역동적인 힘을 생각해보자. 음식을 내오겠다고 함으로써, 안주인은 자신이 상황을 주도하고 있다는 것을 알린다. 그곳은 그녀의 집이며, 그들 주위를 그녀의 ㅈ원들이 둘러싸고 있다. 그녀는 줄 것을 갖고 있으며, 후한 대접을 할 수 있는 지위를 활용해 이익을 얻고 싶어한다. 그녀는 자신의 조건에 맞게 관계를 정립하고 싶어한다. 즉 믿을 수 있고, 관대하고, 풍족하게 보이고 싶은 것이다. 그녀는 일시적이라고 해도 그 선물이 받아들여짐으로써 주는 사람에게 약간의 은혜를 입을 손님과 동맹 관계를 다지기를 원한다.

음식을 사양함으로써, 손님은 일시적인 동맹이나 종속을 거부하며, 그렇게 함으로써 상황을 주도하는 쪽이 자신이라는 미묘한 의사를 전달한다. 선물과 일시적인 동맹이 없이도 지낼 수 있음을 알리는 것이다. 그러면 안주인은 그 거절에 약간 마음이 상할 수도 있고, 어색해질 수도 있으며, 좋아요. 그러면 친구가 되지 않을 테니까 용건만 이야기 하죠 하고 결심할 수도 있다. 이유 없이 거절하는 것은 때로 뺨을 때리는 것처럼 여겨지기도 한다. 모든 사회적 교환은 맥락에 따라 순해지도록 달래거나 적대감을 부추기는 식의 공격 역학으로 볼 수 있다. 안주인이 오랜 친구이고 아이들이 딸려 있으며 음식을 차리는 데 시간이 걸린다면, 음식을 사양하는 것은 관대한 행동이다. 당신이 주말에 부하 직원의 집에 들른 것이라면, 음식을 거절하는 것은 붉은 반점이 박힌 부리를 무자비하게 휘두르는 것과 같다. 당신은 예기치 않게 나타나 가여운 안주인에게 충격을 주면서, 그녀가 어떤 것을 마시겠냐고 물으면서 관계를 균형 상태로 돌리려 애쓸 때 그녀의 기를 죽인다. 결국 당신은 그녀를 격분시키는 것이다. 마실 것이 필요한 쪽은 그녀이다.

호소처럼 보이는 것도 맥락에 놓고 재구성하면 노골적인 공격성이 드러날 수 있다. 맥베스 부인은 모두가 좋아하는 여성 혐오자이며, "당장 나를 남성으로 만들어 다오. 그러면 왕관에서 발끝까지 무시무시한 잔혹함이 가득 차리라"라고 영혼들에게 간청할 정도로 무모한 야심을 가진 여성이었다. 그녀는 남편이 던컨 왕을 살해하도록 방조하고 교묘히 조종하고는 그 피 속에 자신의 손을 담근다. "적대적이고 공격적인 계집"이라는 말로는 이 귀부인을 제대로 표현했다고 할 수 없다. 우리의 선입관을 조금만 바꾸면, 맥베스 부인은 비장함이 담긴 고고한 모습을 띤다. 맥베스 부인이 북유럽의 여성 족장, 즉 자기 일족의 수호자라고 하면 어떨까? 핀란드 움살라 대학의 철학자인 페카 니에멜라는 맥베스 부인이 고대 북구 서사시인 오르크네잉가 전설에 나오는 강인한 여성들과 흡사한 바이킹족이었다고 주장해왔다. 니에멜라는 《맥베스》의 무대가 서기 1000년 경 스코틀랜드이며, 당시 스코틀랜드는 바이킹 문화에 지배되면서 기독교인보다 이교도인이 더 많았다고 지적한다. 바이킹족이라고 보면, 맥베스 부인은 잔인성을 전혀 잃지 않으면서도 훨씬 더 우리의 동정심을 얻는다. 우리는 바이킹 여성들이 잔혹함과 진한 피와 많은 젖에 익숙할 것이라고 생각한다. 바이킹 남성들은 정복을 위해 몇 달이나 몇 년 동안 떠나 있곤 했다. 바이킹 여성들은 뒤에 남아 영토를 맡았으며, 삶과 죽음, 전쟁과 평화에 관해 결정을 내릴 수 있는 상당한 권력을 지니고 있었다. 하지만 그들은 화려하고 꿀이 흐르는 축제를 열 시간이 거의 없었다. 약탈하는 집단은 언제나 약탈당할 위험에 처해 있으며, 바이킹에게는 재산과 사람을 보호하는 법도, 보안관도, 기마 경찰대도 없었다. 외부에서 오는 위협에 대항할 유일한 보호 수단은 친족과 일족이었다. 약한 일족은 동맹을 이끌어낼 수 없었다. 약한 일족은 갑작스런 습격에 절멸될 수 있었다. 바이킹 여성은 지위에 개의치 않을 수 있는 사치스러움을 누리지 못했다. 맥베스는 배를 타고 돌아다니면서 스코틀랜드 귀족이라는 지위와 자연스러운 인품을 해외에까지 알릴 수 있었다. 스코틀랜드 고원 지대를 벗어나지 못하는 그의 부인은 여왕의 왕관이 자기 일족을 지켜줄 만큼 강한 보호 수단이라고 보았으며, 칼 끝을 겨누는 것 외에는 그 왕관을 차지할 방법이 없었다.

맥베스 부인은 모든 여배우들이 꿈꾸는 배역이지만, 북구 여성의 일상 생활을 연기할 필요가 없다는 전제 조건이 있어야 그 역할에 기뻐할 수 있을 것이다. 우리의 공격성은 지우기 힘든 오점이라기보다는 즐기는 취향 쪽에 가깝다. 우리는 여전히 공격성, 우리의 공격성을 갖고 있으며, 우리가 그것을 필요로 한다는 점이 중요하다. 만일 우리가 적대감이나 정신적 의상 도착증(이성의 옷을 입기 좋아하는 변태적 성향) 없이 공격성을 바라보고, 그것의 기원과 토대를 탐색한다면, 우리는 자신이 원한을 지녔다고 해도 용서할 수 있으며, 친구들에게 키스를 보낼 수 있을 것이다.

372

공격성은 테스토스테론과 이어지고, 테스토스테론의 명성이 너무나 무시무시하기 때문에 당신은 그 탄소 고리들이 철컹거리는 소리까지 들을 수 있을 정도이다. 잘난 척하는 테스토스테론의 그 작은 눈을 들여다보지 않고서는 공격성의 근원을 생각할 수 없다. 테스토스테론이라는 압도적인 개념은 너무나 오랫동안 우리 사이를 휘젓고 돌아다녔기에 사소하다고 무시할 수 없다. 우리는 테스토스테론이 공격적인 행동을 매개한다는 말을 끊임없이 듣고 있다. 구체적으로 어떻게 그런 일을 한다는 것인지 모르겠지만, 그럼에도 그 호르몬이 후보자라는 것은 확실하다. 테스토스테론은 상대를 지배하거나 공격하려 하고, 과시하려 하고, 허세를 부리려 하고, 방 한가운데에 빨랫감을 수북히 쌓아놓으려 하는 충동 등 공격성이라는 포괄적인 용어 아래 들어가는 모든 형질들과 연관되어 있다. 공격성은 지도자를 만들고 악당을 만들며, 양자의 구별을 어렵게 만드는 것도 테스토스테론이다. 테스토스테론은 커다란 쇠망치처럼 섬세하지 못하다. 테스토스테론은 어릴 때, 아주 어릴 때인 태아 때 발달하는 뇌에 영향을 미쳐서, 뇌가 나중에 오만하고 무모하고 서투른 행동을 하도록 길을 들인다고 이야기된다. 테스토스테론은 젖가슴이 엉덩이를 공격하듯 한다. 즉 전자를 생각하면 자연스럽게 후자가 머릿속에 떠오른다.

물론 최근 들어 우리는 테스토스테론을 엄격히 말해 남성 호르몬이라고 할 수 없으며 여성도 어느 정도 그 호르몬을 갖고 있다는 사실을 알게 되었다. 하지만 여성은 적게, 훨씬 더 적게 갖고 있다. 여성의 테스토스테론 농도는 혈액 0.1리터당 20~70나노그램이다. 그중 반은 부신에서 만들어지며, 나머지 반은 난소에서 만들어진다. 남성은 가장 수치가 낮은 사람이 0.1리터당 300나노그램을 지니고 있으며, 대다수 남성들은 400~700나노그램을 지니고 있다. 즉 남성은 여성보다 10배나 더 많은 양을 지니며, 이 테스토스테론은 거의 대부분 정소에 있는 세포들에서 만들어진다. 따라서 남성이 더 많은 테스토스테론을 갖고 있다. 따라서 우리는 남성이 여성보다 더 공격적이라고 생각한다. 따라서 우리는 설령 테스토스테론이 이른바 남녀의 공격성 차이를 낳는 주요 원인 또는 원흉이라고까지는 할 수 없어도 그 차이에 어느 정도 기여한다고 생각한다.

또 우리는 테스토스테론 농도가 정상적인 여성의 농도 범위의 상한에 있고, 보통 여성보다 더 공격적이고, 자신의 직업에 더 헌신적이고, 성적 주장이 더 강하고, 육아에 신경을 덜 쓰는, 어머니로서는 빵점인 테스토스테론 과다 여성이라는 새로운 유형의 여성을 보아왔다. 이 테스토스테론 과다 여성은 왜 일부 여성들이 정상에서 벗어난 듯한 행동을 하는지를 생물학적으로 설명하려는 시도이다. 하지만 테스토스테론 과다 여성, 더 정확히 말해 강인하고 날카롭고 야심적인 여성이 테스토스테론 농도 증가의 결과라는 주장을 뒷받침하는 증거는 전혀 없다. 테스토스테론은 리비도 호르몬, 공격 호르몬, 지배 호르몬으로서 대단한 권위를 누려왔다. 하지만 여성이 성욕이나 분노나 기운이 샘솟는 것을 느끼는 등 인생에서 뭔가를 할 때 테스토스테론에 의지해야 한다면, 딱하게도 그들은 운이 없는 셈이다. 그들의 테스토스테론은 너무나 적기 때문이다. 테스토스테론 과다 여성이라 해도 0.1리터당 70나노그램밖에 지니고 있지 않으므로, 남성을 능가하지 못할 것이다. 테스토스테론 농도가 낮기 때문에 여성들이 그 호르몬 수치상의 작은 변화나 요동에 매우 민감하다는 주장도 있었다. 과연 그럴 수 있을까? 높은 명성에도 불구하고 테스토스테론은 그다지 활동적인 호르몬이 아니다. 무게로 비교하면, 테스토스테론은 에스트라디올보다 생물학적 능력이 훨씬 떨어진다. 남성은 생활할 때 그것을 다량으로 갖고 있어야 하는 듯하다.

그렇다면 여성이 남성보다 그 허약한 호르몬을 행동 능력의 원천으로 사용하는 데 더 뛰어나야 할 것이다. 왜 그래야 할까? 설득력 있는 대답은 우리는 그렇지 않다는 것, 그럴 필요가 없다는 것이다. 우리는 테스토스테론이라는 압도적인 개념에 오랫동안 맹목적으로 경의를 표해왔다. 남성이든 여성이든, 실제로 그렇든 희망이든 간에, 우리는 그것이 모든 통치자들을 통치한다고 생각할 정도까지 숭배해왔다. 하지만 우리가 지배적인 패러다임에 도전하고 그 생각이 얼마나 우리를 실망시키는지 알고 나면, 다른 우주가 머릿속에 떠오르기 시작할 것이다. 그 우주에서는 바이킹 여성 족장의 뇌 신경 회로가 가까스로 탄 꼴찌상이 아니라 타고난 권리로 받아들여진다.

테스토스테론은 뇌에서 조직화 단계와 활성화 단계라는 2단계로 작용한다고 한다. 조직화는 태아 때 이루어진다. 남성 태아의 정소가 테스토스테론 방출을 시작할 때이며, 이때 테스토스테론은 뇌를 남성화시킨다고 한다. 활성화는 훨씬 뒤인 사춘기 때 시작된다. 사춘기가 되면 남성의 테스토스테론 농도가 높아지고, 잠재되어 있던 남성적인 패턴들이 모두 발현되며, 우리는 《포춘》지가 선정한 최고 경영자 500인(그중 남성은 10퍼센트 정도이다)이나 아놀드(슈왈츠제네거)나 노먼(슈바르츠코프)라는 이름의 험악한 인물이 될 기본 재료를 갖게 된다.

반대로 여성의 뇌는 다른 신호가 없을 때 본래 정해져 있는 상태로 발달하는 뇌, 안정 상태의 뇌이다. 여성의 뇌는 태아 때 테스토스테론에 노출되지 않는다. 테스토스테론을 분비하는 정소를 지니고 있지 않기 때문이다. 여성 뇌 회로의 특징은 존재가 아니라 부재를 통해 확정된다. 그 회로는 사춘기가 되어 에스트로겐과 프로게스테론이 쇄도하는 것을 느낄 때 활성화하여 여성적인 양상을 띠게 된다. 이어서 어떻다고 말하기도 어렵고, 개인마다 다르긴 하지만 본질적으로 모든 것을 금지하는 방식으로 이런저런 행동을 하라는 충고를 받게 된다. 남성처럼 공격성을 갖지 말며, 야심을 갖지 말며, 불쾌한 짓을 하지 말며, 성에 몰두하지 말라는 등등. 적어도 뇌의 성적 성향에 관한 표준 조직화/활성화 이론 속에는 그런 가정이 항상 들어 있었다. 즉 여성의 뇌는 공격적이고 지배적인 행동 같은 것을 덜 하도록 되어 있다는 것이다.

이제 우리는 그 조직화/활성화 가설의 오류와 타당성을 검토할 수 있다. 첫째, 테스토스테론은 태아 각인에 그만큼 중요하지 않을지도 모른다. 많은 연구자들은 태아의 뇌에 도달한 테스토스테론 중 상당 부분이 뉴런을 통해 즉시 에스트로겐으로 전환되며, 이렇게 전환된 에스트로겐만이 뇌의 성적 구조에 영향을 미친다고 생각한다. 그렇다. 그 남성 호르몬은 오직 '여성' 호르몬이 되어서만 뇌를 남성화할 수 있는 것이다. 그것은 뇌에 성적 성향을 새겨 넣고, 공격적이고 지배적이며 호색적인 행동을 부여하는 것이 에스트로겐이라는 의미이다. 에스트로겐은 여성의 것이라고 알려져 있다. 이 호르몬의 측면에서 보면, 우리는 결핍된 상태로 치부될 수 없다. 하지만 에스트로겐이냐 테스토스테론이냐가 중요한 것이 아니라 태아의 뇌가 얼마나 많은 스테로이드 호르몬에 노출되는지가 중요하다는 주장을 펼치면서 조직화/활성화 가설을 고수할 수도 있다. 가령 모체에서 나온 것이든 태아의 난소에서 나온 것이든 간에 태아의 혈액에 있는 에스트로겐이 알파-태아단백질이라는 태아의 몸에 있는 단백질과 결합하면 뇌 속으로 들어갈 수 없다고 하자. 그리고 남성 태아의 정소에서 나온 테스토스테론은 이 태아단백질과 결합하지 않기 때문에, 뇌 안으로 들어갈 수 있다고 하자. 그런 다음 에스트로겐으로 전환되어 뇌의 구조에 영향을 미친다면? 그렇다면 테스토스테론은 대뇌 피질에 존재하는 것이 되고 원인이 되며, 여성 태아의 에스트로겐은 그렇지 않은 것이 된다. 즉 남성 태아만이 몰려드는 스테로이드의 세례를 받는 셈이다. 반면에 여성의 뇌는 호르몬에 대해 처녀성을 간직하고 있는 셈이다.

문제는 그 가정이 틀렸다는 것이다. 그 가정을 뒷받침한다고 하는 실험들은 대부분 설치류를 대상으로 이루어진 것들이다. 설치류의 알파-태아단백질은 혈액 속의 에스트로겐을 포획하는 능력이 뛰어나다. 하지만 인간의 태아단백질은 에스트로겐이 뇌로 가는 것을 막지 않는다. 따라서 모체에서 나온 에스트로겐은 마음대로 여성 태아의 뇌에 영향을 미치며, 그 태아의 난소에서 나온 에스트로겐도 마찬가지일 것이다. 에스트로겐은 임신 기간 내내 여성 태아의 뇌를 이슬비처럼 촉촉하게 적신다. 뇌 안으로 얼마나 많은 양이 흘러 들어가며 그것이 신경 회로에 어떤 영향을 미칠지 누가 알겠는가? 과학자들은 남성 태아의 정소에서 나와 뇌로 홍수처럼 밀려가는 호르몬에 비하면 그 양이 적을 것이라고 가정하면서, 논리에 체계를 갖추기 위해 저농도의 에스트로겐은 뇌를 여성화하고 고농도의 에스트로겐은 뇌를 남성화하며, 태아가 분비한 안드로겐이 뇌 속에서 전환되어 생긴 에스트로겐은 고농도라고 본다. 하지만 이런 주장을 뒷받침하는 증거는 전혀 없다. 심지어 설치류에서도 이 산뜻한 이분법 모델은 잘 들어맞지 않는다. 유전적으로 변형시켜 에스트로겐 알파 수용체를 없앰으로써 정상 생쥐보다 에스트로겐에 반응하는 능력이 떨어지는 생쥐 암컷을 예로 들어보자. 발달할 때 에스트로겐의 영향을 받지 않는 뇌가 여성성을 띠도록 예정되어 있다면, 이 생쥐는 텔레비전 광고에 나오는 교태가 흘러넘치는 미녀들, 완벽한 여성에 해당하는 생쥐 암컷이 되어야 한다. 하지만 실상은 그렇지 않다. 정반대로 그들은 유별나게 공격성을 보인다. 때로는 새끼를 죽이기도 한다. 그들은 다른 암컷의 새끼를 보면 공격한다. 이 수용체가 없는 암컷은 에스트로겐 수용체가 없는 수컷보다도 더 공격적이다. 이 수컷들은 다소 암컷화가 이루어진 듯이 보인다. 그들은 생쥐 수컷들이 흔히 하는 행동인 공개된 공간을 가로질러 가는 모험을 하지 않으려 한다. 그들은 암컷과 교미를 하지만 사정을 하지 않는다. 그들의 뇌도 발달할 때 에스트로겐에게 설득당하지 않았다. 그들의 정소는 테스토스테론을 만들지만, 그 테스토스테론은 뇌의 조직화에 영향을 미칠 수 없다. 테스토스테론은 에스트로겐이 되어 활동해야 하는데 에스트로겐 수용체가 묵묵부답이기 때문이다.

그렇다면 이 이야기의 교훈은 무엇인가? 당신의 염색체가 여성의 것이고 당신이 자궁 속에서 에스트로겐에 반응할 수 없다면, 당신은 남성화가 된다는 것일까? 당신이 남성이지만 에스트로겐에 반응할 수 없다면, 여성으로 바뀐다는 것일까? 아니면 그와 비슷한 존재나, 전혀 다른 존재가 된다는 말인가? 아니면 기존의 이야기들이 틀렸고 여성의 뇌가 기본 설정 상태가 아니라 만들어지는 것이며, 만일 성별이 어떻든 간에 유전자 이상 때문에 뇌 발달이 제대로 이루어지지 못하면 예기치 않은, 종잡을 수 없는 행동을 하는 사람이 나타난다는 것일까?

여성도 테스토스테론을 지니고 있지만, 그것을 활용하지 않는다. 우리는 테스토스테론에 의지할 수 없으며, 아예 그것이 필요하지 않을 가능성도 있다.

테스토스테론을 남성의 공격적이거나 지배적인 행동과 연결하려는 연구들은 그다지 성과를 거두지 못하고 있다. 그런 연구들은 혼란스러운 결과를 내놓고 있다. 일부 연구는 남성 죄수들 중에 더 폭력적인 범죄를 저지른 부류가 테스토스테론 농도가 더 높다는 결과를 내놓았다. 반면에 그런 상관 관계를 찾아내지 못한 연구들도 있다. 사춘기 소년들 중 또래들에게 '억센 대장'이라고 여겨지는 소년들은 테스토스테론 농도가 높다고 알려져왔다. 하지만 '억셈'이 '억센 운명' 때문일 수도 있다.

같은 연구는 어릴 때부터 툭하면 싸움질을 하고 말썽을 일으키는 소년들은 사춘기에 들어서도 테스토스테론 농도가 매우 낮다는 것을 보여주기 때문이다. 경험 법칙에 따르자면, 남성의 테스토스테론 농도는 축구 경기나 체스 시합 같은 도전 과제에 나서기 직전에 상승하며, 이기면 테스토스테론 농도는 잠시 높은 수준으로 유지되고, 반대로 지면 농도가 낮아지고 다시 높아지기가 쉽지 않다. 테스토스테론 농도는 의학 학위나 자기 전문 분야에서 영예를 받을 때 증가할 것이다. 그것은 그가 테니스 시합에 이겨서 상금을 받을 때 높아지겠지만, 복권에 당첨되어 같은 액수의 돈을 받았지만 그 사실을 알리고 싶지 않을 때에는 높아지지 않을 것이다. 법정에서 일어나 말이라는 언월도를 휘두르면서 상대를 베어야 하는 남성 법정 변호사의 테스토스테론 농도는 주로 사무실에 앉아 서류에 코를 박고 있으면서 때로 책상 위에 놓인 난초가 잘 자라는지 보살피는 일에 몰두하는 세무 담당 변호사의 테스토스테론 농도보다 평균적으로 더 높다.

하지만 도전 준비가 항상 테스토스테론 농도를 급증시키는 것은 아니다. 비디오 게임에 열중하는 젊은이들은 상대를 무찌르기 직전이나 직후나 테스토스테론 농도 변화를 전혀 보이지 않는다. 남성 낙하산병이 비행기에서 뛰어내리기 직전, 그의 테스토스테론 농도는 떨어진다. 앞으로 무슨 일이 벌어질지 알기 때문에 정신이 위축되는 것이라고 상상할 수 있다. 또 남성의 테스토스테론 농도는 사랑에 빠져 한 여성에게 헌신할 때 떨어지며, 아버지가 되기 직전에도 떨어진다. 일부 과학자들은 이런 결과가 일부일처형 관계를 맺고 있는 남성에게는 테스토스테론이 필요 없다는 의미라고 해석한다. 그들은 테스토스테론을 원하지 않는다는 것이다. 그들이 정착해서 충실한 연인이자 헌신적인 아버지로 남아 있겠다면, 테스토스테론은 있어야 전혀 도움이 되지 않는다. 그들은 연인을 찾아 나섰다가 도중에 갑옷을 덜거덕거리며 오고 있는 경쟁자와 마주칠지 모를 상황에 처할 때와 달리 많은 테스토스테론이 필요하지 않다. 하지만 다른 해석들도 있다. 테스토스테론 농도는 남성이 스트레스를 받을 때 떨어질 수 있다. 사회적 지위가 떨어졌을 때나 체스 시합에서 졌을 때 농도가 떨어지는 것도 어느 정도는 그 때문일 것이다. 헌신은 스트레스를 주지 않을까? 헌신은 비행기에서 낙하하기 직전에 내는 비명 소리에 비할 바가 못 될까? 그리고 아버지가 된다는 것은? 그것도 스트레스를 주는 것일까? 그런 질문을 계속해야 한다면, 당신은 둔한 사람일 것이고, 테스토스테론은커녕 산소도 필요 없을 것이다.

우리는 남성의 테스토스테론 농도가 변동하는 것이 어떤 의미인지 모른다. 그 농도는 아침에 높았다가 오후 늦게 낮아졌다가 잠자기 전에 다시 높아지는 등 하루종일 그리고 매일 오르락내리락 한다. 남성의 테스토스테론 주요 공급원인 정소를 잘라낸다면, 그는 전보다 공격성이 줄어들 수도 있고 그렇지 않을 수도 있다. 전립선 암 치료 때문에 화학적으로 거세된 상태에 있었던 남성들 중에는 극단적인 감정적 변화를 보인 사람들도 있다. 이들은 대개 수동적이고 침울해진다. 하지만 그들은 암에 걸려 있다. 왜 그들이 유도 사범인 양 당당한 모습을 보일 것이라고 생각하는가? 술탄의 하렘을 지키는 내시들은 공격성을 잃지 않았다. 그들은 까다로운 사람이 되곤 했다. 그것이 바로 그들의 좋은 감시인이었던 이유이다. 고대 중국에서 궁궐에 있는 환관들은 황제 암살을 모의하고 원하는 후계자를 황제 자리에 올리기 위해 음모를 꾸미는 등 피에 굶주린 존재로 악명이 높았다. 그중에는 군사 전략가도 있었고, 보병이 되어 직접 전투에 나선 사람도 있었다. 미국에서는 성 범죄자, 특히 아동 성 범죄자에게 외과적 또는 화학적 거세를 교정 수단으로 허용하는 주도 있다. 그런 수단을 반대하는 사람들도 있으며, 그런 반대는 정당하다. 그런 처벌은 야만적이며 헌법에 위배될 소지가 있으며, 비극적인 결과를 빚어낼 수도 있다. 거세를 당한 아동 성 범죄자들 중에는 괴롭히는 짓을 멈추기는커녕 오히려 피해자인 아동을 살해한 자들도 있었다. 정소에서 분비되는 안드로겐이 없어짐으로써 성적 충동이 줄어들고 발기가 어려워졌을지라도, 그들의 공격성은 가라앉지 않았고, 원하는 성적 행동을 할 수 없어 화가 치민 그들은 병적 충동의 불행한 대상에게 화풀이를 했던 것이다.

갖가지 의학적 이유로 테스토스테론 농도가 정상 수준 이하로 떨어진 생식샘 기능 저하증에 걸린 남성은 전보다 더 공격적이고 더 화가 치밀며, 안드로겐 농도가 정상 수준으로 돌아오면 다시 마음이 차분해지고 즐겁고 편해진다고 말한다. 갑상선 호르몬, 성스테로이드 호르몬, 코티솔 호르몬 등등 우리의 호르몬은 모두 그렇다. 많아지든 적어지든 그것은 중요하지 않다. 우리는 불편하고, 기분이 나빠지고, 괴팍해지고, 공격적이 된다.

테스토스테론과 남성의 공격적이거나 지배적인 행동 사이의 연관성이 혼란스럽다면, 여성들에게 그것은 냉장고 아래 바닥과 같다. 즉 아예 생각하고 싶지도 않은 것이다. 여성 운동 선수들은 경기 직전에 테스토스테론 농도가 증가하지 않으며, 경기에서 이긴다 해도 증가하지 않는다. 여성 법정 변호사가 세무 담당 변호사보다 평균적으로 테스토스테론 농도가 더 높은 축복을 누릴 것 같지도 않다. 난자가 성숙할 시기에 안드로겐 농도가 최대가 되는 것처럼, 테스토스테론 농도가 월경 주기에 맞춰 오르락내리락할 때 여성의 공격성도 마찬가지로 오르락내리락하는지 조사한 연구가 있었다. 여성 24명에게 '점수 뺏기 공격 패러다임'이라는 빠른 속도로 진행되는 게임을 시켰다. 게임 참가자는 한 단추를 백 번 눌러 자기 점수를 1점 올리거나, 다른 단추를 10번 눌러 보이지 않는(가상의) 상대의 점수를 1점 뺏거나 선택할 수 있었다. 1점은 10센트에 해당했다. 그런 다음 참가자의 점수를 주기적으로 1점씩 뺌으로써, 가상의 적이 그녀를 적대시하고 있는 것처럼 자극했다. 연구자들은 여성의 상대적인 테스토스테론 농도와 그녀가 자기 점수를 올리기보다는 화가 나서 상대의 점수를 뺏으려 하는 행동 사이에 아무런 상관 관계가 없다는 사실을 발견했다. 하지만 연구자들은 월경 전 증후군을 지닌 여성들이 전반적으로 생리 주기 내내 더 호전적이며, '가만 안 두겠어'라는 단추를 더 많이 누른다는 것을 발견했다. 즉 테스토스테론 농도에 무관하게 말이다.

테스토스테론은 무지막지하고 통제할 수 없다. 한 연구는 테스토스테론 농도가 높은 여성 죄수일수록, 횡령 같은 비신체적 범죄보다 살인 같은 폭력 범죄를 저지를 가능성이 더 높다는 조사 결과를 내놓았다. 하지만 다른 연구에서는 그런 상관 관계가 없다고 나왔다. 연구자들은 테스토스테론 농도가 높은 여성 죄수들이 농도가 낮은 죄수들보다 더 횡포를 부리고 위협적인 행동을 하며, 반대로 농도가 낮은 여성들은 교도관의 평가에 따르면 '풀밭을 기어다니는 뱀'처럼 '비열하고 교묘하고 눈에 띄지 않게' 행동한다는 것을 발견했다. 하지만 우리 고양이처럼 약간 공격적으로 발톱을 뻗어 이 연구를 분석해보자. 표본 집단에서 테스토스테론 농도가 높은 집단에 속한 여성들은 평균적으로 농도가 낮은 여성들보다 더 젊었다. 젊음에는 전제 조건이 있다. 당신이 젊다면, 당신은 많은 근육 조직을 갖고 있다. 죽음을 생각한다 해도 그것은 자극적이며 일시적이다. 대체로 감옥에 있는 사람들은 담배를 많이 피우고, 술을 많이 마시고, 온갖 해로운 영향을 미치는 약물들을 남용하는 나쁜 습관들을 갖고 있었으며, 따라서 나이가 들수록 더 쇠약해지고 침울해지고 찌든 모습이 되기 쉽다. 그러면 나서서 맞서기보다는 풀밭에 숨어 못 본 척하는 편이 이롭다.

테스토스테론은 지나치게 주목을 받고 있다. 우리는 그것을 너무 많이 생각한다. 여성 공격성의 뿌리를 이해하려 시도할 때 우리가 필요로 하거나 원하는 것은 그것이 아니다. 나는 테스토스테론이 남성의 행동에 의미가 있는지, 남성이 개인적 승리를 달성한 뒤에 테스토스테론 농도를 높게 유지함으로써 더 큰 성취를 할 수 있는 것인지 알지 못한다. 남성들은 많은 테스토스테론을 갖고 있으며, 아마도 그중 일부를 행동을 하는 데 쓸 것이다. 몸은 원래 그렇다. 몸은 이용할 수 있는 것은 모두 이용하고 손을 대본다. 그 이용이 경험, 역사, 사회적 제약, 믿고 싶어하는 뇌의 위약(僞藥) 효과에 깊이 영향을 받고 지나치게 통제를 받을 때도 있긴 하지만 말이다. 하지만 남성이 여성보다 더 많은 테스토스테론을 지니고 있으며, 일부 여성들이 배란기에 에스트로겐 농도가 최대에 달할 때 성욕과 오르가슴 능력을 최대화시킬 수 있는 것처럼 남성이 테스토스테론을 무의식적으로나 의식적으로 반응과 감각을 강화하고 연장시키는 데 사용할지 모른다는 사실은 그 결과와 그다지 상관이 없다. 다른 방식으로도 그런 일을 해낼 수 있으며, 다른 방식으로도 자유와 초월을 이해할 수 있다. 우리는 테스토스테론이라는 멍에와 그것 없이 지낼 수 없다는 감정, 즉 리비도를 설정하는 호르몬이자 공격 호르몬이자 영웅 호르몬을 남성들이 독점하고 있다는 감정을 벗어 던져야 한다. 그것은 거기에 있지 않다. 테스토스테론을 두려워할 이유는 전혀 없다.

계통학적으로 우리의 자매가 되는 존재들을 몇몇 살펴보고, 그들이 여성 공격성의 근원에 대해 뭐라고 말하는지 알아보자. 내가 가장 좋아하는 사례는 얼룩하이에나이다. 얼룩하이에나는 아프리카 육식 동물이다. 추하다고 말하는 사람도 있지만, 그 말은 잘못 됐다. 얼룩하이에나는 다른 포유동물들과 생김새가 다르다. 이 동물은 뒷다리가 앞다리보다 더 짧아, 먼 거리를 더 잘 뛸 수 있다. 매머드처럼 굵은 목과 삼나무처럼 튼튼한 몸통 근육과 강한 턱으로 먹이를 살, 가죽, 뼈 할 것 없이 모조리 부술 수 있다. 얼룩하이에나는 뼈를 부숴 가루로 만든다. 그래서 배설물이 분필처럼 하얗다. 얼굴은 고양이과, 개과, 곰과, 기각류의 얼굴을 섞어놓은 듯하다. 이 하이에나의 습성은 포악함 그 자체이다. 사자 새끼는 눈도 못 뜨고 이빨도 없는 무기력한 상태로 태어난다. 반면에 하이에나의 새끼는 눈을 뜬 채 송곳니가 완전히 자란 상태로 태어나며, 그 즉시 자매의 목을 향해 이빨을 들이댄다. 막 태어난 새끼가 다른 새끼를 물어 죽이는 일도 있다. 첫 유혈 의식을 치른 뒤, 생존자는 흥분을 가라앉히고는 새끼들의 보편적인 습성인 재롱떠는 모습으로 변신한다.

하지만 얼룩하이에나의 진정한 특징은 생식기의 모양과 성적 행동이다. 앞에서도 말한 바 있지만, 얼룩하이에나는 암수의 외부 생식기가 흡사하다. 암수 모두 음경과 음낭을 지니고 있는 듯하다. 하지만 수컷의 생식기가 진정한 음경과 음낭인 반면, 암컷의 음경처럼 보이는 것은 질과 클리토리스의 조합이며, 음낭처럼 보이는 것은 음순이 융합된 것이다. 암컷은 소변을 보고, 교미를 하고, 새끼를 낳는 등 모든 일을 그 음경을 통해 한다. 그 가느다란 터널을 통해 출산하는 일은 고통스럽다. 첫 출산 때 음경은 새끼가 나올 때 찢겨 나간다. 첫 분만 때 죽는 암컷들도 많다. 살아남은 암컷들은 그 이후의 출산을 훨씬 더 수월하게 할 수 있다. 이 점은 인간 어머니도 충분히 이해할 수 있다. 처음이 가장 어려운 법이다.

아리스토텔레스부터 어니스트 헤밍웨이에 이르기까지 자연학자들은 얼룩하이에나의 특이한 생식기를 보고서 이 동물들이 암수한몸이라고 오해했다. 다른 동물들과 마찬가지로 성별이 둘이라는 것을 깨달은 뒤에도, 과학자들은 하이에나의 행동과 사회 조직을 보고 곤혹스러워했다. 얼룩하이에나는 암수의 몸집이 거의 같지만, 예외 없이 암컷이 지도자가 된다. 암컷이 우월한 성이다. 나이가 더 들고 몸집이 더 큰 수컷이라도 더 젊고 더 작은 암컷에게 항복한다. 이런 암컷의 우월성은 어디에서 비롯된 것일까? 언뜻 생각할 때는 테스토스테론이 해답인 듯하다. 암수 새끼 모두 자궁 내에서 매우 다량의 테스토스테론에 노출된다. 암컷 새끼가 수컷과 흡사한 생식기를 갖고 태어나는 것도 바로 그 때문이다. 테스토스테론은 어미의 독특한 태반에서 분비된다. 대다수 포유동물의 태반에는 모체의 안드로겐을 에스트로겐으로 전환시키는 아로마타제가 풍부한 반면, 전구 물질을 테스토스테론으로 전환시키는 효소들은 적게 들어 있다. 하이에나의 태반에는 이 효소 비율이 역전되어 있다. 즉 스테로이드 전구 물질을 테스토스테론으로 바꾸는 효소들은 많고, 테스토스테론을 에스트로겐으로 만드는 아로마타제는 적다. 따라서 하이에나 태아의 혈액에는 테스토스테론이 진하게 들어 있으며, 에스트로겐보다 더 많은 이 테스토스테론은 하이에나의 뇌로 들어가서 그곳에서 에스트로겐으로 전환될지도 모른다. 하지만 어쨌든 이 많은 테스토스테론은 하이에나 암컷의 특이한 생식기를 만들 수도 있고, 새끼가 어미의 음경 형태 질에서 빠져나오자마자 송곳니를 험악하게 딱딱거리는 이유가 될 수도 있다. 그리고 태어난 지 몇 주가 지나 혈액에서 테스토스테론 농도가 줄어들면, 새끼는 더 유순하고 재롱떠는 존재가 된다. 그 호르몬의 명성에 딱 들어맞는 현상인 듯하다.

하지만 우리는 암컷이 어떤 식으로 무엇 때문에 수컷보다 우위에 서게 되는지 알지 못한다. 하이에나 새끼 몸 속의 테스토스테론 농도는 암수 똑같이 태어난 뒤에 낮아진다. 그럼에도 암컷 새끼가 수컷 새끼보다 더 공격적이다. 청년기와 성년기에는 포유동물 수컷들이 성적으로 성숙할 때 대개 그렇듯이 암컷보다 수컷의 테스토스테론 농도가 상당히 높아지지만, 그래도 암컷의 우위에는 변함이 없다. 얼룩말의 넓적다리를 놓고 다툰다면, 암컷이 이긴다. 암컷이 수컷을 누르는 것이다. 그것은 습성이 되어왔다. 하지만 이 습성, 이 지배하려는 취향은 어디에서 온 것일까? 테스토스테론은 모든 것을 설명하지 못한다. 얼룩하이에나를 연구하는 과학자들은 모든 하이에나의 뇌가 태아 때 다량의 테스토스테론에 노출되어 모든 뇌가 수컷화했을 것이고, 암수의 뇌에 별 차이가 없을 것이라고 추측해왔다. 하지만 실제로 많은 포유동물 종에서 암컷보다 수컷의 뇌 용량이 더 큰 것처럼 하이에나도 수컷의 뇌 용량이 더 크다. 성적 행동을 통제하는 뇌 부위도 마찬가지이다. 하이에나 암컷은 '암컷의' 뇌를 갖고 있다. 그럼에도 이해할 수 없는 강력한 모권제를 유지하고 있는 것이다.

하이에나 연구를 통해 안드로스테네디온이라는 스테로이드 호르몬이 중요한 역할을 한다는 점이 밝혀졌다. 이 호르몬은 테스토스테론과 화학적으로 같은 부류에 속한 안드로겐의 일종이지만, 그렇게 남성적이거나 자극적인 안드로겐이라고는 여겨지지 않았다. 오히려 정반대였다. 오랫동안 연구자들은 안드로스테네디온이 테스토스테론이나 에스트로겐으로 전환될 때까지는 아무 의미도 없는 중간 물질이라고 무시해왔다. 이 물질은 주로 생식샘이 아니라 부신에서 만들어진다고 여겨졌다. 부신 호르몬들은 난소나 정소의 호르몬에 비해 그다지 성적인 역할을 안 한다고 생각했던 것이다. 성적 차별에 얽매여 있는 우리의 눈에는 암수의 부신이 별 차이가 없는 듯이 보였기 때문이다. 하이에나는 안드로스테네디온으로 무엇을 할 수 있는지를 보여주었다. 성년기 암컷은 수컷보다 테스토스테론의 양이 적을지는 몰라도, 다량의 안드로스테네디온으로 그것을 보충한다.

그 다량의 호르몬은 그녀의 부신이 아니라 난소에서 분비된다. 이유는 모르겠지만, 하이에나 암컷의 생식샘은 다량의 안드로스테네디온을 만들어낸다. 임신 기간에는 하이에나의 태반이 이 호르몬을 테스토스테론으로 변형시키며, 변형된 테스토스테론은 태아의 혈액 속으로 들어가게 된다. 하지만 암컷이 임신하지 않은 상태에서도 난소는 일정하게 안드로스테네디온을 만들어내며, 이 호르몬이 암컷에게 공격성을 불러일으키는 데 한몫을 할지도 모른다. 아마 그럴 수도 있고 그렇지 않을 수도 있다. 우리는 알지 못한다. 단지 말할 수 있는 것은 안드로스테네디온이 전보다 훨씬 더 주목을 받고 있다는 것뿐이다. 먹이고 보살펴주고 그것에 목줄을 매어라. 그러면 당신은 포악한 암컷을 상징하는 호르몬 마스코트를 갖게 된다. 한 연구는 공격적인 10대 소녀들의 혈액에 안드로스테네디온 농도가 높다는 것을 발견했다. 연구자들은 처음에는 그 결과가 무의미하다고 생각했다. 소녀들이 스트레스를 받아 부신이 과도하게 흥분하여 안드로스테네디온을 비롯한 부신 스테로이드들을 과잉 분비한 결과라고 생각했던 것이다. 이제 연구자들은 그 실험 대상자들이 정말 그렇게 스트레스를 받아 흥분했는지, 아니면 난소가 안드로스테네디온 폭풍과 그에 따른 행동이나 억양, 즉 건방지고 과시적이고 뻔뻔스런 말투를 낳은 것인지 궁금해하고 있다. 얼마나 공격적이든 간에, 여성들의 혈장에는 테스토스테론보다 안드로스테네디온이 네다섯 배 더 많으며, 그 안드로스테네디온은 대부분 자유롭다. 즉 혈액 단백질과 결합해 있지 않으며, 따라서 이론상 뇌에 더 쉽게 들어갈 수 있다. 안드로스테네디온 농도는 여성이나 남성이나 별 차이가 없다. 하지만 여기서 여성은 쥐 죽은 듯 가만히 있지 않는다. 여기에는 갖고 놀 진흙이 있다.

그렇다고는 해도 나는 안드로스테네디온을 너무 중요시하고 싶지 않다. 과대 평가된 것이 테스토스테론만은 아니다. 모든 호르몬들은 궁극적으로 과대 평가되어 있을 뿐 아니라, 제대로 이해되어 있지도 않다. 하지만 설령 우리가 이 주문을 능숙하게 외운다 해도, 여전히 우리는 테스토스테론이라는 족쇄에 매여 있으며, 우리 자신을 해방시킬 새로운 관점을 필요로 한다. 하이에나는 사슬을 끊는 데 이상적인, 강한 턱을 지니고 있다.

그리고 에스트로겐을 잊지 말자. 그 호르몬도 복종하거나 편협한 영혼이 아니라, 당당한 영혼을 부추길지 모른다. 유타 대학의 엘리자베스 캐시던이 여대생들을 대상으로 한 연구에서는 혈액에서 에스트로겐, 테스토스테론, 안드로스테네디온, 세 호르몬의 농도가 가장 높은 여성들이 가장 자존심이 세며, 동년배 사이의 위계 질서에서 자신이 높은 위치에 있다고 생각하는 경향이 있다고 나타났다. 또 그들은 거의 웃지 않았다. 그것은 자신을 중요하다고 생각하는 사람들에게서 나타나는 매우 불행한 증상에 속한다. 흥미롭게도 안드로스테네디온 농도가 가장 높은 여성이 설문 조사를 했을 때 친구들이 평가한 것보다 자신이 훨씬 더 높은 위치에 있다고 생각하곤 했다. 즉 그들은 자신의 힘을 과장하려는 성향을 보였다. 안드로스테네디온은 그저 마녀가 이것저것 뒤섞어 만든 약일지도 모른다. 하지만 자기 확신을 과도하게 가질 수가 있는 것일까? 맞아, 그래, 분명해. 우리는 그렇게 생각하며, 과대 망상을 품고 있는 사람을 매우 병적이라고 생각한다. 하지만 역사는 우리에게 자기 확신이 강하고 반발심이 일 정도로 자화자찬하는 사람이 진정한 불굴의 의지로 힘을 획득할 뿐 아니라, 그것을 한번 움켜쥐면 놓지 않는다는 것을 가르쳐왔다. 여성이 자기 확신을 지나치게 가질 수 있을까? 안드로스테네디온을 주입해 여성을 오만하게 만들 수 있다면, 나는 기꺼이 팔을 뻗어 당신이 정맥을 찾을 수 있도록 돕겠다.

　그리고 이제 나는 호르몬이 행동의 원인이 아니라는 대단한 사실을 상기시켜야 하겠다. 우리는 뇌나 자아에 일을 하는 호르몬이 어떤 것인지는 모르지만, 일을 하지 않는 호르몬이 어떤 것인지는 알며, 자동차 핸들을 돌리는 것이 차가 왼쪽이나 오른쪽으로 움직이는 원인인 것처럼 그것들이 행동의 원인이 되지는 않는다는 사실을 안다. 그뿐 아니라 공격적이거나 지배적인 행동을 하는 능력이 반드시 호르몬을 매개로 해야 하는 것도 아니다. 호르몬이 사소한 것이라도 뭔가 하는 것이 있다면, 그것은 단지 다른 조건들이 같을 때 그 행동이 일어날 가능성을 높이는 것에 불과하다. 배란기에 에스트로겐 농도가 최대에 도달해도 단지 에로스가 약간 흥겨워지거나 약간 자극되는 것에 불과할 수 있다. 반면에 생체 되먹임 작용이라는 개념을 기억하는 것도 도움이 된다. 행동과 감정은 호르몬 환경을 바꾸고, 뉴런 사이의 연결을 바꿀 수 있다. 뇌는 융통성이 있다. 뇌 세포들끼리 연결된 통로인 시냅스는 생겼다가 죽어 없어졌다가 다시 생기곤 한다.

　신경과 호르몬 융통성 측면에서 보면, 아프리카의 탕가니카 호수에 사는 열대어 시클리드 *Haplochromis burtoni*를 따라올 만한 동물은 없을 것이다. 이 종의 수컷들 중에서 그 호수의 특정 위치를 차지하는 수컷은 한 시기에 겨우 한 마리나 몇 마리에 불과하다. 우두머리 수컷들은 화려한 색깔을 띤 푸른 네온등인 반면, 암컷들과 하위 수컷들은 모래 색깔을 띠고 있다. 오직 우두머리 수컷들만이 기능을 하는 생식샘을 갖고 있으며, 우두머리 수컷들만이 번식을 할 수 있다. 그리고 시선을 끄는 비늘 때문에 우두머리 수컷들은 항상 포식당할 위험에 놓여 있으며, 다른 수컷들에게 지위를 찬탈당할 위험도 있다. 지배자 수컷이 더 강한 수컷의 힘에 눌려 지위를 잃으면, 그의 뇌는 급격하게 극적으로 변화하기 시작한다. 그의 시상 하부 펄스 발생기를 이루는 뉴런들, 즉 생식샘과 정액 생산을 통제하는 뉴런들은 오그라들고 시냅스들은 끊어진다. 뇌에서 적절한 신호가 오지 않으므로, 그의 정소 역시 오그라들고, 그에 따라 그 물고기는 테스토스테론의 주요 공급원을 상실한다. 그는 밝은 색깔을 잃고 암갈색을 띠게 된다. 그는 공격적인 자세로 자기 영토를 순찰하는 데 헌신하던 태도를 버리고, 가능한 한 자제하면서 몸을 숨긴 채 지낸다. 그는 부끄러워하지 않는다. 그는 분별력이 있다. 그는 정소도 테스토스테론도 갖고 있지 않기 때문에, 정자를 만들 수도 없고 짝짓기를 할 수도 없다. 그리고 짝을 지을 수 없다면, 다시 지배할 기회가 올 때까지 물러나 있는 것이 당연할지 모른다. 권력을 찬탈한 자가 죽거나 잡아먹히면, 그 암갈색 물고기는 생식샘을 얻으려 하는 다른 칙칙한 경쟁자들과 맞서 다시 한 번 찬란한 삶을 얻기 위한 경쟁에 뛰어들 기회를 갖게 된다. 그리고 만일 그가 경쟁에서 이긴다면, 그의 시상 하부는 다시 팽창할 것이고, 그의 정소도 그럴 것이며, 그의 테스토스테론 분비와 번식 능력도 확대되며, 그의 비늘은 다시 선명하고 눈부시고 오만하게 변할 것이다.

시클리드는 행동, 아니 더 정확히 말해 현실 판단이 어떤 식으로 뇌에서 생식샘에 이르기까지 몸 전체를 재조정할 수 있는지를 보여주는 모범 사례이다. 그 행동은 싸움에서 진 것이다. 뇌는 처음에 반발한다. 그 상실감은 신경을 퇴화시키고, 시상 하부의 펄스 발생기를 약하게 만든다. 시클리드의 뇌에 변화를 일으킨 것은 테스토스테론 농도 저하가 아니다. 신경 위축이 호르몬 농도 저하보다 먼저 일어나기 때문이다. 그런 변화가 일어난 뒤에 그의 생식샘이 위축되기 시작할 때에야 그 물고기의 호르몬 농도가 크게 변화한다. 이 종에서 테스토스테론은 행위자라기보다는 반발자이다. 그 호르몬의 농도 저하는 몸을 숨기는 행동을 촉진하거나 자극할지 모르지만, 그런 행동의 원인은 아니다. 패배한 뒤 뇌, 생식샘, 호르몬 체계가 서로 뒤얽혀 시클리드에게 가장 현명한 전략을 내놓는다. 가만히 지켜보며 기다리면서, 휴가를 즐기라고 말이다.

이 작은 물고기 이야기에서 얻을 수 있는 교훈은 화살표가 호르몬에서 행동으로, 즉 A라는 신경 회로에서 B라는 결과로 한 방향만을 향하고 있지 않다는 것이다. 오히려 그 화살표는 M. C. 에셔의 그림 식으로, 새, 인간, 성간 우주로 차례로 바뀌었다가 다시 본래 모습으로 돌아오는 화살표이다. 뇌는 결코 고정되어 있지 않다. 그것은 움직이는 표적이다. 당신의 호르몬들이 무엇이든 당신에게 해주는 것이 아니다. 호르몬 같은 것보다 습관과 환경이 당신의 행동에 더 깊은 영향을 미칠 수 있다. 복종에 익숙한 사람은 그녀나 그의 에스트로겐이나 테스토스테론이나 안드로스테네디온 농도가 그대로이든 떨어지든 간에 윗사람에게 순종할 것이다. 거세되기 전에 영토와 번식 능력을 표시하기 위해 집 안 곳곳에 분비물을 뿌리고 다니던 수고양이는 정소가 제거된 뒤에도 계속 분비물을 뿌리고 다닐 것이다. 그는 그렇게 하도록 배웠으며, 설령 그 분비물을 뿌리는 충동이 테스토스테론이 물밀듯이 밀려오는 발정기 때 생긴 것이라 해도, 더 이상 그 호르몬이 없다 해도 수고양이라면 당연히 어디를 가든 냄새를 남겨두어야 한다는 것을 알고 있다. 고양이는 너무나 영리하기 때문에 모를 리가 없다.

뇌는 움직이는 표적이므로, 우리가 이해하고자 하는 공격 회로도 마찬가지이다. 공격성 연구자들은 공격을 몇 가지 유형으로 나눈다. 그들은 포식 공격성, 경쟁 공격성(수컷 간 공격성), 공포 공격성, 분노 공격성, 모성 보호적 공격성, 성적 공격성 등을 말한다. 하지만 이런 분류에 모두가 동의하는 것은 아니다. 연구자들은 공격성의 정의와 공격성 연구의 타당성을 놓고 때로는 화를 낼 정도로 견해 차이를 드러낸다. 침입자 패러다임이라는 고전적인 실험이 있다. 쥐가 갇혀 있는 우리에 생쥐를 집어넣으면, 쥐는 생쥐를 공격해 죽인다. 죽이는 데 3분밖에 안 걸리는 쥐도 있고, 죽이기까지 30분이 걸리는 쥐도 있다. 당신은 이 실험 결과를 놓고 후자보다 전자의 쥐가 더 공격적이라고 결론을 내릴 수 있다. 하지만 쥐의 공격 성향에 영향을 미치는 변수들은 많다. 쥐의 지능, 배고픈 정도, 기분뿐 아니라 집어넣은 생쥐의 교활함과 힘도 영향을 미칠 수 있다. 어쨌든 그 실험 자체는 인위적이다. 자연 상태에서 쥐와 생쥐는 거의 만나는 일이 없으며, 제 발로 쥐구멍을 찾아 들어갈 만큼 어리석은 생쥐는 없다.

딱히 '공격성 호르몬'이라고 이름을 붙일 만한 별도의 호르몬이 없는 것과 마찬가지로, 뇌에도 공격성을 위한 별도의 자리는 없으며, 공격적인 감정이나 행동에 관여하거나 그것을 통제하는 부위도 따로 마련되어 있는 것이 아니다. 최근 제프리 세이버와 동료들이 펴낸 신경정신병학 교재를 보면, 뇌에는 공격적이라고 부를 수 있는 다양한 행동들과 관련이 있는 부위가 38곳이나 된다고 나와 있다. 고양이의 시상 하부 주위의 피질 조직을 제거하고 시상 하부 안쪽을 전기로 자극하면, 고양이는 자동적으로 쉿쉿 소리를 내고 털을 곤두세우고 발톱을 뻗고 동공이 확장되는 고양이 특유의 화난 자세를 취한다. 따라서 적어도 고양이에게서는 시상 하부 주위에 있는 피질은 공격성을 억제하고, 시상 하부는 공격성을 촉진하는 듯하다. 한편 붉은털원숭이의 편도핵을 잘라내면, 대개 그 원숭이는 유순하고 차분해진다. 하지만 항상 그런 것은 아니다. 원래 유순했던 붉은털원숭이들은 편도핵이 제거된 뒤에 공격성을 띠는 경우가 많다. 편도핵은 학습과 기억에 중요한 역할을 한다고 여겨진다. 따라서 이 실험은 편도핵이 없어지면, 공격적이었던 원숭이는 자신이 공격적이었다는 것을 잊고, 유순했던 원숭이는 자신이 유순했다는 것을 잊는다는 사실을 말하고 있는지도 모른다.

이런저런 머리 손상과 뇌 질환을 지닌 사람들은 공격적이고 충동적이며 폭력적인 행동을 보인다. 하지만 과학자들은 '바로 여기가 분노 공격성이나 모성 공격성의 일차 통로이다'라고 자신 있게 말할 수 있는 뇌 부위를 찾지 못하고 있다. 정신과 의사인 데이비드 베어는 머리 손상을 입어 의식을 잃은 경험이 있는 열 살 된 소녀인 레베카 이야기를 해준다. 손상을 입은 지 4년 뒤에 레베카는 발작, 일시적 기억 상실, 기시감을 겪기 시작했다. 그녀는 쉽게 화를 내고 긴 시를 쓰고 철학적인 생각에 심취하는 등 다른 모습을 보였다. 뇌파 검사 결과 그녀의 오른쪽 측두엽이 비정상적인 뇌파를 보였다. 15세가 되자 그녀는 집에서 멀리 여행을 떠나곤 했고, 남자 같은 목소리로 거칠게 말을 했으며, 종종 자신이 화를 내고 있다는 것을 알아차리지 못한 채 폭력적인 행동을 보이기 시작했다. 한 번은 풀밭 언덕에서 일어나 보니, 손에는 피묻은 막대기가 들려 있었고, 옆에는 낯선 남자가 의식을 잃은 채 쓰러져 있는 모습이 보였다. 또 한 번은 진료를 받다가 갑자기 의사에게 달려들어, 칼을 의사의 목에 댄 채 세 시간 동안 난동을 부린 적도 있었다. 나중에 자신이 어떤 짓을 했는지 알아차린 레베카는 몹시 양심의 가책을 느껴 보상으로 작은 약병에 자신의 피를 담아 그 의사에게 주었다. 측두엽 손상을 입은 뒤 레베카가 공격적으로 변한 것은 사실이지만, 정서적으로는 침울해졌다. 그녀는 뭔가를 쓰고, 방황하고, 자신을 억제하거나 억제된 것을 해방시키려는 충동을 느꼈다. 그녀는 12세기의 유명한 수녀이자 작곡가이며 시인이자 편두통과 함께 찾아오는 예시와 환각을 보았던 몽상가인 힐데가르트 폰 빙엔의 모습을 엉성하게 보여주는 존재가 되었다.

뇌는 자신이 낯설어지면, 날카로운 소리를 지르면서 털을 곤두세우는 고양이처럼 더 원시적이고 덜 억제된 모습을 보이곤 한다. 간질 발작을 없애기 위해 전교련(前交連)을 끊는 수술을 받았던 한 여성은 그 뒤로 목욕을 하거나 옷을 입는 것 같은 일상적인 일조차 하기가 어려워졌다. 오른팔과 왼팔이 서로를 학대하기 시작했기 때문이다. 전교련은 뇌의 좌우 반구끼리 의사 소통을 할 수 있도록 하는 신경 섬유 다발이다. 이 다발이 없으면, 각 반구는 홀로 표류하면서 두려움을 느끼며, 낯설어진 뇌의 다른 반쪽이 통제하는 팔을 포함해 모든 것을 적으로 보았다. 하지만 이것이 공격적인 뇌나 방어적인 뇌를 의미하는 것일까? 아니면 상처 입은 새가 필사적으로 날개를 퍼덕거리면서 평상시의 비행 상태로 돌아가려 애쓰는 것처럼 공포에 질린 모습을 뜻할까?

뇌는 본래 여성적이며 안드로겐에 노출되면 남성화한다고 여겨지며, 안드로겐이 공격적인 행동을 자극하거나 매개한다고, 아니 적어도 그 행동과 동조한다고 이야기된다. 하지만 일부 신경 모델은 공격성 자체가 뇌의 기본 성향이라고 본다. 뇌는 그 4분의4 박자에 맞춰 조화를 회복한다는 것이다. 따라서 인간의 뇌는 그 공격성을 억누르고 덜 공격적으로 만들기 위한 억제 테이프로 겹겹이 감싸여 있는 셈이다. 1848년 철도 회사 현장 주임으로 일하던 25세의 피니어스 게이지는 엄청난 상처를 입었다. 금속 충전 막대가 손 밑에서 폭발하면서 그의 왼쪽 눈을 뚫고 들어가 두개골 꼭대기로 비어져 나왔다. 눈은 못 쓰게 되었지만, 놀랍게도 다른 부분에는 이상이 없는 듯했다. 그는 여전히 말을 할 수 있었다. 동료들의 도움을 받아 그는 근처에 있는 숙소로 걸어갈 수 있었다. 얼마 지나지 않아 게이지는 회복되었다. 하지만 그는 식구들이 기대했던 사람으로 돌아오지 않았다. 그는 전혀 다른 사람이 되었다. 자신에게는 그렇지 않을지 몰라도 다른 사람들에게는 그랬다. 그 사고

가 있기 전에 그는 지적이고 근면하며 검소하고 교회에 잘 나가는 사람이었다. 하지만 사고 뒤에 그는 지적이고 충동적이고 상스러운 사람이 되었다. 그는 손위 사람들을 욕했다. 그는 덧없는 욕망을 충족시키려 하는 자신을 방해하려는 모든 사람들을 욕했다. 그는 환상 속에서 살고자 하는 계획을 포기하는 자기 자신을 욕했다. 그는 직장도 포부도 오래 가질 수가 없었다. 그의 의사인 존 할로우는 "그는 더 이상 게이지가 아니었다"라고 썼다. 뇌 영상 촬영 기술과 컴퓨터로 재현한 게이지의 두개골을 이용해, 최근 과학자들은 그의 뇌 손상을 재구성해 왼쪽 눈 안쪽 전두엽이 가장 큰 손상을 입은 부위임을 밝혀냈다. 그들은 이곳이 충동을 통제하는 영역이라고 주장했다. 즉 뇌의 자제 영역, 말하자면 도덕 중추라는 것이다. 하지만 자제를 담당하는 다른 영역, 즉 다른 뇌 부위들도 있다. 많은 정신 질환들은 통제 상실, 길들여진 상태의 정신이 일탈한 모습을 보여준다. 정신분열증, 조울증, 외상 후 스트레스 장애, 공포증 같은 모든 정신 질환들에서 환자들은 격렬하게 달려들고, 소리치고, 노래를 불러대고, 공격하고, 부순다. 내 선조 중에 실리어스 앤지어라는 분이 있었다. 그는 미국 독립 전쟁 때 뉴햄프셔 군대에 들어가 싸웠다. 뉴잉글랜드 출신인 피니어스 게이지와 마찬가지로, 그도 근면하고 패기만만하고 독선적이었으며, 피츠윌리엄이라는 작은 마을에서 유명한 사람이었다. 18세기 말 실리어스는 아메리카 원주민들과 맞서 싸우다가 머리에 총상을 입었다. 그 뒤 그는 전혀 딴사람이 되었다. 그는 변덕스럽고 퉁명스러운 사람이 되었다. 그는 평판에 신경 쓰지 않는 사람이 되었다. 그는 교회에 가지 않는 사람이 되었다. 그는 광장 공포증을 지니게 되었다. 실리어스는 71세 생일을 3일 남겨둔 1808년 10월에 가난한 상태로 사망했다.

우리는 공격성의 내분비학이나 공격성의 해부학이나 공격성의 신경

화학을 알지 못하고 있다. 최근 신경 전달 물질인 세로토닌이 공격성 연구의 전면으로 부상했다. 당신은 세로토닌을 생각할 때 가장 경제적으로 성공을 거둔 약인 프로작과 졸로프트 같은 기분을 좋게 하는 약들도 생각할 것이다. 가장 단순한 모델은 세로토닌 농도가 '낮으면' 공격적이고 충동적이고 추한 행동을 할 위험이 높아진다고 단정한다. 맥매스터 대학의 미하이 아라토는 세로토닌을 '문명화시키는' 신경 전달 물질이라고 불렀다. 이 모델은 또 세로토닌 농도가 '낮으면' 우울증에 걸릴 위험이 있다고도 말한다. 우울증은 종종 여성의 질환이라고 여겨진다. 여성의 발병률이 남성보다 두세 배 더 높기 때문이다(최근의 국제 조사에 따르면 남성들이 이 수치를 추격하고 있기는 하다). 공격성과 우울증은 전혀 다른, 심하면 양쪽 극단에 서 있는 현상처럼 보이지만, 사실은 그렇지 않다. 우울증은 자아, 즉 가상의 위협적인 자아를 향한 내향적인 공격이다. 우울증이 심한 사람은 관찰자의 입장에서는 마취된 듯이 보일지 모르지만, 스스로가 보기에는 결코 마취되어 있지 않다. 스스로는 마취되기를 원할지 모르며, 약물을 통해 도움을 받으려 할지도 모르지만, 자신 속에 웅크린 채 재잘거리고 조롱하는 공격자를 진정으로 달랠 수는 없다. 윌리엄 스타이런은 우울증이라는 폭력이 진정한 '정신 착란'이자 '무자비한 공포라는 회색 이슬비'이며, 그 비를 맞는 사람들은 늙고 기력 없는 미친 리어 왕이 된다고 묘사했다. 따라서 공격성과 우울증을 비교하는 것이 논리적으로 타당하며, 세로토닌이 양쪽 다 관여하고 있다면, 그 말 역시 논리적으로 들린다.

하지만 우리는 세로토닌이 공격자나 침략자의 풍경 속으로 어떻게 어디에서 무엇 때문에 들어오는지 모른다. 스테로이드 호르몬과 마찬가지로, 세로토닌은 오래된 분자이다. 바닷가재도 그것을 갖고 있으며, 단순히 '낮은 농도'의 세로토닌을 공격성과 같다고 볼 때 예상할 수 있는 방식과는 다르지만, 바닷가재도 그것에 행동으로 반응한다. 세로토닌을 주사하면, 바닷가재는 근육을 긴장시키고 집게발을 펼치면서 싸우는 자세를 취한다. 반면에 포유동물에서는 세로토닌이 그렇게 일관적이지 않으며 종 특이성을 보인다. 인간과의 접촉을 참고 견디는, 더 길들여진 은여우는 사육사에게 으르렁대고 그를 물어뜯는 은여우보다 중뇌와 시상 하부의 세로토닌 농도가 더 높다. 혈액의 세로토닌 농도가 높은 붉은털원숭이는 그 사회의 지배자가 되는 경향을 보이는 반면, 세로토닌 농도가 매우 낮은 개체들은 공격적이고 사회적 일탈자가 되는 경향을 보인다. 즉 당신의 우리에 넣고 싶지 않은 원숭이가 된다. 하지만 다른 원숭이 종에서는 이런 상관 관계가 나타나지 않는다.

사람에게서는 세로토닌이 더 혼란스러운 영향을 미친다. 자살한 사람들의 뇌를 조사해보면, 세로토닌 농도가 높을 때도 있고 낮을 때도 있다. 폭력 범죄자들의 뇌척수액에서 세로토닌 대사 산물을 조사한 과학자들도 마찬가지로 일관성 없는 결과를 얻었다. 방화광과 충동적으로 살인을 저지른 사람은 세로토닌 대사 산물의 농도가 낮은 반면, 강간범과 상습적인 아내 구타자는 그렇지 않았다. 뿐만 아니라 우울증 환자를 연구한 결과들도 우울증의 생물학적 기원을 보여줄 혈액 증거 자료라고 기대할 수 있는 세로토닌 대사 저하를 보여주지 못했다.

세로토닌을 갖고 무엇을 연주하든 간에 그것은 다성 음악이 된다. 세로토닌 수용체는 적어도 16가지나 되며, 각각은 세로토닌에 각기 다른 방식으로 반응할 수 있는 별개의 단백질들이다. 무엇 때문에 이 많은 수용체들이 있는 것일까? 우리는 알지 못한다. 뉴런들이 세로토닌을 좋아하는 것일까? 세로토닌을 갈망하는 것일까? 우리는 알지 못한다. 프로작과 졸로프트 같은 세로토닌 재흡수 억제제라고 하는 약들은 뉴런들이 세로토닌을 흡수하지 못하도록 막음으로써, 세로토닌이 시냅스 연결 부위에 더 오래 남아 계속 일을 하도록 시키는 듯하다. 따라서 세로토닌은 많으면 '좋다'. 그런 한편으로 신경증 성향 검사에서 높은 점수를 받은 사람들을 조사한 최근의 유전자 연구 결과는 세로토닌의 '좋음'을 다른 식으로 말한다. 신경증 환자는 비효율적인 세로토닌 운반 유전자를 갖고 있는 듯하다. 그것은 그 운반자들이 재흡수 억제제 약물처럼 행동함으로써 세로토닌을 시냅스 연결 부위에 더 오래 남아 뉴런들이 이용할 수 있도록 한다는 의미이다. 신경증 환자는 가만히 있지 못하고 불만스러운 표정에 우울한 성격을 갖고 있다. 그들은 몸 속의 세로토닌을 그다지 잘 활용하고 있는 것 같지 않다. 그들은 마치 바닷가재처럼 세로토닌 농도가 높으면 방어 자세를 취하며 손톱을 세운다.

즉 우리는 세로토닌이 공격성이나 우울증에 어떤 역할을 하는지 잘 모르며, 따라서 프로작 같은 약들이 탄수화물을 탐닉하거나 성욕을 잃게 하는 것 같은 부작용을 수반하곤 하는 이유도 잘 모른다. 세로토닌이 '문명화시키는' 신경 전달 물질이라면, 아마 그것이 너무 많아지면 너무 적을 때와 마찬가지로, 프라고나르[Jean Honor Fragonard, 프랑스 풍속화가. 여인·아이의 초상, 혹은 목욕하는 여인이나 연인들을 제재로 한 풍속화를 즐겨 그렸으며, 섬세하고 미려한 관능적 정취를 짙게 보여주었다] 벽화들에 둘러싸인 프랑스 거실에서 가루를 뿌린 가발을 쓴 채 앉아 있는 것처럼 질식할 듯한 기분이 들지도 모른다.

우리는 공격성의 내분비학, 신경해부학, 생화학을 알지 못한다. 하지만 우리는 그것을 느낄 때 그것을 알며, 그것은 역겹게 느껴질 때도 있고 매우 기분 좋게 느껴질 때도 있다.

15

술에 물 타기

여성의 공격성 옹호

이 연구는 아주 많이 이루어져왔다. 당신이 아직 걷지 못하는 아기들이나 걸음마를 막 떼기 시작한 아기들을 모아 노란색처럼 성별을 구분할 수 없는 별 특징 없는 옷을 입히고, 머리 모양도 성별을 분간할 수 없도록 잘 다듬은 다음, 그들을 많은 어른들이 지켜보고 있는 방에 몰아넣으면, 어른들은 그 아이들의 성별을 제대로 구별하지 못할 것이다. 어른들은 각 아이의 행동을 보고 구별하려 시도하겠지만, 맞출 확률은 동전을 던져 나오는 것만큼밖에 안 될 것이다. 이러한 연구 결과들은 반복해서 쏟아져 나오고 있지만, 여전히 우리는 믿지 못한다. 우리는 아이의 행동을 보면, 특히 공격성이 어느 정도인지 보면 남자아이인지 여자아이인지 구별할 수 있다고 생각한다. 우는 아기의 모습이 담긴 비디오 테이프를 틀어놓고 그 아기가 남자아이라고 일러주면, 관찰자는 그 아기가 화가 난 것 같다고 말할 것이다. 하지만 그 아기가 여자아이라고 일러주면, 관찰자는 아기가 겁에 질렸거나 가여워 보인다고 말할 것이다.

　나는 16개월 된 딸과 한 모임에 와 있다. 그때 18개월쯤 되어 보이는 남자아이가 다가와서 내 딸이 갖고 노는 장난감을 빼앗는다. 나는 딸에게 큰 아이들이 항상 너를 괴롭히려 할 테니까 조심하라고 말했지 않느냐는 식으로 장난스럽게 말한다. 그러자 남자아이의 어머니가 맞장구를 친다. 남자아이들은 다 그렇다고 말이다. 그 나이 때는 다 그렇다고 덧붙인다. 남자아이들은 아주 남자다워진다는 것이다. 잠시 뒤 18개월쯤 된 여자아이가 내 딸의 우유 컵을 뺏는다. 그 여자아이의 어머니는 여자아이라서 그렇다거나 여자다워진다는 식의 말을 하지 않는다. 그런 말을 안 하는 것은 당연하다. 아무 의미가 없는 말이기 때문이다. 그렇지 않은가? 큰 여자아이가 작은 여자아이의 컵을 빼앗는 것은 여자다워진다는 것과 아무 상관이 없다. 하지만 장난감을 빼앗는 것은 큰 남자아이의 남자다움에 담긴 본질적인 요소로 여겨진다.

나는 이런 것들을 이야기할 때 나 자신이 몹시 공격적으로 변하는 것을 느낀다. 안타깝게도 나는 어린아이가 아니기 때문에, 누군가에게 다가가 무릎을 발로 걷어찰 수가 없다. 걸음마를 뗀 아기들은 성별에 상관없이 그런 일을 한다. 그들은 차고 때리고 소리 지르며, 물건을 내던지며, 유효 기간이 지난 알약을 먹은 것처럼 행동한다. 그리고 우리 어른들은 그것을 참고 견디며, 힘없는 천진난만한 아이라는 신화를 끌어댄다. 우리들이 그렇게 하고 아이들이 귀엽다는 것은 좋은 일이다. 그렇지 않다면 우리는 진실을 알아차릴 것이기 때문이다. 우리 아이들이 본래부터 공격을 권하는 듯한 뇌와 놀라운 힘을 지니고 태어난다는 사실을 말이다.

핀란드 투르쿠아카데미 대학의 카이 뵈르크비스트는 '어린아이들은 동물과 같다'고 말한다.

그들은 언어를 갖기 전에 몸을 갖고 있다. 그리고 몸을 통해 그들은 공격을 가할 수 있으므로, 몸을 이용해 공격을 가한다. 그들은 신체적인 공격을 한다. 남자아이, 여자아이 할 것 없이 모두 그렇다.

뵈르크비스트는 여성의 공격성을 연구하고 있다. 그는 유럽, 북아메리카, 중동, 아시아의 아이들을 비교 문화적으로 분석해왔다. 그는 지역에 상관없이 어린아이들이 신체적 공격성을 지니고 있으며, 세 살이 되기 전에는 여자아이와 남자아이의 공격성에 별 차이가 없다는 사실을 발견했다. 우리는 성장하면서 성별에 따른 공격성을 갖는다. 우리는 태어날 때부터 공격성 법전을 갖고 있으며, 경험과 실험을 통해 그것을 완벽하게 개정한다. 이제 인위적으로 공격성을 '나쁜' 공격성과 '좋은' 공격성 두 가지로 나누어야겠다. 앞서 나는 행동을 좋은 공격으로 볼지 나쁜 공격으로 볼지 결정하는 것이 맥락이며, 맥베스 부인조차도 북구인의 겉모습을 씌우면 대단한 여성으로 보인다고 말했다. 하지만 여성의 공격성이 어떻게 진화하는지, 그리고 그것의 다양한 기원과 표현이 어떠한지 조사하기 위해서는 연구자들이 하는 식으로 해로운 것과 단호한 것을 구별하는 편이 도움이 된다. 펜실베이니아 의대의 아동 정신과 의사인 헨리 페어렌스는 공격성을 '지나친 불쾌감에서 비롯되며 환상과 분노에 따른 행위와 적대감과 증오를 자극하는 적대적인 공격성'과 '단호하게 목표를 달성하려는 행동을 장려하는, 타고난 비파괴적인 공격성'으로 나눈다. 유아와 갓 걸음마를 뗀 아이에게는 두 공격성이 하나이며, 반발적인 신경계를 이루고 있다. 즉 자아와 비자아의 매개자인 부모의 주의를 끌고 추진력을 유지하기 위해 무엇이든 가지려 하고 무엇이든 해주길 바라는 분노, 증오, 자기 주장이 그것이다.

정신이 각성하면서 아이는 공격적인 충동들을 서로 연결하고 행동과 반응을 헤아리고 비교하는 법을 배운다. 아이들은 서로를 아프게 하는 것이 어떤 의미인지 배우기 시작한다. 아기는 당신의 입을 발로 차면서도 자신이 당신을 아프게 한다는 것을 모른다. 두세 살이 되면, 여자아이는 자신이 다른 존재들을 아프게, 몹시 아프게 할 수 있다는 것을 알게 되며, 해로운 공격과 단호한 공격을 구별하는 지식이 의미를 갖게된다. 주류 모델은 공격성이 공중 보건에 위협을 가한다고 단정한다. 주류 학계는 여성의 공격성을 연구할 때 적대적인 공격성, 즉 상처를 입히기 위한 사악한 목적을 지닌 공격성에 초점을 맞추고 있다.

정신이 제자리를 잡고 아이가 자신의 생각을 또렷이 말하기 시작하면, 어른들은 신체적 공격을 점점 참지 못하게 된다. 현재 대다수의 문화에서는 아이가 성장할수록 그들의 신체적 공격은 점점 더 용납되지 않는다. 아이가 사춘기에 도달하면, 원하는 물건이나 행동을 다른 사람에게서 얻어내기 위해 육체적 힘을 사용하는 성향은 사실상 병적인 것으로 여겨진다. 남자아이나 여자아이나 별 차이가 없지만, 여자아이는 특히 더 그렇게 여겨진다. 여자아이들은 다방면으로 공격을 받아 신체적 공격을 포기하게 된다. 여자아이들은 공격적인 싸움뿐 아니라 방어적인 싸움도 하지 말라는 가르침을 받는다. 여자아이들은 주먹을 뻗는 법을 배우지 않는다. 유머도 공격의 한 형태이며, 최근까지도 유머는 여성 전사라는 개념 자체를 부수기 위해 사용되어왔다. 여자아이가 싸운다는 생각만 해도 사람들은 낄낄거리고 즐거워한다. 고양이 싸움이다! 할퀴고 비명을 질러대고 머리끄덩이를 잡아당기고 치마가 훌러덩 젖혀지는 것도 모른 채 뒤엉켜 뒹군다! 다행히도 여자들의 싸움을 낄낄거리며 농담거리로 삼는 것은 유행이 지났으며, GI 제인이나 칼을 휘두르는 전사 제나나 벽돌을 부수는 주먹을 지닌 클링곤(〈스타 트랙〉에 나오는 외계인 종족) 여성들의 모습이 대신 들어섰다. 대중 매체가 이렇게 새로운 여성 전사들을 창조해낸 것이 시각 변화 때문인지, 아니면 쉬이 지루해하고 산만해지는 관중에게 충격을 주기 위해서인지는 명확하지 않지만 말이다.

대중 매체의 의도가 무엇이든 간에, 여자아이들은 육체적인 싸움을 그다지 자주 하지 않는다. 항상 그런 것도 아니고 어디에서나 그런 것도 아니긴 하지만, 아이들은 나이가 들수록 육체적으로 덜 공격적이 된다. 그러나 육체적 공격의 사용 빈도는 남자아이보다 여자아이 쪽이 훨씬 더 급격히 떨어진다. 적어도 서양 선진국에서는 초등학교 3학년이 되면 여자아이보다 남자아이 쪽이 자신을 화나게 하는 상대를 차거나 때리는 비율이 세 배 정도 더 높다. 그렇다면 여자아이들은 손과 발을 통해 말할 수 있는 언어 이전 단계의 축복인 공격성을 어떻게 할 것인가? 그것은 사라지지 않는다. 그것은 새로운 목소리를 발견한다. 그것은 단어를 발견한다. 여자아이들은 심술궂은 말을 하는 법을 배운다. 욕설과 신랄하게 모욕하는 말을 습득하는 것은 어린 시절의 필수적인 과제이다. 또 여자아이들은 얼굴을 무기로 삼는 법도 배운다. 혀를 길게 내밀거나 눈을 이리저리 굴리거나 입술을 위로 마는 것 같은 표정들은 어른들에게는 우습게 보일지 몰라도, 연구 결과 아이들에게는 우습지 않다는 것이 드러났다. 그것은 분노와 혐오를 전달하거나 탐탁지 않은 것을 제거하는 데 효과적일 수 있다.

공격성 연구자들은 처음에는 여자아이들이 남자아이들보다 말로 공격하는 능력이 더 뛰어나며 남자아이들에 비해 다른 아이를 말과 얼굴 표정으로 경멸할 가능성이 더 높다고 생각했다. 하지만 핀란드에서 8~11세 된 아이들을 조사한 일련의 연구들은 다른 결과를 내놓았다. 연구자들은 아이들이 화가 났을 때 어떻게 반응하는지 판단할 방법을 모색했다. 그들은 아이들에게 자기 자신의 모습과 화가 났을 때 자신의 반응을 묘사하라고 했다. 또 교사와 부모에게는 아이들이 다툴 때 어떻게 반응하는지 묘사하라고 했다. 그리고 아이들에게 서로 이야기를 해보고 상대가 화를 내게 하거나 소동을 불러일으키는 행동을 어느 정도나 하는지 점수를 매기라고 했다. 연구자들은 남자아이와 여자아이가 똑같이 또래들을 말로 공격하고, 직접 마주보고 나쁜 별명을 부르고, 고함을 지르고, 조롱하고, 자신이 경멸하는 아이를 어리석게 보이도록 만들려 애쓴다는 것을 알았다. 따라서 남자아이 쪽이 발로 차고 싸우는 일이 더 잦지만, 우기고 잔소리를 하는 데는 남자아이나 여자아이나 마찬가지다. 그러므로 남자아이 쪽이 더 공격적이다. 그들은 입으로 소리를 지르면서도 때로 몸을 사용하지만, 여자아이들은 주먹을 쥐고 있을 뿐 내밀지 않기 때문이다.

여자아이들은 대체로 그들만의 방식으로 분노를 표현하기도 한다. 화가 난 여자아이는 상대가 존재하지 않는 양 아예 상대를 하지 않고 모른 척 고개를 돌리는 방식으로 반응하기도 한다. 그녀는 보란 듯이 공격적으로 시선을 돌린다. 찬바람이 쌩쌩 부는 소리가 들리는 듯하다. 열한 살 아이들 중에 이런 식으로 보란 듯이 냉대함으로써 분노를 표현하는 비율은 여자아이들이 남자아이들보다 세 배쯤 된다. 게다가 이 나이에는 남자아이보다 여자아이가 간접 공격을 더 많이 한다.

나는 이런 형태의 공격을 싫어한다는 것과 그런 이야기 자체가 여성이 배신을 잘하고 음모를 잘 꾸민다는 진부한 이야기를 강화하는 것임을 솔직히 인정하련다. 하지만 그것은 우리 여성들이 잘 알고 있는 공격이다. 우리는 소녀로서 성장했고, 그것을 보았으며, 그것에 맞서 싸웠고, 그것을 증오했고, 그것을 했다. 간접 공격은 익명의 공격이다. 그것은 험담하고, 쑥덕거리고, 악의적인 소문을 퍼뜨리는 것이다. 그것은 경멸하고자 하는 상대를 싫어하는 아이들을 규합하면서도 막상 대면했을 때는 하지 않았다고 잡아떼는 것이다. 간접 공격은 시간이 지날수록 사용 빈도가 늘어난다. 여자아이들이 주먹을 사용해 결판을 내는 일을 하지 않기 때문이 아니라, 간접 공격의 효과가 사회적 지식을 유창하게 말하는 것과 연관이 있기 때문이다. 사람은 더 닳고 닳을수록 등뒤에 숨긴 칼을 더 교활하게 사용할 수 있다. 이런 의미에서 보면, 흔히 말하듯 여자아이가 남자아이보다 유창하게 말하는 솜씨가 더 앞선다는 것은 그녀가 간접 공격을 적용하는 동기가 될지 모른다. 하지만 그런 유리한 상황은 오래 지속되지 않는다. 남성이 곧 따라잡기 때문이다. 그리고 성년기에 들어설 때쯤이면, 우리 모두는 정치적 동물이 될 것이며, 수많은 연구에 따르면 남녀 모두 똑같이 자신의 공격성을 은밀하게 표현하기 쉽다. 이와 정반대의 소문이 무성하지만, 체계적인 조사 결과들은 남녀가 친구, 가족, 동료, 유명 인사를 놓고 이러쿵저러쿵 쑥덕거리는 정도가 똑같다는 것을 보여준다. 남녀 가릴 것 없이 모든 어른들은 한 방 먹이고 있는 동안에도 적대적인 의도를 숨기면서 서로에 대한 반감을 간접적으로 표현할 모든 방법을 찾는다. 남성이든 여성이든 상대의 사람 됨됨이를 공격하는 것이 아니라, 업무 회의 때 상대의 말을 계속 가로막거나 상대의 일을 수시로 비판하는 것이 그런 예이다. 공격자가 지닌 분노의 근원이 상대의 업무 능력과 전혀 상관이 없음에도 말이다.

간접 공격은 보기 안 좋으며, 그다지 잘했다는 말도 듣지 못한다. 오히려 그것은 보편적인 비난의 대상이다. 분노를 표현하는 다양한 방법들을 생각할 때 어떤 느낌을 받는지 아이들과 어른들에게 물어보면, 등뒤에서 칼로 찌르는 것이 가장 낮은 평가를 받고, 그 다음이 사타구니를 차는 것이다. 하지만 우리에게, 우리 사이에는 여성만이 아니라 소녀에게 미치는 잘 알려진 위험도 있다. 광고에 등장하는 멋진 미녀의 신화도 그 비난에 일부 책임이 있다. 직접 공격을 하지 말라는 조언을 받는 여자아이들이 많아지고, 상냥한 성격이 더 칭찬을 받을수록, 성깔 있는 여자아이들은 원하는 것을 얻기 위해 드러나지 않게 음모를 꾸밀 가능성이 더 높아지기 때문이다. 실제로 여자아이가 앞으로 나서서 솔직히 말을 할 수 있도록 허용하는 문화에 속한 여자아이들은 여자아이와 여성이 얌전하기를 바라는 문화에 속한 여자아이들보다 말로 하는 직접 공격을 더 많이 하며, 간접 공격을 덜 한다. 가령 폴란드에서는 말을 잘하는 것이 여성의 자산으로 여겨지며, 그곳 여자아이들은 서로를 야단치며 서로 사정을 봐주지 않으며 집단 내에서 누군가 사기를 칠 것이라는 생각을 비교적 적게 한다. 남성들에게 심하게 종속되어 있는 멕시코 자포텍족의 여성들 사이에서는 간접적 공격이 우세하다. 인류학자들이 가장 평등하고 사회 계층 분화가 가장 적게 일어났다고 말하는 파푸아뉴기니 바나티나이족의 여성들은 말하고 싶은 대로 말하고 하고 싶은 대로 하며, 종종 주먹과 발을 사용해 자신의 분노를 표현하며, 여성들이 은밀한 모의를 한다는 증거는 전혀 없다.

여자아이들이 간접 공격에 몰두하게 되는 또 다른 이유는 친구들에게 특히 심한 공격성을 느끼기 때문이다. 그들은 공격성을 불러일으켰다가 내던졌다가 다시 가득 채우는 일을 반복한다. 여자아이들의 우정은 격렬하고 위험하다. '네게 가장 좋은 친구가 될게'라는 표현을 여자아이들만 쓰는 것은 아니지만, 가장 많이 쓰는 것이 그들이다. 그들은 그 말이 얼마나 강력한지, 얼마나 중요한 의미가 담겨 있는지 잘 안다. 좋은 친구가 된 여자아이들은 그 우정을 정의하고, 깊이 새기고, 이름을 붙이고 싶어 안달하며, 가장 가까운 친구가 가장 좋은 친구라고 생각하는 경향이 있다. 그 결과 가장 좋은 친구들이 많을 때도 있다. 그들은 하루 단위로 친구들을 생각하며, 다양한 친구들 중 어느 친구가 그날 가장 잘 맞을지 파악하려 애쓴다. 그 여자아이가 오늘의 가장 좋은 친구일까, 아니면 그 전날 있었던 사소한 불화, 둘만의 사소한 문제가 해결되지 않은, 일시적으로 가장 좋은 친구일까? 그 여자아이는 어느 여자아이를 자신의 가장 좋은 친구로 생각하고 싶어하지만, 먼젓번에 가장 좋은 친구였던 여자아이가 어떻게 생각할지 걱정한다. 그것은 배신일까, 아니면 둘 사이의 유대감을 새롭게 강화시켜 혜택을 줄 수 있는 것일까? 여자아이들은 서로 사랑에 빠지며, 서로에게 묘사하기도 이해하기도 어려운 내밀한 감정을 갖는다.

집단 속에 있는 여자아이들은 둘씩 짝을 지어 서로 맞서거나 조화를 이루는 식으로 가장 좋은 친구들의 연합체를 형성한다. 여자아이들로 이루어진 집단 속에서 특별한 친구가 없다고 느끼는 여자아이는 위험과 위협과 두려움을 느낀다. 집단에 있던 여자아이가 새로 들어온 여자아이를 받아들이고 보호하고자 한다면, 그 여자아이는 상당한 책임을 떠맡을 것이다. 왜냐하면 새로운 여자아이는 그녀를 잠시일지라도 가장 좋은 친구, 유일한 친구, 산소 마스크를 씌워줄 수호자로 생각할 것이기 때문이다.

여자아이들 사이에 불화가 있으면, 그들은 두 번 다시 친구가 되지 않을 것이라고 확신하면서 앨리스처럼 끝이 보이지 않는 굴 속으로 떨어져 나간다. 여자아이들의 공격성을 연구한 핀란드 연구자들은 여자아이들이 남자아이들보다 서로에 대한 원한을 더 오래 간직하고 있다는 것을 발견했다. 뵈르크비스트는 이렇게 말한다.

여자아이들은 상대가 자신의 가장 좋은 친구가 될 것이라는 매우 깊은 심리적 기대를 품고 둘씩 관계를 형성하는 경향이 있다. 기대 수준이 높기 때문에, 그들은 우정 관계가 깨지면 깊은 배신을 느낀다. 그들은 그전에 결속되었던 만큼 적대적이 된다.

여자아이가 친구에게 배신감을 갖는다면, 그녀는 자신이 상처를 입은 것만큼 친구에게 상처를 입히기 위해 복수할 방법을 찾으려 할 것이다. 몸으로 싸우는 것은 그 꼴 보기 싫은 배신자를 처벌하기에는 흡족한 방법이 아니다. 그것은 너무 빠르다. 분노를 표현했을 때 배신자가 분노를 받아들이고 그것을 존중하는 태도를 보여야 한다. 하지만 배신자가 그 여자아이의 분노나 배신감을 알아차리지 못한다면, 사과를 하지도 잘못했다고 인정을 하지도 않는다면, 더 나아가 못 본 체하거나 조롱하거나 냉대한다면, 여자아이는 가장 잔인하고 오래 지속되는 도구, 복수에 쓸 간접 공격이라는 심리적 도구를 사용해 그 소녀의 지위나 마음의 평화나 누려야 할 권리를 무너뜨림으로써 상처를 입히려 할지 모른다. 간접 공격은 상대의 몸이 아니라 정신에 접근해야 하며, 그것을 뚫어야 하며, 그것을 무로 만들어야 하는 익명의 강박적인 행위인 부두교 주술과 흡사하다.

어린 시절에 지녔던 우정, 두 사람의 관계, 연합, 지하드의 세기는 나이가 들면서 약해지지만, 거의 그렇지 않은 것도 있다. 여성은 인생의 상당 기간 동안 다른 여성들에게 불안해하며 살아간다. 우리는 자신의 레이더 화면에 나타난 존재와 결속을 원하면서도 한편으로는 그 존재에게 공격을 하고 싶은 이율배반을 느낀다. 우리는 영원하고 무한한 우정을 원하며, 델마를 원하고 루이스를 원한다. 하지만 〈델마와 루이스〉에는 후속편이 있을 수 없다. 영원한 우정을 유지하려면 주인공 여성들이 죽어야 하기 때문이다. 그들이 서로를 위해 다른 모든 것들을 기꺼이 저버릴 수 있음을 입증했을 때, 그들은 곤경에 빠졌다. 도대체 그들은 서로를 위해 무엇을 할 수 있을까? 그들 둘을 빼면 주위는 그들이 맞서야 하는 세계, 남성들의 세계뿐이었다. 그리고 유대감이라는 한 가지 의미에서 그들이 혼자일 때보다 함께 있을 때 더 강했다 해도, 그 완벽한 2인조는 약했다. 그들은 돈, 집, 보호, 육체적 만족 등 모든 것을 서로에게 제공할 수 없었지만, 좋은 친구로서 그들은 서서히 서툴게나마 자리를 잡았고, 그럼으로써 남성들의 세계와 늘 그렇고 그런 무미건조한 세상에 위협이 되었다. 그리고 남성들의 세계가 세계였기에, 그 여성들은 지구의 가장 거대한 질인 그랜드캐니언으로 뛰어들 수밖에 없었다. 위대한 여성들의 우정은 기존 질서와 그 여성들 자신에게 위협으로 다가온다. 〈천상의 피조물들〉이라는 뛰어난 영화에서 폴린과 줄리엣은 서로 떨어질 수 없는 15세의 단짝 친구이다. 그들은 상상력이라는 재능을 통해 하나가 되어 있다. 그들이 우정을 계속 간직하려면 한쪽 어머니를 죽여야 한다. 하나가 된 자매들은 어둠과 피로 오염되어 있다. 고너릴과 리건은 하나가 되었고, 권모술수를 택했고, 리어 왕의 반대편에 섰다. 그들의 부자연스러운 결합은 은밀하고 치명적인 공격을 낳았다. 신데렐라의 이복 자매들은 신데렐라와 왕자라는 가장 자연스러운 2인조를 방해하기 위해 하나로 뭉쳤으며, 큰 발을 유리 구두에 맞추기 위해 기꺼이 발을 잘라 피를 흘리는 것까지 감수했다.

여성들은 다른 여성들과 결속하지만, 그러면서도 가장 강한 공격과 가장 무시무시한 적대감은 다른 여성들을 향해 있을지 모른다. 우리는 남녀 간에 벌어지는 전쟁에 관한 이야기를 듣지만, 놀랍게도 그 전쟁의 잠정적인 적인 남성들을 향한 공격 충동은 거의 들을 수 없다. 우리는 남성을 우리의 경쟁자로 생각하지 않으며, 누구나 참여하는 자유 시장 경제에서 그들이 종종 우리의 경쟁자가 되곤 하는 지금도 그렇다. 다른 여성이 눈앞에 나타날 때 우리의 신경은 불안과 과민으로 씰룩거리고, 다른 여성에게 경쟁심을 갖기가 훨씬 쉽다. 우리는 여성을 요정처럼 하얗게 차려 입히고, 남성들을 마피아처럼 검게 차려 입힌다. 우리는 그들이 주위에 있기를 원한다. 우리는 홀로 남성들에게 둘러싸여 있고 싶어한다.

남성들은 여성들의 깊은 우정이 부럽다고 서로 사귀고 친해지는 능력이 부럽다고 말한다. 또 남성들은 우정이 깨졌을 때 여성들이 보이는 사나운 모습과 엄청난 분노를 보고 깜짝 놀란다. 프란스 드 발은 《좋은 성품》에서 이렇게 썼다.

싸움을 거는 것은 실제로 남성들이 서로 관계를 갖고, 서로를 파악하며, 우정을 향해 첫 단계를 내딛는 방식이 될 수 있다. 이런 결속 기능은 대립을 균열의 원인으로 보는 대다수 여성들에게는 낯설게 여겨진다.

그것은 우리가 훌륭하고, 더 훌륭하게 보이고 싶어하기 때문이 아니다. 여성들은 경험과 비통한 소녀 시절을 통해 그 균열이 때로는 치유하기가 어렵고, 오래 지속될 수 있고, 자신을 소진시킬 수 있다는 것을 안다.

여성 우정의 격렬함과 다른 여성들을 볼 때 느끼는 불편함은 내가 볼 때 서로 관련된 현상이며, 고대 영장류와 신 인류의 자아 사이의 부조화와 모든 대안을 열어놓고 싶은 우리의 타고난 전략적 유연성이 남긴 유산이다. 다른 여성들은 잠재적인 힘의 원천이며, 다른 여성들은 우리를 파괴할 수 있다. 아니면 19세기가 끝나갈 무렵의 영국 사교계 명사인 엘리자베스 홀랜드처럼 뒤집어 말할 수도 있다.

여성만큼 여성에게 해를 입힐 수 있는 사람은 없으므로, 그 격언을 뒤집어서 여성만큼 더 좋은 영향을 미칠 수 있는 사람도 없다고 말할 수 있을지도 모른다.

우리 원시적인 영장류의 뇌에서 세계는 암컷 중심적이다. 영장류 종들은 대부분 사회 집단을 이루어 살며, 이 집단들의 중심에는 암컷이 있다. 흔히 보듯이 대체로 암컷들은 평생 동안 태어난 곳에서 머물고 수컷들은 근친 교배를 피하기 위해 사춘기 때 멀리 떠나간다. 마카쿠원숭이, 울음원숭이, 여우원숭이, 파타스원숭이, 버빗원숭이, 꼬리감기원숭이, 다람쥐원숭이, 대다수의 비비가 그렇다. 외부의 수컷들은 집단으로 들어오기 위해 애원을 하고, 암컷은 그들을 받아들이거나 시민권을 주기를 거절한다. 암컷들은 주위에 수컷들이 너무 넘쳐나지 않기를 바란다. 대개 수컷들은 새끼 돌보는 일에 거의 관심이 없고, 쉽게 지겨워하고 서로 싸움을 거는 경향이 있는 등 능력이 떨어진다. 더구나 수컷들은 암컷들을 괴롭히곤 한다. 그것은 흔한 번식 전략이다. 그들은 암컷들과 짝짓기를 하고 싶어하고, 그 암컷들이 다른 수컷들과 사귀지 못하도록 막고 싶어하며, 따라서 그들은 번식 가능한 암컷들에게 열변을 토하고, 그들을 거칠게 다루고, 그들을 괴롭혀서 가능한 한 그들의 활동에 제약을 가할 방법을 찾으려 한다. 암컷들은 계속되는 학대에 싫증을 내며, 그 문제를 예방하는 최선의 방법은 한 장소에 모이는 수컷들의 수를 제한하는 것이다. 가령 붉은털원숭이 무리에서 성년기에 있는 암컷 대 수컷의 비는 약 6 대 1이다. 울음원숭이 무리에는 수컷 하나에 암컷 열 마리가 있기도 한다. 미혼 원숭이들은 빈 자리나 기회나 국지적 혼란의 징표를 찾으면서 주위를 어슬렁거린다.

영장류 암컷들은 대개 암컷들에게 둘러싸여 있으며, 따라서 그들은 자신의 세계를 친숙하고 견딜 만한 곳으로 만들기 위해 암컷들을 고려 대상에 넣는다. 암컷들이 태어난 집단 속에 남아 있는 종에서는 가까운 친척 암컷들을 통해 다른 암컷들, 즉 자신과 무관하거나 먼 친척인 암컷들의 공격으로부터 암컷 자신을 보호한다. 한 집단에서 모계의 각 구성원들은 서로 경쟁하고 음식, 성행위, 서로의 새끼에게 보이는 과도한 관심을 놓고 실랑이한다. 함께 사는 암컷들 사이에는 서열이 정해지며, 암컷 친족들이 대의를 놓고 규합할 때, 그 대의는 대개 경쟁 관계에 있는 모계의 암컷들에 맞서기 위한 것임이 드러난다.

그렇다고 해도 각 모계 구성원들은 수컷의 공격에 맞선다는 공통의 대의를 위해서 서로 연대할 것이다. 영장류학자 바버라 스머츠는 이렇게 썼다.

암컷들이 태어난 집단 내에 남아 있는 종에서는 암컷과 암컷의 연대가 대개 가까운 친척끼리, 대개 다른 모계에 속한 암컷들과 그 새끼들에 맞서기 위해 이루어진다. 놀랍게도 표적이 성년기의 수컷이라면, 가까운 친척이 아닌 암컷들끼리도 연대를 하곤 한다. 그런 연대는 수컷이 공격할 때 매우 신속하게 이루어질 수 있다. 근처에 있는 모든 암컷들을 끌어 모을 수 있기 때문이다.

돼지꼬리마카쿠원숭이, 파타스원숭이, 차크마비비, 올리브비비, 푸른원숭이, 버빗원숭이 등에서 암컷끼리의 동맹은 뇌운이 밀려오듯이 빠른 속도로 이루어진다. 수컷들이 모여들거나 암컷을 공격하거나 겁에 질리게 할 때 암컷들은 수컷들에게 맞서기 위해 떼지어 모여든다. 암컷들은 싫다는 기색이 역력한 암컷에게 교미하자고 꼬드기는 수컷을 공격한다. 특히 수컷이 새끼를 위협하거나 위협하는 듯이 보일 때 가장 신속하게 단결한다.

암컷들의 연대는 출생지를 떠나 다른 무리로 들어가야 하는 젊은 암컷이 있을 때, 암컷들이 공격적이고 단호하게 그 새로운 무리의 암컷들과 우정을 요구할 수 있을 만큼 상당한 혜택을 준다. 솜털타마린이 그런 예이다. 새로 무리에 들어온 암컷들은 기존 암컷들의 새끼를 돌보는 데 헌신한다. 그리고 원숭이계의 비너스인 보노보의 사례도 유명하다. 암컷들은 사춘기 때 흩어져서 어미, 자매, 이모의 도움을 전혀 받지 못한 채 각자의 길을 가야 한다. 그들은 친척 관계에 있지 않은 암컷들의 비위를 맞춰야 한다. 그들은 어루만지고 교미를 함으로써 비위를 맞춘다. 그들은 기존 암컷들의 털을 다듬고 벼룩을 떼어낸다. 그들은 다른 암컷들의 생식기에 튀어나온 자신의 생식기를 대고 비비댄다. 그 무리의 암컷들이 반응을 보이면, 그 애원자는 머물 수 있다. 그들이 거부하면, 그녀는 다른 곳으로 가서 다듬어줄 다른 털과 문질러줄 다른 생식기를 찾아야 한다. 보노보 암컷들은 그런 성적으로 뒷받침된 연대를 통해 놀라운 힘을 얻는다. 그들은 모계 내에서 살아가는, 타고난 힘을 간직하고 있을 뿐 아니라, 그것을 능가하는 힘도 지니고 있는 듯하다. 사자, 랑구르원숭이, 설치류, 바다표범, 침팬지 같은 많은 종들의 암컷들은 돌아다니는 수컷에게 새끼가 죽음을 당하지 않을까 항상 불안해한다. 하지만 보노보에게서는 수컷이 유아 살해를 하는 장면이 한 번도 목격되지 않았다. 보노보의 암컷 연대는 유전적 친척이라는 접착제가 없이 친척 아닌 암컷들 사이에 이루어지는 교묘한 책략이며, 따라서 강화 행동이 지속적으로 필요하다. 훌륭해지고, 음탕해지고, 우리 모두가 친구이며 하나라는 것을 끊임없이 증명해야 한다. 경계는 습관이 되고, 경계는 수컷의 이빨이 다가오지 못하게 한다.

영장류 암컷들이 모두 다른 암컷들에게 신세를 지는 것은 아니다. 침팬지 암컷들은 자기 새끼만 데리고 먹을 것을 찾아 돌아다니면서 많은 시간을 보낸다. 그들은 대다수 원숭이들이나 보노보와 달리 다른 침팬지 암컷들과 함께 먹이를 찾아다니지 않는다. 침팬지의 분산 양상은 다양하다. 암컷이 강력한 암컷의 딸이라면, 그녀는 태어난 집단 내에 머물 수 있으며 친척들 곁에 사는 혜택을 누릴 수 있다. 반면에 그녀가 지위가 낮은 암컷의 딸이라면, 대개 사춘기 때 무리를 떠나 다른 집단, 낯선 자들의 무리에 들어가 살 길을 찾아야 하며, 보노보의 연대 의식이 주는 혜택 없이 그렇게 해야 한다. 새로운 집단으로 이주한 침팬지 암컷은 자신의 명성을 확립하기 위해 열심히 노력한다. 그녀는 으르렁대고 툴툴거리고, 팔을 휘두르고, 공격적인 표정을 지어 보이고, 때로는 그들을 때리고 밀어대고 꼬집기도 하면서 기존 암컷들에게 도전한다. 자리가 잡힐 때까지 걸리는 기간은 짧으며, 몇 주 지나면 새로운 암컷은 위계질서 내에 자신의 자리를 잡고, 그 지위는 오랫동안 유지된다. 그녀와 다른 암컷들 사이의 관계는 약해진다. 그녀가 수컷에게 공격을 당할 때 그들은 그녀를 도와줄 수도 있고 그렇지 않을 수도 있다. 침팬지 암컷들은 다른 영장류 암컷들보다 수컷의 강요와 괴롭힘을 받을 위험이 훨씬 더 크다. 하지만 친족이 아닌 암컷 동료들은 그녀를 괴롭히지 않을 것이며, 그것으로 위안이 된다. 그리고 그녀가 처음부터 자신이 바이킹 전사임을 증명할 수 있고 들어간 암컷 세계에서 높은 지위로 오를 수 있다면, 그녀의 딸들은 그 무리 내에 머물 수 있으며, 그녀는 모계를 확립하며, 적어도 자신이 계보를 확고하게 다지게 될 것이다.

우리 인간은 온갖 가능한 조합이 과거에 이루어진 결과 다채로운 계보를 갖고 있다. 구대륙 원숭이 같은 동물들이 먼 과거의 조상에 해당한다. 경쟁적이지만 공존하는 모계들로 이루어진 암컷 중심 사회가 표준이기 때문이다. 더 가까이 오면 유인원이 나타난다. 유전학적으로 볼 때 우리는 보노보, 침팬지와 같은 거리에 있으며, 둘은 살아 있는 친척 중에서 우리와 가장 가깝다. 우리는 약 6백만 년 전에 보노보-침팬지 계통과 갈라졌으며, 대형 유인원인 우리 셋의 공통 조상이 행동 양식과 사회 구조 면에서 보노보나 침팬지 어느 쪽에 더 가까웠는지 알지 못한다. 침팬지는 분명히 수컷이 암컷을 지배한다. 반면에 보노보 암컷들은 결속을 통해 수컷보다 우위에 선다. 침팬지 수컷들은 다른 침팬지 무리들과 전쟁을 벌이며, 때로는 집단 학살을 저지르기도 한다. 반면에 보노보 사이에서는 전쟁이 전혀 없는 것은 아니지만, 매우 드물다. 침팬지는 원숭이 살을 무척 좋아한다. 하지만 보노보는 고기를 거의 먹지 않는다. 얼굴을 보면 보노보보다 침팬지가 더 인간과 비슷해 보이지만, 화석 증거들은 침팬지보다 보노보가 우리 세 종을 낳은 선조 종에 더 가깝다고 암시하고 있다. 다시 말해 보노보가 조상 종이고, 침팬지와 우리는 파생된 유인원일지 모른다. 원인 사회들을 진화적으로 인류학적으로 재구성한 연구 결과 중에는 우리가 마치 침팬지 비슷한 조상에게서 진화했다는 듯이 침팬지와 우리에게서 유추해낸 자료들에 광범위하게 의존하고 있는 것들이 많다. 이런 가정은 의문을 불러일으킨다. 은유를 향해 막무가내로 돌진할 때, 우리는 임의적으로 침팬지를 선택하고 보노보를 무시한다. 보노보 계통은 우리 자신의 계통과 대조하고 비교함으로써 샅샅이 파악할 가치가 있는 우리의 정당한 자매 계통이다. 프란스 드 발은 보노보를 말하면서 이렇게 썼다.

우리 계통은 우리가 생각한 것보다 더 유연하다.

우리 영장류의 과거를 보면, 암컷들은 힘을 얻기 위해 다른 암컷들에게 다가갔다. 그 암컷들은 서로 친척일 수도 있고 그렇지 않을 수도 있으며, 위대함을 타고날 수도 있고 스스로 증명해야 할 수도 있다. 하지만 되풀이되고 있는 주제는 연대와 욕망, 즉 암컷 동맹의 필요성이다. 가장 좋은 친구라는 환상을 낳는 요람이 바로 여기이며, 우리가 그토록 여자아이들과 또래 사이에서 자신의 위치에 신경을 쓰고 흔들리는 작은 배로 유년기라는 파도를 헤쳐나갈 때 우리 여성들의 우정이 삶과 죽음처럼 다가오는 이유도 바로 여기에 있다.

영장류 암컷들은 광고에 등장하는 미녀들이 아니며, 그들은 싸우고, 그들은 지위를 지니고 탐욕적이며, 그들은 서로에게 잔인해질 수 있다. 그럼에도 영장류의 표준은 여성들의 상호 의존, 여성들의 연대(너무 복고적인 말일까?)이다. 그리고 우리가 다른 대다수 영장류 사촌들과 달라지는 부분이 바로 여기이다. 문제는 왜 그런가 하는 것이다. 그것은 무슨 의미일까, 그리고 중요한 것일까? 현재의 인간 사회들 중에 여성이 중심인 사회는 많지 않으며, 역사적으로 있었던 사회들과 아마 선사시대에 있었던 사회들도 대부분 그랬을 것이다. 뿐만 아니라 여성들이 여권이라는 대의를 위해 항상 모이는 것도 아니며, 그렇게 하는 것이 자신들에게 가장 이익이 된다는 식으로만 생각하는 것도 아니다. 그 결과 역사학자 게르다 레르너가 지적한 대로 여성들은 "자신들의 역사에 무지하며 끊임없이 바퀴를 재발명해야" 했다. 그 바퀴는 "자신들이 종속 집단에 속하며, 집단적으로 부당한 취급을 받아왔으며, 종속 상태가 자연스러운 것이 아니라 사회적으로 규정된 것이며, 다른 여성들과 뭉쳐 이 부당한 취급을 교정해야 하며, 여성들만이 아니라 남성들까지 자율성과 자기 결정권을 누리는 대안적인 사회 조직을 제시해야 하고 그럴 수 있어야 한다는 여성들의 인식"이다. 여성의 종속은 자연스러운 것이 아니다. 전혀 자연스럽지 못하다. 그리고 자연에서 다른 영장류에게서 볼 수 있는 것과 다르다. 앞서 살펴보았듯이 그 영장류들은 습성에 따라 다른 암컷들과 결속할 뿐 아니라, 습성에 따라 다른 암컷들과 다툰다. 여기서 주된 주제는 교환과 상호 부조, 즉 여성 대 여성의 공격적으로 활발한 측면이다.

최근 들어 바버라 스머츠와 패트리샤 애데어 고와티 같은 진화 이론가들은 많은 종에서 수컷들이 암컷의 성을 통제하고 독점하기 위해, 즉 자신의 소유로 하기 위해 대단히 노력한다는 것을 강조해왔다. 그 이론가들은 수컷이 온갖 형태로 암컷을 압박하고 괴롭힘으로써 피해를 입힌다고 설명했다. 침팬지 수컷은 암컷을 때리고 차고 물어뜯으면서 복종할 것을 강요하고, 자신이 움직이면 뒤를 따라다니라고 강요한다. 자신의 배우자인 암컷이 다른 수컷과 사귀는 것을 목격하면, 그는 수컷이 아니라 암컷을 공격한다. 돌고래 수컷들이 지느러미 발로 일제히 물을 박차고 수면 위로 뛰어오르면서 격한 동조 행동을 보이는 것은 번식 능력이 있는 암컷들을 위협하고 가두어놓기 위해서이다. 올리브비비 암컷은 적어도 1년에 한 번은 수컷에게 살이 뜯기고 귀가 잘려 나가는 중상을 입는 듯하다. 많은 종들, 특히 영장류의 수컷과 암컷은 사귀고 우정 관계를 맺고, 서로 평생에 걸쳐 애정과 친절을 보일 수도 있다.

공격이냐 위로냐가 중요한 것이 아니다. 암컷의 성을 좌지우지하려는 수컷의 노력은 잘해야 제한적이기 때문이다. 암컷이 수컷의 수중에서 수모를 당하든 그렇지 않든 간에, 기본적인 의미에서 그녀는 여전히 독립적인 행위자이다. 즉 그녀는 스스로 먹는다. 누가 먹여주지 않는다. 그녀는 누구에게 의지하지 않는다. 그녀는 스스로 살아간다. 수컷은 그녀의 행동과 성을 통제하려 애쓸지 몰라도, 할 수 있는 것은 그 정도뿐이다. 사실 그녀가 점심을 구하러 나가려 할 때, 새끼에게 헌신하는 어미가 되고자 할 때, 하루하루 생존하는 데 그를 필요로 하지 않을 때, 그가 그녀를 얼마나 제지하고 통제할 수 있겠는가? 침팬지 수컷은 1 대 1로 만날 때는 암컷보다 우위에 있을지 모르며, 둘이 서로의 시각과 후각 범위 내에 있다면 가장 좋은 과일이 있는 곳에서 쫓아낼 수 있을지 모른다. 그렇지만 암컷은 또 다른 먹이가 있는 곳으로 이동할 수 있고 이동한다. 침팬지 수컷은 암컷이 하위 수컷의 털에서 까끄라기를 떼어내는 모습을 보면 때리고 으르렁대면서 그 암컷을 처벌할지 모른다. 그는 그녀의 성을 요구하려 할 것이다. 왜 그렇지 않겠는가? 그렇게 하는 것이 그의 번식에 도움이 된다. 그는 사소한 의도로 그렇게 하는 것이 아니다. 그는 자식을 원하며, 그는 효모 세포가 아니다. 즉 그냥 둘로 분열할 수가 없다. 침팬지 수컷이 자신의 유전자 유산을 보존하려면 암컷들이 필요하며, 그렇게 하기 위해 암컷에게 고함을 지르고 때려야 한다면 그는 때리고 고함을 칠 것이다. 하지만 수컷이 그러는 내내 암컷 침팬지는 먹이를 찾아 새끼에게 먹이는 능력에서 비롯되는 존엄성을 결코 잃지 않는다.

오직 남성들, 즉 인간의 수컷들만이 여성과 식량을 연결짓는 데 성공했다. 인간들만이 남성이 여성을 돌봐주어야 하며, 여성이 자신과 자손을 돌볼 능력이 사실상 없으며, 가족을 먹여 살리는 남성이 여성에게 정숙해질 것과 아버지임이 확실하다는 보증과 그의 투자를 가치 있게 해주리라고 기대하는 것이 완벽하게 합당한 보상 행동이라는 생각을 갖고 있다. 새러 블래퍼 르디는 이렇게 썼다.

나는 번식을 위해 여성이 필요로 하는 생산적인 자원들을 통제하는 남성이 수컷이 지배하며 수컷이 태어난 무리에 머무는 영장류 사회를 완벽한 가부장제 사회로 전환시키는 데 핵심 역할을 했다고 확신한다.

우리는 이 전환이 언제 일어났는지, 여성들이 식량이 있는 곳이나 누워 잘 곳을 찾으려 할 때마다 갑옷을 입은 남성의 가슴에 부딪히고 만다는 것을 언제 알아차렸는지 알지 못한다. 인류 진화의 표준 모델에 따르면, 아이들이 어른에게 의존하는 기간이 길기 때문에 아버지가 아이의 복지에 투자하는 것이 많아졌고, 여성들이 자식을 키울 때 남성의 도움을 원하고 필요로 하고 요구했다고 한다. 그리고 남성들은 사냥을 통해 열량이 풍부하고 인류의 입맛에 딱 맞는 고기를 집으로 가져옴으로써 그런 도움을 줄 수 있었다. 이런 시나리오에 따르면, 혼인, 1 대 1 관계, 여성이 남성에게 의존하는 양상은 오래전, 즉 우리가 유전적으로나 기질적으로 우리가 되었을 때인, 진화 이론가들이 인류의 '진화적 적응이 이루어진 환경'이라고 말하는 초기 시대인 몇십만 년 전에 생겨난 것이다. 그리고 이 시나리오에 따르면, 여성은 부와 용기와 그녀와 그녀의 아이들을 돌볼 자원을 지니고 있음을 보여주는 남성을 찾기 시작했고, 반면에 남성은 출산 능력, 즉 많은 자식을 낳아 기를 수 있는 젊음을 보여줄 뿐 아니라 그런 출산 능력을 제공자인 그를 위해 보존하고 있음을 보여주는 여성을 찾기 시작했다. 그녀와 그녀의 자손에 투자하고자 할 때, 그의 자손이 아닌 남의 자손에게 투자하려 하지는 않았을 것이다.

크리스턴 호크스를 비롯한 많은 학자들은 현재 사냥꾼 남성이라는 기존 모델에 의문을 제기하고 있다. 그들의 공격은 설득력이 있다. 전통적인 수렵·채집 사회를 분석한 최신 연구 결과들은 남성의 사냥이 매일 가족에게 양식을 대는 것과 거의 무관하며, 여성들의 네트워크가 가족이 먹을 열량의 대부분을 모은다고 말한다. 이 새로운 연구는 인류의 조상은 침팬지 암컷들이 그렇듯이, 다른 모든 영장류들의 암컷이 그렇듯이, 여성들이 더 강력한 자치권을 갖고 있었으며, '가부장제'든 '핵가족'이든 뭐라고 부르든 간에 여성들이 식량을 남성들에게 의지하는 양상이 적어도 대규모로 법적인 차원에서 이루어진 것은 인간의 선사 시대에서 꽤 먼 최근에 일어난 사건이라고 말한다. 많은 역사학자들과 진화학자들이 말한 대로 그 혁명은 농업 혁명이 맺은 열매 중 하나일지 모른다. 스머츠는 이렇게 썼다.

집약 농업과 목축이 등장하면서 여성들은 전반적으로 자기 노동의 열매를 통제할 권리를 상실했다. 여기저기 돌아다니면서 먹을 것을 채집하는 방식은 넓은 땅과 이동하는 여성을 요구했기에, 남성들이 여성의 자원을 통제하고 여성의 움직임을 제한하기가 어려웠다. 하지만 집약 농업에서처럼 여성의 노동이 비교적 작은 농경지에 한정되거나, 목축에서처럼 주로 가정 울타리 내에 한정되면, 남성들은 여성들이 생계를 의지하는 자원의 근거지와 여성들의 일상적인 움직임을 통제하기가 더 쉬워진다.

원한다면 그렇게 불러도 되겠지만, 가부장제 사회의 진화에서 진정한 혁신은 남성들 사이에 동맹이 완료된 것이다. 영장류들을 보면 대부분 암컷이 동맹을 형성하고 수컷은 그렇지 않다. 침팬지를 보면 수컷들이 서로 초보적인 동맹 관계를 맺고 때로 암컷을 지배하기도 하지만, 그 동맹은 대개 불안정하며 암컷들은 저항한다. 그리고 암컷들은 스스로 먹고 살기에 저항할 수 있다. 그와 달리 인간의 남성들은 정치적으로, 종교적으로, 이성적으로, 감정적으로 다른 남성들과 동맹을 형성하는 데 뛰어나다. 그런 동맹은 다양한 목적에 이용되어왔으며, 강화되고 찬사를 받아왔고, 이 치명적인 단계에 가로놓인 우리의 버팀대를 훼손해왔다. 하지만 남성 협동의 이유가 침팬지 수컷들이 엉성하게 시도하는 것을 확장하고 다듬는 데, 즉 여성들을 통제하는 데 반드시 필요한 번식 수단을 통제하는 데 있는 것은 결코 아니다. 우리는 남성의 우위가 몸집과 힘의 우월성에서 비롯된 필연적인 결과라고 생각하지만, 대다수 원숭이들은 수컷이 암컷보다 더 크고 강한데도 암컷을 복종시킬 수 없다. 암컷들의 동맹이 암컷들을 자유롭게 하는 것이다. 남성들이 다른 남성들을 돕는 것이 가치가 있음을 깨달았을 때, 다툴 때보다 더 큰 혜택이 돌아올 때가 많음을 알아차렸을 때, 여성의 자유가 그 앞에 있는 것이 보였다.

가부장제의 진화와 그것이 선사 시대부터 여성들에게 미친 충격은 길고도 복잡한 이야기이며, 그 이야기는 게르다 레르너 같은 사람들을 통해 밝혀져왔다. 그것은 결코 완전히 이해되지 않을 이야기이다. 문자 기록이 처음 등장할 무렵에는 사회적으로, 경제적으로, 정치적으로, 정서적으로 이미 남성 지배 체제가 자리를 잡은 상태였고, 여성들은 2류 지위를 이미 받아들인 뒤였다. 가령 3천 년 전 메소포타미아의 왕비는 자신이 아니라 자기 군주를 지켜 달라고 기도했다.

"저는 그의 보호 아래 평안할 것입니다."

여성들은 남성의 보호를 필요로 했다. 남성들 사이의 동맹이 남이 지니고 있는 것을 빼앗기 위해 힘을 결집하는 군사적인 협정일 때가 종종 있었기 때문이다. 그리고 가장 일찍부터 가장 선호된 전리품 중 하나가 바로 젊은 여성들이었다. 두 부족이 충돌할 때, 승리한 부족은 남성 포로들을 죽이고 여성들은 노예와 씨받이로 만든다. 승리한 남성들은 여성을 포획함으로써 번식 잠재력을 강화했으며, 자신의 지위도 강화했다. 문자 기록이 있는 곳에서는 어디나 전쟁이 끝난 뒤 여성을 강간하고 취하는 장면이 묘사되어 있다. 기원전 1200년 경 그리스의 사회 상황이 반영되어 있다고 하는 호머의 《일리아드》에서 전사들은 노획한 여성들의 적절한 분배 방안을 놓고 서로 말씨름하고 때로는 화를 내기도 한다. 그 서사시의 앞부분에서 아가멤논 왕은 전쟁 포로인 애첩 크리세이스의 아버지인 사제가 그의 행동을 신에게 알리겠다고 위협하자 마지못해 그녀를 포기한다. 아가멤논은 그녀를 놓아주는 대가로 다른 여성을 요구하지만, 다른 사람들은 여성 포로들을 이미 다 분배했다고 상기시킨다. 아가멤논은 왕의 권위를 내세우면서 아킬레스의 첩이자 노예인 브리세이스를 갖겠다고 주장한다. 그 행위는 거의 즉시 아테네인들의 패배로 이어진다. 모욕을 받은 아킬레스가 전쟁에 참가하지 않고 자신의 숙소에서 다른 첩인 '레스보스에서 취한, 포르바사의 딸인 혈색 좋은 디오메데'와 희롱하며 지냈기 때문이다. 아킬레스와 같은 숙소를 쓰고 있던 전사 파트로클로스의 침대에는 아킬레스에게 받은 선물인 '멋진 거들을 입은' 이피스가 있었다. 이피스는 아킬레스가 에뉘에우스를 정복했을 때 잡은 여성이었다. 여성들, 여성들, 여성들! 물론 우리는 이 포로가 된 여성들이 어떠했는지 잘 알지 못하며, 유명인이 나온 그림 카드처럼 남성들 사이에서 교환될 때 어떤 기분을 느꼈을지도 알지 못한다. 그들이 야단법석을 떨지 않았을 가능성은 있다. 그들은 살아 있는 것에 감사했다. 아무튼 그 서사시에는 노예가 된 남성 이야기는 한마디도 없다. 에뉘에우스, 레스보스, 트로이 같은 도시가 정복되었을 때 남성들은 살육당했다. 물론 결국 남성들은 여성뿐 아니라 남성도 노예로 만드는 법을 배우고, 노새와 소를 쓰듯 남성들의 근육을 이용하는 법을 배웠지만, 수많은 역사학자들이 주장해왔고 증거들이 강력히 암시하고 있듯이, 최초의 인간 노예는 여성들이었으며, 노예 제도의 배후에는 젊은 자궁을 소유하고픈 충동이 있었다.

여성 노예들이 납치되어 더럽혀졌고 노예 신세가 그렇듯이 인간성이 박탈당하고 제거되었다는 사실과 여성 노예들이 거의 예외 없이 정복자들의 첩 노릇을 했다는 사실은 육욕적인 여성을 타락한 여성과 마음속으로 연관짓는 데 한몫을 했다. 지금도 우리는 그렇게 연결짓는다. 여성 노예는 성적인 존재였다. 그녀에게는 선택의 여지가 없었으며, 대개 그렇게 치장할 때가 많았다. 여성이 자신을 노예들과 구별하기 위해 할 수 있는 최선의 행동은 정숙해지고 그것을 널리 자랑하는 것밖에 없었다. 여성의 처녀성이 결속된 남성들의 세계에서 강박 관념이 된 데에는 많은 이유가 있었다. 왕국 사이의 동맹은 때로 혼인을 통해 이루어졌고, 한 나라의 왕자는 자신의 신부가 멋진 거들 밑에 사생아를 숨기고 있지 않다는 것을 보증받고 싶어했다. 하층 계급의 가족들에게도 딸의 정조는 수지가 맞을 수 있었다. 봉건 시대의 유럽처럼 계급 분화가 심한 사회에서는 낮은 계급의 가족이 높은 지위로 올라서는 유일한 방법이 딸을 귀족에게 시집보내는 것이었다. 따라서 인류학자 셰리 오트너가 주장한 것처럼, 여성의 처녀성을 확보하는 것이 가족의 중요한 문제가 되었다. 남자 식구들은 필요할 때에는 폭력까지 써가면서 그것을 지켰고, 그것은 여성들 사이에서는 신화적인 것으로 간주되었다. 이제 더 이상 여성들은 학대에 저항하거나 유아를 살해하는 남성들에 맞서기 위해 결속하는 일을 하지 않았다. 그 대신 여성 애호, 어머니와 딸의 사랑, 자매끼리의 사랑의 힘은 채집 이후 시대에 여성의 가장 큰 자산이 된 정조를 보호하는 과제로 방향을 돌렸다.

전리품으로 여성을 강탈하는 것은 태어난 가정과 친족들이 줄 수 있는 보호막에서 떼어놓는 것이기도 했다. 하지만 더 큰 규모에서 볼 때, 가부장적 사회 및 경제 구조가 정비됨으로써 데릴사위제와 모계 체제가 사라지고 민며느리제와 부계 체제가 선호되고, 아마도 요구되었을 것이다. 거의 예외 없이 여성들은 자기 집을 떠나 남편이 있는 곳으로 옮겨가야 하는 체제보다 친구들과 친족들에 둘러싸인 채 태어난 집에서 머물며 남성들이 옮겨오는 모계 체제에서 더 잘 지낸다. 이로쿼이족은 강력한 모권제 사회를 이루고 있으며, 인류학자들에게는 가장 평등한 사회에 속한다고 알려져 있다. 하지만 교환되는 자원으로 여겨지는 여성들이 더 많아지면서, 그들의 집으로 옮겨감으로써 그들에게 은혜를 베푸는 것이 별 의미가 없어졌다. 일부 성서학자들은 창세기에 모권제 사회를 가부장제 사회로 대체하기 위한 투쟁, 즉 헤브루족이 족장의 지배를 중심으로 한 유목 사회를 국가 체제로 대체하는 중요한 단계가 요약되어 있다고 말해왔다. 《창세기》 앞쪽(2:24)에는 "이리하여 남자는 부모를 떠나 아내와 어울려 한 몸이 될 것이다"라는 말이 나온다. 이것은 데릴사위제를 의미할 가능성이 높다. 하지만 나중에 이삭의 아들인 야곱은 모권제의 전제를 거부한다. 그는 이삭에게 집으로 돌아올 것이라고 맹세하고, 라반의 딸들인 라헬과 레아에게 구혼해 혼인한 뒤에 자신의 맹세를 지킨다. 그는 아내들과 아이들, 낙타, 양, 그릇 등 가지고 올 수 있는 것들을 모두 갖고 이삭의 집으로 돌아온다. 자신이 집을 떠나는 것에 대단히 중요한 의미가 있음을 강조하기 위해 라헬은 아버지가 집안에서 모시는 신상들까지 훔쳐 나온다. 그것은 라반의 재산을 상징한다. 그녀는 모계 중심 사회의 전복을 받아들인다. 그녀는 자신이 물려받을 재산을 남편과 큰아들에게 주며, 따라서 그녀의 도둑질은 야곱이 그녀의 재산에 대한 권리를 가졌음을 나타난다.

브리세이스의 약혼, 그 처녀막의 찬미, 여성이 본래 지닌 하부 구조의 상실만으로는 여성의 자율성이라는 대의를 지켜내기에 충분치 못했다. 하지만 여신의 원칙이 만신전에서 제거되었을 때, 여성들은 육체의 출산 능력, 여성 육체가 지녔던 보상하고 재생하는 힘을 찬양할 권리조차 상실했다. 인간 사회는 거의 모두 일종의 종교, 즉 인간의 공포와 욕망과 한계와 성향을 통합하고 균형을 이루게 하는 일관적인 창조 설화를 갖고 있다. 일반적으로 이런 종교들에는 동물과 인간의 모습을 한 신들이 등장했으며, 그중에는 남성도 있고 여성도 있고 양성도 있었다. 하지만 레르너가 설득력 있게 보여주고 있듯이, 가부장제의 발전은 기존 신들 간에 확립되어 있던 힘의 균형이 이동하는 것과 궤를 같이 했다. 그녀는 《가부장제의 창조》에서 이렇게 쓰고 있다.

강력한 왕권과 고대 국가의 발전은 종교 신앙과 상징 체계에 변화를 불러왔다. 눈에 띄는 양상은 다음과 같은 것들이다. 우선 어머니 여신의 지위가 격하되고 그녀의 배우자나 아들인 남신의 지위가 상승해 지배자의 자리에 오른다. 그런 다음 그는 폭풍의 신과 융합되어 남성 창조신이 되어 만신전의 남신들과 여신들을 이끈다. 어느 지역이든 간에 그런 변화가 일어난 곳에서는 창조와 출산의 힘이 여신에게서 남신에게로 이전된다.

일신교가 등장하면서, 이렇게 난소를 제거당한 여신들은 신전에서도 추방된다. 그토록 오랫동안 많은 사람들에게 숭배되어온 그녀의 굵은 허벅지와 시대에 뒤떨어진 젖가슴과 긴 세월 동안 사랑받았던 출산 의식은 위협이 되기 때문이다. 《창세기》에서 우리는 야훼와 아담이라는 두 남성 사이에 여성의 출산 능력을 박탈하는 궁극적인 협약이 이루어지는 것을 본다. 아담은 여신을 없애버리고 유일신을 숭배하기로 동의하며, 그 보상으로 이브의 이름을 붙일 권리를 얻는다. 그것은 이브를 낳는다는, 즉 우리 모두의 어머니의 어머니가 된다는, 따라서 이브의 자궁에서 나온 존재들을 소유할 권리를 지닌다는 상징이다. 이브는 남편의 지배를 받을 것이며, 그를 통해서만 고귀해질 것이며, 아첨이나 거짓 희망에 흔들리지 않을 것이다. 이브는 죄악의 화신, 자신의 적인 오물을 먹는 벌레, 떨어져 나간 음경, 영원한 배꼽, 도망자, 자유로운 자인 뱀을 볼 것이다. 레르너는 이렇게 쓰고 있다.

창세기가 씌어질 무렵의 역사적 맥락에서 보면, 뱀은 명백히 출산의 여신과 연관되어 있었으며 그녀의 상징이었다. 이것을 자유롭고 자율적이며 나아가 신성하게 이루어지던 여성의 성을 야훼가 비난했다는 식으로 해석할 필요는 없다.

일신교 하에서 가부장제는 완벽한 권위를 획득했다. 여성들이 볼 때 관료 체제화한 세계는 그리스도가 해낸 엄청난 일처럼 붉은 테이프로 싸여 있다. 기존의 힘의 원천은 사라졌다. 즉 가까운 친족들이 주었던 안정감, 자신의 몸에 대한 행위, 도시라는 필멸의 무대와 신이라는 불멸의 무대 같은 더 큰 활동 무대에 있던 여성 자아의 모습은 사라졌다. 살기 위해 그리고 자식을 먹이기 위해 필요한 것을 획득할 때 여성들은 중개하는 남성들을 통해야 했다. 남성은 더 이상 짝이 아니었다. 남성은 공기였다. 당신은 주장하지 않는다. 그저 숨을 내쉴 뿐이다. 채집 사회에서 농경 사회로의 이런 점진적이며 복합적이며 혁명적인 전환과 더불어, 여성들이 서로에게 지니던 가치도 바뀌었다. 많은 여성들이 더 비참해졌기 때문이다. 전략적 연대는 사라졌다. 파낼 덩이줄기나 뒤질 숲이 없다면, 엄청난 자원들이 남성의 손아귀에 있다면, 다른 여성이 당신에게 뭘 해줄 수 있겠는가?

신생 인류의 세계에서, 당신의 친척이 아닌 여성은 다른 어느 영장류보다도 더 큰 위험에 처할 가능성이 있다. 그 여성은 당신의 남편과 같은 유전자를 지닌 시누이일 수도 있고, 오래 가까이 있어서 정이 쌓인 사람일 수도 있다. 혹은 이방인이자 잠재적 경쟁자일 수도 있다. 그 용어의 새롭고 궁극적인 끔찍한 의미에서 말이다. 또 다른 여성이 당신의 남성을 채갈 수도 있으며, 당신의 남성이 당신의 공기라면, 그 여성은 당신의 꿈속에 찾아드는 악령이자, 당신과 당신이 지닌 것들, 즉 식량과 보금자리와 자식 등 당신이 필요로 하는 모든 것에 치명적인, 진정한 팜므 파탈이다. 한 여성에게 좋은 것은 중개인 남성의 땅, 경작과 목축의 땅에 사는 다른 여성에게도 좋은 것이 아닐까? 현실적으로 말해,

결코 그렇지 않다. 하지만 그녀는 이루 헤아릴 수 없는 해를 끼칠 수 있다. 그녀는 당신의 눈을 후빌 수 있다. 그녀는 당신을 장님으로 만들 수 있다. 에덴 동산 밖에 있지 않고 그 안에 갇힌 이브의 딸들은 그렇게 느낄 수 있다. 우정의 대가는 엄청나게 보이기 시작하며, 배신의 위험은 견딜 수 없이 커진다.

여성들은 천진난만하지 않으며, 결코 그런 적도 없었다. 많은 여성들은 격하되는 과정을 함께 겪어왔다. 그들은 자신들이 지녔던 자율성의 상실을 부추기고 촉진해왔다. 그들은 여성 할례, 푸르다〔이슬람교에서 부녀자를 남의 눈에 띄지 않게 하는 격리, 은닉하는 풍습〕, 음부 봉쇄술 등 여성의 성을 통제하는 관습에 순응해왔으며, 자신의 딸들에게도 순응하라고 주장해왔다. 심지어 그들은 그런 관습의 적극적인 옹호자가 되기도 한다.

그들, 즉 우리는 바보가 아니다. 우리는 가족을 원한다. 우리들은 아이들에게 가장 좋은 것을 원하며, 수천 년 동안 우리는 아이들을 안전하게 지키기 위해 남성들의 도움과 사랑을 필요로 해왔다. 우리 중 많은 여성들은 지금도 그렇게 하고 있으며, 우리는 여전히 남성들이 없으면 시련을 겪는다. 미국에서는 혼자가 된 여성들과 그 아이들이 가난하게 살고 있는 사람들의 다수를 차지한다. 아이를 가진 부부가 이혼하면, 혼인 관계에 있을 때보다 대개 여성들은 더 가난해지며, 남성들은 더 부유해진다. 채집 사회 이후 시대의 행성에서 남성, 더 큰 규모의 동맹을 이룬 남성들의 투자와 관용을 위험에 빠뜨리는 식으로 행동하는 것은 희생이 너무 크다. 따라서 때때로 우리는 스스로에게 약한 음핵 절제술에 해당하는 것을 실시한다. 우리는 자매애나 여성의 연대 같은 생각을 거부한다. 우리는 그것에 코웃음을 친다. 우리는 페미니스트라는 말에 눈을 이리저리 굴리면서 조소한다. 우리는 자신이 그 차원을 넘어서 있으며, 모두 잘 지내고 있으며, 페미니즘이 해결할 수 있는 모든 문제들을 해결했으며, 그것들은 처음부터 문제가 되지 않았다고 말한다. 우리는 반페미니스트 단체를 조직하며, 그 단체들에 자유와 독립 같은 단어가 들어간 재치 있고 멋진 이름을 붙여준다. 우리는 그렇게 많은 공격성을 지니고 있으며, 그렇게 살고 있으며, 강인한 황금빛 눈을 부라리고 있으며, 총을 꺼내 서로를 쏘거나 바닥이나 유리 구두를 신은 발을 쏜다.

도대체 우리는 어떤 허튼 생각을 받아들이고 있는 것일까? 경박하게 낄낄 웃어넘기는 어떤 허튼소리들을? 영화 〈제리 맥과이어〉를 생각해 보자. 이것은 하찮은 영화이며 별 해는 끼치지 않겠지만, 여성 관객들이나 그들과 함께 온 남성 관객들을 스포츠를 소재로 한 남성 중심적인 영화에 몰입시키는, 이유 없는 당혹스러운 여성 혐오로 가득하다. 영화 제작자들은 제리 역을 맡은 톰 크루즈에게 르네 젤위거가 연기한 도로시라는 매혹적이고 도발적인 입술을 가진 '애인'을 배치했다. 도로시에게는 이혼한, 나이 든 언니가 있으며, 그 언니는 정기적으로 모여 남성 배신자들을 들먹거리며 신세 한탄을 하는 이혼 당한 여성들의 모임에 속해 있다. 이것은 짜증나는 설정이다. 그 여성들은 모두 수척하고 경직되어 있고 불행한 듯이 보이며, 실제 여성들은 모여서 남성들을 씹어댈 때면 끊임없이 웃음을 터뜨리는데, 이 여성들은 전혀 웃지 않는다. 한 장면에서 도로시는 별 이유 없이 벌떡 일어나서 그들의 모임을 방해한다. 그녀는 말한다.

"당신들이 옳을지 몰라요. 남자들은 적이에요. 하지만 나는 그래도 그 적을 사랑해요!"

그 여성들은 자신들이 모욕을 당해왔으며 도로시가 옳다는 것(어떤 점에서?)을 알고 있음에도, 그렇지 않다고 앞다투어 혼란스럽게 떠들어댄다. 그 여성들은 서로를 지원하고 떠받치려 애쓰지만, 도로시는 가만 있으려 하지 않는다. 그녀는 톰(제리)에게 돌아가고 싶어한다. 그녀는 단지 감정 때문이 아니라 지불 능력 때문에 그를 필요로 한다. 그녀는 어린 아들을 가진 홀어머니이다. 자신의 필요 때문에 도로시는 이 여성들을 무찔러야 하며, 그들과 그들이 보여주는 음울한 미래와 헤어져야 한다는 것을 느낀다. 그들은 그녀를 오염시킨다. 그녀는 제2막을 원한다. 델마와 루이스에게는 없는 제2막을 말이다.

그렇다. 아마 우리는 이 달콤한 영화를 너무 깊이 음미하지 말아야 할지 모른다. 하지만 당신이 그 영화가 달콤하고 해가 없다고 생각해서 계속해서 음미한다면, 어느 날 당신은 이빨이 모두 썩은 것을 발견할 것이다.

우리는 모두 수많은 과거를 가진 여성들이다. 우리는 오래된 영장류이며 신생 인류이다. 우리는 다른 여성들에게 끌리는 것을 느끼며, 자기 자신을 그들에게 설명하고 그들을 감동시키고 싶은 욕구를 느끼는 한편으로, 여성들에게서 달아나거나, 그들을 부정하거나, 모든 일이 잘 될 때까지만 그들과 함께 있고 싶어한다. 우리는 서로에게 해를 입힐 수도 있고, 폭력까지 가할 수도 있지만, 마찬가지로 서로에게 잘할 수도 있다. 우리의 전략과 대안들을 그린 유연한 선택적인 흐름도 상에는 우리에게 두 대안이 모두 열려 있는 것으로 나타나 있다. 침팬지와 보노보는 촌수가 똑같은 우리 친척이다. 그들은 우리와 유전자가 99퍼센트 같다. 그들이 얼마나 가까운지 감을 잡고 싶다면, 같은 포유동물이므로 우리와 분류학적으로 매우 가까운 생쥐의 유전체가 우리 유전체와 겨우 50퍼센트만 같다는 점을 상기해보라. 하지만 침팬지와 보노보는 우리의 자매 분류군인 판Pan 속(屬)에 속해 있다. 그들의 젖은 우리 아이들에게도 잘 맞을 것이다. 침팬지 암컷들은 유대감이 약하다. 보노보 암컷들은 모권제 사회를 이룬다. 우리는 어느 쪽으로도 갈 수 있다.

우리는 양쪽으로 이끌릴 수 있다. 우리 여성들은 서로를 무시할 수 없다. 남성의 세계에 살고 있지만, 우리의 공격성은 여성에게 집중되어 있고 잔인하고 내밀하다.

16

값싼 고기
근육을 만드는 법

내가 체육관에 나가 무거운 것을 들어 올리고 싫은 내색을 하는 다른 여성들에게 근력 운동이 좋다고 설교를 해오는 동안, 가장 흔하고 가장 화나는 반응은 이런 것이었다.

"나는 우락부락하거나 근육이 너무 튀어나와 보이고 싶지 않아요. 그저 좋은 몸매를 갖고 싶을 뿐이에요."

그 말은 두 가지 이유로 나를 짜증나게 한다. 첫째, 젖먹이는 마리아여, 나는 '우락부락해지고' 눈에 띄게 근육을 불리는 일이 그렇게 쉽기를 바란다. 규칙적인 운동만으로 어깨와 다리와 가슴과 등이 엉덩이와 과일과 달을 모방한 것처럼 된다면 좋겠다. 사실 대다수 여성들이 튀어나온 근육을 갖는 것은 극히 어렵다. 내가 운동하는 것을 지켜보는 사람들은 내가 무거운 것을 들어 올리는 모습을 보고 놀라곤 한다. 내가 그다지 근육질로 보이지 않기 때문이다. 내 모습은 스판덱스를 자랑하는 골렘 살육자인 여성 전사의 모습과 일치하지 않는다. 나는 내 이두박근을 보고 늘 실망한다. 그 근육은 강하지만, 아무리 팔을 구부려도 내가 매번 "근육을 만들어봐요"라고 할 때마다 아버지가 보여주었던 것처럼 튀어나오는 법은 없다.

또 한 가지 이유를 말하기 위해서, 나보다 더 근육이 나올 데는 나오고 들어갈 데는 들어가 있는 여성이 있다고 상상해보자. 그런 여성들은 틀림없이 있다. 근육질처럼 보이는 것이 뭐 잘못인가? 근육은 아름답다. 힘은 아름답다. 근육 조직은 아름답다. 그것은 신진 대사나 의학적·철학적 측면에서 볼 때 아름답다. 근육은 사용하지 않으면 물러나지만, 당신이 충분한 이유를 부여하면 언제라도 다시 돌아올 것이다. 당신이 아무리 나이를 먹어도 당신의 근육은 희망을 잃지 않는다. 근육은 미래 지향적이다. 근육은 자극에 반응한다. 몸의 세포들 중 근육 세포처럼 변형되고 재편되고, 성취하고 초월할 수 있는 세포는 거의 없다. 당신의 근육은 유물론적이고 금욕적이고 목표 지향적인 정신을 지닌 사람에게 성스러운 것이 될 수 있다. 적어도 근육은 믿을 수 있다. 당신이 매일 심리 치료를 받는다 해도 당신의 허약한 정신은 다시 깨어나겠지만, 당신이 매일 운동을 하면 근육은 더 강해질 것이다.

운동의 혜택이 과장될 수 있고 과장되어 있다는 것은 분명하다. 운동이 마술 같은 힘을 지니고 있다고 주장하는 사람들이 있다. 그들은 운동을 하면 행복해지고 낙천적이 되며 집중력이 좋아질 것이라고 주장한다. 그들을 믿지 말라. 당신이 항상 불행하다는 생각을 갖고 있다면, 운동을 한다고 해서 행복해지지 않는다. 새로 운동을 시작하면 혈액 흐름이 좋아져 조직에 더 많은 산소가 유입되고 운동을 시작한 자신의 용기에 기운이 샘솟아 일시적으로 정서적 고양 상태를 느낄 수 있을지 모른다. 하지만 당신의 몸이 그 활발한 움직임에 익숙해지고 신참자가 지니는 의욕이 사라지고 나면, 당신은 생화학적 및 심리적 기본 상태로 돌아갈 것이다. D. H. 로렌스가 말한 것처럼, 자기 자신으로 돌아가는 것이다. 우리는 운동이 우울증을 치료하는 데 도움이 될 수 있다는 말을 들어왔지만, 임상 연구 결과들은 대부분 그런 치료 효과를 발견하지 못했다.

또 사람들은 운동이 젊음의 영약을 얻는 데 가장 근접한 방법이며, 그것을 알약 하나 속에 넣을 수 있다면 모두가 그것을 삼킬 것이라고 주장한다. 그 말은 몸의 다른 많은 부위에는 들어맞지만, 당신이 살아 온 세월을 보여주는 얼굴에는 운동이 아무 소용이 없을 것이다. 다른 근육들은 많은 지점을 통해 골격에 붙어 있지만, 당신 얼굴 근육들은 두개골과 연결된 지점이 그리 많지 않다. 말을 하고 찌푸리고 웃음을 짓고 놀람이나 관심을 표현하는 일들을 더 잘할 수 있도록, 얼굴 근육들은 뼈의 속박에서 해방되어왔다. 하지만 표현의 자유를 얻은 대가로 우리는 근력 운동을 통해 얼굴 근육을 강화할 수 없게 되었다. 얼굴 근육을 도드라지게 할 방법은 없다. 사실 그것은 너무나 좋지 않다. 아무리 끈기 있게 운동을 한다고 해도, 운동의 미적 혜택은 턱에서 멈춘다.

근력이 모든 문제를 해결한다는 생각을 버리면, 그것을 현실적으로 사용할 수 있게 된다. 적어도 남성들이 근육을 필요로 하는 것만큼 우리 여성들도 자신의 근육을 필요로 하며, 근육이 그만한 자격이 있다는 사실을 인정해야 한다. 그렇다, 테스토스테론 농도가 더 높은 덕분에 남성들은 당연히 근육이 더 발달해 있다. 그 호르몬은 동화 작용을 한다. 즉 근육을 강화한다. 따라서 그 호르몬을 많이 갖고 있으면, 상대적으로 더 근육질이 된다. 하지만 테스토스테론이 그 명성만큼 근력을 강화하는 데 효과적인 것은 아니다. 따라서 여성들은 그 호르몬 농도가 낮다고 한탄할 필요가 없으며, 농도가 낮은 것이 '강해지지 않는다'는 의미라고 생각할 이유도 없다. 공식 항의를 무시하고 말하면, 오래전부터 운동 선수들은 스테로이드가 자신들을 더 강하고 더 근육질로 만들어줄 것이라고 확신하면서 합성 안드로겐을 투여해왔다. 1996년 연구자들은 마침내 임상 실험을 통해 운동 선수들 사이에 전해지는 그 비방을 실증했다. 그들은 테스토스테론을 과다 투여하면 정말로 정상적인 건강한 남성들의 근육 크기와 힘이 증가한다는 것을 보여주었다. 하지만 그 결과는 그다지 뚜렷하지 않았으며, 테스토스테론 농도가 정상 농도보다 다섯 배 더 많아져도, 말하자면 혈액이 사실상 테스토스테론으로 끈적거릴 정도가 되어도 그 약 없이 10주 동안 부지런히 운동을 계속한 대조 집단에 속한 많은 사람들과 근력에 별 차이가 없었다.

이런 결과에 그다지 놀라워할 필요는 없다. 아무튼 본래 남성은 여성보다 테스토스테론 농도가 열 배나 더 높지만, 남성이 여성보다 열 배나 더 크고 더 강하지 않은 것은 분명하다. 사실 남녀의 체격 차이, 이른바 성적 이형성은 다른 수많은 종에서 나타나는 암수의 몸집 차이에 비교하면 근소한 편이다. 평균적으로 남성은 여성보다 고작 키가 10퍼센트쯤 더 크고 체중이 20퍼센트쯤 더 무겁다. 반면에 오랑우탄과 고릴라는 수컷이 암컷보다 몸집이 적어도 두 배는 크다. 대개 종의 성적 이형성은 짝을 얻기 위해 다른 수컷들과 경쟁하는 종들에서 수컷들에게 몸집을 키우도록 진화 압력이 가해진 결과이다. 대개 성적 이형성이 더 심할수록 그 종은 일부 다처형이 되며, 그것은 수컷이 여러 암컷을 독점할 기회가 많을수록, 수컷 사이의 경쟁이 심해지고 싸움 준비를 하라는 압력이 더 세진다는 의미이다. 반면에 일부일처형 종일수록 암수는 크기와 겉모습이 매우 비슷해지는 경향이 있다. 수컷이 짝을 찾아 정착해 자신의 일에 몰두할 가능성이 높은 때에 전쟁 태세를 갖추고 있을 필요가 없기 때문이다. 그래서 많은 과학자들은 인간의 약한 이형성을 우리가 어중간하게 성적으로 기회주의적인 생물이며, 약간 난잡하면서도 약간 일부일처형이며, 짝을 짓는 성향과 바람을 피우는 성향을 갖춘, 분열과 융합이 뒤섞여 혼란스러운 종이라는 증거로 본다. 이런 이야기들이 옳을 수도 있고 그렇지 않을 수도 있다. 하지만 남성들이 200킬로그램이나 나가는 고릴라가 아니라고 해서 남성들 사이의 경쟁이 약하다는 의미는 아니다. 진실은 일단 인간이 무기를 만들기 시작하자, 진짜 야만적인 근력은 창조력보다 덜 중요해졌으며, 신체 각 부위의 군비 경쟁은 기술의 군비 경쟁으로 대체되었을 가능성이 아주 높다는 것이다. 억센 가슴은 언제나 좋은 창에 뚫리게 마련이다.

그보다는 남녀가 다른 대형 영장류의 암수보다 몸집이 더 비슷한 이유는 남성들이 큰 몸집을 요구하는 선택 압력에서 자유롭기 때문이 아니라, 여성들이 몸집을 키우라는 선택 압력을 받아왔기 때문이라는 쪽이 우리 논의에 더 부합되는 듯하다. 여성들이 수명을 늘이는 쪽으로, 즉 폐경기 이후에도 오래 사는 쪽으로 선택이 이루어져왔다고 가정하면, 그 몇십 년을 지탱할 상당한 체격을 갖추는 것이 도움이 될 것이다. 대개 몸집이 큰 동물이 작은 동물보다 더 오래 산다. 수명 이외에도 서식지, 행동 양식, 식사, 임신과 수유 등 다양한 요인들이 암컷의 몸집 진화에 영향을 미친다. 몸집을 제한하는 요인도 있을 것이고 몸집을 키우는 요인도 있을 것이다. 하지만 적응적 변화 과정이 적절한 수준에서 타협함으로써, 여성의 신체가 생식 기관은 원래 제약된 상태를 유지한 채 몸집을 최대화하는 쪽으로 나아갔을 수도 있다. 아무튼 여성은 지구에서 고릴라 암컷 다음으로 몸집이 큰 영장류 암컷이다. 고릴라 암컷의 평균 체중은 83킬로그램으로서 뚱뚱하지 않은 표준 여성의 체중인 56~58킬로그램보다 더 나간다. 여성은 체중 45킬로그램 이하인 오랑우탄 암컷보다는 더 크며, 침팬지나 보노보 암컷보다는 상당히 더 크다. 한편 표준 체중이 72킬로그램인 남성은 고릴라 수컷보다 훨씬 작고, 체중이 평균 90킬로그램인 오랑우탄 수컷보다도 작다.

단순히 숫자 놀음을 위해 이런 수치를 들먹거리는 것이 아니다(내가 숫자 놀음을 좋아하고, 꽤 작은 여성인 나 자신이 인상적으로 큰 영장류 암컷에 속한다고 생각하면 기운이 나긴 하지만). 내 말의 요지는 여성들이 남성들보다 필요로 하는 근육의 양이 더 많았다는 것이다. 그리고 자연이 더 놀라운 방향으로 우리를 밀어대고 있다는 것을 알고 우리의 수명이 긴 함선을 잘 이용해야 한다는 것이다. 우리는 현실적인 이유로, 한편으로는 마음속의 나, 즉 불확실한 자아를 위해 근육을 필요로 한다. 그리고 어느 쪽이든 간에 현 시점에서 전보다 더 근육을 필요로 한다. 우리는 테스토스테론을 대량으로 갖고 있지 않으며, 근육과 근력을 키우는 것이 남성들만큼 쉽지 않을 수도 있다. 하지만 우리는 힘을 키울 경이로운 능력을 갖고 있으며, 전 세계와 전 역사를 통해 여성들이 늘 보여줘왔듯이 테스토스테론이 상대적으로 적다는 것을 생각하면 훨씬 더 인상적이다. 대다수 선진국에서 여성들은 직장을 갖고 있다. 쿵족 여성들은 50킬로그램의 짐을 머리에 이거나 등에 지고 몇 킬로미터를 걸어다닌다. 전 세계 여성들이 파업에 나선다면, 노동 세계는 사실상 멈출 것이고, 당신은 그것이 남성들의 야망을 위한 것인지 말하기가 애매할 것이다. 대다수 여성들에게 강해지라는 명령은 어리석게 들릴 것이다. 그들은 땀과 굳은살을 통해 필요한 만큼 강하며, 그들의 강한 생활 양식을 더 나은 음식과 깨끗한 물과 좋은 의료와 결합시킨다면, 그들은 지금까지 가장 오래 살았다고 알려진 진 칼멘츠와 같은 부류임이 드러날지 모른다.

하지만 서양에서 여성들은 생명줄들의 불협화음, 일종의 대위법을 겪어왔다. 수명은 늘어나는 반면, 육체적 힘의 필요성은 줄어들어왔다. 우리는 전보다 더 오래 살고 있다. 우리 여성들의 신체는 대단히 강하다. 그런 한편으로 우리는 근육 조직의 유혹, 노력하자는 요구에 덜 호응하면서 근력을 잃고 있다. 더 오래 살수록, 우리는 더욱더 근육을 필요로 한다. 하지만 우리 세계는 그것을 자연스럽게 획득할 기회를 거의 주지 않으며, 따라서 우리는 기술과 훈련과 설교를 통해 그것을 추구해야 한다. 우리는 스스로에게 강해질 이유를 부여해야 하며, 떠오르는 이유가 많아질수록 더 좋다. 당신은 근육질로 보이고 싶지 않은가? 단지 잘 다듬어진 몸매를 원하는가? 하지만 당신은 그레고리오 성가가 아니다. 당신은 21세기이다. 사냥의 여신인 아르테미스에게 사냥꾼 여성의 대퇴사두근과 활을 쏘는 튼튼한 팔을 달라고 기도하라. 중력, 무자비한 중력이 당신의 몸에 손을 대고 당신의 심장을 만지작거리기 시작할 때면, 당신은 그 근육들을 가진 것을 기뻐할 것이다.

여성에게 근육이 몹시 필요하다는 것을 이해하기 위해, 가상의 실용주의 부부인 기준 여성과 기준 남성을 생각해보자. 이 부부는 의학적·정치적 구성물이며, 히로시마 이후의 아톰Atom과 이브이다. 1950년대에 원자력 위원회의 후원을 받아 과학자들은 핵 방사선이 인체에 미치는 잠재적 영향을 파악하는 연구를 시작했다. 그들은 몸이 알파선, 베타선, 감마선을 얼마나 많이 견딜 수 있는지 알고 싶어했고, 몸의 각 조직마다 방사선에 각기 다른 반응을 보이기 때문에 평균 남성과 평균 여성이 어떤 물질로 이루어져 있는지 추정해야 했다. 그렇게 해서 나온 인류의 초상인 기준 인간은 남녀 모두 25세였다. 이 나이가 되면 몸을 이루는 다양한 기관들의 크기와 성능이 최대에 달하고 기본 대사 수준이 확정된다고 여겨진다. 당신의 나이가 25세일 때의 몸무게가 몸이 가장 편안하게 느낄 만한 몸무게이다. 몸은 몸무게가 몇 킬로그램 늘거나 줄어들면, 대사율을 높이거나 낮춰서 이 몸무게를 유지하려 애쓴다. 이 무렵에 다이어트 약이 잘 듣지 않는 것도 그 때문이다. 몸은 결코 선동가가 아니다. 그것은 현재 상태를 사랑한다.

하지만 기준 인간들은 결코 살빼기를 하지 않는다. 우리의 기준 여성은 몸무게가 59킬로그램이며, 기준 남성은 69킬로그램이다. 여성의 몸은 지방이 27퍼센트이며, 지방 이외의 부분이 73퍼센트이다. 남성의 몸은 지방이 16퍼센트이고 지방 이외의 부분이 84퍼센트이다. 우리는 지방 이외의 부분이라고 하면 근육을 생각하지만, 거기에는 근육, 뼈, 장기, 수분 등 모든 것이 포함된다. 그 기준 여성의 지방 이외의 부분 중 약 절반, 즉 몸무게의 34퍼센트는 근육 조직이다. 즉 그녀는 지방만큼 근육을 갖고 있는 셈이다. 지방은 그 자체로는 나쁜 것이 아니다. 지방 조직은 우리 인간이 때때로 겪을 것이라고 여겨지는 기근 시기에 쓸 에너지를 저장하는 중요한 역할을 한다. 지방 1그램은 근육 조직 1그램보다 두 배를 넘는 열량을 지닌다. 남성이든 여성이든 평균적인 인간은 아무것도 먹지 않고 40일을 버틸 만한 체지방을 갖고 있다. 예수가 사막에서 40일 동안 단식을 했다는 사실은 금욕적이었던 성경 저자들이 몸의 생리적 한계를 잘 알고 있었다는 것을 암시한다.

지방은 일상 생활에서는 당신에게 별 소용이 없다. 그것은 그다지 야심적인 조직이 아니며, 당신을 눌러 내린다. 간과 공모하여 몸이 생생하게 똑바로 제 기능을 하도록 유지시키고, 살아가면서 그리고 변덕스럽고 피할 수 없는 활성 산소를 들이키면서 입는 지속적인 손상을 고치는 단백질을 생성하고 분해하는 것은 근육 조직이다. 체지방의 절반 이상을 잃은 여성은 생리가 끊길 수 있다. 하지만 그녀는 살아 있을 것이다. 나치 수용소에서 죽은 사람들이 그렇듯이 지방 이외의 몸무게 중 40퍼센트 이상을 잃은 여성은 죽을 것이다.

근육의 용도는 아무리 과장해도 지나치지 않다. 우리 몸에는 6백 가지가 넘는 근육이 있으며, 그중에는 골격근처럼 마음대로 통제할 수 있는 것도 있고, 민무늬근처럼 자율적으로 움직이는 근육들도 있다. 물론 근육은 우리가 움직일 수 있도록 해준다. 근육은 우리 몸 곳곳에 냉담하게 뿔뿔이 흩어져 있다. 하지만 병에 걸려 움직일 수 없을 때에도 근육 조직은 우리를 돕는다. 병에 걸렸을 때, 몸은 지방이라는 열량 창고의 문을 열 힘을 상실한다. 몸이 건강할 때 일부러 또는 다른 이유로 단식을 한다면, 당신의 인슐린 농도는 떨어지고 몸은 지방 창고를 열어 에너지를 달라고 요구하기 시작한다. 하지만 당신이 급성 감염이나 만성 질환으로 아플 때에는 당신의 인슐린 농도가 높아진다. 당신이 음식을 먹을 때도 인슐린 농도는 증가하므로, 몸은 점점 혼란을 느낀다. 그래서 몸은 음식이 들어온다고 생각하고 지방 창고의 문을 꼭꼭 닫아건다. 당신의 몸이 계속 에너지를 요구하고 있고, 너무 아파서 먹을 수도 없다면, 몸은 근육을 분해해서 연료로 쓰기 시작할 것이다. 근육은 그다지 열량이 풍부하지 않다. 평균 여성이 근육 조직에 저장한 열량은 2만 칼로리 정도에 불과하다. 지방에 저장한 양이 18만 칼로리 정도인 것에 비하면 극히 적다. 먹을 수도 없을 만큼 몹시 아픈 사람은 40일이 아니라 10일 안에 굶어죽을 것이다(암이나 AIDS에 걸린 사람에게서 나타나는 지방 이외의 조직이 소모되는 증상인 악액질은 그보다 더 서서히 일어나지만, 그것 역시 몸에서 지방을 태우는 능력이 붕괴되어 그 대신 근육이 먹힘으로써 나타나는 현상이다). 따라서 근육을 더 많이 지닐수록, 질병을 견딜 가능성이 더 높다. 젊은 사람들이 나이 든 사람들보다 급성 질병에 더 잘 살아남는 것도 근육을 더 많이 갖고 있기 때문이기도 하다.

우리 여성들은 남성들보다 근육이 더 적으며, 뼈도 더 가볍다. 남녀의 키가 똑같다 해도, 골격의 무게가 다를 것이며, 남성의 골격은 여성의 골격보다 10퍼센트 정도 더 밀도가 높다. 근육이 관성을 거스른다면, 뼈는 그 늪을 무시한다. 고대에 척추가 없는 상태에서 다리가 넷인 우리 동물들은 기꺼이 그 늪에서 기어 나왔다. 나이가 들면 남성보다 여성이 더 급격히 뼈를 잃는다. 물론 폐경기에 몹시 관심을 쏟는 시대라 우리는 모두 그 사실을 잘 알고 있다. 고무 범퍼가 자동차의 완충 장치 역할을 하듯이, 근육은 뼈의 완충 장치 역할을 하며, 골격을 휘감고 있는 근육이 더 많을수록, 뼈는 더 제대로 보호될 것이다. 뼈가 더 물러지고 구멍이 많아져도 말이다.

몸은 근육을 원한다. 나이가 들수록 더 그렇다. 하지만 유별난 현실은 강함을 유지하려는 조화로운 노력이 없다면 노화하는 몸은 근육을 잃고 지방을 얻는다는 것이다. 여성은 성년기 이후 평생에 걸쳐 같은 몸무게를 유지할 수도 있으며, 그렇다고 해도 그녀가 앉아서 일한다면 몸무게의 구성이 변할 것이다. 체중이 59킬로그램에 지방이 27퍼센트인 25세의 기준 여성이 55세가 되면, 0.5킬로그램도 체중이 늘지 않아도 지방이 40퍼센트가 넘을 것이다. 그녀는 똑같은 6백 가지 근육을 갖고 있겠지만, 그중 상당수가 위축될 것이고, 그 사이에 지방이 점점이 들어갈 것이고, 비교적 커다란 지방이 주위를 감쌀 것이다. 젊었을 때보다 근육의 부피가 줄었기 때문에, 짐을 들 수 없을 정도로 약해질 것이고, 그녀는 싫으면서도 왠지 모르게 인기가 있는, 집어넣을 수 있는 손잡이가 달린 바퀴 달린 가방을 사지 않을 수 없을 것이다. 그녀는 계단을 단숨에 오를 때 전보다 훨씬 더 금방 숨이 가빠올 것이다. 근육은 몸 전체로 산소가 운반되도록 자극하고 심장의 긴장을 완화시키는 역할을 하기 때문이다. 남성들도 나이가 들면 근육을 지방으로 교체하지만, 처음에 근육이 더 많았기 때문에 그 전환은 덜 극적이다.

여성들은 근육을, 자신들이 불러 모을 수 있는 것보다 더 많은 근육을 필요로 한다. 그들은 가벼운 뼈를 보호할 근육을 필요로 하며, 질병을 견뎌낼 근육을 필요로 한다. 그들이 남성들보다 더 적은 근육을 타고났다면, 그들은 그것을 보상하기 위해 더 열심히 일해야 한다. 젊은 여성들은 운동을 해서 더 강한 힘을 추구해야 한다. 젊은 여성이 골격이 아직 발달하고 있는 25세 이전에 운동을 더 열심히 할수록, 그녀의 뼈는 최대로 되는 순간에 더 튼튼할 것이고, 나이가 들어 어머니인 물속으로 잠기는 과정도 더 서서히 진행될 것이다. 달리기, 체조, 역도처럼 하중이 가해지는 격렬한 활동들은 젊은 여성들의 뼈 질량을 증가시킬 수 있다. 그리고 소녀 시절의 과도한 운동이 생리 주기를 교란시키고, 에스트로겐 생성을 차단하여 골다공증 위험을 일으킬 것이라고 우려하는 전문가들도 있긴 하지만, 풍부한 연구 결과들은 활동적인 소녀가 운동을 안 하는 소녀들보다 뼈 밀도가 더 높다는 것을 보여준다. 근육의 기초를 다진 젊은 여성들은 남은 평생 잘 간수해둔 그 근육을 다시 불러내는 일이 훨씬 더 쉽다는 것을 알게 될 것이다. 그들은 육체적으로 무력한 상태로 몇 년을 지낼 수도 있지만, 마침내 왕자의 키스 없이도 스스로 깨어나면, 그들은 놀라울 정도로 짧은 기간에 자신의 힘과 근육을 되찾을 것이다.

근육은 우아하다. 그것은 원한을 품지 않는다. 손수레를 한 번도 끌지 않았고 성년기에 들어설 무렵에 헬스클럽에 한 번도 간 적이 없는 나이 든 여성도 산화한 나이에 장엄한 여장부가 될 수 있다. 그녀의 근육들은 그녀를 위해 거기에 있을 것이다. 터프스 대학 심리학자인 미리엄 넬슨은 70대와 80대와 90대에 집 밖으로 나올 수 없거나 의자에서 일어날 수 없는 여성들, 요양원에 있는 여성들에게 체육관에서 역기를 들어 올리는 식으로 일주일에 두 번씩 운동을 시켰다. 소심하지도 않고 부러지지나 않을까 혹은 '짓눌릴까' 하는 두려움에 머뭇거리지도 않고 할 수 있는 만큼 무거운 것을 집중적으로 들어 올리도록 했다. 겨우 넉 달 뒤 이 여성들, 이 늙은 여성들, 구부정한 등과 벌새 같은 뼈에 관절염도 있는 이 여성들은 마치 축제 때 온 전도사에게 치료를 받은 듯이 지팡이를 내던지고 걷고, 손과 무릎으로 기어 정원으로 내려가고, 카누를 젓고, 눈을 치우는 등 놀라울 정도로 강해졌다. 그 여성들이 눈에 띄게 체격이 좋아진 것은 아니었다. 그들의 근육 무게는 10퍼센트 정도 늘었지만, 겉으로는 크게 드러나지 않았다. 훨씬 더 중요한 것은 그들의 힘이 두세 배로 늘어났다는 것이다. 그들은 중년 때보다 더 강해졌다. 그들의 근육은 세월의 처벌을 받지 않았다. 그 근육들은 교훈을 배우지 않았다. 그 근육들은 굴복하는 법을 배우지 않았다. 반대로 그 근육들은 충실한 프로테스탄트처럼 다시 쓸 수 있게 되었고 다시 생산적이 되었다. 근육과 신경 사이의 조율은 향상되었다. 근육 사이에 신경과 혈액과 산소를 지닌 모세 혈관들이 가지처럼 뻗어 나갔다. 그들은 바닥 밑에서 아직 죽지 않았다고 신호를 보내면서 비밀을 드러내는 심장 같았다.

여성에게는 현실적으로 근육이 필요하다. 그녀는 이 행성에서 가장 오래 사는 것으로 알려진, 가장 오래 살아 있는 표본이다. 시간은 근육과 뼈를 훔치려 애쓰겠지만, 여기서는 시간이 난공불락이 아니다. 근육은 되찾을 수 있고 회복시킬 수 있으며, 근육이 팽창할 때 뼈는 기뻐한다. 30대 이후에 뼈 밀도를 증가시키는 것은 매우 어렵지만, 근육 덕분에 당신은 뼈가 떠나지 못하도록 계속 유지할 수 있다. 왜냐하면 근육은 뼈를 잡아당기고, 역학적인 활동은 뼈가 작동하도록, 즉 정체되고 서서히 용해되는 것이 아니라 재충전되도록 자극한다. 우리 네발동물의 골격인 근육과 뼈 위에 삶을 섬세하고 길게 묘사한 코미디 드라마가 드리워질 수 있다. 그 강한 뼈대 위에 지방도 약간 자리를 잡을 수 있다. 체지방의 위험은 과장되어 있다. 지방은 사실 나쁜 것이 아니다. 가장 살진 사람들의 문제는 여분의 지방이 움직임을 둔하게 만들고 불쾌하게 만들어 운동을 기피하게 하고, 움직여야 할 근육들이 그대로 방치

된다는 것이다. 하지만 통통한 여성이 계속 활동을 한다면, 그녀는 놀라울 정도로 강하다는 것을 증명할지도 모른다. 비만인 사람들은 마른 사람보다 더 많은 지방을 갖고 있을 뿐 아니라, 상대적으로 근육도 더 많이 갖고 있곤 한다. 너무 많이 먹어서 체중이 늘어날 때, 그 체중의 4분의 3은 지방으로, 4분의 1은 근육으로 붙는다. 살진 사람들은 자기 혐오에 너무 깊이 빠져든 나머지 자신들이 어떤 잠재력을 지니고 있는지 깨닫지 못한다. 그들이 파묻힌 근육을 규칙적으로 움직이기로 한다면, 그들은 자신들을 돼지라고 부르는 마른 사람들을 가볍게 물리칠 수 있을 것이다.

아주 어린 딸을 가진 그다지 젊지 않은 어머니로서 나는 강한 상태를 유지해야 한다는 새로운 의무를 느낀다. 계속 생생하고 열정적으로 살면서 딸에게 나이 든 부모와 함께 야영을 가고 등산을 가자고 강요할 정도로 오래, 딸이 양로원 생각을 해야 할 시기를 늦추고 건강하고 독립적으로 살 만큼 강하게 있어야 한다고 말이다. 다시 말해 나는 근력을 현실적으로 생각한다. 미리엄 넬슨을 만났을 때, 그녀는 내게 우리 같은 여성들, 즉 비교적 작고 가냘픈 여성들은 근력을 키우는 일을 중단해서는 안 된다고 역설했다. 우리는 축복을 타고나지 못했다. 우리는 노력을 하지 않아도 될 만큼의 체중, 즉 동물성 물질을 충분히 갖고 있지 않다. 그래서 지금 나는 현실적이 되었다. 예전에 나는 근육의 작동 양상과 그 의미, 근육의 정신에 신경을 덜 썼다. 하지만 나는 통속적이고 희망 가득한 내 근육 철학을 포기하지 않고 있다. 여성들은 남성들이 비교적 쉽게 얻을 수 있는 근력을 획득하기 위해 모을 수 있는 모든 이유들을 그러모아야 한다. 여기 또 한 가지 이유가 있다. 육체의 힘은 명시적이다. 그것은 생경하고 선명하며 가능성을 보여준다. 여성은 자신이 생각하는 것만큼 강해지지 않고서도 복수의 여신 같은 취미 생활을 할 수 있다. 고려의 대상인 당당한 인물이 되는 데는 그다지 많은 것이 필요하지 않다. 여성이 몸을 곧게 편 채 팔굽혀펴기를 15~25번 할 수 있거나 턱걸이를 몇 번 할 수 있다면, 그녀가 장난감처럼 바닥에 굴러다니는 것이 아니라 받침대에 놓여 있는 무거운 아령을 들어 올릴 수 있다면, 사람들은 말할 것이다. 와, 정말 세네요. 그리고 그들은 그녀에게 탄복하고 그녀를 용감하다고 생각할 것이다. 그리고 아둔한 방식으로, 근육을 키우는 방식으로 강해지기란 스포츠 기술을 습득하는 것보다 더 쉽다. 그것은 운동에 젬병인 사람과 뒤늦게 시작한 사람도 할 수 있는 민주적인 방식이며, 여성들도 값싸고 냄새 풀풀 풍기면서 강해질 기회를 움켜쥘 수 있다. 그런 기회가 존재하기 때문이다. 그리고 정직하게 말하자. 우리는 그 기회를 그다지 많이 잡지 않고 있다. 강해지는 것이 당신을 행복하게 하거나 자아 실현을 시킬 수 없을지도 모르겠지만, 우울하면서 약한 쪽보다는 우울하면서 강한 쪽이 더 낫다.

심지어 지금도 여성의 힘은 선동적이다. 그것은 남성들을 움찔하게 만들 수 있다. 남성들은 너무 강한 여성, 자신보다 더 강해 보이는 여성들을 보면 화를 낼 수도 있다. 나도 그런 반응을 어느 정도 이해할 수 있다. 나는 나보다 더 무거운 아령을 들어 올릴 수 있는 여성을 보면 화가 나고 질투가 난다. 어떻게 저럴 수 있지? 나는 흠을 찾는다. 자세가 엉성하다거나 뭔가 사기를 치는 것이 아닐까 하고 말이다. 하지만 처음에 일었던 화가 가라앉고 나면, 나는 그녀가 그 일을 능숙하게 하고 있다는 것을 알아차리고, 그녀에게 고마움을 느끼고 그녀의 힘에 감탄한다. 그녀는 베스타〔로마 신화에서 불과 부엌의 여신〕를 섬기는 무녀이다. 남성들은 남성과 여성의 힘 사이에 범접할 수 없는 절대적인 경계선이 있어야 한다고 느끼는 듯하다. 우리 사회에서는 육체적 힘을 그다지 높이 쳐주지 않는다. 많은 남성들은 게으르며, 남이 자기보다 힘이 세다고 해도 그다지 신경 쓰지 않는다. 그래도 변하지 않는 진리는 있는 듯하며, 그중 하나가 육체적 용맹이 지닌 후광이다. 용맹한 남성이 영원히 여성보다 우위에 있으리라는 것이다. 다음 이야기를 기록하고 있을 때 내가 어떤 느낌이었는지 도저히 설명할 수 없을 것이다.

1992년 캘리포니아 로스앤젤레스 대학의 브라이언 흽과 수전 워드는 지난 70년 동안 육상 경기에서 나타난 추세를 분석했다. 그들은 여성 주자들이 높이뛰기와 달리기와 던지기 분야에서 경이로운 발전을 보여왔다고 말한다. 이런 추세가 계속된다면 다음 50년 내에 여성들이 남성 주자들을 따라잡고 더 나아가 추월할 가능성도 있다. 연구자들은 1920년대 이후로 남성의 기록도 굴곡 없이 꾸준히 좋아져왔지만, 여성의 기록도 마찬가지로 굴곡 없이 좋아져왔으며, 더구나 남성보다 기록 갱신 속도가 두세 배 더 빠르다고 지적했다. 이런 추세를 연장시켜보면, 남성이 우월하다는 진리는 흔들거리기 시작한다.

흽은 내게 말했다.

"그 자료를 보기 전까지만 해도, 나는 여성이 남성을 따라잡기는 불가능하다와 지극히 어렵다 사이의 어딘가에 해당할 것이라고 생각하고 있었어요. 그러다가 그 자료를 보았죠. 나는 과학자예요. 내가 하는 일이 과학이라는 거죠. 그래서 나는 현재 추세가 이어진다면 다음 세기에는 남녀의 달리기 속도가 똑같아질 것임을 알았어요."

그의 항변하듯이 말했다.

"이건 내 주장이 아닙니다. 자료가 그렇게 말하고 있는 거예요."

1마일 달리기를 예로 들어보자. 1954년 로저 배니스터가 마의 4분대를 돌파했을 때, 다이앤 래더는 5분대를 돌파한 첫 여성이 되었다. 그들이 함께 출전했다면, 그녀는 배니스터보다 320미터를 뒤처져 있었던 셈이 된다. 흽과 워드가 그 논문을 쓰고 있던 1993년에 1마일 달리기의 세계 기록을 보면 여성이 남성보다 겨우 180미터 뒤처져 있다. 그 뒤 그 차이는 178미터까지 줄어들었다. 자료는 거기에서 끝나지 않을 것이다.

하지만 논문이 발표되자마자 남성 생리학자, 남성 육상 선수 등 다양한 남성 집단들에게서 분노와 고함이 터져 나왔다. 이 글을 검토한 남성 편집자들도 그랬다. 나는 당시 마라톤계의 거물이자 뉴욕 달리기 협회 회장으로 있던 프레드 레보우에게 이 연구 결과를 어떻게 생각하는지 물었다.

"절대 아니죠!"

그는 소리쳤다.

"글로 써놓으면 그럴듯해 보이지만, 여성은 절대 남성만큼 빨리 달릴 수 없을 겁니다. 절대, 절대, 절대로요!"

가여운 레보우여. 그는 그 뒤에 뇌암으로 사망했다. 주문 외우듯 반복하던 그의 말이 지금도 들리는 듯하다. 절대, 절대, 절대…… 1960년대에 올림픽 육상 경기에서 금메달 셋을 딴 경력이 있는 운동생리학자 피터 스넬은 옷깃에 묻은 비듬을 떨어내는 것처럼 그 논문을 흔들어 댔다.

"그들이 왜 이런 쓸데없는 짓을 하는지 모르겠네요. 이건 시간 낭비예요. 논의할 가치도 없어요. 여성이 남성만큼 빨리 달린다니 웃긴 말이죠. 헛소리에 불과해요."

우스꽝스럽다고 하는구나, 세우시오스 박사여!〔퓰리처상을 받은 미국의 유명 동화 작가인 수스 박사를 빗댄 말〕

내 글을 읽은 한 편집자는 말했다. 회의적인 부분을 더 강조해야겠어요.

나는 대답했다. 두 번째 단락에 회의적으로 언급한 부분이 이미 들어 있어요. 첫 단락 바로 뒤에 비평가의 말로 시작되잖아요.

맞아요, 하지만 뒤쪽에 다른 회의적인 입장들을 더 언급해야 강조가 될 게 아니겠어요?

왜 그래야 하죠? 왜 이 주장의 싹을 내가 아예 잘라버리고 싶어할 거라고 생각하는 거죠?

그 남성 편집자는 말했다. 진짜 공상이니까요. 그런 일은 일어날 리가 없어요.

나는 대꾸했다. 그건 당신 주장이죠. 그건 자료가 아니에요. 스넬을 비웃는 사람들은 한 가지 측면에서는 분명히 옳았다. 어쨌든 최고 여성 주자들은 현재 남성 주자들보다 한참 뒤처져 있다. 여성의 마라톤 최고 기록은 세계 기록보다 약 15분 느리다. 마라톤에서 이 정도 시간은 그랜드캐니언만큼이나 깊은 협곡에 해당한다. 큰 근육 외에도 남성 주자를 유리하게 하는 생리적 요인들은 많이 있다. 여성 주자들이 대다수 인간들에 비해 얼마나 말랐든 간에, 그들의 체지방은 세계 일류 남성 주자들의 체지방보다 더 많으며, 그 지방은 치명적으로 몸무게를 늘린다. 혈액에서 적혈구 대 혈장의 비율도 남성 쪽이 더 크기 때문에, 남성들이 상대적으로 근육 속으로 더 많은 산소를 운반할 수 있다. 높은 테스토스테론 농도도 근육 손상을 수선하는 데 도움을 준다. 그것은 남성들이 더 미친 듯이 훈련할 수 있다는 의미이다. 《그레이 해부학》 교과서를 뒤지면 그런 항목들을 계속 찾아낼 수 있다. 여성 운동 선수의 기록이 놀라운 속도로 갱신되었다고 해서 그 직선적인 상승이 더 오래 지속되어 전리층(電離層)까지 이어진다는 의미는 아니다. 당신이 그 선을 무한정 이어간다면, 여성 주자들이 빛보다 빨리 달리는 지점에 도달할 것이다. 그것은 재키 조이너커시[미국 육상 선수, 서울올림픽 2관왕, 7종 경기 세계 기록 보유]의 마법의 다리로도 불가능한 일이다. 분명히 그 추세는 평탄해져야 할 것이다. 설령 올림픽에서 남녀의 기록 차이가 없어진다고 해도, 그런 일이 금방 일어나진 않을 것이다. 그렇다면 왜 남성들은 그 주장에 그렇게 분개하고 가당찮다는 듯이 웃어대는 것일까? 뭔가 두렵기 때문이 아닐까?

걱정 말라. 우리는 그것을 이해할 필요가 없다. 단지 그것을 이용하기로 하자. 육체적 힘은 다듬어지지 않은 형태의 힘이며, 삶의 불안을 그다지 많이 해소하지는 못하겠지만, 그래도 자랑할 만한 특징이다. 대다수 여성들은 자신이 생각하는 것보다 훨씬 더 강하며, 최소한의 투자로도 훨씬 더 강해질 수 있다. 나는 로스앤젤레스, 뉴욕, 마이애미 해변 같은 곳에서 현재 흔히 볼 수 있는, 달걀 상자처럼 울퉁불퉁한 배와 튀어나온 허벅지 근육 같은 그을린 몸을 말하는 것이 아니다. 그것은 마른 몸매나 예쁜 얼굴의 독재와 별 다를 바 없는 미학적 독재이다. 나는 강하고 세속적인 사슴 같은 힘, 어깨에 힘이 들어가 있으면서도 위협을 가하지 않는 힘을 이야기하고 있다. 다녀본 거의 모든 체육관에서 나는 웨이트트레이닝 장비를 사용하는 여성들이 자신의 힘에 비해 무게를 너무 가볍게 설정하는 것을 보았다. 상체 운동을 할 때면 더 그랬다. 그들은 상체 운동을 할 때면 자신들이 약하다고 확신한다. 그들은 20~30 파운드로 무게를 설정해놓고 수월하게 무수히 들어 올린다. 나는 그들이 그보다 두 배 더 무겁게 해도 다룰 수 있을 것이라고 보지만, 그들은 그렇게 하지 않는다. 그리고 그렇게 하라고 그들에게 말하는 사람도 없다. 나는 그들에게 다가가서 좀 더 무거운 것을 들어보라고 권하고 싶다. 이봐요, 당신 지금 시간 낭비하고 있어요. 여기 당신의 인생을 움켜쥐고 활보하며 만화 영화 여주인공처럼 될 기회가, 아주 쉽고 간단한 기회가 있잖아요. 좀 더 무게를 늘리고 영차 들어 올려요. 당신 자신과 당신 딸과 당신 어머니와 전 세계 철의 여인들을 위해서 한번 해봐요. 하지만 나는 아무 말도 하지 않는다. 그것은 나와 상관없는 일이다. 나는 개인 훈련 강사가 아니며, 누군가 내게 와서 운동 방식에 관해 요청하지도 않은 조언을 한다면, 나는 그 여장부의 거대한 발가락에 내가 들어 올리고 있던 것을 떨어뜨림으로써 내 노력이 부족한지 시험해보고 싶은 유혹을 느낄 것이다. 그러면 그녀는 하르피아(그리스 신화에 등장하는 날개를 가진 여자 정령)처럼 고함을 지르면서 길길이 날뛸 것이다. 도대체 무슨 짓이에요? 도와주려고 한 말이었어요! 그리고 다음 번에 그녀가 발에 석고 붕대를 감고 체육관에 나타나면, 나는 그녀에게 함께 운동을 하자고 초대할 것이다. 그녀나 내가 어느 한쪽이 모르는 것이 더 있는지 알아보기 위해서 말이다.

남성들은 늘 자신이 누구보다 더 강하다는 확신을 지닌 채 자란다. 소프트볼 팀에서 항상 맨 나중에 뽑히는 소년들과 스테레오 기기의 포장용 충전물처럼 보이는 남성들조차도 자신들이 여성들보다 더 강하다고 확신하고 있다. 그들은 절대로, 절대로, 절대로 여성을 때려서는 안 된다고 배우며, 그것은 배울 만한 것이다. 육체적 공격은 거의 항상 나쁜 것이기 때문이다. 하지만 그 교리에 여성들이 남성의 폭력에 어찌할 수 없이 몹시 취약하며, 여성들이 남성들의 정중한 행동과 물샐틈없이 지켜주는 법 체제에 의지해야 한다는 전제가 수반된다면, 그 교리는 유익한 것만은 아니며 기대에 어긋난 결과를 가져올 수도 있다. 남성들이 자신이 모든 여성들보다 항상 강하며, 적어도 권리와 테스토스테론과 뼈와 헤모글로빈을 통해 우위에 있다고 믿는다면, 그리고 우리 종의 성적 이형성이 과대 평가되어 있고 여성의 체중이 과소 평가되어 있다면, 남성들, 좀스럽고 어리석은 정신을 지닌, 화를 잘 내는 남성은 여성을 때려도 별로 문제될 것이 없으며, 여성이 자신을 보호한다는 생각이 가소롭고 우스꽝스럽다고 생각할 것이다. 그런 보호는 절대로 결코 성공할 수 없기 때문이다. 그리고 그 예언은 분명히 실현될 것이다. 그 남성은 자신은 아무런 신체적 위협을 받지 않으면서 그 여성을 때릴 것이다. 우리 모두 여성이 남성에게 대항할 수 없다는 것과 여성의 체격이 크지 않고 빈약하다는 것을 잘 알고 있기 때문이다. 나는 절대로 남성들에게 공격당하는 여성들이 스스로 매를 번다고 비난하는 것이 아니다. 나는 남녀 사이의 몸집과 힘 이형성을 사실상 비대 성장시키고, 추레하고 별로 몸을 안 움직이며 공부밖에 모르는 남성들까지 잘난 척하도록 만들고 키가 크고 자신 있는 여성들까지 두려움을 갖게 하는 정신 상태에 의문을 제기하는 것이다. 역으로 원숭이를 생각해보자. 파타스 원숭이, 버빗원숭이, 꼬리감기원숭이, 마카쿠원숭이 같은 원숭이들의 암컷은 어쩌다가 수컷과 1 대 1로 붙으면 이기곤 한다. 인간 남녀의 몸집 차이보다 그 원숭이들 암수의 몸집 차이가 더 큰데도 말이다. 놀라운가? 원숭이 폭풍은 당신을 집어 올려 오즈 나라로 날려 보냈다가 돌려보낼 수 있다. 마카쿠원숭이 암컷이 당신에게 대들면, 7킬로그램밖에 안 되는 그 작은 몸은 당신이 본 그 어떤 기후보다 엄청나게 느껴질 것이다.

여성들은 바커스 신의 여사제들처럼 발을 구르며 춤을 추기 위해, 남성들만큼 강해질 필요는 없다. 대학 때 내게 그런 말을 해준 사람은 남성이었다. 그는 크고 넓은 어깨를 가졌고 올림픽에 출전할 자격을 갖춘 유능한 수영 선수였다. 그는 내가 사귄 남성들 중에 가장 체격이 크고 가장 운동을 잘하는 사람이었으며, 나는 그의 체격에 압도되는 느낌을 받았다.

나는 그에게 말했다. 당신은 나를 나뭇가지처럼 둘로 꺾을 수 있을 것 같아.

아니, 그렇지 않아. 나는 그렇게 못 해. 당신은 강해. 그는 내 몸통 중앙을 콕콕 찌르면서 말했다. 여기에 많은 근육이 있어. 당신을 둘로 꺾는 것은 매우 어려울 거야.

내 몸 한구석에는 그의 힘에 굴복하고, 그의 권위를 인정하고, 그 밑에서 보호를 받고 싶은 욕망이 있었다. 하지만 그는 자신의 힘을 알고 있었고, 나의 힘도 헤아리고 있었으며, 내가 나 자신을 경시하고 있다는 것을 말해줄 힘도 갖고 있었다. 여성이 운동 능력 면에서 동등하다는 생각에 침을 튀기며 화를 내는 남성들은 남성이 우월하다는 생각에 약하게나마 의심을 갖고 있다는 것을 보여준다. 당구공 같은 이두박근을 얻을 수 있다면, 팔굽혀펴기도 하고 턱걸이도 하라. 그런 잘난 척하는 수많은 사소한 행동들을 통해 성적 비대칭의 절대주의에 의구심을 제기하라.

물론 날래고 강해진다고 해서 강간이나 성희롱으로부터 안전하지는 못할 것이다. 반페미니스트들은 정반대 주장을 펼친다. 힘과 자족감이라는 환상을 품고 일하는 여성들은 바보 같은 짓을 저지르고, 가야 할 곳으로 가지 않고, 결국 그 대가를 치른다고 말이다. 1989년 센트럴파크에서 한 여성이 조깅을 하다가 난폭한 젊은 남성들에게 거의 죽음을 당할 뻔한 사건이 있었다. 많은 사람들은 운동을 하느라 열심이었던 그 여성을 비난했다. 한밤중에 무모하게 공원에서 달리기를 했다는 것이 이유였다. 하지만 여성들은 대낮에도 습격을 받으며, 자기 집에서도 습격을 받고, 사무실에서 나와 자기 차로 걸어가다가도 습격을 받는다. 보증인 같은 것은 없다. 센트럴파크에서 조깅을 하던 여성이 심한 상처를 입기는 했지만 그녀가 죽지 않았다는 것은 지적할 만한 가치가 있다. 그녀는 죽음을 거부했다. 그녀의 회복 속도에 의사들은 놀랐다. 아마 그녀를 살아 있게 한 것은 그녀의 힘이었을 것이다. 그녀 육체의 굳은 힘과 사납게 날뛰는 정신이 그녀를 지탱해주었을 것이다.

남성들은 힘을 당연시한다. 여성들은 그것을 얻기 위해 싸워야 한다. 여성들은 자신의 힘, 아니 자신의 힘들을 얻기 위해 계략을 써야 한다. 육체적 힘은 많은 힘들 중 하나일 뿐이다. 자기 확신을 갖고, 결의를 다지고, 규정된 세계 속에서 편안함을 느끼는 것도 힘들이다. 나는 육체적 힘이 다른 무형의 힘들을 강화할 수 있는지, 더 강한 육체가 마음속에 난소를 심어줄 수 있는지 알지 못한다. 그것은 모든 수단들이 실패했을 때 출발하거나 돌아가기에 좋은 방법이자 좋은 장소이다. 몸은 자신의 본분을 다할 것이고, 삶에서 또 다른 시도를 할 것이고, 휠체어에 앉아서가 아니라 손에 가방을 들고 앞으로 나아가도록 당신을 자극할 것이다. 육체적 힘에 붙어 있는 장식들이 너무나 설득력 있어서, 당신은 얼룩하이에나가 어둠 속에서 낄낄 웃는 소리를 들을 수 있을 것이다.

17

사랑의 노동
인간 속박의 화학

뇌는 공격의 기관이며, 가상의 점령지인 이 로마로 가는 길은 많이 있다. 각기 독특한 특성을 지니고 있음에도 우리의 공격 충동을 교란시키는 결과를 빚는 정신 장애들은 많이 있다. 정신분열증 환자는 거리 모퉁이에 서서 지나가는 사람들에게 음란한 소리를 지르고 있다. 우울증 환자는 침대에 누워 자기 자신에게 소리 없이 울부짖고 있다. 더 부드러운 공격성들, 무엇이 되고자 하는 충동은 우리를 아침에 침대에서 나오도록 자극하고 서로에게 다가가도록 이끈다. 그리고 서로에게서 우리는 우리의 공격적인 뇌가 원하는 것을 발견한다. 그것은 사랑이다.

공격성을 타고났기에, 우리는 사랑하도록 타고났다. 우리는 아낌없이 사랑하는 종, 공격적일 만큼 감정적인 종이다. 우리는 지치지 않고 새로운 사랑의 대상을 찾아다닌다. 우리는 아이들을 너무나 오랫동안 사랑하기에, 그들은 그것 때문에 우리를 멸시하게 된다. 우리는 친구, 책, 깃발, 국가, 스포츠 팀을 사랑한다. 우리는 해답을 사랑한다. 우리는 어제를 사랑하며 내년을 사랑한다. 우리는 신을 사랑한다. 모든 것에 실패했을 때 신이 거기에 있고, 신은 성적이고 모성적이고 부성적이고 도취적이고 유아적인 모든 사랑의 행위에 계속 활기를 불어넣을 수 있기 때문이다.

우리는 도저히 어찌할 수 없을 정도로 낭만주의자이다. 치유할 수 없는 낙천주의자가 자신의 장밋빛 환상이 흐려지기를 원하지 않듯이, 우리는 자신이 처한 상황에서 구원받기를 원하지 않는다. 한때 역사학자들 사이에는 낭만적인 사랑이 중세 말기 프랑스의 상인 계급과 음유 시인들 사이에서 발생한 비교적 최근의 발명품이라는 주장이 떠돌았다. 역사학자들은 근대 이전 사회와 비서구 사회에서는 남녀가 '사랑을 위해' 혼인하는 것이 아니라고 주장했다. 그들의 혼인은 대개 예정되어 있거나 매매된다는 것이다. 뿐만 아니라 대다수 문화에서는 사랑하는 사람의 모습을 상상 속에서 그려보지도 않았다고 주장했다. 하지만 최근 들어 학자들은 다른 견해를 내놓고 있다. 그들은 사랑의 민요들, 사랑의 행위들, 아찔한 사랑의 말들을 문화와 시대 별로 비교 분석했다. 룻거스 대학의 헬렌 피셔는 현재 남아 있는 166곳 사회의 민족지적 자료 조사를 통해 147곳의 사회에 낭만적 사랑이 있다는 증거를 찾아냈다. 나머지 사회에서는 자료가 너무 부족해 낭만적 사랑이 있는지 없는지 판단할 수 없었다. 역사적으로 볼 때 고대 바빌론, 수메르, 아카드, 이집트, 그리스, 로마, 중국, 일본, 인도, 중앙아메리카의 사람들은 낭만적 사랑에 바치는 찬가를 남겼다. 기원전 9세기에 씌어진 《아가》에 등장하는 연인들은 꺼지지 않는 열기 속으로 뛰어든다. 그녀는 털을 깎은 양떼 같은 이빨과 진홍색 실 같은 입술과 쌍둥이 노루 같은 젖가슴을 가졌고, 그는 비둘기의 눈 같은 눈과 향기를 내는 꽃밭 같은 볼과 황금이 박힌 대리석 기둥 같은 다리를 가졌다.

그 입술로 내게 입맞춤을 해주오. 당신의 사랑이 술보다 달콤하니.

투탕카멘은 20세가 되기 전에 죽었지만, 아내에게 사랑의 시들을 쓸 만큼은 오래 살았다. 릴케가 말했듯이 고딕 성당이 얼어붙은 음악이라면, 샤 자한이 사랑하는 죽은 아내를 위해 세운 타지마할은 얼어붙은 통곡이다. 2,600년 전 사포는 이렇게 썼다.

사랑하는 어머니, 소용없어요. 옷감 짜기를 끝낼 수 없겠어요
당신은 아프로디테를 비난할지도 몰라요
관대하긴 하지만
그녀는 그 젊은이를 사랑한 나를 죽음 직전까지 내몰았어요.

사랑은 보편적이지만, 우리는 그것이 우리만을 사로잡기를 간절히 원한다. 우리는 사랑이 설명되기를 원하지 않는다. 우리는 사랑이 해부되고 생물학적으로 분석되기를 원하지 않는다. 사랑은 과학이 집게와 피펫을 안으로 집어넣기에는 너무나 크면서도 너무나 내밀하며, 너무나 심오하면서도 너무나 덧없는 듯하다. 긴장을 풀어라! 사랑에 빠진 당신의 뇌는 숨막히는 신성한 늪으로 남아 있다. 우리는 여전히 시인과 작사가를 필요로 한다. 물론 뛰어난 사람들을 말이다. 과학은 사랑의 문제를 풀지 못하고 있다. 우리는 사랑의 생화학적·신경학적 매개체들이 무엇인지 거의 알지 못한다. 사랑은 연구하기가 대단히 어려운 문제이다. 사랑을 어떻게 정의할 것인가? 어느 동물을 실험 대상으로 삼을 수 있을까? 사랑의 생물학을 깊이 파헤칠 실험을 하려면, 과학자들에게는 동물이 필요하며, 믿을 만한 분석 방법이 필요하다. 고양이들은 적개심을 품을 때 털을 곤두세우고, 입술을 말아 올리고, 틀에 박힌 날카로운 소리를 지른다. 따라서 고양이는 공격성을 연구하기에 적합한 '모델 체계'이다. 하지만 동물의 사랑을 실험실에서 분석하기에 적합한 표

지를 찾는다면 무엇이 있을까? 온기를 잃지 않기 위해 서로 껴안고 있는 동물 두 마리와 '친구'라서 껴안고 있는 두 마리 사이에 어떤 차이가 있을까? 차이가 있기나 할까?

너무 종잡을 수 없는 한편, '사랑의 생물학'은 많은 과학자들에게 그다지 진지하게 들리지 않는다.

"무슨 연구를 한다고요?"

"사랑을 연구하죠."

"아하, 근데 누가 연구비 준답니까?"

"가끔요. 야비하고 추잡하게 다양한 전술을 구사한다면요. 연구비 신청서를 쓸 때 사회적 고립, 즉 자폐성이 건강에 미치는 위험을 이해한다는 식으로 말한다면요. 사랑 어쩌고 하는 말을 전혀 쓰지 않는다면요."

하지만 우리는 생물학을 통해 사랑에 접근할 수 있으며, 사랑에 빠진 자칭 전문가들처럼 행동할 때 보지 못하는 것들을 볼 수 있다. 사랑은 나름대로 주제를 갖고 있다. 사랑은 위기에 뒤이어 선뜻 다가오는 분노의 아이이다. 우리가 심한 고통 속에서 잃은 것을 몸과 뇌는 사랑 속에서 보충하려 애쓰며, 풍족함을 느끼는 무르익은 사랑은 말 그대로 풍족해진다. 사랑은 우리의 정신뿐 아니라 열량까지도 보존하도록 되어 있기 때문이다. 사랑은 불가능하게 느껴질지도 모르지만, 우스꽝스러울 정도로 쉽다. 그리고 일단 시작되면, 그것은 모든 감각, 모든 신경 섬유, 모든 세포와 뇌, 기억하는 커다란 뇌들을 통해 살찌기 시작한다. 우리가 자랑하는 이성이 자리한 뇌를 지닌 우리 인간은 이 세계에서 가장 낮고 가장 오랜 연인이 되어왔다.

사랑과 애정의 회로들은 우리 사이의 어디에나 있다. 그것들은 우리가 사귀고 사랑에 빠지는 이유만큼이나 다양하다. 왜 우리는 성가시게 사랑을 하는 것일까? 한번 분류를 해보자. 근본적으로 우리는 사랑을 해야 하기 때문에 사랑을 한다. 우리는 유성 생식하는 종이기 때문이다. 유성 생식이 맨 처음 진화한 이유는 전혀 알지 못한다. 이론적으로 볼 때, 아메바처럼 둘로 분열하는 무성 생식이 정자와 난자가 융합하는 유성 생식보다 상대적으로 더 효율적일 것이다. 성의 기원 연구는 옹호하는 주장들은 흘러넘치지만 뒷받침할 증거는 빈약한, 매우 활기가 넘치는 분야이다. 여기서는 유성 생식을 통해 일어나는 염색체들의 뒤엉킴과 재배치가 생존 가능한 자손의 생산에 큰 이점을 제공한다는 것만 말해두기로 하자. 지구 생물들이 대부분 사진을 찍듯 자아를 복제하는 무성 생식보다는 유성 생식을 채택하고 있기 때문이다. 일단 성(性)이 필요해지자, 기초적인 애정도 필요해졌다. 암수는 서로 품을지 모를 적개심을 제쳐두고, 적어도 배우체를 교환할 시간만큼은 친밀해질 기회를 가질 필요가 있었다.

우리는 새끼를 양육하는 종이기 때문에 사랑을 한다. 성적 결합은 피상적이 될 수 있으며, 그 결합의 열매를 퍼뜨리는 것도 그럴 수 있다. 유성 생식하는 종들 중에는 알을 낳은 뒤 방치함으로써, 자신의 자손들을 우연, 환경, 낳은 알의 수에 맡기는 것들이 많다. 하지만 새끼들을 돌보는 것도 나름대로 장점이 있다. 부모는 새끼들을 보호하고, 새끼들이 스스로 찾아 먹을 수 없는 먹이를 먹여주고, 비좁은 땅에서 영토를 확보해주고, 새끼들에게 하지 말아야 될 것들을 비롯해 많은 기술들을 가르쳐줄 수 있다. 새끼들은 더 나이 든 동물들이 성공하는 것뿐 아니라 투덜거리는 것을 지켜보면서 배울 수 있기 때문이다. 부모의 행동에는 권할 내용들이 아주 많이 들어 있으며, 새끼를 기른다고 잘 알려져 있는 조류나 포유동물뿐 아니라 어류와 곤충 등 각 계통에서도 육아 행동은 널리 퍼져 있다. 노스캐롤라이나 대학의 코트 페더센은 이렇게 말한다.

육아 행동의 진화는 번식을 혁신했다. 새끼들이 스스로 먹이를 찾아 먹을 수 있을 때까지 부모가 지속적으로 보호하고 보살핌으로써, 새끼들은 생존율이 크게 높아졌고 뇌 발달 기간도 훨씬 더 길어질 수 있었다. 따라서 육아는 고도 지능의 진화를 위한 선결 조건이었다. 자손을 기르는 종은 자신들이 속한 모든 생태적 지위를 지배하게 되었다.

새끼를 돌본다는 것은 새끼 곁에 머물면서 새끼를 인식하고 새끼 곁으로 계속 되돌아온다는 의미이다. 당신이 이기적이라고 해도 자아는 당신에게 중얼거린다. 이봐, 가장 중요한 것이 뭐야? 어머니와 아버지는 새끼에게 끌려야 하며, 새끼는 어머니에게 끌려야 하고, 양육하는 종의 몸과 뇌는 사랑하고 사랑받는 법을 알아야 한다.

그것은 사적이다. 그리고 우리는 정치적인 것도 갖고 있다. 당신과 당신의 직계 가족뿐 아니라, 당신의 군대도 있듯이 수에는 힘이 있다. 사회성 종이 되고, 부족을 자아의 연장으로 여기고, 시민으로서의 행동을 하는 것 속에는 힘이 있다. 가령 개미나 꿀벌 같은 사회성 곤충은 화학 물질과 촉감과 시각 신호를 교환하면서 절지동물 나름대로 연대의 의사 표시를 하느라 많은 시간을 보낸다. 그들은 서로에게 말한다. 이길을 걸어, 이렇게 춤을 춰, 바람이 불어가는 쪽에 붉은 꽃들이 있어, 나와 싸우자, 싸우자, 싸우자, 싸우자. 끊임없이 공동체임을 확인하는 과정을 통해, 사회성 곤충들은 앞길에 있는 홀로 사는 곤충들이 놀라 달아나도록 하는 초생물이 되어왔다. 에드워드 윌슨은 이렇게 썼다.

당신이 우림에서 사막으로 세계 어디를 가든지 간에, 중심에 있는 것은 사회성 곤충들이다. 그들은 그 환경에서 가장 안정적이고 자원이 풍부한 곳을 차지한다.

딱정벌레와 나방처럼 홀로 생활하는 곤충들은 그 서식지에서 사회성 곤충이 점유하지 않은 불안정한 부분, 가장 변경으로 밀려난다. 이런 경쟁적 우위에 섬으로써, 사회성 곤충은 수가 엄청나게 불어났다. 그들은 지구의 수백만 곤충 종들 중 고작 2퍼센트에 불과하지만, 생물량으로 보면 곤충들 중 80퍼센트를 차지한다.

포유동물 중에서도 모여 사는 종들이 있다. 고양이과 동물들은 대부분 홀로 살지만, 예외가 두 종류 있다. 하나는 높은 사회적 긍지를 갖고 사는 사자이며, 다른 하나는 가축화한 고양이다. 고양이는 자신의 사회성을 돌보는 인간들에게 발휘한다. 사자와 집고양이는 번성하고 있는 반면, 다른 고양이과 동물들 중에는 멸종 위기에 있는 것들이 많다. 코끼리는 사회성이 높은 반면, 코뿔소나 하마 같은 다른 후피동물들은 그렇지 않다. 최근 코끼리가 인간의 약탈과 상아 사냥에서 벗어나 회복되고 있으며, 아프리카의 일부 지역에서는 수가 늘어나고 있는 반면, 국제 암시장에서 가장 탐을 내는 뿔을 갖고 있는 코뿔소는 다음 세기에 자유롭게 살아가는 종으로서 살아남지 못할 듯하다.

사회성만으로 생태적 우위가 보장되는 것은 아니다. 아프리카들개, 침팬지, 보노보, 고릴라 모두 사회성 동물이지만, 이 중 자유롭게 살아갈 수 있을 만큼 잘살고 있는 것은 없다. 흥미롭게도 이런 사회성 포유동물들에게 가장 큰 위협이 되는 것은 다른 사회성 포유동물들이다. 한 예로 아프리카들개는 사바나에서 집단 사냥을 하는 육식 동물인 사자나 얼룩하이에나와 경쟁에서 밀린다. 침팬지와 고릴라는 가장 탐욕스러운 사촌인 우리 때문에 곤경에 처해 있으며, 언어 훈련을 받은 원숭이인 님 침스키조차도 우리가 할 수 있는 이야기, 즉 영원한 사랑과 신성한 인권 이야기를 할 수는 없다.

또 우리 인간들은 너무 많은 것을 생각하기 때문에 사랑을 한다. 우리는 염색체나 질병에 맞서 싸우는 면역 분자들처럼, 자신의 생각을 주기적으로 뒤흔들고 재배치할 필요가 있다. 영장류학자인 앨리슨 졸리는 지능의 혜택을 유성 생식의 혜택과 비교했다. 둘 다 개체 사이에 정보를 전달하는 체제이다. 둘 다 서로 다른 곳에서 온 정보들을 결합하여 한 개체가 사용하도록 해준다. 그녀는 당신의 아이들이 당신과 똑같다는 비난을 받지 않도록 하기 위해 성이 진화한 것이라고 한다면, 지능은 당신이 당신 자신인 채로 남아 있다는 비난을 받지 않도록 하기 위해 진화한 것이라고 말한다.

개체 사이에 의사 소통이나 지적 배우체를 전달해야 할 필요성이 더 커질수록, 친밀한 몸짓, 행동, 감정을 전달할 필요성도 더 커진다. 당신은 주먹이나 칼을 써서 성이나 음식을 달라고 강요할 수 있지만, 지성과 생각이 가치의 통화가 될수록, 달래고 약속하고 친해질 필요성이 더 커진다.

우리는 자손과 보호를 위해, 자신을 지키고 자신을 무시하기 위해 사랑을 한다. 우리는 지루함과 정신의 경직화를 막기 위해 사랑을 한다. 우리는 다양한 이유로 사랑을 하지만, 사랑의 생물학적 매질, 사랑의 수단은 무엇일까? 사랑을 이해하려면, 우리는 또다시 공격성을 생각해야 한다. 사랑과 공격성은 신경, 호르몬, 경험을 통해 서로 연결되어 있기 때문이다. 때로는 이 연결이 쉽게 눈에 보일 때도 있다. 사랑은 폭력이라고 할 만큼 공격적으로 느껴질 수 있기 때문이다. 우리는 사랑이라는 이름으로 가장 흉악한 공격 행동을 저지르기도 한다. 신에 대한 사랑은 십자군 전쟁과 지하드를 일으킨다. 부족 사랑은 집단 학살을 일으킨다. 미치도록 사랑할 때, 우리는 미친다. 우리는 잠을 못 자고 불안해하고 전전긍긍한다. 사랑하는 사람 생각에 우리의 가슴은 말 그대로 아프며, 무릎은 진짜로 후들거린다. 그 사람을 볼 때, 우리의 눈동자는 커지고 손바닥에 땀이 배며, 가슴은 아플 정도로 두근거린다. 마치 수천 명 앞에서 연설하기 직전에 있는 듯하다. 낭만적 열정이 너무나 압도적인 상태에 이르기 때문에, 우리는 한 번에 한 사람에게 빠져 있을 수밖에 없다.

여기서 무슨 일이 벌어지고 있을까? 두 가지일 수도 있고 천 가지일 수도 있다. 열정적인 사랑에서는 몸의 스트레스 반응, 즉 싸울 것이냐 도망갈 것이냐 하는 반응 축이 활성을 띠어 생기와 가능성이 고조된다. 부신이 수축하고 혈액 속에 아드레날린과 코티솔이 들어차면서 심장 박동이 빨라지고 눈동자가 팽창하고 위장이 경련하고 땀이 스며 나오기 시작한다. 하지만 불안과 조바심만 있는 것은 아니다. 낭만적 열정은 도취적이고 강박적이기도 하다. 그런 유사성을 토대로 헬렌 피셔를 비롯한 학자들은 낭만적 사랑이 뇌 회로 중에서 코카인과 암페타민처럼 기분을 고조시키는 약물들이 흥분시키는 바로 그 쾌락 회로를 건드린다고 주장한다. 당신이 코카인을 섭취하면, 뇌 속에 있는 도파민과 노르에피네프린 같은 자극성 신경 전달 물질의 농도가 증가하여 당신을 기분 좋게 하고, 예민하게 하고, 잠이 없게 하고, 식욕을 잃게 하고, 과대 망상적으로 만든다. 이런 것들은 열정적으로 사랑할 때 나타나는 증상들이기도 하다. 한창 로맨스에 젖어 있을 때, 우리는 날고 싶어한다. 사랑하는 사람에게서 날아가고 싶다가도, 사랑하는 사람에게로 날아가고 싶어한다. 우리는 저지하기 위해 연인과 싸우고, 더 큰 열망을 위해 자기 자신과 싸우고 싶어한다. 그리고 우리는 놀라울 정도로 아름다운 세상, 우리에게 진홍색 실 같은 입술과 다비드 상 같은 목을 지닌 완전무결한 사람을 준 세상을 포옹하고 싶어진다.

말할 필요도 없지만, 뇌의 도파민 회로와 노르에피네프린 회로는 빠른 이동 수단과 코카인이 등장하기 전에 이미 있었으며, 향정신성 약물의 효과를 느끼기 위해 진화한 것이 아니다. 쾌락 회로는 개체가 쓸 수 있는 행동과 활동을 강화하기 위해 생긴 것이다. 우리가 타당한 이유로 어떤 사람에게 매력을 느낀다고, 즉 본능적으로 그 사람에게서 뭔가 가치 있는 것을 찾아낸다고 가정한다면, 그 사람과 사랑을 나누고 시간을 보내고 싶어할 어떤 이유가 있다면, 그 갈고리를 푸는 것이 아니라 처음의 끌림을 증폭시키도록 되어 있는 신경계가 더 편리할 것이다. 왜냐하면 우리는 게으른 경향이 있고 때로는 짜릿함을 맛볼 필요가 있기 때문이다. 따라서 낭만적 사랑이 본래 중독성을 띤 것일 수 있으며, 도파민과 노르에피네프린을 비롯한 카테콜아민들은 여성다운 여성들이 기니비어, 줄리엣, 무아지경으로 자신의 신을 사랑한 힐데가르데 폰 빙엔처럼 행동하도록 하는 신경의 무대가 될 수 있다.

우리는 낭만적 사랑이라는 자극적인 소용돌이를 사랑한다. 또 우리는 스스로 인정하는 것보다 더 많이 공격성의 흥취를 사랑한다. 이 정도로 해두자. 부처가 말한 것처럼, 삶은 고통이며, 이 고통은 욕망 때문에 생긴다. 음식에 사로잡히고 탐닉하듯, 사랑하는 사람에게 사로잡히고 탐닉하고 싶은 욕망 말이다. 따라서 사랑할 때 우리는 열정뿐 아니라 열정을 가라앉힐 진정제, 공격성과 그 동료인 불안과 두려움을 없애줄 치료제까지 추구한다. 우리는 진정되고 안전하고 행복한 느낌을 받기를 추구한다. 사랑에 빠졌을 때, 우리는 어머니, 이상화한 어머니, 숭고한 다른 반쪽, 아이, 안식처를 원한다. 우리는 홀림이나 불장난이나 집착이 아니라 결합, 1 대 1 관계, 즉 진정한 사랑을 원한다. 우리는 그것을 기대한다. 열정적인 낭만적 사랑의 끝은 진정한 사랑으로 녹아들어야 한다. 그렇지 않으면 우리는 무언가 잘못된 듯하고 사기당한 것 같은 불쾌한 기분을 느낀다. 사랑하는 사람이 독약을 마시기 전에 줄리엣이 깨어나길 바라면서, 죄를 진 듯이 은밀하게 〈로미오와 줄리엣〉을 여러 번 보지 않은 사람이 누가 있으랴? 불쌍한 찰스 디킨스는 대중의 항의에 못 이겨《위대한 유산》의 결말을 다시 고쳐 써야 했다. 원래 결말은 핍과 에스텔라가 긴 이별 끝에 다시 만났다가 각자의 길로 간다는 것이었다. 핍은 에스텔라의 얼굴을 보고 기뻐하면서, 그 얼굴에서 "시련이 그녀에게 내 마음속에 늘 있었던 것을 이해할 마음을 주었다"는 흔적을 찾아낸다. 독자들에게 시달린 끝에 고쳐 쓴 결말에서는 두 사람이 손을 꼭 잡고 밤의 "고요한 불빛" 속을 함께 걸어가며, 그들 앞에 "이별의 조짐 같은 것은 전혀 없었다".《애틀랜틱 먼슬리》의 편집자인 윌리엄 딘 하웰스는 그 잡지에 연재되고 있던 헨리 제임스의 소설《미국인》을 대중의 취향에 맞게 고치려고 애썼다. 하웰스는 제임스에게 미국인 주인공과 프랑스인 여주인공이 마지막 장에서 서로 결합하도록 해 달라고 요청했다. 제임스는 거부했다. 결국 여주인공은 수녀원에 그대로 남았다. 제임스는 하웰스에게 말했다.

"나는 현실주의자요. 그들은 결코 맺어질 수 없는 사이였어요."

제임스는 20편의 장편 소설을 썼고, 그 작품들 속에는 그의 놀라운 재능이 담겨 있다. 하지만 그중 흔들리지 않는 행복한 결합으로 끝을 맺은 작품은 단 한 편도 없다. 그는 모든 결합이 불가능하다고 보았으며, 그 자신도 홀로 살았다. 헨리 제임스의 소설을 읽는 데 너무 깊이 몰입하다 보면, 당신은 우울해지고 신경질적이 될 것이다. 그런 문학적 불안 상태를 해소하려면, 행복한 결합의 대가인 제인 오스틴의 소설을 읽는 것이 가장 좋다.

우리는 자신이 시련과 격변 가득한 이야기가 행복한 결말로 이어지기를 기대한다는 것과 자신이 사랑의 보답인 행복한 결합을 갈망한다는 것을 잘 알고 있다. 흥미로운 것은 흥분, 스트레스, 불안이 단지 깊은 사랑과 애착보다 앞서 나타나는 것이 아니라, 그것들을 낳는 기본 도구가 될지 모른다는 점이다. 생리학적으로 스트레스는 개방성, 수용성, 사랑 같은 새로운 자극을 위한 무대를 설치하고 회로를 준비하는 듯하다. 그것은 뇌를 연하게 한다. 짧은 기간에 짝을 이루거나 친해지는 포유동물들은 대개 극단적으로 격렬한 스트레스 반응 축을 지닌 동물들이다. 그들의 부신은 코티솔과 코티코스테론 같은 스트레스 호르몬을 쉽게 분비한다. 그런 동물들은 몹시 안절부절못하며, 그들은 사랑에 빠진다. 솜털타마린이나 명주원숭이 같은 신대륙 원숭이들은 스트레스 호르몬을 다량 지니고 있으며, 애정도 풍부하다. 애착 연구에 적합한 종인 초원들쥐는 놀라울 정도로 1 대 1 결합에 집착한다. 그들이 인간이라면, 당신은 그들을 파티에 초대하지 않으려 할 것이다. 그들은 떨어지지 않으려 함으로써 당신을 짜증나게 할 것이기 때문이다. 초원들쥐(이들은 생쥐가 아닌데 들판생쥐로 불리기도 한다)는 몸집이 같으면서 일부일처제 관계를 맺지 않고 사랑도 없이 홀로 사는 종인 산들쥐보다 스트레스 호르몬의 양이 5~10배 더 많다. 돼지쥐는 스트레스를 받으면 부신 호르몬을 강물처럼 분비하며, 그들도 서로 애착이 강하다. 인간에게 스트레스는 깨지지 않는 기괴한 결합을 낳을 수 있다. 한 참호에 들어가 있는 병사들이 한 예이다. 그리고 납치범과 납치된 자 사이에는 이른바 스톡홀름 증후군〔억류되었던 인질이 당시의 폭력을 잊고 강자의 논리에 동화되어 경찰이나 사회보다는 그 인질범들의 편을 드는 현상〕이라는 것이 나타난다. 그리고 학대하는 남편과 충실히 복종하는 아내 사이에도 그런 결합이 나타난다.

공격과 스트레스가 애착의 신경생리학적 무대를 마련할 수 있다는 것은 이해가 된다. 공격은 동물을 외향적으로 다른 누군가에게로 향하도록 이끈다. 개체 사이에 결합이 이루어지기에 앞서 필요한 행동들은 스트레스로 가득하다. 초원들쥐, 얼룩핀치, 시클리드처럼 서로 짝을 지어 새끼를 기르는 동물들에게서 암수의 결합을 확고히 다지는 행동은 교미이며, 아무리 합의에 따른 것이라 해도 교미를 하는 것은 공격성과 불안과 무모함과 용기가 필요한 행동이다.

새끼에게 젖을 먹이고 새끼를 보살펴야 하는 어머니는 그 의존적인 새끼가 있기 전, 즉 출산을 하기 전에 거의 격변이라고 할 만한 스트레스를 받는다. 포유동물 전체가 그렇지만(클리토리스로 출산을 하는 불쌍한 하이에나를 생각해보라!), 출산이 결합에 따르는 시련임이 극명히 드러나는 것은 인간에게서이다. 우리는 분만이라는 극단적인 동요 상태를 그 이전까지 연장시킨다. 자궁에 첫 수축이 일어나기 전부터, 출산이 가까워짐에 따라 여성은 불길한 예감과 공황 상태와 상처를 입을 것 같은 감각을 견뎌내고 있다. 그녀는 누군가가 곁에 있으면서 도와주기를 갈망한다. 아기를 낳는다는 생각만 해도 두렵다. 그런 의미에서 여성은 분류학적으로 특이한 존재이다. 다른 포유동물의 암컷들은 출산할 때가 가까워지면, 홀로 있고 싶어한다. 그들은 무리에서 떨어져 홀로 어둡고 조용한 곳을 찾아간다. 그리고 으르렁대면서 홀로 새끼를 낳는다.

출산을 한 여성과 그녀의 친척들(주로 여성들)과 산파 한두 명의 노동, 즉 거의 보편적으로 함께 하는 일로 받아들이는 것은 인간뿐이다. 뉴멕시코 주립 대학의 인류학자 웬다 트레버선에 따르면, 조사된 모든 사회에서 출산하는 여성은 홀로 있기보다는 대개 도움과 동료를 원했다고 한다. 우리는 시골 여성이 들판에서 쪼그리고 앉아 아기를 낳은 뒤, 그 아기를 젖가슴에 붙들어 맨 채 일을 계속하는 장면을 생각하곤 한다. 하지만 그것은 출처가 의심스러운 장면이거나, 희귀한 사례가 소문을 타고 퍼지면서 과장되어 원시적인 생활의 전형으로까지 여겨지게 된 것이다. 들판에서 아기를 낳는 것은 택시 안이나 지하철 안에서 아기를 낳는 것과 다를 바 없다. 그런 일은 생기지만 드물며, 원하지 않은 사건이다. 여성들이 아기를 낳을 때 원하는 것은 누군가가 곁에 있었으면 하는 것이다.

트레버선은 산파가 의료 분야에서 가장 오래된 직업이라고 주장한다. 그녀는 우리가 똑바로 서서 걷기 시작했을 때인 3, 4백만 년 전부터 산파가 있었을 것이라고 추정한다. 우리의 직립 자세는 출산 역학, 무한히 긴 듯한 15센티미터나 되는 산도로 아기가 모험을 하는 방식을 바꿔놓았다. 두 발로 서서 걷는 자세에 맞춰 골반이 조정되어야 했고, 아기의 몸에 비해 머리가 유달리 크고 어깨가 유달리 넓기 때문에, 출산은 매우 고통스럽고 시간이 오래 걸리는 일이 되었다. 그리고 질에서 맨 처음 바깥으로 모습을 드러낼 때, 다른 영장류 새끼들과 달리 인간 아기는 머리를 어머니의 앞쪽이 아니라 뒤쪽으로 향하고 있다. 침팬지 어미는 태어나는 아기를 잡아당겨 자기 앞쪽으로 끌어올릴 수 있다. 가끔 일어나는 일이지만, 탯줄이 아기의 목을 감고 있으면, 침팬지 어미는 직접 그것을 풀 수 있다. 그녀는 아기의 입에 묻은 점액을 닦아내, 수생 생활의 흔적인 자궁의 원형질을 마시지 않도록 예방할 수 있다.

하지만 인간 어머니는 그럴 수 없다. 아기의 얼굴이 뒤로 향해 있기 때문에, 어머니가 자신의 손으로 아기를 끄집어내려 하다가는 아기의 척추와 목에 손상이 갈 위험이 있다. 탯줄이 아기의 목에 감겨 있어도, 어머니는 탯줄을 풀 수가 없다. 어머니는 아기의 얼굴을 닦아 아기가 첫 숨을 쉬도록 해줄 수 없다. 어머니는 도움이 필요하다. 너무나 도움을 원하는 나머지, 그녀는 출산 직후에 공황 상태에 빠지기 시작한다. 그녀는 고통과 곤경이 닥칠 것이라고 예상하기 시작하며, 뭔가를 잃고 상처를 입을 듯한 느낌을 받는다. 하지만 그 불안은 병적인 것이 아니다. 그것이 임신 말기 때 일어나는 호르몬 교란의 부산물이라고 말하는 학자들도 있지만, 그렇지 않다. 그것은 마주보는 엄지와 털이 없는 젖가슴을 갖고 있고 라마즈 호흡법을 배우는 인간이 지니는 정당한 불안이다. 그 불안은 여성으로 하여금 출산 때 은둔이 아니라 청중을 찾도록 한다. 낭만적 사랑이 주는 깊은 불안처럼, 출산하는 여성의 불안에도 두려움이 묻어 있으며, 그 두려움은 달아나고픈 자발적인 충동을 자극하지만, 사라지는 것이 아니라 다른 사람에게 가도록 한다. 그 충동은 냉혹하고 공격적이며, 따라서 난폭하다. 사랑에 빠진 사람이 사랑하는 사람에게 맹공격을 퍼부을 수 있듯이, 출산하는 여성이 주위에서 도와주는 사람들에게 거품을 물고 달려드는, 보금자리에 웅크리고 있는 난폭한 암컷이라는 것은 잘 알려져 있다.

나는 출산할 때 남편, 친정 어머니, 산파 둘, 간호사 하나에게 둘러싸여 있었다. 나를 사랑하는 그들은 한목소리로 성가대처럼 외쳐댔다. 그들은 힘을 주어야 할 때를 알려주고 힘을 주라고 재촉했다. 힘을 줄 때마다 그들은 내가 잘하고 있다고, 내가 튼튼하며, 아기가 금방 나올 것이라고, 이제 얼마 남지 않았다고, 금방 끝날 것이라고 맹세를 해댔다. 그리고 1분이 1년처럼 여겨지는 1시간 50분 동안 힘을 주면서, 그 성가대를 쳐다보고 있자 나 자신이 사탄 숭배자들에게 둘러싸인 로즈메리〔아이러 레빈의 소설 《로즈메리의 아기》의 주인공으로, 이웃 사람이나 의사, 남편까지도 사탄 숭배자였다〕처럼 여겨졌고, 당신들 모두 거짓말쟁이야, 헛소리만 하고 있어, 빌어먹을 인간들, 제발 입 닥치고 꺼져 하고 말하고 싶어졌다. 하지만 만일 그들이 나를 홀로 남겨두었다면, 나는 충격을 받아 힘을 줄 수도 숨을 쉴 수도 없이 마비된 듯 꼼짝 못 하고 있었을 것이다. 아기를 낳자 나는 그 고문관들에게 사랑을 느꼈다. 내 딸과 내 남편에게, 진실을 외치면서 내 절망을 감싸안고 아기의 목에 감긴 탯줄을 풀어준 그 여성들에게. 오, 놀라운 여성들이여!

"나는 사랑스러운 당신들을 파라오의 전차를 끄는 말들에 비유하리."

따라서 인간의 출산이라는 기이한 과정 속에서 우리는 인간이 다른 사람들을 필요로 하는, 그리고 인간이 영장류 중 가장 사회성 종인 또 다른 이유를 본다. 또 우리는 여성 정치, 여성들이 필요할 때 취할 수 있는 통일 전선이 인류에게 이질적인 것이 아니라, 우리가 고독하게 두 발로 섰던 먼 과거로부터 내려온 것이라는 또 다른 증거를 본다.

스트레스의 화학은 자기 구원의 씨앗을 품고 있다. 당신이 정욕과 집착에서 벗어날 때나 출산이라는 광포한 흥분 상태에서 벗어날 때, 당신은 마구 넘치는 공격성과 욕망에 대한 신경 화학적 해독제인 애착 상태에 도달할지 모른다. 불안은 이화 작용을 일으키고 에너지를 많이 소모시킨다. 애착은 동화 작용을 일으키고 에너지를 보존한다. 우리는 본래 공격적이다. 우리는 본래 화합적이다. 우리는 전자는 알고 있다. 하지만 우리는 그것의 균형 추인 후자는 훨씬 모르고 있다. 우리는 애착 상태가 펩티드 호르몬인 옥시토신과 그 유사 화합물인 바소프레신과 어떤 관련이 있다고 추측하고 있다(추측한다는 말을 쓸 수밖에 없다).

옥시토신은 사랑의 호르몬이라고 불려왔다. 그것은 탐욕스러운 갈망의 표현이므로, 게이 유전자나 지능 유전자라는 용어가 그렇듯이 굳이 반박할 가치가 없다. 하지만 옥시토신은 사랑의 감정을 일으키는 데 관여할지 모른다. 우리 감정은 육체라는 매체를 통해 느껴지는 것이 분명하며, 옥시토신은 정서적 유화제의 흔적을 남기고 있다. 옥시토신은 친밀한 행동이 요구되는 상황에서 모습을 드러낸다. 출산 때 뇌는 혈액으로 옥시토신을 분비한다. 옥시토신은 실질적이고 기계적인 일을 한다. 그것은 자궁 수축을 촉진한다. 임산부의 분만을 촉진하는 약인 피토신은 합성 옥시토신이다. 옥시토신은 사출 반사를 자극해 유방 세포에 있는 젖이 도관을 통해 젖꼭지로 나오도록 한다. 옥시토신은 허리 위아래로 모체의 근육 수축을 자극한다. 그것은 아기가 태어나도록 한다. 그것은 아기를 먹이도록 한다. 그것은 아기가 사랑받도록 도와주기까지 한다. 사랑이 없다면 어머니는 자기 앞에서 칭얼거리는 작은 생명체를 보고, 어떻게 해서 이 지경까지 되었지? 어떻게 해야 달아날 수 있지? 물을지 모르기 때문이다.

바소프레신도 결합 호르몬에 적합한 후보자이다. 그것은 옥시토신과 유사한 분자 구조를 갖고 있으며, 옥시토신과 마찬가지로 수유에 필수적이므로 실질적인 기능을 한다. 바소프레신은 몸의 수분 보유를 돕는다. 체액을 보존할 수 없다면, 당신은 젖을 만들 수 없다. 바소프레신은 기억을 강화하며, 사랑할 가치가 있는 아이나 연인처럼 자신에게 중요한 사람을 기억하는 것은 바람직하다. 옥시토신과 바소프레신은 매우 신속하게 행동하며, 당신이 원하는 급격한 행동 변화를 짧은 기간에 매개한다. 한 순간에 당신은 아직은 초조해하고 아직은 자유로운 임산부였다가, 다음 순간에 보듬고 주고 사랑하는 어머니가 된다.

옥시토신 연구의 거장인 메릴랜드 대학의 캐롤 수 카터는 이렇게 말한다.

자연은 보존적이다. 자연은 일회용은 거의 갖춰놓지 않고 있다. 옥시토신의 기능은 가장 원시적이고 기초적인 것에서부터 훨씬 더 정교한 것으로 진화했다.

옥시토신과 바소프레신은 멋지고 사랑스러운 말처럼 들리지만, 그들이 인간사에 미치는 복잡다단한 결과를 다룬 자료들은 여전히 빈약하다. 당신은 그 호르몬들로는 제대로 된 실험을 할 수가 없기 때문이다. 옥시토신은 에스트로겐이나 테스토스테론 같은 지방성 스테로이드 호르몬과 달리 펩티드 호르몬이다. 스테로이드는 지방성이라서 자유롭게 뇌에서 근처의 혈액으로 나왔다가 다시 뇌로 들어갈 수 있다. 반면에 펩티드 호르몬은 뇌에서 혈액으로 한 방향으로 흐른다. 시상 하부는 필요할 때 몸을 위해 옥시토신을 만들며, 자기 자신을 위해서나 국지적인 행동이나 대뇌의 목적에 쓰기 위해 일부를 남겨둔다. 하지만 한번 혈액 속으로 분비된 옥시토신은 혈관과 뇌 사이의 장벽을 통과하지 못하기 때문에 다시 집으로 돌아올 수 없다. 임산부에게 피토신 정맥 주사를 놓으면, 그 피토신은 뇌로 들어가지 않는다. 그것이 자궁에 도달하면, 그녀는 요제프 멩겔레[나치의 전범. 유대인을 대상으로 생체 실험을 했다]가 당기는 것처럼 자신의 몸통이 들어 올려진다는 생각을 갖지만, 그것이 전부이다. 따라서 당신은 누군가에게 옥시토신 알약을 먹게 한 뒤, 아직 엄마가 된다는 느낌이 안 오나요? 당신을 억압하는 사람들과 친해지거나 껴안고 싶다거나 잘 지내고 싶다는 생각이 드나요?라고 묻는 실험 같은 것을 할 수 없다. 설령 옥시토신이 행동을 조종한다고 해도, 외부에서 유입된 옥시토신은 행동을 조종할 수 있는 곳으로 들어가지 못한다.

우리가 옥시토신과 바소프레신에 관해 알고 있는 것들은 대부분 초원들쥐, 햄스터, 쥐 등 쉽게 조작할 수 있을 듯한 뇌를 가진 동물들을 실험함으로써 얻은 것이다. 옥시토신을 쥐의 중추 신경계로 직접 주사하면, 쥐는 코를 갖다댈 부드러운 곳을 찾아, 신체 접촉을 위해 다른 쥐에게로 살그머니 다가가기 시작할 것이다. 초원들쥐 암컷들은 교미를 한 뒤에 1 대 1 관계를 형성하며, 교미를 할 때 옥시토신을 분비한다. 초원들쥐 암컷의 뇌에 옥시토신이나 바소프레신을 주입한 다음 수컷 곁에 놓으면, 그 암컷은 자신이 마치 수컷과 교미를 한 것처럼 생각하고서 수컷 곁에서 떠나려 하지 않을 것이다. 수컷도 마찬가지이다. 수컷의 중추 신경계에 옥시토신이나 바소프레신을 투여하면, 수컷은 바로 옆에 있는 암컷에게 충실한 존재가 될 것이다. 반대로 그 펩티드 호르몬의 활동을 차단하는 옥시토신 억제제를 초원들쥐 암컷에게 투여하면, 그 암컷은 한 짝에게 정착하거나 한 수컷을 보살피는 데 문제가 생길 것이다.

옥시토신은 처녀 암컷에게 모성을 불러일으킬 수 있다. 초원들쥐 암컷의 뇌척수액에 옥시토신을 주사하면, 30분 내에 곁에 놓인 새끼들에게 코를 대고 킁킁거리면서 새끼들이 길을 잃으면 집어 올려 제자리에 갖다 놓는 행동을 보인다. 암양은 대개 좋은 어미이지만, 뜻하지 않게 출산 직후에 새끼 양과 떨어지면 나쁜 어미로 돌변할 것이다. 그러면 그녀는 새끼 양을 거부하고 젖을 물리기를 거부하기 쉽다. 양치기들은 그런 양을 설득시키는 방법을 알고 있다. 그들은 일종의 양 딜도를 이용해 암양의 질을 자극한다. 그 자극을 받은 암양의 뇌는 옥시토신을 분비한다. 그러면 암양은 새끼 양이 젖을 먹도록 허락한다. 옥시토신을 척수에 주입해도 같은 모성 형성 효과가 나타난다.

바소프레신은 옥시토신보다 약간 더 위엄이 있다. 바소프레신은 설치류 암컷의 모성 행동을 자극할 수 있지만, 반응하는 데 옥시토신보다 한 시간 정도 시간이 더 걸린다. 널리 유행하는 이론에 따르면, 바소프레신은 암컷보다 수컷의 사랑과 육아 행동을 유도하는 데 훨씬 더 중요하다고 한다. 인간을 감동시킬 정도로 굳은 일부일처형 결합을 형성하는 초원들쥐의 바소프레신 농도를 보면, 교미 뒤에 수컷의 농도는 크게 높아지지만, 암컷은 그렇지 않다. 따라서 교미 뒤에 수컷이 짝에게 집착하는 것이 그 때문이라는 것이다. 실험용 쥐 수컷들은 혈통에 따라 새끼를 돌보는 정도가 다르다. 부성이 가장 희박한 혈통은 브래틀보로이다. 이 쥐는 성격이 나쁘다. 또 바소프레신이 극히 적다.

설치류에게 좋은 것은 원숭이에게도 좋지 않을까? 영장류를 대상으로 한 몇 건의 옥시토신 실험들 중에, 붉은털원숭이 처녀의 중추 신경계에 옥시토신을 주사한 실험이 있었다. 몇 분 뒤 같은 우리에 원숭이 새끼를 갖다 놓았다. 그러자 암컷들은 그 새끼에게로 다가갔다. 그들은 새끼를 다정하게 바라보았다. 그들은 새끼를 가볍게 찔러대고 입맞춤을 하듯이 새끼에게 입술을 대고 비비댔다. 또 그들은 인간 관찰자들에게도 하품을 하고 인상을 찌푸리는 등 화날 때 하는 행동을 덜 했고 더 우호적인 행동을 보였다. 반대로 대조 실험을 위해 염분을 주사한 처녀들은 그런 어미 성향을 전혀 보이지 않았고, 새끼에게 입술을 비비대지도 않았고, 인간 관찰자들을 향해 언짢다는 듯이 하품을 해댔다.

극히 드물긴 하지만, 인간을 대상으로 한 연구 자료들은 옥시토신과 바소프레신을 정서적 인대로 보는 모델에 들어맞는다. 스웨덴 카롤린스카 연구소의 케르스틴 우브나스-뫼베리는 인간을 대상으로 연구를 해왔다. 그녀는 젖을 먹이는 어머니들을 연구하고 있다. 그들은 옥시토신 농도가 특히 높다. 그녀는 젖을 먹이는 여성을 생각해보라고 말한다. 그 여성의 독특한 생리 기능을 생각해보자. 옥시토신은 젖이 나오도록 자극한다. 그것은 널리 알려진 작용이다. 하지만 젖이 나오는 것만이 전부가 아니다. 옥시토신은 다른 펩티드 호르몬들과 함께 젖가슴으로 흐르는 혈액의 양을 증가시킨다. 혈액이 충만하면서 젖가슴은 전보다 더 따뜻해진다. 젖을 먹이는 여성은 마치 열이 있는 것처럼, 햇볕을 받은 돌처럼 열을 방사한다. 그녀는 아기에게 젖을 먹이면서 아기를 따뜻하게 데워주는 것이다.

우브나스-뫼베리는 말한다.

"온기가 통째로 전해지는 거죠. 그건 아주 중요해요. 그렇지 않나요?

그건 사랑의 매체가 아닐까요? 온기를 전달한다는 것 말이에요. 우리는 사랑하는 사람을 이야기할 때, 그녀를 따뜻한 사람이라고 말하죠. 사랑을 거부하는 사람은 차가운 사람이라고 하고요. 이것은 심리학이 생리학의 매우 깊은 측면을 빌린 것이죠."

우브나스-뫼베리는 조용하고 친밀한 목소리로, 따뜻한 목소리로 말한다. 우리가 아기 하나 보이지 않는 카롤린스카 연구소의 굳게 닫힌 사무실에 앉아 있는 것이 아니라 한방에 앉아 함께 젖을 먹이고 있는 것처럼 말이다. 그녀는 메뚜기파이 같은 하얀 옷을 입고 있었고, 볼은 둥글고 얼굴은 윤기 있는 과일처럼 장밋빛으로 빛이 났다.

"어머니에게 아이는 에너지와 온기를 줄 대상이지요. 두 가지 다 열량이 있어야 해요. 매우 위험하고, 비싼 것이죠. 그것은 옥시토신이 또 다른 측면, 절약하는 측면을 갖고 있다는 의미입니다. 등식에 따라서 나오는 것이 있다면, 그 잃는 온기와 젖을 어딘가에서 얻어야 하는 거죠."

그녀는 옥시토신이 주는 호르몬이며, 보존하는 호르몬이라고 말한다. 그것은 소화관의 소화 속도를 늦춤으로써 소화 가능한 모든 열량이 몸에 흡수될 수 있도록 한다. 그것은 인슐린 농도를 증가시킴으로써, 혈액에 있는 당이 배출되지 않고 가능한 한 많이 세포 속으로 들어가도록 한다. 젖을 먹이는 어머니는 행동할 때도 에너지를 절약해야 한다. 그녀는 가능한 한 조신해야 하며, 마음을 차분하게 가라앉혀야 한다. 조바심을 내면 열량이 소비된다. 불안은 열량을 소모시킨다. 차분한 감정은 열량을 보존하며, 온기를 주고 온기를 방출하면서도 동화 작용을 강화함으로써 그 등식의 평형을 유지하는 데 도움을 준다. 당신이 더 많이 줄수록 더 많은 옥시토신이 생산되며, 소화관의 보존 능력이 더 클수록 당신은 더 차분해진다. 그것은 백화점의 대할인과 같다. 더 많이 쓸수록, 더 많이 절약하게 된다.

우브나스-뫼베리와 동료들은 아기를 앉고 젖을 먹일 때의 어머니들을 조사했다. 그들은 어머니의 행동을 지켜보고, 어머니에게 개인적인 조사를 했다. 그들은 보통 한 번에 젖을 얼마나 오래 먹이는지 물었다. 그들은 젖을 먹이는 10분 동안 30초마다 혈액 시료를 채취해 혈액의 옥시토신을 비롯한 여러 호르몬들의 농도를 측정했다. 그들은 옥시토신 분비 양상이 여성마다 다르다는 것을 알았다. 어떤 여성은 높은 봉우리와 깊은 계곡을 보여준다. 즉 그들의 옥시토신은 폭발하듯이 분비된다. 반면에 산맥 대신 분지와 낮은 언덕처럼 비교적 평탄하게 분비가 이루어지는 여성들도 있다.

"봉우리가 많을수록 옥시토신의 총 농도는 더 높아지고, 젖을 먹이는 기간도 더 길어져요. 그것은 개성 변화와도 상관이 있어요. 봉우리가 가장 많은 여성들이 가장 차분한 느낌을 받는다고 말해요. 그들은 전보다 더 정서적으로 안정을 느낀다고 말하죠. 그건 이해가 되요. 옥시토신 농도가 높을수록 젖을 먹이는 기간이 더 길어져요. 그리고 젖을 먹이는 기간이 길수록, 아기와 접촉하는 시간도 더 많아지고, 아기에게 육체적으로 정서적으로 더 친밀해지죠. 나는 여기에다가 신경화학적으로도 더 친밀해진다는 말을 덧붙이고 싶어요."

어머니는 아기에게 젖과 온기만을 주는 것이 아니다. 아기를 안고 있을 때, 그녀는 아기를 어루만진다. 그녀는 아기를 어루만지면서 달랜다.

"당신은 어떻게 해야 제대로 쓰다듬는 것인지 알고 있을 거예요. 이런 식으로 너무 빨리 쓰다듬으면 짜증이 나죠."

그녀는 설명하기 위해 자신의 팔을 위아래로 빠르게 문지른다.

"또 너무 느리게 하는 것도 별 효과가 없어요."

그녀는 자신의 팔을 느릿느릿 쓰다듬는다.

"하지만 이렇게 한다면, 이렇게 가만가만 일정하게 쓰다듬으면, 아주 좋죠. 이것이 제대로 된 방법이에요."

그녀는 자신의 팔을 율동적으로 쓰다듬는다. 그 모습을 보고 있으려니 나를 쓰다듬어 달래는 듯한 느낌이 든다.

"이 속도가 1분에 40회 정도일 거예요. 애완동물을 쓰다듬을 때도 이 속도예요."

여기서 다시 옥시토신이 등장한다. 과학자들은 아기를 쓰다듬고 있는 어머니의 혈액을 채취했다. 그들은 어머니가 젖을 먹일 때와 똑같이 옥시토신의 농도가 변한다는 것을 알아차렸다. 어머니는 아이를 쓰다듬을 때 옥시토신을 분비한다. 쓰다듬을 때 아기가 편안해지는 느낌을 받는 것처럼, 쓰다듬고 있는 어머니의 손도 진정되는 느낌을 받기 때문이다. 어머니는 마음이 차분해진다고 말하며, 그럴 때에는 그녀를 꼬집어도 거의 느끼지 못할 것이다.

"우리는 어디를 꼬집든 간에 고통 반사가 일어날 수 있다는 것을 알아요. 그런 한편으로 아무데나 어루만지고 쓰다듬어서 진정시키고 통증을 누그러뜨릴 수도 있어요. 어떻든 간에 우리는 알고 있어요. 그건 타고난 지식이에요. 때로 잊기도 하고, 알면 당혹스러워질 때도 있지만요."

접촉은 온기를 전달한다. 쓰다듬는 것은 우리가 접촉하고 있고, 주고 있으며, 거기에 있다는 것을 강조한다. 우리는 접촉하기 위해서, 접촉을 통해 쉽게 사랑을 얻기 위해서 털을 버린 것인지도 모른다. 우리는 아기를 쓰다듬으며, 아기를 앞뒤로 흔든다. 아기용 흔들 침대를 사러 돌아다닐 때 임산부는 큰 행복을 느끼며, 아기를 앞뒤로 흔들어준다는 생각만 해도 온기와 기쁨이 가득해진다. 중국 여성들은 분만할 때 따뜻한 물로 몸을 씻는다. 그들은 피토신을 거의 필요로 하지 않는다. 고통

사랑의 노동　475

치며 흐르는 따뜻한 물이 몸에 저장되어 있는 옥시토신을 풀어놓기 때문이다. 서양 여성들도 이제 그 방법을 배우고 있다. 일부 자연 분만 센터들은 거품 목욕기를 갖춰놓고 있다. 다른 포유동물들은 새끼를 낳을 때 자신의 몸을 핥고, 핥고, 또 핥아댄다. 새끼를 낳은 뒤에는 그 새끼를 핥아주고, 새끼는 어미의 혀에 코를 디민다. 너무나 사랑스러운 순간이다. 계속 쓰다듬으면 자극을 받아 옥시토신이 분비된다. 부드럽게 율동적으로 쓰다듬는 속도는 아기가 반사적으로 젖가슴을 빨아대는 속도, 젖가슴에서 젖이 분출하는 속도와 같다. 이것은 사랑의 리듬이다. 1분에 40번.

사랑의 리듬. 오르가슴도 율동적인 감각이며, 그것도 1분에 40~50번 정도 떨린다. 자궁은 오르가슴 때 아기를 낳을 때처럼 수축을 반복한다. 옥시토신은 진동수이며, 옥시토신은 세공품이다. 여성들에게 오르가슴을 느낄 때까지 자위행위를 하라고 요청한 다음, 오르가슴 전후의 옥시토신 농도를 측정한 연구가 있다. 절정에 다다랐을 때 옥시토신 농도는 약간이긴 하지만 뚜렷이 높아졌고, 농도가 더 높을수록 여성은 더 큰 오르가슴을 느꼈다고 말했다. 젖을 먹이는 어머니들 중에도 젖을 먹일 때 마음이 차분해지는 것이 아니라 쾌감에 젖는다고 말하는 사람들이 있다. 그들은 아기가 입으로 젖을 빨 때, 젖관이 고동칠 때, 자궁도 함께 고동치면서 거의 오르가슴 같은 것을 느낀다고 말한다. 사실 쾌락과 고요함은 다르지 않다. 둘 다 교감 신경계의 활동이 약해지고 혈압이 떨어지고 스트레스가 줄어드는 특징이 있다. 해탈은 평온, 조화, 안정, 기쁨이 결합된 이상적인 상태이다. 명상을 할 때는 정신을 가다듬어 율동적인 호흡을 한다. 사랑과 기쁨은 생기를 주고 활력을 준다. 그것들은 원점에서 최소한의 에너지를 투자해 유지시킬 수 있는 생생한 파동 형태, 즉 화성학을 기반으로 한다. 그것을 통해 우리는 불가능한 꿈, 영구 기관에 가까이 다가갈 것이다.

우브나스-뫼베리는 말한다.

"패턴이 출현하기 시작하죠. 나는 옥시토신 농도가 높고 불안과 혈압이 낮은 사람들을 곧 찾아낼 것이라고 생각해요. 그러면 우리는 놀라야 할까요? 내가 코티솔이나 아드레날린 농도가 높은 사람들이 더 스트레스를 받는다고 말한다면, 당신은 놀라지 않을 거예요. 아마 그 반대도 사실일 거예요. 우리는 아직까지 그것을 체계적으로 연구한 적이 없어요. 하지만 단편적인 결과들을 맞춰보면, 모든 것이 들어맞아요. 심하게 불안을 느끼는 여성들은 옥시토신 농도가 낮아요. 배가 계속 아프다고 병원에 찾아오는 아이들은 검사하면 옥시토신 농도가 매우 낮게 나오곤 해요. 배가 계속 아픈 것은 아이들이 불안할 때 느끼는 전형적인 증상이죠."

소화관은 우리가 깨닫고 있는 것보다 더 많은 것을 알고 있으며, 자신이 배운 것을 계속 뇌에 알린다. 소화관은 호르몬이라는 언어로 말하며, 포만감을 일으킨다는 콜레시스토키닌도 그 호르몬들 중 하나이다. 우브나스-뫼베리는 말한다.

"새끼 양은 젖 빨기를 통해 어미와 결속되죠. 젖 빠는 운동은 많은 일을 하죠. 젖을 빨아대면 새끼 양의 뇌에서는 옥시토신이 분비되고, 소화관에서는 콜레시스토키닌이 분비되죠. 옥시토신의 분비를 차단하면, 새끼 양은 어미에게 애착을 갖지 않아요. 콜레시스토키닌도 마찬가지예요. 콜레시스토키닌 분비를 차단하면, 새끼 양의 결속 능력이 차단되죠."

그녀는 말을 계속한다.

"뇌와 소화관은 연결되어 있어요. 심리학자들은 소화관이 학습에 중요하다는 것을 알고 있어요. 아기들은 뭔가를 알기 위해, 이해하기 위해 입 속에 집어넣죠. 우리는 먹어보면 알 수 있다고 말해요. 또 뱃속을 들여다봐야 그 사람이 어떤 생각을 갖고 있는지 알 수 있다고 말하죠. 우리는 일단 배를 채우고 나면 즐거워지고 관대해져요. 배고플 때 유쾌하고 관대하기란 쉽지 않죠."

여기서 우리는 주는 음식을 거절하는 사람을 조심해야 하는 또 다른 이유를 찾을 수 있다. 그 사람은 마음을 가라앉히기를 원하지 않는다. 그 사람은 경계 상태, 팽팽한 긴장 상태를 유지하고 싶어한다. 그 사람은 위협적인 인물이다. 우리가 누군가와 함께 있을 때 혼자만 음식을 먹는 것을 싫어하는 것도 이상하지 않다. 우리는 일방적으로 마음을 가라앉히는 일을 할 수 없다. 제발 콜레시스토키닌을 막아요. 오늘 밤에는 옥시토신 파티가 없을 테니까.

몸은 모든 감각과 물질을 총동원해서 우리를 붙든다. 극단적인 스트레스는 산파가 깊이 몰두하게끔 한다. 여성은 출산할 때 소리 지르고 울부짖으며, 제발 이 녀석, 이 고래 윌리[영화 〈프리 윌리〉에서 고래 윌리를 풀어주는 것을 빗댄 말]를 놓아 달라고, 필요하다면 관장약을 써서라도 빼내 달라고 애원한다. 아기에게 그 통로는 결코 매끄럽지 않으며, 출산 때 아기의 스트레스 호르몬 농도는 정상적인 인간보다 100배라는 불가능한 수치까지 치솟는다. 그리고 태어난 직후에 엄마와 아기는 따스함과 기쁨으로, 부처와 보살처럼 서로 결속된다.

냄새도 도저히 묘사하거나 이해하지 못할 결속을 설교하는 무의식의 성직자이다. 신생아는 안타까울 정도로 몸을 가누지 못하는 무기력한 존재이지만, 태어난 직후에 그 아기를 엄마의 배 위에 올려놓으면, 아기는 거의 오로지 후각적 단서에 이끌려 엄마의 젖가슴이 있는 곳으로 꼼지락거리며 움직인다. 그리고 젖가슴 중 하나는 닦고 다른 하나는 닦지 않은 채로 놔두면, 아기는 닦지 않은 젖꼭지 쪽으로 갈 것이다. 아기의 두개골 판들이 완전히 융합되지 않아 생기는 정수리에 있는 숨구멍에는 냄새를 분비하는 땀구멍들이 많이 있다. 엄마는 무의식적으로 그 숨구멍 쪽으로 고개를 숙여 냄새를 맡곤 한다. 부모와 아기는 태어나기 전부터 냄새나 냄새 분자를 서로 교환함으로써 결속되는 것일지도 모른다. 태아는 자궁의 양수에 오줌을 싸서 독특한 냄새를 분비한다. 그 액체는 엄마의 오줌에 섞여 배설되며, 따라서 엄마는 아기가 태어나기 전부터 냄새를 통해 아기를 알게 된다. 그리고 엄마 곁에 있는 아빠도 마찬가지로 아기의 냄새에 익숙해질 것이다. 아버지는 임신했을 때 일어나는 신체적 변화와 호르몬 변화를 겪지 않고서도, 어머니가 사랑하는 것만큼 새로 태어난 아기를 사랑한다. 태아의 냄새는 주위 사람들을 수용적이고 유순한 상태로 만드는 역할을 한다. 성과학의 제왕인 존 머니는 후각 상실증에 걸린 사람, 즉 냄새를 전혀 맡을 수 없는 사람이 정욕을 느낄 수는 있지만 애착 관계를 형성할 수 없다고 말했다. 배우자 한쪽이 다른 배우자의 냄새를 싫어할 때, 그 혼인은 실패하게 되어 있다. 구이도 케로네티는 《몸의 침묵》에 이렇게 쓰고 있다.

교황 스테파노 3세는 샤를마뉴 왕에게 보낸 서신에 이렇게 썼다. "에르멩가드와 혼인하지 마오. 그녀는 롱고바르드 사람들과 똑같은 냄새를 풍기오." 그래도 샤를마뉴는 그녀와 혼례식을 올렸다. 그리고 결국 그녀와 이혼하고 말았다. 그는 그녀의 체취를 견딜 수 없었던 것이다.

촉각, 미각, 후각. 사랑이라는 유혹에 활용되지 않는 감각은 없다. 그리고 무엇보다 우리는 시각적 종이기 때문에, 아기들은 눈을 즐겁게 함으로써 우리를 유혹한다. 도저히 참을 수 없을 정도로 귀여운 모습을 지님으로써 말이다. 임신의 마지막 몇 주 동안 인간 태아는 피부 밑에 지방을 축적한다. 약간 일찍 태어난 미숙아와 달을 다 채우고 나온 아기는 주로 1킬로그램쯤 되는 이 지방이 있고 없다는 점에서 다르다. 이 여분의 지방은 출산하는 엄마를 더 힘들게 한다. 고릴라의 새끼는 거의 지방을 지니지 않은 채 태어나며, 태어난 직후에 지방을 축적하면서 몸무게가 는다. 인간의 아기가 왜 지방을 미리 축적한 채 태어나는지는 불확실하다. 그런 지방을 저장할 만한 생리적인 이유가 전혀 없다. 일부 학자들은 그 지방이 뇌를 위한 것이라고 주장하지만, 태어난 뒤 급속히 성장하는 아기의 뇌에 많은 지방이 공급되어야 한다면, 우리는 어머니의 젖에 지방이 많이 함유되어 있으리라고 예상할 것이다. 하지만 현실은 정반대이다. 어머니의 젖은 상대적으로 지방 함량이 낮다. 새러 블래퍼 르디는 아기가 귀엽게 보이기 위해 지방을 축적한다고 주장한다. 지방은 미학적 접착제이다. 우리는 둥근 볼과 둥근 엉덩이와 통통한 팔과 다리를 가진 토실토실하고 부드럽고 달덩이 같은 아기의 모습에 사로잡힌다. 아기의 시각적 매력, 귀여운 모습은 어머니의 온기와 코와 접촉과 지방 함량이 낮은 신성한 물을 얻는 능력을 증폭시킨다. 환심을 삼으로써 머물러 있게 만든다.

낭랑한 목소리, 우리가 아기나 연인에게 속삭일 때 높였다 낮췄다 하는 목소리는 사랑의 소리이다. 아기는 높낮이가 뚜렷이 변하는 목소리에 가장 강하게 반응한다. 아기들은 언어를 배워야 한다. 그들은 언어를 뇌에 새겨야 하며, 잘 정의된 음조와 높낮이를 통해, 명확히 발음되고 자신에게 말하는 단어를 통해 언어를 배운다. 아기의 말이 따스하게 들리면, 그것은 또 다른 종류의 온기를 전달하는 것이 된다. 아기의 말을 통해 부모는 아기에게 마음의 양식을, 인간 힘의 가장 확실한 원천인 언어의 기본 단위를 주기 때문이다. 어른인 우리는 연인의 애정을 얻기 위해 아기의 말이 지닌 온기를 흡수한다. 우리는 낄낄거림과 속삭

임과 갑작스러운 접촉과 자신이 창작한 기발한 별명들을 통해 개체 발생 과정을 되돌린다.

우리는 제자리에 있을 때를 알며, 그럴 때 우리는 기분이 좋아지며, 마치 영원히 그렇게 있을 수 있는 것처럼 느낀다. 우리가 신경이 곤두서 있을 때 사랑하는 사람은 우리를 진정시켜주며, 우리가 무력감에 빠져들 때 사랑하는 사람은 우리에게 활기를 불어넣는다. 오랫동안 행복한 생활을 함께 한 부부는 모습이 닮는다. 그들의 얼굴은 서로 닮아간다. 무의식적으로 서로의 얼굴 근육의 움직임을 흉내내려 해왔기 때문이다. 말의 리듬도 비슷하다. 그들은 같은 속도로 걷는다. 오랜 부부 중 남편이나 아내가 죽은 뒤 며칠이나 몇 주 지나지 않아 남은 한 쪽도 죽으면, 우리는 그 사람이 슬픔이나 충격을 못 이겨 죽었을 것이라고 추측한다. 하지만 충격이나 절망의 기미가 전혀 보이지 않을 때도 많다. 그 부부는 오래 살아왔으며 죽음이 거기에 있음을 알고 있었기 때문이다. 오히려 한 사람이 죽고 남은 사람이 죽는 것이 동시에 일어나는 사건일지 모른다. 오랜 세월 동안 두 사람의 세포들은 비슷한 리듬을 지녀왔고, 비슷한 속도로 활동해왔으므로, 분자 수준에서 시간이 거의 동시에 끝난 것인지도 모른다.

우리는 애착을 자극하는 것들이 있음을 배웠으며, 그중에는 우리가 찬양하지 않았고 알 수 없는 것들도 있다. 여성은 아이를 낳고 오랜 세월이 흐른 뒤에도 그 아이가 몸 속에 있었을 때의 흔적을 계속 간직하고 있다. 여기서 말하는 것은 기억이 아니라, 유형의 흔적이다. 임신 때에는 자라는 태아의 몸에서 떨어져 나온 세포들이 어머니의 몸 속을 돌아다닌다. 이 세포들은 어머니의 면역계와 태아가 의사 소통하는 방법일 수 있다. 태아가 외부에서 온 침입자로 여겨져 내쫓기는 일이 일어나지 않도록 예방하기 위해서 말이다. 이런 태아와 어머니의 세포 대화는 임신 기간에만 일어나는 짧은 것으로 여겨져왔다. 하지만 최근 과학자들은 여성이 아이를 낳고 몇십 년이 지난 뒤에도 모체 혈액 속에 태아 세포들이 살아 있다는 것을 발견했다. 그 세포들은 죽지 않았다. 그들은 씻겨 나가지 않았다. 그들은 살아 있었으며, 그 사이에 몇 차례 분열했을지도 모른다. 그들은 태아 세포이다. 즉 많은 생명이 그 속에 담겨 있다는 의미이다. 따라서 어머니는 자신이 본래 타고난 몸과 자신이 밴 몸들의 혼합체, 즉 영원한 세포 키메라이다. 그것은 아무 의미도 없을지 모른다. 혹은 그녀에게 상기시키는 무언가가 항상 있다는 의미일지도 모른다. 그녀의 애착 신경계를 연주할 수 있는 생화학적 악보 몇 장이 있다는 것을 말이다. 특히 그 애착이 다양한 자극, 감각 기관을 통해 입력되는 것들, 이를테면 임신했을 때 등장하는 화려한 호르몬들, 태아 오줌의 냄새, 출산이라는 대격변, 신생아의 모습과 감촉 같은 것들을 통해 강화된다면 더 그렇다.

내가 낙태할 권리를 강력히 지지하는 온갖 이유들, 임신 중절이 불안하고 마음도 불안하긴 하지만 여성이 자신의 성을 완벽하게 통제할 권리를 지녀야 하는 온갖 이유들 중에 이것도 속한다. 여성에게 원하지 않는 아이를 낳으라고 강요하는 것, 임신이라는 복잡한 뇌관을 통해 그녀의 양심을 자극하는 것, 그녀가 지킬 수 없는 아기, 그녀가 자신의 슬픈 과거를 떨어내려 애쓸 때 영원히 그녀의 혈액 속에 들러붙어 있을 아기, 애착 반응의 항원이 될 아기를 진화 마음대로 온갖 생리적 계략을 통해 그녀에게 각인시키는 것은 지독한 짓이다. '입양 대안'은 젊은 여성이 그것을 선택하고 그 선택에 마음이 편하다면 좋다. 하지만 대안은 대안으로 남아 있어야 한다. 몸은 습관의 피조물이며, 속박의 화학에 더 오래 노출될수록 과거 감정의 재현, 반복되는 신경내분비학적 악몽들, 확실한 이유도 모르고 그곳에 더 이상 속해 있지 않다는 것을 알면서도 어린 시절 살던 동네로 돌아가 자기 집 앞에 서서 초인종을 누르는 악몽을 꾸기 쉽다. 초인종을 눌러도 아무도 대답하지 않는다. 그 집이 아니다. 당신의 집은 사라지고 없다.

사랑은 수단을 가리지 않으며, 사랑은 그 점을 알고 있으며, 사랑은 부드러운 발톱으로 1분에 40번을 긁어서 모든 것을 정복한다. 애착의 신경계들은 여러 가지이며 서로 얽혀 있으며, 스트레스의 특명을 받아 소화관도 심장도 그 신경계에 참가한다. 하지만 사랑은 소화관의 느낌이나 원초적인 감정 이상의 것이다. 사랑에는 인지 측면도 있다. 우리는 사랑이 생각이 깊다는 것을 무시할 때가 많다. 우리는 사랑을 이야기할 때 지성을 조롱하기까지 한다. 마치 인식이 감정과 상반되는 개념인 양 사랑을 너무 '머리로 파악한다'거나 너무 '분석한다'고 누군가를 비난한다. 하지만 둘은 상반되는 개념이 아니다. 사유는 합리적인 척하는 수동적이거나 공격적인 사람들이 사랑을 회피할 수 있게 해주는 것만큼 수월하게 사랑을 강화할 수도 있다. 사유 혼자서도 사랑이라는 감정 전체를 불러일으킬 수 있다. 젖을 먹이는 어머니가 아기와 떨어져서 젖을 먹이는 상상을 하면, 때로 그녀의 가슴은 따뜻해지고 젖이 나오기 시작한다. 수전 러브는 한 동료 외과 의사 이야기를 했다. 그 의사는 수술을 하다가 문득 자기 아기 생각을 하기 시작했는데, 몇 분 지나지 않아 젖이 스며 나오더니 옷 밖으로 흘러서 의식을 잃은 환자에게 떨어졌다고 말했다.

코트 페더센은 우리 인간이 마음의 눈으로 애착의 신경계를 현 상태로 유지시킬 수 있다고 말해왔다. 다른 동물들은 그 상태를 유지하려면 진짜 눈과 코와 귀가 필요하다. 그는 우리가 긴밀한 결합의 모든 요소들을 잘라내기가 거의 불가능하다고 말한다. 우리에게는 사진이 있다. 우리에게는 사랑하는 사람에 대해서 이야기하는 친구들이 있다. 우리는 한때 사랑하는 사람과 함께 거닐고 식사를 하고 콜레시스토키닌을 분비했던 바로 그 거리를 거닐고 그곳에서 식사를 한다. 우리에게는 당신은 이곳을 기억해야 해 하고 노래를 부르는 가수가 있다. 우리는 과거를 재현하는 데 열심인 많은 감각들과 체계들을 갖추고 있으며, 우리는 너무나 많은 기억들을 갖고 있기도 하다. 옛 사랑의 대사 경로들에는 계속해서 다시 불꽃이 인다. 우리의 분석적인 정신은 애착의 회로들을 보호하고 보살핀다. 하등한 뇌, 쥐의 뇌가 사랑을 저 멀리 내동댕이치고 나서 긴 시간이 흐른 뒤에도, 인간의 사유와 기억 능력은 사랑을 생생하게 보존하고 있다. 영원한 사랑은 신화이다. 하지만 우리는 신화를 만들어내며, 죽음에 이를 때까지 그 신화를 사랑한다.

18

호가무스와 돼지죽

진화심리학을 상담의 세계로

우리는 사랑할 수 있으며, 사랑할 이유는 많이 있다. 하지만 누구를 사랑할 것이며, 왜 그 사람을 사랑해야 하는가? 자신의 아이를 사랑하고 부모를 사랑하는 것에 한계가 있다고 해도, 우리는 이 사랑의 배후에 유전적 논리가 있음을 안다. 부모와 자식의 갈등은 우리가 그것이 없었으면 좋겠다고 생각할 만큼, 벗어났다고 말할 수 있으면 좋겠다고 생각할 만큼, 우리 삶의 영원한 현실이다. 그 갈등은 체계를 갖추고 있다. 아이들은 부모가 주려고 하는 것보다 더 많은 것을 원하며, 자신들의 몫을 얻고 그 이상의 것을 얻기 위해 온갖 수단을 다 쓰려 할 것이다. 하지만 부모는 대개 하나 이상의 아이를 갖고 있으며, 아이를 더 낳을 계획을 갖고 있을 수도 있다. 따라서 그들은 한 아이에게 너무 많은 정성을 쏟아 자원과 기력이 고갈되는 일이 일어나지 않도록 자제한다. 진짜 아이이든 내면만 아이이든 간에 우리 아이들은 모든 것을 주는 사랑으로 충만한 어머니라는 이상적인 어머니에 대한 신화를 마음속에 품고 있다. 어머니들은 자신이 그렇게 될 수 없다는 것, 모든 것을 한 아이에게 줄 수도 없고 주지 않으려 한다는 것을 잘 알고 있다. 어머니들은 자기 자신을 위해, 다른 누군가를 위해, 아직 부화하지 않은 난자들을 위해 무언가를 남겨두어야 한다.

어머니와 자식의 갈등은 태어나기 전부터 시작된다. 어머니와 태아 사이에 은밀한 작은 충돌이 일어나는 것이다. 태아는 태반을 더 크게 만들려 하고 모체로부터 가능한 한 많은 영양을 흡수하려 하는 반면, 어머니는 태반이 폭발적으로 성장하지 않도록 억제하고 몸 속에 있는 에너지들이 급격히 고갈되지 않도록 지킨다. 이 갈등은 유년기 내내 지속된다. 아기는 칭얼대고, 걸음마를 뗄 정도가 된 아기는 화를 내고, 좀 더 큰 아이들은 속임수를 쓴다. 그러다가 아이가 사춘기에 접어들면, 갈등의 본질이 극적으로 변한다. 자식은 독립과 자신의 세상을 원한다. 자식은 부모가 곧 죽어서 유산이 자신에게 돌아왔으면 하고 바라기까지도 한다. 반면에 부모는 성장한 자식을 좀 더 오래 곁에 두고 싶어할지 모른다. 어린 동생들을 돌보는 일을 도와 부모의 번식 성공률을 높여주었으면 하고 바랄지도 모른다. 상황은 계속된다. 아이는 성공하기 위해 사랑과 보살핌이 필요하고, 사랑을 주는 성향을 지닌 부모는 사랑을 주기 위해 멋진 바이올린처럼 긴장한 상태로 있다. 하지만 그런 뒤 그 아이다운 사랑스러운 눈빛은 엄격하고 날카롭게 변하며, 아이는 눈썹을 찌푸린 오랜 친구, 공격성에게로 순식간에 돌아간다. 사랑과 공격성은 한쪽이 있으면 다른 한쪽도 반드시 있다는 가장 유명한 흥행 쇼를 보여주었던 창과 엥〔19세기에 살았던 유명한 시암쌍둥이로, 전 세계를 돌아다니면서 자신들의 붙은 몸을 흥행거리로 삼았다〕처럼 서로 붙어 있다.

하지만 부모와 자식의 갈등은 우리 모두가 잘 알고 있는 사랑의 전쟁, 즉 성 대결이라는 고약하고 김빠지는 이름을 붙일 정도로 너무나 잘 알고 있는 전쟁에 비교하면 사소해 보인다. 사랑의 생리와 사랑의 진화를 이야기하고자 하면, 우리가 사랑을 통해 얻으려 하는 것이 무엇인가, 사랑을 추구할 때 무엇을 찾고 있는 것인가라는 의문이 떠오른다. 우리는 자신의 아이나 부모를 선택한 것이 아니므로, 그들에게 느끼는 사랑에는 숙명론이 가미되어 있다. 자신이 부모를 잘못 선택했다고 뻔뻔스럽게 누군가를 비난하는 것은 극소수의 신세대들뿐이다. 하지만 짝을 선택하고 그 짝에게 기대를 품으려면, 우리는 적어도 자신에게 약간의 책임이 있음을 받아들여야 한다. 우리는 짝에게 무엇을 원하는가? 대다수 여성들에게 남성은 어떤 의미이며, 남성들은 우리에게 무엇을 원하는 것일까? 낭만적 사랑의 뿌리는 무엇일까? 왜 우리는 굳이 혼인을 하는 것일까? 그것이 자연스러운 것일까? 그것은 습성일까? 우리 인간은 혼인하는 종일까? 더 구체적으로 들어가서 여성은 혼인하는 부류일까? 어디를 둘러보아도 혼인이 보이는 것은 분명하다. 과거와 현재의 대다수 사회에서, 사람들은 부족의 이름으로 이 남성과 여성이 하나가 되었다고 공식 선언하는 일종의 예식을 통해 혼인을 해왔다. 하지만 흔하다고 해서 그것이 반드시 타고난 것이라고 할 수는 없다. 우리가 혼인을 하는 것이 정말로 혼인을 하고 싶어한다는, 다원적인 줄기세포들을 만들고 싶어한다는 의미가 아닌 것과 마찬가지이다. 혼인은 매우 유용하기 때문에 거의 보편적이 되어버린 도구인 글과 비슷한 것일 수도 있다. 글은 널리 쓰이지만, 정말로 모든 사람이 글 쓰기를 즐기는 것은 아니다. 그리고 글 쓰기가 말하기만큼 자연스럽다고 해도, 글쓰기가 자연스러운 것이라고 주장할 사람은 아무도 없을 것이다.

이 자리에서 나는 혼인이 언제, 어디에서, 어떻게 발명되었는지 모른다고 고백해야겠다. 나는 우리가 본래 혼인을 하는 성향을 갖고 있는지, 아니면 혼인이 당신 어머니의 웨딩드레스 같은 것인지 알지 못한다. 그 웨딩드레스를 당신의 몸에 맞추려면 뛰어난 재단사가 필요할 것이다. 초원들쥐는 혼인하는 부류, 더 정확히 말하면 1 대 1 관계를 맺는 부류이다. 그들은 노아가 암수 한 쌍씩 배에 실었듯이, 1 대 1 관계를 맺는 습성을 타고났다. 새들 중에도 그런 것들이 많다. 그들은 핵가족을 이루어 짝을 짓고 새끼들을 기른다. 인간 이외의 영장류들은 혼인을 하는 부류가 아니다. 침팬지, 보노보, 오랑우탄, 원숭이 중 1 대 1 결합 성향을 지닌 종은 거의 없다. 그들은 복혼형이다. 수컷은 여러 암컷들과 짝짓기를 한다. 암컷은 여러 수컷들과 짝짓기를 한다.

당신은 자신이 초원들쥐 같다고 생각하는가? 마카쿠원숭이 같다고? 아니면 카나리아 같다고? 당신은 결합을 하도록 타고났는가? 당신은 알고 있는가? 나는 모른다. 정말로 모른다. 때때로 나는 혼인이 다른 방식만큼, 또는 그보다 더 우리에게 적합하다고 생각하며, 아이들이 자신들을 키우기 위해서 엄마와 아빠가 당연히 함께 있어야 한다고 여긴다고 생각한다. 때로 새뮤얼 존슨의 말은 뉴턴의 《프린키피아》에 나오는 말처럼 들린다. 그는 파올리 장군과 식사를 하는 자리에서 다음과 같이 말한다.

남녀가 혼인해 사는 건 전혀 자연스럽지 않아요. 그 결합을 지속시키는 온갖 동기들과 이별을 막기 위해 문명 사회가 부과한 온갖 제약들에도 불구하고 그들을 함께 묶어놓기는 어렵죠.

나는 혼인하고 싶은 우리의 욕망이 얼마나 깊은지 알지 못한다. 나는 왜 우리가 지금의 상대를 골랐는지, 즉 여성이 정말로 남성에게 원하는 것이 무엇이며 남성이 여성에게 원하는 것이 무엇인지 알지 못한다. 내가 아는 것은 아무도 모른다는 것뿐이다. 저기 봐, 빛이 보였어, 누군가에게 생각하도록 유혹하는, 여기저기 흩어져 반짝이는 금화 몇 개가 있다고는 해도, 나는 인간 사랑과 인간 속박의 심층 심리는 여전히 커다란 수수께끼로 남아 있다는 것을 안다.

사랑과 혼인은 여성적인 활동으로 여겨진다. 그것들은 표면적으로 우리의 특성이 되어 있다. 우리는 그것들을 원한다고 말한다. 남성들은 날뛰면서 빠져나가기 위해 애를 쓰지만, 마구간으로 끌려 들어가는 종마처럼 결국에는 한숨을 쉬며 굴복한다. 반면에 우리 여성들은 설득이 필요 없다. 그들은 굴레에 매여 있다. 우리는 굴레에 매인 신부들이다! 우리는 혼인하는 성이다. 물론 이것은 여성들의 정책 노선이며, 오랜 세월 지속되어온 것이다. 그것은 윌리엄 제임스가 지은 짤막한 시에 표현되어 있다. R. V. 쇼트는 최근 책《암수의 차이》의 결론 부분에서 슬며시 이 시를 인용해놓았다.

　호가무스, 히가무스
　남성들은 일부다처제
　히가무스, 호가무스
　여성들은 일부일처제

　그리고 최근 들어 진화심리학이라고 불리는 분야가 폭발적으로 성장하면서, 이 생각은 새로운 먹이와 새로운 열광자들을 찾아냈다. 진화심리학은 인간 본성, 그중에서도 남녀의 본질적 특성의 기본 단위들을 발견해왔다고 공언한다. 인간 행동의 진화적 뿌리에 호기심을 갖는 것은 당연하다. 그 문제에 다윈주의 논리를 적용하여 우리의 충동과 행동을 이해하려 시도하는 것도 이해할 만하다. 우리는 동물이다. 우리는 괴롭히고 희롱하는 자연 선택의 무례한 행동에서 벗어나지 못한다. 하지만 주류 학계 전반에 걸쳐 파고든 진화심리학은 괴팍하고 포악한 키클롭스이다. 그것은 너무나 남성 우월적인 렌즈를 통해 내다보는 외눈을 갖고 있다. 나는 남성적이 아니라 남성 우월적이라고 말했다. 골수 진화심리학자들이 퍼뜨리는 남성 행동관이 그들의 여성관만큼이나 편협하고 경직되어 있기 때문이다.

진화심리학은 자신을 새롭고 자극적인 분야라고 생각하기를 좋아하지만, 그것은 사실 몇십 년 전에 등장한 사회심리학의 분파에 불과하다. 사회생물학의 대부 중 하나인 에드워드 윌슨은 자신의 분야를 '모든 사회적 행동의 생물학적 토대를 체계적으로 연구하는' 분야라고 정의했다. 사실 그는 생물학적이라는 말을 진화적이라는 의미로 썼다. 그는 행동의 배경이 되는 '이유', 즉 직접적인 의도보다 궁극적 원인인 '왜'에 더 관심을 갖고 있었기 때문이다. 많은 사회생물학자들은 오래전부터 자신들의 논리를 인간 행동 연구에 적용해왔다. 진화심리학자들은 그것을 단순히 인간에게 쓰이는 용어인 심리학을 통해 적용하는 것뿐이다. 진화심리학자들은 자신들의 견해를 퍼뜨리는 데 대단한 성공을 거두어왔으며, 그 점에서는 대단하다고 할 수 있다. 1997년 《뉴요커》에 쓴 글에서 영화 비평가 데이비드 덴비는 진화심리학이 얼마나 유행하고 있는지, 그것이 칵테일 파티에서 애인의 비열한 행위를 즉석에서 씹어대는 데 널리 쓰였던 프로이트주의에 어떻게 대체해왔는지를 다룬 바 있다. 나는 인간 본성의 진화심리학적 해석은 본래 받아야 할 수준 이상의 찬사를 받아왔다고 본다. 아마 그것이 낡은 편견들을 뒷받침하고 우리 정신의 듀이 십진 분류 체계에 들어맞기 때문인 듯하다. 나는 남성과 여성의 차이가 무엇인지, 삼차원 공간에 있는 기하학적 형상을 머릿속에서 회전시키는 데 어느 쪽이 더 뛰어난지, 남녀가 같은 것을 생각하고 있을 때 자기 공명 영상 촬영 장치를 통해 보았을 때 활성을 띠는 뇌 부위가 남녀가 각기 다르다는 이야기들을 구구절절 하고 싶지 않다. 책을 시작할 때 말했듯이, 나는 X 대 Y에 관해 우리가 아는 것과 모르는 것이 무엇인지 지지고 볶고 하기보다는 여성의 몸과 정신에 관한 환상을 다루기로 했다. 나는 남성들에게 그들이 실제로 원하는 것이 무엇이라든지, 어떻게 행동해야 한다든지 같은 이야기를 하지 않을 것이다. 만일 한 남성이 자기 사무실에 온 매력적인 젊은 수습 사원을 향한 열망과 가사에 소홀한 나이 든 자기 아내에게 지닌 불만이 다윈주의적 의미에서 완벽하다고 자기 자신에게 말한다면, 나는 그와 논쟁을 벌여야 할까? 나는 여기서 골수 진화심리학자들이 우리 여성들 대다수를 완전히 오해했고, 우리가 세대를 거쳐가면서 대중의 입에 오르내리는 뽀빠이 만화의 여주인공 올리브가 아니라 더 많은 것을 원하고 당연히 더 낫다는 것만을 기쁜 마음으로 정직하게 말하려 한다.

진화심리학의 주요 전제들 중에 우리 논의와 관련이 있는 것들을 몇 가지 짚어보자.

1. 남성들이 여성들보다 더 음탕하고 성적 자제력이 덜하다.
2. 여성들이 본래 남성들보다 안정적인 관계에 더 관심이 많다.
3. 여성들은 본래 많은 자원을 가진 높은 지위의 남성들에게 끌린다.
4. 남성들은 본래 젊고 아름다운 여성들에게 끌린다.
5. 우리의 핵심 습성들은 몇백만 년 전, 그 유명한 진화적 적응 환경 EEA, 다른 말로 조상 환경이나 석기 시대라고도 하는 먼 과거에 다듬어졌으며, 그 뒤로 그다지 달라지지 않았을 뿐 아니라 앞으로도 변화할 것 같지 않다.

요약: 히가무스, 호가무스, 피그말리온, 《플레이보이》지, 안녕, 아멘.

골수 진화심리학자들은 자신들의 주장을 극단까지 밀고 가며, 남녀의 타고난 욕망이 크게 다르다고까지 주장한다. 그들은 빈약한 자료가 앞에 놓여 있어도 자신들의 이론이 옳다고 확신을 갖고 선언한다. 그들은 자료들 사이에 있는 내부 모순들을 즐긴다. 그들은 이쪽에서 하나, 저쪽에서 하나, 좋은 음식, 좋은 고기, 신성한 다윈을 골라 집고는 말한다. 자, 먹읍시다!

진화심리학의 핵심 원리들 중에 남성들이 본래 여성들보다 더 음탕하며, 남성들이 우연한 성 관계나 익명의 성 관계를 훨씬 더 쉽게 받아들인다는 것을 살펴보자. 그들은 남성들이 욕망을 주체할 수 없다고 말한다. 물론 남성들이 반드시 그런 욕망에 따라 행동하는 것은 아니라고 강조하긴 한다. 그렇지만 그들은 여성들이 완전히 이해할 수 없는 생경한 욕망들에 사로잡혀 있다. 내 여자 친구 한 명이 《도덕적 동물》의 저자이자 진화심리학을 가장 널리 전파한 사람 중 하나인 로버트 라이트에게 그가 확신하고 있는 남녀의 차이점들 몇 가지에 관해 물었을 때, 그는 눈을 휘둥그렇게 뜨고는 그녀를 쳐다보면서 남자답게 말했다.

"당신은 그게 어떤 건지 몰라요."

그녀는 이렇게 대꾸했다.

"당신은 그게 우리 각자에게 어떤 건지 모르는 것 같군요."

불굴의 신념을 갖고 있는 또 다른 진화심리학자인 텍사스 대학의 데이비드 버스는 남성에게 예쁜 젊은 여성을 원하지 말라고 요구하는 것은 육식 동물에게 고기를 좋아하지 말라고 말하는 것과 같다고 했다.

그런 한편, 그 생물행동학자들은 압도적일 정도로 대다수의 남녀들이 혼인을 한다는 것을 알고 있으며, 그들은 남녀의 타고난 짝 선호도 차이에 관해서도 할 말이 많다. 남성들은 매끄러운 피부, 도톰한 입술, 솟아오른 젖가슴 같은 젊음의 표지를 찾는다. 그리고 그들은 그녀보다 출산 경력이 오래된 짝을 원한다. 또 남성들은 처녀이면서 충실하고 자신들을 오쟁이지우지 않을 듯한 여성들을 원한다. 요염한 여성은 토요일 밤에 함께 신나게 놀기에는 좋지만, 혼인 상대를 선택할 때가 되면 남성들은 정숙과 정절의 표지를 원한다. 그들은 어린 숙녀를 원한다.

여성들은 제공자를 원한다. 그들은 부유하고 안정적이며 야심적인 남성을 원한다. 그들은 자신과 자신의 아이들이 제대로 보살펴질 것인지 알고 싶어한다. 그들은 자신들을 약간 지배하면서 책임을 떠맡을 수 있는 남성, 유전형적으로나 표현형적으로나 영원한 왕인 남성이라는 확신을 주는 남성을 원한다. 진화심리학자들은 여성들이 부유한 남성을 선호하는 타고난 성향이 지금까지 이어지고 있으며, 심지어 제공자로서의 남성을 필요로 하지 않는 경제적 독립과 직업적 성공을 거둔 여성들 사이에서도 나타난다고 주장한다. 그들은 가장 부유한 남성을 찾는 것이 과거에 적응성이 있었고, 적응이란 한두 세대의 불확실한 문화적 변화를 통해서는 대물림될 수 없다고 말한다.

그러면 이런 남성 대 여성의 차이를 뒷받침하는 증거들은 무엇인가? 음탕함의 차이를 말할 때, 골수 진화심리학자들은 게이와 레즈비언의 차이를 예로 들기를 좋아한다. 동성애자들은 이론적으로 이성애자들과 달리 상대 성의 요구와 바람에 맞춰 조정할 필요성에 얽매이지 않고 가장 내면의 성적 충동에 따라 행동할 수 있다고 여겨지므로 노출된 집단으로 생각된다. 우리의 이상적인 연구 집단 속에서 우리는 무엇을 볼까? 그냥 게이들이 어떻게 사는지 보기만 하라! 그들은 수백, 수천 명의 성교 상대와 목욕탕에서 화장실에서 공원 산책길에서 성 관계를 가지면서 완벽한 행복을 누린다. 반면에 레즈비언들은 성적으로 점잖다. 그들은 섹스 클럽을 돌아다니지 않는다. 그들은 짝을 짓고 관계를 지속하며, 생식기를 기반으로 한 심각한 성교보다는 서로 보듬고 껴안는 것을 더 좋아한다. '레즈비언 각방 쓰기lesbian bed death'라는 현상이 있다. 일부 레즈비언 쌍은 처음에 열정에 휩싸였다가 하루나 한 주 단위가 아니라 한 달 단위로 만나면서 거의 성 관계를 갖지 않는 사이가 된다. 여기 진화심리학자들이 좋아하는 농담이 있다. 문: 레즈비언이 두 번째 데이트 신청에 응하는 이유는? 답: 이삿짐 트럭 때문에. 문: 게이가 두 번째 데이트 신청에 응하는 이유는? 답: 두 번째 데이트가 뭐야?

남녀가 타고난 음탕함의 차이에 대한 골수 진화심리학적 해석에 따르면, 게이는 진짜 남성, 진실한 남성, 심층적인 남성, 구속되지 않은 남성, 해방된 남성이며, 레즈비언은 진짜 여성, 초여성, 성이라는 야단법석을 떨지 않고서 사랑과 헌신이라는 여성의 모든 환상을 구현한 존재가 된다. 흥미롭게도 다른 이론적 사례들에서는 게이와 레즈비언이 진짜 남성과 진짜 여성이 아니라 그 반대로 여겨진다. 게이는 남성과 여성의 중간인 여성적인 남성이고, 레즈비언은 남성적인 여성이라는 것이다. 따라서 성적 성향의 기원을 규명하기 위해 뇌를 연구한 결과들은 게이들이 보통 남성의 것보다 작고 여성의 것과 비슷한 크기의 시상하부 핵을 갖고 있다고 말한다. 그래서 그들이 남성에게 끌린다는 것이다. 뇌가 불완전하게 남성화가 되어 있어서 그들은 비교적 수학을 잘 못 하고 타고난 재능도 남성적이기보다는 여성적이라고 이야기된다. 레즈비언들은 다소 남성화한 뇌와 재능을 갖고 있다고 한다. 그들은 대다수 이성애자 여성들보다 더 운동을 좋아하고 기계를 좋아한다. 1998년에 발표된 한 논문은 레즈비언의 속귀를 성적 성향의 근원과 연결짓기까지 했다. 그 연구자들은 속귀가 태아 때 안드로겐에 노출된 결과 부분적으로 '남성화'했음을 발견했다. 인형과 소꿉을 갖고 놀기 좋아하는 어린 남자아이들은 커서 게이가 될 가능성이 있다고 여겨진다. 심하게 말괄량이 짓을 하는 어린 여자아이들은 나중에 레즈비언 될 가능성이 평균보다 더 높다고 한다. 따라서 게이들은 어떤 상황에서는 여성 같은 남성이 되고 다른 상황에서는 석기 시대의 남성다운 진짜 남성이 된다. 반면에 레즈비언은 하루는 성벽을 부수는 큰 망치였다가 그 다음 날에는 가장 부드럽고 가장 성적으로 박탈당한 여성이 된다.

짝 선호도에서 진화심리학자들은 조사 결과에 의지한다. 대부분 데이비드 버스가 조사한 자료들이다. 그의 조사 결과를 추켜세우는 사람들도 있고 조롱하는 사람들도 있지만, 어쨌든 조사 자체는 야심적이다. 그는 여러 대륙의 각 문화와 하위 문화를 대상으로 적절한 표본을 선정해 37개 지역을 조사했다. 그의 조사와 그 조사 결과에 부응하는 다른 자료들은 남성들은 젊음과 미모를 짝의 중요한 형질로 보는 반면, 여성들은 야심과 경제적 성공에 상대적으로 더 큰 비중을 두고 있다는 것을 일관적으로 보여준다. 뉴질랜드, 중국, 프랑스, 방글라데시 등 어디에서나 우리는 종 고유의 목소리로 말한다. 남성들은 젊고 예쁜 아내를 원하며, 여성들은 성숙하고 부유한 남편을 원한다. 남성이 어떤 여성에 대해 자기 시간을 투자할 만한 가치가 있는지 고민하고 있을 때, 그 조사 결과는 남성들이 본분을 지키는 여성들을 좋아한다는 것을 보여줌으로써 다시 구원자로 등장한다. 마돈나들이여, 제발 젖을 보존하라.

눈 화장을 짙게 한 요염한 모습이나 눈부신 금발 응원단원의 모습으로 꾸민 여성들의 사진을 보여주면서 즐거운 시간을 보낼 상대와 오래 사귈 상대를 고르라고 하면, 남성들은 각기 다른 사진을 고를 것이다. 조사 결과는 그 조사들이 결코 거짓이 아니라는 것을 보여준다. 여성들의 짝 선호도가 그 자신의 경제적 능력에 따라 변한다고 생각하지 않도록, 조사는 우리에게 그렇지 않다고 납득시킨다. 시라쿠스 대학의 존 마셜 타운센드가 여성 의대생들을 조사한 결과에 따르면, 그들은 자신의 경제적 능력과 사회적 지위와 최소한 동등하거나 그 이상인 남성들과 혼인하기를 바라는 것으로 나타났다. 이것은 변하지 않는 영구적인 여성의 갈망임이 분명하다. 비서든 최고 경영자든 간에 신데렐라는 록

펠러를 원한다.

하지만 우리가 선호하는 순수한 집단인 동성애자들에게로 돌아가서, 사랑하는 사람을 고를 때 무엇을 보고 고르는지 묻는다면 어떨까? 두 번째 데이트는 없다는 농담에도 불구하고, 짝을 이루는 게이들은 아주 많다. 그렇다고 해서 그들이 반드시 일부일처형 1 대 1 관계를 이룬다는 것은 아니다. 이렇게 게이와 레즈비언 모두 상대를 추구한다. 하지만 성적으로 맞는지 안 맞는지 여부가 그들의 짝 선택 기준일까? 양쪽이 비슷비슷하다. 게이는 젊고 매력적인 게이를 좋아하는 반면, 레즈비언은 상대의 미모에 비교적 신경을 쓰지 않는다. 그렇다. 여기까지는 전형적이다. 하지만 게이가 진짜 남성들이 하듯이 상대의 정숙함에 많은 신경을 쓸까? 진짜 남성들은 속고 싶어하지 않을 것이다. 진짜 남성은 적응성 있는 오쟁이 억제 단위를 지니고 있을 것이다. 하지만 유감스럽게도 이런 전제를 뒷받침하는 증거는 전혀 없다. 게이는 선택한 상대에게 충실함을 요구하지 않는다. 그리고 또 다행인 것은 그들이 본래 남성이고 정숙해질 수 없기 때문에, 짝에게 똑같이 요구를 받은 게이는 영원히 독신으로 남을 것이다. 자신의 상대가 제공자, 우위에 있고 부유한 수완가이어야 한다는 여성의 뿌리 깊은 욕망에 비춰볼 때, 레즈비언들은 여성의 적응 규칙을 따르는 데 완전히 실패한다. 그들은 자신들과 상대가 뭔가를 제공받을 것이라는 약속을 요구하지 않는다. 반대로 그들은 수상쩍게 평등주의적인 모습을 보인다. 헨리 키신저는 남성의 권력이 최음제라고 했지만, 그들은 여성의 소득이나 권력이 그렇다고는 생각하지 않는다. 미국의 이성애자, 게이, 레즈비언 쌍들을 연구한 페퍼 슈왈츠와 필립 블룸스타인은 레즈비언들만이 실패한 수많은 관계들의 특징인 돈 문제에 따른 다툼을 피할 수 있다는 것을 발견했다. 레즈비언 쌍만이 상호 관계의 권력 균형과 상대의 수입을 분리시켰다.

496

만일 조사를 통해 여성이 생계비를 버는 남성을 원한다는 것이 드러나면, 그것은 어떤 의미를 지닐까? 그것은 오늘날까지도 남성이 여성보다 생계비를 더 잘 벌 수 있다는 의미이다. 남성들은 여전히 요구하고 통제할 수 있는 것들의 대부분을 소유하고 운영하고 있다. 그들은 세계 인구의 약 절반을 이루고 있지만, 통화, 광물, 목재, 금, 주식, 곡물, 황금빛 곡물 밭 등 세계 부의 75~95퍼센트를 소유한다. 헌터 대학 심리학 교수인 버지니아 밸리언은 《왜 그렇게 느린가?》라는 명저에서 미국 남성과 여성 사이의 경제력 차이가 어느 정도인지 드러냈다. 1978년 《포춘》가 선정한 1,000대 기업 중 여성이 이끄는 곳은 두 곳뿐이었다. 1994년에도 마찬가지로 두 곳뿐이었다. 그러다가 1996년이 되자 네 곳으로 늘어났다. 1985년에는 1,000대 기업의 중역들 중 2퍼센트만이 여성이었다. 1992년이 되자 가까스로 3퍼센트로 늘어났다. 1990년에 799곳의 주요 기업들을 대상으로 임금을 조사한 결과 최고 대우를 받는 임원과 관리자 중 여성은 0.5퍼센트도 안 되었다. 요구하라, 그러면 받을 것이다. 미국에서 학사 학위를 갖고 있으면 남성의 임금에는 28,000달러가 더 붙지만, 여성의 임금에는 고작 9,000달러가 붙을 뿐이다. 명문교 학위는 남성의 소득에 11,500달러를 추가해주지만, 여성의 소득에서는 2,400달러를 삭감한다. 그렇다, 삭감한다. 하지만 왜 그런지는 아무도 모른다. 해외 파견 때도 똑같은 차별이 이루어진다. 해외 근무를 하는 남성은 임금이 9,200달러 더 오른다. 하지만 해외 근무를 하는 여성은 7,700달러가 삭감된다. 세계에서 가장 성공한 여성들은 상응하는 남성들보다 더 불안한 지위에 있다. 할리우드에서 여배우와 여성 감독의 경력과 출연료는 쉽게 물거품이 되곤 한다. 샤론 스톤이나 바브라 스트라이샌드 같은 슈퍼스타들이라고 해도 말이다. 반면에 케빈 코스트너나 실베스타 스탤론 같은 남성 배우들은 꾸역꾸역 다시 나오면서도 천문학적 출연료를 요구한다. 운동장이 화성(원한다면 금성이라고 해도 좋다)의 표면과 같은 채로 있기 때문에 여성들이 살아가기 위해 남성들의 돈이 필요하지 않을까 계속 걱정한다면, 우리는 타고난 선호가 무엇인지 결론을 내릴 수 없다. 여성들이 부유해지고서도 계속 집 없이 길거리를 헤맬지 모른다는 걱정을 계속 한다면, 여성들이 자신들의 부를 언제든지 물거품이 될 수 있는 것이라고 본다면, 여성들이 자신들의 소득을 보충할 수 있는 의지가 될 만한 수입을 올리는 남성을 여전히 찾고 싶어한다면, 우리는 여성에게 지능과 총명함을 주어야 마땅하다. 가장 경제 수준이 높은 선진국에서조차, 그리고 가장 숙련된 기술을 가진 여성 집단들 사이에서조차 불평등이 만연하고 새롭고 놀라운 불평등한 상황들을 발견할 것이기 때문이다.

똑똑한 직업 여성들이 사회 경제적으로 자신들과 동등하거나 더 나은 짝을 좋아한다는 조사 결과의 이유가 될 만한 것이 또 하나 있다. 똑똑한 직업 여성들은 똑똑하기 때문에, 남성들의 자아가 유전적으로 그런 것인지는 몰라도 상처 입기 쉬우며 아내보다 돈을 못 버는 남성들은 마음이 상하고 그에 따른 분노는 혼인 생활에 해로우므로 어떤 일이 있어도 피하는 것이 상책임을 잘 알고 있다. 유타 대학의 엘리자베스 캐시던은 이렇게 썼다.

짝보다 더 성공한 여성은 남성 지배 체제에서 그의 지위를 위협한다.

여성들이 더 많은 성취를 해도 남성들이 상관하지 않는다는 것을 여성들이 확신할 수 있다면, 그런 성취를 올린 여성과 관계가 있다는 것을 자랑하고 기뻐한다면, 우리는 여성들이 짝의 소득이 얼마나 되는지 시시콜콜 걱정스레 따져보는 일을 그만둘 것이라고 예측할 것이다. 새러 블래퍼 르디는 이렇게 쓰고 있다.

여성의 지위와 자원에 대한 접근 권한이 짝의 지위에 의존하지 않을 때,
여성들은 짝을 선택할 때 특권과 부에 주로 또는 반드시 의지하지 않고
다양한 기준을 사용할 가능성이 높다.

그녀는 1996년 도나텔라 로치가 《뉴욕 타임스》에 쓴 〈신부는 흰 옷
을 입었고, 신랑은 서약을 원한다〉라는 기사를 인용한다. 이 기사는 은
행가, 판사, 교사, 언론인 등 다양한 전문직에 있으면서 남성 죄수들과
혼인한 여성들에 관한 이야기이다. 이 남성들의 매력은 소득에 있지 않
다. 감옥에 있다면 그다지 많은 돈을 벌 수 없기 때문이다. 매력은 이
남성들이 지닌 저항할 수 없는 감사하는 마음이다. 이 남성들은 이런
여성들, 이렇게 똑똑하고 자유로운 여성들의 사랑을 받아 행복하며, 자
신들의 생각과 관심과 에너지를 온통 아내에게 집중한다. 아내들도 남
편의 충실함이 보장되어 있다는 사실을 좋아한다. 즉 수감 기간이 길어
질수록, 그 남성은 더 매력적이 된다. 르디는 이렇게 쓰고 있다.

매우 특이하긴 하지만, 감금의 성적 역전이 일어난 이 삽화는 남성의 이
해 관계가 크지 않고 부권이 큰 의미가 없는 혼인 체계에서 여성이 어떤
선택을 하는지 우리가 거의 알지 못한다는 것을 심각하게 지적하고 있
다.

여성들은 나이가 많은 남성들을 사랑하는가? 여성들은 센 머리카락
과 주름살에서 남성의 매력을 발견하는 것일까? 말하자면 색소가 가득
한 머리카락이 머리를 뒤덮고, 생생하고 팽팽한 얼굴만큼이나 매력적

이라고 생각할까? 진화심리학자들은 그렇다고 말한다. 그들은 성숙한 남성이 비교적 부유하고 자원이 많은 남성일 가능성이 높기 때문에 여성들이 남성에게서 성숙함의 표지를 찾는다고 믿는다. 물론 그 주장을 너무 심각하게 고려해서는 안 된다. 데스먼드 모리스는 대머리가 그다지 매력적으로 여겨지지 않는다는 사실에 놀라움을 표현한 바 있다. 그는 남성이 나이가 들수록 머리가 벗겨지고 지위도 일반적으로 나이가 들면서 높아지기 때문에, 초원의 한낮 태양처럼, 사무실의 백열등처럼 빛나는 대머리가 우두머리 수컷을 찾아 헤매는 모든 여성들의 관심을 끌 것이라고 예상하는 것이 당연하다고 말했다. 하지만 그도 인정하듯이 아니었다. 대머리가 적응성이 있다는 증거는 전혀 없으며, 여성들이 남성들의 빠지는 머리카락을 그저 받아들이는 것이 아니라 찬탄한다는 증거도 전혀 없었다. 그런데도 성적인 나이 든 남성이라는 신화는 사라지지 않고 있다. 특히 나이 든 남성들 사이에서 그렇다. 할리우드에서 나이 든 거물급 남성 배우들은 발정한 코끼리처럼 넓은 화면을 종횡무진하는 역할을 계속 맡으며, 그래서 그들과 함께 출연하는 여배우들의 나이 차는 차라리 상상하지 말자는 것 외에 여성의 상상에 아무것도 기여하는 바 없이 점점 더 늘어난다. 잭 니콜슨, 클린트 이스트우드, 로버트 드니로, 알 파치노, 우디 앨런. 그들의 얼굴이 바셋하운드〔다리가 땅딸막하고 온몸에 주름이 가득한 개〕의 얼굴과 아무리 닮아 보여도, 그들의 연골들이 얼마나 늘어나든 상관없이, 그들은 서른 살이나 더 어린 25세의 여성들에게, 30대보다 더 나이 든 '원숙한' 남성이라고 생각하는 여성들에게, 성적이고, 잘생기고, 기력 있고, 매력적인 인물로 그려진다.

여성들이 나이 든 남성들에게 본능적으로 매력을 느끼는 것일까? 남성의 우두머리 지위에 매력을 느끼는 것일까? 아니면 그 남성에게 그다지 찬사가 되지 않을 것들에 매력을 느끼는 것일까? 이를테면 나이 든 남성은 힘이 있기 때문이 아니라 원숙하면서 힘을 일부 잃었기 때문에, 즉 시장 가치가 더 떨어지고 매력이 떨어지고 상대적으로 더 감사를 표하고 더 상냥해짐으로써 젊은 여성들에게 힘의 균형을 느끼게 해주기 때문일까? 엉성하게 단순히 계산하면 이렇다. 그는 남성이고, 나는 여성이므로 남성 우세. 그는 늙고 나는 젊으므로 여성 우세. 같은 논리에 따르면, 여성은 남성의 외모에 별 가치를 두지 않을 것이다. 그녀는 다른 무언가, 즉 숨쉴 수 있는 여지에 더 큰 가치를 두기 때문이다. 증기로 표현하면 바이오스피어 II〔자급자족형 생태계의 가능성을 실험하기 위해 미국 사막에 설치했던 인공 생태계〕를 가득 채울 자아를 지닌 매력적인 젊은 남성이 곁에 있을 때 누가 숨을 쉴 수 있단 말인가? 아름다운 젊은 여성조차 숨을 못 쉬지 않을까?

어쨌든 그것은 나이 든 남성들이 젊은 여성들에게 접근하는 이유와 상관이 없다. 접근을 계속하면, 그들 중 일부는 성과를 얻을 것이다. 그들이 성과를 얻기 위해 비아그라를 필요로 한다면, 그들은 즉시 비뇨기과를 찾아가 요구를 할 것이다. 그리고 여성들은 중년에 선택할 대안에 차이가 있다는 것을 알고 사기를 당한 듯하고 화가 날 것이다. 질문하고 대안적 해석의 불꽃을 유지하는 데 중요한 것은 그 불일치의 불변성과 적응 논리, 그것이 우리 유전체가 자신을 표현하는 생태 환경이 아니라 우리 유전체에 기반을 둔다는 것이다. 진화심리학자들은 남성과 여성의 성적 충동에 타고난 차이가 있다고 주장한다. 그들은 영장류학자들이 현장에서 영장류 암컷들이 번식에 필요 이상으로 훨씬 더 많이 바람을 피우는 행동을 한다는 것을 관찰하기 시작하자, 인간 이외의 많은 영장류 암컷들이 우리가 생각하는 것보다 더 바람을 피울 것이라고 인정한다. 그럼에도 얌전한 여성이라는 신조는 유지된다. 그것이 정당하다고 인정되고 여성의 짝짓기 전략이 제대로 규명되지 않았다는 점이 받아들여졌지만, 그것은 사소한 예절의 문제였고 그 신조는 다시 주장되고 있다.

로버트 라이트는 《도덕적 동물》에서 이렇게 말한다.

유인원 종들이 매우 다양한 사회 구조를 지니고 있음에도, 적어도 최소한의 형태로든 기본 논지는 유지된다. 수컷들은 교미에 매우 열정적이고 그것을 열심히 추구하는 듯하며, 암컷들은 그 성향이 덜하다. 그렇다고 암컷들이 교미를 싫어한다는 말은 아니다. 그들은 그것을 사랑하고, 그것을 주도할 수도 있다. 그리고 흥미롭게도 침팬지와 보노보처럼 인간과 가장 가까운 종의 암컷들은 다양한 상대를 갖는 것을 비롯해 특히 난잡한 성생활을 하는 듯하다. 하지만 수컷들이 하는 것들 중 유인원 암컷들이 안 하는 것이 있다. 목숨을 잃거나 다칠 위험을 무릅쓰고서 가능한 한 많은 상대와 교미를, 그것도 많이 하기 위해 기를 쓰며 찾아다닌다. 암컷에게는 짝을 찾는 나름의 방식이 있다. 수컷은 상대를 찾는 습성이 있다.

하지만 유인원 수컷이 대개 섹스 상대를 "기를 쓰고 찾아다닌다"는 말은 틀렸다. 그들도 암컷과 마찬가지로 자신의 터전에서, 함께 사는 집단 내에서 상대를 찾는다. 차이점이 있다면, 암컷은 다양성을 위해 더 위험을 무릅쓴다는 것이다. 무리를 다스리는 침팬지 수컷이 자기 집단의 생식력이 왕성한 암컷이 젊은 하위 수컷과 노닥거리는 것을 본다면, 그는 그 암컷에게 고함을 지르면서 달려가 세게 때리는 등 번식 권리가 자신에게 있음을 어떤 식으로든 주장할 것이다. 우리는 암컷이 왜 그렇게 위험을 무릅쓰고 바람을 피우는지 알지 못하지만, 그들은 바람을 피우며, 그 자료는 침팬지 암컷들이 성을 찾는 데 수컷보다 '덜 열심히 한다'는 말을 반박한다.

진화심리학자들은 우리가 채찍질을 해 달라고 애원하고 싶어질 때까지 우리를 이리저리 끌고 다닌다. 한편으로 우리는 여성들이 남성들보다 성적 충동이 적다는 말을 듣는다. 다른 한편으로 우리는 마돈나와 창녀라는 이분법이 널리 퍼진 전형적인 것이라는 말을 듣는다. 모든 문화에서 남녀들은 여성을 정숙하거나 문란하다고 판결하는 성향을 보인다. 정숙한 여성은 존중을 받는다. 문란한 여성은 사회적 지위에서 호색한보다 한두 단계 더 아래 밑바닥에 놓인다. 여성은 자신의 평판, 자신의 미래, 자신의 삶에 끔찍한 징벌을 받을 위험을 무릅쓰지 않고서는 잠을 잘 수 없다. 라이트는 과장하면서 묻는다.

자유분방한 성적 취향을 가진 여성이 상응하는 호색적인 남성보다 더 탈선했다고 보지 않는 문화를 하나라도 찾을 수 있을까?

여성들은 남성들보다 성적 충동이 덜하다고 하면서도, 그 반대라는 증거를 보이기만 하면 널리 처벌을 받는다. 즉 억제된 리비도를 향한 '자연스러운' 성향에 복종하지 않으면 말이다. '색정증'이라는 진단이 남성에게 내려지는 법은 결코 없다. 여성들은 남성들보다 성적 충동이 덜하다고 하지만, 그럼에도 충분히 덜한 것은 아니다. 아니, 모든 사회가 잘못된 쪽에 속한 사람들에게는 좋지 않을 것이라고 협박하는 엄격한 이분법으로 명확히 표현함으로써 그것을 억눌러야 했을 정도로 여성의 부정 충동은 끈질기게 남아 있다. 음부 봉쇄술, 푸르다, 외부 세계로부터 차단을 정당화할 만큼 여성의 부정은 끈질기게 남아 있다. 남성들은 자연적으로 성적 충동이 더 강하지만, 법, 관습, 처벌, 부끄러움, 비난, 신비주의와 반신비주의 모두가 미적지근하고 멍하고 활기 없는 여성적인 리비도에 강한 인간적인 분노를 표출하고 있다. 우리의 정욕, 우리의 자유, 우리 몸의 음악이 요구하는 것이 부자연스러운 것으로 취급당하고 있는데 우리에게 '자연스러운' 것이 무엇인지 어떻게 알 수 있단 말인가?

바버라 스머츠는 이렇게 썼다.

여성이 문란함이나 불륜 때문에 끊임없이 뭇매를 맞고 있다는 압도적인 증거를 볼 때 여성의 상대적인 성적 충동 부족을 생물학적 본성만으로 돌리는 것은 성급한 듯하다. 여성의 성이 남성의 성에 비해 잠잠하다면, 왜 전 세계의 남성들이 그것을 통제하고 손아귀에 넣기 위해 그렇게 극단적으로 애를 써야 한단 말인가?

왜? 그렇다. 우리는 계속 왜, 왜, 왜라고 질문을 해야 하며, 그 골수 진화심리학자들의 주장이 왜 그렇게 가소롭고 일방적이고 자기 변명처럼 들리곤 하는지 물어야 한다. 매사추세츠 공대의 인지심리학자 스티븐 핑커가 《뉴요커》에 쓴 클린턴 대통령의 불륜에 대한 짤막한 변명서를 살펴보자.

인간의 대다수 충동들은 오랜 다윈주의적 근거를 갖고 있다. 선사 시대의 남성은 50명의 여성과 잠자리를 해서 50명의 아이를 낳을 수 있었고, 자신의 취향을 물려받은 자식들을 더 많이 가질 가능성이 더 높았을 것이다. 50명의 남성들과 잠을 잔 여성은 한 남성과 잠자리를 한 여성과 낳은 자손의 수가 다를 바 없었을 것이다. 따라서 남성들은 성적 상대를 양으로 추구해야 하며, 여성들은 질로 추구해야 한다.

그는 장소나 시대를 가릴 것 없이 항상 그랬을지 묻는다.

우리 사회에서 젊은 남성들은 대부분 연구자들에게 자신들이 다음 2년 동안 8명의 성 상대를 가졌으면 좋겠다고 말한다. 반면에 여성들은 대부분 한 명을 가졌으면 좋겠다고 말한다. 몇몇 대학 교정에서 연구자들은 상대 성에게 매우 매력적으로 보이는 조수들에게 학생들에게 다가가 불쑥 수작을 걸라고 했다. 좋다고 대답하는 사람이 얼마나 될까? 여성들은 0퍼센트였다. 남성들은 75퍼센트였다(나머지 25퍼센트 중에는 나중에 하면 안 될지 부탁한 사람이 많았다).

이런 주장들에 관해 비공식적인 대담을 해보자. 마지막 것부터 다뤄보자. 여성들은 남성이 교제하자고 말했을 때 받아들이려 하지 않는다. 그 점을 생각해보자. 여성들은 아주 공격적인 낯선 남성에게 이끌려 그의 기숙사나 숙소로 가서 짧게 성 관계를 갖는 것을 원하지 않는다. 그것이 멋진 남성이 가져다줄 쾌락에 무관심한 것이 아니라, 목숨이 위험할지 모른다는 두려움 때문일 수 있을까? 그리고 젊은 남성들이 그렇게 다가왔을 때, 젊은 여성들이 남성들에게 신체적 두려움을 느끼지 않을 수가 있을까? 그 여성들이 두려움을 느낄 이유가 없었다면, 적어도 그 중 두 사람은 일부 여성들을 특징짓는 '매춘부' 표현형을 지니고 있음이 드러났을 것이고, 그들은 좋다고 말했을 것이다. 더구나 나는 "그래, 좋아"라고 말한 남성들 중에 정말로 성 관계를 갖는 데까지 갈 사람이 얼마나 될지, 이 도발적이고 선정적이고 부적절하게 행동하는 여성이 밀어붙일 때 불편한 마음이 조금도 들지 않았을 사람이 몇 명이나 될지, 자신이 영화 〈위험한 정사〉와 같은 상황에 처한 것이 아닐까 의심하기 시작하지 않을 사람이 얼마나 될지 궁금하다. 다시 말해 그 남성들이 진짜로 그런 것일까, 허세를 부린 것일까? 그리고 남성들은 여성이 밀어붙일 때 그 여성과 정말로 성 관계를 갖고 싶어할까? 그 남성이 제대로 해내지 못한다면, 발기가 안 되거나 일찍 사정을 해버린다면, 유혹한 여성이 이런 상황에서 여성들이 하듯이, 괜찮아요, 신경 쓰지 말아요, 그럴 수 있어요 같은 안심시키는 말이 아니라 그에게 실망감이나 혐오감을 드러낸다면 어떻게 될까? 그는 다음 번에도 낯선 여성과 신이나서 잠자리에 뛰어들까, 아니면 부끄러움을 느낄까? 여성들이 너무나 잘 알고 있는, 성적 행동의 강력한 억제제인 부끄러움을 말이다.

남성들은 2년 동안 8명의 상대를 원한다고 말한다. 여성들은 한 명만 원한다. 하지만 다음 규칙을 적용한다면, 과연 남성들이 그렇게 매력적인 상대를 줄줄이 갖고 싶어할까? 그가 어떤 여성이 얼마나 마음에 들고 그녀가 얼마나 성적 만족을 주고 다시 얼마나 관계를 갖고 싶어하는지 상관없이, 그가 그런 이야기를 한마디도 듣지 못하고, 앞으로 만날 것인지 여부도 그녀의 기분과 호의에 달려 있다고 한다면? 그런 우발적인 성 관계를 할 때마다 그가 헤픈 사람으로 전락하고 다른 여성들이 점점 더 그를 기피하게 된다면? 그리고 사회가 그의 호색적 행동을 웃음으로 넘겨주는 것이 아니라, 그를 비웃고, 병적이고 추잡하고 인간 이하의 존재로 생각한다면? 남성들이 여성들과 똑같은 엄격한 기준과 검열 위험에 놓일 때까지, 그들이 이른바 우연한 만남을 가질 때 처음부터 불리한 위치에 놓일 때까지, 그런 자기 만족이 자연스러운 것이라고, 즉 남성들이 많은 여성들과 많은 성 관계를 갖기를 좋아하고 여성들은 그렇지 않다고 주장하기는 힘들다.

50명의 여성과 잠자리를 함께했던 핑커의 바람둥이 동굴인을 생각해 보자. 총을 이렇게 계속 무차별 난사하는 번식 전략이 과연 얼마나 좋은 것일까? 여성이 잉태할 수 있는 기간은 한 달에 2~3일에 불과하다.

여성의 배란 시기는 드러나지 않는다. 남성은 그녀가 잉태 가능한 날짜가 언제인지 알지 못한다. 그가 접근했을 때 그녀는 이미 임신 초기 단계에 있을 수도 있다. 그녀는 젖을 먹이고 있고, 따라서 아직 배란을 시작하지 않은 상태에 있을 수도 있다. 게다가 이 가상의 돈 후안이 여성의 배란 시기를 딱 맞췄다고 해도, 그의 정자가 난자를 수정시킬 가능성은 20퍼센트에 불과하다. 인간의 번식은 복잡한 양상을 띠며, 난자와 정자는 대부분 제대로 융합하지 못한다. 설령 임신이 이루어졌다고 해도, 임신 도중에 배아가 유산될 가능성은 25~30퍼센트에 달한다. 즉 그런 순간적인 성교 한 번으로 아기가 태어날 확률은 극히 낮다. 구체적으로 말해서, 여성이 피임을 전혀 하지 않는다고 가정했을 때(이것은 바람둥이의 관점에서 보기 위해 양보한 것이다. 왜냐하면 아주 고대부터 초보적인 형태의 피임 방법이 사용되었다는 고고학적 증거들이 있기 때문이다), 그 확률은 1퍼센트도 되지 않는다(새러 블래퍼 르디는 이렇게 말한다. "침팬지에서는 배란기 무렵에 이루어진 교미 130회에 한 번 꼴로 임신이 이루어진다."). 그리고 남성은 치고 달려야 하기 때문에, 자신이 하룻밤 지낸 상대가 변심해 다른 남성들과 성 관계를 갖는 것을 막을 수가 없다. 불쌍한 남성이여. 그의 치고 달리기 전략이 보상을 얻으려면 그는 몇십 명의 여성들과 성 관계를 가져야 한다. 그리고 이런 수많은 여성들을 어디에서 찾을 수 있을까? 지금 같으면 한 도시에서 다음 도시로 도로가 뻗어 있고 한 술집에서 다음 술집까지도 도로로 연결되어 있으며, 전 세계에 60억 명이 살고 있으며 그중 절반이 난자를 갖고 있다. 하지만 이른바 전능한 정신을 날카롭게 다듬은 '조상 환경'에는 인구 밀도가 매우 낮았고, 장거리 여행은 위험하고 어려웠다.

많은 이론가들이 강조해왔듯이, 바람피우기의 대안들은 여러 가지가 있다. 가령 남성이 숨가쁘게 이불 사이를 뛰어다니기보다 한 여성과 조금만 더 많은 시간을 보낸다면, 그가 동물행동학자들이 짝 지키기라고 부르는 일을 해야겠다고 느낀다면, 그는 번식 측면에서 볼 때 난봉꾼인 로사리오보다 더 성공할 것이다. 잉태 시점에 그 여성을 취할 가능성이 더 높아지고, 그녀의 에너지를 독점하고 다른 정자 제공자들이 접근하는 것을 차단할 수 있기 때문이다. 평균적으로 볼 때, 부부가 규칙적인 성 관계를 통해 임신하려면 약 석 달에서 넉 달, 즉 90일에서 120일이 걸린다. 이 기간은 우리 가상의 난봉꾼이 여성들과 잠자리를 같이 해서 그중 한 명에게 '번식 단위', 즉 아기를 갖게 하는 데 필요한 상대의 수와 거의 일치한다. 따라서 두 전략은 결과를 보면 똑같다. 남성은 양적 접근 방식을 써서 많은 여성들과 잠자리를 할 수도 있고, 한 번에 몇 달 동안 한 여성과 미친 듯이 사랑을 나누고 잠자리를 같이 하는 질적 접근 방식을 택할 수도 있다. 낭만적인 남성이 태어난 아기들에게 투자를 할 것인지 여부는 잊자. 그가 원하는 것은 그저 인간의 임신을 햄스터나 염소의 임신보다 덜 확정적으로 만드는 염색체 제약 하에서 작용하는 모든 요인들이 갖춰졌는지 확신할 수 없는 상황에서 배란기에 있는 여성을 임신시키고, '수태라는 사건'을 일으키기 위해 그 여성의 독점적인 상대가 되는 것뿐일 수도 있다.

두 전략의 문제점은 최대 효율로 가동되기 위해서는 모순되는 감정들이 배경에 깔려야 한다는 점이다. 양적 접근 방식은 정서적 초연함을 요구한다. 질적 접근 방식은 아주 빨리 사랑에 빠지고, 홀딱 반하고, 매 시간, 매일, 매달 여성의 곁에 바짝 붙어 다니는 능력을 요구한다. 이런 두 가지 번식 전략이 바람둥이로 타고나고 결코 집착할 수 없는 남성들이 따로 있고 낭만주의자로 태어나서 끊임없이 사랑에 빠지는 남성들이 따로 있는 식으로, 남성 집단 내에 별개의 소집단으로 분포해 있을 가능성도 있다. 하지만 남성들이 역설적이고 변덕스럽고 신뢰할 수 없고 영광스러운, 이해하기 힘든 욕구와 욕망과 집적댈 애착 회로들을 지닌 채, 결합하고자 하는 욕망과 떨어져 나가고 싶은 욕망 사이에서 내면적으로 투쟁하면서 이 충동에서 저 충동으로 오락가락할 가능성도 있다. 따라서 남성에게 우연한 성 관계 중 말 그대로 우연한 것이 거의 없을 가능성도 있으며, 그것은 다원주의적 추론에도 완벽하게 들어맞는다.

남성들이 여성들, 심지어 자신들과 혼인할 의사가 전혀 없는 여성들에게 홀딱 빠질까? 물론이다. 매춘부를 찾는 남성들은 같은 매춘부를 계속 찾곤 한다. 남성들이 낭만적 집착에 반복해서 빠지는 이유는 질적 짝짓기 전략 때문일까? 그럴 수도 있고, 아닐 수도 있다. 나는 남성들이 애매한 성 관계에 열정을 갖고 있고 여성들은 그렇지 않다는 입에 발린 주장들에 반대하는 사람으로서, 변호사 같은 스타일로 문제 제기를 해보련다. 왜 그런지 과연 명백한가? 나는 아무도 그 진부한 해석을 더 이상 문제삼지 않고, 다른 설명을 제시하지도 않고, 변화가 가능한지 감히 제한하려 하지도 않고, 사랑과 정욕이 어느 쪽 성의 기질적 특성도 아니라고 주장하려 하지도 않을 정도까지, 인간 성적 행동의 그런 둔감하고 모자란 해석이 공동체의 의식 속에 쉽게 새겨진다는 것이 기분 나쁘다.

아직 이해해야 할 것이 그렇게 많이 남아 있다. 도대체 왜 여성들은 배란을 감추고 있는가? 왜 붉은털원숭이처럼 배란기에 엉덩이가 선홍색으로 물들지 않는가? 배란 상태를 비밀로 유지하는 것에 대한 표준 설명은 여성이 남성의 장기적인 투자를 끌어내고 그가 매일매일 곁에 머물러 있도록 유혹하기 위함이라고 본다. 그리고 앞서 말했듯이, 남성은 마침내 황소의 눈알 같이 생긴 난자를 맞출 수 있으리라는 희망에서 그렇게 할 수밖에 없을지 모른다. 하지만 만일 여성이 남성의 지속적인 투자를 필요로 한다면, 그리고 현재의 배란 상태를 위장함으로써만 투자를 이끌어낼 수 있다면, 우리는 여성의 '임신'이 극단적으로 눈에 띄는 것을 알고 놀랄지 모른다. 특히 털이 없어 배가 그대로 노출되어 있다는 점을 생각할 때, 여성의 임신은 다른 영장류 암컷의 임신보다 더 눈에 띌 것이다. 남성이 임신이 이루어질 때까지 몇 달 동안 곁에 머물러 있다고 해도, 그녀의 임신은 움직여야 할 때가 되었다는 신호가 될 수 있으며, 그것은 여성이 그를 가장 필요로 할 때 그의 도움을 잃으리라는 것을 의미한다. 남성들은 여성의 잘록한 허리선의 상태에 매우 민감한 듯하다. 몇몇 비교 문화 연구 결과들을 보면, 남성들은 엉덩이보다 허리가 적어도 30퍼센트 더 작은 여성들을 좋아한다고 한다. 중요한 것은 체격의 절대적인 수치가 아니라 비율이다. 여성은 하마처럼 퍼진 엉덩이를 갖고 있을 수도 있지만, 그 엉덩이에 비해 허리가 30퍼센트 더 좁다면, 그녀는 멋진 여성 축에 든다. 꽉 조여진 허리는 여성 고유의 특징이다. 남성들은 허리와 엉덩이의 둘레가 거의 비슷하다. 다른 영장류의 암컷들도 그렇다. 그들이 임신해도 그다지 눈에 잘 띄지 않은 이유가 그 때문이기도 하다. 여성의 매혹적인 허리 대 엉덩이 비율을 가장 확실히 무너뜨리는 것은 살이 찌는 것이 아니다. 많은 여성들은 지방을 배가 아니라 엉덩이와 허벅지에 축적하기 때문이다. 하지만 아이를 가졌을 때는 그렇지 않다. 여성이 남성의 할 일이 끝났다고, 그가 그녀를 임신시켰고 더 줄어든 목초지로 옮겨갈 수 있다고 웃음이 터질 정도로 쉬운 시각적 신호를 준다면, 남성의 관심을 지속시킬 목적으로 배란을 감춘다는 것이 무슨 좋은 혜택이 있단 말인가?

아마 여성의 몸은 짝의 장기적인 투자를 유도하기 위해 설계된 것이 아닐 것이다. 많은 이론가들은 숨겨진 배란이 난자가 성숙한 며칠 동안 자신의 상태를 광고할 때에 비해 남성이 그녀의 번식 능력을 독점하는 것을 더 어렵게 함으로써, 여성에게 자신의 짝짓기 전략을 통제할 권한을 상당히 주었다고 주장해왔다. 여성에게 배타적 권리를 지니고 있다고 주장하려 시도하는 남성은 이제 날 단위가 아니라 주나 월 단위로 그녀를 지키려 시도해야 하며, 아무리 경계심 많은 남성이라고 해도 주의력은 한 주 한 주 지날수록 깜박깜박 약해지기 쉬우며, 여성은 자유롭게 방황할 수 있고 그럼으로써 바람을 피움으로써 얻는 혜택을 모두 누릴 수 있게 된다. 그녀는 몇 군데에 있는 남성들과 자유롭게 짝짓기를 할 수 있으며, 그럼으로써 아버지가 누구인지 혼동을 일으켜 그들 중 하나가 유아 살해를 일으킬 여지를 줄이거나 자기 자식을 기르는 데 여러 남성들에게서 도움을 받을 수 있다.

숨겨진 배란이나 인간 성의 다른 두드러진 특징들이 있는 이유를 누가 알겠는가? 나는 모른다. 하지만 진화심리학자들도 모르기는 마찬가지이다. 그들은 단지 자신들이 알고 있는 것처럼 말할 뿐이며, 자신들과 다른 주장을 하면 마치 육식 동물에게서 고기를 뺏으려 할 때처럼 행동한다. 남성들은 여성들에 비해 더 많은 상대와 성 관계를 원하며, 여성들은 남성들에 비해 사랑을 더 원한다. 이것은 우리가 자명하게 받아들이는 진리이다. 하지만 그것을 분석이라는 고기 저미는 기계에 넣고 돌려보면 그다지 자명하지 않다. 남성들이 본래 여성을 버리는 성향을 지니고 있다면, 왜 여성이 데메테르의 이름으로 사랑에 빠지고, 다른 후보자들이 기여할 여지를 저버리고 한 남성에게 자신의 미래를 맡기는 성향을 지녀야 할까? 아마 그렇지 않다는 것이 대답일 것이다. 여성들은 아마 기회주의적 성향을 타고났을 것이다. 그것은 가장 지적이고 고도의 사회성을 지닌 생물의 본성이다. 다시 말해 인간의 본성이다.

현대 남성들이 모든 측면에서 여성들보다 성적 자극에 더 관심을 보이는 듯하다면, 그들이 포르노와 매춘의 주요 소비자라면, 그들이 거리에서 손에 필기 도구를 들고 조사를 위해 접근하는 많은 여성들에게 즐기고 싶다고 말한다면, 우리 여성들은 여기가 남성의 세계이기 때문에, 남성들의 쾌락을 위해 설계된 세계이기 때문이라고 대답할 수밖에 없다. 그리고 여성 친화적인 성적 신경이 건드려지는 아주 드문 상황에서, 여성들은 열망과 기쁨의 환호와 고함을 지르면서 반응한다. 로버트 라이트는 이렇게 묻는다.

여성들은 왜 남성들의 사진을 보고 미친 듯이 자위 행위를 할 정도로 흥분하는 일이 거의 없을까?

예외인 여성들도 있다. 가령 명복을 빌진 않겠지만, 라울 줄리아는 1970년대 중반 뉴욕 여성들 사이에서 가장 유명한 섹스 심벌 중 하나였다. 브로드웨이에서 제작한 〈서푼짜리 오페라〉의 광고인 두꺼운 눈꺼풀에 감싸인 지적인 검은 눈동자와 두툼한 입술을 자랑하는 그의 얼굴이 나온 포스터가 거리 곳곳에 붙어 있었다. 그는 폭력단 두목인 맥 역할을 맡았다. 나는 당시 10대였고, 욕정이 스물스물 샘솟는 것을 느끼면서 가끔 그 포스터 앞에 서서 바라보곤 했으며, 친구들에게 그 포스터에 관해 이야기를 했던 기억이 난다. 나는 모든 사람들이 그 포스터 이야기를 했음에 틀림없다고 생각한다. 뉴욕의 한 대안 신문에 '왜 뉴욕의 모든 여성들이 라울 줄리아와 섹스를 하고 싶어하는가'라는 제목의 기사를 실었으니까. 더 최근에는 지미 스미츠라는 배우가 비슷한 섹스 심벌 역할을 맡아왔고, 〈뉴욕 경찰 24시〉의 제작자들도 그것을 알아차렸던 것이 분명하다. 한 편이 아니라 여러 편에 걸쳐 그의 벗은 엉덩이를 보여주었으니 말이다.

기회라. 빌 클린턴에게는 추문이 있다. 하지만 힐러리 클린턴은 그렇지 않다(우리는 그렇게 듣고 있다). 우스운 것은 빌이 성교를 하기 위해 반드시 그렇게 열심히 애쓰는 듯 보이지 않는다는 것이다. 오히려 성교가 그를 찾는 습성을 지닌 듯하다(그는 침팬지 암컷이 된 것이다!). 매력적인 젊은 임시 직원이라면, 퍼스트 레이디 앞에 몸을 던질까? 아니 그들은 그녀의 힘에 흥분하는 것이 아니라 위협을 느끼지 않을까? 전직 하원의원인 패트리샤 슈뢰더는 힘있는 중년 여성들이 반드시 남성들을 흥분시키지는 않는다는 것을 알고 실망했다. 우리는 젊은 남성들이 나이 든 남성들보다 대개 더 멋지다는 것을 부정할 수 없으며, 나이 든 남성이 젊은 여성을 유혹할 수 있다면, 우리는 그가 탐닉에 빠질 만하다고 생각할 수 있다. 하지만 나이 든 여성이 같은 일을 할 수 없다면, 그녀의 타고난 욕망과 유혹은 그것과 전혀 관계가 없다. 우리의 성적 충동이 적합성이 의미가 있을 때, 즉 여성들의 출산 능력이 최대에 달하는 16세에서 28세 사이일 때 그 적합성을 최대화하도록 적응해 있다고 가정한다면, 그 충동의 기본 기구는 우리 성년기 삶 전체로 볼 때는 선물이나 부담이 될 것이다. 다시 말해 설령 45세의 여성이 21세의 여성보다 출산 능력이 크게 떨어진다고 해도, 그녀의 영혼 중 숨겨져 있는 어느 부분은 여전히 탐욕스러운 젊은 여성 같은 느낌을 지니고 있을 것이다. 나이 든 여성들의 신경 퇴행 질환과 발작에서 나타나는 가장 흔한 증상 중 하나는 성적 억압이 풀려나는 것이다. 그 여성들은 '근엄함'을 상실한다. 그들은 추잡한 노파가 된다. 린 존스턴은 연재 만화 〈좋거나 나쁘거나〉에서 몸이 나빠져 건장한 두 젊은 응급 구조사들의 손으로 침대에서 들것으로 옮겨지는 한 할머니의 모습을 통해서, 나이 든 여성의 음탕한 목소리를 드물게나마 들려주고 있다. 그 여성은 히죽 웃으면서 말한다.

"오, 힘세고 멋진 청년들이야!"

그러자 중년의 딸이 소리친다.

"엄마!"

다음 장면에는 할머니의 생각이 담겨 있다.

"늘 멋진 젊은 남자들에게 수작을 걸고 싶었지. 이제 마침내 자유롭게 그럴 수 있게 되었군."

끔찍한 병을 통해 자유를 얻은 셈이다. 그 등장 인물은 그 직후 곧 죽었다.

우리는 수줍은 여성과 열렬한 남성이라는 끊임없이 비어져 나오는 모델을 거부하기 위해서, 굳이 남녀가 똑같다거나 인간이 천성에서 벗어나 문화의 노예가 된 메타-진화적 존재라고 주장할 필요는 없다. 우리는 항상 이해 갈등을 겪고 있으며, 그 갈등의 결과는 흥미롭다. 사실 초-진화심리학계가 우리에게 건네준 것보다 훨씬 더 흥미롭다. 조지아 대학의 패트리샤 고와티는 남녀 사이의 갈등이 불가피하고 알게 모르게 스며드는 것이라고 본다. 그녀는 그것을 성적 변증법이라고 부른다.

인간의 짝짓기 체제는 처음부터 끝까지 갈등으로 점철되어 있다.

칼 마르크스는 노동자와 경영자가 생산 수단의 통제권을 놓고 벌이는 영원한 투쟁 속에 얽매여 있다고 보았다. 성적 변증법의 명제는 남녀가 번식 수단의 통제권을 놓고 겨룬다는 것이다. 그 생산 수단은 여성의 몸이다. 아직 단위 생식하는 남성 같은 동물은 존재하지 않기 때문이다. 여성들은 자신들이 짝을 지을 사람과 짝을 짓지 않을 사람을 선택하라는, 자신들의 번식 통제권을 유지하라는 선택 압력을 받고 있다. 즉 여성의 선택권을 실시하라는 압력이다. 그들이 짝짓기에서 잘못된 결정을 했다면, 그들은 선택을 잘했을 때보다 생존 가능성이 떨어지는 자손을 갖게 된다. 남성들은 자신들이 선택한 것을 확실하게 다지거나, 여성들의 선택을 뒤집고 여성들에게 의지에 반한 짝짓기를 하라고 강요하라는 선택 압력을 받고 있다. 고와티는 말한다.

하지만 일단 당신이 이 기본 변증법을 작동시키고 나면, 그것은 끊임없이 나를 밀고 당신을 잡아당길 것이다. 그 역동적 과정이 한 가지 대응, 즉 수줍은 여성과 열렬한 남성이라는 엉성한 풍자 만화만 그려낸다는 것은 불가능하다. 오히려 짝짓기를 망설이는 수줍은 남성들도 있고 열렬한 여성들도 있고, 그 사이에 무수한 변이가 나타날 것이다.

이런 모든 전략과 대응 전략들은 실시간으로 짜이며, 그래서 우리는 부호화한 유전 모듈의 결과가 아니라 학습 및 경험과 연관된 대응을 하게 된다. 한쪽 성은 다른 쪽 성이 풀어야 할 생태적 문제들을 내놓는다. 고정된 것은 아무것도 없다. 인간 짝짓기 체제의 바탕이 되는 역동적이고 변증법적인 압력이라는 개념을 통합시킬 때까지, 우리는 인간 행동이라는 진정한 알맹이에 접근하지 못한 채, 극단적인, 극단적으로 엉성한 풍자만 계속 되풀이할 뿐이다.

나는 여성의 선택이 틀림없이 생존 능력에 어떤 혜택을 줄 것이라고 생각한다. 즉 여성은 자신과 자기 자손에 어떤 이익을 줄 것이라고 의식적으로든 다른 식으로든 믿는 남성과 짝을 짓기를 선택할 것이다. 그렇다면 그녀의 결정은 그녀가 그 방정식에 일으키는 변화에 부수적인 것이 된다. 예를 들어 일부 이론가들은 짝 선택의 '좋은 유전자' 모델을 제시한다. 그것은 여성이 우수한 유전형을 지니고 있다는 신호를 보이는 남성을 찾는다는 개념이다. '좋은 유전자' 모델은 '최고의 남성'이 있다는,

즉 자원을 갖고 있다면 모든 여성들이 짝짓고 싶어할 최고급품이 있다는 극도로 단순화한 개념으로 이어진다. 하지만 생존 능력 모델에서는 여성이 자신의 유전적 항을 그 방정식에 추가하며, 그 결과 한 여성에게 유전적으로 좋아 보이는 것이 다른 여성에게는 그렇지 않을 수도 있게 된다.

고와티는 그 남성의 면역계가 그녀의 면역계와 보완 관계에 있지 않을 수도 있다고 말한다. 면역 양상이 짝 선택을 이끄는 미묘한 요인들 중 하나라는 증거가 있으며, 우리가 연인의 체취에 신경을 쓰는 것도 그 때문일지 모른다. 면역 분자들이 땀과 머리카락, 피지 등을 통해 분비되어 기화될 수도 있기 때문이다. 우리 각자는 하나의 화학 물질 집합이며, 각자 나름대로 독특한 화학 물질 혼합체를 이루고 있다. 고와티는 계속 말한다.

내 기분을 좋게 만드는 것이 다른 사람에게는 그렇지 않을 수도 있다. 저 바깥에 유명 상표가 붙은 위대한 남성 같은 것은 없다. 우리는 우두머리 수컷을 찾도록 프로그램이 짜여져 있는 것이 아니며, 단지 더 나은 대안을 찾을 수 없기 때문에 그저 그런 남성이나 덜 공격적인 남성과 짝을 지으려 하는 것일 뿐이다. 일부 여성들은 그저 그런 남성과 짝을 짓는 것에 흥분할지도 모른다. 그는 경이로운 연인이 될지도 모른다. 그녀는 우리가 파악하기 어려운, 알아차리지 못한 화학적 이유로 그를 좋아할지도 모른다. 하지만 선전은 우리에게 최고 남성과 이상적인 여성의 모습을 보여주며, 그 선전은 암시적인 영향을 미친다. 그것은 자기 강화적이 된다. 그 모델에 들어맞지 않는 사람들은 생각한다. '나는 정상이 아니야. 내 행동을 바꿔야 해.'

진화심리학의 그럴듯한 '발견들'은 이런 선전으로 사용될 위험이 있다. 진화심리학자들의 의욕은 그렇게 불안하다. 그리고 그들은 때때로 시혜를 베풀듯이 충고를 한다. 로버트 라이트는 마돈나와 창녀의 이분법이 '남성의 정신에 깊이 뿌리를 둔' 것임을 인정한다. 단지 그의 정신이나 그와 같은 정신을 가진 친구들의 정신이 아니라, 남성의 정신에 말이다. 따라서 그는 혼인하고 싶어하는 여성들에게 오래된 진리를 묵묵히 따르고 구혼자의 성적 요구에 저항하라고 점잖고 관대하게 충고를 한다. 그들의 손쉬운 항복이 남성들이 그들에게 가졌을지 모를 '싹트고 있던 사랑의 감정을 질식시키지' 않도록 말이다. 그는 의식적으로든 무의식적으로든 남성들은 여성들을 그 시험에 빠뜨린다고 말한다. 그들은 여성들을 침대로 끌고 가려 애쓰며, 만일 여성들이 너무 쉽사리 동의한다면 그것은 볼짱 다 본 것이다. 그들은 헤프고 믿을 수 없는 여성들이 된다. 그는 찰스 다윈의 부인을 언급한다.

남편과 아이들을 좋아하는 여성들은 엠마 웨지우드가 남자를 낚으려 계획을 짰다는 사실을 잘 알 것이다. 극단적인 사례에 해당할 그 계획은 다음과 같다. 당신이 혼례식 날에 영원히 충실하겠다는 맹세를 듣고 싶다면, 혼례식 날이 온다는 것을 확실히 해두고 싶다면, 신혼 여행을 갈 때까지 당신의 남자와 잠자리를 같이 하지 말라.

하지만 '너무 쉽게 잠자리를 하는' 여성들이 혼인을 하지 못하고 순결한 채로 있는 여성들이 혼인을 한다는 증거가 어디 있단 말인가? 그런 증거는 전혀 없으며, 라이트도 인정한다. 그럼에도 그는 쾌락 지연의 원리는 타당하다고 주장한다.

일부 여성들은 '금욕 쪽으로 어느 정도 다가가 있는 것'이 의미가 있음을 깨달아왔다(강조는 원문 그대로임).

하지만 얼마나 멀리 가야 '금욕 쪽으로 어느 정도 다가가' 있다고 할 수 있을까? 오쟁이질까 걱정하는 남편의 감시 화면을 잠잠하게 하려면 무엇이 필요할까? 세 번째 데이트까지 성 관계를 갖지 말아야 하나? 데이트 석 달째까지? 1년? 맙소사. 모든 남성은 나름대로 기준이 있는 듯하지만, 기간은 모두 다르다. 새 천 년의 여성은 어찌할까? 아마 그녀는 단지 남성에게 물어야 할 것이다. 얼마나 오래? 얼마나? 맙소사, 얼마라고?

사실 남성들에게 자신의 '미덕'인 순결과 혼인 가능성을 입증하기 위해 금욕으로 향한 길을 타박타박 걸어 내려가기 시작한 여성들은 자신의 신데렐라 신발이 온갖 불쾌한 오물로 뒤덮인 것을 알아차릴지 모른다. 정숙한 여성이라는 익숙한 초상과 완벽한 조화를 이루려면, 우리의 다리를 단단히 꼬고 있는 것 말고도 다른 행동들에서도 양보를 해야 할지 모른다. 가령 그다지 영리하게 보이지 않는 식으로 말이다. 영리한 소녀들은 남성들이 똑똑하고 솔직한 여성들에게 그다지 매력을 못 느끼므로 지성을 감추려 노력해야 한다는 말을 늘 듣는다. 여성의 지성에 대한 남성의 두려움이란 기민한 여성이라면 그가 등을 돌리는 순간 그를 속일 방법을 찾아낼 것이라는 우려를 반영하는, 그가 본래 지니고 태어난 듯한 정절 감시 기구와 연관이 있을 수 있지 않을까? 내게는 이런 명제를 뒷받침할 자료가 전혀 없다. 하지만 그것은 이해가 된다, 그렇지 않나? 따라서 그녀는 그다지 고결하게 느끼지 않는다 해도, 당신이 그녀에게 고결하게 행동하라고 조언하기 시작할 생각이라면, 왜 그 거리를 넘어 그녀에게 다가가서 마찬가지로 유순하고 무미건조하게도 보이라고 충고하지 않는가? 숙녀여, 당신이 학위를 가진 자의 부인이 되기를 원한다면, 당신은 박사 학위를 받을 생각을 말라.

또 나는 골수 진화심리학자들이 보증한 그 원리들 자체가 남성을 잡는 방법에 대해 남성의 충고를 듣는 것이 시간 낭비임을 말해준다고 지적하련다. 라이트 자신이, 남성들이 특히 '믿을 수 없도록', 대다수 종들의 수컷보다도 더 믿을 수 없도록, 여성에게 끊임없이 거짓말을 하도록, 거짓말이 너무 능숙해서 자신들까지 그것이 진실이라고 믿도록 선택된다고 말하고 있기 때문이다. 그렇다면 여성들이 왜 남성의 마음을 사로잡으려면 정숙해야 한다고 말하는 남성을 믿어야 하고, 그녀의 옷을 벗기려 할 때 맹세를 하고 다음날 아침에도 여전히 사랑한다고 말할 남성을 믿어서는 안 되는 것일까?

고와티가 간파하고 있듯이, 생물학자들은 여성이 쓰는 전략의 다양성을 설명할 좋은 이론 모델을 개발해야 한다.

행동생태학 분야에서는 사람들이 동물 암컷들은 똑같은 기계에서 찍혀 나온 것이고 똑같은 욕구를 갖고 있다고 생각하지 않도록 하기 위한 힘겨운 전투가 이루어져왔다. 울새라면, 신진 대사 속도, 먹이를 잡는 실력, 그 지역 곤충의 수 등이 제각기 다르다고 말할 수 있을 것이다. 인간이라면, 먹을 수 있는 덩이줄기가 어디에 묻혀 있는지 기억하는 능력이 제각기 다르다고 할 수 있다. 진화심리학자들은 진화적 적응 환경EEA을 말하길 좋아한다. 우리에게는 타임머신이 없으므로, 이런 조상 환경은 정말 수수께끼이다. 하지만 현대 인간들 사이에 나타나는 표현형들을 살펴본다면, EEA가 어떠했든 간에 광범위한 다양성이 선택된 게 분명하다고 말하는 편이 안전할 것이다. 우리 모두가 처녀인 것은 아니며, 우리 모두가 창녀인 것도 아니다.

전략과 수단은 여성마다 다를 수도 있지만, 우리가 해결해야 할 기본적인 생태 문제들은 늘 뚜렷이 드러나 있었다. 즉 생존하고 번식하는 데 필요한 자원에 접근할 권한을 얻는다는 것 말이다. 고와티는 이렇게 말한다.

비록 오늘날 우리는 덤불이 아니라 대형 식품 매장에서 식량을 찾아다니지만, 우리의 내면은 여전히 채집자이다. 우리는 여전히 짝 선택의 통제권을 보존하는 데 관심이 있다. 사회는 우리의 선택을 극적으로 제약한다. 우리가 동일 노동에 동일 임금을 받지 못한다면, 그 차이는 식품 매장에서 식량을 구할 우리의 능력에 영향을 미치며, 그것은 이어서 우리의 짝 선택에 영향을 미친다. 페미니즘이 평등 문제와 번식 문제 외에 무슨 이야기를 해왔겠는가? 지난 30년 동안 우리가 서로 이야기해온 것이 바로 그것이다.

이것들이 페미니즘의 핵심 현안이다. 그것들은 깃털이 있든 털이 있든 털이 뽑혀 나갔든 간에 가이아라는 호텔에 잠시 머무는 모든 암컷들이 지닌 강박 관념이기도 하다. 페미니즘과 진화생물학이 필연적으로 서로의 신발에 침을 뱉어야 할 것이라고 말하는 사람이 누구인가? 골수 진화심리학자들은 페미니즘을 근시안적이고 불운한 운명을 맞이할 모험, 고대 인류가 지녔던 충동과 남녀 사이의 기회와 한계가 근본적으로 다르다는 것을 부정하는 유토피아 기도책이라고 본다. 남녀에 대한 그들의 설명이 진부하게 들린다면, 그것은 그런 설명들이 진부하기 때문이며, 거기에는 그럴 만한 이유가 있다. 다윈주의식 인간 본성 해석 틀속에서, 진부함은 지키고자 하는 지적 함정이 아니다. 그것은 기회이다! 잠재적으로 보편적 진리의 표현이 아니라면, 진부함이라는 것은 무엇인가? 그것은 적응의 표지판, 그것을 지닌 사람에게 선택적 이점을 줄 형질이 될 수 있다는 것을 의미한다. 이 모든 것들은 대학생 2백 명을 대상으로 진부한 것이 진리라고 믿고 있는지 여부를 설문 조사할 만한 가치가 있다.

하지만 신다윈주의 해석 중 이렇게 증거가 부족하다는 점이나 규칙 모음집에 예외가 많다는 점에 전혀 부끄러움을 느끼지 못한 채, 여자 기숙사를 습격해 팬티를 집어오는 남학생 친목 단체 회원들처럼 여론 몰이를 하며 교정을 짓밟고 다니는 일방적인 해석을 비판하는 과학자들과 학자들이 많이 있다. 인간 본성을 이해하려는 자신들의 노력이 아직 부족하다고, 너무나 부족하다고, 아직 엄마의 젖꼭지를 찾아야 하는 신생아에 불과한 수준임을 알고 있는 진화생물학자들도 많이 있다. 영장류 암컷들이 어떤 행동을 하는지, 마치 얌전한 여성이라는 미리 만들어진 이미지를 받아들이는 진부한 게이들처럼, 기나긴 세월 동안 지켜보면서 지낸 여성 영장류학자들도 있다. 그들이 최근에 특권과 보호라는 이미지로 윤색되었다 해도 말이다. 또 인간 가족을 생각나게 하듯이 아버지가 옆에서 도와주고 조부모와 사촌들과 삼촌들이 근처에 있는 가족을 이루며 살아가는 새들을 관찰해온 조류학자들도 있다. 그리고 행복에 겨운 얌전한 울새처럼 행동하기를 거부하고, 날개를 파닥거리며 놀라운 변이를 설명할 더 나은 모델을 내놓으라고 외치는 조류 암컷들도 있다.

변이와 유연성은 진화심리학을 숨가쁘게 퍼뜨리는 와중에 한편에 처박혀 있던 핵심 주제들이다. 바버라 스머츠는 내게 말했다.

"변이는 엄청나고, 생물학에 깊이 뿌리를 두고 있죠. 유연성 자체는 적응이에요."

암컷들은 변한다. 수컷들도 마찬가지다. 스머츠는 올리브비비를 연

구해왔으며, 그녀는 온갖 짝짓기 전략을 구사하는 수컷들을 살펴보아
왔다.

"주된 전략이 다른 수컷들을 지배하는 것이고, 싸움 능력 덕분에 더
많은 암컷에게 접근할 권한을 획득할 수 있는 수컷들이 있어요. 반면에
경쟁을 피하고 암컷들과 새끼들과 장기적인 관계를 맺는 수컷들도 있
지요. 멋지고 애착이 강한 녀석들이지요. 세 번째 유형은 성 관계에 초
점을 맞추는 수컷이에요. 이 수컷은 배우자예요. 암컷이 임신하거나 젖
을 먹이고 있을 때에는 암컷 곁에 있지 않다가, 암컷이 발정기에 들어
가면 암컷들이 다른 수컷들에게 가지 못하도록 함으로써 반응하죠. 이
수컷이 추구하는 전략은 지위나 나이와 관계가 없어요. 높은 지위에 있
는 수컷이 애착을 갖는 수컷이 될 수도 있는 반면에, 낮은 지위에 있는
수컷이 싸움 능력에 미래를 걸 수도 있죠. 짝짓기 전략의 차이는 주로
타고난 기질, 즉 타고난 개성과 생리 작용에 토대를 두고 있는 듯해요.
우리가 말할 수 있는 것은 번식 전략에 우열은 없다는 겁니다."

남성들은 적어도 비비만큼 복잡한 양상을 보인다. 그렇지 않은가?
그들의 기질은 다양하며, 생활 환경도 다양하며, 따라서 번식 전술들도
다양할 것이 분명하다. 스머츠는 말한다.

"제공할 자원을 갖고 있으면서 문란한 경향을 보이는 남성도 있을
수 있겠죠. 육아를 돕는 남성들도 있겠고요. 둘 중 한 전략이 반드시 다
른 전략보다 번식 적합성 측면에서 더 낫다고 볼 수는 없어요. 육아를
돕는 남성이 갑자기 문란한 전략을 쓰기로 결정한다고 해서 반드시 혜
택이 돌아오는 것도 아니죠."

그의 불륜은 바람을 피워 또 다른 자식을 얻을 작은 가능성에 비해
대가가 더 클 수도 있다. 그의 성실하지 못한 행위는 아버지의 의무를
팽개침으로써 이미 있는 자손의 성취에 지장을 줄 수 있을 뿐 아니라,

그의 아내가 부부 관계에 덜 헌신하고 바람을 피울 수도 있기 때문이다.

남성들은 이중 기준을 만들어 이 문제를 우회하려 시도해왔다. 이중 기준이란 남성의 불륜은 용납할 수 있지만, 그 아내의 불륜은 사악한 짓이라는 개념이다. 이중 기준은 집에 보증된 충실한 번식자를 갖고 여분으로 갖고 놀 슬롯 머신까지 모두 갖기 위한 남성들의 궁극적 시도이다. 그리고 진화심리학자들은 남성들이 제공하던 것을 계속 제공한다면, 여성들이 기꺼이 이중 기준을 받아들인다고 주장해왔다. 그들은 남녀가 주된 관계에 미치는 위협을 각기 다르게 느낀다는 것을 보여주는 조사 결과를 제시한다. 남성들은 짝이 부정한 성 관계를 했다고 생각할 때 몹시 화가 난다고 말한 반면, 여성들은 부정한 성 관계보다는 정신적 부정 행위를 했다고 생각할 때 더 괴로워한다고 말한다는 것이다. 진화심리학자들은 이런 차이를 남성의 번식 성공이 모르는 사이에 다른 남성의 자손이 섞여 드는 바람에 물거품이 될 수 있는 반면, 여성의 성공은 남편이 다른 사랑을 찾아 그녀를 떠날 때 가장 위험에 처하기 때문이라고 해석한다. 따라서 그 이론에 따르면, 남성들이 성적 질투에 눈이 멀고, 여성들이 정신적 배신에 치를 떠는 것은 적응성이 있다. 하지만 나는 여성이 남편의 무해한 바람피우기와 혼인 관계에 진짜 위협을 가하는 바람피우기의 차이를 어떻게, 이른바 그 석기 시대 방식으로 '알' 수 있다는 것인지, 성적으로 그녀를 속이는 남성이 정신적으로는 의지할 수 있고 자식의 대학 수업료를 지불할 때까지 오래 붙어 있으리라고 어떻게 신뢰할 수 있다는 것인지 도저히 이해가 되지 않는다. 나는 여성이 선택의 여지가 없기 때문에, 너무 가난해서 곪아터진 혼인 관계를 끝장내고 자신의 길을 갈 수가 없기 때문에 남편의 나쁜 행동을 어떻게든 참으려 하는 것이라고 생각한다.

타협과 속박으로 겹겹이 둘러싸인 상태에서는 우리가 정말로 하고 싶은 것이 무엇인지 알기 힘들다. 다시 올리브비비 이야기를 해보자. 비비 암컷은 발정기가 다가오면 몹시 문란해진다. 스머츠는 이렇게 말한다.

"나는 말 그대로 암컷들이 한 수컷에게서 다른 수컷에게로 뛰어다니는 것을 많이 보았어요. 그들은 한 시간 만에 수컷 열 마리와 교미를 해요."

하지만 암컷의 배란 일이 가까워지면, 그녀 주위에 있는 수컷들은 그녀의 튀는 행동을 점점 더 두고 보지 못하게 되며, 그 행동을 제약하기 시작한다.

"발정 현상이 절정에 다다르면, 과격한 문란함에서 한 수컷의 암컷으로 극적인 전환이 이루어져요."

그 암컷과 짝을 이룬 수컷은 난폭한 싸움꾼일 수도 있고, 애착을 선호하는 수컷이나 다정한 수컷일 수도 있다. 요점은 수컷 하나가 암컷을 제지했고, 수컷들이 암컷에게 처지를 깨닫도록 할 수 있다는 점이다. 수컷들은 암컷들보다 훨씬 몸집이 크며, 날카로운 이빨을 갖추고 있기 때문이다. 스머츠의 학생인 레베카 다우핸은 암컷의 발정 현상이 절정에 달했을 때, 즉 진실의 순간에 암컷이 한 수컷에게 구속당하지 않으면 어떻게 행동할지 알고 싶어했다. 그녀는 사로잡힌 비비들 중에서 한 수컷과 이미 배타적인 배우자 관계를 맺고 있는 발정기의 암컷 한 마리를 그 짝인 수컷과 다른 친한 수컷 두 마리가 있는 곳에 넣었다. 수컷들은 각자 별개의 우리 속에 묶여 있었으므로, 암컷과 1 대 1로 관계를 맺을 수는 있었지만 암컷의 행동을 제약할 수는 없었다. 이런 전례 없는 자유, 자연 상태로 태어난 비비 암컷은 누리지 못할 성적 자율성에 그 암컷은 어떻게 반응했을까? 암컷은 성적 탐닉자로 변신했다. 그녀는 한 수컷과 관계를 가진 뒤에 재빨리 다른 수컷에게로 달려갔다. 그녀는 앞서 자신이 선택했던 수컷, 즉 자신의 배우자를 특별하게 대하지 않았다. 그녀가 갈구한 것은 다양성인 듯했다.

우리는 비비 암컷이 왜 굳이 문란해지려 하는지, 그런 수고를 통해 무엇을 얻으려 하는지 알지 못한다. 우리가 아는 것은 그녀가 무언가를 틀림없이 얻는다는 것뿐이다. 힘센 수컷이 정숙한 행동을 하도록 강요하지 않으면 그렇게 자유분방하게 행동하기 때문이다. 동물들의 암컷은 대부분 문란하다. 그들은 문란해지기 위해, 그리고 짝, 지키는 수컷에게 선택되지 않기 위해 무슨 짓이든 한다. 과학자들은 종종 암컷의 성적 충동에 당황하곤 한다. 그들은 그 모든 성적 에너지를 합리화하기에 좋은 다윈주의 해석을 항상 찾아낼 수가 없다. 수컷의 사정은 유전적으로 부여된 것이 분명하다. 하지만 암컷이 정자를 모으는 것 이상으로 포식과 질병에 걸릴 위험을 무릅쓰고 그렇게 탐욕스러워지고 수고스럽게 자신을 드러내는 이유는 무엇일까? 이따금 과학자들은 문란함이 내놓는 반박할 수 없는 정량적인 증거들을 발견한다. 짧은꼬리프레리도그Gunnison's prairie dog를 7년 간 연구한 결과를 보면, 번식기에 세 마리 이상의 수컷과 교미를 한 암컷들은 100퍼센트 임신을 했고 평균 4.5마리의 새끼를 낳았다. 반면에 오직 한 마리와 교미를 한 암컷들의 임신 성공률은 92퍼센트였고, 낳은 새끼의 수도 평균 3.5마리였다. 우리는 왜 여분의 교미로 임신 성공률이 높아지고 새끼를 더 많이 낳게 되는지 모르지만, 사실이 그러하며, 따라서 프레리도그 암컷들은 자신을 굴 속에 몰아놓고 독점하려고 하는 수컷들에게 저항하기 위해 무슨 짓이든 한다.

인간은 한 배에 여럿을 낳지 않지만, 그럼에도 여성들은 바람을 피우며, 때로 그 행동은 몸이라는 구체적인 결과를 낳고, 그 과실이 명백히 좋을 때도 있다. 골수 진화심리학자 진영은 남성들이 친자 관계가 약간이라도 의심스러우면 아기에게 결코 투자를 하지 않는다고 주장한다. 하지만 인간이 재산권과 유산 상속자를 고심하지 않았던, 소규모 채집자 무리를 이루어 살던 시대에도 그 전제가 한결같이 진실이고, 언제나 진실이었을까? 증거들은 다른 말을 한다. 남아메리카 저지대의 많은 전통 사회들에서 남성들은 '분할 가능한 부계partible paternity'를 믿는다. 분할 가능한 부계란 한 아이가 생물학적 아버지를 하나 이상 가질 수 있다는 생각이다. 그들은 아이가 일종의 정자 조각이라고 믿으며, 한 남성이 한 번 사정한 것보다 여러 남성이 여러 번 사정을 하면 더 우수하고 튼튼한 아이가 생긴다고 본다. 그런 문화에서는 혼인한 여성이 임신 때 한 명에서 세 명까지 애인을 갖곤 하며, 그 애인들은 모두 자신이 아기의 아버지라고 생각하며, 적어도 이따금 물고기를 잡아다주는 식으로 자신의 책임감을 보여준다. 파라과이 동부의 채집인들인 아체족 여성들은 대부분 자식을 보호하고 자식에게 줄 고기를 얻을 때 배우자들의 도움을 받는다. 아체족 여성들 17명을 면담한 인류학자 킴 힐과 힐러드 캐플런은 그 여성들의 아이 66명이 한 명당 평균 2.1명의 아버지를 갖고 있다는 것을 알았다. 더 나아가 아체족은 아버지를 세 부류로 나눈다. 첫째는 아이가 태어났을 때 그 산모와 혼인해 있는 남성, 둘째는 임신 직전이나 임신 동안에 그녀와 혼외 정사를 치른 남성이나 남성들, 셋째는 그 여성이 실제로 자신을 임신시켰다고 믿는 남성이다.

베네수엘라와 콜롬비아에서 카사바를 단순 재배하면서 물고기와 육류로 전분 위주의 식단을 보완하며 살아가는 채집인들인 바리족도 비슷하다. 바리족 여성의 3분의 2 이상은 임신 중에 혼외 성교를 하며, 아이들은 그 정사로 상당한 혜택을 입게 된다. 이런 행위들 중에 은밀하게 이루어지는 것은 없다. 여성은 출산할 때, 산파에게 자신의 애인들이 누구인지 이야기하며, 그러면 산파는 나중에 그 애인들 각자에게

'축하해요, 당신 아기가 태어났어요'라고 알려준다. 사람들은 그 남성들이 힘든 시기에 분할 가능한 자기 자식을 도울 것이라고 기대하며, 대개 그들은 그렇게 한다. 바리족 아이들 중 이름에 두 명 이상의 아버지 이름이 쓰인 아이들은 15세 이상 생존할 확률이 80퍼센트이다. 아버지가 한 명뿐인 아이들의 생존율은 64퍼센트이다.

그것이 바리족 남편들에게는 어떤 도움이 되는 것일까? 왜 그들은 아내의 작은 비행을 참는 것일까? 한 가지 이유는 그들도 마찬가지로 혼외 정사를 하며, 그 상대는 대개 다른 유부녀들이라는 점이다. 또 한 가지 이유는 아내가 임신을 하지 않았을 때에는 문란하지 않다고 여겨지며, 따라서 남편들이 전부는 아니겠지만 대부분 아내가 낳은 아기의 생물학적 아버지라는 것이다.

바리족을 연구해온 펜실베이니아 주립 대학의 인류학자 스티븐 베커먼은 이렇게 말한다.

우리는 분할 가능한 부계가 어떻게 생겨났을지 가설을 세울 수 있다. 여성이 원인의 통제권을 쥐고, 주로 자신의 이익을 위해 그것을 사용하고, 남성들은 선택의 여지가 없을 수도 있다. 하지만 사실은 남성들이 개의치 않기 때문인 듯하다. 그들은 거부하지 않는다. 그들은 그다지 질투하지 않는다. 따라서 분할 가능한 부계는 남성들에게 일종의 생명 보험, 만일의 상황에 대비한 판돈 걸기와 같다고 추정할 수 있다. 남성은 다른 남성들이 자기 아내와 성교를 하도록 허용한다. 그는 자기 아이들 중 전부는 아니라 해도 대다수의 아버지일 것이라는 쪽에 판돈을 건다. 만일 그가 죽는다면, 다른 어떤 남성이 그 자식들 중 일부를 돌볼 의무를 맡을 것이다. 그런 식으로 보면, 분할 가능한 부계가 여성과 남성 모두에게 얼마나 적응성이 있는 것인지 알 수 있을 것이다.

아직도 캐널 눈부신 것들이 너무나 많이 남아 있다. 여성들은 투자하는 남성이 하나(혹은 능력이 있다면 하나 이상) 필요하다는 말을 듣는다. 우리는 자신이 그 이유를 알고 있다고 생각한다. 인간의 아기는 키우기 어렵고, 키우는 데 시간도 많이 걸린다. 침팬지 암컷들은 새끼를 스스로 먹여 키울 수 있을지 모르지만, 여성은 그럴 수 없다. 석기 시대 어머니들은 들소를 집으로 가져올 남편이 필요했다. 하지만 앞서 생물학적 할머니를 다룰 때 살펴보았듯이, 남성의 육아 투자가 인류 진화의 핵심에 놓여 있다는 구시대적 가정은 현재 심각한 도전을 받고 있다. 채집에 의지하는 전통 사회의 남성들이 반드시 자식에게 자원을 투자하는 것은 아니다. 하드자족 남성들은 사냥을 하지만, 그들은 그 사냥감을 정치적으로 전략적으로 골고루 배분한다. 그들은 그것을 자식의 입 안으로 바로 넣지 않는다. 여성들은 자식을 먹이기 위해 손위 여성 친족들의 도움을 받아야 한다. 남성들은 커다란 사냥감을 찾아 가끔 멀리 떠난다. 여성들은 주변을 돌아다니며 채집을 한다. 성별 노동 분업이다. 하지만 사냥하는 남성들은 열량 측면에서 볼 때 가장 생산적인 일에 종사하는 것이 아니다. 차라리 채집을 하면서 이따금 덫을 놓아 작은 동물을 사냥하는 것이 더 나을 것이다. 하지만 대규모 사냥은 지위와 동맹 세력을 얻을 가능성을 크게 높여준다. 수렵·채집 사회의 여성들과 아이들이 사냥꾼들이 집단에 가져온 고기로 혜택을 얻은 것은 분명하다. 하지만 그 혜택은 아버지가 개인적으로 가져와 각자의 손에 고기를 들려주는 식으로 핵가족 단위에 주어지는 것이 아니라, 집단 전체에 주어지는 것이다.

이것은 혼인의 기원과 여성들이 남성들에게서 무엇을 원하며 남성들이 여성들에게서 무엇을 원하는지에 관한 우리의 수많은 가정들을 뒤엎는 놀라운 사실이다. 진화적 적응 환경이 진화심리학의 이론적 토대

528

인 남성의 육아 투자를 위주로 정의되지 않는다면, 우리는 회장의 문서 세단기를 통해 여성이 위세를 떨친 지 오래된 지금, 여성은 얌전해야 한다는 노래와 외침을 끝없이 반복하는 일을 그만두고, 문을 활짝 열고 다시 숨을 크게 들이켜고 새로운 질문을 던질 수 있다.

예를 들어보자. 캘리포니아 로스앤젤레스 대학의 니콜라스 블러턴 존스를 비롯한 연구자들은 혼인이 짝을 지키기 위한 남성들의 노력이 확장됨으로써 발달한 것이라고 주장해왔다. 비비 암컷의 발정 현상이 절정에 달했을 때 수컷들이 암컷을 독점하기를 원하듯이, 남성도 한 여성에 대한 접근 권한을 주장하고 다른 남성들이 접근하는 것을 막으려 시도했을지 모른다. 치명적인 전쟁 무기들이 발명되면서, 인류 진화에서 비교적 일찍부터 남성 대 남성의 경쟁이 첨예해졌을 가능성이 매우 높다. 무장한 남성들은 싸울 때 다른 종의 수컷들에 비해 상대를 훨씬 더 쉽게 죽일 수 있다. 여성을 얻기 위한 싸움이 아주 큰 대가를 요구할 때가 너무 많다면, 고대의 평균 남성들은 그런 경쟁에 그다지 자주 말려들고 싶어하지 않았을 것이다. 다시 말해 자신의 씨를 양적으로 퍼뜨리려 애쓰는 침대 순례자는 많은 성공을 거둘 만큼 오래 살지 못했을지도 모른다. 출산 능력 있는 여성에게 구애하려 할 때마다 그는 다른 구혼자들이 내민 숲처럼 가득한 창 끝을 대해야 했을 것이기 때문이다. 바람피우는 대가는 터무니없을 정도로 커지게 된다. 남성은 한 번에 한 여성의 권리만을 주장하려 애쓰는 편이 더 나았을지 모른다. 출산 능력 있는 한 여성과 정기적으로 성 관계를 맺으면, 그다지 목숨의 위험을 무릅쓰지 않고서도 최소한 자손을 남길 가능성이 있다. 특히 여성에 대한 성적 접근이 공개 의례, 즉 혼례식을 통해 정식으로 이루어진다면 말이다. 이런 관점에서 보면, 우리는 왜 여성 조상들이 왜 굳이 혼인을 했을까 궁금증을 갖게 될 것이다. 특히 그녀와 그녀의 여성 친척들이 매년 가족을 계속 부양하는 일의 대부분을 책임졌다면 말이다. 아마 블러턴 존스는 여성이 덜 시달리기 위해서 그랬을 것이라고 주장할 것이다. 그는 남성의 만성적인 괴롭힘이 여성에게 끔찍한 문제가 될 수 있으며, 만일 여성이 자신과 어린 자식을 직접 먹여야 한다면, 시달림은 그녀의 능력을 참을 수 없을 만큼 떨어뜨릴지 모른다고 말했다. 이 남성 저 남성과 성적 담화에 얽매이는 데 모든 시간을 쓰는 것보다 차라리 한 남성과 의례를 통해 결합하는 데 동의하고, 혼인이 가져올 간섭 없는 정책의 혜택을 받기로 동의하는 편이 더 나았을 것이다.

따라서 혼인은 남성과 여성 사이, 남성과 남성 사이, 부부와 부족 사이에 이루어지는 다면적인 사회 계약으로서 생겨난 것일 수도 있다. 그것은 인간의 신피질 확장에 따라 발생한 일련의 문화적 도전 과제들에 대한 합리적인 해결책이다. 하지만 그것의 뿌리는 우리가 생각하는 것이 아닐 수도 있다. 뿐만 아니라 현대의 짝짓기 행동이 흔히 알려져 있듯이 조상 환경의 압력에서 비롯된 것, 즉 여성이 자식을 먹이고 입히는 데 짝의 도움이 필요했기 때문이 아닐 수도 있다. 오히려 혼인에 대한 우리의 '깊은' 감정들은 더 현실적이고 더 맥락적인, 아울러 감히 말하자면 우리가 생각해왔던 것보다 더 평등주의적인 것일지도 모른다. 혼인이 사회 계약, 즉 충분한 무장을 갖춘 민활한 동료들로 이루어진 공동체에서 매우 안정하고 기분 좋은 소규모 서식지를 고안해내기 위한 남녀 사이의 상호 시도라면, 우리는 정반대의 말이 난무하고 있음에도 남성들이 여성들만큼, 그리고 이따금 드러나듯이 여성들보다도 더 혼인을 하고 싶어 안달하는 이유를 이해할 수 있다. 혼인해서 가장 건강과 행복을 얻는 쪽은 남성들이 아닌가? 최근의 수많은 연구들은 혼인이 여성보다 남성의 수명을 더 많이 늘린다는 것을 보여준다. 혼인 생활이 그렇게 '본래' 남성에게 어울리지 않는 것이라면, 왜 그들의 수명이 더 늘어나야 한단 말인가?

많은 비판가들은 데이비드 버스를 비롯한 골수 진화심리학자들이 남녀의 차이가 타고난 것이라고 가정할 때 토대로 삼았던 짝 선호도 국제 조사 결과들이 놀라울 정도로 남녀의 유사성을 보여준다고 지적해왔다. 배우자감의 어떤 점을 가장 중요하게 보느냐는 물음에, 지역과 종교를 가릴 것 없이 남녀 모두 사랑, 신뢰, 정서적 안정, 밝은 성격, 네 가지를 가장 중요하게 여겼다. 오직 다섯 번째로 내려가야 남성들은 육체적 매력을 요구하고, 여성들은 경제적 능력을 요구한다는 익히 아는 항목이 나타난다. 만일 고대에 혼인이 부족한 여성이 제공자인 남성에게 탄원함으로써가 아니라 독립적인 행위자들 사이의 사회 계약을 통해 탄생했다고 보면, 다양한 반응들이 일관성을 띠는 것도 쉽게 이해가 된다. 우리는 누구를 사랑하고 누구와 살고 싶어하는가? 사랑할 수 있는 사람이다. 친절한 사람이다. 사방으로 쏘다니지 않고 당신에게 후디니(탈출 마술의 대가)가 되지 않을, 믿을 만한 사람이다. 길모퉁이에 서서 음탕한 말을 지껄이지 않을 사람이다. 그리고 진화심리학자들이 나이 든 부유한 남성이 눈부신 젊은 모델을 팔에 끼고 활보하는 모습이 어떤 무의식적인 진실을 드러내는 증거라고 보기를 좋아할지라도, 가장 눈에 띄는 사실은 대다수 남성들과 대다수 여성들이 많은 공통점을 지닌 사람과 혼인을 한다는 것이다. 그들은 외모, 교육 수준, 부, 종교, 정치적 견해, 나이 등이 서로 비슷한 사람들끼리 혼인한다. 그들은 서로 좋아하고 서로 편안한 사람들끼리 혼인한다. 물론 혼인은 실패하기도 하고, 이혼이 가능한 곳에서는 이혼도 흔하다. 하드자족이나 쿵족 같은 전통적인 채집인들도 이혼율이 서구 사회와 비슷한 수준이다. 이혼 이유를 물었을 때, 가장 흔한 대답은 서로 맞지 않는다는 것이었다.

여성들은 도대체 무엇을 원하는 것일까? 어느 누구도 모든 여성, 아니 하나 이상의 여성을 대변할 수는 없지만, 정서적 공감대를 원하는 욕망이 널리 깊이 퍼져 있다는 대담한 추측을 해볼 수는 있다. 가끔 협박을 받아 숨을 죽이고 있긴 할지라도, 그것은 사라지지 않으며, 거주지와 문화가 가하는 속박은 그것을 정반대처럼 보이는 무언가로 잘못 왜곡시킬 수도 있다. 자유를 향한 충동은 타고난 것이다. 그것은 이기주의의 궁극적인 표현이다. 우리가 참고 견딜 수 있는 것도 바로 그 때문이다.

역사상 위대한 여성 소설가들이 그래왔듯이, 지적이고 논리가 명확한 여성들이 이상적인 남성을 꿈꿀 때, 그 남성들은 많은 여성들이 꿈꿔온 남성들로 해석된다. 그들은 힘과 지성을 가진 여성들을 사랑하는 남성들, 자신의 여성들이 정서적으로나 지적으로 거세되거나 억눌리기를 원하지 않는 남성들이기 때문이다. 샬럿 브론테는 잘 어울리는 두 자루의 불 칼, 대차대조표의 대변과 차변처럼 서로 맞서는 제인 에어와 에드워드 로체스터를 우리에게 주었다. 그녀는 꾸밈없고 가냘프고 창백하다. 그는 못생긴 '불카누스, 그을린 넓은 어깨를 가진 진짜 대장장이'이다. 그는 부유하고 냉정하며 세속적이지만, 중년에 들어서는 참이다. 그녀는 가난하고 수수하고 외롭지만, 젊음과 더 나아가 풍부한 내면 세계를 지니고 있다. 그녀를 향한 로체스터의 사랑은 블레이크의 풍경화 같은 그녀의 수채화들을 보았을 때 불이 붙는다.

"누가 바람을 그리는 법을 가르쳐주었나요?"

그가 묻는다.

"어디서 라트모스 산을 보았죠? 이건 라트모스 산인데."

연인은 타는 듯이 빛나며, 상대의 깊이와 성급함에 기뻐한다. 샬럿 브론테는 여주인공이 순수한 욕망과 자아 발견을 통해 온 힘을 다해 상대에게 다가가기를 원한다. 그녀는 소설이 4분의 3 정도 진행되었을 때

제인에게 유산을 덜컥 안겨줌으로써, 남자로서 외에 로체스터가 필요한 다른 이유들은 모두 제거하여 그녀를 해방시키기까지 한다. 오호, 그들은 모든 면에서 동등하다. 로체스터가 제인보다 키가 더 크긴 하지만, 상처 입은 그의 자아는 늘 그녀의 작고 창백한 체격에 기대길 원하기 때문이다.

제인 에어는 허구이며, 가슴을 설레게 하는 폭력배 맥의 원형적인 포스터는 과장이다. 그녀를 사랑해왔고 그의 모습에 정욕을 느껴왔던 우리들은 살과 피로 이루어진 표현형들이다. 우리와 우리 환상들은 진화의 열매이며, 우리는 알려지기를 기다리고 있다. 모든 일은 조그맣게 살짝 한 모금 깨물면서 시작된다. 당신은 더 먹기 위해 돌아올 것이다.

19

혁명적인 심리학의 필요성

프란스 드 발은 두 원숭이를 예로 들어 사랑을 이야기한다. 그것은 붉은털원숭이와 짧은꼬리마카쿠원숭이다. 두 종은 같은 마카카 속에 속하며 외모도 흡사하지만, 성격은 전혀 딴판이다. 붉은털원숭이는 난폭하고 가만히 있지 못하며, 쉽게 싸우고 화해하는 데 시간이 걸린다. 마카쿠원숭이는 그보다 훨씬 유순하며, 다툰다 해도 10분 안에 서로의 엉덩이에 손을 갖다대고 껴안는 등 화해의 몸짓을 보인다. 드 발은 이렇게 말한다.

"붉은털원숭이는 독재자인 반면, 마카쿠원숭이는 평등주의자입니다. 아마 마카쿠원숭이 쪽에서 결속력 있는 집단 생활이 더 중요했기 때문에 그들이 타협과 사과의 전문가가 되었을 겁니다. 하지만 그것이 유전적인 걸까요? 마카쿠원숭이들이 천성적으로 더 멋진 녀석들일까요? 나는 그렇지 않다고 생각합니다. 나는 화해 행동은 학습된 사회적 기술이라고 봅니다."

드 발은 몇 년 전에 위스콘신 영장류 연구 센터에서 자신과 동료들이 한 연구를 근거로 삼는다. 그들은 몇몇 어린 붉은털원숭이들을 다섯 달 동안 마카쿠원숭이들 무리 속에 넣어 길렀다. 다섯 달은 붉은털원숭이의 수명을 볼 때 긴 기간이다. 사교적인 마카쿠원숭이들의 영향을 받아 붉은털원숭이들은 외교관으로 성장했다. 그들은 화해 행동을 배웠다. 그들은 몸을 매만져주고 엉덩이에 손을 갖다대는 등 모든 면에서 마카쿠원숭이에 비할 만한 평화애호자가 되었다. 그들은 매우 능숙하게 화해를 할 수 있었기 때문에, 그들을 자기 종, 즉 난폭한 붉은털원숭이 무리로 돌려보내자, 그들은 자신들의 사회적 기술을 활용해 싸움 뒤에 화해를 시키곤 했다.

"여기서 얻을 수 있는 교훈은 우리가 붉은털원숭이를 중재자로 만들 수 있다면, 인간의 아이도 분명히 그렇게 만들 수 있다는 겁니다."

습관 중에도 쉽게 얻는 것과 그렇지 못한 것이 있다. 나쁜 습관을 없애는 것보다는 좋은 습관을 추가하는 것이 더 쉽다. 아니라고 말하는 것보다는 예라고 말하는 것이 더 쉽다. 살을 빼려는 사람들이 먹는 열량을 줄이려 애쓰는 것보다 운동이란 것을 생활에 덧붙이는 방법을 쓸 때 성공을 거두기가 더 쉬운 것도 그 때문이다. 당신은 여전히 토블론 초콜릿을 원할지 모르고 그 충동을 억제하는 것이 부자연스럽고 너무나 끔찍하다고 느낄지 모르지만, 탐닉을 다른 탐닉으로 완화시킨다면, 그 죄는 사실상 없어진다. 나는 성급하고 소리를 질러대는 성격이다. 고대인들이 묘사한 혈액(주로 습), 점액(주로 냉), 흑담즙(주로 건), 황담즙(주로 열) 네 가지 체액으로 치자면, 나는 황담즙과 흑담즙을 3 대 1로 지니고 있다고 할 수 있다. 내게는 분노가 필요하다. 그것이 내 토블론 초콜릿, 나의 흥분제이다. 나는 그것을 완전히 버릴 수 없다. 그래서 나는 그 다음으로 잘할 수 있는 것을 배워서 분노를 조절해왔다. 나는 내 안의 마카쿠원숭이를 다독거려왔으며, 서두르고 또 서둘러 화해하는 법을 배워왔다. 화해하는 데 10분도 채 걸리지 않는다! 꾸지람을 듣고, 고개를 숙이고, 용서를 구하고, 초콜릿을 주겠다고 하는 것이다.

그것을 붉은털원숭이식 평화라고 부르자.

그 부가 전략은 자연이 어떻게 일하는지를 보여준다. 자연이 갑판을 빼거나 치우는 일은 드물다. 반대로 자연은 덧붙이고 확장한다. 자연은 못을 박고 그 위에 칠을 한다. 우리 각자는 생명 문명들의 아말감, 즉 작은 로마이다. 우리 세포들은 기본 설계도로 보면 여전히 효모와 같다. 우리는 6억 년 전 곰팡이와 갈라진 뒤로 거의 진화하지 않은, 완벽하게 제 기능을 하는 유전자를 갖고 있다. 우리는 유행에 뒤떨어진 원숭이이자, 미래 지향적인 유인원이다. 우리는 동정심 있고 영리하고 미숙하고 눈부시다. 우리는 매우 공격적이며, 공격성을 통제하는 많은 유전자들을 갖고 있다. 우리는 사랑의 본당 앞에 있는 방으로 가고 있다고 느끼면서도, 자신이 본당으로 향하고 있다고 생각한다. 우리는 이 거친 푸른 행성에 나타난 어떤 존재와도 다르며, 다음 몇 세기 안에 지금 상상하고 있는 그 어떤 존재와도 달라질 것이다. 그리고 우리는 구석기 시대의 유전자와 똑같은 유전자를 갖고서 그 모든 것들을 이룰 것이다.

20세기 생물학의 거인 중 하나인 에른스트 마이어는 지금 90줄에 들어서 있으며, 그의 눈은 소설가 페넬로프 피츠제럴드가 한 주인공의 눈을 묘사할 때 썼듯이 '타오르는 창백한 푸른색'으로 변했다. 하지만 마이어는 지금도 연구를 하고 글을 쓰고 있으며, 쉬려면 아직 멀었다고 생각한다. 최근에 그는 내게 인류가 유전적으로 진화를 멈춘 상태로 있다고 믿는다고 말했다. 그는 우리가 자기 자신에게 집착하고 있다고 주장했다. 우리는 우리라는 것이다.

"인간 종이 진화할 가망은 전혀 없어요. 우리는 모든 생태적 지위를 점유하고 있고 지구의 모든 지점을 점유하고 있어요. 고립된 체계가 전혀 없기 때문에 결코 종 분화를 할 수 없는 겁니다. 자연 선택 메커니즘이 작동하기 위해서는 고립된 체계가 필요해요. 우리 유전자에는 진정한 변화, 즉 신체적 변화를 일으킬 토대가 없어요. 다윈의 사촌으로서 우생학과 교배를 통제하여 우리 종을 '개량할' 수 있는 개념을 도입한 프랜시스 골턴 같은 사람들이 있어왔다는 것은 알고 있습니다. 하지만 우생학은 여러 가지 이유로 불가능하며, 우리는 그것을 시도하고 싶지 않아요. 우리는 또 다시 나치의 공포를 불러일으키고 싶지 않아요. 우리는 슈퍼맨 종족을 진화시키고 싶어하지 않아요. 앞으로 어떤 진화를 목격하든 간에, 그것은 유전적 진화라기보다는 문화적 진화임에 틀림없을 겁니다. 그것은 불행한 일이죠. 문화적인 것은 쉽게 사라질 수 있으니까요. 하지만 우리는 문화 속에 있어요. 우리가 다루어야 할 것은 문화입니다."

나는 마이어의 견해를 《내추럴 히스토리》 잡지에 기사로 썼다. 많은 독자들이 그 글을 읽고 항의를 했다. 그들은 인류가 유전적으로 진화를 멈추었다고 한 마이어의 생각을 불신했다. 그들은 그가 생각이 짧고 시대에 뒤처져 있으며 어리석다고 생각했다. 그들은 생명공학과 유전자 요법의 발달과 인간 유전체를 조작하는 능력을 이야기했다. 그들은 인류가 우주선 지구에서 벗어나 다른 행성에 정착할 것이고, 그러면 나란히 늘어서 있던 생명 계통들이 갈라질 만큼 충분한 고립이 이루어질 것이라고 말했다.

나는 마이어의 견해에 기꺼이 동의한다. 문화적 진화는 유전적 진화보다 더 불안정하며, 퇴보하고 기억 상실증에 걸리기 더 쉽다. 하지만 자연 선택이라는 엔진은 더 낫고 더 고귀하고 더 덕망 있는 개인을 우리 앞에 내놓지 않는다. 자연 선택은 우리에게 변덕과 과잉을 준다. 자연 선택은 이렇게 조언한다. 계속 번식하라. 정복하고 갈라져 나가라. 고맙게도 우리는 꽤 많이 정복하고 분열해왔다. 우리에게는 약간의 문화와 약간의 교육과 신중함이 필요하다. 문화적 진화는 꽤 제대로 이루어진다. 문화는 습관을 얻는 방식이며, 습관은 고리를 되먹임하고 기질을 변형시켜 물질성을 얻는 방식이다. 안전띠를 매는 것과 같은, 단순한 좋은 습관을 생각해보자. 당신은 자동차에 타자마자 자동적으로 안전띠에 손을 뻗는다. 커다란 짐을 들고 타거나 해서 그 자동적인 움직임에 교란이 일어나 자리에 앉자마자 안전띠를 매지 못하면, 당신은 마치 몸 속의 계기판에서 작은 붉은 등이 깜박이는 것처럼 몸이 당신에게 뭔가를 말하려 애쓰는 듯한 모호한 당혹스러움을 느낄 것이다. 경고! 경고! 긴장을 풀지 말 것! 그 안전띠 매기는 무의식적으로 육화한 차원에서 작동하고 있다. 당신은 습관을 갖게 된 것이다. 신경생물학자들은 습관이 뇌 세포의 구조 변화를 통해 일어난다는 것을 밝혀냈다. 안전띠를 매는 것과 같은 문화적 행위는 돌연변이 유전자와 마찬가지로 당신의 시냅스에 뚜렷한 변화를 일으킨다. 당신은 그 행동을 난자를 열어그 안에 넣어주는 식으로 아이들에게 고스란히 물려줄 수 없다. 그것은 유전체에 기재되어 있지 않으므로, 당연히 모든 세대는 그것을 새롭게 배워야 한다. 하지만 별 문제는 아니다. 당신이 아이들에게 아주 어릴 때부터 안전띠 매는 습관을 들인다면, 그들은 그 습관을 벗어버릴 수 없을 것이다. 유전이 끝나는 곳에서, 마카쿠원숭이가 모습을 드러낸다.

여성들은 자세히 조사하기보다는 새로 추가하는 것이 더 쉬운 증거물이다. 최근 몇십 년 동안 여성들은 노인을 쓸모 없는 존재로 생각하지 않고 새로운 역할들을 부여해왔다. 우리는 집안의 생계를 유지하는 사람으로 변신해왔고, 여전히 육아의 대부분을 담당하고 있다. 우리는 전문 분야에서 탁월한 성과를 올리든 평범한 봉급쟁이 중에서 두드러진 존재가 되든 간에 찬사에 맛을 들이는 법을 배워왔다. 그러면서도 우리는 사회적으로 승인된 오래된 여성의 약, 사적인 친밀함이라는 아편을 끊지 못한다. 힘과 따스함. 그것들은 놀라운 취향이다. 그리고 설령 여성들이 그것을 한꺼번에 가질 수는 없다고, 자애로운 어머니(그리고 사랑스러운 아내!)이면서 다른 것을 성취할 수는 없다고 경고를 받고 있긴 하지만, 여성들은 말할 수 있다. 헛소리! 우리는 할 수 있어, 우리는 하고 있어. 우리는 가능한 한 빨리 그 멋진 독재의 해안으로 가기 위해 작은 카누를 젓고 있어. 얼마나 많은 삼지창을 흔들고 있든 얼마나 많은 벼락을 던지든 간에 돌아오지 않을 거야. 수많은 적들이 애써 지적해왔듯이, 여성의 경제적·교육적 기회를 확대시킨 공로를 페미니즘이 독차지할 수는 없다. 그들은 페미니즘의 기여도가 코웃음이 나올 정도로 미미하다고 말한다. 지난 30~40년 동안 여성들이 대규모로 일터로 진입하게 된 것은 경제적 궁핍과 경기 위축 때문이었다. 홀로 가족을 부양하는 아버지라는 모델은 전후의 경제적 팽창에 맞춰 20세기가 내세운 허수아비, 즉 사회 경제적 일탈 사례였다. 그 팽창은 유지될 수 없었고, 따라서 당연히 여성들은 일을 해야 했다. 페미니즘은 그것과 아무런 관계가 없었다. 여성들은 그 전부터 일을 했으며, 지금도 일을 하고 있다. 여성들은 언제나 일을 해왔다. 거기에 새로운 것은 없다.

너무나 맞는 말이다. 가까운 미래 세계에 뭔가 새로운 특징이 나타나리라는 것만 빼면. 언제나 그래왔듯이, 여성들은 일 외의 것을 하고 있다. 그들은 진정한 부를 습득함으로써 느리기는 하지만 우세해지고 있다. 후기 산업 국가에서 신생 소규모 사업체를 소유한 사람들 중 절반 이상이 여성이다. 미국에서 여성이 소유한 사업체는 《포춘》지가 선정한 500대 기업을 모두 합친 것보다 더 많은 사람을 고용하고 있다. 미국에서 집을 사는 여성의 비율은 지난 20년 동안 현저하게 증가해왔다. 영토를 확보하고자 하는 욕구는 여전히 인류의 뿌리 깊은 욕망인 듯하다. 마찬가지로 여성이 현재 유례 없이 높은 수준의 교육을 받고 있다는 것도 중요하다. 그다지 오래전도 아닌 1960년대 초만 해도, 법대 학생의 4퍼센트, 의대 학생의 3퍼센트만이 여성이었다. 현재 그 비율은 양쪽 다 50퍼센트에 근접해 있다. 미국의 고등학교에서 4년제 대학에 입학하여 졸업하는 사람들의 비율은 여학생들이 남학생들보다 조금 더 높다. 고등 교육은 습관이 되고 있으며, 교육을 받은 사람들은 야심을 품고, 여러 가지 요구를 하고, 평등과 공정을 기대하는 경향을 보인다는 평판이 자자하다. 여성들은 언제 어디에서 교육을 받든 간에, 여성의 핵심 욕망을 재발견한다. 자원에 직접 접근할 권한을 얻고 자신의 재생산 수단을 통제하고 싶다는 욕망을 말이다. 대개 교육을 받은 여성들은 그렇지 않은 여성들보다 핵가족을 이룬다. 교육을 받는 데 많은 시간을 투자해야 할 뿐 아니라, 교육을 받은 여성들이 자기 아이들에게도 좋은 교육을 시키고 싶어하기 때문이기도 하다. 그들은 자식이 많아지면 먹이고 입히고 적절한 자격을 갖춰줄 수가 없다는 것을 안다. 교육받은 여성들은 가족 계획이라는 측면에서는 놀라울 정도로 유인원을 닮았다. 유인원 암컷은 대개 핵가족을 이루고 있기 때문이다. 지금까지 가장 자손이 많고 가장 성공했다는 침팬지 암컷인 피피라 해도 평생 동안 고작 새끼 일곱을 낳았을 뿐이다. 다윈의 아내가 낳은 아이들 숫자의 3분의 2에 불과하다. 수단의 인류학자인 로가이아 무스타파 아부샤라프는 교육받은 아프리카 여성들이 그렇지 않은 여성들보다 음핵 절제술을 거부하는 비율이 더 높다고 말한다. 그들은 클리토리스를 온전히 보존하고 싶어한다. 그들은 몸에 있는 모든 뇌로 계속 배우고 싶어한다.

우리는 도움을 얻을 수 있는 곳이라면 어디에서든 도움을 얻을 것이고, 페미니즘이나 평등의 추구와 아무 관련이 없는 흐름들도 있다. 우리는 지구 시장이라는 급류에 놓여 있다. 그것은 모든 손이 대기하고 있을 것을 요구하며, 교육받은(적어도 기술 교육을 받은) 노동력을 필요로 한다. 게다가 전 세계에 분포해 있는 정보 상품들은 어느 정도 여성에게 유리할 수도 있다. 굽 낮은 구두를 신고 맵시 있는 스커트를 차려입고서 공항으로 가면서 노트북 자판을 두드리고 있는 자유로운 여성이라는 이미지는 설령 조작되고 기만적인 것일지라도, 자유를 원하는 여성의 갈망에 호소하여 판매에 도움이 되는 것임은 분명하며, 우리가 두 발의 약탈자이자 정착할 수 없는 유목민임을 상기시키는 전복의 원천이 될 수 있다.

그럼에도 문화적 진화는 영구적인 혁명을 요구한다. 즉 그것은 결코 포기하지 않고, 결코 먹이에게 속거나 친절을 베풀지도 않으며, 우리가 강요하거나 감정을 상하게 하고 싶지도 않고 송곳니를 드러내고 싶지도 않다는 말을 결코 하지 말아야 한다는 것을 뜻한다. 버지니아 밸리언은 테니스 선수인 모니카 셀레스의 예를 든다. 셀레스는 1991년에 토너먼트에서 남녀가 똑같은 상금을 놓고 경쟁을 해야 한다고 주장했다. 밸리언은 이렇게 쓰고 있다.

여성 선수들 중 두 명이 공개적으로 반박했다. 스테피 그라프는 '우리는 충분히 돈을 벌고 있으며 더 이상은 필요 없다'고 했으며, 메리 조 페르난데스는 '나는 지금 갖고 있는 것으로 행복하다. 탐욕스러워질 필요까지는 없다고 생각한다'고 말했다. 따라서 누릴 자격이 없는 사람은 평등을 탐욕으로 해석한다.

여성이 계속 요구를 해야 한다는 것은 분명하다. 우리는 보초 임무를 맡아야 한다. 우리가 주의를 하지 않으면, 탈레반 같은 누군가가 쾅 하고 우리를 발로 차 땅에 쓰러뜨리고 검은 차도르를 머리 위에 던져놓을 것이기 때문이다. 최근에 아이슬란드 가수인 뷰욕은 페미니스트들에게 불평을 해댔다. 그들이 너무나 자신을 성가시게 한다는 것이다. 그들은 평등하지 않은 것들에 대해 불평하며 모두가 남성들 때문이라고 말한다는 것이다. 그녀는 자기 어머니 세대나 할머니 세대들이 그런 감정을 가진 것을 이해할 수 있지만, 지금은 아니라고 본다. 그녀는 지금 감옥 문은 열려 있다고 주장했다. 그저 걸어서 밖으로 나가기만 하면 된다.

　내 일부는 그녀의 말을 듣고서, 그녀가 문이 열려 있다는 것을 알며 자신을 자유롭고 열정적인 영장류라고 생각한다는 것을 알고 기뻐했다. 하지만 나의 더 많은 부분은 이렇게 생각한다. 뷰욕이여, 헛짚었어. 당신의 창백한 눈이 멀고 있으니 안과에 가보도록 해. 분명히 그 문은 열려 있을지 모른다. 지금은 말이다. 하지만 그것은 수많은 여성들의 물집 잡힌 손과 발의 힘과 그 사이에 끼인 엉덩이로 계속 열려 있었던 것이다. 뷰욕은 성공한 아방가르드 록 음악 가수이며 그 분야가 화려하다는 것을 개인적으로 의심할 이유가 거의 없다. 그렇지만 록 음악 세계는 압도적이라 할 만큼 여전히 남성의 세계이며, 여성 음악가는 책임 회피자인 팝 가수 줄리아나 햇필드가 침을 튀기면서 '여성 기타리스트들은 꺼져'라고 공공연히 말했듯이 여전히 온당하지 못한 취급을 받고 있다.

　여성들은 떠밀고 투덜대면서, 자율에 습관을 들이면서 많은 일을 해왔지만, 우리는 아직 자율이라는 수준에 도달하지 못했다. 우리는 여전히 자기 회의, 여성 혐오증, 정신적 자폐증에 사로잡혀 있다. 우리는 서로에게 너무나 모질게 군다. 우리는 여성들이 일에 소홀하다고 쫓아낸다. 그룹 프리텐더스의 크리시 하인드는 귀에 거슬리면서도 묘하게 서정적인 노래를 부름으로써 여성 록 음악가들 중에서도 전설적인 인물이다. 하지만 이제 40대가 된 크리시 하인드는 악 쓰는 젊은 여성의 아이콘이 되기를 원하지 않는다. 그녀는 비평가인 가이 가르시아에게 이렇게 말했다.

"나는 나 스스로 페미니스트라고 말한 적도 없고, 대답해줄 말도 없어요. 우리가 돈을 벌고 있고 투표를 할 수 있기만 하면 문제될 게 없잖아요?"

그녀는 남성들과 연주하는 쪽을 좋아한다.

"나는 남자들과 일해요. 그들은 성실하고 솔직하고 록 음악을 할 줄 알아요. 여성들은 대개 그렇지 못해요."

우리는 헌신적이지 않다. 우리는 일을 잘해내지 못한다. 하지만 일을 하고 싶어하는 여성, 자식들이 아직 어린 데도 매년 일을 하러 나가는 여성은 또 다른 비난, 단죄의 돌팔매질을 받는다. 그녀는 뇌 발달에 중요한 기간인 처음 3년 동안 아기를 가슴에 꼭 품고 있지 않으면 아기에게 피해를 줄 것이라는 경고를 받는다. 그녀는 아기의 잠재력을 최대한 발휘시키는 데는 부모의 보호만 한 것이 없다는 말을 끊임없이 듣는다. 지금 생의학계는 온통 부모가 온종일 아이를 돌보는 것과 아기의 뇌 성장에 필수적인 것에 관심을 쏟고 있다. 어머니는 언제나 천성적으로나 개인의 성향으로나, 그 초기 뇌의 보초라고 여겨진다. 당신이 들추는 모든 잡지에는 일하는 어머니가 느끼는 죄책감과 페미니스트들이 몇십 년 동안 애써왔음에도 일하는 어머니가 일을 하는 것에 대해 죄책감을 갖지 않으면 그 죄책감이 없다는 것에 죄책감을 느낄 정도까지 그것이 어떻게 그대로 유지되고 있는지를 다룬 글들이 널려 있다. 죄책감을 갖는 아버지들도 있다고 하지만, 그리 많지는 않으며, 심각한 정도도 아니다. 지금도 여전히 그것은 그들과 무관한 일이다. 그들은 자신들의 습관 목록에 그 죄책감이라는 습관을 추가하지 않고 있다. 왜 그들이 죄책감을 가져야 하는가? 그들은 죄책감을 가져야 한다고 생각하지 않는다. 1997년 한 영국인 보모가 9개월 된 남자아기를 살해했다는 죄로 기소되었을 때, 외과 의사인 아기 어머니는 분노에 찬 편지들을 산더미처럼 받았다. 대부분 여성들이 보낸 그 편지들은 아기와 집에서 하루 종일 함께 있지 않고 일을 한답시고 직장에 나갔기 때문에(일주일에 고작 3일이었다) 아기의 죽음이 어머니 탓이라고 비난하고 있었다. 하지만 마찬가지로 의사인 아기 아버지가 대중의 비난을 받지 않았다는 것은 말할 필요도 없을 것이다. 그는 그런 위험을 무릅쓰고 헌신적인 직업인이 되고자 한 것이었으니까.

여성이 자신이 선택한 삶, 즉 자신이 선택한 번식과 희로애락 전략 때문에 다른 여성들에게서 비난을 받는다는 것은 서글픈 일이다. 최근의 인류 역사에서 여성 간의 경쟁이 해온 역할을 생각하면 이해가 가는 부분도 있지만, 나는 여성들이 누가 어쨌다더라 하는 식으로, 울부짖으며 진탕에서 싸움질하는 이런 경로로 계속 나아간다는 것은 잘못된 적응이라고 본다. 지금 우리는 서로를 필요로 한다. 영구 혁명의 다음 단계에는 구대륙 원숭이 암컷의 특성이 포함되어야 한다. 우리는 더 이상 여성의 권리를 이야기하지 않도록 되어 있다. 그런 이야기를 하는 것은 우는 소리를 하는 약한 자, 코르셋을 입은 신경 쇠약증에 걸린 빅토리아 시대의 부인처럼 행동하는 '피해 자학'이라는 범죄를 저지르는 것이 되기 때문이다. 정치적 공정성과 마찬가지로 피해 자학이라는 비난은 앞서 있었던 불평들을 제거함으로써, 제대로 항의를 하려는 모든 시도를 그 즉시 잠재워버린다. 불평은 피해 자학자들이나 연구하는 것이기 때문이다. 하지만 당신이 불평하지 않는다면, 아무것도 얻지 못할 것이고, 당신이 부당한 것에 소리를 지르지 않는다면, 그것은 없어지지 않을 것이다. 여성들이 이런저런 시시한 여성들이라고 미리 판단된다면, 여성 기타 연주자가 기타를 꺼내 줄을 퉁기기도 전에 "꺼져"라는 말을 듣는다면, 여성들이 집 밖에서 일을 하기 때문에 나쁜 어머니라는 비난을 받는다면, 여성들이 진화적인 이유로 정말로 성을 원하지 않거나 그것을 감추기를 원한다면, 우리는 여성의 힘든 일을 아직 끝내지 못한 것이다.

물론 여성들은 아이들을 돌본다. 하지만 짝 선택이 그 흥정을 할 때 당신이 무엇을 갖고 가느냐, 즉 성장 배경, 성격, 면역계, 신진 대사 같은 세부적인 조건들이 어떠하냐에 따라 달라지는 것처럼, 여성들이 아이들에게 투자하는 방법도 여성마다 제각기 다르다. 육아 전략은 짝짓기 전략만큼 다양하며, 그중 24캐럿짜리 다이이아몬드나 모성의 모든 것이라고 할 만한 전략 같은 것은 없다. 어떤 어머니들은 관심과 사랑과 접촉과 위로가 아이들에게 가장 좋은 것이라고 생각하고서 시간제 부업, 구슬 꿰기, 봉투 붙이기 같은 푼돈 버는 일에 시간을 덜 쓰고 아이들이 원할 때 곁에서 모든 것을 제공하기 위해 온 힘을 다할 것이다. 어떤 어머니들은 아이들이 힘의 과시, 자율적인 어른의 모습을 원한다고 생각할지 모른다. 즉 여성들이 자신의 일, 소득, 권위를 위해 애써야 하며 딸도 마찬가지로 그런 것을 추구해야 한다는 강력한 증거를 원한다고 말이다. 이런 어머니들은 여유가 있어도 일을 그만두지 않을 것이다. 그들은 일하기를 원하며, 그 욕구는 그들의 작전 계획, 즉 아이들에게 맞춘 투자 계획의 일부이다. 하지만 낮에 남에게 맡긴 아이에게 끔찍한 일이 일어나 아이가 죽거나 불구가 된다면, 그 어머니는 견디기 힘든 비난을 받아야 한다. 오직 일하는 어머니만 그렇다. 하지만 온종일 어머니의 보호를 받고 있는 아이가 죽었을 때도 비난이 덜하진 않다. 아이들은 욕조에 받아놓은 물에 빠지며, 계단에서 굴러 떨어지고, 상한 사과 주스를 마시는 일이 다반사이다. 모든 어머니들은 삶은 함정투성이이며 그것을 막을 수 없다는 것을 알게 된다. 그녀는 아이를 모든 상처로부터 보호할 수 없다.

선택, 우연, 필요, 어느 것 때문이든 어머니가 무엇을 하든 간에, 우리 어머니들은 도움이 필요하다. 우리는 이쪽에서 내동댕이쳐지고 저쪽에서 물 세례를 받는 일이 없도록 정서적 도움이 필요하다. 즉 당신은 허약한 노동자이다! 당신은 자아 도취에 빠진 어머니이다! 이제 그만 하자. 우리는 유죄이다. 그것은 X염색체의 잘못이다. 그것이 너무 많은 DNA를 갖고 있는 탓이다. 그것은 이브의 잘못이다. 그녀가 열매와 덩이줄기를 입에 넣는 일에 몰두하지 않고, 아프리카를 떠나 우리를 여기까지 끌고 온 탓이다. 그것은 릴리스의 잘못이다. 그녀가 이브의 무자비한 유순함에 우리를 맡겼기 때문이다. 그것은 말할 나위 없이 우리 어머니들의 잘못이다. 그것은 우리의 난자, 우리의 교활함, 우리의 피, 우리의 꽉 끼는 옷, 우리의 엉덩이와 허리의 비율, 우리의 체내 지방, 우리의 연어 같은 냄새, 우리의 눈부신 재능 탓이다. 우리는 인정한다. 그런데 우리의 포유동물적 대사면, 우리 여성의 면죄부는 어디에 있는가? 우리의 활기와 관대함, 여성을 위한 댈러스 카우걸들은 어디에 있는가?

어머니들에게는 실질적인 도움도 필요하다. 그들은 항상 도움이 필요하다. 아이 하나를 키우는 데는 1,300만 칼로리가 필요하며, 요즘에는 거의 그만큼의 달러가 든다. 경제계는 부모를 돕는 일에는 관절염 환자처럼 느릿느릿 행동해왔다. 우리는 젖이 흐르는 젖가슴 대신 보육원에 아이를 맡긴다. 우리는 투덜대고 또 투덜대면서 맛없는 동물 과자들을 아이 앞에 던져둔다. 페미니즘 운동이 벌어진 지 몇십 년이 지났지만, 지금도 경제계의 표어는 '아기냐, 직업이냐'이다. 공립 학교처럼 누구나 무료로 이용할 수 있는 국립 보육 시설을 설치하는 것은 지속적인 목표가 되어야 한다. 그럴 여유가 없다고? 어느 정파가 그런 말을 하는가? 여성들의 성적 전략과 모성 전략은 매우 다양하다. 패트리샤 고와티가 제대로 지적했듯이, 1970년대의 페미니스트들은 모든 여성들이 같은 목표를 지닌다고 가정하는 오류를 저질렀다. 하지만 여성들에게 보편적인 혜택이 될 만한 목표가 있다고 한다면, 그것은 우수한 무료 보육 시설이다. 아이가 없는 여성들도 보편적인 보육 시설이 있다면 혜택을 얻을 것이다. 여성들이 지속적으로 활동할 수 있도록 해주는 것, 어머니의 죄의식과 그에 수반되어 여성들이 끈기를 요하는 전문적인 일을 맡을 수 없다는 가정에 미치는 부식 효과를 중화시킬 수 있는 것은 모두 여성들, 미친 듯이 노를 저어 가는 배들에게 희망을 주기 때문이다.

그리고 남성들, 아버지들이 있다. 일하는 어머니들은 죄의식을 갖고 있는 반면에 일하는 아버지들은 그에 상응하는 죄의식이 전혀 없다는 글을 읽을 때마다 나는 알고 싶어진다. 왜 아버지들은 죄의식을 느끼지 않는 것일까? 그리고 왜 우리는 아버지들보다 어머니들의 감정과 책임을 더 많이 이야기하는 것일까? 왜 부성은 관심의 대상이 아니며, 가사를 전담하는 아버지들은 왜 여전히 문화적 홍밋거리로 여겨지는 것일까? 후기 산업 사회의 아버지들이 과거의 남성들보다 육아에 드는 일상적인 일들을 더 많이 하고 있는 것은 사실이지만, 여전히 남성들은 여성들이 하는 것처럼 쉽게 아기에게 익숙해지지 않는다.

남성이 게으르고 변명을 늘어놓으면서도 새로 부담을 떠맡았다는 어울리지 않는 상황을 설명하기 위해, 잠시 생물학 쪽으로 눈을 돌려보자. 여성들은 자기 아기와 결속되도록, 돌보고 참고 받아들이도록, 본래 모성 성향을 타고난다고 말해진다. 진짜 어머니들은 어머니의 모습이 반사적인 행동이 아니라 획득된 기술이라는 것을 알고 있다. 애드리언 리치는 이렇게 썼다.

때로는 고통스러운 자기 훈련과 자기 절제를 통해서, 우리는 이른바 '타고났다'고 하는 자질들, 즉 인내, 자기 희생, 한 인간을 사회화시키는 데 필요한 사소하고 일상적인 잡일들을 기꺼이 끝없이 되풀이하는 마음가짐을 배운다.

우리는 젖을 주고, 어루만지고, 곁에 앉자 토닥이고 달래주면서, 스스로에게 모성을 가르친다. 우리는 자신의 몸에게 아기를 중심으로 생활하고 온 정성으로 아기에게 헌신할 기회를 주며, 우리 면역 세포들이 서로에게 자아임을 증명하는 표시를 해주면서, 나는 너야, 나는 네게 속해 있어 하고 선언하는 것처럼, 아기에게 우리의 몸을 준다. 그 보답으로 우리 몸은 우리에게 몸 전체를 뒤흔드는 충격을 안겨준다. 리치는 이렇게 쓴다.

놀랍게도 우리는 지금까지 알고 있던 것보다 더 강렬하고 흉포한 사랑과 폭력의 감정이 동시에 밀려드는 것을 느낀다.

아기를 사랑하고 돌보는 습성을 여성들만 지닌 것은 아니다. 그것은 여성들이 빠져들게 마련인 습성이다. 여성들은 남성들보다 아기 곁에서 훨씬 더 많은 시간을 보내기 때문이다. 하지만 성별 차이는 아니다. 몸은 친화력이라는 섬모들로 뒤덮여 있다. 우리가 기회를 준다면, 섬모들은 일치 단결해 두드리고 적응하고 장단을 맞출 수 있다. 쥐 수컷을 살펴보자. 정상적인 쥐 수컷은 새로 태어난 새끼들을 돌보지 않는다. 쥐의 표준 혼인 계약서에는 아버지로서 헌신한다는 항목이 없다. 하지만 그의 몸에는 애정의 기본 요소들이 들어 있다. 젊은 쥐 수컷을 막 태어난 새끼들이 있는 우리 속에 넣어, 그 쥐가 새끼들의 냄새와 찍찍거리는 소리에 익숙해지도록 하면, 그 쥐는 결국 새끼들을 코로 비비대기 시작할 것이다. 그는 새끼들 위에 몸을 웅크리고서 새끼들을 핥아댈 것이다. 어느 새끼가 보금자리를 못 찾는 듯하면, 그는 새끼를 데려올 것이다. 그는 분홍색 연필 지우개처럼 생긴 이 찍찍거리는 새끼들과 사랑에 빠진다. 이 실험에는 필수적인 요소가 있다. 쥐 어미를 보이지 않는 곳에 치워야 한다는 것이다. 어미가 있으면, 그 어미는 새끼들 가까이 오려는 수컷을 죽여버릴 것이다.

　남성들은 아기를 미치도록 사랑할 수 있으며, 그들이 아기 곁에 앉아 냄새를 맡고 껴안고 하는 시간이 늘어날수록, 그 사랑도 감각적으로 더 풍성해진다. 평균적으로 아버지는 얼마나 자주 맨 가슴으로 아기를 안고 흔들어줄까? 그다지 자주는 아니며, 어머니에 버금갈 만큼도 아니다. 어머니들은 아기를 독점하는 경향이 있다. 그들은 아기를 안고 젖을 먹일 필요가 있으므로, 아기를 안는 습성이 들게 되고, 아기를 떼어놓기를 주저한다. 어머니가 지쳐서 쉬고 싶어질 때에만 아버지가 아기를 안게 되는 경우도 종종 있다. 따라서 그것은 아버지에게 습성이 아니라 허드렛일이자 의무가 된다. 그는 셔츠를 그대로 입고 있다. 그는 단추를 꼭꼭 채우고 있다. 그의 신경 말단은 희미하게밖에 아기의 살을 느끼지 못한다. 그리고 어머니는 아버지가 제대로 하고 있는지 지켜보고 있다. 어머니는 아기 보기의 전문가이며, 아버지는 아무것도 모르는 영원한 애송이이다. 여성들은 남성들이 어색하게 아기를 안고서 투덜대고 당황해하는 모습을 보고 깔깔거린다. 육아는 여전히 어머니의 영역이다. 그녀는 그 분야의 만물박사다. 하지만 남성들이 자기 몫을 하고 그 일에 능숙해지기를 우리가 바란다면, '우리는 젖을 먹이고 당신들은 젖을 빤다'는 식으로 그들에게 의구심이라는 불리한 조건, 역차별을 강요하는 것은 부당하다. 남성들이 신체적 사랑이라는 따뜻하고 영양이 풍부한 물 속으로 뛰어들기를, 아기의 인력을 느끼기를 여성들이 바란다면, 우리는 그들에게 반복해서 아기를 주어야 한다. 젖을 먹이는 사이에, 가슴에서 가슴으로 축구공처럼 아기를 넘기도록. 패스를 하라.

모든 남성들이 아기 돌보기에 온몸을 던지고 밤마다 아기의 숫구멍에 코를 파묻고 다정한 아버지로 남고 싶어하는 것은 아닐지 모른다. 하지만 그런 행동이 가능해지고 받아들여지고 유행이 된다면, 나는 지금보다 훨씬 더 많은 남성들이 그렇게 할 것이라고 장담한다. 경제가 성큼성큼 앞으로 나아가고 여성들이 뒤처지지 않게 전보다 더 열심히 일을 해야 하기 때문에 그렇게 될 수도 있고, 호혜성과 공평성을 위해 타협을 하기 때문에 그렇게 될 수도 있다. 나는 남성들이 필연적으로 여성들보다 아이들에게 투자를 덜 하도록 되어 있으며, 남성들이 번식 측면에서 새로운 자궁들을 정복한다는 더 나은 대안을 갖고 있기 때문에 그들의 발은 항상 신발 속에 들어가 있고 문 밖으로 반쯤 나가 있다는 주장에 동의하지 않는다. 도떼기시장처럼 지구 전체에 사람들이 바글거리는 이 살인적인 경쟁 사회에서 남성들의 번식 성공은 그와 정반대로 행동하는 능력에, 즉 모든 자식에게 관심을 기울이고, 각 아이에게 가능한 한 모든 이점을 주기 위해 정성을 쏟는 일에 달려 있을 것이다. 여성들과 아이들이 언제나 남성들을 필요로 한다고 여겨지는 것과 마찬가지로, 이제 남성들은 여성들과 아이들이 필요하다.

인간의 결합은 밍크의 결합만큼 난폭하고 심각하며, 역설적으로 그 때문에 우리는 감사하고 비난하는 뇌를 갖고 있다. 우리는 오래 열렬하게 사랑한다. 너무 많은 것을 알고 있기 때문이다. 우리는 자신이 죽으리라는 것을 알며, 그 인식은 우리를 깊이 변모시켜왔다. 그것은 우리에게 세계의 종교들을 주었다. 그것은 고대에 우리에게 힘, 존경, 사랑, 관계를 향한 갈망들을 주었고, 그 갈망들이 크롬처럼 빛나면서 우리의 모습을 반사할 때까지 그것들을 순화시켜왔다. 잠시 멈춰 서서 이야기를 해보라. 있는 힘껏 성큼성큼 걸어가보라. 하지만 시간과 휘어진 공간을 기억하라. 당신은 내게, 당신의 친구에게, 당신의 딸에게, 당신의 어머니에게, 당신의 사랑에게 이야기하기 위해 다시 돌아올 것이다.

나는 천성적으로 이상적 비관주의자이며, 기계적인 몽상가이다. 나는 정신과 의지의 영원한 혁신을 믿는다. 1987년 나는 당시 70대 말의 나이인 할머니와 어머니, 열여덟 살인 사촌 줄리와 함께 식사를 하고 있었다. 우리는 할 수만 있다면 남성이 되는 쪽을 택할지를 놓고 이야기를 했다. 우리는 모두 그럴 것이라고 말했다. 놀랍게도 할머니도 그랬다.

"남성들이 더 많은 자유를 누리지."

최근에 나는 어머니에게 그때의 이야기를 했다. 우리 둘 다 이제 그때와는 생각이 달라졌다고 말했다. 우리는 더 이상 남성이 되기를 원하지 않는다. 우리가 더 나이가 들었고 자기 자신을 더 받아들이게 되었기 때문이 아니다. 할 수만 있다면 그렇게 하고 싶다고 말했을 당시에 할머니는 지금의 우리 둘보다 나이가 더 많았다. 뿐만 아니라 지난 10년 사이에 여성들이 많이 발전했다거나 감옥 문이 녹아서 명랑한 수감자들이 이제 풀려났다고 생각하기 때문도 아니다. 나와 어머니는 그런 마음의 변화가 우리의 힘과 정신이 우리 여성성의 훌륭한 부분 속에서 자라난다는 것을 깨닫고, 이곳, 지금, 이 문화에서, 우리가 상상하는 미래에서 여성이 된다는 것이 어떤 의미인지 생각함으로써 깨달음을 얻은 결과라고 본다. 우리 종족은 여성의 종족이다. 그것이 우리 종족을 정의하는 방식이며, 우리는 지금도 그렇게 하고 있으며, 앞으로도 결코 그 방식을 포기하지 않을 것이다. 우리는 영원한 혁명 속에 살고 있다. 그 전율! 우리는 그 종족과 전투를 포기하지 않을 것이다. 우리는 종족을 정해진 영역이나 감투상으로 정의하지 않을 것이다. 남성이 되고자 하는 소망은 우리 스스로가 설정한 것이 아닌 한계와 제약에 굴복하는 것이다. 그것은 나태한 행동이다. 그것은 우리의 것이 아니다.

내겐 딸이 하나 있다. 그녀는 아직 너무 어려서 자신이 어떤 한계를 지니고 있는지 모르며, 자신이 은하수의 여왕이 아니라는 것과 언젠가는 죽는다는 것을 알지 못한다. 그녀는 자신이 소녀라는 것을 알지만, 아직 그것에 개의치 않고 있고, 그것이 무슨 의미인지 깨닫지 못하고 있다. 아마 아무 의미도 없을지 모른다. 아마 내가 그녀를 위해 원하는 게 바로 그것일 것이다. 그녀가 어떤 분류 체계 속에서 자신이 소녀나 여성이 되어 있다는 것을 생각하지 않도록 말이다. 그것은 그녀의 관심사가 아닐 것이다. 그녀는 혜성의 궤도를 계산하거나, 하프시코드를 연주하거나, 자주색 소아병적 공룡과 인터넷 같은 자기 세대의 향수병에 도취되는 것 같은 매혹적인 일에 푹 빠져 있을 것이기 때문이다. 아마 그녀는 내가 페미니즘이라는 정치적 삼엽충을 언급할 때마다 딴 곳을 쳐다보며 연방 하품을 하는 척하면서 내게 인공 호흡기를 끼울 것이다.

아니 아마 그녀는 어머니의 낡은 범선을 머리를 풀어헤친 발키리들과 지느러미가 갈라진 인어들과 안달하는 요정들로 이루어진 반항적인 선원들이 모는 황금과 기쁨으로 충만한 장엄한 배로 교체할 것이다. 내 딸은 때로는 자신의 짝들과 장단을 맞춰, 때로는 그들에게 맞서 고함을 치면서, 풍랑이 이는 바다와 고요한 바다로 거침없이 배를 몰면서 목이 쉬도록 노래를 부를 것이다. 그녀는 전설 속의 자유 해안을 아직 발견하지 못했다. 하지만 상관없다. 그녀에게는 바다가 고향일 테니까.

부 록

생물학적으로 옳다[*]

    과학 저술가로 살아오는 내내, 나는 친구나 친척, 그밖의 일반 사람들에게 과학을 그리 겁낼 필요가 없다는 말을 줄곧 해왔다. 예술이 예술가들의 전유물이 아니고 정치가 미국 수도 워싱턴 얼뜨기들의 전유물이 아니듯이, 과학도 과학자들만의 것이 아니라고 열심히 설득하고 다녔다. 과학은 인류의 재산이다. 우리의 가장 위대한 성취 중 하나이며, 비과학자가 특정한 분야에서, 이를테면 지구 온난화를 헛소리라고 치부하면서 SUV를 탈 미국 소비자의 권리를 내세우는 것과 방글라데시 주민이 해수면에 잠기지 않은 채 계속 살아갈 권리가 대립하는 문제에서 나름의 견해를 피력할 수준까지 과학을 통해 합리적인 소양을 갖추는 것은 어렵지 않다.

    하지만 나는 내가 가장 관심을 갖는 분야인 진화생물학 쪽에서는 이른바 과학적 포퓰리즘이 너무 지나치게 판치는 것이 아닐까 하는 생각이 든다. 지금은 사실상 모든 사람이—남자나 여자, 혹은 TV 대담 프로그램에서 고함을 질러대는 이들 모두가 알고 있는 현대의 모든 악덕들

[*] 로빈 모건의 《자매애는 영원하다Sisterhood Is Forever》(2003)에 대한 서평.

이 머나먼 플라이오세-플라이스토세에 기원했다고 기꺼이 호기롭게 추측하는—아마추어 다윈주의자처럼 보인다. 변호사는 진화 논리를 법정에 끌어들인다. 심리학자는 우울증, 식욕부진, 알코올 중독, 단것 중독의 진화적 토대를 이야기한다. 신학자는 진화를 믿음으로써 신에게 돌아가든 그렇지 않든 간에 사람의 뇌가 신을 믿도록 진화했다고 주장한다.

지금 나는 중력과 열역학 제2법칙이 그저 '이론'일 뿐이라고는 믿지 않듯이, 진화가 단지 이론에 불과하다고는 믿지 않는다. 나는 내 자신을 세포 속 DNA까지 다윈주의자라고 보며, 말이 나온 김에 덧붙이자면 내가 사촌인 침팬지와 DNA의 98.5퍼센트를 공유한다는 사실이 기쁘다. 하지만 자연선택을 통한 진화라는 다윈의 장엄하고 포괄적인 이론에 흠뻑 빠지는 것과 토요일 밤에 비글호가 세계 일주를 하듯이 신나게 술병 돌리기를 한 뒤 그 결과를 '과학'이라고 우기는 것은 별개다. 하지만 최근 들어서 정말 넌더리가 나고 때로 극심한 절망감을 일으킬 만치, 마치 다윈주의 이론인 듯한 분위기를 풍기는 근거 자료도 없는 경박스럽기 그지없는 주장들이 널리 퍼지고 받아들여져 왔다. 그런 것들이 때로 $E=mc^2$의 생물학판인 양 여겨지기도 한다. 그리고 진화로 포장된 개념들 중 가장 그럴듯하면서 알게 모르게 널리 받아들여져 온 것들은 이른바 남녀의 차이를 설명한다고 주장하는 것들이다. 다윈 애호가Darwinophile, 특히 스스로 '진화심리학자'라고 부르는 아종에 속한 이들은 입만 열면 남녀 사이에 넓은 심연이 놓여 있다는 이야기를 떠들어댄다. 어디를 가든 똑같은 이야기다. 지루한 옛 민요 구절을 그저 조금씩 바꿔 부르는 식이다. "호가무스 히가무스/여자는 일부일처제를 좋아해/호가무스 히가무스/남자는 일부다처제를 좋아해." 마찬가지로 곰팡내 풀풀 풍기는 구절로 바꾸기도 한다. "남자는 열정을 불

태우고, 여자는 부끄러운 척하지." 그것만이 아니다. "남자는 양을 중시하고, 여자는 질을 중시해." "남자는 섹스를 원하고, 여자는 사랑을 원해." 진화심리학은 옛 사람들의 말이 옳았음을 새롭게 입증해왔다. 굳이 근거 자료를 들이댈 필요도 없다. 명백한 진리를 입증하는데 자료가 뭐 필요하겠는가? 멋들어진 새로운 이론을 세우고 전문 용어로 가득 채우기만 하면, 얼마든지 엄밀한 연구 결과라는 분위기를 팍팍 풍길 수 있는데 말이다.

한 예로 진화심리학자(이보사이코 evo psycho)는 "마음 모듈 mental module"을 으레 들먹인다. 그 모듈이란 대뇌에서 작은 영토를 다스리는 영주 같은 것인데, 무의식 수준에서 독자적으로 작동하면서 우리 같은 골수 페미-나치 femi-Nazi가 원할 법한 합리적이고 통합적이고 사려 깊은 방식으로 행동하는 것을 막는 일을 한다는 것이다. 이보사이코들이 스위스 군용 칼에 들어 있는 각각의 도구들에 비유하기를 좋아하는 이 세밀하게 연마된 모듈들 때문에, 우리는 비논리적이면서 더 나아가 자신의 삶 전체에 역효과를 빚어낼 수도 있는 짓들을 한다는 식이다. 이를테면 우리의 '짝 찾기' 모듈이 키 큰 남자나 가슴 큰 여자를 좋은 유전자나 애를 쑥쑥 잘 낳을 자궁을 지닌, 따라서 번식이라는 일에 알맞은 최상의 도구를 지닌 사람으로 보기 때문에, 우리는 어리석은 짝을 선택한다는 것이다. 그렇다면 우리의 지성 모듈이나 친족 유대 모듈이 짝 찾기 모듈이 데려온 상대를 반대한다면 어떻게 될까? 아니 이런 마음 모듈이 존재한다는 증거가 아예 없다면 어쩔 텐가? 또 이보사이코들은 남녀의 '차등적인 번식 잠재력'을 강조하면서, 남자의 정자와 여자의 난자의 수 차이를 우리가 떠올릴 수 있는 모든 성별 불평등에 적용한다. 여성 CEO나 노벨상 수상자가 드문 이유, 여성의 평균 임금이 더 낮은 이유, 진취성, 활동성, 역경에 굴하지 않으려는 태도의 차이 등

등에 말이다.

남녀 사이에서 '진화한' 차이점들은 실제로 입증되기까지는 가설로 여겨야 하지만, 이제는 더 이상 그렇지 않다. 1990년대 초까지는 그렇게 여겼을지도 모르겠다. 지금은 오히려 이미 받아들여진 사실로 취급하는 경향이 강하다. 한 예로 생명윤리학자 레온 카스(Leon Kass, 조지 부시 대통령이 국가생명윤리 자문위원회 위원장으로 임명했다)는 〈구애의 종말The End of Courtship〉이라는 글에서 "오그던 내시〔Ogden Nash, 미국의 시인〕가 옳았다"고 선언함으로써—설명도 주석도 인용문도 없이—진부한 호가무스 히가무스 민요를 다시 읊는다. (카스를 위해 한마디 하자면, 그 문장은 윌리엄 제임스William James가 쓴 것이다.) 국가 윤리 규범의 수호자인 그는 구애와 혼인의 "자연적인 장애물"이 "얽매이지 않고 돌아다니려는 인간 남성의 깊이 밴 타고난 성향"이라고 주장한다. 더 나아가 카스는 "특히 기독교가 남성의 성욕과 성적 갈망을 순화시키려 시도한 것이 좋은 사례"라고 말한다. 하지만 그 좋은 사례란 것은 700명의 아내와 300명의 첩을 둔 구약성서의 솔로몬 왕 같은 인물을 순화한 남성성의 모범 사례로 보느냐 여부에 달려있다. 카스는 현대 여성들을 딱하게 여긴다. 우리가 "생식 능력이 가장 왕성한 시기를 아버지의 집이나 남편의 집에서 살지 않고" 언약도 없이 이 침대 저 침대로 부자연스럽게 옮겨 다니기 때문이다. 그는 우리가 "성적 해방"을 즐기는 것이 아니라, 자포자기하여 "보호받지 못하고 고독하며 타고난 본성에 어긋난" 그런 짓을 저지른다고 말한다.

인공 감미료를 듬뿍 넣은 듯한 카스의 과거를 동경하는 태도가 전반적으로 역겹다는 점은 논외로 치고, 나는 그런 자칭 신다윈주의자들이 그 거들먹거리는 태도를 평균적으로 남성이 여성보다 성적으로 더 탐욕스럽고 바람기가 더 많다는 주장에만 한정한다면 정말로 상관하지 않으련다. 물론 그 주장을 믿는 것은 아니며, 사실 그렇지 않다고 시사하는 증거들도 있다. 유전 상담가들은 유전자 질병 유전자가 있는지 알아보기 위해 임신부들이 으레 받는 산전 검사를 하다가, 뜻하지 않게 태아 중 5~15퍼센트가 엄마의 정식 남편이 아니라 다른 남자의 자식임을 알아차렸다. 그리고 그 모든 여성들이 불륜을 저지르기 위해 "타고난 본성"에 억지로 맞선 것은 아니라는 점도 명백하다.

그렇긴 해도 나는 내 성적인 갈망을 속으로만 간직할 수 있으며, 그 때문에 동료인 남성이 나보다 자신의 성욕이 더 크고 더 통제하기 어렵다고 주장하고 싶은 마음이 든다면, 얼마든지 그렇게 해도 좋다. 그보다 훨씬 더 심란하게 만드는 것, 그리고 도저히 수긍할 수가 없어서 공개적으로 나서서 고래고래 분노를 쏟아낼 수밖에 없는 것은 남성이 성적인 측면에서만이 아니라 인생에서도 더 큰 열정을 지닌다는 식으로 확대 적용하는 이보사이코 무리의 성향이다. 카스는 남성이 타고난 성적 "포식자"이자, "본래 여성보다 더 활동적이고 야심적이다"라고 적고 있다. "열의 없는 여성이 죽음에 맞선 생명의 생식력과 강력하고도 직접적으로 연관된 반면, 남성은 죽음의 공포에서 벗어난 영웅적인 행위, 위대한 탐구, 진정으로 이 분야 저 분야를 오가는 모험심과 관련이 있다."

더 후안무치한 이들도 있다. 성을 연구하는 학자들이 많은 한 온라인 모임에서, 최근에 한 회원이 출처가 불분명한 다음 인용문에 평을 해달라고 요청했다.

서로 구별되는 진화 역사를 거친 결과, 평균적으로 유전적 남성은 유전적 여성과 근본적인 행동 측면에서 다르다. 남성은 여성보다 더 경쟁적이고, 공격적이고, 창의적이고, 탐구적이다. 이 행동 특징들은 어느 정도는 인류 사회 전체에서 뚜렷이 나타나며, 통계를 보면 논란의 여지가 없다. 이 평균적인 차이는 인류 역사 내내 정치, 건축, 과학, 기술, 철학, 문학을 비롯한 인간의 활동과 두뇌가 집중되는 분야들에서 남성이 주류를 이루고 업적을 이루어 왔다는 점에서 명확히 드러난다. 남녀의 이 평균적인 차이는 수만 년에 걸친 인류 진화 과정에서 남성이 접한 환경 요구 사항이 달랐기 때문이라고 보는 것이 합리적이다. 오늘날 이 차이들은 남성의 유전적 및 호르몬적 조성에 토대를 두고 있다.

이 글을 읽은 내 반응은 이러했다. 뭐라고? 농담해? "유전적 및 호르몬적 조성" 때문에 남성이 여성보다 더 "창의적"이고 "탐구적"이라고? 누가 한 말인데? 어떤 자료를 갖고 한 말인데? 하지만 실망스럽게도 모임의 다른 회원들은 아무렇지도 않은 기색이었다. 한 교수는 "성차의 진화심리학 쪽에서는 꽤 일반적으로 받아들여진 내용입니다"라고 무심하게 내뱉고는, 《왜 남자가 지배하는가Why Men Rule: A Theory of Male Dominance》라는 퉁명스러운 제목의 책을 비롯하여 진화생물학 대중서들을 나열했다. 그 교수의 수업을 듣는 여학생들이 안타까웠다. 그 수업에서 뛰어난 성적을 올리는 데 필요한 바로 그 형질들에서 남성이 본래 이점을 타고났다는 그 확신에 찬 견해를 들어야 하니까. 그래, 가슴골만 빼고 말이다.

욱해서 빈정거리려는 뜻으로 한 말은 아니다. 아니, 맞다. 하지만 나는 그토록 많은 진화적 헛소리들이 불평하는 소리도, 다른 식으로 해석하려는 시도도 없이 오만하고도 쉽게 나올 수 있다는 사실에 좌절하고 있다는 점도 드러내고 싶다. 내가 이해가 언제나 무지와 부정을 이긴다는 이유만으로도 우리 역사의 깊은 근원을 살핀다면 현재의 우리 삶이 풍성해질 수 있다고 굳게 믿는, 다윈주의의 골수 애호가라는 점을 기억하자. 또 나는 진화생물학이 현재 성장 산업이며, 학계 안팎에서 현재의 인간 행동을 다윈주의 관점에서 살펴보려는 노력이 앞으로 더 활기를 띨 것이라고도 믿는다. 거기까지는 좋다. 하지만 아마 우리는 그 분석을 소수의 자기 준거적인 진화심리학자 패거리에게 맡겨서는 안 될 듯하다. 극소수의 포괄적이고 단순화한 이분법 공식을 갖고서 현 상황을 공고히 하려고 애쓰는 이들에게는 안 된다.

아마 우리는 자신의 더 사악한 목적을 위해 다윈주의 원리들을 이용할 방안을 추구해야 할 듯하다. 페미니스트적 충동을 새롭게 이해하는 것부터 말이다. 많은 주류 신다윈주의자들은 페미니즘을 내치려 한다. "우리는 과학자야! 인간 본성에 관한 진리를 탐구해야 해. 그 진리가 아무리 불쾌해도." 그들은 독선적인 태도를 고수한다. "우리는 '정치적 공정성'을 주장하는 세력에 맞서서 진리를 추구해야 해."

하지만 이 독선적인 내치기는 페미니즘과 그에 따르는 평등주의적 충동이 인간 본성의 아주 큰 부분을 차지한다는 사실을 못 보는 것이다. 따라서 우리 욕망의 기원을 설명하겠다고 하는 이론 체계라면 모름지기 우리 같은 이들이 애초에 왜 페미니스트가 되고자 하는지도 설명할 수 있어야 한다. 나는 페미니즘이 진화한 형질이라고 주장하련다. 즉 그것은 회피해야 할 것이 아니라, 풀어야 할 퍼즐의 한 부분이다. 페미니스트이기도 한 진화생물학자가 이 특정한 퍼즐 조각을 맡는다면, 그들은 이보사이코 비판자들이 "정치적" 동기에 이끌려 간다고 자신들에게 조소를 보낼 때, 자신들이 가장 "과학적"이라고 정당하게 말할 수 있다.

일부 과학자들은 상투적인 사항을 넘어서 인간의 동기라는 더 미묘한 쪽을 파헤칠 필요가 있음을 알아차린다. 그것은 인간 본성의 융통성, 즉 남녀가 주변의 상황이 변함에 따라 사회적 및 번식적 전략을 조정할 능력이 있음을 인정하는 것이다. 최근 들어 여성 과학자만이 아니라 남성 과학자도 우리 심리가 사실상 유전적 진화가 일어나지 않을 때도 진화하고 있으며, 진화하도록 설계되어 있다는 개념을 통합하는 방향으로 진화심리학을 확장할 것을 주장해왔다. 좋든 나쁘든 간에 그것이 바로 우리가 지표면의 거의 모든 서식지에 정착하고 지구와 그 안의 눈부신 다양성을 호모 사피엔스를 위한 드넓은 놀이터로 바꿀 수 있었던 이유다. 우리는 잡식동물이기 때문이다. 그 용어의 모든 의미에서, 영양학적, 문화적, 행동적인 모든 측면에서 그렇다. 우리의 융통성을 무시하는, 즉 남자는 전부 또는 대부분 이렇고 여자는 전부 또는 대부분 저렇다고 말하는 모든 이론 체계는 그저 분노를 자극하는 데에나 적합할 뿐이다.

나로 하여금 당장 불 지를 성냥을 찾아 달려가게 만든, 마찬가지로 성차별적인 그 온라인 모임에서 접한 엄밀한 절대주의의 사례가 하나 있다. 한 철저한 진화심리학자가 자신의 사소한 단상을 제시한 뒤, 친절하게도 우리에게 어떻게 생각하는지를 물었다. "한 경기가 있다. 이기면 두 가지 상 중 하나를 받는다. 열흘 동안 명품 백화점에서 무제한으로 쓸 수 있는―즉 원하는 무엇이든 갖고 갈 수 있는―매장 카드를 택하거나, 대단히 매력적인 상대 10명을 골라서 매일 밤마다 교대로 방으로 데려가서 옷을 찢어발기면서 광란의 섹스를 하는 쪽을 택할 수 있다. 나는 젊은 남성이라면 거의 100퍼센트 후자를 택할 것이고, 여성이라면 나이가 많든 적든 간에 거의 100퍼센트(아니 말 그대로 100퍼센트) 전자를 택할 것이라고 장담한다."

섹스 대 명품이라는 오래된 양자택일 문제다. 이 글을 읽으면서 나는 생각했다. "선생님, 어느 쪽도 아니랍니다." 나는 내가 꿈꾸는 상이 무엇인지―혹은 내가 아이가 없는 독신이었다면 어떠했을지―말하지 않겠지만, 이 두 가지는 아니며, 과거에도 마찬가지였다. 게다가 많은 훌륭한 진화과학자들을 비롯하여, 이 두 가지 상에 관심이 없는 사람은 많다. 나는 가장 존경하는(그가 이따금 과학계의 풍토병이라 할 계몽주의적 태도를 보일 때를 빼고) 과학자인 뉴욕 주립대학교 빙엄턴 캠퍼스의 데이비드 슬로언 윌슨David Sloan Wilson에게 불편한 심사를 털어놓았다. 윌슨은 자신이 여전히 진화심리학자라고 생각하면서도 현재의 이 보사이코 문헌들 중 상당수를 비판해왔다. 그래서 나는 그가 인간 본성의 진화를 이해할 더 포괄적이고 확장된 접근법을 원하는 내 심경에 공감할 것이라고 생각했다. 나는 그에게 그 단상을 보내면서 내 불편한 마음을 적었다. 흡족한 답신을 해준 그에게 다윈의 축복이 있기를! "'어느 쪽도 아니다'라는 당신의 대답은 진지한 과학적 이론으로 체계화할 수 있습니다. 진화심리학 관점은 여성의 모든 자원이 남성을 통해서 흐른다고 가정합니다. '최고의 남편 찾기'나 '성적 선호로부터 얻는 보상을 최대화하기' 전략만 빼고요. '자기 결정', 즉 스스로 원하는 것을 하기라는 대안은 아예 목록에서 빠져 있어요. 이 대안을 단순히 추가하기만 하면, 페미니즘은 진화생물학의 텃밭에서 진화생물학의 목소리를 잠재울 수 있는 진화적 목소리를 갖게 되겠지요." 그다음에 윌슨은 내게 주의를 환기시키는 훈계하는 중간 광고를 넣었다. "협소한 진화심리학 관점이나 인간 행동에 관한 다른 어떤 못마땅한 진화론"에 반론을 펼치고 싶을 때마다, 비판자들의 어리석음을 보면서 우쭐한 나머지 진화를 통째로 거부함으로써 "다윈주의라는 깃발의 반대편에 서는" 일이 없도록, 내 자신의 진화 관점에서 그렇게 해야 한다는 것이었다.

이어서 그는 말을 계속했다. "여담이지만, 섹스 대 명품 실험은 아무리 쥐어짜도 먹히지 않을 겁니다. 뇌가 있는 남성이라면(대다수의 사례에서는 모순어법이겠지만) 명품 카드를 선택해서 열흘 동안 물건을 왕창

구매했다가 10명이 넘는 여성들과 실제로 임신시킬 만큼 오래 관계를 가질 수 있겠지요. 명품이 아니라 중저가 옷을 살 수 있는 카드라면 아마 낚싯대에 매달아 멀리 던져버릴 겁니다. 여성을 택한 얼간이는 아마 5일째 밤이 되면 이게 아니다 싶은 생각을 할 것이고, 8, 9, 10번째 여성에게는 섹스 대신에 그냥 TV나 보자고 할 겁니다." 월슨은 조지 버나드 쇼의 말을 빌려서 결론을 내렸다. "'그들은 자신들의 풍습을 인간 본성이라고 착각하는 야만인들이다.'"

우리는 어떻게 하면 다윈주의라는 축복 받은 텃밭을 이용할 수 있을까? 어떻게 해야 자연의 잔혹한 매타작을 수백만 년 동안 받아 왔다는 점에 비추어서 현재의 우리 자신을 새롭게 이해할 수 있을까? 최근 진화심리학계가 내놓은 가장 인기가 많은 해석들에서 외면을 받았다고 내가 느끼는 개념 몇 가지를 살펴보자. 내가 정식 자격증을 갖춘 다윈 애호가는 아니지만 나는 진지하게 내 능력을 최대한 발휘하여, 석기 시대의 쇼핑에 탐닉하는 것보다 더 원대한, 아니 적어도 더 복잡한 인생 목표를 지닌 우리의 조상 이브를 그려보고자 한다.

먼저 실제로 있는 중요하면서 왈가왈부할 여지가 없는 남녀의 차이점이 무엇이라고 생각하냐고 누군가 내게 물을 때마다 내가 내놓는 대답부터 말하기로 하자. 나는 인간 본성처럼 만질 수도 없고 화석으로 된 증거도 없는 것의 근원을 논의할 때에는 우리 모두가 무지한 처지라고 주장하면서 서두를 뗀다. 하지만 심오한 결과를 빚어내는 한 가지 큰 차이점이 있다. 재미있는 유사점이라고도 할 수 있다. 여느 영장류 암컷들과 마찬가지로 여성도 두 가지 핵심 욕망을 지닌다. 첫 번째는 자원을 확보하려는 욕망이다. 자신과 자녀를 위해 식량, 보금자리, 그리고—너무나 무례하고도 냉랭하게 털을 뽑힌 이래로 죽 그래왔듯이—옷을 구하려는 욕망이다. 두 번째는 자신의 성생활과 번식을 통제하려는 욕망이다. 남성의 핵심 욕망은 무엇일까? 남성도 자원을 확보하고 번식 수단을 통제하기를 원한다. 남성이 단위생식을 하지는 않으므로, 후자는 여성을 통제하는 것을 의미한다. 이 욕망에 본질적으로 잘못된 부분은 없다. 하지만 남녀가 똑같이 가치 있는 자산—여성의 몸—을 놓고 싸운다는 사실은 지겨울 정도로 끊임없이 파헤침을 당한 "남녀 간 전쟁"이 이 체계의 많은 부분을 구성하고 있다는 의미다. 남녀가 결코 잘 지낼 수 없다고 주장하는 것이 아니다. 최고의 친구와 동료는 때로 교활한 경쟁자일 수도 있다. 《일리아드》의 그리스 전사들을 생각해보라. 그들은 트로이 전쟁을 벌이는 사이사이에 누가 가장 빨리 달리고 가장 멀리 던지고 가장 높이 뛸 수 있는지 알아보기 위해 미니 올림픽을 연다는 더할 나위 없이 열정적으로 여가를 보내는 방법을 생각해냈다. 게다가 모두 홀딱 벗고 말이다. 가장 서로 잘 맞고 육체적으로 결합된 엄마와 아기조차도 미묘한 갈등을 빚는다는 점을 떠올려보라. 태아는 아주 빨리 아주 크게 자라기를 원하는 반면, 엄마는 앞으로 출산할 때 자기 몸이 상하지 않을 수준으로 태아의 크기를 작게 유지하기를 원한다. 그것이 바로 태아의 특정한 유전자들이 태반의 성장을 촉진하도록 되어 있는 반면, 엄마의 몸에 든 같은 유전자들은 태반의 성장을 억제하는 일을 하는 이유다. 아기는 해가 지나도 계속 젖을 빨고 싶어 한다. 수유 기간이 길수록 그만큼 배란이 억제되어 경쟁할 동생이 태어나는 것을 막을 수 있다. 한편 엄마는 탐욕스럽게 빨아대는 아기에게서 그만 젖을 떼고 싶어 하며, 자신의 칼슘 창고가 고갈되고 몸의 모든 뼈세포를 위험에 빠뜨리는 일 없이 아기를 몇 명 더 낳고 싶을 수도 있다.

하지만 그런 무의식적인 이해 충돌이 엄마와 아기가 종종 보여주듯이 매우 사랑하는 사이가 아니라 '사실상' 적이라는 뜻은 아니다. 오히려 그들은 실낙원을 내놓고 대신 복낙원을 얻고 14캐럿짜리 화해를 통해 서로 결합되고 그 유대를 즐기는 살아 있는 존재들이다. 그렇듯이 남녀도 서로의 눈을 바라볼 필요가 없이—아니, 오히려 그 편이 더 바람직하겠지만—서로 열심히 사랑할 수 있다. 모두 폭넓고 주의 깊게 살펴볼 수 있는 눈을 지니고 있다는 전제 하에 그렇다.

남녀의 내적 논리가 뜻하는 바는 남녀가 말하는 자유의 정의가 서로 다를 수 있다는 것이다. 이보사이코들은 표준적인 남성 우위 관점에서 남성의 '활동성'과 '헌신'을 원하는 여성의 욕망 사이의 충돌을 강조한다. 앞서 인용한 레온 카스의 글이 대표적이다. 그들은 남성이 자유를 원하는 반면 여성은 그렇지 않다고 가정한다. 하지만 더 암컷 영장류 관점을 취한다면, 여성의 자유를 원하는 쪽은 여성이고, 남성, 아니 남성 집단 전체는 그녀를 제약하기로 결심한 듯이 보일 때가 아주 많다. 침팬지 암컷이 다 따먹은 덤불 A에서 열매가 잔뜩 열린 덤불 B로 옮겨가려는 충동을 지닌 것과 마찬가지로, 여성은 홀로 거리를 걸어갈 자유를 원할 수도 있다. 하지만 걷는 이가 도시의 젊은 호모 사피엔스라면, 그녀는 도중에 자유롭게 돌아다니는 그 어떤 유인원보다도 더 무자비한 시달림을 받을 것이다. 또 여성은 암컷의 선택female choice이라고 하는 어머니 자연의 오래된 선물을 활용할 기회도 원할 수 있다. 즉 자신이 좋아하지 않는 남성은 피하고 좋아하는 남성과 사귀고, 새살거리고, 서로 잘 맞는다면 짝을 맺을 수도 있다.

하지만 너무 공격적일 만치 소유욕이 강하거나 또는 여성이 원하는 남성의 명단에 선택받지 못해 탈락한 남성들에게 매맞고 학대당하거나 살해당하는 여성이 얼마나 많은지 생각해보라. 물론 많은 남성은 여성의 선택 범위 내에서 활동하고 마음에 드는 여성을 기쁘게 하려 애쓰며, 마찬가지로 여성도 대개 자신을 선택해주었으면 하는 마음에 남성을 기쁘게 하려 애쓴다. 하지만 여성의 선택에 따르는 제약을 도저히 참아내지 못하는 남성도 있다. 그는 여성이 허락한 몸을 오직 자신에게 만 영속시킬 수단을 확보하길 원한다. 그래서 때리고 덮치고 하면서 당장 정복하려 나선다! 이런 사례들에서 과연 누가 누구를 "길들이려" 하는 것이고, 혼인 생활의 기쁨을 맛보기는커녕 가장 두려움에 시달리면서 살아가는 이는 누구일까?

이보사이코들은 남성이 성적 질투심에 포악해질 수 있다는 점을 잘 안다. 그래서 그들은 질투의 힘을 남녀의 전략 차이를 설명하는 많은 이론들에 삽입했다. 하지만 그들은 남성의 질투가 여성이 타고난 페미니스트—이 꼬리표를 붙이든 경멸하든 간에—이기 때문에 존재한다는 사실을 인정하지 않는다. 남성처럼 여성도 배회하고 탐사하고 실험할 자유를 원한다. 고도로 지적이고 탐구적이고 기민하고 기회주의적이고 사회적인 종이 지녔을 것이라고 예상할 수 있는 욕구들을 말이다. 그것은 자율성을 원하는 우리의 '본성'과 '어긋나는' 것이 아니다. 개체는 번식의 단위다. 기나긴 진화의 환상적인 노력을 통해, 개체는 자신의 독특한 유전체를 좋아하도록, 그 유전체를 가능한 한 집단으로 퍼뜨리기를 원하도록 태어난다. 개체는 선택권을 빼앗긴 채 노예가 되어 떠밀려 다니는 것을 좋아하지 않는다. 개체는 지나친 억압에 맞서려는 경향을 보인다. 이것은 '정치적 공정성political correctness'이 아니다. 이것은 상식, 다원주의적 의미에서의 상식이다. 즉 우리의 과거, 현재, 미래를 보는 관점에서 그렇다.

그리고 금전적이라는 강력한 의미도 있다. 여성은 돌아다니면서 꼼꼼하게 고른다는 평범하고도 오래된 영장류의 자유를 갈망하는 것만이 아니다. 카스와 그 동료들이 뭐라고 주장하든 간에, 여성은 본래 야심적이기도 하다. 그들은 사회적 권력, 존경, 찬미를 원한다. 그런 욕망은 현대 페미니즘 운동의 창안물이 아니다. 그것은 우리의 생득권, 아니 지극히 사회적인 종으로서의 우리가 지닌 짐이다. 사회적 종에서는 개체의 힘이 곧 모든 좋은 것들을 지닌다는 의미가 된다. 게다가 찬사와 높은 지위를 원하는 마음은 더 친숙한 '양육' 측면과 대비되는 것이 아니다. 두 욕망—사회에서 성공하려는 욕망과 아이를 돌보려는 욕망—은 동일한 욕구의 발현 형태들이다. 훌륭한 엄마는 강한 엄마이기도 하다. 훌륭한 엄마는 자식을 위해 자원을 그러모을 수 있고, 진정으로 훌륭한 엄마는 이웃의 다른 엄마들과 경쟁하여 이길 수 있고, 그럼으로써 아이가 진정으로 잘 자랄 수 있도록 하는 반면, 덜 야심적인 엄마의 아이들은 숲 뒤쪽 아칸서스 잎 사이에 숨어서 돌아다니다가 표범에게 하나씩 잡혀 먹힌다.

여성들의 내면의 야심은 여성이 집이나 부르카에 갇혀 지내지 않는 모든 나라에서 볼 수 있다. 아주 조금이라도 기회가 엿보이면 여성들은 학교로 몰려간다. 미국의 대학교 당국자들이 교실에서 남성의 얼굴이 덜 보인다고 한탄할 정도다. 여성들은 놀라울 만치 수월하게 전문직에 진출한다. 현대 여성 운동에 힘입어서 그전까지 금지되어 있던 분야들이 여성에게 개방된 이래로, 여성 의사와 변호사의 수는 겨우 몇 퍼센트에서 거의 50퍼센트로 급등했고, 여성이 소유한 기업들은 우리 사회에서 가장 빠르게 성장을 거듭하고 있다. 여성이 남성의 지원을 받으면서 집 안에 틀어박히기를 갈망한다는 식으로 언론 매체들이 호들갑을 떨어대고 있지만, 늘 여론 조사를 해보면 직장 여성들이 대부분 돈을 버는 쪽을 좋아한다는 사실이 여실히 드러난다.

이런 증거가 있음에도, 이보떠벌이들은 여성에게 야심이 있다는 사실을 무시하거나 부정해왔다. 이 무시하는 태도의 배후에는 진지하게 구워댈 필요가 있는 두 가지 개념적 밤알이 있다.

첫 번째는 암수가 번식 측면에서 크게 다르다는 개념이다. 이 개념에 따르면, 수컷은 번식 스펙트럼에서 "빵점자"나 "영웅"이라는 양쪽 끝에 몰리는 경향이 있으며, 따라서 아예 번식을 못하는 수컷이 대부분이고, 운 좋은 소수만이 암컷의 대부분을 독차지하여 다음 세대의 대부분을 낳는다고 한다. 대조적으로 암컷은 다소 같은 수의 자식을 낳고 비슷한 육아 능력을 지닌, 상호 교체 가능한 존재로 비추어져 왔다. 따라서 수컷은 고도로 야심적이고 경쟁적이 되도록 강한 자극을 받는 반면, 암컷은 조신하게 예상할 수 있는 수의 새끼를 낳아서 기르는 일에 몰두하는 편이 유리했다는 것이다.

DNA 지문 분석 기법을 이용하여 친자 관계를 광범위하게 살펴본 최근의 연구 결과들은 이 속설을 타파해왔다. 많은 종에서 우두머리 수컷이 추정했던 것보다 새끼를 덜 낳으며, 패배자로 여겨지던 수컷이 정자 면에서 종마라는 사실이 드러나곤 한다. 한편 암컷들의 번식 능력도 예전에 생각했던 것보다 편차가 훨씬 크다는 점이 드러난다. 남들보다 새끼를 키우고 돌보는 능력이 훨씬 뛰어난 암컷도 있으며, 그런 슈퍼맘 supermom은 자기 사회의 발전소 역할을 한다. 한 예로, 제인 구달이 오랫동안 연구한 곰베 침팬지 무리에 속한 플로Flo는 지금까지 조사한 침팬지 중 새끼를 가장 많이 낳은 암컷이었다. 플로는 9마리를 낳아서 한 마리만 빼고 모두 다 자랄 때까지 키웠다. 평균적인 침팬지 엄마에 비해 적어도 2배 높은 성공률이다. 또 플로는 지금까지 연구자들이 관찰한 침팬지 암컷 중 가장 강했다. 플로는 지위가 가장 높으면서 몸집이 훨씬 더 큰 수컷들을 제외하고 가장 좋은 먹이가 있는 자리에서 거의 모든 침팬지들을 내쫓고 독차지할 수 있었고, 하위 침팬지들은 그녀의 털을 골라줄 기회를 얻기 위해 서로 경쟁했다. 플로가 너무나 강했기에, 플로의 딸들은 사춘기 암컷들이 대개 다른 곳으로 떠밀려 나가는 데 반해 태어난 무리에 그대로 머물 수 있었다. 그리고 그 딸들은 강력하면서 새끼를 많이 낳는 여가장이 되었다.

영장류학자인 세라 블래퍼 허디Sarah Blaffer Hrdy는 걸작 《어머니의 탄생Mother Nature》에서 이렇게 썼다. "플로 같은 어미 침팬지는 그저 맹목적인 양육자가 아니라, 기업가적인 군주이기도 했다……암컷의 지위 추구—원한다면 야심이라고 말할 수도 있다—는 자식과 손자 손녀를 키우는 능력과 분리할 수 없게 되었다." 허디가 간파했듯이, 영장류 암컷의 정신에 지역을 장악하려는 일반적인 성향이 자리 잡은 것은 오래전이며, 그럼으로써 높은 지위를 차지하는 동시에 성공한 어미가 될 수 있었다.

이보사이코들이 암컷의 야심을 무시해온 또 하나의 이유는 여성이 어떤 지위와 권력을 추구하든 간에 간접적으로 추구하며 남성이 힘세고 야심적이고 강하다고 가정하고 있기 때문이다. 이 가정은 다른 영장류 암컷들에 비해 인간 여성이 남성에게 훨씬 더 많은 것을 필요로 한다는 더 큰 교조적 견해의 일부다. 그 견해에 따르면, 사람 아기는 오랜 기간 무력한 상태이므로 여성이 홀로 키울 수 없다는 것이다. 그래서 사랑, 연애, 헌신적인 아버지가 진화했다는 것이다. 여성이 자식을 키우는 데 도움이 필요하다는 것, 다른 유인원 암컷들보다 훨씬 더 많은 도움이 필요하다는 것은 맞다. 하지만 가장 최근의 인류학적 증거들은 여성이 여러 방면에서, 즉 남성, 친척, 좀더 자란 아이들로부터 그런 도움을 받는다는 것을 강하게 시사한다. 일부 전통 문화에서는 나이 든 여성들이 더 젊은 친족의 복지에 없어서는 안 될 역할을 한다. 반면에 남편이 집으로 가져오는 것보다 여성의 형제, 삼촌, 남성 사촌들에 더 의지하는 사회도 있다. 또 여성이 많은 지인들로부터 도움을 받는 사회도 있다. 인류학자인 메러디스 스몰Meredith F. Small은 《아이: 생물학과 문화는 우리가 아이를 키우는 방식을 어떻게 바꾸었나Kids: How Biology and Culture Shape the Way We Raise Our Children》(2001)에서 전 세계에서 육아의 약 90퍼센트는 나이가 더 많은 형제자매들이 맡는다고 썼다.

요약하자면, 어느 시대든 어느 지역에서든 간에 여성들은 육아 위기의 해결책을 찾을 때마다 놀라울 만치 창의적이고 적응적인 해결책을 내놓아 왔다. 우리는 늘 이런저런 형태로 아이를 돌보면서 살아 왔다. 한편 남성도 나름대로 헌신적인 아버지상을 보여주기도 하지만, 반드시 그렇지는 않다. 제프리 밀러Geoffrey F. Miller가 《메이팅 마인드The Mating Mind》에 썼듯이, 우리가 부성애라고 보는 행동 중 상당수는 현재의 짝을 기쁘게 하고 아마도 주변에 있는 다른 암컷들의 주의를 끌기 위한 구애 행동의 방식일 수도 있다. 밀러는 묻는다. 좋은 부성애 행동이 모성애 행동과 동일한 근원—자식의 생존 가능성을 높이려는 욕구—에서 나오는 것이라면, 왜 그토록 많은 아버지들이 이혼하거나 내팽개친 여성의 아이들에게 거의 아무런 투자도 하지 않는 몹쓸 아비가 되는 것일까? 어쨌거나 DNA 친자 검사는 아주 최근의 발명품이며, '엄마의 아기/아빠의 아기인지는' 이라는 대구로 요약되는 남성의 두려움이 당장 사라지지는 않을 것이다.

부계의 불확실성이 책임을 회피하려는 미적거리는 아버지를 낳는다면, 우리는 그 남성이 아무리 최고 권력자라고 해도 한 명에게 자신의 미래와 아이들의 복지를 맡겨야 할지를 놓고 마찬가지로 미적거리는 여성이 나올 것이라고 예상할 수 있다. 여성이 자신을 쉽게 내버리거나, 사냥을 나갔다가 죽거나, 단순히 사기꾼으로 드러날 수도 있는 야심적인 남성과 혼인할 기회만을 바라면서, 어느 정도 개인적인 힘을 갖추거나 자원을 확보할 믿을 만한 경로를 개척하려는 시도를 전혀 하지 않는다면, 그 얼마나 바보 같은 짓인가. 제인 오스틴의 책은 말할 것도 없이 인류 역사에서 많은 사례를 볼 수 있기 때문에, 여성이 정말로 짝에게 미래를 내맡기도록 '진화했다'고 생각하고 싶을 수도 있겠지만, 사실 여성이 남편에게 극도로 의지하는 현상은 아주 최근에 나타난 것이며, 이혼을 어렵게 하고 자녀 양육비를 안 주는 아버지를 처벌하는 강력한 법에 기대고 있는 것이다. 최근 수십 년에 걸쳐 이혼 관련 법률이 느슨해짐에 따라 보아왔듯이, 남편에게 경제적으로 완전히 의존한다는 모형에 매달리는 여성들은 혼인이 파탄 났을 때 경제적으로 극심한 곤경에 빠지며, 아이들과 함께 빈곤층으로 전락할 가능성이 너무나 높다. '내 남자가 식권이다'라는 그런 위험한 전략이 법 제도도 없고 늘 기근 위험에 시달렸을 선사시대에 출현하여 유지되어 왔을 것이라는 개념은 내가 보기에 우스꽝스럽기 그지없다. 더 야심적이고 약삭빠르고, 그렇다, 창의적이고 경쟁적이고 공격적인 편이 더 낫다. 자신의 학위를 따고, 거래하는 법을 배우고, 봉급을 받고 거기에 입맞춤을 하고서 꼭꼭 숨겨두는 편이 더 낫다. 그리고 은행에 맡기고 싶다면, 당신의 이름으로 계좌를 만드는 것이 낫다.

과학적 방법: "허수아비는 DNA가 있을까?"[*]

얼마 전 나는 "상상 대화"라는 유쾌한 제목의 세미나와 화장실 갈 시간도 거의 주지 않고 3시간 동안 진행된, 마찬가지로 뭘 이야기하려는지 모호한 "상상의 본질과 우리 삶에 상상을 어떻게 활용할 것인가"라는 세미나에 토론자로 참석했다. 나는 하품하거나 인상을 찌푸리거나 시계를 힐끔 보기 위해 손목을 움직이거나, 상상의 유전 가능성이라는 주제가 제기될 때 벌떡 일어나서 청중에게 '이딴 말을 들으려고 참가비를 냈나요?'라고 고함을 질러대고 싶은 마음을 참기 위해 필사적으로 애를 쓰고 있었다. 그러다가 갑자기 내가 선천주의자들에게 에워싸여 있고 그들이 떠들어대는 따분한 말들이 나를 옥죄고 있다는 것을 알아차렸다.

다른 5명의 토론자들은 풍부한 상상력을 지니고 있거나 지니고 있지 않거나 둘 중 하나라고 보았다. 그것은 배울 수도 없고, 가르칠 수도 없는 것이며, 이베이에서 구할 수도 없는 것이라고 했다. 축복받은 극소수만이 영속하는 걸작을 쓰고, 여성 홀로 위대한 공연을 하고, 뛰어난

[*] 《아메리칸 스콜라The American Scholar》, 2003년

상상력의 유전적 토대를 발견한다는 것이다. 나머지 우리는 타고난 뇌의 지형에 따라 "뻔히 보이는 것에 재능이 있다"라는 가슴 쓰린 상태에 영구히 갇혀 있다는 식이다.

그렇다면, 청중은 자신이 짐작하는 것보다 더욱 커다란 황철석(금과 비슷한 색깔을 띠어서 "바보의 금"이라고 하는 광물)을 구입한 셈이었다. 청중은 교사와 예술 강사들이었는데, 아마 자기 자신, 학생들, 행정위원회에서 자그마한 권력을 휘두르는 이들의 상상력을 어떻게 하면 자극할 수 있을지 새로운 아이디어를 얻고 싶은 마음에 왔을 것이다. 하지만 마이크를 통해 강화된 거만한 목소리들은 하나같이, 몹시 미안하긴 하지만, 그런 것은 얻을 수 없다고 내뱉고 있었다.

그래서 천성적으로—오랜 세월의 수고스러운 양육의 산물이라는 점도 말할 것도 없겠지만—겁쟁이가 아닌 나는 그 개념에 울컥하여 내뱉었다. 상상력이 함양되는 것이 아니라 타고난 것이라고? 어떻게 그런 나태한 생각을 할 수 있단 말인가! 나는 놀라울 만치 강력하다는 것이 입증된 창의성 자극 방법들을 설명했다. 또 《사이언스》에 실린 기사도 하나 언급했다. 절묘한 새 광고를 생성하는 명령문들을 갖춘 컴퓨터 알고리듬을 연구자들이 개발했다는 기사였다. 연구진은 두 주제의 시각 요소를 뒤섞고 짝지어서 새로운 조합을 만들어내는 '템플릿 맞춤 대체 replacement matching template'를 수행하는 서브루틴을 짰다. 그 코드에 따라, 컴퓨터는 몇 가지 인상적일 만치 솜씨 좋은 결과를 내놓았다. 한 예로, 항공기의 정시 운항률을 자랑하는 광고를 만들라고 하자, 알고리듬은 뻐꾸기시계에서 뻐꾸기가 있을 자리에 작은 비행기가 들어 있는 뻐꾸기시계 그림을 만들어냈다. 애플 컴퓨터의 '사용자 친화성'을 묘사하라고 하자, 프로그램은 컴퓨터 화면에서 손이 불쑥 나와서 꽃다발을 주는 그림을 만들어냈다.

사람도 템플릿 맞춤 대체 및 유사한 정신적 서브루틴들을 배울 수 있다. 눈속임이라고? 인정한다. 하지만 잭슨 폴록의 그림도 눈속임이다. 조지프 코넬Joseph Cornell의 상자도 눈속임이다. 꽃과 나비, 아기의 웃음도 눈속임이다. 모두 당신을 꾀어서 사랑에 빠지게 하고 그 허울 좋은 것들에 매료되도록 고안된 것이다.

내가 으르렁댔듯이, 건강한 상상력이 기술이 아니라 재능이라고 말하는 것은 수학을 잘하는 사람과 못하는 사람 두 부류가 있다고 말하는 것과 마찬가지다. 수학 점수가 C인 시험지를 집에 들고 오는 모든 미국 아이가 하는 변명처럼 말이다. 나는 수학을 잘하는 이유를 설명하기에 미국인과 아시아인이 내놓은 다양한 주장들을 살펴본 연구들을 언급했다. 미국인들은 본래 숫자 감각과 재능이 있기 때문이라고 이야기한다. 아시아인들은 열심히 공부했기 때문이라고 말한다. 어느 집단이 나중에 세계적인 경쟁에서 이길까?

그러자 토론자 중 두 명이 쏘아붙였다. 아, 아시아인들이 분명히 수학을 잘하죠. 달달 외워서요. 하지만 창의성과 재능이 꽃을 피우도록 하는 쪽은 솔직히 말해서 미국입니다. 아시아의 교육 체계는 혁신을 짓눌러요. 우리는 그 점에 안도합니다. 우리 팀 만세! 우리 유전자 만세! 우리는 상상력의 국가다!

나도 인정한다. 그날 오후, 나는 상상력의 대량 보급 가능성이나 융통성의 힘을 이야기했지만 어느 누구도 설득하지 못했다. 솔직히 말하면 나 자신조차 설득시키지 못했다. 뛰어난 창의성 흐름도와 믿을 만한 업무 능력과 자신의 미래에 대한 확실한 믿음을 갖추면, 어느 누구라도 셰익스피어, 레오나르도 다빈치, 조지 엘리엇처럼 상상력이 풍부한 사람이 될 것이라고 내가 정말로 믿는 것일까? 그렇지 않다. 내가 보기에,

그 '인물들', 즉 그 불멸에 가까운 사람들은 진정으로 돌연변이들이다. 그들 종의 구성원들은 감을 수 있는 꼬리나 눈두덩에서 튀어나온 더듬이 따위는 없지만, 그래도 아장아장 걸을 때 이미 피아노 앞에 앉아서 미뉴에트를 작곡하거나 대학이 잠시 문을 닫았을 때 쉬면서 운동의 일반 법칙을 발견하는 등 외계인 같은 행동을 한다. 이러한 행동들은 결코 정상적인 행동이 아니다. 그런 행동은 수천만 분의 1의 확률로 나타나며, 그런 행동을 구축한 유전형, 표현형, 원형, 습성은 빌 게이츠의 순자산이 내 남동생이 내게 빌린 돈을 언제 갚을지 말해줄 수 없는 것과 마찬가지로 인간의 본성이나 인간의 양육에 관해 말해주지 못할 것이다.

그렇다면 이 분포 곡선의 양쪽 꼬리를 잘라내고, '당신이 속한 곳'이라고 꼬리표를 붙일 수 있는 종처럼 불룩한 이 가운데 부분, 즉 인간 창의성의 이 정상적인 분포 범위 중 '본성'으로 설명할 수 있는 부분이 얼마나 될지 묻는다면? 여기서 본성이라는 범주는 일반적으로 유전자, 진화, 호르몬, 그 밖의 '생물학적' 측면들을 포함한다. 따라서 환불도 교환도 안 되는 진정한 핵심, 살코기를 말한다. 반대로 부모, 동료, 본당 사제에게 어떤 대우를 받았는지, 당신이 아기 때 요람에 값비싼 모빌을 서슴없이 매달아준 사람이 있었는지, 어릴 때 여름방학을 애디론댁 산맥의 호수에서 카누를 타며 보냈는지 아니면 브롱크스의 낡은 아파트에서 벗겨지는 페인트 조각을 주우며 보냈는지 같은, 이런 것들을 가득 쑤셔 넣은 찬란한 개념적 가방인 '양육', 다시 말해 환경의 산물은 얼마나 될까? 내가 중요 범주의 중요성을 범주적으로 부정하는 것일까? 내가 편협한 빈서판론자Blank Slater, 즉 살무사도 적절히 양육을 하면 행복한 채식주의자가 될 수 있다고 생각하는 진화에 반대하는 사회구성론자일까? 아니면 유전자가 중요하며, 찰스 다윈이 대단히 영리한 사람이었으며, 인간 본성의 난제들이 대부분 서로 떨어져서 자란 일 란성 쌍둥이와 억지로 똑같은 잠옷을 입어야 했던 이란성 쌍둥이를 비교함으로써 해결될 수 있다는 말을 받아들이는 사람일까?

오, 이런, 같은 짓을 되풀이하고 있다니. 나는 지금 우리 인류의 생물학적 토대를 이해하려고 애쓰는 대규모이지만 나름대로 미묘한 차이점들이 가득한 연구 분야를 비아냥거리고 있지 않은가. 그만 입을 꾹 다물자. 명확히 입장을 피력해야 한다. 숫자를 하나 택해야 한다. 창의성 같은 행동에서 몇 퍼센트를 대립유전자와 세포에 할당하고, 나머지에는 몇 퍼센트를 할당해야 할까? 어느 쪽 수가 더 클까? 우리가 최근에, 그리고 여러 면에서 그렇게 불리는 것이 타당한, 생물학의 황금기라는 시대를 살고 있다는 사실을 내가 잊은 모양이다. 이 시대는 제임스 왓슨과 프랜시스 크릭이 DNA 이중나선 구조를 발견한 뒤부터 60년째 이어지고 있다. 우리는 인간 DNA의 30억 개에 이르는 구성단위를 해독해왔을 뿐 아니라, 생쥐, 모기, 오리너구리 등 다른 약 200종의 유전체도 마찬가지로 해독해왔다. 또한 DNA가 중요하고 짜릿한 비유의 메카임을 깨달아왔다. DNA는 성배이자, 생명의 책이며, 청사진이자 요리법, 화석 기록, 만물 백화점, 생물 집안 전체를 상징하는 파란 드레스에 묻은 정액 얼룩이다.

유전체 연구가 그토록 파죽지세로 영향력을 넓혀감에 따라, 우리는 자기 자신을 해독할 시기도 가까워졌다는 결론을 쉽게 내리고는 한다. 하지만 사실 유전체 연구라는 그 작은 오리너구리는 아직 알을 더 많이 낳아야 한다. 우리의 유전체를 연구하는 집단이 제아무리 부지런하고 생물학이 전반적으로 눈부신 발전을 거듭하고 있어도, 우리 행동의 신경화학적-유전적-등등의 토대를 이해한다는 목표에는 한 세기 전, 아니 천 년 전에 비해 한 걸음도 더 다가가지 못한 상태다. 최면을 걸 듯이 반복하여 읊조리고 확신에 차서 내지르는 견해와 가설이 많이 나와 있지만, 행동유전학과 진화심리학 같은 분야들에서 가장 주목할 점은 그들의 연구 결과가 외부 검증에 견디지 못하거나 설득력 있는 대안 설명 앞에 쪼그라드는 일이 종종 일어난다는 것이다. 언론의 전면을 장식했다가 재현 불가능함이 드러나면서 뒤편으로 사라진 최근의 핵산 주인공들을 꼽자면, 새로움을 추구하는 행동, 남성의 성적 취향, 신경증, 정신분열증, 양극성 장애, 알코올 중독, 약물 중독, 주의력 결핍 장애, 폭력성, 대중의 관심을 끌려는 성향과 관련된 유전자가 그렇다.

진화심리학에 한마디 하자면, 이 대담한 새로운 다윈주의는 밤알을 다시 데우고 그것이 진리인지 검증하는 것 말고 한 일이 뭐가 있을까? 더 구체적으로 말해보자. 우리는 사기꾼을 싫어한다. 우리는 높은 지위를 좋아한다. 아이들은 또래를 모방한다. 그리고 우리는 돌을 떼어내어 날카롭고 위험한 도구를 만들기 시작한 이래로 그렇게 해왔다. 사기꾼을 더 잘 물리치고, 더 높은 지위에 오르고, 남들의 아이가 모방하기를 원하는 아이를 더 많이 낳으려고 하면서 말이다. 현재 나는 진화생물학을 무척 좋아하며, 1980년대 초 과학저술가 일을 시작한 이래로 그 분야의 글을 써왔다. 우리 행동에 먼 선사시대의 유산이라고 볼 수 있는 비합리적인 요소들이 상당히 많다는 것은 분명하다. 딱한 우리 선조들이 며칠 동안 음식을 다시 접하지 못할 수도 있었기 때문에 음식이 보이면 입에 마구 쑤셔 넣곤 했던 탓에 매일 엄청난 양을 먹어대려는 압도적인 충동을 느끼는 것처럼 말이다.

하지만 다윈주의가 본질적으로 파티의 마술 같은 매력을 지니고 있음에도, 진화심리학자들은 깡패 짓을 함으로써 다윈주의에서 재미를 없앤 뒤, 재미가 없다고 자기 연민에 빠진다. 진화심리학자들은 인간의 행동에 관해 어떤 전제를 내놓은 다음, 누군가 동의하지 않거나 충돌하는 자료를 제시하면, 그를 마치 지구가 편평하다고 믿는 사람인 양 공격을 퍼붓는다.

이 분야의 예봉이라고 할 인물 중 한 명인 데이비드 버스David Buss는 지난 10월 남녀의 질투 차이에 관해 자신이 애지중지하는 견해와 모순되는 논문을 보았을 때 성숙한 접근법을 취했다. 버스는 남성이 오쟁이를 질까 봐 짝을 질투하는—다른 남성의 자식을 키우고 싶어 할 남자가 누가 있겠는가?—반면 여성은 자기 남자가 다른 여자와 사랑에 빠져서 그의 자원 획득 기술을 다른 곳에 쓰지 않을까 하는 생각에 더 걱정한다고 오랫동안 주장해왔다. 그렇다면 버스는 질투에 아무런 성차가 없으며 남녀 모두 짝이 혼외 상대를 가진다는 생각보다 누군가와 잠자리를 함께할 것이라는 생각에 더 심란해하는 경향이 있다는 노스이스턴 대학교와 예일 대학교의 연구 결과에 어떻게 반응했을까? 그는 《뉴욕 타임스》의 내 동료인 에리카 굿에게 투덜거렸다. "사람들은 늘 진화에 거부감을 가져왔지요. 우리는 심리학에서 일어나는 과학적 혁명의 한가운데에 있어요." 하지만 모든 곳에서 어리석은 옛 경비병들은 저항한다. 버스를 괴롭힌 고귀한 선례들이 있다. 그는 한숨을 내쉬었다. "가톨릭교회가 갈릴레오를 용서하기까지 400년이 걸렸지요. 이것은 더 오래 걸릴까요?"

하지만 '이것'이 정확히 무엇일까? 진화심리학자가 믿는 것은 어떤 종류의 진화일까? 우리 종의 징표인 문화적 진화는 아니다. 굳이 갈릴레오나 그의 망원경이 없어도, 유전적 진화보다 인류 문화가 훨씬 더 빠른 속도로 진화한다는 것을 알아차리기는 어렵지 않다. 언어는 진화하며, 경제도 진화하고, 종교, 샴푸, 치약도 모두 눈부신 속도로 진화하는 반면, 우리의 엄청난 집합체인 DNA는 약 1천 년에 염기 하나를 치환하는 것조차도 거의 하지 못한다. 문화적 진화는 우리가 하는 것이며, 과거를 얼마나 그리워하든 간에 문화적 진화는 우리에게 줄곧 가해져 왔다.

이것은 결코 급진적인 개념이라고 할 수 없지만, 진화심리학 문헌에서는 거의 언급조차 되지 않는다. 최근에 《휴먼 사이언스》에 실린 논문을 사례로 들어보자. 스페인 연구자들은 스페인 신문에 실린 개인 광고를 분석하여 짝 선택의 기본 모듈을 파악하고자 했다. 여기서도 진화심리학이 애용하는 이론 중 일부는 분석 결과와 들어맞지 않았다. 연구진은 광고를 낸 여성들 중 연령이 높은 쪽은 사회경제적 지위가 높은 상대를 원한다고 적은 반면, 더 젊은 여성은 상대의 포트폴리오보다 외모에 훨씬 더 관심이 있음을 알아차렸다.

어떻게 이럴 수 있을까? 젊은 여성은 진화심리학 모형이 자신들은 자산을 가진 남성을 원하는 쪽으로 진화했고 남성들은 예쁜 얼굴과 알맞은 허리 대 엉덩이 비율을 지닌 여성을 원하도록 진화했다고 말한다는 사실을 알아차리지 못했단 말인가? 그리고 그 스페인 여성들은 이 재산 집착이 망치로 쾅쾅 쳐서 여성의 유전체에 끼워져 요지부동의 보편적인 욕망 중 하나로서 자리를 잡았다고 여겨진다는 점을 몰랐단 말인가? 연구진에게는 선택의 여지가 없었다. 그들은 난처한 상황에 처했다. 그들은 아마 더 젊은 여성들이 직장을 다녀서 남자에게 생계를 의지할 필요가 없거나 지원받을 기대를 하지 않는다는 사실이 "짝 선택 초점을 변화시키는" 것일 수 있다고 썼다. "우리 가설은 사회적·경제적 상황의 변화에 반응하여 선호도를 세밀하게 조율하는 쪽으로 개인이 어느 정도 행동 융통성을 보일 수 있도록 진화가 이루어졌다는 것이다."

"'우리' 가설"이라고? 아니면 "우리 '가설'"이라고 해야 할까? 특히 짝을 선택하는 문제에서 환경 변화에 반응하여 "어느 정도 행동 융통성"을 보이는 것이 불가능하다고 말할 마음 이론이 과연 있을까? 선택이라는 개념 자체가 다양한 대안들의 장단점을 따져본 뒤 결정하여 고르는 능력이 있다는 것을 전제로 하지 않을까?

나는 다시 상상력이라는 문제로 돌아가서 그것이 타고난 형질이며 남보다 그것을 더 많이 지닌 사람이 있고 따라서 인생은 공평하지 않다는 등등의 말이 지닌 의미를 곱씹어본다. 우선 '좋은 상상력'을 어떻게 정의하고 측정하느냐가 명백한 문제로 대두된다. 재치 넘치는 극본을 쓰는 사람은 인체공학적인 눈삽을 발명한 사람보다 더 상상력이 풍부할까 적을까? 무엇보다도 애초에 우리에게 왜 비교적 풍부한 상상력이 진화한 것일까? 사업 쪽으로, 쾌락 쪽으로, 부모를 당황하게 만들 만치 말이다. 그 형질이 어디에서 나왔다고 보는가? 상상력을 발휘해보라! 도저히 생각이 안 난다면, 진화심리학자에게 물어보라.

하지만 상상력의 궁극적 원천을 점찍으려 시도할 때 마주치는 또 하나의 문제는 그것이 도무지 신뢰할 수 없다는 것이다. 개인의 형질 중에는 평생에 걸쳐 충격적일 만치 안정적으로 보이는 것들도 있다. 까다로운 아이는 괴팍한 어른으로 자라며, 타고난 낙관주의자는 자라서 호스피스를 차리거나 요가반이나 독서 모임을 운영한다. 하지만 극단적인 유연성을 보이는 형질의 사례를 보고 싶다면, 평론가들로부터 찬사를 받은 베스트셀러를 낸 뒤에 다음 책을 쓰고 있는 소설가를 힐끗 쳐다보기만 하면 된다. 멍한 창백한 얼굴로 손가락이 마비된 채 텅 빈 화면을 응시하는 모습을 말이다! 주식 귀재들조차 이따금 실수를 저지른다. 그것이 바로 헨델의 많은 음악이 헨델의 다른 많은 음악처럼 들리는 이유이자, 영국의 선배 음악가인 헨리 퍼셀의 음악과 심란할 만치 비슷하게 들릴 수 있는 이유다.

종합하자면, 나는 창의성 중 몇 퍼센트가 생물학에서 나오고 몇 퍼센트가 환경에서 비롯되는지 전혀 알지 못하며, 누군가 그런 값을 내놓는다면 몹시 회의적인 태도를 보일 것이다. 나는 인간 본성의 더 잔인하고 자기 파괴적이고 좌절감을 일으키는 측면들을 끊임없이 생각한다. 우리가 악의적인 소문을 들으면서 짜릿해하고, 남을 괴롭히는 일에 금방 끼어들고, 인류 역사에서 발휘된 인간의 창의성 중 대부분이 무기 개발에 쓰였고, 아기에서 어린이가 되고 어린이가 십대가 되고 이어서 당신이 그들을 짓밟을 준비를 할 때 그들이 먼저 당신을 포기한다는 것 등등. 나는 과학이 자아라는 스테인드글라스가 끼워진 오두막에 관해 무언가 할 말이 있으며, 과학이 지금까지 그토록 실망을 안겨왔다는 이유로 과학 전체를 비난해서는 안 된다고 굳게 믿는다. 또 나는 본성 대 양육이라는 지루하고 오래된 소송이 그것이 받아 마땅한 비난과 함께 곧 법정 밖으로 내동댕이쳐질 것이라고 확신한다. 그것은 가짜 이분법이며, 언제나 그래왔다. 많은 과학자들은 오랜 세월 그렇게 주장해왔으며, 훌륭한 이들은 진심으로 그렇게 해왔다. 그리고 본성이 양육을 필요로 한다는 누구나 뻔히 아는 이야기를 떠들어대는 차원을 넘어서 둘의 상호작용이 어떤 의미인지를 탐구하는 진정한 상호작용론자가 되고자 애써왔다.

원래의 꽈배기인 자아와 환경 사이의 결합을 이해하는 일을 어떤 식으로 시작할 수 있을지 두 가지 사례를 제시하기로 하자.

가장 단순하게 면역계를 생각해보자. 면역계는 거의 마법과 같다. 면역계에 새로운 미생물, 전에 마주친 적이 없던 별, 오각형, 축구공, 지푸라기 조각 같은 모양의 것이다. 모양은 상관없다. 면역계는 몇 분 사이에 그것을 공격할 알맞은 도구를 설계할 것이다. 바리시니코프가 자신의 발레복에 딱 들어맞듯이 적인 미생물에 아늑하게 결합되는 항체를 말이다. 우리는 모든 불쾌한 리노바이러스에 나폴레옹 콤플렉스로 맞설[작은 키의 보상 심리로 지나치게 공격적인 성향을 띤다는 의미] 면역 단백질들을 하나하나 다 만들어낼 만큼 유전자가 많지 않으며, 그 일에 수만 개의 유전자와 단백질이 필요하지도 않다. 면역계는 처음에는 V 사슬과 J 사슬이라는 짧은 사슬과 긴 사슬 단백질 몇 개를 자르고 이어붙이는 식으로 군대를 만들어낸다. 만들어낸 것이 작동하면, 즉 적에게 결합하면, 면역계는 그 조합체를 더 많이 만들어서 물밀 듯이 쏟아낸다. 면역계의 활동은 미시 세계에서 일어나는 진화다. 미친 듯이 다양성을 높이면서 가능한 빨리 온갖 시도를 다 한 뒤, 가장 성공한 모티프를 선택하여 대량 증식시킨다. 면역계는 끊임없이 변하는 환경에 대처하도록 설계되어 있다. 경이로운 유연성과 반응성, 그리고 그것만이 유전체에 '확고히 새겨져' 있는 것이다.

우리 행동도 면역계와 다를 바 없다. 여기서 재치 있는 말을 하나 주워듣고, 저기서 깃털목도리를 얻고, 어깨에 뽕을 잔뜩 넣고서, 웃음을 가득 머금은 채 시험 삼아 한 바퀴 돌아본다. 사람들이 비웃으면 내버리고, 환호하면 더한다. 우리가 그런 식으로 행동하지 않는다고? 우리가 우리를 지켜보는 남들을 지켜보면서 자신을 지켜보는 것이 아니라고? 손으로 무엇인가를 구부리고 비비 꼬아대고, 낄낄거리다가 앞으로 넘어질 뻔했지만 아무렇지 않은 척하고, 흥분한 척하면서 손으로 얼굴을 가리면서 내내 자연스럽게 행동할 수 있기를, 그렇게 보이기를 바라지만, 아무런 변화가 없을 때는 매우 지겨워지고 내일은 좀 더 잘하자고 마음먹는 것이 아니란 말인가? 그러한 점을 생각하면, 모든 새로운 사회적 만남이 면역반응처럼 느껴지지 않는가? 친구냐 적이냐, 조직 적합적인 영혼의 짝이냐 당으로 몸을 감싼 기생생물이냐 하는 반응을 보이는?

사실 안과 밖, 당신과 우주 사이의 경계에는 늘 구멍이 송송 나 있으며, 협상과 옥신각신과 애원과 찌푸림이 일어난다. 설치류의 사례를 하나 들어보자. 쥐는 일찍부터 자주 새끼를 낳는다. 어미 쥐가 출산한 직후, 새끼들에게 아직 젖을 물리고 있는 시기에 외출하여 다시 임신을 한다는 뜻이다. 보금자리에서 약 12마리의 새끼가 살아남아서 계속 젖을 빨고 있다면, 다음 배의 새끼들은 수컷 6마리, 암컷 6마리로 꽤 균일하게 섞여 있을 것이다. 하지만 젖을 빠는 새끼 중 몇 마리를 잃으면, 다음 배의 새끼들은 대부분 암컷일 것이다. 어떻게 이런 일이 가능할까? 보금자리가 약탈당할 때 이미 임신을 하고 있었는데, 배아들이 스스로 조율을 해서 자매로 태어난다는 것이 어떻게 가능할까? 어미의 몸은 세계가 전하는 사항을 모조리 빨아들이는 거대한 수염과 비슷하다. 어미는 여분의 배아를 몇 개 갖고 있다. 젖꼭지가 모두 빨리고 있다는 감각을 느끼면, 암수 배아 모두 착상하라는 생화학 신호를 받는다. 하지만 젖꼭지 중 몇 개가 얼마 동안 빨리지 않는다면, 어미의 몸은 수컷 배아로 가는 혈액 공급을 차단한다. 그러면 여분의 암컷 배아가 대신 착상된다. 알다시피 딸은 상황이 나쁠 때 원하는 성이다. 딸은 미래로 뻗은 더 확실한 동아줄이다.

이 이야기에서 가장 중요한 것은 전사되고 번역되는 행동과 몸 사이의 대화, 즉 접점이 이루어지는 단계들을 정확히 파악해 왔다는 것이다. 그런 대화가 인간의 잉태나 임신 과정에서 일어날까? 우리는 자신의 건강, 남편이 풍기는 땀 냄새, 이웃집에서 벌어지는 일 같은 신호에 따라 아들이나 딸을 골라 낳을까? 나는 딸을 버스 정류장에 데리고 가서, 남녀 공학인데도 같은 정류장에서 기다리는 아이들이 모두 딸이라는 점을 눈여겨볼 때마다 그 생각을 한다. 버스가 도착하면, 9명의 딸들이 줄줄이 올라탄다. 1996년에 대체 어떤 이유로, 우리 동네에 사는 여성들이 모두 딸을 낳은 것일까? 물이었을까, 베이글이었을까, 고기압이었을까, 또래들의 압력이었을까? 아마 그렇지 않을 것이다. 평범한 맹목적인 운이 작용할 때 본성-양육 논쟁에 왜 신경을 쓰는가?

정반대인 사람에게 끌린다? 현실에서는 아니다[*]

    최근에 텍사스의 남색반대법에 위헌 판결을 내림으로써 연방대법원이 '동성 혼인'을 향한 길을 닦고 있다고 맹렬히 비난한 안토닌 스칼리아Antonin Scalia 판사의 말이 옳았다고 가정해보자. 캐나다가 선례를 제시했다는 것을 제외하고, 대체 동성 혼인에 호들갑 떨 만한 것이 뭐가 있단 말인가?

    어쨌거나 성 염색체가 일치하는 두 사람이 장기적인 짝으로 서로를 선택할 때, 그들은 대다수의 이성애자들이 하는 짝 선택을 설명해줄 수 있을 것이라고 과학자들이 말하는 전략을 그저 조금 더 눈에 띄게 수행하고 있을 뿐이다.

    한 새로운 논문이 혼례식 때 하는 '네'라는 결코 무의미하지 않은 씩씩한 대답을 사례로 들어 설명하듯이, 인간은 종종 자신이 가장 잘 아는 유형의 배우자를 찾곤 한다. 바로 자기 자신이다. 외모가 빼어난 사람은 외모가 빼어난 짝을 원한다. 부유한 사람은 명품으로 치장한 반려자를 갈망한다. 친척, 아이, 전통적인 유월절 행사에 헌신하는 사람은

---

[*] 《뉴욕 타임스》(2003)

매일 밤 탄복할 만치 옆에서 코를 골아대는 사람도 마찬가지로 헌신적이기를 기대한다.

그리고 신문에 실린 성혼 서약서를 훑는 사람은 비슷한 사람을 찾으려 한다는 개념이 그다지 놀랍지 않을 것이고 그들 중 우발적으로 근친상간을 저지르는 이들이 적지는 않을 것이라고 짐작할지 모르지만, 새로운 연구 결과들은 진화심리학이라는 신다윈주의 진영에서 최근에 쏟아져나온 짝짓기 전략에서의 남녀 차이에 관한 몇몇 중요한 주장들과 모순된다.

그 분야에서 널리 강권하는 한 전제에 따르면, 남성은 짝의 외모에 비교적 더 관심을 갖는 반면, 여성은 구혼자의 부와 야심을 더 눈여겨보는 경향이 있다는 것이다. 그 분야의 전문가들은 짝 선택 모듈의 이상이성이 부유하지만 못생긴 부자 동네의 금융업자가 가난한 동네 출신의 매력적인 여종업원과 혼인하는 결과를 낳을 수 있다고 말한다. 그는 그녀가 진화적으로 원하게 되어 있는 물질적 자원을 지니고 있고, 그녀는 잘록한 허리와 대칭적인 광대뼈와 매혹적인 가슴골을 통해 생식력과 유전적 자질을 갖추었다는 증거를 제시한다는 것이다.

하지만 코넬의 신경생물학 및 행동학과 교수 스티븐 엠렌Stephen T. Emlen 박사와 현재 산타바버라의 캘리포니아 대학교 국립생태분석종합센터에 있는 피터 버스턴Peter M. Buston 박사가 내놓은 새로운 연구 결과는 남녀의 연애 알고리듬이 크게 다르다는 가정을 거의 지지하지 않는다.

대신에 장기적인 관계에서 누가 무엇을 원하는지 설문 조사를 하여 분석했더니, 여성에게서 미모를 추구할 가능성이 가장 높은 남성은 신탁 자금의 상속자가 아니라 자신이 대단히 매력적이라고 생각하는 남성임이 드러났다. 한편 자신을 부유하고 야심적이라고 생각하는 남성은 상대의 육체적 매력보다는 부와 지위에 초점을 맞출 가능성이 훨씬 더 높았다.

마찬가지로 스스로를 매력적이라고 여기는 여성은 남편감의 보유 주식 목록보다 매력을 더 높이 산 반면, 유력 집안 출신의 여성은 공식 만찬 자리에 놓이는 포크 네 종류의 용도와 위치를 아는 배우자를 원했다.

이 '나를 더 많이 만들면 왜 안 돼?' 원리는 헌신성, 성실함, 가족 유대, 건강, 아이를 가지려는 욕구, 육아 자질 등 조사한 10가지 형질 모두에서 나타났다. 개인이 상대방에 어떤 등급을 매길지를 알려줄 가장 좋은 예측 지표는 무엇보다도 설문에 답한 사람이 1~9까지의 등급에서 자신을 어디에 놓는가였다.

이 달의 《국립과학아카데미회보》에 발표된 이 논문은 이타카의 18~24세 남녀 978명을 조사하여 나온 것이다. 대상자들은 대부분 학생이었고, 분석을 단순화하기 위해 이성애자만을 택했다.

엠렌 박사는 전화 인터뷰에서 이렇게 말했다. "사람들은 여러 차원에서 영혼의 짝을 찾고 있는 듯해요. 그 점은 적응적인 측면에서 이해가 돼요. 피터와 나는 진화생물학자이므로, 왜 사람들이 가치 있게 생각하는 많은 측면들에서 본질적으로 자신과 비슷한 사람을 찾는다는 규칙을 지니고 있는가에 관심이 있었어요. 그런 규칙에 따르면, 결국 자신과 맞는 짝을 구할 것이고, 둘의 관계에서 갈등이 덜할 것이고, 장기적으로 관계를 유지하고 자식을 잘 기를 가능성이 더 높아지지요."

아이를 키우는 데 10년 넘게 걸리는 호모 사피엔스 같은 종에서는 부부 유대 관계의 상대적인 강도에 따라 가문을 오래 유지할지와 선정적인 방송에 출연하여 피터지게 부부싸움을 벌일지 여부가 결정될 수 있다.

지능 같은 두드러진 특징들을 왜 포함시키지 않았냐고 묻자, 엠렌 박사는 조사를 능률적으로 하고 싶었고 다른 연구자들이 개인의 "번식 잠재력"과 연관이 있다고 본 형질들에 초점을 맞추었다고 답했다. 그는 어쨌든 아이비리그 학생들이라면 자기 지능을 5등급이나 6등급이라고 평가해도 가족 유대 항목에서는 양부모를 도끼로 살해한 리지 보든 Lizzie Borden과 같은 등급이라고 적지 않겠냐고 덧붙였다.

리버풀 대학교의 진화심리학 교수인 로빈 던바Robin Dunbar는 저자들의 몇 가지 해석에 이의를 제기하면서 그들이 사람들이 짝에게서 진정으로 원하는 것—이상—과 결국은 이 정도에서 만족해야 한다고 깨닫게 되는 수준이 다르다는 점을 간과했다고 평하긴 하지만, 그래도 "좋은 결과를 갖춘 좋은 연구"라고 말한다.

전 세계 37개 문화에 속한 1만 명이 넘는 사람들의 짝 선택 양상을 연구한 것으로 유명한 텍사스 대학교의 심리학 교수 데이비드 버스는 전자우편을 통해서 새 연구 결과를 이렇게 평했다. "저자들은 새로운 사실들을 많이 제시했고 참인 것도 많습니다. 불행히도 참인 것은 새로운 것이 아니고, 새로운 것은 참이 아닙니다." 버스 박사가 보기에, '끼리끼리 끌린다'라는 개념은 익히 알려져 있는 뻔한 내용이다. 그가 1994년 저서 《욕망의 진화》에서 길게 논의한 사항이다.

버스 박사는 사람들이 같은 점이 많은 사람을 짝으로 삼으려는 일반적인 경향이 있긴 하지만, 남녀가 짝의 외모와 재산에 부여하는 상대적인 가치가 상당히 다르다는 것을 자신을 비롯한 연구자들이 보여줘왔다고 덧붙였다. "저자들은 짝 선호의 성차를 위해 자료를 분석한 것이 아닙니다." 그는 그들이 그런 차이를 알아보려고 했다면, "전 세계에서 수행된 수십 건의 연구 결과와 똑같은 결과를 자신들의 자료에서도 발견했을 것이라고 장담할 수 있습니다"라고 덧붙였다.

엠렌 박사는 버스 박사를 비롯한 이들이 닮은 사람들끼리 끌린다는 말을 하긴 했지만, 일치점보다도 짝 선호의 성차를 더 강조했다고 대답했다. 버스 박사의 책 2장과 3장의 제목인 "여자가 원하는 것"과 "그리고 남자가 원하는 것"을 보면 그 관점이 뚜렷이 드러난다는 것이다.

엠렌 박사는 그와 대조적으로 새 논문은 유사성을 강조한다고 말했다. 자기 지각과 장기적인 짝의 선호도 사이, 짝을 선택할 때 거울상 방법에 의존하는 남녀 사이의 유사성을 말이다. 그리고 이 강조점의 이동이야말로 "대단히 새로운 것"이라고 말했다.

그들의 자료를 성차를 염두에 두고 분석한 버스턴 박사는 전화 인터뷰에서 성별에 따라 미미한 차이가 있긴 하다고 말한다. 멋진 남성이 여성의 돈에 관심을 두는 것보다 예쁜 여성이 남성의 돈에 좀 더 관심을 두는 경향이 있고, 부유한 젊은 남성은 여성의 물려받은 재산보다 외모에 좀 더 관심을 보인다는 것이다.

"하지만 이 효과는 스스로 미모가 뛰어나다고 생각하는 여성이 외모가 뛰어난 남성을 선택할 가능성에 비하면 아주 약해요. 그리고 재산이 많은 남녀는 모두 부유한 사람을 짝으로 고르는 경향이 있고요."

끼리끼리 끌린다는 법칙이 얼마나 강하게 작용하는지 감을 잡을 수 있도록, 저자들은 여성들이 짝 후보의 재산, 지위, 가족에 대한 헌신(남성이 짝으로서 얼마나 자질이 있는지 알려줄 지표라고 여겨지는 형질들)을 평가할 때 나타나는 편차 중에 여성이 자신의 신체적 매력과 성적 정절(여성의 번식 가치를 의미한다고 여겨지는 항목들)을 어떻게 인식하고 있는가로 설명할 수 있는 부분은 5퍼센트에 불과한 반면, 자신의 부, 지위, 가족에 대한 헌신 수준을 어떻게 평가하고 있는가로 설명할 수 있는 부분은 35퍼센트를 넘는다고 했다.

이 새로운 연구 결과가 얼마나 재현될 수 있을지, 그리고 다른 문화들에서도 들어맞을지 여부는 아직 모른다. 이 논문의 저자들은 자신들이 이야기하는 짝 선호도가 '서구 사회'를 대상으로 한 것임을 강조하기 위해 논문 제목에 집어넣는 등 주의를 기울였다. 버스턴 박사는 복혼 문화에서는 취향과 욕구가 전혀 다를 수 있으며, 그런 사회에서는 조화로운 "부부 유대 관계"라는 이상이 적용되지 않을 것이라고 말했다.

던바 박사는 말했다. "종합하자면, 인간은 대단히 복잡한 동물이라는 겁니다. 인간 이외의 영장류도 매우 복잡하지만, 인간은 더욱 그래요."

애정 문제에서 거울 반대편에 무엇이 있는지를 누가 알까?

남자만 이 배우자 저 배우자 사이를 오가는 것이 아니다[*]

미국을 비롯한 서구의 많은 국가들에서는 부부가 이혼을 하면, 여성과 딸린 자녀들의 평균 소득은 20퍼센트 넘게 추락하는 반면, 속박에서 풀려난 전 남편-가정의 주요 소득원이었던-은 가정에 투자했던 육아 비용을 이제는 거의 지불하지 않으므로 소득이 급증한다. 따라서 미혼으로 다시 태어난 그는 새로운 젊은 아내를 얻어서 새 가정을 꾸릴 완벽한 위치에 있다.

다윈주의 사고방식으로 인간의 짝짓기 풍습을 살펴본 많은 관찰자들이 연속 일부일처제(serial monogamy, 단기적으로 혼인 관계를 반복하는 형태)가 사실상 사회적으로 용인된 하렘 형성의 한 형태에 불과하다는 주장을 오랫동안 펼쳐온 것은 좀 의아하다. 이 전통적인 진화심리학 대본에 따르면, 젊은 아내와 살다가 시간이 흐르면 헤어지고 다른 젊은 아내를 얻곤 하는 남성은 편리한 한 장소에 지역의 처녀들을 모아놓고서, 그저 가능한 한 많은 아내들에게서 가능한 한 많은 자식을 얻음으로써 "자신의 번식 적응도를 최대화하려" 애쓰는 술탄과 같다는 것이다. 그것은

---

[*]《뉴욕 타임스》(2009)

592

남성, 특히 강력한 남성이 선호하는 전략이 아니던가? 연속적으로든 동시적으로든 그-남성은 일부다처 형태를 취하는 것이 아닌가?

반면에 여성은 타고난 연속 일부일처주의자가 아니라고 여겨진다. 젊을 때 여러 남성과 연애를 할 수는 있지만, 일단 가정을 꾸리면 안정을 갈구한다고 간주된다. 어쨌거나 여성은 평생에 낳을 수 있는 아이가 한정되어 있고, 이혼을 하면 가난해질 위험성이 높아진다. 비열한 남자가 자신을 버리는 바람에 어쩔 수 없이 내몰린 상황이 아니라면, 제정신인 여성이 다시 혼인을 할 이유가 어디 있단 말인가? 다시 새로운 주방 기구를 한 벌 갖추기 위해? 혼례식용 새 촛대를 살 돈을 아까워하는 나는 단발성 일처일부론자다.

하지만 《휴먼 네이처》 여름 호에 실린 논문에서 데이비스에 있는 캘리포니아 대학교의 모니크 보저호프 멀더Monique Borgerhoff Mulder는 적어도 상황이 몹시 열악하고 어머니가 아이들의 생존을 위해 계속 투쟁해야 하는 일부 비서구 문화에서는 연속 일부일처제가 결코 교묘한 책략을 써서 여성에게 떠넘기는 남성만의 게임이 아니라는 압도적인 증거를 제시한다. 탄자니아 핌브웨족의 삶과 사랑 문제를 약 15년 동안 연구한 보저호프 멀더 박사는 정반대로 연속 일부일처제가 일부다처제에 가깝기보다는 일부 진화심리학자들이 거의 공상이라고 치부하는 전략, 즉 여러 짝을 얻는 이의 대부분이 여성인 일처다부제에 더 가깝다고 말한다.

보저호프 멀더 박사는 비록 핌브웨족 남성이 여성보다 혼인 횟수가 더 많은 경향이 있지만, 혼인 횟수의 자자 가보(Zsa Zsa Gabor, 9번 혼인을 한 여배우) 쪽인 5번 이상을 한 사람들을 보면 여성이 남성보다 더 많다는 것을 알았다. 그리고 보저호프 멀더 박사가 가장 위험한 시기인 생후 첫 5년 동안 살아남은 자녀의 수를 기준으로 삼았을 때 연속 일부일처제에서 가장 많은 보상을 얻은 사람은 소수의 여성들이었다. 남편을 3명 이상 얻은 여성은 더 안주한 여성보다 평균적으로 번식 성공률이 더 높았고, 살아남은 자녀의 수도 더 많았다. 마찬가지로 아내를 몇 명 얻었든 간에 남성보다도 더 높았다.

연속 일부일처 혼인을 하는 남녀의 모습을 도발적으로 뒤바꾸어놓는 결과였다. 여성 중 배우자 수가 가장 많은 이들은 가장 열심히 일하고 신뢰할 수 있으며, 핌브웨족이 빚는 유명한 독한 옥수수 술에 거의 입을 안 대는 등 자신을 자질이 뛰어난 짝이라고 생각했다. 대조적으로 남성은 혼인 횟수가 많을수록, 호감 순위가 낮고 주정뱅이 부랑자일 가능성이 더 높았다.

보저호프 멀더 박사는 말했다. "우리는 남성은 여러 번 혼인을 해서 이득을 얻는 반면 여성은 그 게임의 희생자라는 모형에 너무 집착하고 있어요. 하지만 내 자료가 시사하는 바는 핌브웨족 여성이 경제적 상황의 변동에 따라 전략적으로 남성을 선택했다가 버리고 다시 혼인한다는 것을 시사해요."

비록 예비 분석이긴 하지만, 이 새로운 분석 결과는 비서구 문화의 혼인과 번식 양상을 가장 고생하면서 포괄적으로 수집한 자료 중 하나에서 나온 것이다. 이 연구 결과는 교수들이 대학생들에게 설문지를 돌려서 얻은 자료를 토대로 인간의 심오한 본성에 관한 보편적인 진리를 공표하는 일에 너무나 몰두해, 가벼운 진화Evolution Lite라고 부를 수 있는 형태로 쉽게쉽게 일반화하는 경향을 피하는 것이 중요함을 강조한다. 보저호프 멀더 박사는 역사적으로 범문화적으로, "여성의 번식 전략은 경이로울 만치 다양했어요"라고 말한다.

뉴멕시코 대학교의 진화심리학자인 조프리 밀러Geoffrey F. Miller도 동의했다. "진화심리학과 인류학은 사실 여성의 관점을 모든 차원에서 진지하게 수용할 필요가 있습니다. 순차적인 관계는 남성의 선택을 통해 추진되는 것이라고 해석할 수도 있고, 그러면 일부다처제라고 말할 수 있을 것이며, 여성의 선택을 통해 추진되는 것이라고 해석하면 일처다부제라고 할 수 있겠지만, 어떤 문화에서든 여성이 꽉 막힌 관계를 해소하는 능력을 지니고 있다는 점이 몹시 과소평가되어 온 것은 사실입니다."

핌브웨족 문화는 오랜 세월에 걸친 식민 지배와 정부의 간섭으로 심하게 교란된 나머지 우리 조상들이 어떻게 살았는지를 단편적으로 보여주는 별난 박물관 역할을 하고 있을 뿐이지만, 그 부족이 직면하는 도전 과제는 취학 전에 우수한 교육을 받게 하려고 안달하는 우리 사회보다 더 생존에 중점을 두고 있다. 핌브웨족은 작은 마을을 이루어 살며, 개인 재산이 거의 없고 농사, 낚시, 사냥, 채집으로 근근이 생계를 꾸려간다. 보저호프 멀더 박사는 핌브웨족 사람들은 거의 다 적어도 한 번 이상 혼인을 하며, 혼인에 판사, 사제, 혹은 라스베이거스의 축복 같은 것은 전혀 필요 없다고 말한다. "혼인은 어떤 특정한 예식을 거쳐서 이루어지는 것이 아니고, 부부 중 한 사람이 떠나버리면 혼인 관계도 깨지는 식이에요."

게다가 공식적인 형태의 성적 분업도 거의 없다. "농사를 지을 때 남녀가 하는 일은 거의 같아요. 남자도 요리를 하고, 아이들과 많은 시간을 보내지요."

남성이 여성보다 자원의 훨씬 더 많은 몫을 관리하는 서구 사회나 여성이 남편의 재산에 전적으로 의지하고 이혼하면 절름발이 염소보다 못한 존재가 되는 중동과 아프리카에서 흔히 보는 전통적인 유목 사회와 달리, 핌브웨족 여성들은 독자적인 기술자이자 남성과 동등하게 협력하는 재주꾼이다.

그렇다고 해서 어머니가 홀로 살아갈 수 있다는 의미는 아니다. 현대 서구 사회와 정반대로, 유아 사망률은 아직까지 심각한 위협이 되고 있으며, 아기 한 명을 살아 있게 하려면 어른 두 명 이상의 노력이 필요하다. 열심히 일하는 좋은 남편은 엄청난 자산이 될 수 있으며, 그의 친족들도 마찬가지다. 진화이론가 새라 블래퍼 허디는 여러 번 혼인하는 핌브웨족 여성의 자녀들이 상대적으로 잘 사는 한 가지 이유가 돌보는 사람들의 범위가 더 넓어지기 때문이라고 주장한다. "그런 여성들은 자녀를 위해 더 많은 보호와 투자와 사회관계를 이용합니다. 일부에서 문란하다고 말할 행동 중 상당수를 나는 부지런한 모성 활동이라고 부를 겁니다."

기러기 수컷과 마찬가지로 암컷도 새끼들이 나는 데 도움이 된다면 탈선하려는 유혹을 느낄지도 모른다.

참고 문헌

Abusharaf, Rogaia Mustafa. 1998. "Unmasking Tradition." *The Sciences*, Mar.-
Apr.

Alberts, Bruce, et al. 1989. *Molecular Biology of the Cell*. New York: Garland.

Anderson, Peter B., and Ronelle Aymami. 1993. "Reports of Female Initiation
of Sexual Contact: Male and Female Differences." *Archives of Sexual Behavior*
22: 335-43.

Arn, Pamela, et al. 1994. "SRVX, a Sex Reversing Locus in XP21.2-p22.11."
Human Genetics 93: 389-93.

Austad, Steven N. 1994. "Menopause: An Evolutionary Perspective." *Experi-
mental Gerontology* 29: 255-63.

_____. 1997. *Why We Age*. New York: John Wiley & Sons.

Ayalah, Daphna, and Isaac J. Weinstock. 1979. *Breasts: Women Speak About
Their Breasts and Their Lives*. New York: Summit.

Bachmann, Gloria A. 1990. "Hysterectomy: A Critical Review." *Journal of Re-
productive Medicine* 35: 839-62.

Bailey, J. M., et al. 1994. "Effects of Gender and Sexual Orientation on Evolu-
tionarily Relevant Aspects of Human Mating Psychology." *Journal of Per-
sonality and Social Psychology* 66: 1081-93.

Baker, Robin, and Mark A. Bellis. 1996. *Human Sperm Competition: Copulation,
Masturbation and Infidelity*. New York: Chapman & Hall.

Bardoni, B., et al. 1994. "Dosage Sensitive Locus at Chromosome Xp21 Is In-
volved in Male to Female Sex Reversal." *Nature Genetics* 7: 497-501.

Barentsen, R. 1996. "The Climacteric in the Netherlands: A Review of Dutch
Studies on Epidemiology, Attitudes and Use of Hormone Replacement

Therapy." *European Journal of Obstetrics, Gynecology and Reproductive Biology* 64: S7-11.

Barker, Tara. 1998. *The Woman's Book of Orgasm. Secaucus*, N.J.: Citadel.

Barnard, Mary. 1958. Sappho: *A New Translation*. Berkeley: University of California Press.

Bass, Thomas A. 1993 *Reinventing the Future: Conversations with the World's Leading Scientists*. Reading, Mass.: Addison-Wesley.

Bear, David. 1991. "Neurological Perspectives on Aggressive Behavior." *Journal of Neuropsychiatry* 3: 53-58.

_____. 1997. "The Neuropsychiatry of Aggression." In *Neuropsychiatry: A Comprehensive Textbook*. Edited by B. S. Fogel, B. Schiffer, and R. B. Schiffer. Baltimore: Williams and Wilkins.

Beauchamp, Gary K., et al. 1995. "Evidence Suggesting that the Odortypes of Pregnant Women Are a Compound of Maternal and Fetal Odortypes." *Proceedings of the National Academy of Sciences* 92: 2617-21.

Beauvoir, Simone de. 1952. *The Second Sex*. New York: Random House.

Beckerman, Stephen, et al. 1998. "The Barí Partible Paternity Project Preliminary Results." *Current Anthropology* 39: 164-67.

Benderly, Beryl Lieff. 1994. "The Testosterone Excuse." *Glamour*, Mar.

Benton, Robin, et al. 1993. " 'Breaking the Law,' a Metaphor for Female Empowerment Through Aggression." *Journal of the American Academy of Psychoanalysis* 21: 133-47.

Bhasin, Shalender, et al. 1996. "The Effects of Supraphysiologic Doses of Testosterone on Muscle Size and Strength in Normal Men." *New England Journal of Medicine* 335: 1-7.

Bianchi, Diana W., et al. 1996. "Male Fetal Progenitor Cells Persist in Maternal Blood for as Long as 27 Years Postpartum." *Proceedings of the National Academy of Sciences* 93: 705-8.

Binkley, Sue A. 1995. *Endocrinology*. New York: HarperCollins.

Bjork, J. M., et al. 1997. "A Positive Correlation Between Self-Ratings of Depression and Laboratory-Measured Aggression." *Psychiatry Research* 69: 33-8.

Björkqvist, Kaj. 1994. "Sex Differences in Physical, Verbal, and Indirect Aggression: A Review of Recent Research." *Sex Roles* 30: 177-88.

Björkqvist, Kaj, and Pekka Niemela, eds. 1992. *Of Mice and Women: Aspects of Female Aggression.* New York: Academic Press.

Björkqvist, Kaj, et al. 1992. "Do Girls Manipulate and Boys Fight?" *Aggressive Behavior* 18: 117-27.

_____. 1994. "Aggression among University Employees." *Aggressive Behavior* 20: 173-84.

_____. 1994. "Sex Differences in Covert Aggression among Adults." *Aggressive Behavior* 20: 27-33.

_____. 1994. "Testosterone Intake and Aggressiveness." *Aggressive Behavior* 20: 17-26.

Blum, Deborah. 1997. *Sex on the Brain.* New York: Viking.

Blumberg, G., et al. 1996. "Women's Attitudes Toward Menopause and Hormone Replacement Therapy." *International Journal of Gynaecology and Obstetrics* 54: 271-77.

Blumberg, M., et al. 1992. "Facultative Sex Ratio Adjustment in Norway Rats: Litters Born Asynchronously Are Female Biased." *Behavioral Ecology and Sociobiology* 31: 401-8.

Blumstein, Philip, and Pepper Schwartz. 1985. *American Couples: Money, Work, Sex.* New York: William Morrow.

Blurton Jones, Nicholas. Forthcoming. "Hunter-Gatherer Divorce Rates and the Paternal Investment Theory of Human Pair-Bonding." In *Adaptation and Human Behavior.* Edited by L. Cronk et al. Hawthorne, N.Y.: Aldine de Gruyter.

Boston Women's Health Collective. 1992. *The New Our Bodies, Ourselves.* New York: Simon & Schuster.

Brody, Jane. 1997. "Personal Health: First of Two Columns on Hormone Replacement." *New York Times*, Aug. 20.

Brotherton, Peter N. M., and Martha B. Manser. "Female Dispersion and the Evolution of Monogamy in the Dik-dik." *Animal Behaviour* 54: 1413-24.

Burleson, M. H., et al. 1995. "Heterosexual Activity: Relationship with Ovarian Function." *Psychoneuroendocrinology* 20: 405-21.

Buss, David. 1989. "Sex Differences in Human Mate Preferences." *Behavioral and Brain Sciences* 12: 1-49.

———. 1994. *The Evolution of Desire*. New York: Basic Books.

———. 1995. "Psychological Sex Differences." *American Psychologist*, Mar.: 164-68.

Cadden, Joan. 1993. *Meanings and Differences*. Cambridge, England: Cambridge University Press.

Carani, Cesare. 1997. "Effect of Testosterone and Estradiol in a Man with Aromatase Deficiency." *New England Journal of Medicine* 337: 91-95.

Carlson, Karen J., et al. 1993. "Indications for Hysterectomy." *New England Journal of Medicine* 328: 856-60.

Carter, C. Sue. Forthcoming. "Neuroendocrine Perspectives on Social Attachment and Love." *Psychoneuroendocrinology*.

Carter, C. Sue, et al., eds. 1997. *The Integrative Neurobiology of Affiliation*. New York: New York Academy of Sciences.

Cashdan, Elizabeth. 1995. "Hormones, Sex, and Status in Women." *Hormones and Behavior* 29: 354-66.

———. 1997. "Women's Mating Strategies." *Evolutionary Anthropology* 5: 134-42.

Ceronetti, Guido. 1993. *The Silence of the Body*. New York: Farrar, Straus, & Giroux.

Chard, T., and J. G. Grudzinskas. 1994. *The Uterus*. Cambridge, England: Cambridge University Press.

Chehab, F. F., et al. 1997. "Early Onset of Reproductive Function in Normal Female Mice Treated with Leptin." *Science* 275: 88-90.

Clutton-Brock, T. H., and G. A. Parker. 1995. "Sexual Coercion in Animal Societies." *Animal Behaviour* 49: 1345-65.

Constantino, J. N., et al. 1993. "Testosterone and Aggression in Children." *Journal of the American Academy of Child and Adolescent Psychiatry* 32: 1217-22.

Crews, David. 1993. "The Organizational Concept and Vertebrates Without Sex Chromosomes." *Brain Behavior and Evolution* 42: 202-14.

Dabbs, James M., Jr., and Marian F. Hargrove. 1997. "Age, Testosterone, and Behavior among Female Prison Inmates." *Psychosomatic Medicine* 59: 477-80.

Dabbs, James M., et al. 1998. "Trial Lawyers and Testosterone: Blue-Collar Talent in a White-Collar World." *Journal of Applied Social Psychology* 28: 84-94.

Denby, David. 1997. "In Darwin's Wake." *The New Yorker,* July 21.

DeVries, Courtney A., et al. 1996. "The Effects of Stress on Social Preferences Are Sexually Dimorphic in Prairie Voles." *Proceedings of the National Academy of Sciences* 93: 11980-84.

de Waal, Frans. 1989. *Peacemaking among Primates.* Cambridge, Mass.: Harvard University Press.

_____. 1995. "Bonobo Sex and Society." *Scientific American,* Mar.: 82-88.

_____. 1996. *Good Natured.* Cambridge, Mass.: Harvard University Press.

de Waal, Frans, and Frans Lanting. 1997. *Bonobo: The Forgotten Ape.* Berkeley: University of California Press.

Diamond, Jared. 1996. "Why Women Change." *Discover,* July.

Dumas, Janifer. 1997. "Tales of a Lingerie Saleswoman." *New York Times Magazine,* Sept. 21.

Eagly, Alice H. 1995. "The Science and Politics of Comparing Women and Men." *American Psychologist,* Mar.: 145-58.

Eagly, Alice H., and Valerie J. Steffen. 1986. "Gender and Aggressive Behavior: A Meta-analytic Review of the Social Psychological Literature." *Psychological Bulletin* 100: 309–30.

Eschenbach, David A. 1993. "History and Review of Bacterial Vaginosis." *American Journal of Obstetrics and Gynecology* 169: 441–45.

Fausto-Sterling, Anne. 1992. *Myths of Gender*. New York: Basic Books.

Fieser, Louis F., and Mary Fieser. 1959. *Steroids*. New York: Reinhold.

Fildes, Valerie. 1986. *Breasts, Bottles, and Babies: A History of Infant Feeding*. Edinburgh: Edinburgh Press.

Fink, G., et al. 1996. "Estrogen Control of Central Neurotransmission: Effect on Mood, Mental State, and Memory." *Cellular and Molecular Neuro-biology* 6: 325–44.

Finkelstein, Jordan W., et al. 1994. "The Relationship Between Aggressive Behavior and Puberty in Normal Adolescents: A Longitudinal Study." *Journal of Adolescent Health* 15: 319–26.

Fisher, Helen E. 1982. The Sex Contract: *The Evolution of Human Behavior*. New York: William Morrow.

_____. 1992. *Anatomy of Love*. New York: W. W. Norton.

_____. 1998. "Lust, Attraction, and Attachment in Mammalian Reproduction." *Human Nature* 9: 23–52.

Frank, L. G., et al. 1994. "Giving Birth Through a Penile Clitoris: Parturition and Dystocia in the Spotted Hyena." *Journal of Zoology* 234: 659–90.

Frisch, Rose E. 1994. "The Right Weight: Body Fat, Menarche and Fertility." *Proceedings of the Nutrition Society* 53: 113–29.

Fuller, Roy W. 1995. "Neural Functions of Serotonin." *Scientific American Science & Medicine*, July–Aug.: 48–57.

Gagneux, Pascal, et al. 1997. "Furtive Mating in Female Chimpanzees." *Nature* 387: 358–59.

Gale, Catharine R., and Christopher N. Martyn. 1996. "Breastfeeding, Dummy

602

Use, and Adult Intelligence." *The Lancet* 347: 1072-75.

Garcia, Guy. 1994. "Chrissie Hynde Still Rocks; She's Just Mellower." *New York Times*, June 12.

Gladwell, Malcolm. 1997. "The Estrogen Question." *The New Yorker*, June 9.

Goto, Hiromi. 1996. "Tales from the Breast." *Ms.*, Sept.-Oct. Readers' responses, *Ms.*, Jan.-Feb. 1997.

Gougeon, Alain. 1996. "Regulation of Ovarian Follicular Development in Primates: Facts and Hypotheses." *Endocrine Reviews* 17: 121-55.

Gould, James L., and Carol Grant Gould. 1997. *Sexual Selection*. New York: Scientific American Library.

Gould, Stephen Jay, ed. 1993. *The Book of Life*. New York: W. W. Norton.

Gould, S. J., and R. C. Lewontin. 1979. "The Spandrels of San Marco and the Panglossian Paradigm: A Critique of the Adaptationist Programme." *Proceedings of the Royal Society of London* 205: 581-98.

Gowaty, Patricia Adair. 1996. "Battles of the Sexes and the Origins of Monogamy." *Partnerships in Birds*. Oxford, England: Oxford University Press.

———. 1996. "Field Studies of Parental Care in Birds." *Advances in the Study of Behavior* 25: 477-531.

———. 1996. "Multiple Mating by Females Selects for Males That Stay." *Animal Behavior* 51: 482-84.

———, ed. 1997. *Feminism and Evolutionary Biology*. New York: Chapman & Hall.

———. 1997. "Principles of Females' Perspectives in Avian Behavioral Ecolo-gy." *Journal of Avian Biology* 28: 95-102.

———. 1998. "Ultimate Causation of Aggressive and Forced Copulation in Birds: Female Resistance, the CODE Hypothesis, and Social Monogamy." *American Zoologist* 38: 207-25.

Gravanis, A., et al. 1994. "Interaction Between Steroid Hormones and Endometrial Opioids." *Annals of the New York Academy of Sciences* 734: 245-56.

Grodstein, F., et al. 1997. "Postmenopausal Hormone Therapy and Mortality."

New England Journal of Medicine 336: 1769-75.

Gustafsson, Jan-Åke. 1997. "Estrogen Receptor β-etting In on the Action?" *Nature Medicine* 3: 493.

Haas, Adelaide, and Susan L. Puretz. 1995. *The Woman's Guide to Hysterectomy*. Berkeley: Celestial Arts.

Hager, Lori D., ed. 1997. *Women in Human Evolution*. London: Routledge.

Hamer, Dean, and Peter Copeland. 1998. *Living with Our Genes*. New York: Doubleday.

Hawkes, K., et al. Forthcoming. "The Grandmother Hypothesis and Human Evolution." In *Adaptation and Evolutionary Biology*. Edited by L. Cronk et al. Hawthorne, N.Y.: Aldine de Gruyter.

_____. "Hadza Women's Time Allocation, Offspring Provisioning, and the Evolution of Long Postmenopausal Life Spans." *Current Anthropology* 38: 551-77.

_____. 1998. "Grandmothering, Menopause, and the Evolution of Human Life Histories." *Proceedings of the National Academy of Sciences* 95: 1-4.

Hillier, Sharon L. 1993. "Diagnostic Microbiology of Bacterial Vaginosis." *American Journal of Obstetrics and Gynecology* 169: 455-59.

Hollander, Anne. 1994. *Sex and Suits*. New York: Knopf.

Hoogland, John L. "Why Do Female Gunnison's Prairie Dogs Copulate with More than One Male?" *Animal Behaviour* 55: 351-59.

Horgan, John. 1995. "The New Social Darwinists." *Scientific American*, Oct.

Hrdy, Sarah Blaffer. 1981. "'Nepotists' and 'Altruists': The Behavior of Old Females among Macaques and Langur Monkeys." In *Other Ways of Growing Old*. Edited by P. Amoss and S. Harrell. Stanford, Calif.: Stanford University Press.

_____.1981. *The Woman That Never Evolved*. Cambridge, Mass.: Harvard University Press.

_____. 1995. "Natural-Born Mothers." *Natural History*, Dec.

_____. 1997. "Raising Darwin's Consciousness: Female Sexuality and the Prehominid Origins of Patriarchy." *Human Nature* 8: 1-50.

Hrdy, Sarah Blaffer, and Daniel B. Hrdy. 1976. "Hierarchical Relations among Female Hanuman Langurs." *Science* 193: 913-15.

Hubbard, Ruth, et al., eds. 1982. *Biological Woman: The Convenient Myth.* Rochester, Vt: Schenkman.

Hunter, M. S., and K. L. Liao. 1994. "Intentions to Use Hormone Replacement Therapy in a Community Sample of 45-Year-Old Women." *Maturitas* 20: 13-23.

Hyde, Janet Shibley, and Elizabeth Ashby Plant. 1995. "Magnitude of Psychological Gender Differences." *American Psychologist,* Mar.: 159-61.

Institute of Medicine Committee on Nutritional Status During Pregnancy and Lactation. 1990. "Milk Composition." In *Nutrition During Lactation.* Washington, D.C.: National Academy Press.

Jafrati, Mark D., et al. 1997. "Estrogen Inhibits the Vascular Injury Response in Estrogen Receptor α-Deficient Mice." *Nature Medicine* 3: 545-48.

Kalloo, N. B., et al. 1993. "Sexually Dimorphic Expression of Estrogen Receptors, But Not of Androgen Receptors, in Human Female External Genitalia." *Journal of Clinical Endocrinology and Metabolism* 77: 692-98.

Kandel, Eric R., et al. 1995. *Essentials of Neural Science and Behavior.* Norwalk, Conn.: Appleton & Lange.

Katzenellenbogen, Benita S., and Kenneth S. Korach. 1997. "Editorial: A New Actor in the Estrogen Receptor Drama — enter ER-β." *Endocrinology* 138: 861-62.

Kauppila, Olavi, et al. 1985. "Prolapse of the Vagina after Hysterectomy." *Surgery, Gynecology & Obstetrics* 161: 9-11.

Kevles, Bettyann. 1986. *Female of the Species.* Cambridge, Mass.: Harvard University Press.

Koldovsky, Otakar. 1994. "Hormones in Milk." In *Vitamins and Hormones.* New York: Academic Press.

Kuhnle, U., et al. 1993. "Partnership and Sexuality in Adult Female Patients with Congenital Adrenal Hyperplasia." *Journal of Steroid Biochemistry and Molecular Biology* 45: 123–26.

Kuiper, George G. J. M., et al. 1996. "Cloning of a Novel Estrogen Receptor Expressed in Rat Prostate and Ovary." *Proceedings of the National Academy of Sciences* 93: 5925–30.

————. 1997. "Comparison of the Ligand Binding Specificity and Transcript Tissue Distribution of Estrogen Receptors α and β." *Endocrinology* 138: 863–70.

Laan, Ellen. 1994. *Determinants of Sexual Arousal in Women.* Amsterdam: University of Amsterdam Monographs.

Laan, Ellen, et al. 1994. "Women's Sexual and Emotional Responses to Male- and Female-Produced Erotica." *Archives of Sexual Behavior* 23: 153–69.

Landau, Carol, et al. 1994. *The Complete Book of Menopause.* Berkeley: Perigee.

Laqueur, Thomas. 1990. *Making Sex: Body and Gender from the Greeks to Freud.* Cambridge, Mass.: Harvard University Press.

Lavoisier, Pierre, et al. 1995. "Clitoral Blood Flow Increases Following Vaginal Pressure Stimulation." *Archives of Sexual Behavior* 24: 37–45.

Lerner, Gerda. 1986. *The Creation of Patriarchy.* New York: Oxford University Press.

————. 1993. *The Creation of Feminist Consciousness.* New York: Oxford University Press.

Levin, R. J. 1991. "VIP, Vagina, Clitoral and Periurethral Glans—An Update on Human Female Genital Arousal." *Experiments in Clinical Endocrinology* 98: 61–69.

Levin, R. J., and G. Wagner. 1985. "Orgasm in Women in the Laboratory—Quantitative Studies on Duration, Intensity, Latency, and Vaginal Blood Flow." *Archives of Sexual Behavior* 14: 439–49.

Lorch, Donatella. 1996. "Bride Wore White, Groom Hopes for Parole." *New*

York Times, Sept. 5.

Love, Susan M. 1997. "Sometimes Mother Nature Knows Best." *New York Times*, Mar. 20.

Love, Susan M., and Karen Lindsey. 1995. *Dr. Susan Love's Breast Book*. New York: Perseus.

――――. 1997. *Dr. Susan Love's Hormone Book*. New York: Random House.

Lowry, Thomas P. 1978. *The Classic Clitoris*. Chicago: Nelson-Hall.

Lowry, Thomas P., and T. S. Lowry, eds. 1976. *The Clitoris*. St. Louis: Warren H. Green.

Manson, Joseph H., et al. 1997. "Nonconceptive Sexual Behavior in Bonobos and Capuchins." *International Journal of Primatology* 18: 767-86.

Martin, Emily. 1992. *The Woman in the Body*. Boston: Beacon Press.

Masters, William H., and Virginia E. Johnson. 1966. *Human Sexual Response*. Boston: Little, Brown.

Matteo, Sherri, and Emilie F. Rissman. 1984. "Increased Sexual Activity During the Midcycle Portion of the Human Menstrual Cycle." *Hormones and Behavior* 18: 249-55.

Mazur, Allan. 1998. "Testosterone and Dominance in Men." *Behavioral and Brain Sciences* 21: 353-97.

McClintock, Martha K. 1971. "Menstrual Synchrony and Suppression." *Nature* 291: 244-45.

――――. 1981. "Social Control of the Ovarian Cycle and the Function of Estrous Synchrony." *American Zoologist* 21: 243-56.

McEwen, B. S. 1997. "Meeting Report—Is There a Neurobiology of Love?" *Molecular Psychiatry* 2: 15-16.

Michael, Robert T., et al. 1994. *Sex in America*. Boston: Little, Brown.

Michel, George F., and Celia L. Moore. 1995. *Developmental Psychobiology*. Cambridge, Mass.: MIT Press.

Miles, Margaret R. 1986. "The Virgin's One Bare Breast: Female Nudity and

Religious Meaning in Tuscan Early Renaissance Cultures." In *The Female Body in Western Culture. Edited by Susan Rubin Sulerman*. Cambridge, Mass.: Harvard University Press.

Mitchell, George W., Jr., and Lawrence W. Bassett, eds. 1990. *The Female Breast and Its Disorders*. Baltimore: Williams and Wilkins.

Modney, B. K., and G. I. Hatton. 1994. "Maternal Behaviors: Evidence That They Feed Back to Alter Brain Morphology and Function." *Acta Pe-diatrica Supplement* 397: 29–32.

Money, John. 1997. *Principles of Developmental Sexology*. New York: Continuum.

Morbeck, Mary Ellen, et al., eds. 1997. *The Evolving Female*. Princeton, N. J.: Princeton University Press.

Morgan, Elaine. 1982. *The Aquatic Ape*. New York: Stein and Day.

_____. 1994. *The Scars of Evolution*. New York: Oxford University Press.

_____. 1995. *The Descent of the Child*. New York: Oxford University Press.

Morishima, A., et al. 1995. "Aromatase Deficiency in Male and Female Siblings Caused by a Novel Mutation and the Physiological Role of Estrogens." *Journal of Clinical Endocrinology and Metabolism* 80: 3689–98.

Morris, Desmond. 1967. *The Naked Ape*. New York: McGraw-Hill.

_____. 1985. *Bodywatching*. New York: Crown.

_____. 1994. *The Human Animal*. New York: Crown.

Myers, L. S., et al. "Effects of Estrogen, Androgen, and Progestin on Sexual Psychophysiology and Behavior in Postmenopausal Women." *Journal of Clinical Endocrinology and Metabolism* 70: 1124–31.

Nelson, Miriam E. 1997. *Strong Women Stay Young*. New York: Bantam.

Nelson, Randy J. 1995. *An Introduction to Behavioral Endocrinology*. Sunderland, Mass.: Sinauer Assoc.

Neville, Margaret C. 1987. *The Mammary Gland: Development*, Regulation and Function. New York: Plenum Press.

Newman, Jack. 1995. "How Breast Milk Protects Newborns." *Scientific Ame-*

rican, Dec.: 76-79.

Nicolson, Paula. 1995. "The Menstrual Cycle, Science and Femininity." *Social Science and Medicine* 41: 779-84.

Niemala, Pekka. 1992. "Lady Macbeth as a Problem for Shakespeare." In *Of Mice and Women*. Edited by K. Bjorkqvist and P. Niemala. San Diego: Academic Press.

Nilsson, Lennart, and Lars Hamberger. 1990. *A Child Is Born*. New York: Doubleday.

Nishimori, Katsuhiko, et al. 1996. "Oxytocin Is Required for Nursing But Is Not Essential for Parturition or Reproductive Behavior." *Proceedings of the National Academy of Sciences* 93: 11699-704.

Nissen, E., et al. 1998. "Oxytocin, Prolactin, Milk Production and Their Relationship with Personality Traits in Women after Vaginal Delivery or Cesarean Section." *Journal of Psychosomatic Obstetrics and Gynaecology* 19: 49-58.

Nuland, Sherwin B. 1997. *The Wisdom of the Body*. New York: Knopf.

Ogawa, Sonoko, et al. 1997. "Behavioral Effects of Estrogen Receptor Gene Disruption in Male Mice." *Proceedings of the National Academy of Sciences* 94: 1476-81.

———. 1997. "Reversal of Sex Roles in Genetic Female Mice by Disruption of Estrogen Receptor Gene." *Neuroendocrinology* 64: 467-70.

Oliver, Mary Beth, and Janet Shibley Hyde. 1993. "Gender Differences in Sexuality: A Meta-analysis." Psychological Bulletin 114: 29-51.

Osterman, Karin, et al. 1994. "Peer and Self-Estimated Aggression and Victimization in 8-Year-Old Children from Five Ethnic Groups." *Aggres-sive Behavior* 20: 411-28.

Packer, Craig, et al. 1998. "Reproductive Cessation in Female Mammals." *Nature* 329: 807-11.

Palmon, Aaron, et al. 1994. "The Gene for the Neuropeptide Gonadotropin-releasing Hormone Is Expressed in the Mammary Gland of Lactating Rats." *Proceedings of the National Academy of Sciences* 91: 4994–96.

Peccei, J. S. 1995. "A Hypothesis for the Origin and Evolution of Menopause." *Maturitas* 21: 83–89.

Pedersen, Cort A., et al., eds. 1992. *Oxytocin Maternal, Sexual, and Social Behaviors*. New York: New York Academy of Sciences.

Perry, Ruth. 1992. "Colonizing the Breast." In *Forbidden History*. Edited by John C. Font. Chicago: University of Chicago Press.

Pham, K. T., et al. 1997. "Ovarian Aging and Hormone Replacement Therapy. Hormonal Levels, Symptoms, and Attitudes of African-American and White Women." *Journal of General Internal Medicine* 12: 230–36.

Pinker, Steven. 1997. *How the Mind Works*. New York: W. W. Norton.

———. 1998. "Boys Will Be Boys." *The New Yorker*, Feb. 9.

Plath, Sylvia. 1966. *Ariel*. New York: Harper and Row.

———. 1992. *Letters Home: Correspondence 1950-1963*. New York: Harper-Perennial.

Population Council Research. 1997. "Female Genital Mutilation: Common, Controversial, and Bad for Women's Health." *Population Briefs* 3, no. 2.

Profet, Margie. 1993. "Menstruation as a Defense Against Pathogens Transported by Sperm." *Quarterly Review of Biology* 68: 335–86.

Pusey, Anne, et al. 1997. "The Influence of Dominance Rank on the Reproductive Success of Female Chimpanzees." *Nature* 277: 827–31.

Quakenbush, Debra M., et al. 1995. "Gender Effects of Romantic Themes in Erotica." *Archives of Sexual Behavior* 24: 21–35.

Redmond, Geoffrey. 1995. *The Good News about Women's Hormones*. New York: Warner.

Rhode, Deborah L. 1990. *Theoretical Perspectives on Sexual Difference*. New Haven: Yale University Press.

Rich, Adrienne. 1986. *Of Woman Born*. New York: W. W. Norton.

Rink, J. D., et al. 1996. "Cellular Characterization of Adipose Tissue from Various Body Sites of Women." *Journal of Clinical Endocrinology and Metabolism* 81: 2443-47.

Rissman, Emilie F., et al. 1997. "Estrogen Receptors Are Essential for Female Sexual Receptivity." *Endocrinology* 138: 507-10.

Rosenberg, Karen, and Wenda Trevathan. 1996. "Bipedalism and Human Birth: The Obstetrical Dilemma Revisited." *Evolutionary Anthropology* 4: 161-68.

Rosenthal, Elisabeth. 1991. "The Forgotten Female." *Discover*, Dec. 22-27.

Roth, Philip. 1995. *Sabbath's Theater*. Boston: Houghton Mifflin.

Roueche, Berton. 1996. *The Man Who Grew Two Breasts*. New York: Plume.

Ryan, K. J., et al., eds. 1995. *Kistner's Gynecology: Principles and Practice*. 6th ed. St. Louis: Mosby.

Sane, Kumud, and Ora Hirsch Pescovitz. 1992. "The Clitoral Index: A Determination of Clitoral Size in Normal Girls and in Girls with Abnormal Sexual Development." *Journal of Pediatrics* 120: 264-66.

Sapolsky, Robert. 1997. "Testosterone Rules." *Discover*, Mar.: 45-50.

Schaal, B., et al. 1996. "Male Testosterone Linked to High Social Dominance But Low Physical Aggression in Early Adolescence." *Journal of the American Academy of Child and Adolescent Psychiatry* 35: 1322-30.

Schiebinger, Londa. 1993. *Nature's Body*. Boston: Beacon Press.

———. 1993. "Why Mammals Are Called Mammals: Gender Politics in Eighteenth-Century Natural History." *American Historical Review* 98: 382-411.

Schlinger, Barney A. 1994. "Estrogens and Song: Products of the Songbird Brain." *BioScience* 44: 605-12.

Schmid, Patricia C., et al. 1997. "Changes in Anandamide Levels in Mouse Uterus Are Associated with Uterine Receptivity for Embryo Implantation." *Proceedings of the National Academy of Sciences* 94: 4188-92.

Schwartz, Charles E. 1993. "X-linked Mental Retardation." *American Jour-nal of*

Human Genetics 52: 1025–31.

Schwartz, Lynne Sharon. 1987. *The Melting Pot and Other Subversive Stories*. New York: Harper and Row.

Shaw, Evelyn, and Joan Darling. 1985. *Female Strategies*. New York: Touchstone.

Short, R. V., and E. Balaban, eds. 1994. *The Differences Between the Sexes*. Cambridge, England: Cambridge University Press.

Shulkin, Jay, ed. 1993. *Hormonally Induced Changes in Mind and Brain*. San Diego: Academic Press.

Silber, Marta. 1994. "Menstrual Cycle and Work Schedule: Effects on Women's Sexuality." *Archives of Sexual Behavior* 23: 397–404.

Simons, Anna. 1997. "In War, Let Men Be Men." *New York Times*, Apr. 23.

Singh, D. 1993. "Body Shape and Women's Attractiveness—The Critical Role of Waist-to-Hip Ratio." *Human Nature* 4: 297–322.

Singh, D., et al. 1998. "Frequency and Timing of Coital Orgasm in Women Desirous of Becoming Pregnant." *Archives of Sexual Behavior* 27: 15–29.

Skuse, D. H., et al. 1997. "Evidence from Turner's Syndrome of an Imprinted X-linked Locus Affecting Cognitive Function." *Nature* 387: 705–8.

Sloane, Ethel. 1993. *Biolo gy of Women*. New York: Delmar.

Small, Meredith F. 1993. *Female Choices*. Ithaca, N.Y.: Cornell University Press.

———. 1995. *What's Love Got to Do with It?* New York: Anchor Books.

———. 1998. *Our Babies, Ourselves*. New York: Anchor Books.

Smith, Eric P., et al. 1994. "Estrogen Resistance Caused by a Mutation in the Estrogen-Receptor Gene in a Man." *New England Journal of Medicine* 331: 1056–61.

Smuts, Barbara. 1992. "Male Aggression Against Women: An Evolutionary Perspective." *Human Nature* 3: 1–44.

———. 1995. "Apes of Wrath." *Discover*, Aug. 35–37.

———. 1995. "The Evolutionary Origins of Patriarchy." *Human Nature* 6: 1–32.

Smuts, Barbara, and Robert W. Smuts. 1993. "Male Aggression and Sexual Coercion of Females in Nonhuman Primates and Other Mammals." *Advances in the Study of Behavior* 22: 1-63.

Stern, Kathleen, and Martha McClintock. 1998. "Regulation of Ovulation by Human Pheromones." *Nature* 392: 177-79.

Stevens, Jane E. 1995. "Hyenas Yield Clues to Human Infertility, Aggres-sion." *Technology Review*, Feb.-Mar.

Strassmann, Beverly I. 1992. "The Function of Menstrual Taboos among the Dogon: Defense Against Cuckoldry?" *Human Nature* 3: 89-131.

_____. 1996. "The Evolution of Endometrial Cycles and Menstruation." *Quar-terly Review of Biology* 71: 181-220.

Strausz, Ivan. 1993. *You Don't Need a Hysterectomy*. Reading, Mass.: Addison-Wesley.

Suplee, Curt. 1996. "Animal Researchers Transplant Sperm-producing Cells from Species to Species." *Washington Post*, May 30.

Symons, Donald. 1979. *The Evolution of Human Sexuality*. New York: Oxford University Press.

Taylor, Timothy. 1996. *The Prehistory of Sex*. New York: Bantam.

Tilly, Jonathan L., and Valerie S. Ratts. 1996. "Biological and Clinical Impor-tance of Ovarian Cell Death." *Contemporary Ob/Gyn*, Mar.

Tingley, Deborah. 1996. "Evolutions: Steroid-Hormone Receptor Signaling." *Journal of NIH Research* 8: 81-87.

Toesca, Amelia, et al. 1996. "Immunohistochemical Study of the Corpora Ca-vernosa of the Human Clitoris." *Journal of Anatomy* 188: 513-20.

Toubia, Nahid. 1994. "Female Circumcision as a Public Health Issue." *New En-gland Journal of Medicine* 331: 712-16.

Townsend, John Marshall. 1995. "Sex Without Emotional Involvement: An Evolutionary Interpretation of Sex Differences." *Archives of Sexual Beha-vior* 24: 173-205.

_____. 1998. *What Women Want, What Men Want*. New York: Oxford University Press.

Travis, John. 1997. "Brave New Egg." *Discover*, Apr.

Trevathan, Wenda. 1987. *Human Birth: An Evolutionary Perspective.* New York: de Gruyter.

Ussher, Jane. 1989. *The Psychology of the Female Body.* London: Routledge.

Uvnäs-Moberg, Kerstin. 1994. "Role of Efferent and Afferent Vagal Nerve Activity During Reproduction: Integrating Function of Oxytocin on Metabolism and Behavior." *Psychoneuroendocrinology* 19: 687–95.

———. Forthcoming. "Neuroendocrinology of the Mother-Child Interaction." *Trends in Endocrinology and Metabolism.*

Valian, Virginia. 1998. "Running in Place." *The Sciences*, Jan.–Feb.

———. 1998. *Why So Slow?* Cambridge, Mass.: MIT Press.

Verkauf, Barry S., et al. 1992. "Clitoral Size in Normal Women." *Obstetrics & Gynecology* 80: 41–44.

Voda, Ann M. 1992. "Menopause: A Normal View." *Clinical Obstetrics and Gynecology* 35: 923–33.

Wallen, Kim. 1990. "Desire and Ability: Hormones and the Regulation of Female Sexual Behavior." *Neuroscience & Biobehavioral Reviews* 14: 233–41.

———. 1995. "The Evolution of Female Sexual Desire." In *Sexual Nature/Sexual Culture.* Edited by P. R. Abramson and S. D. Pinkerton. Chicago: University of Chicago Press.

———. 1996. "Nature Needs Nurture: The Interaction of Hormonal and Social Influences on the Development of Behavioral Sex Differences in Rhesus Monkeys." *Hormones and Behavior* 30: 364–78.

Wederkind, Claus, et al. 1995. "MHC-dependent Mate Preferences in Humans." *Proceedings of the Royal Society of London* 260: 245–49.

Weller, A., and L. Weller. 1993. "Human Menstrual Synchrony: A Critical Assessment." *Neuroscience and Biobehavioral Reviews* 17: 427–39.

Wilcox, Allen J., et al. 1995. "Timing of Sexual Intercourse in Relation to

Ovulation." *New England Journal of Medicine* 333: 1517-21.

Wilson, Edward O. 1975. *Sociobiology*. Cambridge, Mass.: Harvard University Press.

_____. 1996. In *Search of Nature*. Washington, D.C.: Island Press.

Wilson, J. D., and D. W. Foster, eds. 1992. *Williams Textbook of Endocrinology*. Philadelphia: Saunders.

Wilson, Robert Anton. 1974. *The Book of the Breast*. Chicago: Playboy Press.

Witt, Diane M. 1995. "Oxytocin and Rodent Sociosexual Responses: From Behavior to Gene Expression." *Neuroscience and Biobehavioral Reviews* 19: 315-24.

World Health Organization. 1994. "Female Genital Mutilation." A Committee Report.

Wright, Robert. 1994. *The Moral Animal*. New York: Vintage.

Yalom, Marilyn. 1997. *A History of the Breast*. New York: Knopf.

Zorrilla, Eric P., et al. 1995. "High Self-Esteem, Hardiness and Affective Stability Are Associated with Higher Basal Pituitary-Adrenal Hormone Levels." *Psychoneuroendocrinology* 20: 591-601.

Zussman, Leon, et al. 1981. "Sexual Response after Hysterectomy-Oophorectomy: Recent Studies and Reconsideration of Psychogenesis." *American Journal of Obstetrics and Gynecology* 140: 725-29.

감사의 말

이 책에 필요한 자료 조사를 하면서 사려 깊고 신뢰감을 주고 관대한 수많은 사람들과 이야기를 나누었다. 각 분야의 권위자라고 할 수 있는 과학자와 의사도 많았고, 자기 몸이라는 주제를 놓고 볼 때 권위자라 할 만한 사람들도 있었다. 감사를 드려야 할 사람들이 너무 많아 하나하나 언급할 수는 없지만, 여성의 몸이 왜 현재와 같은 상태가 되었는지 함께 이야기를 나눠주고, 함께 대담한 추측을 해준 모든 사람들에게 감사의 말을 전하고 싶다.

그중에서도 다음의 연구자들에게 감사를 드린다. 새러 블래퍼 르디, 패트리샤 고와티, 바버라 스머츠, 낸시 벌리, 크리스틴 호크스, 킴 월렌, 수 카터, 케르스틴 우브나스-뫼베리, 수전 러브, 웬다 트레베이션, 카이 뵈르크비스트, 프란스 드 발, 엘렌 란, 샤론 힐리어, 마리아 버스틸로, 제럴드 마인월드, 토머스 아이스너, 베니타 카체넬렌보겐, 존 케체넬렌보겐, 토머스 아인셀, 로저 고르스키, 플로렌스 해설틴, 마사 매클린턱, 게르트 드 브리스, 도미니크 토란-앨러란드, 마지 프로페트, 론다 쉬빙어, 바니 쉴링어, 미리엄 넬슨, 로넨 루베노프, 펜티 시테리, 니콜레테 호바흐, 제이 슐킨, 마이클 토우프, 다이애나 위트, 루이스 피구에라, 버지니아 밸리언.

또 개인사를 내게 솔직히 말해주고 가장 은밀한 일이라고 할 수 있는 수술 과정을 지켜볼 수 있게 해준 사람들에게도 빚을 졌다. 호프 필립스, 베스 데로치, 안토니아 알바, 샌드라 갠즈먼, 제인 카든, 체릴 체이스, 마사 코벤트리, 그리고 북미간성협회 회원들이 그들이다.

616

연민과 정확함과 참을 인 자 셋이면 살인을 면한다는 신념으로 기다려준 혹턴 미플린 사의 편집자들에게도 진심으로 감사한다. 또 활기와 재치로 나를 도와준 연구 보조원인 로라 바이트만에게도 고마운 마음을 전한다

마지막으로 내가 끊임없이 회의감과 우울증에 시달릴 때마다 헤쳐나갈 수 있도록 도와주었고, 갖가지 이유를 대면서 그만두겠다고 할 때마다 달래준 남편에게 깊은 사랑과 감사를 보낸다.

프로이트는 오이디푸스 콤플렉스라는 개념을 내놓았다. 자라나는 여자 아이가 남성의 성기가 없다는 것을 알아차리면서 심각한 정신적 혼란을 겪는다는 것이다. 이 개념은 과학적 근거와는 무관하게 프로이트의 자족적인 논리 체계와 지식인들의 선호에 힘입어 우리의 삶과 사고방식에 많은 영향을 미쳐왔다. 이 개념에는 인간의 원형이 남성이며, 여성은 그 원형에서 일부가 없어진 변형 형태라는 의미가 담겨 있다.

나탈리 앤지어는 이 책에서 그런 주장을 뒤집는다. 즉 원형이 여성이며, 남성이야말로 파생된 형태라는 것이다. 사실 생물학 쪽에서 보면, 그다지 도발적인 주장은 아니다. 생명체의 영속성이라는 관점에서 보면, 번식의 주된 담당자는 암컷이며, 수컷은 유전적 다양성을 덧붙이고 번식 안정성을 확보하는 부차적인 역할을 주로 한다고 생각할 수 있기 때문이다. 인간 사회에서 남성이 우위를 차지하게 된 것은 프로이트 같은 남성 사상가들이나 권력자들이 힘, 문화, 관습, 신화를 잘 활용한 덕분이다.

앤지어는 그런 신화와 전통을 타파하여 여성에게 자신감과 본래의 지위를 돌려주려 시도한다. 그녀는 생물학과 의학 등 방대한 과학적 자료들과 역사, 예술, 문화, 신화 등 다양한 분야의 자료들을 자기 개인의 경험과 여러 여성들과 직접 만나 나눈 이야기들과 섞어서 여성의 몸을 상세하게 그려나간다. 그녀는 도발적이고 웅변적인 서술 방식을 택해 이런 수많은 정보들과 주장들을 효과적으로 전달하고 있다.

서문에서 말하고 있듯이 그녀의 접근 방식은 독특하다. 그녀는 남성을 여성과 비교하는 방식을 쓰지 않는다. 그녀는 여성의 몸만 다루고 있다. 여성의 몸에 찬사를 보내고, 몸이 주는 고통과 기쁨을 노래함으로써 여성의 생물학을 창조하려 시도한다. 즉 억눌리고 왜곡된 이미지에서 벗어나려 애쓰는 기존의 접근 방식이 아니라, 여성의 몸에 대한 찬사와 기쁨을 토대로 삼아 새로운 여성상을 만들어내려 한다.

그래서 그녀는 가장 내밀한 곳에 숨어 있는 난소에서 클리토리스로 나와 젖가슴, 뇌에 이르기까지 여성의 몸을 탐사하는 여행의 안내자가 된다. 그러면서 그녀는 여성의 몸에 대한 신화와 문화적 편견을 타파하는 데 몰두한다. 예를 들어 폐경기가 지난 여성들 덕분에 인류가 지금의 독보적인 존재가 된 것이라면? 클리토리스가 음경보다 두 배로 쾌락을 느끼도록 되어 있다면? Y보다 X염색체가 유전자가 훨씬 더 많고, Y염색체는 잘려 나간 것에 불과하다면? 이런 식으로 그녀는 해부학, 생리학, 심리학 등 온갖 과학을 동원해 여성의 몸을 속속들이 파헤친다. 그녀는 애정, 기쁨, 분노, 슬픔을 적절히 배합하면서 독자들을 빨아들인다.

이 책은 배란과 임신, 출산, 젖가슴의 사회적·생리적 기능, 오르가슴, 짝 선택과 육아 행동, 에스트로겐을 비롯한 호르몬들의 기능, 유방 절제술, 근력, 여성의 공격성 같은 주제들을 다루고 있다. 그녀는 이렇게 여성의 몸 각 부위에 찬사를 보내고 여성의 몸을 새롭게 해석함으로써, 남성 위주의 생물학 이론에 도전하고 있다.

가령 그녀는 젖가슴이 앞에 달린 엉덩이라는 데스먼드 모리스의 주장을 비판한다. 또 여성은 수줍어하고 남성은 열정적이다, 여성은 남성의 돈을 보고 남성은 여성의 외모를 본다 같은 진부한 주장들이 진화적으로 인류가 선사시대 상황에 적응해 있기 때문이라고 근거를 대는 진화심리학을 비판한다. 그녀는 유방 절제술, 호르몬 대체 요법 등을 다루면서 의료계의 전문가들도 비판한다. 더 나아가 페미니스트라고 나서지만 실질적으로는 반페미니스트적 주장을 내세우는 여성 운동가들도 비판한다.

앤지어는 여성이 자신의 몸을 제대로 모른다는 생각 때문에 이 책을 쓰게 되었다고 말한다. 교과서나 어린이용 책에서는 여성의 몸을 어느 정도 다루고 있지만, 정작 여성이 자신의 몸을 제대로 알아야 할 때, 즉 자궁에 혹이 생기고 유방암에 걸릴 가능성이 높아지고 골다공증에 걸릴 위험이 커지는 상황에 처한 어른들이 읽을 책은 없다는 것이다.

그녀는 여성이 자신의 몸을 불편하게 생각한다는 것, 특히 자신의 몸에서 행복을 느끼지 못한다고 생각했기에, 여성의 몸과 생물학에서 기쁨을 끌어내기 위해 이 책을 썼다고 말한다. 여성의 몸이 지닌 아름다움과, 그것이 어떻게 진화했으며, 왜 지금과 같은 모습을 갖추고 행동하는지를 알려주고 싶다는 것이다. 한 예로 그녀는 여성의 생식기에서 냄새가 나는 것이 더러움 때문이 아니라, 몸 속을 건강한 상태로 유지시켜주는 미생물들 때문이며, 사실 질이 가장 깨끗한 곳이라고 말한다. 즉 몸에 대한 수치감이 잘못된 지식에 바탕을 두고 있다는 것이다. 또 그녀는 여성의 몸을 건강하게 유지하기 위한 방안도 곁들인다. 골다공증 예방을 위해서는 칼슘을 많이 먹고, 10대와 20대부터 근력 강화 운동을 많이 해야 한다는 식으로 말이다.

그렇다고 이 책이 여성만을 위한 것은 아니다. 사실 번역을 시작했을 때만 해도, 내가 할 책이 아니라는 생각이 들었다. 난소나 자궁 질환 같은 부분을 번역할 때 특히 그랬다. 또 자연스럽게 남성의 방어 기제가 작동함으로써, 저자가 의도한 도발적인 문맥을 알게 모르게 순화시키고 있는 것은 아닐까 하는 생각도 들었다. 하지만 번역을 끝낸 지금은 순화된 쪽이 오히려 나 자신의 사고라는 것을 깨닫고 있다.

앤지어는 여성의 몸이 설계와 작동 측면에서 진화의 경이이며, 그 몸을 더 많이 알수록, 여성이 정신적·정서적으로 모든 면에서 더 행복하고 더 강해질 수 있다고 강조한다. 그녀는 여성이 육체적·성적·정서적으로 자신이 알고 있는 것보다 더 강하다고 역설한다. 그것을 깨달으라는 것이다.

이한음

찾아보기

624

옮긴이 **이한음**

서울대학교 생물학과를 졸업했고, 1996년 경향신문 신춘문예 소설 부문에
당선됐다. 과학 전문 번역가이자 저술가로 활동하면서 리처드 도킨스, 제임스 왓슨,
에드워드 윌슨, 스티븐 핑커 등 저명한 과학자들의 책을 우리말로 옮겼다.
지은 책으로 과학소설집《신이 되고 싶은 컴퓨터》,《위기의 지구 돔을 구하라》,
《타임머신과 과학 좀 하는 로봇》등이 있으며, 옮긴 책으로《만들어진 신》,
《마음의 과학》,《마인드 체인지》,《인간 본성에 대하여》,《통찰의 시대》등이 있다.

여자, 내밀한 몸의 정체

지은이 나탈리 앤지어
옮긴이 이한음
펴낸이 전준배
펴낸곳 (주)문예출판사
신고일 2004. 2. 12. 제 2013-000360호
       (1966. 12. 2. 제 1-134호)
주 소 서울특별시 마포구 월드컵북로 6길 30
전 화 393-5681   팩 스 393-5685
이메일 info@moonye.com
블로그 blog.naver.com/imoonye

제1판 1쇄 펴낸날 2003년 6월 25일
제2판 2쇄 펴낸날 2016년 8월 20일

ISBN 978-89-310-0988-0 03300